1948　　　　1958　　　　1968　　　　1978　　　　1988　　　　1998　　　　2008　　　　2018

美股70年

——1948～2018年美国股市行情复盘

燕翔　战迪　许茹纯　朱成成　著

中国财经出版传媒集团

经济科学出版社
Economic Science Press

图书在版编目（CIP）数据

美股 70 年：1948~2018 年美国股市行情复盘/燕翔等著.
—北京：经济科学出版社，2020.3（2025.12 重印）
ISBN 978 - 7 - 5218 - 1363 - 0

Ⅰ.①美… Ⅱ.①燕… Ⅲ.①股票市场 - 研究 - 美国 -
1948 - 2018 Ⅳ.①F837.125

中国版本图书馆 CIP 数据核字（2020）第 036590 号

说明：本书内容仅为作者个人学术研究观点，不代表所在任职机构，不构成任何具体投资建议。

责任编辑：周国强 刘怡斐
责任校对：刘 昕
责任印制：张佳裕

美股 70 年

——1948~2018 年美国股市行情复盘
燕 翔 战 迪 许茹纯 朱成成 著
经济科学出版社出版、发行 新华书店经销
社址：北京市海淀区阜成路甲 28 号 邮编：100142
编辑部电话：010 - 88191350 发行部电话：010 - 88191522
网址：www. esp. com. cn
电子邮件：esp@ esp. com. cn
天猫网店：经济科学出版社旗舰店
网址：http://jjkxcbs. tmall. com
固安华明印业有限公司印装
787×1092 16 开 30.75 印张 600000 字
2020 年 5 月第 1 版 2025 年 12 月第 11 次印刷
ISBN 978 - 7 - 5218 - 1363 - 0 定价：98.00 元

曲线背后的"故事"

本书系统地回顾了 1948～2018 年美国股市的行情表现特征（见附图），分析了行情发生时的历史背景与经济基本面情况，并对行情发生背后的驱动力进行了探讨。

回顾历史的目的是为了展望未来，在股票市场这个领域，最好的历史教材无疑就是美国股市。拥有超过 200 年历史的美国股票市场，历经风雨、潮起潮落，穿越了无数的经济周期，给笔者提供了大量丰富的经验数据和历史案例，类似"漂亮50 行情""小票行情""科技股泡沫""消费股黄金时代""生物科技泡沫""周期股复苏"等。

股票市场涉及的问题领域其实非常多，包括融资制度、交易制度、监管制度、投资者结构等，而本书的研究聚焦点则只有一个，那就是股市的行情表现特征。这决定了笔者写这本书有三个任务：描述行情、解释行情、总结规律。这三个工作都不容易做，如果说《追寻价值之路：2000～2017 年中国股市行情复盘》所研究的历史超过了笔者的职业生涯年限，那么 1948 年以来的美国股市（以下简称美股）历史跨度，则完全超出了笔者的生命年限，面对一条条已经久远的股价收益率曲线，要搞清楚当初究竟发生了什么，依靠回忆经历等感性认识是完全不可能的。因此，笔者在底层的基础资料和数据积累上下了大力气，对这 70 年的美股行情的每一年都进行了分年回顾，希望这些工作能够给读者带来可供参考的信息。

一、研究框架

笔者希望运用一个统一的分析框架去解释行情、总结规律，将驱动行情的逻辑归因于一个或者数个与基本面相关的变量，而不是归因于一系列的事件性冲击。因为所有的事件性冲击都是一次性的，无法重复，只有与基本面相关的变量是可以重复进而指导未来的。笔者在写作时深深地感受到,对于任何一段股市行情,要找到外在的事件性原因往往是比较容易的(比如说机构投资者集中抛售),而要弄明白背后与基本面相关的原因则要困难得多(机构投资者为什么集中抛售?)。但回顾历史的价值不就在这些困难的地方吗?将行情归因于一些事件性冲击,是对本来就为数不多的股市行情历史的一种浪费。

从研究方法上来说,本书与《追寻价值之路:2000～2017 年中国股市行情复盘》的整体框架和方法论是一脉相承的。笔者依然采用"四位一体"的策略分析框架,即宏观经济、企业盈利、利率水平和资产比价,来理解和分析股市行情运行的特征。其中,宏观经济是出发点,决定了企业盈利和利率水平的变化。企业盈利、利率水平是分析股价变化的核心抓手,是最重要的两个解释变量。资产比价即不同资产之间的相对性价比,会影响着很多结构性行情的出现。

这"四位一体"中的变量,笔者理解为是"框架内"因素,其他的是"框架外"因素。从复盘美股的历史来看,"框架内"因素可以解释绝大部分的行情特征,但也必须承认的是,股票市场是复杂的人性映射,在有些时间内确实也存在着"框架内"因素无法解释清楚的行情特征。比如,美元汇率与美股走势的关系,无论是理论还是实证上,市场对于两者之间应该是正向关系还是负向关系,是处在一种说不清楚的境地。但在特定时期内,人们会发现这个"框架外"的因素确实又会成为市场重点关注的问题,而且究竟是升值还是贬值利好股市的逻辑还会来回变。

这里需要指出的一点是,对于盈利和利率这两个核心变量,美股和中国 A 股市场的重心似乎并不一样,美股重利率、中国 A 股市场重利润。从美股的历史来看,上市公司利润增速的曲线是类似三角函数一样周期性波动的,而利率变化的形态则类似一个正态分布函数,以 1982 年为"拐点",之前是趋势性上行后面是趋势性下降。这导致美股投资者相比盈利更加关注利率,因为利率水平的变化是趋势性的,趋势性的利率下行可以带来股市估值系统性的提升,而业绩增速变化是周期性的,随着投资者适应性预期的不断增强,就会越来越对业绩的波动不敏感。与美股相反,中国 A 股市场的情况是业绩增速是一个趋势性的变化,从 2010 年以来,中国经济开始进行转型升级,经济增速下台阶,谁也无法清晰地预期到这个下台阶要到什么时候?什么位置?而中国的利率水平变化形态则是典型的周期性波动,从 2002 年有数据以来,

10 年期国债收益率基本就是"上有顶、下有底",在一个区间内来回震荡。所以笔者看到,至少到目前为止,美股市场中利率下行往往会引发股市一波向上行情的发生,利率下行是美股上涨的一个非常重要的逻辑。中国 A 股市场则不是,中国 A 股市场行情的启动点一般都是出现了盈利"拐点"的信号,而利率下行,往往意味着中国 A 股市场在多数情况下都是下跌的。

二、写作特点

第一,充分挖掘原始数据、以原始资料为准。

研究的过程中笔者发现,很多事情可能只有通过对原始资料的研究才能有全面的了解,如果仅仅基于间接资料,对特定行情的理解有可能是片面的,甚至是错误的。

比如,笔者在很多著作中可能会了解到美股在 20 世纪 60 年代出现过所谓的"电子热"或者叫作"Tronics 泡沫",多数情况下相关著作会一笔带过,并不会对行情的细节进行展开,给读者留下的印象基本上是这些电子股在 20 世纪 60 年代涨过一次然后又跌回去了。实际上,20 世纪 60 年代的"电子热"是由两波行情构成的,而且这两波行情的特征和上涨个股是完全不一样的。第一波"电子股"行情在 1960 年前后,上涨的主要都是名字里带 tronics 的一些小公司,后来确实很快就跌回去了。而第二波"电子股"行情在 1965～1967 年发生,背后是有大的基本面逻辑支撑的,上涨的个股主要以大市值公司为主,而且涨完之后并没有大幅回落。

基于原始数据和原始资料进行研究是笔者写作本书的基本原则。这些原始数据和原始资料主要包括历年的《巴伦周刊》(*Barron's*)、《华尔街日报》(*The Wall Street Journal*)、《美国总统经济报告》(*Economic Report of the President*)、《美联储年报》(*The Federal Reserve Board Annual Report*),宏观经济数据、上市公司历史财务数据(Compustat)、上市公司历史股价数据(Center for Research in Security Prices,CRSP)等。也正是需要大量的原始数据作为研究的基础,笔者才将行情复盘的起点选在了1948 年,这主要是基于数据可得性的考虑。

第二,写作时争取有细节、有"故事"、有画面感。

券商的卖方研究一般喜欢画出一条条曲线,但细节藏在"魔鬼"中,有些东西都是很奇妙的,非过程细节描述,不足以看懂其内在。比如说,1979 年美国股市在加息的过程中上涨，而且越加息越涨，此时经济基本面并不好。主要原因是当时保罗·沃尔克刚上任美联储主席，市场对其给予了很大的期望，加息被视作是一种政府遏制通货膨胀决心的信号。如果没有细节、光有一条曲线，可能无法体会到当时市场的情绪。

第三，严谨地阐述事实、开放式的观点和结论。

笔者致力于全面地、严谨地描述股市行情的特征，理清许多基本事实。这是一个科学的研究过程，相信在同样的数据和方法下，不同的人不会有不同的结论，基本事实就摆在那里。

难点在其后，如何去解释这样的基本事实，可能不同的人会有不同的观点。本书的看法对于观点和结论，大可抱着开放式的心态去看待。很多问题，笔者会提出自己的观点和逻辑，但笔者也非常欢迎不同的观点。比如说，笔者认为消费股不具有抗通胀属性，因为累计所得税制度下通胀对居民消费能力损害很大。再比如，笔者认为科技股的行情主要取决于自下而上的技术创新，与利率水平、经济增速等宏观经济环境关系不大。这些都是笔者的一家之言，笔者会给出理由和证据，不过笔者也相信这绝不是唯一正确的结论，笔者期盼不同逻辑观点的"交锋"。

三、整体架构

本书的内容大体上由两部分构成：第一部分，第一章至第八章，纵向以时间为维度，对美国股市行情发展的历程进行了回顾。其中，每一章由三部分内容构成，第一节大事回顾，主要是叙事，对当年影响股市的主要事件和行情变化进行描述；第二节经济形势，自上而下地分析了宏观经济中经济周期和经济结构的变化，以及上市公司盈利和估值水平的情况。第三节行情特征，分析和讨论股市行情的结构性特征，以及行情背后的驱动力。第二部分，第九章至第十六章，横向以板块为维度，对必需消费、可选消费、金融、信息科技、原材料、能源、公用事业、工业、医疗保健等九个板块基本面变化及行情历史走势进行了回顾。在这一部分，笔者以一个更长周期的视角，来讨论特定板块在历史中的股价超额收益表现情况，以及驱动板块收益率变化背后的基本面原因。

在撰写本书时，笔者尽最大努力去查询资料、校对数据，希望能提高可读性给读者提供价值。但股票市场确实过于复杂，美股是一个海外市场，要研究的时间跨度又很长，且笔者水平有限，资历尚浅，预计一些错误在所难免。笔者特别期望读者能不吝赐教，给予更多的批评指正，使笔者能够有更多的改进和提高。

燕 翔

2019 年 9 月

于北京市兴盛街六号

道琼斯工业指数（年K线）

指数点位（点，对数刻度）

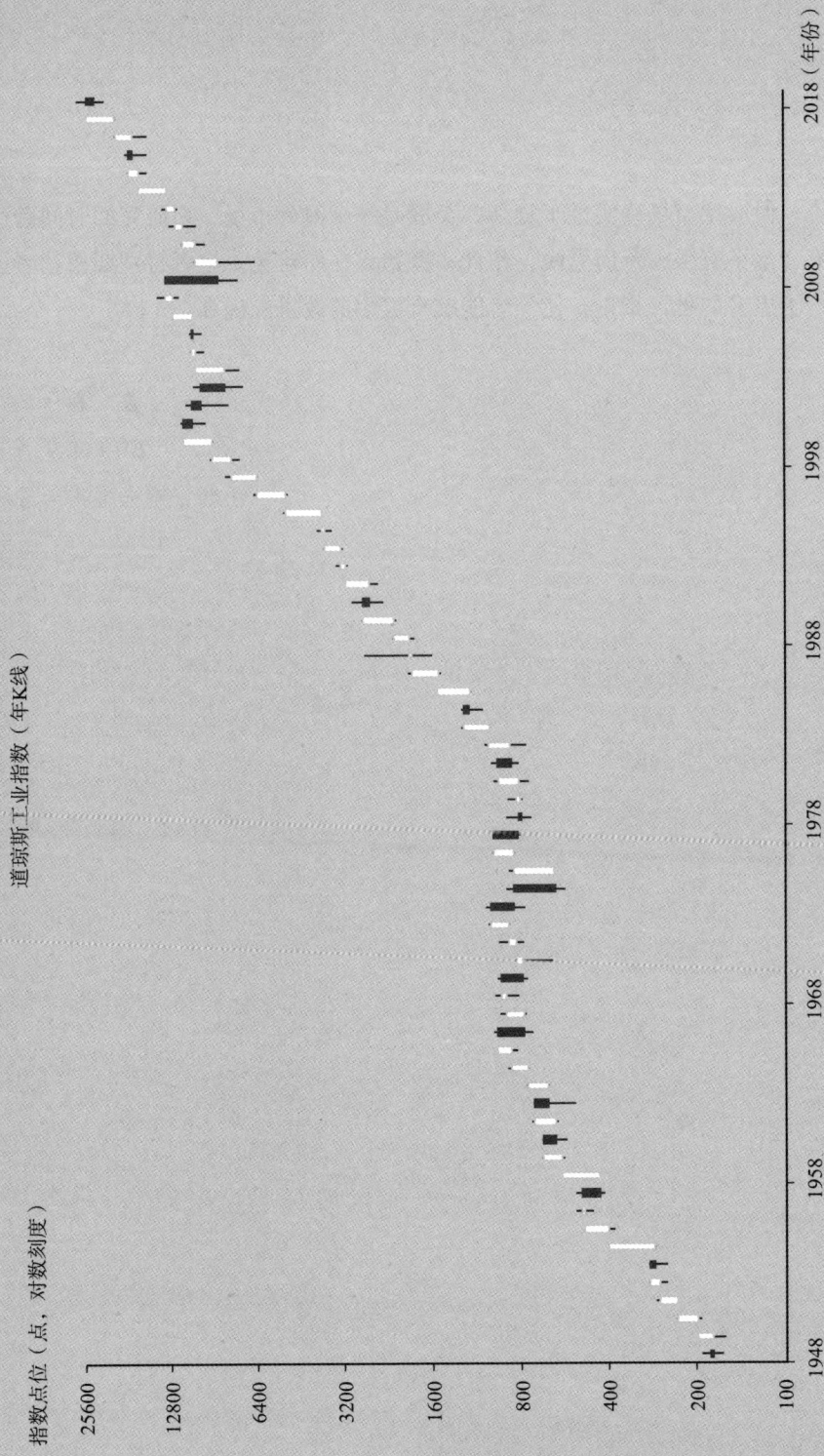

附图 1948~2018年道琼斯工业指数走势

资料来源：万得信息技术股份有限公司（以下简称Wind资讯）。

目　　录

第七章

2001～2008年：苦苦挣扎 285

第一章
1948～1957年：新的开始

　　经历了第二次世界大战及战后的经济衰退，美国资本市场的走势翻开了新的"篇章"。1948年的"柏林危机"[①]（Berlin Crisis）以及"马歇尔计划"[②]（The Marshall Plan）的推出，预示着"冷战"[③]（Cold War）已经开始。1950年"朝鲜战争"的爆发，把美国再度拖回了战争经济的状态，各项经济政策以保障国防生产为首要任务。1951年美国联邦储备系统（The Federal Reserve System，以下简称美联储）正式从美国财政部中独立出来，此后成为对美国股市以及全球资本市场最有影响力的机构。虽然20世纪50年代美国的国内外风波事件不断，但第二次世界大战后美国经济强劲的发展势头使得美国股市持续走高。1954年11月23日，道琼斯工业指数在时隔25年之后，终于超过了1929年9月3日381点的巅峰高度创历史新高（见图1–1）。这是一个重工业的时代，战争经济使得国防军工股、周期股风光无限。第二次世界大战后，中东地区油田的开发使得石油公司的经营大放异彩，低油价以及美国郊区化居住文化的兴起使得汽车行业高速成长。而消费品板块表现普遍较差，20世纪50年代美国居民不得不面对高达91%的个人所得税最高边际税率。

---

　　① "柏林危机"（Berlin Crisis）共有三次，第一次发生于1948年，又称"柏林封锁"（Berlin Blockade），是"冷战"开始后其中一个最早发生的危机，其导火索为1948年6月24日苏联阻塞铁路和到柏林西部的通道，至1949年5月12日苏联宣布解除封锁，停止行动之后，危机缓和。第二次发生于1958年，苏联发出最后通牒，要求英、美、法三国6个月内撤出西柏林驻军，后来以苏联让步完结。第三次发生于1961年，苏联重新提出西柏林撤军要求，事件以苏联在东柏林筑起柏林墙作结，美、苏关系以苏联冻结柏林问题而得以缓和。

　　② 马歇尔计划（The Marshall Plan），官方名称为欧洲复兴计划（European Recovery Program），是第二次世界大战结束后，美国对被战争破坏的西欧各国，进行经济援助、协助重建的计划，对欧洲国家的发展和世界政治格局产生了深远的影响。该计划于1948年4月正式启动，并整整持续了4个财政年度之久。

　　③ 冷战（Cold War）是指1947～1991年，美国、北大西洋公约组织为主的资本主义阵营，与苏联、华沙条约组织为主的社会主义阵营之间的政治、经济、军事斗争。

道琼斯工业指数（月K线）

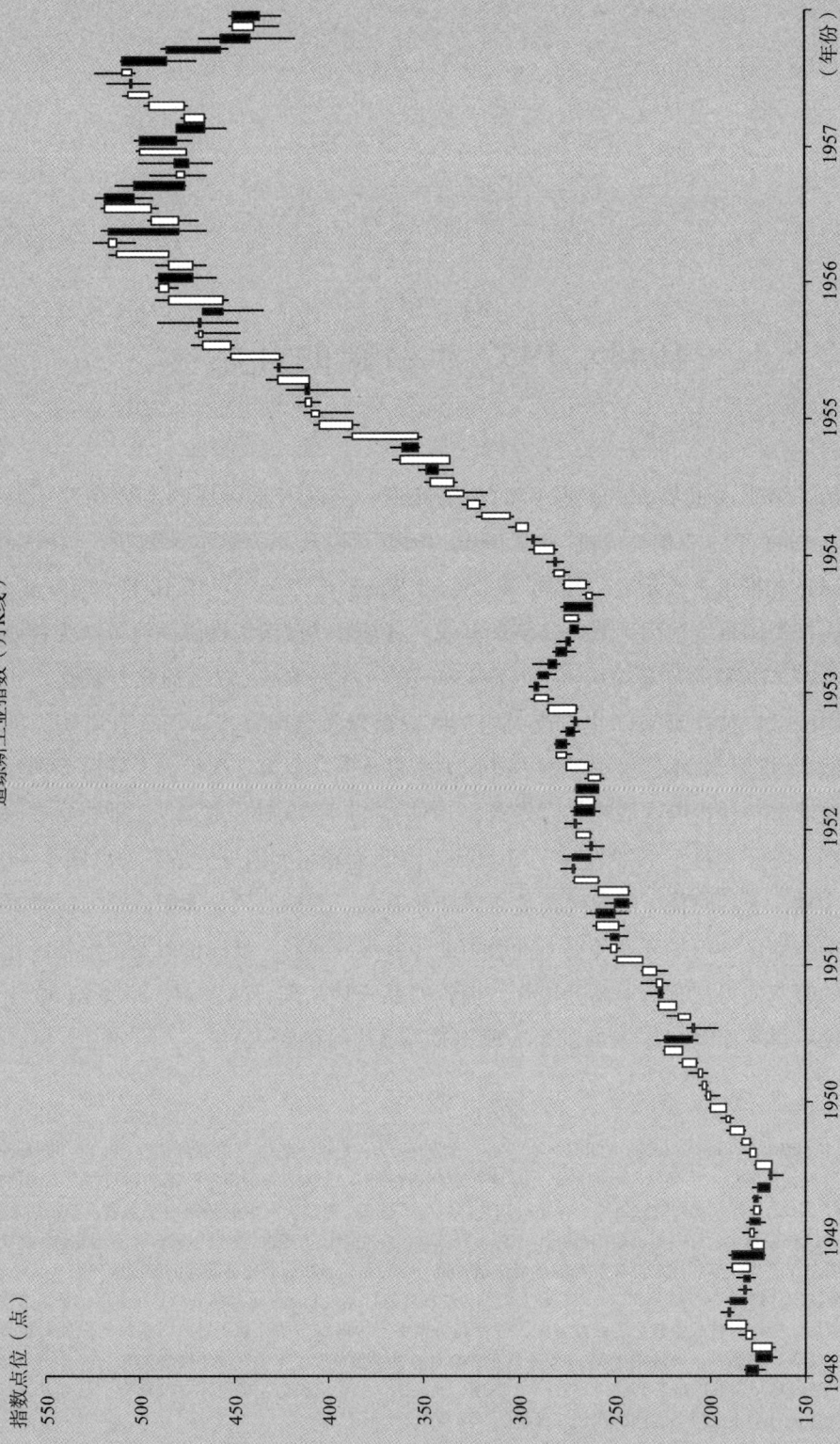

指数点位（点）

550

500

450

400

350

300

250

200

150

1948   1949   1950   1951   1952   1953   1954   1955   1956   1957   （年份）

图1-1 1948~1957年道琼斯工业指数走势

资料来源：万得信息技术股份有限公司（以下简称Wind资讯）。

第一节　大事回顾："冷战"与新的经济秩序

一、1948年："马歇尔计划"

1948年进入第二次世界大战后的第三年，经济问题中的首要任务依然是对抗通胀。但1948年初的抗通胀有其特殊性，一方面，由于第二次世界大战后消费品价格大涨，劳动者要求提高工资的诉求高涨，劳资纠纷和罢工不断出现并一直持续到20世纪50年代前期，而提高工资又会进一步加剧通胀；另一方面，1948年初又是一个通胀和通缩力量交织出现的过程，通胀的绝对水平非常高，消费者物价指数（consumer price index，CPI）达到约10%，却是在一个快速回落的过程中。

为了抑制通胀，1948年1月9日，美联储宣布加息，将贴现利率从1.0%提高到1.25%，这是过去10年中第一次提高贴现利率。同年1月23日，美联储又要求商业银行的存款保证金比例从20%提高到22%，货币政策进一步收紧。国际方面，同年1月发生了法国法郎危机，法郎对美元贬值44.45%。同年2月20日，捷克斯洛伐克爆发了"二月事件"。在此情况下，美国股市从1948年1～2月上半月持续下跌，道琼斯工业指数最低下探到164点，跌幅达9%。

其中一个值得讨论的问题是，当时大宗商品价格大幅回落，对股市是一个很大的利空。商品价格回落一方面会减少企业盈利；另一方面可以消除通胀压力，特别是在通胀水平比较高的时候。但需要注意的是，在1951年美联储独立以前，美联储有责任维持美国国债低利率以方便政府融资，所以当时美国国债利率被管控得非常低，商品价格的回落不能造成利率大幅回落，反而对企业盈利影响比较大。这种情况的出现，是1948年1～2月股市大跌的基本面原因。

从1948年2月中旬到3月中旬，股票市场在低位震荡徘徊。同年3月5日，美联储修改了《T规则》（Regulations T）和《U规则》（Regulations U），允许证券市场投资者进行保证金交易，保证金比例为75%。同年3月底，减税方案被强制通过了，引发了股票市场的大涨。《减税法案》（即《1948收入法案》，Revenue Act of 1948，以下简称《法案》），降低个人所得税5%～13%，提高了个人所得税扣除项目的减免额，以及给予65岁以上人群更高的扣除额度等，这个《法案》最初被哈里·杜鲁门（Harry S. Truman）总统否决，但随后又被共和党控制的众议院以2/3多数票通过。

同年 4 月 3 日，哈里·杜鲁门总统签署了"马歇尔计划"，股市上涨的热情被进一步激发。股市行情从同年 3 月下旬启动，一直持续到 6 月中旬，道琼斯工业指数最高达到 195 点，涨幅近 15%。同年 6 月 1 日，美联储进一步收紧货币政策，将商业银行的存款准备金比率从 22% 上调至 24%。

1948 年 6 月下旬开始，国际局势发生了重大变化，第一次"柏林危机"爆发了。同年 6 月 18 日，美、英、法三国通知苏联，决定在整个德国西部占领区实行货币改革，成为第一次"柏林危机"的"导火索"。同年 6 月 19 日，苏联停止了所有占领区间的铁路客运交通和进入苏联占领区的公路交通，同时发表声明指出，德国西部占领区发行的货币不准在苏联占领区和柏林流通。同年 6 月 24 日，苏联实行了全面的地面封锁，德国西部占领区与柏林间的铁路交通全部中断。随后，美国实行空运向柏林 250 万居民大规模空运粮食及各种日用品。[①]

"柏林危机"造成了国际局势的骤然紧张，此时"冷战"已经在两个超级大国间展开，人们害怕出现第三次世界大战。而同时美国国内经济方面也出现了问题，就是大宗商品价格虽然有了明显下降，但是直到 1948 年 8 月 CPI 依然下不去，导致货币政策又进一步收紧。同年 8 月 12 日，美联储再度加息，将贴现利率从 1.25% 上升至 1.5%。在随后几天，美联储又对包括居民消费信贷在内的货币政策进行了调整。股市从同年 6 月中旬一直到 9 月底震荡下行，道琼斯工业指数从最高 195 点下跌至 176 点。

到 1948 年 9 月底时，国际形势有所好转，而且从第二季度到第三季度，美国国内的工业生产同比出现了回升，大家都觉得还不错，市场在同年 10 月出现了大幅反弹，道琼斯工业指数最高回升至 190 点。但反弹在同年 11 月戛然而止，造成这一切的原因是哈里·杜鲁门连任了美国总统！

1948 年 11 月 2 日，哈里·杜鲁门总统在白宫赢得了多数票，击败了共和党总统候选人托马斯·杜威（Thomas E. Dewey），由于大选前民主党已经连续执政 16 年，大部分美国人都认为应该是政党轮换的时候了。1948 年的总统大选，可谓是美国大选史上最戏剧性的逆转，《芝加哥论坛报》（Chicago Tribune）此前已经印好了头条，可是结局却让人大跌眼镜，哈里·杜鲁门在 1948 年大选逆转连任后，刻意在新闻发布会上拿出《芝加哥论坛报》前一日的头版"杜威击败杜鲁门"。[②]

哈里·杜鲁门当选总统的经济政策层面问题在于，民主党主张更多的政府干预和

---

① 资料来源：林勇军. 第一次柏林危机初探 [J]. 史林，1987（1）：112-119.
② 资料来源：张鹰. 靠亲民逆袭的美国总统 [J]. 文史博览，2014（12）：29-30.

社会福利，所以减税就有很大压力；而共和党主张第二次世界大战后政府应该减少干预从而减少政府支出进而减税。哈里·杜鲁门当选总统意味着减税的步伐没有那么快，显然令更多的工商业界人士失望。1948年11月美国股市大幅下挫，道琼斯工业指数从190点最低下跌至171点，跌幅达10%。此后，股市在12月企稳回升，收复了一些"失地"。

道琼斯工业指数1948年底最终收于177点，全年下跌2.1%（见图1-2）。

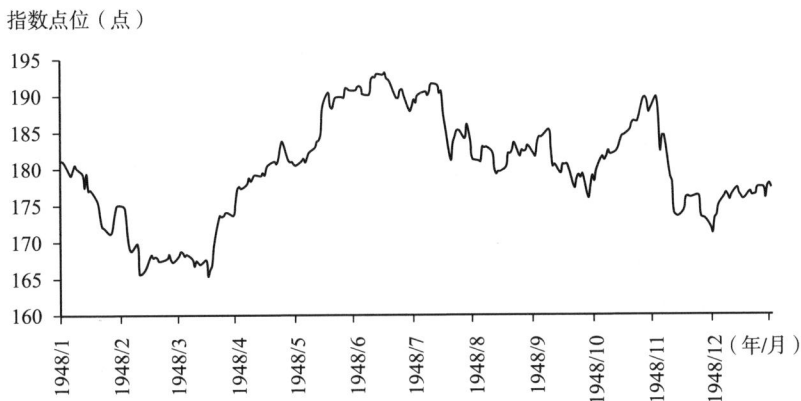

图1-2 1948年1～12月道琼斯工业指数走势

资料来源：Wind资讯。

二、1949年：公平施政

1949年1月5日，哈里·杜鲁门总统宣布了他的"公平施政"（Fair Deal）政策纲领。他说道："我国居民的每个阶层和每个人都有权期望从我国政府得到公平施政，都有机会从我国日益增长的繁荣中获得他们公平的一份。"[①] 这是一个非常雄心勃勃的政策纲领，"公平施政"的主要措施包括：颁布就业法、建立医疗保险制度、扩大社会保险范围、提高最低工资限额、提倡国民健康保险、否决1947年的劳资关系法、建造廉价公共住宅、继续维持农产品的价格支持计划、要求制定保障民权的立法、扩大联邦政府对教育的援助、保护和开发自然资源等。

"公平施政"实质上是对罗斯福新政（The Roosevelt New Deal）的扩大和延续，在社会保障、社会福利方面尤为明显，扩大了政府对于经济生活的干预程度，也意味

---

① 资料来源：闫政富. 杜鲁门的"公平施政"评述 [J]. 丹东师专学报，1998（1）：39-44.

着财政支出会增加。"公平施政"纲领宣布后，美股连拉了几根阳线，随后从 1949 年 1 月中旬开始一直到 2 月初保持横盘震荡走势。到同年 2 月，受大宗商品价格继续下跌的影响，股市再度下跌，道琼斯工业指数最低下探至 171 点。

1949 年 3 月开始货币政策有所松动。同年 3 月 2 日，美联储将消费者分期贷款的最长时限从 15～18 个月提高到 21 个月，同时将除汽车外其他消费品的最低付款比例从 20% 下降至 15%。同年 3 月 28 日，美联储将证券交易的保证金要求比例从 75% 下调至 50%，这使得市场出现了两天的"脉冲"式上涨。同年 4 月 4 日，美国、加拿大、英国等 12 国在华盛顿签署了《北大西洋公约》（North Atlantic Treaty，以下简称北约），决定成立北大西洋公约组织（North Atlantic Treaty Organization，NATO）①，同年 8 月 24 日各国完成批准手续，该组织正式成立。同年 4 月 22 日，美联储进一步放松消费信贷政策，将除汽车外其他商品的最低付款比例下调至 10%，将最长贷款期限提高到 24 个月。同年 4 月 28 日，美联储又调低了商业银行的存款准备金比例。股市在 3～4 月基本保持横盘震荡的态势。

1949 年 5 月开始，市场出现了大跌，从 1949 年 5 月初一直到 6 月中旬，道琼斯工业指数从 177 点跌至 160 点。这期间，1949 年 5 月 12 日柏林封锁解除了。股市下跌的主要原因是各项经济数据的全面下滑，美联储公布的工业生产指数大幅下滑，让市场所有人感受到了经济衰退。实际上，按照美国国家经济研究局（National Bureau of Economic Research，NBER）的事后定义，这一轮美国经济衰退从 1948 年 11 月就开始了，但从当时市场的反应来看，投资者是后知后觉的。这可能跟经济统计数据的发达程度与普及率有很大关系，美国以国内生产总值（gross domestic product，GDP）为核心的国民经济统计数据体系差不多是从 1947 年开始才有的，当时是在初期。而随着后续美国经济数据统计的不断完善和普及，市场对经济衰退和复苏的反应在越来越领先和提前。

到 1949 年 6 月，大宗商品价格指数开始见底回升了，股市底部领先经济底部出现，从同年 6 月中旬开始，股市进入一轮大幅上涨周期中，一直到 1949 年底，是一路上涨基本没有太多回调。同年 6 月 29 日，美联储再度降低了商业银行的存款准备金要求比例。同年 7 月开始，美国最重要的两个行业钢铁和汽车行业的数据开始有所

---

① 北大西洋公约组织，亦称"北大西洋联盟"或"北大西洋集团"，简称"北约"。是主要西方国家的军事联盟，也是成员国之间进行政治、经济与非军事领域进行持续合作与协商的机构。根据 1949 年 4 月 4 日签署的《北大西洋公约》于 8 月 24 日正式成立。总部原设伦敦，1951 年迁往巴黎，1967 年迁至布鲁塞尔。宗旨是，各成员国"在集体防务和维持和平与安全方面联合努力""促进北大西洋地区的稳定和福利"。资料来源：刘金质，梁守德，杨淮生. 国际政治大辞典［M］. 北京：中国社会科学出版社，1994.

好转。同年 8 月 5 日，美联储再度降低了商业银行的存款准备金要求比例。到同年 8 月中旬，关于减税的讨论越来越多，呼吁减税的方向包括消除股利的双重征税（企业盈利已经征收企业所得税，发放股息还要征收个人所得税，是为双重征收）、降低个人所得税最高层级税率、提高所得税抵免项目等，减税的讨论促使股市进一步上涨。

这期间一个重要的负面因素是劳资纠纷，虽然劳动问题持续不断、此起彼伏，但对股市的影响基本都是干扰性质的，没有产生趋势性的影响。1949 年杜鲁门政府对待劳资纠纷和罢工的态度基本是不干预，让他们自己解决。

1949 年 9 月 15 日，《1949 年住房法》（Housing Act of 1949）正式通过，它是"公平施政"纲领下的重要法案。《1949 年住房法》是第二次世界大战后遍及美国大城市的城市更新运动的起点。法案得到了联邦政府、地方政府和房地产开发商的支持，对开展贫民窟清理与重建、建造公共住房和明确政府与私人合作开发模式三个方面做出明确规定，对第二次世界大战后美国城市走向产生了深远的影响。

1949 年 9 月 18 日，英国政府宣布英镑贬值 30.5%，由 1 英镑兑换 4.03 美元贬至 2.8 美元，英镑贬值使英镑区国家和法国、比利时、荷兰、加拿大、丹麦、瑞典和埃及等 24 个国家都受到影响，在几天内也相继宣布本国的货币贬值。受此影响，美股大跌了两天。同年 9 月 23 日，苏联研制成功原子弹。同年 10 月以后，美国经济走出衰退，而且是在一个很低的通胀水平下实现的，股市继续上涨。随着经济数据的不断好转以及许多劳动争议问题的解决，美国股市持续上涨，收盘于全年最高点。

道琼斯工业指数年底最终收于 200 点，1949 年全年涨幅 12.9%（见图 1-3）。

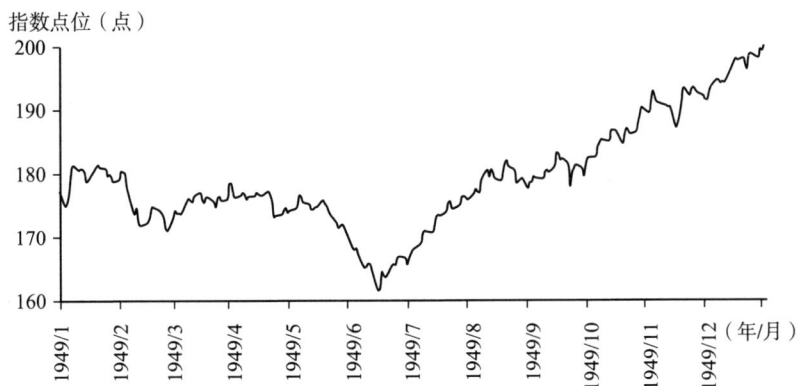

图 1-3 1949 年 1～12 月道琼斯工业指数走势

资料来源：Wind 资讯。

三、1950 年：战时动员

进入 1950 年，美国股市延续着 1949 年下半年以来的持续上涨势头，道琼斯工业指数在 1 月小幅横盘盘整后，站稳 200 点以上，随后开始继续上攻。

1950 年开始经济形势变得越来越好，美国工业生产指数同比增速从 1949 年下半年开始快速回升，到 1950 年 2 月增速正式转正且继续快速大幅上行。同时，至少在同年上半年，通货膨胀还不会成为制约经济发展的主要问题。此外，当时市场对于美国联邦政府的减税也有着很强的预期，因为第二次世界大战已经结束，政府不再需要这么多的国防军费开支从而可以大规模地减税，减税可以给上市公司带来巨大的利润收益。

经济好转、通胀低位、减税预期，使得股票市场在 1950 年上半年持续上涨，虽然这中间也有一些煤炭工人罢工等负面冲击，但并不影响大局，道琼斯工业指数从年初的 199 点左右最高到同年 6 月上旬上涨至 228 点，半年涨幅约 15%。1950 年的转折点出现在同年 6 月，1950 年 6 月 25 日"朝鲜战争"[①] 爆发，受此影响，美股出现了大幅下跌。到同年 7 月 13 日，道琼斯工业指数最低跌至 197.4 点，回吐了上半年的全部涨幅。

1950 年下半年影响美国股市的因素主要有三个方面：一是美国应对"朝鲜战争"所做的战时动员；二是为应对通货膨胀上行货币政策持续收紧；三是经济形势不断好转企业利润大幅增加。

为应对"朝鲜战争"，美国国会（United States Congress）于 1950 年 9 月 8 日批准颁布了《国防生产法案》（The Defense Production Act，以下简称《法案》），该《法案》明确规定了有关国防生产的优先顺序，确立了物资与设施的分配体制和征收权，同时授权总统可以控制物价、工资和消费信贷，以增加国防生产。[②] 同年 9 月 23 日美国通过了《1950 年收入法案》（Revenue Act of 1950，以下简称《法案》），该《法案》取消了个人所得税中的部分扣除项目，同时把企业所得税税率最高档从 38% 上调至了 45%。年初的减税预期一下子逆转变成了加税。同年 12 月 16 日哈里·杜鲁门（Harry S. Truman）总统宣布美国进入紧急状态。

---

① 1945 年 8 月 15 日日本投降后，美、苏军队以朝鲜半岛北纬 38 度线为界，分别进驻朝鲜半岛南、北半部，朝鲜半岛从此处于分裂状态。1948 年 8 月 15 日，朝鲜半岛南半部成立大韩民国。同年 9 月 9 日，朝鲜民主主义人民共和国宣告成立。从 1949 年起，朝鲜半岛北、南双方小规模武装冲突不断。1950 年 6 月 25 日，朝鲜战争正式爆发，6 月 27 日，美国总统杜鲁门宣布美军直接参战，并派遣第七舰队封锁台湾海峡。（资料来源：刘金质，梁守德，杨淮生. 国际政治大辞典［M］. 北京：中国社会科学出版社，1994.）

② 资料来源：邹瑜，顾明. 法学大辞典［M］. 北京：中国政法大学出版社，1991：939.

而与此同时，美国的通货膨胀从 1950 年下半年开始出现了加速上升的情况，战争背景下通货膨胀有愈演愈烈的态势。为应对通胀，美联储从 1950 年下半年开始不断收紧货币政策。同年 8 月 18 日，美联储宣布将贴现利率从 1.5% 上调至 1.75%。同年 9 月 9 日美联储收紧了房地产信贷政策，同年 9 月 18 日美联储进一步收紧了消费者分期贷款信贷政策。同年 12 月 29 日，美联储将活期存款准备金率上调 2% 以及定期存款准备金率上调 1%。

价格管制、征税、货币政策收紧，无疑对股市都是极大的负面影响，但市场表现却在 1950 年 7 月大跌之后逐步回升，并超过同年 6 月的高点。促使股市上涨的主要原因就是当时经济实在太好了，企业盈利大幅增加。美国经济在 1950 年下半年加速上行，工业生产指数在同年 8 月超过了 1944 年 6 月的战时最高水平，创历史新高，到同年 10 月工业生产指数同比增速已经接近 30%。

道琼斯工业指数 1950 年底最终收于 235.4 点，全年涨幅 17.6%（见图 1-4）。

指数点位（点）

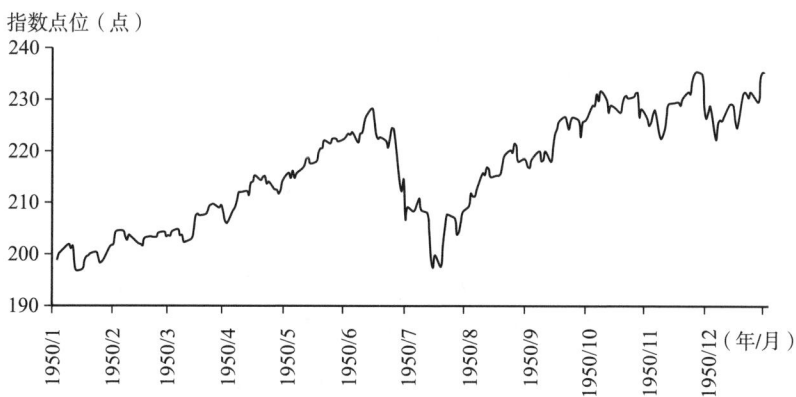

图 1-4 1950 年 1～12 月道琼斯工业指数走势

资料来源：Wind 资讯。

四、1951 年：美联储独立

1951 年初，美股表现不错，股票市场在前两个月依然延续着 1950 年下半年以来的上涨势头。这期间发生了两件对股票市场产生相对负面影响的事件，一是在 1951 年 1 月 17 日美联储将股票交易的保证金要求从 50% 提高到了 75%，等于直接收紧了股票市场中的流动性。二是由于"朝鲜战争"的影响，美国政府根据《国防生产法案》在同年 1 月 26 日进行全面管控，冻结了工资和物价。这使得股市在同年 1 月下旬出现了一定调整，但很快收复了失地，到同年 2 月底道琼斯工业指数收盘于 252

点，相比 1950 年底上涨了 7.1%。

由于战争对军费的需求不断增加，而同时通货膨胀又维持在很高的位置，1951 年初美国 PPI 同比在 18%、CPI 同比在 9% 以上，这使得美国财政部和美联储之间的分歧不断加大。美国财政部希望继续保持较低的国债融资利率，而在此之前作为隶属于财政部的美联储，需要负担维持国债低利率的职责，这就需要美联储不断在市场中投放货币购买美国国债以维持低利率，而这样做就使得美联储完全无法通过货币政策来遏制通货膨胀。

在经过一系列的争论与协商之后，1951 年 3 月 4 日《财政部 - 联邦储备协议》（Treasury-Federal Reserve Accord）正式出台。从此刻开始，美联储不再隶属于美国财政部，美联储正式以独立的中央银行身份开始运作。美联储不再负责维持美国国债低利率，此后货币政策开始完全独立，美联储开始着手调节货币供应以保持经济稳定运行。1951 年美联储独立，标志着美联储及其货币政策将成为影响美国经济的重要主导力量。

但在当时，应该说美联储的独立对于股票市场是一个明显的利空，道琼斯工业指数在 1951 年 3 月中出现了一波很急促的下跌。利空的原因是多方面的，一是美联储放弃维持国债低利率后，利率出现了明显上行；二是美联储减少二级市场购买国债，意味着货币政策在进一步收紧；三是对于持有大量美国国债的金融机构而言，国债利率上行意味着存量债券资产的价值下跌。

从 1951 年的第二季度到第三季度，整个美国经济基本面出现了高位回落，体现在工业生产和通货膨胀同比增速均出现了显著回落。因此从 1951 年 2 ~ 6 月，股市总体来看是震荡盘整的行情。转折点出现在同年 7 月，1951 年 7 月 10 日，朝鲜停战谈判首次会议在开城举行。

朝鲜停战谈判的举行意味着战争的压力开始逐步减弱，这直接导致了美国各项经济政策的变化。美国国会于 1951 年 7 月 31 日通过了《经济控制法案》（Economic Control Bill）。与此同时，美联储也于同年 7 月 31 日放松了《W 规则》（Regulation W）下的消费者分期贷款限制。《W 规则》生效于 1950 年 9 月，一直维持到 1951 年前 7 个月。放松后，消费者分期贷款的首付比例从 25% 降至 15% 并同时延长了最长还款期限。1950 年 9 月 1 日，美联储放松了房地产贷款的限制。这一系列举措意味着此前持续收紧的货币政策开始不断放松。所以从 1951 年 7 月一直到 10 月，在政策放松利好的影响下，美股走出了一波上涨行情。

到 1951 年 10 月，美国政府新一年的财政预算显示仍然需要加税，同年 10 月 20 日通过的《1951 年收入法案》（Revenue Act of 1951）进一步暂时性地提高了个人所得税和企业所得税税率，这使得市场在同年 10 月和 11 月出现了明显的调整，同年 12 月市场小幅回升。

道琼斯工业指数年底最终收于 269 点，1951 年全年涨幅 14.4%（见图 1－5）。

指数点位（点）

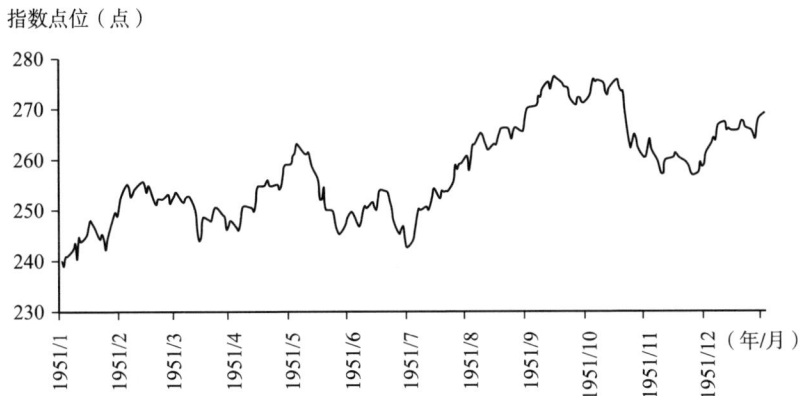

图 1－5　1951 年 1～12 月道琼斯工业指数走势

资料来源：Wind 资讯。

五、1952 年：总统违宪

进入 1952 年，美国经济的状况并不是太好，一方面，由于《国防生产法案》的种种限制以及各种收紧管制的措施，工业生产同比增速在同年上半年出现了负增长，同时商品价格也在持续回落；另一方面，由于持续上升的企业所得税税率，企业的税后利润大幅减少，在同年上半年出现了同比增速大幅负增长。

另外，在 1952 年上半年对股市形成重大压制的因素是美国钢铁工人的罢工运动。美国钢铁工会在 1951 年底提出希望提高工人工资，被资方拒绝，于是工会准备罢工。1952 年 1 月在哈里·杜鲁门总统的呼吁下，美国钢铁工人延迟了罢工，随即开始劳资双方的一系列谈判，但一直没有谈拢。到 1952 年 4 月 4 日，谈判彻底破裂，钢铁工人决定在同年 4 月 9 日举行全国范围的罢工活动。

由于当时"朝鲜战争"并未完全结束，如果发生全国范围的钢铁工人罢工，后果可能很严重。1952 年 4 月 8 日，离大罢工不到一天的时间，哈里·杜鲁门总统决定与钢铁工会的领袖商谈，但到了晚上 10 点半，哈里·杜鲁门总统突然改变主意并发表紧急声明，美国政府将在午夜时分接管钢铁厂。① 美国政府接管钢铁厂在当时举

---

① 资料来源：［美］戴维·麦卡洛. 杜鲁门传［M］. 王秋海，等译. 北京：世界知识出版社，1996：1037－1040.

国震惊。在这样的经济和政治背景下，1952 年从 1 月中旬到 4 月底，道琼斯工业指数在持续下跌。

杜鲁门政府接管钢铁厂，最后演变为一场宪法危机。1952 年 6 月 2 日，美国最高法院以 6∶3 的投票，宣判总统的行动违宪。判决出炉几分钟后，哈里·杜鲁门下令商务部部长立即将钢铁厂还给企业家。钢铁工人大罢工随即开始。接管美国钢铁企业或许是哈里·杜鲁门在总统任期内作出的最大胆、最有争议的决定之一，或许也正因为此，哈里·杜鲁门最终放弃了在 1952 年参选下一届美国总统。同年 6 月 5 日，美国钢铁企业劳资双方的谈判重新开始，到同年 7 月 24 日劳资双方正式达成协议，罢工结束。①

从股市的表现来看，市场从 1952 年 5 月开始一直到 8 月中旬走出了一波非常不错的行情。这一方面得益于美国钢铁工人的劳资纠纷问题在同年 6 月初谈判重启后开始逐渐缓和并得到解决，同年 7 月以后美国钢铁工人结束罢工，钢铁生产迅速恢复并带动工业生产指数大幅回升；另一方面国家对于经济的管制也开始逐渐放松。同年 5 月 7 日美联储暂停了《W 规则》，进一步放松了消费信贷管制。同年 6 月 11 日和 9 月 16 日，房地产信贷管制被先后两次放松。

在经历了一波上涨之后，市场从 1952 年 8 月中旬开始出现了一轮下跌，一直持续到同年 10 月底。造成市场下跌的原因是多方面的，一是由于国际局势的影响，"朝鲜战争"时打时谈、同年 9 月 18 日日本加入联合国的议案被苏联行使了否决权；二是企业第二季度财务报表开始陆续公布，高赋税对企业盈利的重大负面影响非常明显；三是在钢铁工人罢工的榜样作用影响下，1952 年下半年煤炭工人等其他行业的劳资纠纷也日益爆发。

1952 年 11 月 4 日，共和党候选人德怀特·艾森豪威尔（Dwight D. Eisenhower）以 442 票对 89 票的绝对优势，战胜了民主党候选人 A. 斯蒂文森（Adlai Stevenson），当选为美国第 34 任总统，成为自 1932 年以来的第一位共和党总统。德怀特·艾森豪威尔总统的当选在当时是受到普遍认可的，对股市也被认作是一种利好。除了其本人出色的军人履历外，对股市而言，最重要的影响可能还在于作为一个共和党总统，他的上台有望改变罗斯福"新政"以来美国政府财政赤字越来越大的局面。

资本市场非常期待德怀特·艾森豪威尔总统上台后能够减少美国政府的财政赤

---

① 资料来源：周德宇. 杜鲁门政府处置"钢铁公司占领事件"探析［J］. 安庆师范学院学报（社会科学版），2015（3）：118-124.

字，从而进行减税，这样可以大幅提高企业的盈利。在这样的预期下，1952年11月和12月市场表现非常好，连续上涨。

道琼斯工业指数1952年底最终收于292点，1952年全年涨幅8.4%，连续四年上涨（见图1-6）。

指数点位（点）

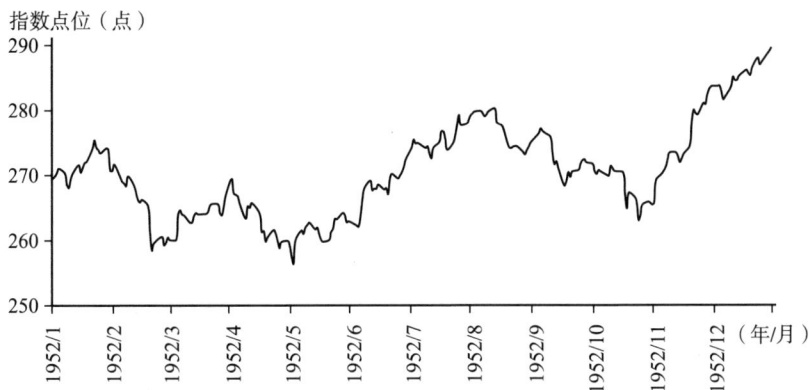

图1-6 1952年1～12月道琼斯工业指数走势

资料来源：Wind资讯。

六、1953年：经济衰退

美国股市在1952年的最后两个月中表现非常不错，一路上涨，因此市场也带着一种乐观的情绪进入了1953年。1953年初，无论是美国政府还是市场都认为经济在不断向好。在1953年1月14日，哈里·杜鲁门总统向国会递交的年度经济报告中，预测1953年美国经济将会是"史无前例的繁荣"（unparalleled prosperity），高就业与物价稳定相伴。

1953年1月20日，美国第34任总统德怀特·艾森豪威尔就职，也被寄予了很大期望。作为一名共和党总统，市场期盼其能够减少政府对经济的干预、控制政府开支，从而进行减税，增加企业利润。同年2月初，德怀特·艾森豪威尔总统取消了全部工资管控和许多价格管控。同年2月20日，美联储将股票交易的保证金要求从75%再度调低到50%（1951年1月17日上调到的75%）。国际上，1953年3月5日苏联领导人约瑟夫·斯大林（Joseph V. Stalin）去世。

尽管1953年初市场对经济的预期非常乐观，新总统上任又带来了很高的未来期望，但股市的表现非常一般，从1953年1～3月中，道琼斯工业指数几乎是完全走平的，而从同年3月下旬开始一直到6月中旬，股市更是出现了一波大幅下跌，其间，道琼斯工业指数跌幅为9.6%。

造成股市表现不佳的原因可能主要是两个：一是货币政策收紧，导致美国利率大幅上行。1953年1月16日，美联储将贴现利率进一步从1.75%提高到了2.0%（1950年8月18日从1.5%提高到1.75%）。受此影响，美国利率大幅上行，到1953年6月左右，无论是国债利率还是商业票据利率都创出了历史新高。二是商品价格的不断下跌，从而导致了企业盈利的压力。商品价格指数显示1953年大宗商品价格在1952年已经持续下跌的情况下，继续不断下跌，这个过程一直要持续到1953年10月左右。

所以，这就产生了一个问题，美联储为什么要在1953年初持续收紧货币政策，从而推升市场利率。按照美联储的官方解释，收紧货币政策的主要目标还是为了预防通胀（美联储年报及其他相关资料），但无论是大宗商品价格还是PPI和CPI走势，都看不出1953年美国经济有通胀的压力。所以有不少观点认为，当时货币政策操作不当是导致1953～1954年美国经济衰退的重要原因。

在经济下行压力下，美联储的货币政策也开始逐步放松。1953年6月24日，美联储宣布对大型商业银行降低2%存款准备金要求，同时，对城市和乡村银行降低1%存款准备金要求。股市行情到同年6月中旬有所好转，同年7月26日，历时两年之久的朝鲜停战谈判达成最终协议，同年7月27日各方谈判代表团首席代表在板门店正式签署《停战协定》。受此利好影响，美股在同年7月底出现了一波"脉冲"式冲高。

股市的回升从1953年6月中旬持续到8月初，从同年8月开始市场再度进入下跌通道。导致股市下跌的一个直接"导火索"是市场意识到了德怀特·艾森豪威尔总统并不打算提高联邦政府的法定债务上限。当时美国政府适用的是1946年确定的275亿美元的法定债务上限，而截至1953年7月15日美国联邦政府债务达到了260亿美元，市场期望政府提高债务上限以提供财政刺激，但到同年8月发现其实没有。

根据美国国家经济研究局（NBER）的定义，美国经济从1953年7月开始正式进入衰退期。应对经济衰退，美国政府的各项政策宽松也随之而来。1953年9月德怀特·艾森豪威尔总统表示将推出一个强有力的国防刺激项目，同时，美国财政部部长乔治·汉弗莱（George M. Humphrey）表示年底前将停止企业超额利润税并降低个人所得税。股市在同年9月中旬见底，随即展开反攻，并在第四季度震荡上行。

1953年美股行情展现出一个显著的经验特征，就是股市表现领先反映基本面。

如前所述，在年初时，经济指标并没有出现恶化，且政府和市场都对前景乐观时，股市已经开始调整下跌，当然这在当时也被认作是所谓的"不反映基本面"。经济衰退（即经济高点）是从1953年7月正式开始的，但到同年9月股市就已经见底，反映出很强的领先性。

道琼斯工业指数1953年底最终收于281点，全年下跌3.8%（见图1-7）。

指数点位（点）

图 1-7 1953 年 1～12 月道琼斯工业指数走势

资料来源：Wind 资讯。

七、1954 年：超越巅峰

1954 年美股表现非常好，全年股价一路平稳上行几乎没有回调，形态走势几近完美，道琼斯工业指数在时隔二十多年后终于超越了 1929 年的巅峰高点，美股进入了一个新的历史阶段。

1954 年初，美国经济仍处于衰退之中，但股市延续着 1953 年第四季度以来的上涨势头，表现并不差。1954 年 1 月，通用汽车公司（General Motors Company，GM）、美国钢铁公司（U. S. Steel）等"龙头"公司都表达了对当年经济形势仍相对乐观的态度。对股市刺激更大的，是美联储一系列的货币宽松政策。同年 2 月 4 日，美联储将贴现利率从 2% 下调至 1.75%。同年 4 月 13 日，美联储年内第二次降低贴现利率，从 1.75% 下调至 1.5%，货币政策进一步放松。同年 6 月 21 日，美联储又再度下调存款准备金率，以促进信贷投放。

1954 年 5 月 31 日，美国通过了《1954 年消费税减税法案》（*Excise Tax Reduction Act of 1954*，以下简称《法案》），该《法案》将《1951 年收入法案》（*Revenue Act of*

1951）临时延长至 1955 年 3 月 31 日，但同时降低了包括电话机、珠宝等在内的部分商品消费税率。在一系列货币政策和财政政策利好刺激下，美国股市在 1954 年上半年一路平稳上行。

虽然这期间有一些政治事件扰动，包括 1954 年 5 月 17 日美国最高法院宣布在全国公立学校中种族隔离为非法，法官们一致决定 1896 年最高法院提出并沿袭至今的"隔离但却平等"说法无效，这引起了美国南部部分地区的骚动。① 同年 4 月 22 日至 6 月 17 日在美国陆军与约瑟夫·麦卡锡（Joseph R. McCarthy）的听证会上，约瑟夫·麦卡锡败阵，自此一蹶不振，麦卡锡主义自此从美国政治舞台消失。② 这些都没有影响美国股市的不断上涨。截至上半年收盘，道琼斯工业指数累计涨幅已经达到 20%。

按照美国国家经济研究局的定义，美国经济到 1954 年 5 月结束了本轮衰退（从 1953 年 7 月至 1954 年 5 月），1954 年下半年美国的各项经济增长指标开始逐步好转，美股继续展开上涨攻势。由于所得税基数效应影响的褪去，到同年 8 月上市公司公布中期财务报告时，市场发现很多公司虽然营业收入因为经济衰退的原因下滑不少，但税后企业利润的下行要小得多。同年 8 月 28 日，政府最终决定提高联邦政府债务上限，从 275 亿美元提高到了 281 亿美元，这意味着财政政策有了更大的空间。

1954 年 11 月 2 日美国举行了中期选举，在此次选举中共和党在国会中失去了多数党地位。此次一别相见无期，共和党之后要在 1980 年才重新夺回参议院的多数党地位，而众议院的多数党地位则是更要到 1994 年才重新取回。因此，在德怀特·艾森豪威尔的后续任期中，将不得不面临总统与国会多数党分属两党的问题。

股市这边是不断上涨，一直到 1954 年 10 月才有一次稍微像样的调整，此前 9 个月道琼斯工业指数已经累计上涨 29%，9 个月中有 8 个月指数是上涨的，仅 1954 年 8 月小幅下跌 1.4%。而同年 10 月份的调整也基本上是一个技术性调整，道琼斯工业指数在 1954 年 10 月下跌了 2.7%，随即又开始了上涨。1954 年 11 月 23 日是一个值得纪念的日子，道琼斯工业指数在时隔 25 年之后，终于超过了 1929 年 9 月 3 日创下的 381 点历史最高纪录，指数创历史新高。

这里值得讨论的一个问题是，为什么美国股市会在 1954 年上半年美国经济仍

---

① 资料来源：隋永舜. 美国最高法院与种族隔离制度的演变［J］. 山东师范大学学报（人文社会科学版），2002，47（3）：99–102.

② 麦卡锡主义是指 1950~1954 年，美国社会中一股极端的反共、反民主政治潮流。它以美国参议员约瑟夫·麦卡锡指控和调查"政府中的共产党人"的言论和活动为代表。资料来源：张红路. 麦卡锡主义的兴衰［J］. 世界历史，1983（4）.

在衰退中时出现了如此大幅上涨。笔者认为，除了前述货币政策和财政政策宽松以外，主要的因素还包括：一是大宗商品价格见底回升，商品价格从1953年第四季度开始一直到1954年上半年持续回升，对企业盈利构成了有力的支撑。二是利率持续下降，这就构成了一个对股市非常好的组合，价格上涨同时利率下行。三是艾森豪威尔政府在1954年基本实现了联邦财政平衡，这就为后续的减税留出了空间。

道琼斯工业指数1954年底最终收于404点，全年大涨44%（见图1-8）。

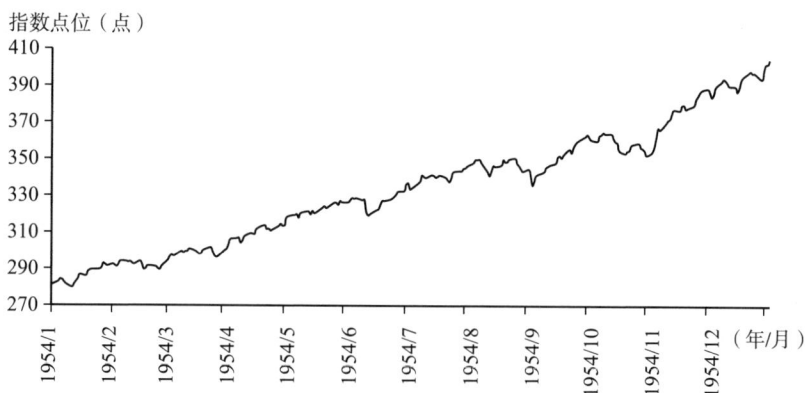

图1-8　1954年1~12月道琼斯工业指数走势

资料来源：Wind资讯。

八、1955年：总统病了

1954年道琼斯工业指数大涨44%，然而美国股市在1955年初并不顺利。1955年1月4日，美联储根据《T规则》和《U规则》，将股票买卖的保证金要求比例从50%提高到了60%，这使得股市在1月初出现了连续大跌。

一方面，1955年，美国经济上的逻辑主线可以概括为经济持续繁荣与政策持续收紧。从1955年初开始货币政策的基调就是不断收紧，同年1月的提高股票交易保证金比例使得市场大跌，1955年2月股市有所好转，到同年3月市场开始传言股票交易保证金比例有可能被再次上调至75%甚至是100%，这使得市场在1955年3月初再次出现快速大跌。果不其然，美联储在同年4月13日再度收紧货币政策，将贴现利率从1.5%上升到1.75%，同年4月22日美联储年内第二次上调股票交易保证金比例，从60%提高到70%。受此影响，美国股市在1955年4月下旬到 5 月中旬再度进入调整期。

而另一方面，美国经济从 1954～1955 年经历了教科书意义上的从复苏（recovery）到繁荣（boom），各项经济增长指标加速上行。而且当时经济的一个特征是通货膨胀没有明显上升，出现了高增长低通胀的极佳经济组合，这就使得市场利率虽然在货币政策持续收紧下一路回升，但回升幅度还没有达到不可控制的地步。进入 1955 年 5 月，上市公司的一季报都显示出很好的盈利状态。1955 年 7 月 18 日，世界上第一座迪士尼乐园正式向公众开放。股市从 1955 年 5 月中旬开始上涨一直持续到同年 7 月底，指数创出年内新高（也是历史新高）。

此外，1955 年的国际局势应该说也是有利于股市的。同年 1 月 25 日苏联与联邦德国正式结束战争状态。同年 5 月 5 日第二次世界大战后重新武装联邦德国的巴黎协定生效，其主要内容是，美、英、法三国结束对联邦德国的占领，但三国军队仍驻扎在联邦德国；接受联邦德国参加西欧联盟和北约，允许它建立 50 万人的军队，但不得拥有原子、生物和化学武器。苏联极力反对重新武装联邦德国，联合东欧社会主义国家组成华沙条约组织（Warsaw Treaty Organization，以下简称华约），以对抗北大西洋公约组织。[①] 1955 年 5 月 14 日"华沙条约组织"建立。[②]

虽然有联邦德国重新武装和加入北约的扰动，但总体上应该说是战争阴霾消减、和平因素增加。特别是苏、美、英、法四国政府首脑于 1955 年 7 月 18～23 日在日内瓦举行的最高级会议，这是 10 年前波茨坦会议以来举行的第一次"四巨头"会议。会议宣称其宗旨是结束"冷战"和恢复东西方之间的信任，虽然最后没有达成实质性协议，但四大国首脑会议毕竟暂时缓和了苏联和西方国家之间紧张的气氛。[③] 1955 年 8 月 1 日，中、美两国大使级会谈在日内瓦国联大厦举行首次会议。

到 1955 年 8 月，美联储货币政策再度收紧。同年 8 月 4 日，美联储决定年内第二次提高贴现利率，将贴现利率从 1.75% 提高到 2.0%。同年 8 月 11 日，美联储又收紧了房地产信贷政策。受此影响股市在 8 月前半月出现了一定的调整。但各个方面公布的数据都在显示经济确实很好，从同年 8 月下旬开始股市再度大幅上涨并不断创历史新高。

---

① 资料来源：林鲁卿. 巴黎协定：西德重新武装及其对欧洲政治格局的影响［J］. 首都师范大学学报（社会科学版），1996（5）：33－37.

② 华沙条约组织，简称华约。1955 年 5 月 11～14 日，苏联、阿尔巴尼亚、保加利亚、民主德国、波兰、罗马尼亚、捷克斯洛伐克、匈牙利八个国家在华沙举行会议，缔结了《友好合作互助条约》，形成了与北约相对立的军事政治同盟。资料来源：郑建邦. 国际关系辞典［M］. 北京：中国广播电视出版社，1992.

③ 资料来源：杨铮. 美国大词典［M］. 北京：中国广播电视出版社，1994.

1955年9月下旬一个突如其来的意外事件，使得美股出现了大幅下跌。同年9月24日（星期六），64岁的美国总统德怀特·艾森豪威尔心脏病突然发作。同年9月26日（星期一），道琼斯工业指数单日大跌6.5%。德怀特·艾森豪威尔心脏病发作使得其在大概6周时间内无法履行总统职责，这使得市场对未来非常不安。股市的调整持续到同年10月中旬，道琼斯工业指数的跌幅超过了10%。

1955年10月中旬到11月中旬股市再度上涨，并再创年内和历史新高（比9月的高点略高一点点）。同年11月初，股市迎来了一个利好催化剂，提升了投资者的做多情绪。当时世界上最大的家族工业帝国，福特汽车公司（Ford Motor Company）的普通股票将于1956年1月首次公开发售。声明称，福特家族将出让52年前创立的这家公司的多数股份，60%的股份将发售给投资者，家族仅保留40%。1955年12月5日，美国劳联和产联合并，成为美国历史上最大的工会组织。

到1955年底，在一系列货币政策收紧的组合拳下，美国的市场利率已经大幅攀升，很多利率指标都创出了19世纪以来的最高水平。从1955年11月中旬到年底，股市没有进一步上涨，处在一个窄幅震荡的区间。

道琼斯工业指数1955年底最终收于488点，全年大涨21%（见图1-9）。

图1-9　1955年1～12月道琼斯工业指数走势

资料来源：Wind资讯。

九、1956年：苏伊士运河风波

伴随着利率到达历史最高水平，1956年初的市场充满着各种不确定性。德怀特·艾森豪威尔总统是否会谋求连任？经济的繁荣能够持续多久？美联储的货币政策能否变得没有那么收紧？在这样的背景下，1956年美股的开局表现并不好，从年初到 2 月中旬，道琼斯工业指数出现了一个幅度约为 5% 的下跌。同年 2 月中旬，德怀特·艾森豪威尔总统的健康报告显示其身体状况不错，同年 3 月初德怀特·艾森豪威尔总统决定竞选总统的第二任期。市场从 2 月中旬起开始反攻一直到 4 月初，道琼斯工业指数的上涨幅度约 10%。

好转的股市环境下，市场利率在不断提高，到 1956 年 3 月底时，美国大型商业银行把最优惠贷款利率从 3.75% 提高到 4%，这是自 1933 年 3 月 18 日以来的最高水平。1956 年 4 月 12 日美联储的新一轮打击又来了，美联储宣布将贴现利率从 2.5% 上调到 2.75%。货币政策的进一步收紧对市场有很大的负面影响，而且，提高贴现利率这一操作本身也使得市场开始担心未来的通货膨胀问题，事实上，从 1956 年第二季度开始，美国的通胀确实出现了明显的回升势头。

美股在 1956 年 4 月初见顶，并且在 5 月出现了大幅下跌。下跌的过程中，市场比较担忧的基本面问题主要是汽车行业表现不佳。当时的市场担心美国经济会发生诸如 1946～1948 年那样的 "滚动衰退"（rolling rcession），即汽车一个行业表现不好后，会带动其他行业也进入衰退。1956 年 5 月通用汽车宣布所有生产线停产一天，这是自 "朝鲜战争" 以来第一次停产，而 5 月份又是汽车销售的旺季，所以给市场带来了非常不好的信号。

实际上，从基本面情况来看，1956 年的经济情况总体上比较平稳，既不是复苏后的繁荣，也没有到经济衰退的地步，经济数据有好有坏。到同年 6 月，包括居民收入在内的不少统计指标都还不错。同年 6 月 29 日，美国《1956 年联邦资助公路法案》（*Federal-Aid Highway Act of 1956*）正式授权，"州际公路系统"（interstate highway system）开始修建。"州际公路系统" 原本的预算是 250 亿美元，在 12 年内完工，但最后决算则是斥资 1140 亿美元，工期长达 35 年。一般以 1991 年 9 月 15 日 90 号州际公路在爱达荷州瓦勒斯的最后一个红绿灯被拆除为州际公路系统的完工日。

股市在 1956 年 6 月和 7 月出现了大涨，道琼斯工业指数在两个月内的累计涨幅达到了约 10%，并在同年 7 月底时再度接近了年内最高点。这期间也出现了一些事件性冲击，主要是同年 6 月开始的美国钢铁工人劳动纠纷和罢工，但对股市基本没有什么影响，所以当时华尔街有句戏言称："别卖在罢工新闻上。"（Don't sell on strike news.）

1956 年 7 月下旬开始，国际形势的变化又再度成为影响股市的重要因素。同年 7 月 26 日，埃及总统贾迈勒·纳赛尔（Gamal Abdel Nasser）颁布《关于国际苏伊士运河国有化》的法令。其规定：运河公司收归国有，公司的全部财产移交埃及，管理公司的所有机构全部解散，运河航运将由埃及成立机构负责管理。同年 8 月 2 日，美国、英国和法国经过紧急会谈后发表公报，主张运河国际化，反对埃及将其收归国有的决定。①

这期间，更致命的一击来自货币政策的再度收紧。1956年8月23日，美联储宣布将贴现利率从2.75%进一步上调到3.0%。受此影响，股市在同年8月和9月出现了大幅下跌，道琼斯工业指数再度回到了同年5月的低点。连续大跌之后，股市在同年10月出现了反弹。但到同年10月底，国际局势又进一步动荡起来，先是1956年10月26日发生了匈牙利10月事件（Hungarian Event）；紧接着，10月29日，以色列军队入侵埃及，苏伊士运河战争（第二次中东战争）爆发。② 由此导致了股市在10月反弹之后，11月又大幅下挫。到1956年12月，中东地区形势有所缓和，德怀特·艾森豪威尔再度当选美国总统，各种环境感觉都有所好转，股市在1956年12月再度反弹。

1956年整体而言股市走出了一个宽幅震荡的行情，道琼斯工业指数1956年底最终收于499点，全年小幅上涨2.3%（见图1-10）。

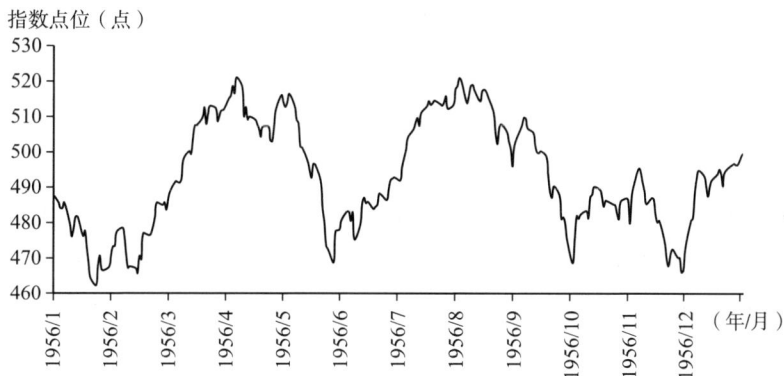

图1-10 1956年1~12月道琼斯工业指数走势

资料来源：Wind资讯。

---

① 资料来源：张宏儒. 二十世纪世界各国大事全书 ［M］. 北京：北京出版社，1993：1275.

② 第二次中东战争，亦称"苏伊士运河战争"。1956年6月，埃及结束了被英国占领74年的历史，英军全部撤离埃及。同年7月26日埃及总统贾迈勒·纳赛尔宣布将苏伊士运河收回国有。当英、法、美采取种种对抗措施无效后，10月29日以色列在英、法空军掩护下出兵4万~5万名士兵向埃及西奈半岛发起进攻。同年10月30日贾迈勒·纳赛尔下令全国动员反击以色列侵略者，第二次中东战争爆发。同年10月31日，英、法开始轰炸开罗、塞得港等城市，并派兵8万人向塞得港进攻。埃及政府和人民得到世界人民的广泛支持，阿拉伯国家纷纷与英、法断交。美、苏也出面要求英、法停火。英、法两国政府陷入国内外的困境。同年11月6日英、法、以被迫宣布停火，并于12月22日从埃及领土撤出军队。以色列被迫撤出西奈半岛。资料来源：郑建邦. 国际关系辞典 ［M］. 北京：中国广播电视出版社，1992.

十、1957 年：第二次世界大战后第一次全球衰退

1956 年的中东地区局势问题延续到了 1957 年。第二次世界大战后，中东地区的"老牌殖民主义者"——英、法两国的力量此时已大大削弱，中东地区成为美、苏两国争夺的重要对象。1956 年之后，英、法两国被迫撤出部分地区，出现了所谓"政治真空地带"。1957 年 1 月 5 日，美国总统德怀特·艾森豪威尔向国会提出关于中东地区的特别咨文，并提出了被称为"艾森豪威尔主义"的议案。其主要内容是：由国会授权总统动用 2 亿美元给中东地区国家以经济和军事援助，总统有权应这些国家的请求提供武力援助。①

在"艾森豪威尔主义"原则下，美国政府在 1957 年初提出了和平时期破纪录的政府支出预算。这使得一方面短期内减税的可能性大幅降低；另一方面更重要的问题是，大幅增加了通胀的压力。对，通胀！是 1957 年初美国经济最担心的问题，美国政府自身也在不断提醒未来经济出现通货膨胀的危险，甚至当时市场有传言政府可能要再度进行工资和价格控制。

在这样的经济背景下，股市从 1957 年 1 月初开始一直到 2 月上旬一路下跌，道琼斯工业指数从 496 点跌至 455 点，跌幅约 9%。转机从 2 月中旬开始出现，催化剂是中东地区的形势开始有所好转，更重要的原因是美国经济在同年 4～7 月出现了一次加速上行。而且很多上市公司在同年 4 月都交出了非常好看的财务报告，例如前文提到过在 1956 年市场普遍担心汽车表现不好，到 1957 年克莱斯勒汽车公司（Chrysler）报告销售金额破历史纪录，每股的利润从上年的 1.25 美元大幅提高到 5.34 美元。经济基本面的好转回升，使得股市连续上涨，从同年 2 月中旬到 7 月上旬，道琼斯工业指数从 455 点上涨到 520 点，涨幅约 14%。

如果用手遮住图 1-11 美国工业生产指数 1957 年 8 月以后的曲线，1957 年 4～7 月的曲线无疑是完美的。很可惜，后面的曲线不能被遮去，从同年 8 月开始，美国经济进入了衰退（NBER 定义 1957 年 8 月至 1958 年 4 月为美国经济衰退期）。此次经济衰退的一大特征是各国之间的同周期性，到 1957 年主要资本主义国家经济已经基本从第二次世界大战后恢复过来，而经济衰退前周期高涨阶段也比较一致，美国、加拿大、日本、英国、法国、联邦德国等先后进入经济衰退。据统计，此次经济衰退期

---

① 资料来源：兰岚. 20 世纪 50 年代美国的中东政策——从欧米加计划到艾森豪威尔主义的诞生［J］. 世界历史，2009（1）.

间，整个资本主义世界工业生产下降5%，其中，钢和汽车产量各下降14.2%和9.5%，出口和进口贸易分别缩减4.7%和7.4%。[①]

经济衰退期间更加火上浇油的是当时美国的货币政策，1957年8月8日，美联储将贴现利率从3.0%大幅提升到3.5%，单次提升50个基点（basis point，BP）。到同年9月下旬，美联储主席威廉·马丁（Willian M. Martini Jr.）对于遏制通胀的态度依然十分坚决，被市场认作是不计后果的决心。这也反映出货币政策的滞后性。

而这期间的一些民权运动事件和国际事件，也对股市造成了一定的负面影响。1957年9月25日，在美军第101空降师士兵的武力保护下，9名黑人学生才得以进入阿肯色州小石城中心中学，史称小石城事件。[②] 同年10月4日，苏联于拜科努尔航天中心发射升空斯普特尼克1号，这是第一颗进入行星轨道的人造卫星，意味着美国在卫星领域落后了。同年10月又爆发了叙利亚危机，使得美国再度面临卷入战争的危险。

经济衰退叠加货币政策还在收紧，使得股市表现非常不好，从1957年7~10月，美股连续大幅下行，道琼斯工业指数从最高的520点下跌到最低的416点，跌幅近20%。股市到同年11月终于熬到了"喘息"的机会，1957年11月14日，美联储宣布降息，将贴现利率从3.5%下降到3.0%。在货币政策转向宽松的利好下，股市在1957年11月下旬有所小幅反弹。但好景不长，同年12月6日，运载美国第一颗试验性人造卫星的"先锋号"火箭发射失败，又引发了股市在1957年12月的下跌。

道琼斯工业指数1957年底最终收于436点，全年下跌13%（见图1-11）。

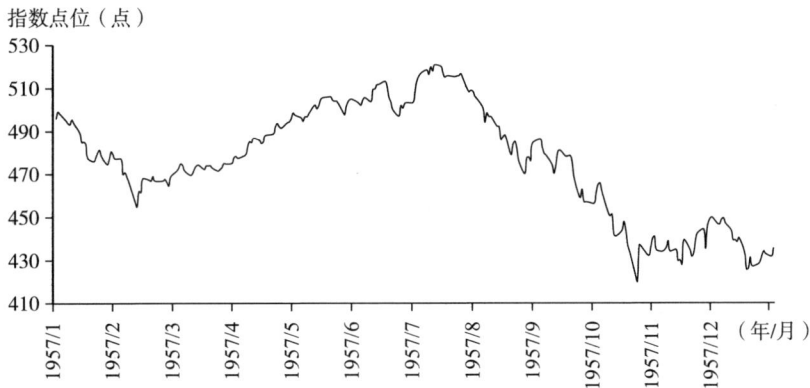

图1-11 1957年1~12月道琼斯工业指数走势

资料来源：Wind资讯。

---

① 资料来源：罗肇鸿，王怀宁. 资本主义大辞典 [M]. 北京：人民出版社，1995.
② 资料来源：祝贺. 美国公共学校种族隔离的终结 [M]. 杭州：浙江教育出版社，2014.

第二节　经济形势：丰裕社会①

第二次世界大战结束后的 10 年是美国经济快速增长的时期，美国工业生产指数月均同比增速达到 5.0%。这 10 年也是美国经济波动较为剧烈的时期，其间美国工业生产指数同比最低至 -9.4%，最高达到了 27.5%（见图 1-1）；根据 NBER 的定义，在这短短 10 年间，美国经济共计经历了三轮经济衰退。

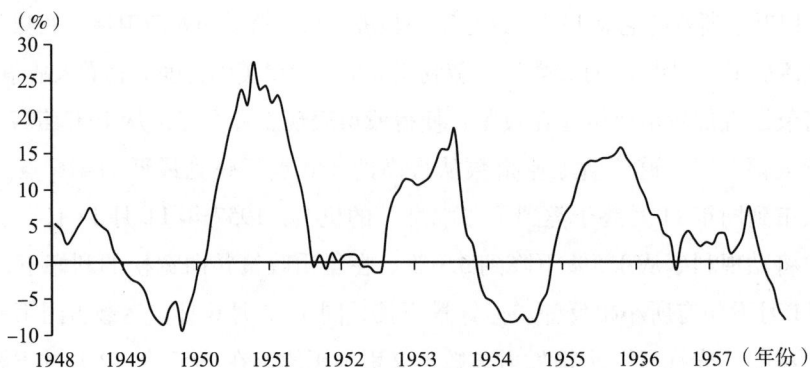

图 1-12　1948～1957 年美国工业生产指数同比走势

资料来源：Wind 资讯。

一、经济周期：战争与第二次世界大战后重建

（一）第二次世界大战后第一次经济危机：1948～1950 年

第二次世界大战结束后，美国经济逐渐恢复。在私人部门投资快速升温的刺激下，1948 年 GDP 增速大幅提升至 4.1%，其中，3.9 个百分点是由私人投资拉动的，消费和政府支出也有所好转，净出口成为最大的拖累项，拖累 GDP 增速 2.1 个百分点。在这一年当中，通货膨胀在大部分时间内仍然是困扰美联储决策的主要因素。

---

① "丰裕社会"（affluent society）一词，来源于美国经济学家约翰·加尔布雷思（John K. Galbraith）1958 年首次出版的经济学著作《丰裕社会》（*The Affluent Society*）。约翰·加尔布雷思认为，第二次世界大战后美国已成为物质产品极为丰富的丰裕社会，但这种社会存在严重缺陷：第一，生产者主权代替了消费者主权，即生产者主宰了消费者。第二，过分强调物质至上，把物质产品增加等于幸福。第三，存在严重的收入分配不平等。

1946 年，大宗商品的价格开始持续大幅上涨，CPI 直线攀升（见图 1-13）。1948 年 CPI 仍一直居高不下，全年达到 8.1%，直到年底才出现了下降的趋势。1948 年的货币扩张得到了自第二次世界大战后以来的最为有效的控制，美联储在 1948 年 3 次提高成员银行的准备金要求。

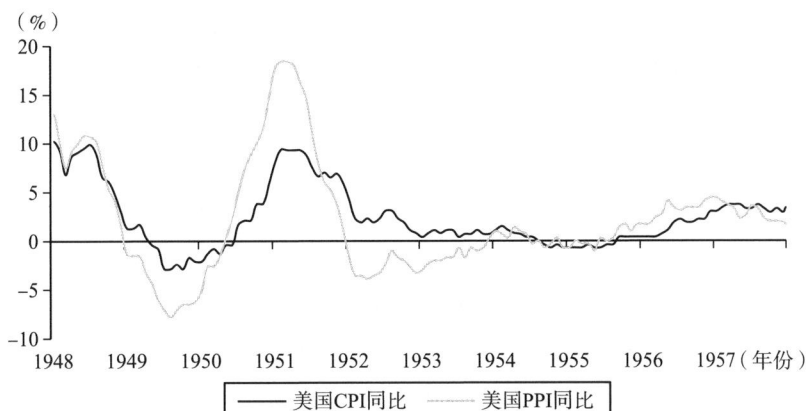

图 1-13 1948~1957 年美国 CPI 和 PPI 同比走势

资料来源：Wind 资讯。

在美联储的严格把控下，1949 年美国的通货膨胀有所缓和，甚至出现了小幅通缩，全年 CPI 指数降至 -1.2%。与此同时，美国经济出现了温和的衰退，这也是第二次世界大战结束后美国经济出现的第一次危机，成为第二次世界大战后经济发展的一个重要转折点。1949 年第一季度，美国 GDP 较上年几乎没有增长，到了同年第二季度，经济衰退趋势愈发明显，GDP 增速降至 -1.0%，第三季度降幅有所缓和，但在 1949 年第四季度再次大幅下降至 -1.5%。全年来看，1949 年 GDP 增速下降了 0.6 个百分点，其中，受信贷收紧影响最大的投资下滑是导致经济衰退的最主要原因，1949 年私人部门投资增速拖累了 GDP 增速 4.2 个百分点。而随着商业活动和物价下降趋势的显现，美联储将信贷政策的重点从抑制转向放松，1949 年内 3 次降低银行的准备金要求。

本轮经济衰退并没有持续太久，经济形势到 1950 年开始越来越好，国内生产总值在这一年实现了大幅的增长，全年上升 8.7%，在 1950 年第四季度，GDP 增速更是达到了 13.4% 的高点。下半年开始，通胀压力再现，并在"朝鲜战争"的背景下有愈演愈烈的趋势，价格的上涨和对未来物资短缺的预期造成了市场对货物和人力的大量需求，消费者开始利用他们手中的流动资产或信贷来购买商品，特别是房屋、汽车等耐用品；企业则大举借债，增产扩建，囤积库存，以应对产品需求的增加以及未来物资的短缺。这不仅体现在居民消费及私人部门投资对经济增速的贡献上，两部门分别拉动 GDP 增长 4.2 个百分点和 5.7 个百分点，还体现在不断飞涨的价格水平上，1950 年 7 月 CPI 快速上升至 1.7%，并在随后加速攀升，至 1950 年底已经上升至5.9%，在上半年物价尚处于通缩情况下，CPI 指数全年上升 1.3%。

（二）"朝鲜战争"与经济扩张：1951～1952 年

经济在接下来的两年保持扩张趋势，但向相对稳定的状态转变。1951 年全年美国 GDP 增速较 1950 年的峰值有所下降，但仍然保持在 8.0% 的高位，1952 年进一步下降至 4.1% 的水平。从细分项来看，本轮经济的扩张显然是由"朝鲜战争"推动的。在 1950 年居民提前消费的情况下，1951 年居民消费对 GDP 增速的拉动作用快速下降至 1 个百分点，1952 年小幅提升，但仍仅为 1.9 个百分点；企业投资在 1951 年也未出现明显增长，私人部门投资的拉动作用大幅跌至 0.1 个百分点，1952 年甚至拖累经济增速 1.4 个百分点。与此相反，在"朝鲜战争"不断升级发酵的背景下，国防支出不断增加，1951 年政府消费支出对 GDP 增速的拉动作用大幅提升至 6.2 个百分点，1952 年有所下降，但仍维持在 4.2% 的高位，也是第二次世界大战结束至今的次高点。

随着经济的扩张趋于平稳，通货膨胀压力在这两年也得到了有效的缓解。在《财政部 - 联邦储备协议》（*Treasury-Federal Reserve Accord*）出台后，美联储正式以独立的中央银行身份开始运作，并开始着手调节货币供应以保持经济稳定运行。美联储在达成协议后撤回了对国债的支持，这是改变市场通胀心理的一个重要因素。1951年初期，通货膨胀压力依然较为严峻，CPI 维持高位，下半年开始，CPI 开始下降，这一趋势在 1952 年更加明显，至 1952 年底已降至 0.8%，1952 年全年 CPI 指数已经由前一年的 7.9% 降至 1.9%。

（三）"朝鲜战争"后的衰退与复苏：1953～1955 年

随着朝鲜停战谈判完全达成协议，刺激本轮美国经济扩张的因素消退，国防支出削减，"朝鲜战争"后的经济衰退在 1953 年如期而至。1953 年经济增速在第二季度达到了峰值，从同年 7 月开始下降，并在年末出现了加速下滑趋势，GDP 增速在1953 年第四季度降至了 0.5%。但从全年来看，得益于同年前两个季度经济活跃程度较高，1953 年全年美国 GDP 增速较上一年不降反升，为 4.7%。从细分项来看，前期支撑经济扩张的政府支出出现了大幅的下降，对 GDP 增速的拉动作用降至 1.7 个百分点；从结构上看，1953 年中之后，美国经济活动的下滑主要集中在制造业和采矿业，国防开支的削减对这两个行业产生了直接影响。

美国经济的收缩在1954年初仍在持续。1954年第一季度GDP增速降至负增长，同年第二季度触及-2.4%的底部，随后经济开始回升。全年来看，GDP增速同比下降0.6%，经济的调整主要体现在国防支出的削减和过剩企业库存的减少。在"朝鲜战争"完全结束后，美国国防支出大幅削减，前期经济扩张的最大助力政府消费支出在1954年转为拖累GDP增速1.6个百分点，为了消化过剩库存，私人部门投资在1954年也出现了负增长，拖累GDP增速0.6个百分点，同年第四季度企业库存水平已经大幅减少，企业投资需求也出现回升趋势。

1955年政府支出仍在缩减，但在居民消费以及企业投资的强劲增长下，美国经济出现了快速扩张，实现了从复苏到繁荣。1955年GDP大幅增长了7.1%，其中，居民消费拉了4.5个百分点，私人部门投资拉动3.5个百分点，政府支出的拖累作用缩小至0.8个百分点。而通货膨胀在这轮经济衰退、复苏甚至繁荣的周期中一直维持在较低水平，1953年CPI指数已经降至0.8%的较低水平，1954年继续下降，甚至在1955年经济繁荣扩张时期进一步降至-0.4%的水平。

美联储的货币政策显然也经历了一轮完整的周期，从1953年中期开始，在经济下行的压力下，美联储逐步放松限制政策，多次降低贴现率（见图1-14），同时下调存款准备金率。直到1954年中以后，主要的经济活动指数开始上升，1954年末复苏趋势更是已然形成，在这种情况下，美联储在促进信贷投放和货币扩张方面的政策积极性明显下降。随着1955年美国经济的强劲扩张，美联储开始收紧货币政策，多次提高贴现率，促进经济复苏也不再是美联储货币政策的重点。

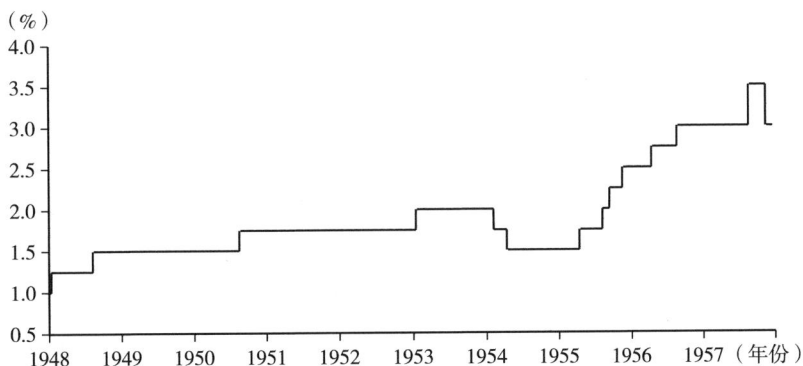

图1-14 1948～1957年美联储贴现利率走势

资料来源：Wind资讯。

（四）经济危机再次出现：1956～1957 年

1956 年美国经济持续扩张，但增速较 1955 年出现了明显的下降。从走势来看，全年经济增长的高点出现在 1956 年初，1956 年第一季度 GDP 增速为 3.2%，远不及 1955 年第一季度 6.2% 的低点；低点出现在 1956 年第三季度，GDP 增速仅为 0.9%。全年来看，1956 年 GDP 增速大幅下降至 2.1%，从细分项来看，1955 年经济增长的主要动力居民消费出现了大幅放缓，拉动作用降至 1.8 个百分点，私人部门投资甚至出现了负增长，拖累经济增速 0.1 个百分点。与此同时，1955 年下半年开始的物价上涨在 1956 年开始加速，至 1956 年底，CPI 指数已由上一年底的 0.4% 上升至 3.0%，全年 CPI 指数也由 -0.4% 上升至 1.5%。

若从全年的经济增长情况来看，1957 年 GDP 增速与前一年没有什么变化，全年增长了 2.1%；但从趋势上来看，1957 年下半年开始，美国的经济危机再次出现，这也是第二次世界大战后第一次全球资本主义国家的经济衰退。1957 年内经济增速的高点出现在第三季度，GDP 增速为 3.1%，同年第四季度起，随着企业开始清理库存并削减设备投资，工业产出迅速下降，尤其是耐用品行业，GDP 增速也降至 1955 年以来的低点 0.4%。通胀压力在上半年一直没有得到缓和，CPI 指数一度上升至 3.7% 的高位，全年 CPI 指数继续攀升至 3.3%。

显然，这两年内的绝大部分时间，货币政策一直在收紧，美联储不断提高贴现率，甚至在 1957 年上半年并始经济下行趋势开始显现后，美联储仍然坚持先遏制通货膨胀。直到 1957 年底，CPI 指数出现小幅下降，而经济已经出现了普遍衰退的迹象后，美联储的直接经济目标才转向减缓经济衰退趋势，货币政策也开始偏向宽松。

二、经济结构：制造业的"黄金年代"

（一）微观好，宏观更好

1948～1957 年是第二次世界大战后美国经济快速发展的时期，若以 1947 年为基准，到 1957 年时，美国名义 GDP 累计增长了 89.9%。宏观经济的发展非常迅速，相比之下，该期间内微观企业的盈利增长情况稍为逊色，从 1948～1957 年，美国企业税前利润累计增速为 56.9%，企业税后利润的增速更是仅有 41.4%，不及 GDP 增速的一半。与 1948 年初相比，1957 年企业盈利对名义 GDP 的贡献相对更低。

造成这一状况的原因可能在于"朝鲜战争"的爆发以及多次提高的税收负担。为了应对"朝鲜战争"，美国政府在 1950 年颁布了《国防生产法案》，保证了有关国防生产的优先顺序。此外，从企业实际税负来看，在《1950 年收入法案》和《1951

年收入法案》颁布实施后，美国企业实际税率连续两年大幅增加，从 1949 年的 33%
上升至 1950 年的 40%，再到 1951 年的 49%。在此背景下，1950～1952 年，也就是
"朝鲜战争"发生时期，虽然名义 GDP 仍然在不断地提高，但美国企业的税前和税后
利润则出现了明显的回落，此外，企业税前和税后利润间的差距也在不断拉大。此
后，企业的实际税率逐渐下降，1957 年已经降至 41%。美国名义 GDP 与企业利润增
长间的差距、企业税前利润和税后利润增长的差距也不再扩大，甚至有所收窄；但直
到 1957 年，宏观经济的累计增长幅度仍然高于微观的企业盈利，而企业的税前利润
也要好于企业税后利润的增长情况。

（二）美国工业化的巅峰

20 世纪的 50 年代是美国制造业发展的"黄金时期"，正处于第二次世界大战后
重建阶段的西欧为美国制造业提供了巨大的市场。20 世纪 50 年代，制造业与其他行
业间的差距不断拉大，作为美国经济第一大产业的地位也得到不断的巩固，截至
1957 年底，制造业增加值占 GDP 的比重高达 27%，较 1947 年 25% 上升了 2 个百分
点，并与第二大产业批发零售业的差距拉大至 13 个百分点（见图 1 – 15）。

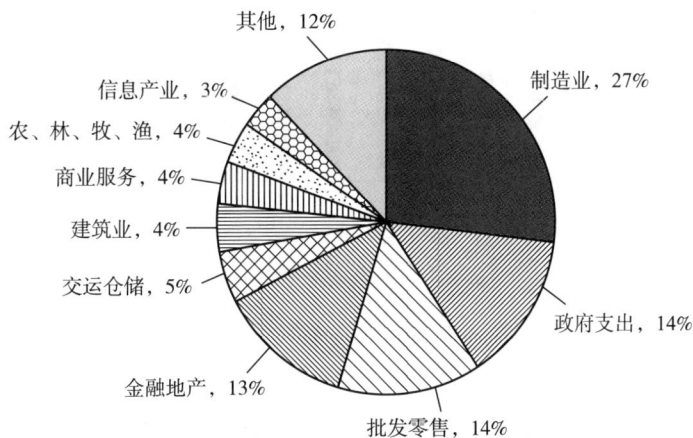

图 1 – 15　1957 年美国 GDP 分行业增加值占比分布

资料来源：美国经济分析局（U. S. Bureau of Economic Analysis，BEAM）、笔者整理。

与制造业的发展工业化进程同时发生的，是第一产业占 GDP 的比重出现了大幅
的下降。1947 年，农、林、牧、渔行业增加值占 GDP 的比重为 8%，为美国经济的
第五大产业；但在 10 年后，农、林、牧、渔行业增加值占比大幅下降至 4%。服务
类行业开始崛起，金融地产行业增加值占比由 1947 年的 10% 上升至 13%，商业服
务、信息业等行业重要性也在逐渐增加。1957 年，除去上述提及的行业及政府支出

外，其他排名靠前的行业还有批发零售业、交运仓储业以及建筑业，增加值占比分别为 14%、5% 和 4%。

从增速来看（见图 1－16），各行业名义增速与实际增速之间存在一定的差异，但不论是从名义增速还是实际增速来看，1948～1957 年发展最快的行业是公用事业，名义及实际增速分别为 10.4% 和 7.6%。教育医疗行业名义增加值年化增速高于其他行业，为 9.2%，但其中，较大部分得益于价格的上涨，其实际增速仅为 4.4%。建筑业名义增速为 9.1%，但实际增速仍有 6.4%，仅次于公用事业。虽然从绝对值来看，制造业远远领先于其他行业，但其名义增速及实际增速分别仅有 7.2% 和 4.0%，仅略高于 GDP 的增长。从名义值来看，农、林、牧、渔行业增加值以年化 0.8% 的速度逐年下降，但剔除价格因素外，其增加值实际上是逐年上升的，年化增速为 2.3%。娱乐休闲、采矿业及交运仓储行业实际增加值的增幅最小，年化增速分别为 0.8%、1.8% 和 2.1%。

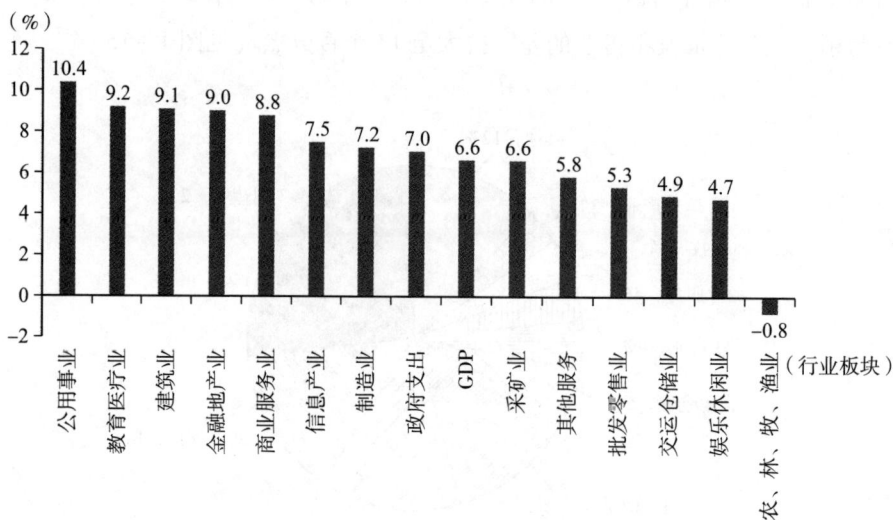

图 1－16　1948～1957 年美国大类产业增加值年化名义增速

资料来源：美国经济分析局、笔者整理。

从制造业细分行业的情况来看（见表 1－1），1948～1957 年，以交运设备为代表的耐用品制造业迎来了发展的"黄金时期"，纺织服装等非耐用制造业发展速度相对较慢。其他交运设备与汽车及零部件制造业凭借 17.8% 和 9.4% 的年化增速领先于其他制造业。其他发展速度较快的行业包括化工品、计算机电子和电气设备行业，年化增速分别为 10.2%、9.4% 和 9.1%。纺织品、服装、皮革和木制品等行业发展速度相对较慢，年化增速仅为 -0.3%、2.8% 和 2.9%。

表 1-1　　　　　　　　　**1948～1957 年美国分行业增加值年化名义增速**　　　　　单位：%

行业名称	增速	行业名称	增速	行业名称	增速
GDP 整体	6.6	非耐用品	5.1	信息产业	7.5
农、林、牧、渔业	-0.8	食品饮料烟草	4.5	商业服务	8.8
采矿业	6.6	纺织	-0.3	专业、科学与技术服务	10.1
建筑业	9.1	服装皮具	2.8	企业管理服务	6.9
制造业	7.2	纸制品	6.7	市政与废品管理服务	10.1
耐用品	8.9	印刷及相关辅助品	6.6	教育医疗	9.2
木制品	2.9	石油与煤炭制品	5.2	教育服务	8.6
非金属矿物制品	8.5	化学制品	10.2	医疗保健	9.3
基本金属	8.7	塑料与橡胶制品	7.2	餐饮娱乐	4.7
金属制品	8.0	批发业	6.2	休闲娱乐	5.2
机械	8.1	零售业	4.7	住宿与餐饮服务	4.6
计算机电子产品	9.4	交运仓储	4.9	住宿	4.8
电气设备	9.1	金融地产	9.0	餐饮服务	4.6
汽车及其零部件	9.4	金融和保险	10.3	公用事业	10.4
其他交运设备	17.8	房地产和租赁	8.6	其他服务	5.8
家具及相关产品	6.5	房地产	8.6	政府支出	7.0
其他制造业	5.9	租赁服务	9.0	—	—

资料来源：美国经济分析局、笔者整理。

（三）美国企业利润行业结构的变化

与制造业增加值占比上升不同，美国制造业企业整体的利润贡献有所下滑，但仍然远高于其他行业。1947 年，全部制造业企业共实现超过 113 亿美元的利润，占美国所有企业利润的一半以上，1957 年全部制造业企业实现的利润接近 150 亿美元，占全部企业利润的比重下降至 49.5%。其他行业中，公用事业、金融地产以及海外市场的利润贡献有所提升，分别从 7.1%、9.1% 和 4.6% 提升至 10.3%、14.7% 和 10.2%，与制造业合计贡献了近 85% 的利润。利润贡献比重降幅较大的行业为批发零售行业，由 18.7% 下降至 9.2%。

1948～1957 年，美国全部企业利润的年均增速仅为 4.1%，同时各行业企业利润的年均增速显示出了明显的结构性差异，海外市场、金融地产、公用事业、建筑业、采矿业以及制造业实现了利润的增长，而服务业、批发零售及农、林、牧、渔业企业利润出现了下降。其中，海外市场利润年均增速 21.4%，远高于国内市场的其他行业，金融地产和公用事业分别以 12.9% 和 10.5% 的年均增速位列第二和第三。而农、林、牧、渔行业利润降幅最大，年均降低 9.5%，批发零售和服务业的年均增速分别为 - 3.1% 和 - 2.6%。

与行业增加值情况一致，制造业细分行业中，耐用品制造企业的利润增速要远高于非耐用品制造企业的利润增速。其他交运设备制造企业在 1947 年尚处于亏损状态，但在 1957 年已实现利润 6.4 亿美元，年均增速高达 181.9%。其他利润增长较快的细分行业包括电气和电子设备、非金属矿物制品以及烟草制造业，企业利润年均增速分别为 11.6%、10.5% 和 8.6%。非耐用品制造企业利润增长幅度较低，年均增速仅为 1.3%，其中，纺织业、纺织服装及皮革制品等企业利润出现了大幅下降，年均降幅分别为 7.4%、6.6% 和 4.4%。

三、上市公司盈利与估值变化回顾

美股上市公司利润的走势与宏观经济的变化情况并不是完全一致的。伴随着朝鲜停战谈判完全达成协议，刺激美国经济扩张的因素消退，1953 年美国经济出现了"朝鲜战争"后的衰退。但这也意味着，随着战时国防生产对企业正常运营挤压效应的消退，上市公司的盈利情况有所好转，1953 年全部美股净利润增速上升至 10.2%，较 1951 年的 - 10.5% 和 1952 年的 - 1.5% 明显提升。1955 年美国经济已经实现了从复苏到繁荣，全部美股净利润增速也上升至 26.7%，达到了阶段性的高点。1956 年美国经济增速开始明显下降，私人部门投资成为经济增速的拖累，企业库存堆积，上市公司的利润增速大幅下滑至 1.6%，1957 年小幅回升，但仍远低于 1955 年的峰值水平（见图 1 - 17）。

整体来看，1948～1957 年，美股估值有所提升。以标准普尔（Standard & Poor's，以下简称标普）500 指数为例，1948 年初，标普 500 指数的市盈率为 9.0 倍，至 1957 年底，标普 500 指数的市盈率已经上升至了 11.9 倍，提升幅度超过 30%（见图 1 - 18）。[①]

---

① 由于数据可得性原因，这里标普 500 指数市盈率使用的是席勒（Shiller）的数据，而后续章节中使用的标普 500 指数市盈率数据来源于彭博咨询公司。

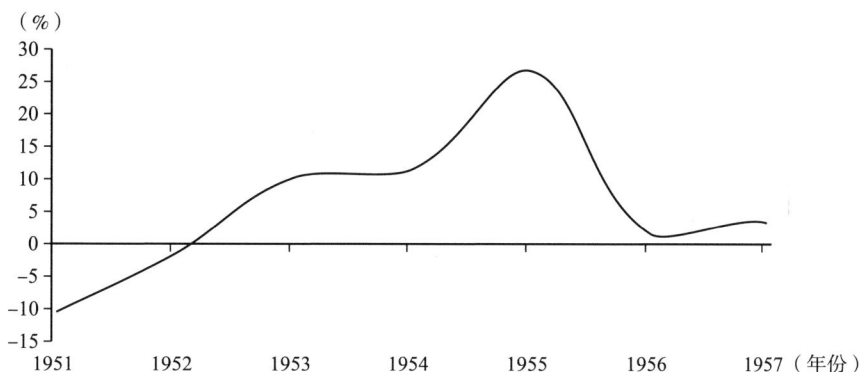

图 1 - 17　1951～1957 年全部美股年度净利润增速变化情况

资料来源：Compustat 数据库、笔者整理。

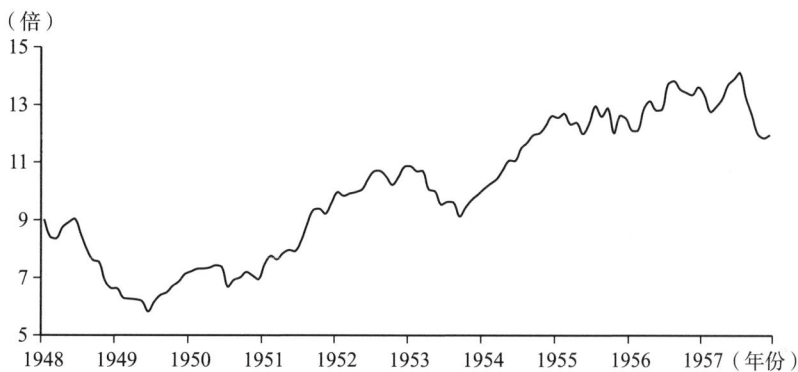

图 1 - 18　1948～1957 年标普 500 指数市盈率（PE）走势

资料来源：席勒市盈率（Shiller PE Ratio）。

标普 500 指数估值的提升主要集中在 1950～1953 年，以及 1954～1955 年两个阶段。第一轮的估值提升是在"朝鲜战争"推动经济快速扩张的背景下出现的，其间 GDP 年均增速高达 6.4%，是 1948～1957 年经济扩张速度最快的时期。第二个阶段的估值提升主要有两个原因。一是企业基本面的表现不错，虽然 1954 年美国经济经历了"朝鲜战争"停战后的衰退，但国防生产挤压效应的消减有利于企业的正常经营与扩张，上市公司的利润不减反增；随着经济复苏并在 1955 年加速扩张，美股上市公司的利润增速进一步提升。二是指数估值的提升还得益于美国当时的低利率环境，在通胀较低以及宽松的货币政策下，美国长端利率在 1954 年长期处于约 2.5% 的极低水平（见图 1 - 19）。

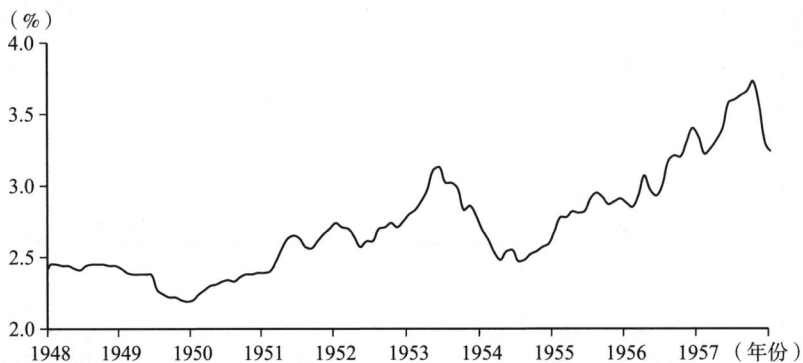

图 1－19　1948～1957 年美国长期国债利率走势

资料来源：Wind 资讯。

第三节　行情特征：重工业时代

1948～1957 年这段股市行情的特征笔者总结为"重工业时代"。从当时上市公司的行业市值占比来看，排名靠前的基本全部是重工业板块，包括石油煤炭、交运设备（汽车、航空器等）、基本金属、化工等，基本没有消费、金融、科技行业什么事情（见图 1－20）。

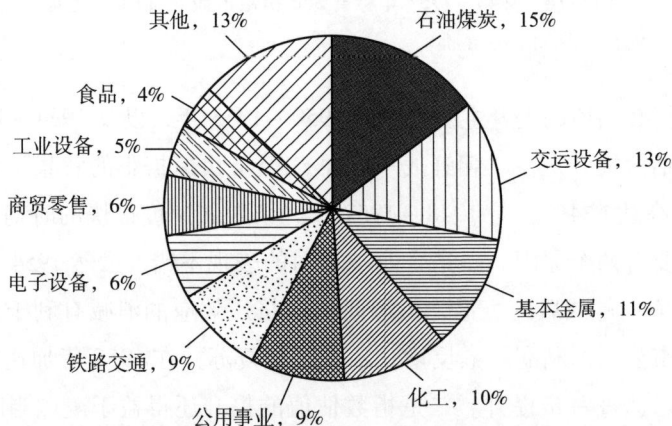

图 1－20　1947 年底标普综合指数成分股按行业市值分布

注：由于四舍五入的原因，存在分项合计不等于 100% 的情况，本书下同。

资料来源：CRSP、笔者整理。

从构成行情收益率的驱动因素来看，股价上涨主要是依靠业绩抬升实现的，同时叠加了一定程度的估值抬升，但估值抬升不是最主要的（见图1－21）。需要注意到的是，这段时间内美国市场的整体利率是抬升的（见图1－19），因此股市估值的抬升不靠利率，主要靠第二次世界大战后企业基本面的恢复。

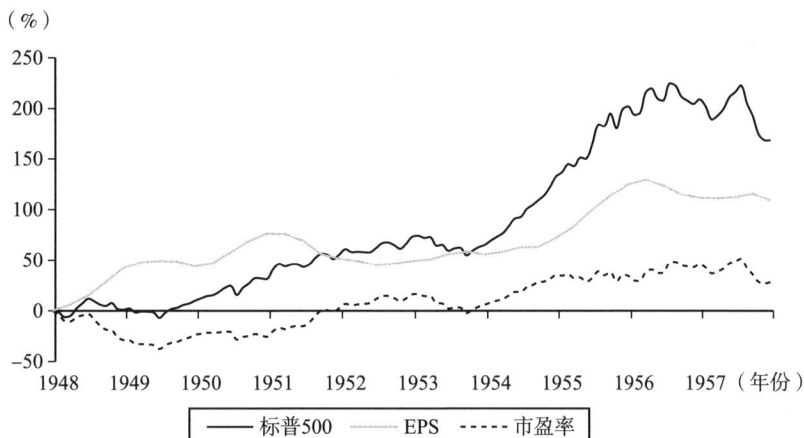

图1－21　1948～1957年标普综合指数估值和每股收益（EPS）变化分解

资料来源：彭博咨询公司（Bloomberg Professional）。

从结构性行情来看，重工业板块表现显著领先（见图1－22），行情的结构性特征主要有以下五点。

第一，"战争经济"下，国防军工股市值虽然不大，股价表现相当好，出现了多个10倍股。

第二，20世纪50年代是石油公司的"黄金年代"，中东地区石油的开采使得全球石油生产和消费量大增，原油公司作为当时市值最大的板块，股价表现显著好于大盘整体。

第三，美国居民去郊区买房子、州际公路系统建设、极低的原油价格，三者叠加构筑了汽车及其零部件股的大行情。

第四，周期股风光无限，造纸、钢铁等行业均有非常不俗表现。

第五，受制于极高的个人所得税，以及战时动员资源的调配，消费股普遍表现一般，基本都是跑输大盘的。

（行业名称）

行业	数值
橡胶塑料	915
造纸	587
电气设备	455
原油天然气开采	446
石油煤炭制品	445
交运设备	439
仪器仪表	398
基本金属	392
工业设备	374
化工	334
市场整体	305
建材	302
公用事业	281
金属采掘	228
金属制品	226
铁路交通	175
烟草	133
电信	129
电影	128
商贸零售	126
食品	122
皮革制品	105
纺织服装	20

0 100 200 300 400 500 600 700 800 900 1000（％）

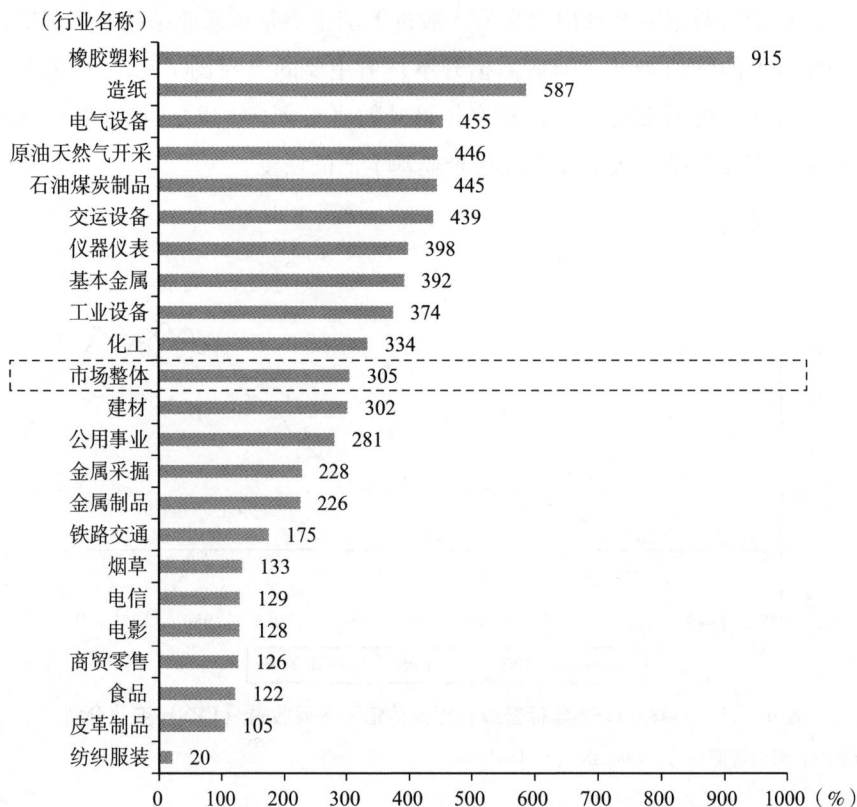

图 1 - 22　1948～1957 年美国股市主要行业累计收益率表现

注：行业分类为 SIC。

资料来源：CRSP、笔者整理。

此处市场总体收益率为按个股市值加权统计得到，包含股息率，由于包括标普 500 指数在内的市场主要指数一般不包含股息率，在较长的时间维度下，统计得到的市场整体收益率会明显好于指数本身的变化表现。后续所有涉及板块收益率的统计计算都会出现相同的情况，即包含股息率的收益率累计统计会好于指数本身的变化，这里笔者统一说明，后文不再赘述。

一、战争经济与军工板块行情

第一次世界大战之前，在 19 世纪晚期的时候，西欧国家的国防军费开支占 GNP 的比重要比美国高得多，据估计大概是美国的 4 倍甚至还要多。1899～1916 年，军费在美国 GNP 中的占比只是微幅地增长到 0.8％。到 1917～1918 年，第一次世界大战使得美国军费占 GNP 的比重达到了 10.5%。第二次世界大战期间，美国军费达到了历史最高峰，1941～1945 年军费占 GNP 的比重平均达到了 31.9%。

第二次世界大战以后美国与苏联进入了"冷战"，这使得国防军工依然保持着很高的开支。1947 年 3 月 12 日，哈里·杜鲁门总统向国会提交国情咨文，提出了一个计划，建议向受到共产主义威胁的国家提供经济和军事援助，这个国情咨文常被称为"杜鲁门主义"（Truman Doctrine）。在"冷战"的过程中，"朝鲜战争"期间美国军费占 GNP 的比重约在 10.4%，越南战争期间军费占 GNP 的比重在 7.7% 左右。1973 年以后，美国军费以及国防军工占 GNP 的比重逐步下降。①

在 1948～1957 年这个时间段内，国防支出体量很大，对整个国民经济都产生了重大影响。在此期间内的 GDP 增速贡献分解中，可以看出，政府支出（主要是国防支出）对 GDP 增长的贡献很大（见图 1－23）。

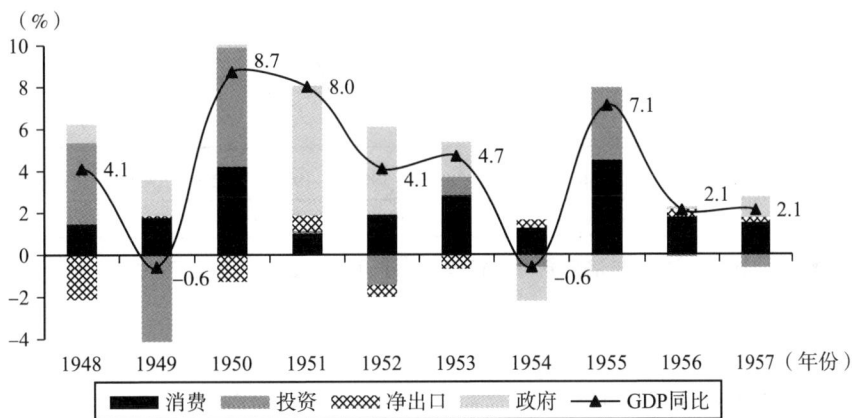

图 1－23 1948～1957 年美国 GDP 增速各需求分项贡献分解

资料来源：Wind 资讯。

这种"战争经济"的发展模式，对股票市场造成了三种影响：一是最直接的军工股有行情，接受美国国防部军工订单的承包商显著受益；二是由国防军工支出派生出的重工业产业风光无限，典型的如钢铁行业；三是由于资源被调配到国防军工和相应的重工业领域，居民消费被明显压制，这段时间内消费股行情明显较差。

由于国防军工行业并不是一个独立的国民经济行业分类，一般会被归类到机械或

---

① 从统计口径上说，军费与国防开支是两个概念，前者一般出现在财政支出统计中，后者出现在美国的国民经济统计核算中，但总体趋势一致，本书使用中主要考虑数据在不同期间内的可得性。

者交运设备行业，所以无法构建一个完整的指数来度量当时军工板块的行情，这里笔者梳理了几个比较著名的美国国防军工企业在当时的股价变化。

总体来看，在这段时间内，美国国防军工上市公司的股价有很好的表现，收益率明显高于市场整体水平，但从市值来看，当时的国防军工股也基本上市值偏小，并不是太大的权重板块。1948～1957 年，洛克希德飞机集团（Lockheed Aircraft Corporation）、通用动力公司（General Dynamics）、波音飞机公司（Boeing Airplane Company）等股价表现明显跑赢市场整体（见图 1-24）。

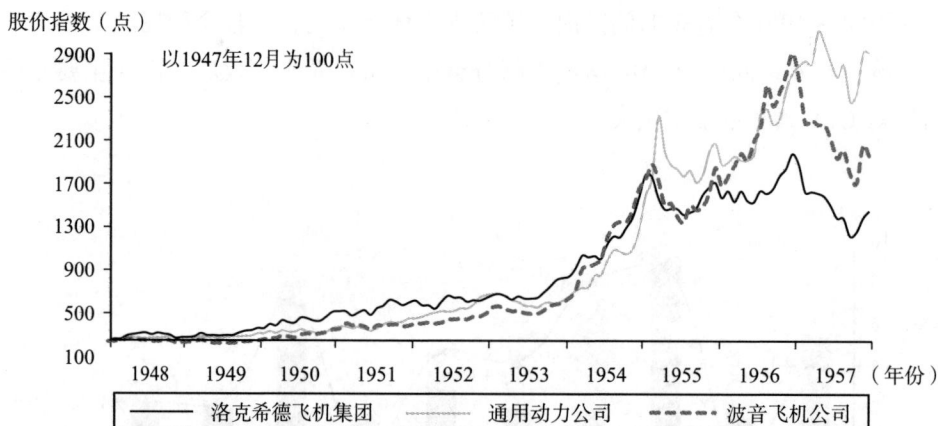

图 1-24　1948～1957 年洛克希德飞机集团、通用动力公司、波音飞机公司股价走势
资料来源：CRSP 数据库。

（一）洛克希德飞机集团

洛克希德飞机集团（1948～1957 年的公司名称），是当前著名的洛克希德公司（Lockheed Corporation）前身，创立于 1912 年，是美国一家主要的航天工业公司，1995 年与马丁·玛丽埃塔公司（Martin Marietta Corporation）共同合并为洛克希德·马丁公司。

1912 年阿伦·洛克希德（Allen Lockheed）和马尔科姆·洛克希德（Malcolm Lockheed）兄弟在加利福尼亚州圣巴巴拉创办了 Alco 水上飞机公司，后该公司更名为洛克希德（Loughhead）飞行器制造公司。1926 年原洛克希德公司倒闭，阿伦·洛克希德在加利福尼亚州好莱坞重新开办了洛克希德飞行器公司（Lockheed Aircraft Company）。1929 年，洛克希德公司卖给了底特律飞行器公司。大萧条期间，底特律飞行器公司倒闭。罗伯特·格罗斯（Robert Gross）和科特兰·格罗斯（Courtland Gross）兄弟以 4 万美元的价格收购了原洛克希德公司部分。1932 年罗伯特·格罗斯成为新公司的主席并把公司改名为洛克希德飞机集团（Lockheed Air-craft Corporation）。

（二）通用动力公司

通用动力公司是一家美国国防企业集团。2005 年时通用动力公司是世界第六大国防工业承包商。2019 年 7 月，《财富》（Fortune）世界 500 强榜单公布，通用动力公司位列第 343 位。

通用动力公司是美国最大的军火商，也是国防承包商之一，它的产业分为四大领域：一是航海设备，主要是制造军舰和核潜艇；二是航空领域，包括商用飞机和战斗机；三是信息系统和技术部门；四是攻击性武器的制造。

通用动力公司的前身是 1899 年成立的电力船舶公司（Electric Boat）。1952 年，公司更名为通用动力公司（General Dynamics）。

（三）波音飞机公司

波音飞机公司，是全球航空航天业的领袖公司，也是世界上最大的民用和军用飞机制造商之一。2019 年 7 月 22 日，《财富》世界 500 强排行榜发布，该公司位列第 68 位。

波音公司成立于 1916 年 7 月 15 日，由威廉·波音（William E. Boeing）创建，并于 1917 年改名波音公司。1929 年，更名为联合飞机及空运公司。1934 年，按政府法规要求拆分成三个独立的公司：联合飞机公司（United Aircraft Corporation）、波音飞机公司（Boeing Airplane Company）、联合航空公司（United AirLine Transport）。1961 年，原波音飞机公司改名为波音公司。波音公司建立初期以生产军用飞机为主，并涉足民用运输机。1997 年，波音公司宣布，原波音公司与原麦克唐纳 - 道格拉斯公司（McDonnell-Douglas Corporation）完成合并，新的波音公司正式营运。麦道公司曾经是美国最大的军用飞机生产商。

二、石油公司大放异彩

第二次世界大战以后，一直到 20 世纪 70 年代第一次石油危机（1973 Oil Crisis）以前，是全球石油公司的"黄金年代"。

当时的石油巨头号称"石油七姐妹"，指当初约翰·D. 洛克菲勒（John D. Rockefeller）的标准石油公司（Standard Oil）解散后在石油方面的三家大公司和另外四家有国际影响力的大公司，包括新泽西标准石油公司［Standard Oil of New Jersey，即后来的埃克森石油公司（Exxon）］；纽约标准石油公司［Standard Oil of

New York，即后来的美孚石油公司（Mobil），1998 年与埃克森公司（Exxon）合并组成埃克森美孚（ExxonMobil）]；加利福尼亚标准石油公司 [Standard Oil of California，后来成为雪佛龙公司（Chevron）]；德士古公司（Texaco）；海湾石油公司（Gulf Oil）；英国波斯石油公司 [Anglo-Persian Oil Company，后来的英国石油公司（British Petroleum，BP）]；壳牌公司（Shell）。

第二次世界大战以后，中东地区油田被大量发现，中东地区油田的特点是储量大、油层厚、单井产量高。20 世纪 50～70 年代，是"石油七姐妹"快速发展的时期，第二次世界大战前，它们在中东地区发现了几个大油田，但是没有来得及开发，50 年代以后开始大量开发。

因此，在 20 世纪 50 年代和 60 年代，全球原油市场的特点是，第一价格便宜，第二生产和消费量巨大。

英国石油公司（British Petroleum，BP）提供了一组长期原油价格的数据，这组数据从 1861 年至今，价格经过了通货膨胀调整，以 2018 年的美元价格为基准，使得笔者可以剔除物价变动的影响来观察原油价格的变动趋势。根据 BP 的统计，按照目前（2018 年）的价格水平计算，从 1950～1973 年第一次石油危机爆发之前，原油的平均价格只有 15.7 美元/桶。请注意，这是按照目前物价水平计算的结果，当时实际的原油价格在 1.8 美元/桶，低于此前和此后的任何一个年代。换言之，按可比价格计算，第二次世界大战后 20 年的原油价格只有目前的 1/4。

低油价下，全球能源消费在第二次世界大战后的 20 年内大幅攀升。20 世纪 50 年代和 60 年代全球一次能源消费的累计增速分别达到 45% 和 58%，超过此前和此后的任何一个年代（见图 1－25）。因此，第二次世界大战后极其廉价的能源供给是美国生产率不断提高的重要保证，而 20 世纪 70 年代的两次石油危机终结了这一切。

在这种情况下，从图 1－22 中可以看到，从 1948～1957 年，美国股市中石油煤炭制品的收益率要大幅跑赢市场整体（见图 1－22）。图 1－26 报告了从 1948～1957 年，美国新泽西标准石油公司（Standard Oil of New Jersey）、高尔夫石油公司（Golf Oil Company）、加利福尼亚标准石油公司（Standard Oil of California）的股价走势与美股整体走势的对比（见图 1－26）。可以发现，三大石油公司是跑赢大盘的，而这三家石油公司位列 1957 年底时美股市值前十大公司，其中，新泽西石油公司位列当时美股市值第二，第一是美国电话电报公司（AT&T Corporation）。

（％）

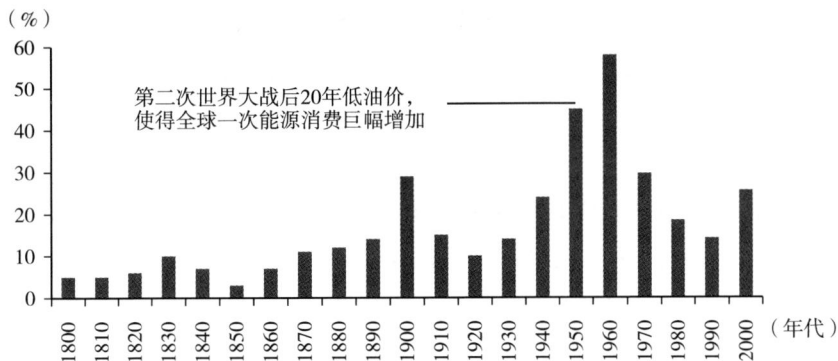

图 1－25　1800～2000 年代全球一次能源消费增速对比

资料来源：Vaclav Smil（2017）. Energy Transitions：Global and National Perspectives.

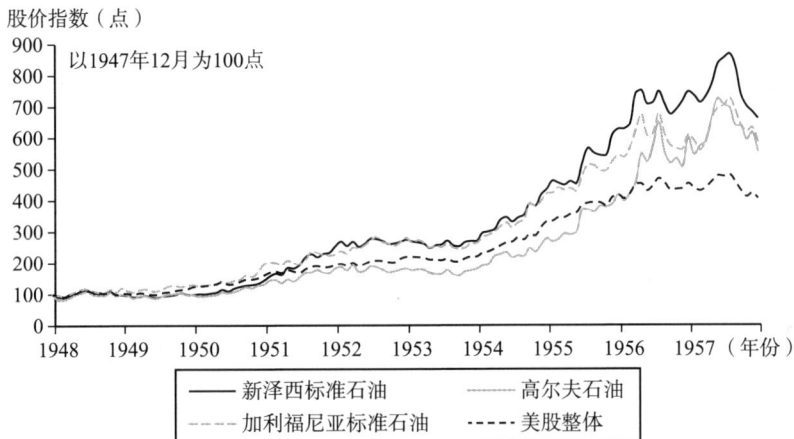

图 1－26　1948～1957 年新泽西标准石油、高尔夫石油、加利福尼亚标准石油股价走势

资料来源：CRSP 数据库。

三、高速公路与郊野地产

20 世纪 50 年代，美国经济发展中另一个突出的特点，就是房地产的繁荣，特别是美国居民更加乐于居住到城市周边环境更加优美的郊区。1949 年，作为哈里·杜鲁门"公平施政"计划的一部分，《1949 年美国住房法案》（*American Housing Act of 1949*，以下简称《法案》）正式推出，该《法案》是一个标志性事件，标志着美国联邦政府在住房保险和按揭领域中将发挥越来越大的支持作用。

与居民去郊区居住对应的是美国州际公路系统的修建，这两者合在一起，再叠加石油价格非常低，会意味着什么？意味着汽车需求大幅增加。事实确实是如此，从 1948～1957 年，美国汽车行业（归类在交运设备中）股价表现要明显跑赢大盘（见图 1-22）。

这中间值得指出的是，从 1948～1957 年，汽车及其零部件股票中，表现最好的是固特异轮胎橡胶公司（Goodyear），美国固特异轮胎橡胶公司始建于 1898 年，至今已有百余年的历史。固特异公司是世界上最大的轮胎生产公司，总部位于美国俄亥俄州阿克隆市，公司主要生产轮胎、工程橡胶产品和化学产品。

固特异轮胎橡胶公司在当时 90 只标普综合指数样本股中，涨幅排名第一，当然，通用汽车公司表现也很棒（见图 1-27）。固特异轮胎橡胶公司被归类在标准产业分类体系（Standard Industrial Classification，SIC）中的橡胶塑料行业，这就是为什么图 1-22 中橡胶塑料行业涨幅排名第一的原因。

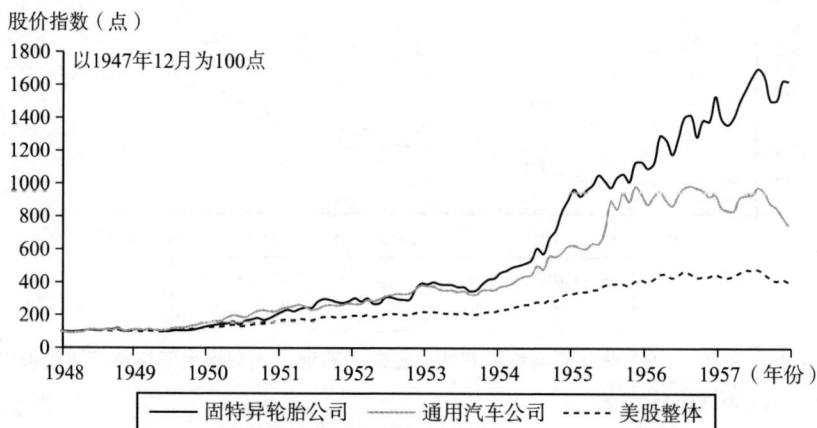

图 1-27 1948～1957 年固特异轮胎公司和通用汽车公司股价与美股整体走势

资料来源：CRSP 数据库。

四、周期股的风光无限

20 世纪 50 年代，美国周期股表现非常精彩，在当时 90 只标普综合指数样本股中，表现最好的周期股当属美国国际纸业公司（International Paper）和伯利恒钢铁公司（Bethlehem Steel），见图 1-28。

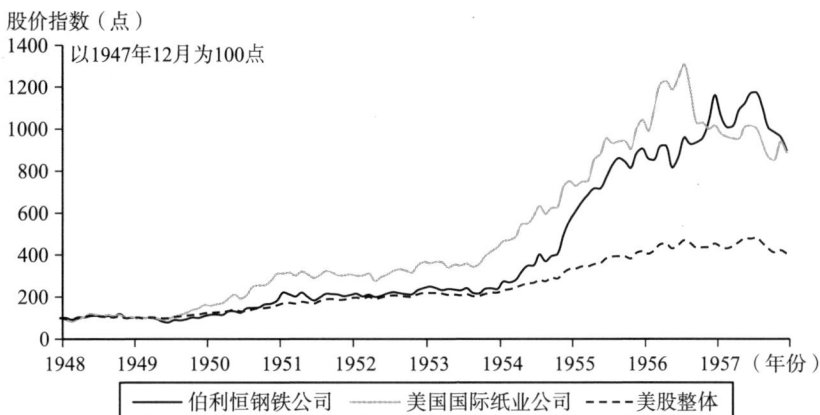

图 1 - 28   1948～1957 年伯利恒钢铁公司和美国国际纸业公司股价走势

资料来源：CRSP 数据库。

（一）美国国际纸业公司

美国国际纸业公司是一家业务遍布全球的造纸和包装行业公司。公司业务包括非涂布纸、工业和消费品包装和林产品。公司全球总部位于美国田纳西州孟菲斯市。

美国国际纸业公司成立于 1898 年，是目前全球最大的纸业和森林制品公司。1898 年 1 月 31 日，在纽约的奥尔巴尼（Albany），17 家生产纸浆和造纸作坊合并成立了国际纸业公司。1941 年，国际纸业公司完成了大规模的机构重组和资本重组，简化了公司的结构。第二次世界大战后，国际纸业公司发展迅速。20 世纪 50 年代晚期，国际纸业公司开始将业务向海外发展，出口量在伦敦、巴黎、苏黎世、约翰内斯堡等城市居于前列。1959 年，国际纸业公司的营业收入第一次达到了 10 亿美元。

1948～1957 年，美国国际纸业公司股价表现明显跑赢市场整体（见图 1 - 28），在 90 只标普综合指数样本股中，收益率仅次于固特异轮胎和伯利恒钢铁，排名第三。

（二）伯利恒钢铁公司

伯利恒钢铁公司，曾经的美国第二大钢铁公司，已于 2001 年申请破产保护，2003 年关闭。

公司的前身索康尼钢铁公司（Saucona）于 1857 年在伯利恒南部成立，1861 年更名为伯利恒钢铁公司，1904 年由伯利恒钢铁公司、联合铁厂和其他几家较小的公司合并组成。1914 年第一次世界大战刚刚开始时，美国生产了 2350 万吨钢，比此前生产的钢多了 2 倍。在 1918 年战争结束时，伯利恒钢铁公司产量再次增加了 1 倍。战争结束后，美国炼钢业比以往任何时候都更加强大。绝大多数钢铁都来自这两家公司：美国钢铁公司和伯利恒钢铁公司。

对中国很多投资者而言，伯利恒钢铁公司更为出名的地方，是"伯利恒钢铁之战"无疑是《股票作手回忆录》（*Reminiscences of a Stock Operator*）中最精华的部分，杰西·利弗莫尔（Jesse Livermore）在三次破产后第四度崛起的成功便依靠伯利恒钢铁股。《股票作手回忆录》的主人公杰西·利弗莫尔，在投资生涯中曾遇到过一次生死存亡的时刻，那就是1915年操盘伯利恒钢铁。

1948～1957年，伯利恒钢铁公司股价表现明显跑赢市场整体（见图1–28），在90只标普综合指数样本股中，收益率仅次于固特异轮胎，排名第二。

五、消费股普遍不佳

在1948～1957年的市场环境中，消费股板块表现普遍不佳。造成消费股表现不尽如人意的主要原因依然是战争经济的大环境。一方面，战争经济要求国家将更多的经济资源和金融资源配置到重工业领域；另一方面，为了筹措税收应对战争经济的需要，在20世纪50年代美国的个人所得税税率极高，在1950年和1960年美国个人所得税最高档次的边际税率能够高达84.4%和91.0%（见图1–29）。高税收在很大程度上对居民个人收入和消费支出造成了负面冲击。

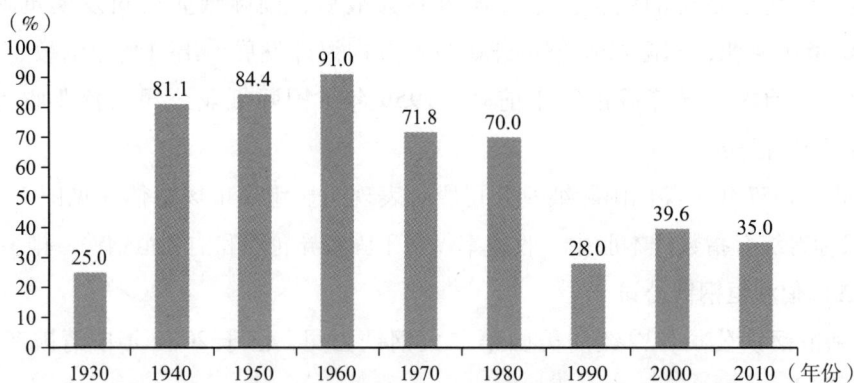

图1–29 1930～2010年美国个人所得税最高边际税率变化

资料来源：美国财政部。

在这种经济背景下，消费股板块普遍表现不行，食品饮料、烟草、纺织服装、商贸零售等行业在1948～1957年中的收益率都要明显跑输大盘，而且从变化趋势上看，超额收益基本上是单边下行的，几乎没有什么好的投资机会（见图1-30）。

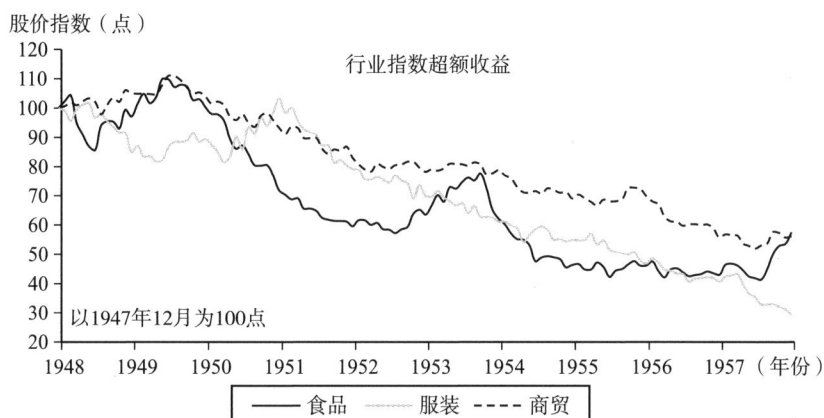

股价指数（点）

行业指数超额收益

以1947年12月为100点

图1-30　1948～1957年美股食品、服装、商贸行业超额收益走势

资料来源：CRSP数据库。

消费股中，"龙头"公司通用食品集团（General Foods Corporation）表现相对较好：

通用食品公司的前身是成立于1895年的美国波斯塔姆谷物公司（Postum Cereal Company），在经过一系列的收购之后，1929年改名为通用食品。1985年11月，通用食品集团被菲利普·莫里斯公司（Philip Morris Companies）收购，这笔收购作价5.6亿美元，是当时最大的非石油领域收购。1988年11月，菲利普·莫里斯公司收购了卡夫食品，并在1990年将这两家食品公司合并为卡夫通用食品公司（Kraft General Foods，KGF）。1995年，"通用食品"的字眼被从公司名称中去掉。

在1957年底，通用食品集团是当时市值最大的食品饮料公司，市值约6.1亿美元，排在它之后的食品饮料公司是可口可乐公司（The Coca-Cola Company），当时的市值约4.1亿美元。

1948～1957年，通用食品集团股价表现与市场整体基本持平（见图1-31）。

股价指数（点）

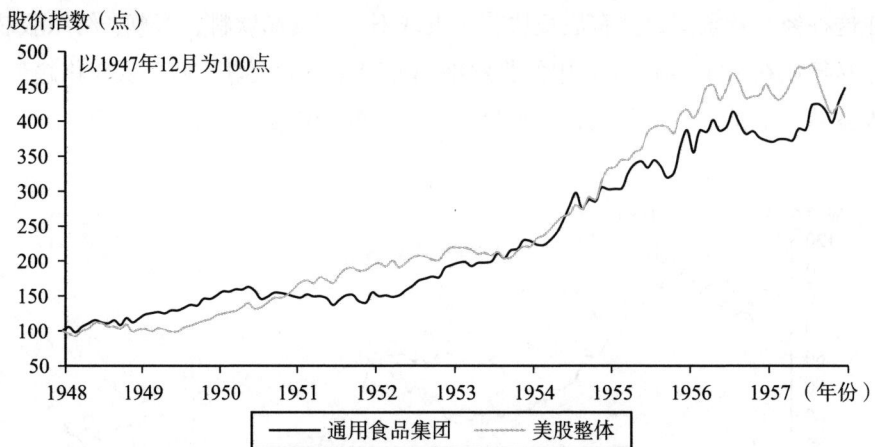

图 1－31 1948～1957 年通用食品集团股价与美股整体走势

资料来源：CRSP 数据库。

第二章
1958～1968 年：黄金岁月

　　这是美国经济发展的"黄金年代"，是美国股市成长的沸腾岁月。1961 年，年仅43 岁的美国总统约翰·肯尼迪（John F. Kennedy，JFK）宣誓就职，成为美国历史上最年轻的总统之一。更重要的是，民主党总统的上台昭示着凯恩斯主义（Keynesianism）① 即将进入一个新的阶段，政府减税、扩大社会福利项目，不断地使用财政政策刺激着经济的发展。虽然 1963 年肯尼迪总统不幸遇刺身亡，但继任的林登·约翰逊（Lyndon B. Johnson）总统提出的"伟大社会"② 理想以及之后美国在越南的正式参战，将财政刺激推向了极致，道琼斯工业指数在 1966 年时摸到了 1000 点的历史性位置（见图 2 - 1）。极致的背后是隐患开始出现，通货膨胀在 20 世纪 60 年代后期开始慢慢起来。"科技"和"消费"是 60 年代美国股市行情中两个突出的特征，60 年代初期的"电子热"（tronics boom）以及随后第二波的消费"电子热"潮，使得美国股市在 1929 年以后第一次可以使用"泡沫"一词去形容。第二次世界大战后"婴儿潮"出生的第一批人口已经开始长大，60 年代以后美国青年人口比例的不断攀升驱动着消费板块的热情。

---

① 凯恩斯主义是指以英国资产阶级经济学家凯恩斯的理论为基础，主张采用国家干预经济的政策来实现充分就业和经济增长的一个当代资产阶级经济学流派。

② "伟大社会"是指美国总统林登·约翰逊政府的内政纲领。为压制日益发展的民权运动，缓和国内矛盾，约翰逊总统提出改良计划。主要内容包括："向贫困宣战"，拨款实施儿童与青年教育计划、职业与再训练计划；减税；加强自然资源保护；控制水和大气的污染；改善城市交通系统等。资料来源：杨生茂，张友伦. 美国历史百科辞典 ［M］. 上海：上海辞书出版社，2004.

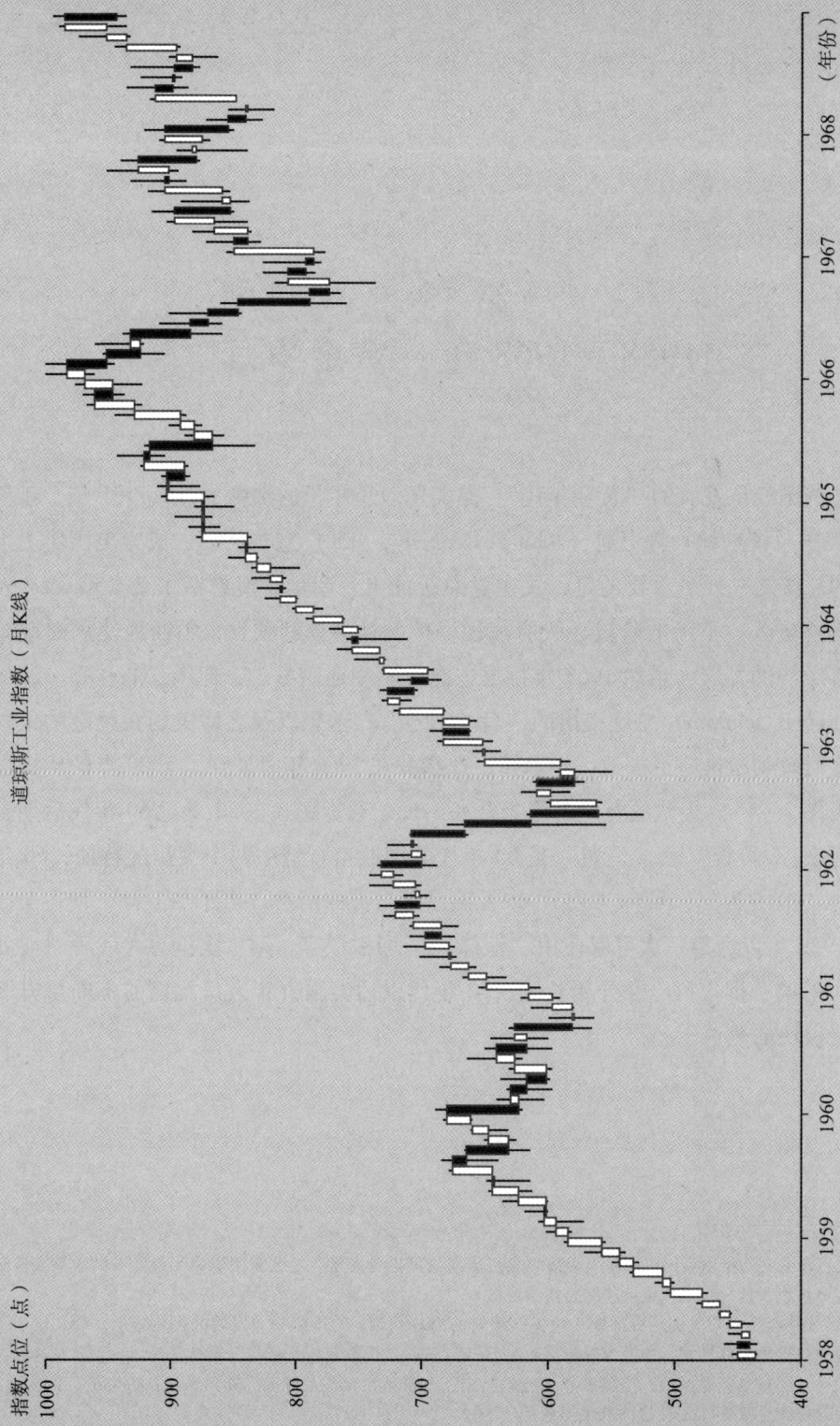

道琼斯工业指数（月K线）

指数点位（点）

1000
900
800
700
600
500
400

1958　1959　1960　1961　1962　1963　1964　1965　1966　1967　1968　（年份）

图 2-1　1958~1968年道琼斯工业指数走势

资料来源：Wind资讯。

第一节　大事回顾：黄金与美元

一、1958 年：货币放水、经济复苏

1957 年在全球经济衰退叠加美联储货币政策收紧的背景下，美股出现了大幅下跌，一直到 1957 年 11 月美联储的货币政策才转向宽松。货币政策的宽松在 1958 年得到了进一步的延续，1958 年 1 月 15 日美联储宣布将证券交易的保证金比例要求从 70% 下降至 50%（大降 20%）。1958 年 1 月 21 日，时隔两个月之后，美联储再度降息，将贴现利率从 3.0% 下降至 2.75%。同年 2 月 19 日，美联储宣布下调商业银行存款保证金率 0.5%。同年 3 月 6 日，美联储连续第三次降息，将贴现利率从 2.75% 大幅下降至 2.25%。同年 3 月 18 日，美联储再度下调商业银行存款准备金率 0.5%。

与此同时，积极的财政政策也在发力。1958 年 1 月初，德怀特·艾森豪威尔总统向国会申请 12.6 亿美元经费用于导弹和防空项目。同年 1 月 31 日，美国在佛罗里达州卡拉维纳尔角发射了"探险者 1 号"（Explorer 1），这是美国的第一颗人造地球卫星。到同年 2 月，国会通过了提高联邦政府债务上限，从 2750 亿美元提高到 2800 亿美元，这意味着积极财政政策将会由政府债务而非加税来融资。

虽然有一系列的政策利好刺激，但 1958 年初，美国经济仍处在经济衰退的低谷中，工业产值下降、失业率上升速度很快，所以股市在 1958 年第一季度表现一般，基本处于窄幅震荡的过程中，整个第一季度，道琼斯工业指数在 5% 以内的区间震荡。

经济形势从 1958 年 4 月开始略有好转，NBER 定义经济衰退期也是到 1958 年 4 月结束。应该注意到的是，此时的所谓"好转"指的应该是没有进一步恶化，工业生产的同比增速仍然大幅负增长，但增速没有进一步下行。而此时货币政策的滞后性反过来又开始为股市加油了。同年 4 月 17 日，美联储降准又降息，将商业银行存款准备金率下调 0.5%，同时将贴现利率从 2.25% 下降到 1.75%。不到一年时间，美国的贴现利率已经下降了一半。股市行情从同年 4 月开始一路向上，到 5 月冲破了前期的震荡区间开始创出年内新高。

1958 年的股市行情告诉笔者一个深刻的教训，那就是"市场是领先的"。股市行情从同年 4 月开始启动，那个时候实际上基本面情况是最差的。企业盈利指标变化则

更为滞后，同年6月中旬美联储公布，美股200家大型制造业企业税前利润较1957年要下滑40%。很多时候我们都在讨论宏观经济中的领先指标是什么，渴望通过领先指标来指导股票投资，但实际上，很多时候股票价格本身是一个最领先的指标。

1958年7月以后，经济形势明显好转，工业生产同比增速已经走出拐点，失业率开始下降。更重要的一点是，1958年经济复苏的初期，通胀还在不断下降，宏观经济进入完美时刻。这期间虽然有一些国际事件冲击，包括1958年7月15日，美国以黎巴嫩政府的请求和"保护黎巴嫩主权""保护美国侨民"为借口，采取突然袭击方式，派兵在黎巴嫩登陆，干涉黎巴嫩内政①，同年8月的"炮击金门"等②，但都对股市没有造成太大影响。股市行情一路上涨。

1958年8月以后，货币政策开始转向收紧。同年8月4日，美联储宣布将股票交易保证金比例从50%上调至70%。8月14日开始加息，美联储将贴现利率从1.75%上调至2.0%。同年10月15日，美联储进一步将股票交易保证金比例从70%上调至90%。10月23日，美联储再度加息，将贴现利率从2.0%上调至2.5%。但这丝毫不能阻拦股市上涨的步伐，经济复苏的速度非常快、势头非常猛，工业生产同比增速以非常陡峭的斜率回升。股市从1958年4月开始上涨，基本上是一路上行，中间几乎没有像样的调整，一直到同年11月下旬才出现了一次幅度相对略大的调整。但这也仅仅是一个技术性调整，大跌3天之后，股市重归上升通道，一路涨到年底。

道琼斯工业指数1958年底收于584点，全年大涨34%（见图2-2）。

二、1959年：尼基塔·赫鲁晓夫访美

1959年初有一些国际和美国国内事件发生，但总体对市场没有产生太大影响。1959年1月1日，古巴在菲德尔·卡斯特罗（Fidel Castro）领导下，推翻巴蒂斯塔（Fulgencio Batista）亲美独裁统治，取得民族民主革命胜利，次日，建立革命临时

---

① 资料来源：冯志伟. 美国1958年出兵黎嫩决策浅析 [J]. 商丘师范学院学报，2006，22（4）：75-76.

② 在美国的支持下，中国国民党叫嚣"反攻大陆"，大、小金门岛的国民党军队不断炮击福建沿海村镇。1958年8月23日，中国人民解放军福建前线部队奉命向占据金门的国民党军队和驶往金门的运输舰船进行警告性的炮击。同年10月6日和25日，毛泽东撰写了两篇国防部长文告公开发表，先后提出暂停炮击7天和"单日打、双日不打"的办法，但均以没有美国护航为条件。此后，这种警告性炮击打打停停，持续到1978年12月31日。资料来源：张晋藩，海威，初尊贤. 中华人民共和国国史大辞典 [M]. 哈尔滨：黑龙江人民出版社，1992.

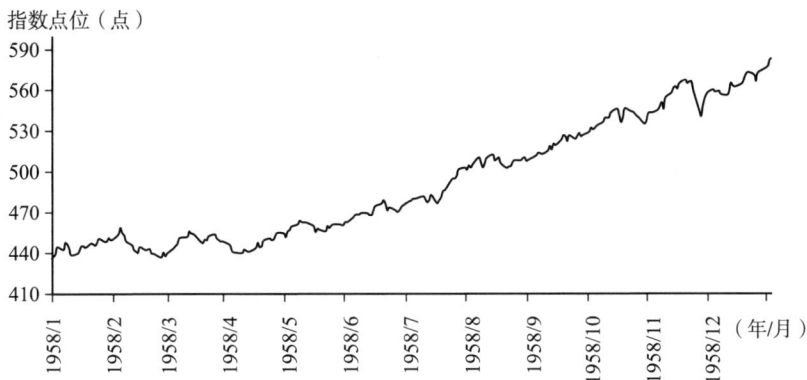

图 2-2　1958 年 1~12 月道琼斯工业指数走势

资料来源：Wind 资讯。

政府。1959 年 1 月 3 日阿拉斯加州建州，成为美国第 49 个州。股市延续着 1958 年的上涨势头，但波动幅度较小。1959 年 1 月下旬，德怀特·艾森豪威尔总统所做的《总统经济报告》和《美国政府预算报告》（*The Budget of the United States Government*）也基本没有太多超预期内容。

市场当时比较担心的问题仍然是通胀回升和美联储货币政策继续收紧，这种担心叠加 1958 年大幅上涨后的获利回吐压力，使得股市在 1959 年 1 月底到 2 月初出现了一波下跌，并创出年内新低。但市场很快就在同年 2 月中旬企稳并再度上涨，并在 2 月创出年内新高，上涨一直持续到 1959 年 3 月上旬。同年 3 月 5 日，美联储再度加息，将贴现利率从 2.5% 提高到 3.0%。受此影响，市场在 1959 年 3 月下半月又出现了小幅调整，随后又开始上涨。同年 5 月 1 日，美联储修改了《U 规则》（*Regulation U*）以加强对银行贷款的监管。股市运行按照这种"进二退一"的方式不断"震荡上行"，一直持续到 1959 年 5 月底。

1959 年 5 月 28 日，美联储宣布年内第二次加息，将贴现利率从 3.0% 上调至 3.5%，至此年内利率已经上调 100 个基点。股市在同年 6 月初出现了一次幅度相对较大的下跌调整，日线 7 连阴。随后从 1959 年 6 月中旬一直到 7 月底，美股出现了全年最大的一波拉升，道琼斯工业指数最高上冲到全年最高点 684 点，股市上涨背后的主要驱动力还是在基本面，美国经济复苏达到了最高点。

然而从 1959 年 8 月开始，一直到同年 9 月中下旬，美股出现了一波大幅下跌，道琼斯工业指数从最高的 684 点下跌至最低的 616 点，跌幅达 10%。

造成股市下跌的原因主要有三个。

一是基本面上的，美国经济复苏的高点在 1959 年下半年已经过去，工业生产的同比增速开始出现快速下滑。而同时美联储的货币政策又进一步收紧，1959 年 9 月 10 日，美联储宣布年内第三次加息，将贴现利率从 3.5% 上调至 4.0%。

二是从 1959 年 7 月开始，美国爆发了大规模的钢铁工人大罢工运动。1959 年的钢铁工人罢工运动从 7 月 15 日开始，一直持续到同年 11 月 7 日，历时 116 天，工人要求增加工资、缩短工时。参加人数有约 50 万名钢铁工人，罢工导致美国全国钢铁生产的近 85% 高炉停工。

三是美、苏两国关系缓和，使得市场认为后续国防项目会减少。1959 年国际关系中的一个重大事件就是苏联领导人尼基塔·赫鲁晓夫访问美国。1959 年 8 月 3 日，美国总统德怀特·艾森豪威尔宣布苏联领导人尼基塔·赫鲁晓夫（Nikita S. Khrushchev）将访问美国，这是苏联领导人第一次正式访问美国。1959 年 9 月 15～28 日，尼基塔·赫鲁晓夫访问美国，同美国总统德怀特·艾森豪威尔在离华盛顿 100 公里的美国总统别墅戴维营举行了 3 天会谈，并发表了会谈公报。[①] 尼基塔·赫鲁晓夫访美使得市场担心美、苏两国关系缓和后，国防军工开支可能会大幅减少，德州仪器公司（Texas Instruments）、利顿公司（Litton）等与国防关联度较高的公司股票跌幅很大。

股市行情到 1959 年 9 月下旬开始企稳，加息也加了（同年 9 月 10 日），尼基塔·赫鲁晓夫也来了（同年 9 月 15 日），似乎有一种利空出尽的感觉。同年 10 月初美国财政部发行了一笔 20 亿美元债券，利率高达 5.0%，市场普遍认为这是政府能够接受的最高利率水平，货币政策的持续收紧应该是已经达到了一个顶点。利空出尽后，市场逐步走稳。

1959 年 10 月底开始，上市公司的三季报陆续出台，财报数据非常不错。通用电气公司每股单季度利润 0.82 美分（上年同期 0.67 美分），美标公司每股单季度利润达到 46 美分，比上年增加了 1 倍。同年 11 月 7 日起钢铁工人开始复工，钢铁公司在两周内达到满负荷生产，工业生产形势明显好转。而且公布的数据显示，第三季度宏观经济没有受罢工太大影响，经济数据超市场预期。伴随着市场利好不断，股市在 1959 年第四季度持续上行，收复了同年 8～9 月的失地，1959 年底基本回到了全年的高点位置。

道琼斯工业指数 1959 年底收于 679 点，全年大涨 16.4%（见图 2-3）。

---

① 资料来源：钟和. 赫鲁晓夫访美与"戴维营精神"[J]. 国际问题资料，1985（9）：25-28.

图 2-3 1959 年 1～12 月道琼斯工业指数走势

资料来源：Wind 资讯。

三、1960 年：第一次美元危机

美国股市在 1958 年和 1959 年的连续上涨在 1960 年初戛然而止。1960 年初股市即开始一路下跌，一直持续到了同年 3 月上旬，道琼斯工业指数从 680 点跌到了 599 点，跌幅达 12%。

市场大幅下降的核心原因，笔者认为依然是股票市场对于基本面反应的领先性。事后来看，NBER 定义从 1960 年 4 月起美国经济再次进入了经济衰退（recession）。站在当时的数据来看，也可以发现工业生产同比增速进入 1960 年以后大幅快速下滑，此前从 1959 年 11 月至 1960 年 1 月，工业生产同比增速曾有所反弹，这主要是因为钢铁工人结束罢工后短期冲击的影响。

股市的下跌到 1960 年 3 月中旬开始企稳，此时经济基本面仍在下滑，但是市场利率出现了大幅下行，相比同年初，国债到期收益率到 3 月时已经下降了有超过 100 个基点。从同年 3～4 月，股市先升后降，但没有再创新低，同年 4 月底时道琼斯工业指数再次回到 599 点的水平。

1960 年 5 月 1 日，美国一架 U-2 高空侦察机在苏联上空被苏联导弹击落，飞行员加里·鲍尔斯（Gary Powers）被俘，这导致美、苏两国关系再度紧张起来。当时原定同年 5 月 16 日在巴黎举行美、苏、英、法四国首脑峰会，当尼基塔·赫鲁晓夫在同年 5 月 5 日宣布 U-2 型侦察机 1 号被击落时，外交家们就采取紧急行动，以防止巴黎四国首脑会谈难产，尼基塔·赫鲁晓夫在 1960 年 5 月 14 日依然抵达了巴黎。但当美国总统拒绝为 U-2 飞行使命表示道歉时，尼基塔·赫鲁晓夫提前离场，首脑会议就在同年 5 月 17 日告吹。[①]

四国峰会告吹之后，反而成为美国疲弱股市的一个催化剂。市场开始纷纷买入国防军工概念股，这一幕正好与 1959 年尼基塔·赫鲁晓夫访美时完全相反。由于 U-2 高空侦察机被击落，促使美国加快了对间谍卫星的研发速度。实际上，为了应对苏联部署携带核弹头的弹道导弹系统，美国决定研制天基导弹早期预警系统。最早的预警系统被称为"导弹红外防御预警系统"（MIDAS，也称作"米达斯"计划），该系统的核心是装有红外探测仪的卫星。而首颗 MIDAS 卫星于 1960 年 5 月发射升空，这进一步激发了市场买入军工股的热情。

1960 年 6 月 2 日，美联储宣布降息，将贴现利率从 4.0% 下降至 3.5%，这又对市场形成了利好。从同年 5 月初开始到 6 月上旬，股市不断上涨，道琼斯工业指数最高达到了 656 点。1960 年 6 月的美国工业生产同比增速进入负增长，而此时又爆发了刚果战争[②]对股市产生了不少影响。股市从同年 6 月中旬开始下跌到 7 月底又回到了 601 点的位置，与此前两次出现的年内低点 599 点基本持平。

1960 年 7 月底开始股市迎来了一系列政策利好，先是同年 7 月 27 日美联储宣布将股票交易保证金比例要求从 90% 下调至 70%。同年 8 月 11 日，美联储又宣布降息，将贴现利率从 3.5% 降至 3.0%。同年 9 月 1 日，美联储宣布将银行的存款准备金率从 18.0% 下调至 17.5%。股市从 1960 年 7 月底开始反弹，一直持续到 1960 年 8 月下旬。

1960 年 8 月下旬以后，上市公司的中报数据逐步披露，企业利润增速大幅负增长。而与此同时美国与古巴的关系开始急剧恶化。同年 8 月 28 日美国通过了《圣约瑟宣言》（*Declaration of St. Joseph*），再次运用门罗主义[③]干涉古巴内政，古巴政府于 1960 年 9 月 2 日在哈瓦那举行了百万人参加的大会，通过了《哈瓦那宣言》（*Havana Declaration*），强烈谴责美国对古巴、对拉丁美洲国家的干涉。[④] 同年 9 月 14 日，伊

①　资料来源：赵永清，王益民.二十世纪大事件［M］.北京：北京出版社，1998：49-60.

②　刚果出产的铀、钴、钻石、镭、铜、锡、锰等重要原料均被运往美国（美国第一批原子弹就是用刚果的铀制造出来的）和欧洲。

③　1823 年，美国总统詹姆斯·门罗（James Monroe）向国会提出的国情咨文所包含的关于不干涉的主张。该咨文声明美国政府不干涉欧洲的事务，也不容许欧洲国家干涉美洲各国的事务；美国不干涉欧洲国家在美洲的现有属地，但决不允许欧洲国家将其制度移植到美洲和再来美洲建立殖民地。这就是所谓"门罗主义"。资料来源：李浩培，王贵国.中华法学大辞典：国际法学卷［M］.北京：中国检察出版社，1996.

④　美国政府则在 1960 年 10 月 19 日宣布对古巴实行海上封锁。这促使古巴政府于同年 10 月 25 日宣布征用美国在古巴的全部企业。1961 年 1 月，美国与古巴断交。1962 年，时任美国总统约翰·肯尼迪签署法令，正式宣布对古巴实施经济、金融封锁和贸易禁运。资料来源：刘继南.当代世界概览［M］.北京：当代世界出版社，2005：1135-1136.

朗、伊拉克、沙特、科威特和委内瑞拉五国达成一致，决定建立一个协调小组，达成产量和价格的同盟，借以打破西方财团的垄断。五国宣告成立石油输出国组织（Organization of Petroleum Exporting Countries，OPEC），简称"欧佩克"。

　　股市在 1960 年 9 月迎来了全年最大的跌幅，道琼斯工业指数跌穿了此前 600 点左右的低点，最低到了 570 点左右。同年 10 月上旬市场开始反弹，但好景不长，1960 年 10 月 21 日，伦敦黄金市场价格猛涨到 41.5 美元/盎司，超过官价 18.57%，美元大幅贬值，美元作为布雷顿森林体系所规定的储备货币第一次显示出信任危机，出现了所谓的"第一次美元危机"。股市在同年 10 月下旬再度下跌，并创出了年内低点 564 点。也正是在 1960 年，美国耶鲁大学教授罗伯特·特里芬（Robert Triffin）在《黄金与美元危机》（*Gold and Dollar Crisis*）一书中提出了著名的"特里芬难题"。[①]

　　1960 年 11 月 8 日举行的总统大选中，约翰·肯尼迪以极其微弱的优势战胜了理查德·尼克松（Richard Milhous Nixon），但市场却在随后出现了一波肯尼迪行情（Kennedy rally）。同年 12 月 1 日，美联储将银行的存款准备金率从 17.5% 进一步下调至 16.5%。股市在 1960 年最后两个月的表现明显好转，收复了不少此前的失地。

　　道琼斯工业指数 1960 年底收于 616 点，全年下跌 9.3%（见图 2-4）。

图 2-4　1960 年 1～12 月道琼斯工业指数走势

资料来源：Wind 资讯。

---

　　① 任何一个国家的货币如果充当国际货币，则必然在货币的币制稳定方面处于两难境地。一方面，随着世界经济的发展，各国持有的国际货币增加，这就要求该国通过国际收支逆差来实现，如此则必然会带来该货币的贬值；另一方面，作为国际货币又必须要求货币币制比较稳定，而不能持续逆差。这就使充当国际货币的国家处于左右为难的困境。

四、1961 年：美国最年轻的总统

1961 年 1 月 3 日美国和古巴断绝外交关系，当天道琼斯工业指数下跌 0.9%，随后市场便开始了上涨行情。同年 1 月 14 日，美国总统德怀特·艾森豪威尔于离任前颁布黄金相关规定，禁止美国居民在世界上任何地方持有黄金，以应对日益增加的黄金流出压力。[①] 同年 1 月 20 日，43 岁的约翰·肯尼迪宣誓就职美国总统，成为美国历史上最年轻的总统。约翰·肯尼迪上台后表示，美元必须而且一定能够被保持在目前的价值上，并建议美国政府采取强有力措施不让美元贬值，1960 年 10 月出现的美元危机暂时告一段落。

股市在 1961 年前五个月连续上涨，起初市场上涨的原因主要是利率下行，基本面在 1961 年初仍处在最困难的时刻。同年 1 月初通用汽车在旧金山新闻发布会上宣布的生产计划，要明显低于市场预期。但此时市场利率仍在不断下降，同年 2 月初美联储授权纽约联储（Federal Reserve Bank of New York）可以购买中长期美国政府债券，随后纽约联储购买了大量的 1 年期以上的美国国债，这等于进一步放松了货币政策。

1961 年 3 月以后，经济形势开始出现好转，NBER 定义的本轮经济衰退到 1961 年 2 月结束，工业生产同比增速最低，1 月达到 -8.6% 随后开始回升。同年 3 月 4 日联邦德国马克升值 4.76%，对美元官方汇率从 1 美元兑换 4.2 马克调整到 1 美元兑换 4.0 马克。之后没几天，荷兰也宣布调整对美元的汇率价值。这些汇率的调整有助于增加美国产品出口的竞争力，减少贸易不平衡的压力。

市场在 1961 年 4 月中旬前总体保持稳步上涨的节奏，其间出现过 3 次小的调整，但时间和空间均较为有限。同年 4 月 17 日爆发了"猪湾事件"（Bay of Pigs Invasion），在美国中央情报局（Central Intelligence Agency，CIA）的协助下，逃亡美国的古巴人组成的雇佣军在古巴西南海岸猪湾登陆，向菲德尔·卡斯特罗领导的古巴革命政府发动了入侵。但 3 天后入侵军即被消灭。[②] 在军事上失败的影响下，美国股市在 1961 年 4 月中下旬出现了下跌，但总体跌幅也比较有限。同年 5 月开始市场重回升势，1961 年 5 月 25 日，随着美国首次载人宇宙飞行成功，约翰·肯尼迪总统要求国

---

① 当时，根据美国联邦有关黄金的法规规定，在美国禁止私自购买黄金，但允许美国公民在国外时，可按照自己的意愿，不限数量地购买和持有黄金。

② 资料来源：袁灿兴. 从洛佩斯到猪湾事件：美国对古巴政策的演变 [J]. 文史天地，2015（5）.

会批准一项把人送上月球的计划。

从 1961 年 5 月下旬开始，市场进入调整，一直持续到大概同年 7 月下旬。股市调整的时长大概在两个月，跌幅并不是很大，道琼斯工业指数从最高到最低，下跌幅度也就在 4% 左右。造成市场下跌的原因主要是两个。

一是第三次"柏林危机"的爆发。1961 年 6 月 3 日和 4 日，美国总统约翰·肯尼迪与苏共领导人尼基塔·赫鲁晓夫于维也纳举行了两天会谈，讨论的焦点集中于柏林问题，尼基塔·赫鲁晓夫旧事重提，要求英、美、法撤出西柏林，否则，西方国家进入西柏林都需先得到民主德国同意，约翰·肯尼迪断然拒绝。同年 7 月初，苏联宣布暂停复员，并将军费增加 1/3，约翰·肯尼迪作出强硬反应，因为，他认为西柏林是抗苏焦点，绝不容重演绥靖政策。约翰·肯尼迪要求国会增加国防预算，征召部分后备役人员及国民警卫队入伍，扩大民防及修筑防空措施，顿时美、苏两国关系再次紧张，史称第三次"柏林危机"。[①]

二是在 1961 年 6～7 月资本市场出现了大量的二次发行（secondary offering）。[②]包括像伯利恒钢铁公司、海湾石油公司、麦克森公司（McKesson Corporation）和罗宾斯公司（Robbins）等公司，在此期间都进行了大量的二次发行。批量的二次发行，一方面冲击了市场的短期流动性；另一方面也是一个对于未来相对不乐观的信号。

行情从 1961 年 7 月下旬开始好转，同年 8 月 13 日，"柏林墙"[③] 动工修建，使得局势有所缓和。但到了同年 9 月，美、苏两国相继开始恢复核试验，军备竞赛又进入新的高潮。[④] 股市受国际局势紧张的影响，在 1961 年 9 月和 10 月再次进入调整。到同年 11 月市场行情再度好转，此时国际局势略有缓和，而更重要的是宏观经济到1961 年底已经进入了复苏的高峰期，各种经济数据利好不断。

道琼斯工业指数 1961 年底最终收于 731 点，全年上涨 18.7%（见图 2 - 5）。

---

① 资料来源：《世界通史》编委会. 世界通史［M］. 吉林：吉林出版集团，2013：133 - 135.

② 在美国，二次发行是指公司的主要机构持股人对公众发售其限制性股票。一次发行的股票出售方为上市公司，二次发行的股票出售方为机构股东。

③ 柏林墙，是德意志民主共和国（简称民德国或东德）在己方领土上建立环绕西柏林边境的边防系统，目的是阻止民主德国和德意志联邦共和国（简称联邦德国或西德）所属的西柏林之间人员的自由往来。

④ 资料来源：吴展. 关于全面禁止核试验的问题［J］. 美国研究，1998（3）：7 - 29.

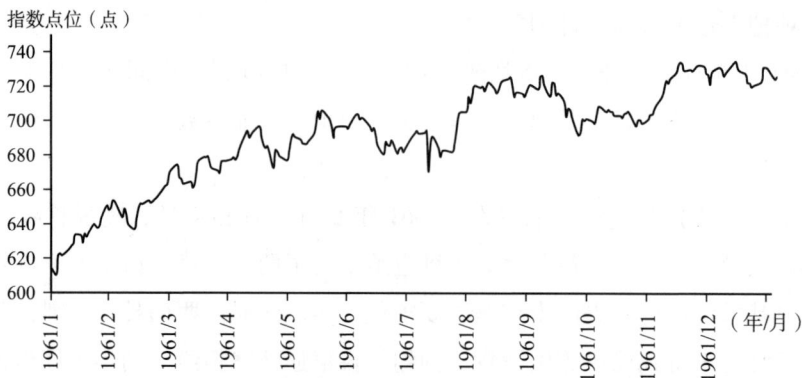

指数点位（点）

图 2－5　1961 年 1～12 月道琼斯工业指数走势

资料来源：Wind 资讯。

五、1962 年："古巴导弹危机"[①]

作为民主党总统的约翰·肯尼迪，其经济政策有很强的凯恩斯主义倾向。1962年 1 月 11 日，约翰·肯尼迪总统向国会提出国情咨文，鼓吹进一步扩军备战，继续保持美国核威慑力量的实力。他还声称，美国打算在任何时候都拥有进行非核战争或有限战争的能力。同时，政府向国会提出了一个 925 亿美元的 1963 年财政年度支出预算，增加的大部分经费主要被用于国防建设以及太空科研，出现了所谓的"国防美元"（Defense Dollars）。[②] 积极扩张的财政政策和国防美元对市场是一种刺激，特别是那些与国防相关行业的公司。股市从同年初到 3 月中旬基本是横盘震荡的走势。

转折出现在 1962 年 3 月中旬，市场开始连续下跌一直到同年 6 月底，道琼斯工业指数从最高 724 点下跌至最低 525 点，跌幅高达 27%。1962 年的大跌在美股历史上都是可以排得上号的，被称为"肯尼迪大跌"（Kennedy Slide）。

造成市场大跌的原因，一开始是一些事件性的影响。1962 年 3 月 14 日，联合国裁军审议委员会（Disarmament and International Security Committee，DISEC）在日内瓦举行，这次会议的目标是缔结一项全面的具体的裁军条约。当时市场的观点是裁军不利于"国防美元"的支出，影响需求，所以对上市公司是负面的。同年 4 月出现了

---

　　① "古巴导弹危机"亦称"加勒比海危机"，是由苏联在古巴设置导弹基地引起的美苏间的尖锐冲突。1962 年 10 月，美国空军侦察发现苏联正将进攻性导弹运进古巴设置导弹基地。美国总统约翰·肯尼迪发表封锁古巴的决定，并威胁不惜使用武力，形成战争一触即发之势。最终美、苏两国达成协议，苏联停止在古巴修建导弹基地。

　　② 资料来源：梅孜 . 美国总统国情咨文选编 [M]. 北京：时事出版社，1994：323－340.

一件对股市影响较大的事情，美国钢铁的董事长罗杰·布劳（Roger Blough）告诉约翰·肯尼迪总统，他们将进行涨价并超过政府的指导价格，约翰·肯尼迪总统公开指责这一涨价行为，随后美国司法部部长罗伯特·肯尼迪（Robert Kennedy）对美国钢铁展开了调查。[①] 总统运用行政权力干预美国钢铁涨价的行为，在当时市场引起了很大反响，并被理解为这是政府有意的"反大企业活动"。股市中先是钢铁股暴跌，随后市场整体一起下跌。

1962年5月的下跌比4月更加惨烈，持续下跌的过程中，各种对世界观、人生观、价值观的质疑都会出现。股市大幅下跌之后，市场开始担心美国经济可能再次进入衰退。事后看，很显然1962年的美国经济非常稳健，没有出现经济衰退。到同年6月，很多高股价的前期明星股都跌得有些惨不忍睹了。国际商业机器公司（International Business Machines Corporation，IBM）跌到了300美元，一年前是607美元；明尼苏达-霍尼韦尔公司（Minnesota Honeywell）跌到了76美元，1960年高点的时候是179美元；宝丽来公司（Polaroid Corporation）从262美元跌到了81美元。

经济基本面没有出现问题，货币政策没有收紧，利率没有大幅上行，为什么在1962年3～6月间股市出现了如此大幅度的下跌呢？笔者认为，主要的原因或许还是估值太高，从数据来看，1961年底至1962年初的时候，美股的估值已经达到了一个非常高的位置，这个估值水平一直要到30年以后才再次被突破（见图2-6）。1962年市场的大跌是对前期大幅上涨的一次系统性消化调整。

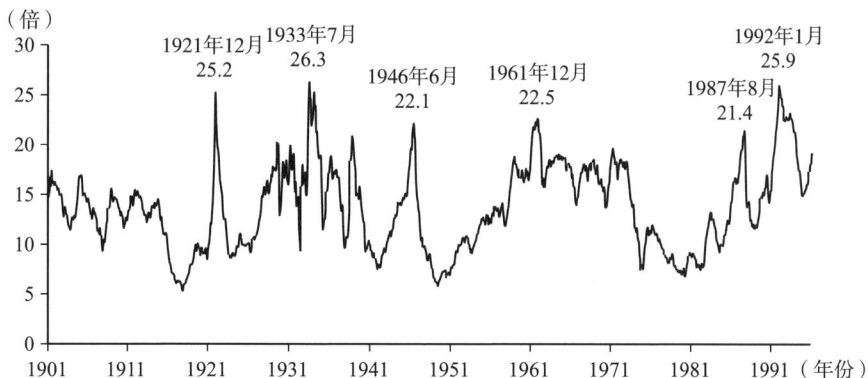

图2-6　1901～1991年标普综合指数市盈率（PE）走势

资料来源：彭博咨询公司。

---

① 资料来源：刘戈. 改变美国的时刻 [M]. 杭州：浙江大学出版社，2013：105-110.

到 1962 年 7 月，救市政策开始出台，1962 年 7 月 9 日，美联储宣布将证券交易保证金比例从 70% 大幅下降至 50%。市场也逐步企稳，同年 8 月 13 日，约翰·肯尼迪总统首次提及要进行减税，降低企业和个人所得税，市场情绪被进一步调动。行情的回升持续到同年 9 月中旬，1962 年 9 月下旬市场再度出现一波急跌，但到同年 10 月上旬又有所好转。

1962 年 10 月下旬"古巴导弹危机"爆发，使得全世界处在了战争的边缘。1962 年 10 月 22 日晚上 7 点，约翰·肯尼迪总统向美国和全世界发表广播讲话，通告了苏联在古巴部署核导弹的事实，宣布武装封锁古巴，要求苏联在联合国的监督下撤走已经部署在古巴的进攻性武器。同年 10 月 23 日，苏联政府发表声明，表示仍要按苏联、古巴协议继续使用武器"援助"古巴，"坚决拒绝"美国的拦截，对美国的威胁"将进行最激烈的回击"。同年 10 月 24 日，美国封锁了古巴海域。[①]

局势的紧张使得股市在这几天中连续下跌。1962 年 10 月 28 日，尼基塔·赫鲁晓夫同意撤出部署在古巴的攻击性导弹，从而结束了这场危机。自此，股市行情见底回升。同年 11 月 11 日，苏联部署在古巴的 42 枚导弹全部撤走。同年 11 月 20 日约翰·肯尼迪宣布取消对古巴的海上封锁。与此同时，苏联政府命令苏联武装力量解除最高战备状态。

"古巴导弹危机"前后，经济形势也发生了几个变化：一是为了防止经济衰退出现，政策有所放松，1962 年 10 月 18 日美联储降低了定期存款的准备金率，同年 11 月初英国又宣布大幅降低汽车购置税，而 OECD 各成员方也一致认可美国需要采取扩张的经济政策；二是 1962 年底时，美国减税的讨论越来越多，这也成为驱动 1963 年行情的重要力量；三是原本预期的经济衰退最后没有到来，经济数据比预想中要好。在这种背景下，股市从"古巴导弹危机"之后便见底回升，一直上涨到年末。

道琼斯工业指数 1962 年底收于 652 点，全年下跌 10.8%（见图 2-7）。

六、1963 年：约翰·肯尼迪总统遇刺身亡

进入 1963 年，市场讨论的头等大事就是减税，没有之一。当前的税率主要是哈里·杜鲁门总统时期加上去的，因为第二次世界大战和"朝鲜战争"。当时美国的所得税税率非常高，企业所得税税率高达 52%，个人所得税最高档税率高达 91%。在

---

① 资料来源：沙金芳. 古巴导弹危机始末 [J]. 国际展望，1985（12）：27-29.

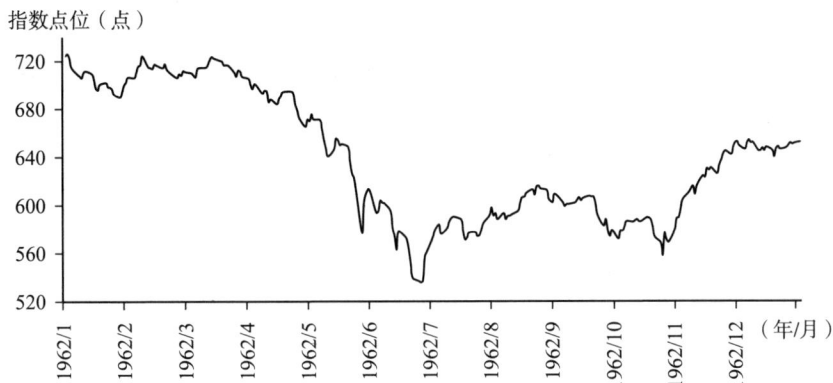

图2－7　1962年1～12月道琼斯工业指数走势

资料来源：Wind资讯。

战事平息后，照理是可以减下来的，1950年"朝鲜战争"爆发前哈里·杜鲁门总统就讨论过要减税。但德怀特·艾森豪威尔八年税率一直没动，所以把历史重任留到了肯尼迪时代。

　　1963年1月，约翰·肯尼迪总统向国会提交了减税议案，建议将个人所得税税率从20%～91%下降到14%～65%，企业所得税税率从52%下调至47%。这极大地引发了市场的做多热情，股市在1963年初第一天跌了一天后开始上涨，一直涨到2月中旬。同年2月末，约翰·肯尼迪总统讲话一反往常看好经济形势，而是在说经济衰退潜在问题，被市场理解为需要降降温，股市在1963年2月下旬出现了一次急跌。

　　1963年3月以后各项经济数据开始逐步变好，工业生产同比增速出现了加速上升。特别是汽车行情，情况非常靓丽，同年4月的汽车产量较上年同比增长12%，较上月环比增长7%，要知道当时美国汽车保有量的基数已经非常大，还能有两位数的增长非常好了。股市从同年3月开始一路上涨，到同年5月，道琼斯工业指数最高摸到了727点，超过了1962年大跌前的高点724点。但也就在这时，市场出现了调整。

　　当时美国经济有个问题，就是减税的必要性和合理性，因为经济已经好起来了，对于减税的反对意见主要集中在财政政策的作用上，当时失业率已经下来了，是否仍有必要继续刺激经济。所以经济过热的时候，减税的反对声音就会变大。此外市场短期利率也开始有明显上升，除了经济不断好转以外，利率上升的另一个原因是希望通过抬高短期利率以抑制资本外流。到1963年7月上旬，市场开始传言加息，美联储可能将贴现利率从3.0%上调至3.5%，如果成真，这将是1960年8月以来贴现利率的第一次变动，也是自 1959 年 9 月以来的第一次加息。

空穴来风、未必无因，市场传言往往就是前奏。果不其然，1963 年 7 月 16 日美联储宣布加息，将贴现利率从 3.0% 上调至 3.5%。按照美联储的解释，当时加息的主要动机是试图提高货币市场利率，以帮助减少短期资本外流。加息的同时，美联储提高了商业银行定期存款的利率上限。此次加息导致了一个问题出现，就是当时的贴现利率超过了短期国债利率，这也就意味着很多商业银行会选择抛售短期国债而非找美联储贴现以获得流动性，从而使得市场利率上行。市场在 7 月出现了较大幅度的下跌，其间道琼斯工业指数一度出现日线十连阴。

行情从 1963 年 7 月底开始好转，1963 年 7～8 月的经济继续加速回升，除了此前表现出色的汽车行业，建筑行业的表现也特别突出。20 世纪 60 年代开始美国政府出台了一系列对于房地产的优惠政策，这使得房地产产业增速很快。同年 8 月 5 日，美国、苏联和英国在莫斯科正式签署了《禁止在大气层、外层空间和水下进行核试验条约》（Partial Test Ban Treaty，PTBT），其目标是减缓"冷战"期间的军备竞赛和防止核武器试验造成地球大气中过量的放射性尘埃。同年 8 月 28 日，马丁·路德·金（Martin Luther King Jr.）组织了争取黑人工作机会和自由权的游行，并发表了"我有一个梦想"的著名演讲。抗议活动对股市基本没有什么影响。

股市在 1963 年 7～8 月连续上涨，并在同年 8 月底的时候道琼斯工业指数突破了 1963 年 5 月底时的年内高点。同年 9 月市场震荡横盘了一下，1963 年 10 月二季报出来后市场进一步上涨，到同年 10 月底的时候道琼斯工业指数最高到了 760 点。除了经济数据好看以外，当时的经济状况还有两点也是刺激股市不断上涨的原因，一是企业的利润率出现了大幅改善；二是在利润改善的同时，企业的资本支出开始增加，这是从 1957 年以来首次出现。

行情从 1963 年 10 月底开始出现调整，主要原因是政策的再度收紧。同年 11 月 5 日，美联储宣布将证券交易的保证金比例从 50% 上调至 70%（1962 年大跌后从 70% 调到的 50%）。这让市场感到了恐慌，因为这有可能是货币政策全面收紧的第一步。调整的极限出现在 1963 年 11 月 22 日，当天美国总统约翰·肯尼迪在达拉斯遇刺身亡，震惊全球。

总统遇刺如此重大的事件冲击，结果美股居然一天调整结束，不得不说非常神奇。股市在 1963 年 11 月 22 日大跌之后，随即反弹，走出了一个深 V 形走势，然后一路向上持续到年底，道琼斯工业指数年底基本是全年的高点。为什么会这样，核心的利好还是减税，当时华尔街有个俗语说股市不会对同一个事情反应两次，但减税看来是一个例外。

道琼斯工业指数 1963 年底收于 763 点，全年上涨 17%（见图 2 - 8）。

指数点位（点）

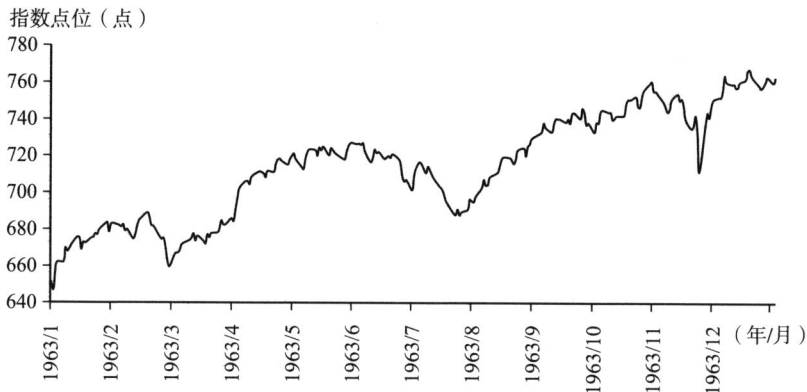

图 2 - 8　1963 年 1～12 月道琼斯工业指数走势

资料来源：Wind 资讯。

七、1964 年：向贫困宣战

1964 年初，美国股市延续着 1963 年的上涨趋势，指数不断再创历史新高。同年 1 月 8 日，继任美国总统的林登·约翰逊向国会发表了他的第一个国情咨文。这篇国情咨文非常鼓舞人心，提到"让本次国会大会被人铭记，成为为保障民权所作贡献比此前数百次会议加起来还要大的大会；成为制定我们时代影响最深远的减税政策的大会；成为向美国国内贫困和失业全面宣战的大会"。林登·约翰逊总统 1964 年初的国情咨文是美国历史上少数几个非正式名称更广为人知的同类演说，通常被称为"向贫困宣战"演说。①

1964 年 1 月 9 日，美国军队与巴拿马群众在运河区发生冲突，1964 年 1 月 11 日，巴拿马政府与美国断交，并宣布废除运河区条约。② 这一海外事件冲击使得上涨的股市稍作横盘停歇几个交易日，然后股市继续着原有的上涨路径。同年 1 月中旬总统的经济工作报告表达了对经济的充满信心，而减税的步伐也正在有条不紊地进行着。同年 2 月 26 日，众所期待的《1964 年减税法案》（*Revenue Act of 1964*）终于正式落地。此次减税将联邦个人所得税最高档税率从 91% 下调至 70%，企业所得税税率从 52% 下调至 48%，预计可能减少联邦政府的所得税近 20%。

① 资料来源：梅孜. 美国总统国情咨文选编［M］. 北京：时事出版社，1994：357 - 365.
② 资料来源：曹世文. 20 世纪大事记［M］. 北京：国际文化出版公司，1991：471.

而与此同时，美国经济到 1964 年也表现出非常强劲的势头，经济开始进入繁荣（boom）阶段。很多宏观经济指标开始不断创历史新高，上市公司的业绩表现也是非常出色，同年 2 月初通用汽车报告的营业收入和利润金额，创造了有史以来的所有公司的历史新高。股市从 1964 年初至 4 月中旬基本上就是一路上涨，没有任何调整下跌出现。

股市从 1964 年 5 月上旬开始一直到 6 月上旬出现了一些调整，道琼斯工业指数从高点 830 点调整到最低 800 点。导致股市调整的负面因素包括最高法院做出了一个禁止银行合并的决定、美国政府对于一些钢铁企业的价格限制、铁路工人的罢工威胁、美国证券交易监督委员会对一些内幕交易的治理等，总体看都是些鸡毛蒜皮的事情。这轮调整的主因应该说还是涨多了后的正常调整，而且到同年 5 月美国经济复苏繁荣时间已经较长了，达到了 39 个月，这使得很多人担心经济可能即将不行了。

到 1964 年 6 月上旬，股市的夏季行情爆发，所谓夏季行情，当时有人统计过，在 1964 年之前过去的 38 年中，有 35 年的夏季后，股市的收盘价会高于 5 月底的收盘价。同年 7 月 2 日，美国总统林登·约翰逊签署《1964 年民权法案》（*Civil Rights Act of 1964*），该法律禁止在雇用人员、公用事业单位、工会会员资格以及联邦出资项目等方面存在种族歧视。夏季行情持续到了同年 7 月中旬，道琼斯工业指数从 800 点上涨到了 851 点，突破了此前的年内高点。

1964 年 7 月下旬开始，美国两党明确了新一届的总统候选人，林登·约翰逊总统的竞选对手是参议员戈德华特（Goldwater）。总统选举对股市产生了一定的不确定性，应当说当时市场是希望林登·约翰逊总统继续连任的。因为，一方面林登·约翰逊总统的政策比较积极（包括减税等各种积极财政政策）；另一方面从市场表现看，约翰·肯尼迪总统遇刺后这段时间里，股市也在一直上涨，甚至被称为"约翰逊行情"。投资者不太希望总统换人，使得经济政策和市场表现的方向发生变化。股市从同年 7 月下旬到 8 月下旬出现了小幅的调整，这期间，1964 年 8 月 4 日，美国两艘驱逐舰据称在北部湾受到北越的第二次攻击，引发越南战争全面升级的北部湾事件发生。[1] 这次冲

---

[1] 越南战争，是发生在第二次世界大战后，1955～1975 年"冷战"中，在东南亚爆发的一场大规模局部战争。越南战争是美国等资本主义阵营国家支持的南越（越南共和国）对抗由苏联等社会主义阵营国家支持的北越（越南民主共和国）和"越南南方民族解放阵线"的一场战争。发生于冷战时期的越南（主战场）、老挝、柬埔寨。越南战争是第二次世界大战以后美国参战人数最多、影响最重大的战争，最后美国在越南战争中失败。越南人民军和越南南方民族解放阵线最终推翻了越南共和国，并统一了越南全国。资料来源：解力夫 . 越南战争 [M]. 北京：蓝天出版社，2015.

突使得美股市场担心会因为冲突升级导致大宗商品价格上涨进而引发通胀。

在当时的经济背景下，到1964年9月经济复苏已经持续43个月，调整很快结束，同年9月市场大幅上涨。同年10月国际形势出现了一些变化，1964年10月14日，苏联发生政变，苏联最高领导人尼基塔·赫鲁晓夫在黑海之滨度假，不料突然"被退休"，勃列日涅夫（Brezhnev）在莫斯科发动政变，结束了尼基塔·赫鲁晓夫对苏联的统治。[①] 同年10月16日，中国在西部地区成功地爆炸了第一颗原子弹，继美国、苏联、英国、法国之后，成为世界第五个拥有核武器的国家。这些都增加了市场的不确定性，股市在1964年10月保持横盘没有继续上涨。

1964年11月3日，林登·约翰逊当选为美国总统，股市在同年11月中旬出现了一次"脉冲"，道琼斯工业指数创出了897点的年内高点，但"脉冲"后很快回落。1964年11月24日美联储宣布加息，将贴现利率从3.5%上升至4.0%。受此影响下，股市在同年11月下半月至12月上半月出现了回落。

道琼斯工业指数1964年底收于874点，全年上涨14.6%（见图2-9）。

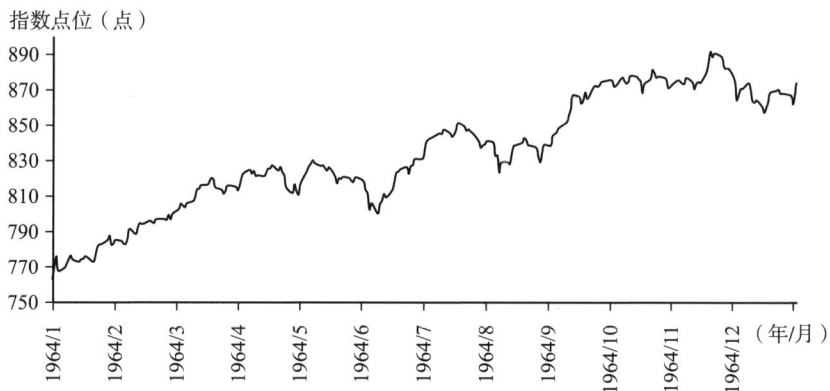

图2-9 1964年1～12月道琼斯工业指数走势

资料来源：Wind资讯。

八、1965年：法国要搬走黄金

如同1964年一样，1965年初（1月4日）林登·约翰逊总统给出了一个令人振奋的国情咨文，在其中阐述了其"伟大社会"（Great Society）的核心理念。伟大社会的执政理念，体现在推进一大批此前长期停滞的社会项目，如国家老年人医疗保险制

---

① 资料来源：商豫. 赫鲁晓夫下台以后［J］. 文史月刊，2011（7）：56-58.

度、联邦政府教育资助、环境保护等。无疑这是一个雄心勃勃的财政扩张计划，而事实上，林登·约翰逊政府所通过的各种法案在美国历史上算是非常高效的。在伟大社会政策的鼓舞下，股市在 1965 年 1 月单边持续上行，道琼斯工业指数到同年 2 月初达到了 906 点。

1965 年 2 月 11 日，林登·约翰逊政府下令空袭北越目标，以报复河内指挥的游击队对军事设施的袭击，美国在越南的军事参与不断升级。同年 3 月 2 日，美国总统林登·约翰逊批准了"滚雷行动"，对北越进行大规模轰炸。[①] 同年 3 月 8 日，第一批 3500 名美国海军陆战队员在越南岘港登陆，美国军队正式完全介入越南战争。[②] 虽然越南战事影响很大，但在当时对经济和市场影响更大的问题是"美元"。

美国经济持续不断的贸易赤字，使得美元的"价值"被不断质疑。1965 年 1 月 4 日，法国宣布 1 个月内将 3500 万美元兑换成黄金，并准备把来自国际收支顺差的新美元全部兑换成黄金。同年 2 月 4 日，在法国总统官邸爱丽舍宫，夏尔·戴高乐（Charles André Joseph Marie de Gaulle）召集了来自世界各地的记者参加新闻发布会，高调提议重回金本位制。随后，法国财政大臣吉斯卡尔·德斯坦（Giscard d'Estaing）宣称，建议世界主要金融国家在所有的国际收支中采用黄金，以遏制目前世界货币体系中的没落趋势。而且不光是嘴上说，法国要求美国按规定的 35 美元兑换 1 盎司的价格从美国搬走黄金。[③]

股市在 1965 年 2～3 月间震荡徘徊略有下跌，到同年 4 月以后行情开始好转，从 1965 年 4 月初到 5 月中旬，道琼斯工业指数连续上涨，最高达到了 939 点。市场上涨的原因主要有两方面：一是经济形势本来就不错，1965 年 4 月以后上市公司一季报陆续出来不断印证利好市场情绪。二是美元问题的压力有所减缓，当时林登·约翰逊政府倡议美国企业自愿控制资本流出，这意味着货币政策不会大幅收紧，而同时到同年 4 月英国提出了紧缩的财政预算而法国降低了银行利率，这都有助于缓和对美元流出的忧虑。

然而，从 1965 年 5 月中旬开始，股市表现急转直下、一路下跌，一直持续到同年 6 月底，道琼斯工业指数从 939 点最低下探到了 833 点。股市下跌的原因一开始只是技术层面的调整，而随后美联储主席威廉·马丁的讲话成为市场加速下跌的催化

① 资料来源：陈伙成."滚雷"行动——60 年代美国空袭北越战争初探 [J]. 军事历史，1993（4）：23－26.

② 资料来源：杨健. 从越南战争看美国国会与总统间的战争权之争 [J]. 美国研究，1992（4）：8－30＋4.

③ 资料来源：[美] 彼得·L. 伯恩斯坦. 黄金简史 [M]. 黄磊，郑佩芸，译. 上海：上海财经大学出版社，2008.

剂。同年6月1日，威廉·马丁在纽约的哥伦比亚大学发表讲话，他警告说国内通胀的危险以及国际收支不平衡问题可能是永久性的。此话一出，引起了市场极大反响，这话是什么意思？是说后面货币政策要一直收紧吗？下跌中还有一个问题，就是股市是经济衰退的领先指标，所以跌多了就会引起对经济的忧虑，特别是在1965年经历了超长的经济扩张期之时。

1965年6月25日，威廉·马丁在罗格斯大学再次发表演讲，他说美国经济不会被剥夺发展所需要的资金，这才把市场情绪给稳定住。同年7月中旬以后，上市公司中报数据陆续出来，情况非常好。1965年7月30日，美国《1965年社会保障修正案》（*Social Security Amendments of 1965*，以下简称《法案》）颁布，该《法案》创造了两个财政项目：国家老年人医疗保险制度和医疗补助计划，为65岁以上老人以及贫困家庭提供医疗服务。同年8月6日林登·约翰逊总统又签署了《1965年选举权利法案》（*Voting Rights Act of 1965*），在几个州清除了美国黑人投票的法律障碍，尽管之前他们的投票权在美国宪法第15修正案中已被承认。

股市从1965年6月底的最后几个交易日见底回升，开始震荡回升，在同年7月中旬间有过些许调整，然后继续上行。震荡上行从1965年6月底持续到8月底，从同年9月开始市场表现进一步好转，基本从震荡上行转变成了单边上行。这中间一个重要变化，就是从1965年第三季度到1966年第一季度，美国经济又出现了加速上行。本来经济就不错，现在又出现了加速上行！导致经济加速上行的原因是大量军费开支形成的巨额财政刺激效应。除此以外，政府的财政刺激还包括80亿美元的住房项目，46亿美元的消费税减免，12亿美元支持中小学教育等。

市场的疯涨持续到1965年10月底，道琼斯工业指数最高到了962点。然后，问题开始出现了，通胀起来了。经济学家预测1966年政府支出可能增长8%～10%，是"朝鲜战争"以来增幅最大的一年。华盛顿方面开始表达出对于通胀的忧虑，1965年11月初的报告提及总统对于铝价上涨的忧虑，并通过行政干预阻止了行业涨价2%的行为。这使得市场很反感。随后铜价开始上涨，市场担心铜会重蹈铝的覆辙。整个1965年11月股市都在下跌。

但政府对于通胀的干预依然局限于"窗口指导"。1965年12月6日，大招终于来了，美联储宣布加息，将贴现利率从4.0%上升至4.5%。当天股市大跌，道琼斯工业指数最低下探到940点，随后再被拉起，走出了一根长长的下影线。加息之后，市场在同年12月走出了利空出尽的行情，这期间陆续公布的经济数据不断上修，最终全年收盘收在了全年最高点。

道琼斯工业指数1965年底收于969点，全年上涨10.9%（见图2-10）。

指数点位（点）

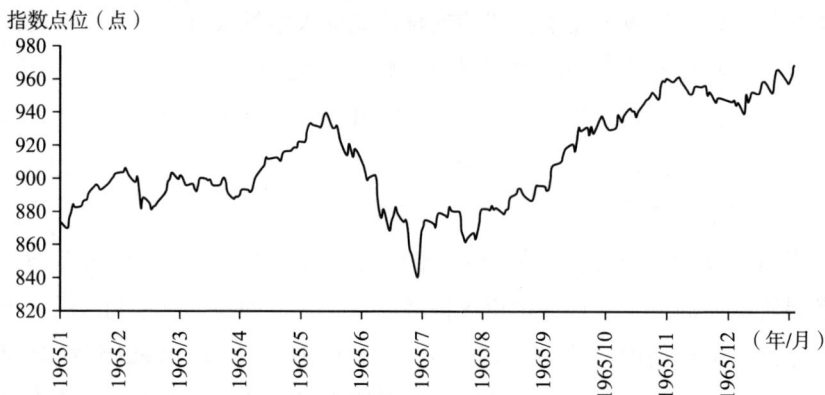

图 2-10　1965 年 1～12 月道琼斯工业指数走势

资料来源：Wind 资讯。

九、1966 年：信用紧缩

1965 年，在越南战争和"伟大社会"的财政支出刺激下，美国经济如火如荼，经济的繁荣在 1966 年继续延续着，但不少问题已经出现。一个是当时经济已经基本接近完全就业，失业率难有进一步下降空间。二是通胀问题愈发突出。从 1966 年初到 2 月上旬，美股横盘微涨，道琼斯工业指数最高摸到 1001 点。

股市从 1966 年 2 月开始变脸，进入一个将近 9 个多月的下跌通道中。导致股市下跌的直接因素是不断增加的财政支出使得通胀上行，进而不断推高利率水平。同年 1 月中旬美国总统林登·约翰逊向国会申请新增 128 亿美元经费用于越南战争。1966 年 2 月底时，固特异轮胎公司（Goodyear）宣布涨价 1%～3% 作为"超前成本"（advancing costs）。在此情形下，利率大幅上升，到 1966 年 2 月，美国的 10 年期国债到期收益率超过 5%，超过了此前的历史最高点。

股市的第一波下跌从 1966 年 2 月上旬开始一直到 3 月中旬，道琼斯工业指数从 1001 点下跌到了最低 911 点。1966 年 3 月末，由利率大幅上行造成的货币危机暂时过去，货币市场利率稳住并略有小幅下降。市场在同年 3 月下旬到 4 月中旬有所反弹，道琼斯工业指数从 911 点最高回升至 955 点。其间夏尔·戴高乐总统于 1966 年 3 月 10 日正式宣布法国退出北约军事一体化体系[①]，并要求所有法国境内的美国士兵，必须在 1967 年 4 月 1 日前撤离法国，但对市场没有太大影响。

---

① 2009 年 3 月，法国政府将全面重返北约的议案提交国民议会审议，经过激烈的辩论，最终这一计划获得批准。

通胀的压力使得政策不得不考虑转变，1966 年 4 月初，林登·约翰逊总统表示，如果可以给过热的经济降温，将考虑增加 5%～7% 的"温和的"个人和企业所得税。从同年 4 月底开始市场再度掉头向下，到 1966 年 5 月中旬道琼斯工业指数最低跌至了 864 点。从 1966 年 5 月下旬到 7 月上旬，市场横盘震荡，其间不少的信号开始显示经济出现了走弱的情况，通用和福特汽车缩小了生产计划，但不少公司的企业利润还行，总体上市场对经济的看法开始出现了分歧。

1966 年 6 月 24 日，美联储宣布加息，将贴现利率从 4.0% 大幅上调至 5.0%。到同年 7 月，此前在 3 月被压下去一些的利率，再度起来了，并超过了前期高点再创新高，而与此同时财政赤字也越来越大。此外，失业率低、通胀上升，造成了劳动力成本不断上涨，进一步增强了通胀预期。这期间，市场对于利率以及资金面的恐惧已经接近于恐慌，关注的问题都集中到了信用还能被收多紧以及利率还能走多高。同年 8 月 17 日，美联储再度提高了存款准备金要求。1966 年 7 月和 8 月，美股连续下挫，道琼斯工业指数最低到了 767 点。同年 9 月上中旬时，行情略有好转，出现了一个小反弹，但很快夭折，市场继续下跌，到 1966 年 10 月上旬，道琼斯工业指数最低跌至 736 点，全年跌幅已超过 20%。

此时，信用紧缩已经成为一个巨大的经济问题，为应对问题，政府开始出手了。1966 年 9 月中旬，美联储、英格兰银行以及其他一些发达国家央行组成的"十大行"（Big Ten）国际清算银行（Bank for International Settlements，BIS）决定大幅提高相互间的信用额度，以应对潜在的美元和英镑危机。在美国国内，为了解决日益严峻的信用紧缩，美国国会授权总统给予美联储更大的权力来控制金融机构的存款利率。此举在当时是为了消除所谓的银行间"不理性"竞争导致的"不健康"的利率上行。随后 1966 年 9 月 21 日，美联储下调了存款利率的最高上限。同年 10 月以后，PPI 同比开始有所回落了，利率也开始有所回落了。股市表现中，可以看到，道琼斯工业指数在 1966 年 10 月上旬创下 736 点低点后，市场开始企稳了。

1966 年 11 月，美国中期选举开始，选举后美国众议院中民主党的席位从 295 席下降至 248 席，共和党的席位从 140 席上升至 187 席，换言之，共和党赢了 47 个席位。这反映出美国民众对于民主党政策的不满开始增加，对于保守主义的期盼越来越多。1966 年末时，市场面临的主要问题和状况有：一是经济下行压力开始增大，同年 10 月份公布的新屋开工数据低于市场最悲观的预期；二是货币政策有放松的意愿，同年 12 月 6 日美联储下调了存款准备金要求，但因为通胀问题，并没有大幅放松；三是为缩小财政赤字，加税的问题已经纳入议事日程。在这样的背景下，美股在同年 11 月和 12 月弱势震荡。

道琼斯工业指数 1966 年底收于 786 点，全年大跌 18.9%（见图 2-11）。

图 2-11　1966 年 1～12 月道琼斯工业指数走势

资料来源：Wind 资讯。

十、1967 年：英镑危机

1967 年初的时候，美国经济数据还在往下掉，但股票市场已经明显稳住了。

当时影响股市的因素主要是两个：一个是财政支出在进一步扩大，考虑当时财政收入还行，美国财政总体赤字在 1967 年还没有失控；另一个因素更重要，就是全球范围内出现了货币宽松的趋势。首先是 1967 年 1 月初联邦德国把贴现利率从 5.0% 降低到了 4.5%。同年 1 月上旬，美国总统林登·约翰逊在讲话中指出，将在总统的权力范围内尽其所能来降低利率和放松货币。在这个过程中，虽然美联储还没有正式降息，但市场利率已经开始明显下降。同年 1 月底，英格兰银行宣布降息，将贴现利率从 7.0% 降低到 6.5%。1967 年 2 月，联邦德国宣布再次降息，将贴现利率从 4.5% 降低到 4.0%。1967 年 2 月 28 日，美联储宣布降低存款准备金要求，将储蓄存款的准备金率从 4.0% 降低到 3.0%。

虽然 1967 年第一季度美联储没有正式降息，但货币宽松的态度和趋势非常明显，市场的利率也明显下滑。在这个过程中股市在 1967 年第一季度显著上行，首先在 1967 年 1 月上旬到中旬大幅拉升，同年 1 月下旬到 3 月上旬间震荡横盘，1967 年 3 月下旬再度上涨，道琼斯工业指数在第一季度有接近 10% 的涨幅。

1967 年 3 月底至 4 月初市场出现了些许调整，起因是公布的 1967 年 2 月汽车销量数据比较难看，一般认为 2 月的销量对全年有决定性影响。但整体调整幅度不大，道琼斯工业指数大概下跌了 3% 左右。

1967 年 4 月 6 日，美联储正式宣布降息，将贴现利率从 4.5% 降低至 4.0%。市场旋即开始上涨，叠加当时市场传言要恢复 7% 的投资税收豁免额以及加速折旧（之前因为要控制经济过热在上年 10 月被暂停），这一轮上涨非常急速，在同年 5 月上旬道琼斯工业指数创出了 910 点年内高点。这期间 1967 年 4 月中下旬逐步公布的美股上市公司一季报数字并不好看，但市场没有太大反应。

股市从 1967 年 5 月上旬道琼斯工业指数见高点 910 点后开始下跌，下跌的幅度和速度也很厉害，最低在同年 6 月初道琼斯工业指数跌到了 848 点，指数调整幅度约 7%。市场下跌调整的原因主要是两个：一是之前市场传言的 7% 的投资税收豁免额在参议院讨论中被暂时搁置出不来了；二是经济数据出现了连续下修的情况，首先是同年 5 月中旬美国商务部将 1967 年 2 月的零售增速从 3.0% 下修到了 1.2%，其次在 1967 年 5 月下旬又下修了同年 3 月的工业生产指数。

1967 年 6 月 5 日，第三次中东战争爆发，以色列再次向埃及发动全面侵略，对埃及进行大规模的空中和地面袭击。[1] 但从盘面看，第三次中东战争对美股走势基本没有影响，同年 6 月美股的走势是先升后降，上半月上涨下半月下跌。除战争外，影响市场的另一个重要国内因素是债务上限的修订，1967 年 6 月初市场传言会提高债务上限，但到 1967 年 6 月中华盛顿传来的消息又说不行，市场于是走出了一个"Λ"形。

但最终到 1967 年 6 月底，债务上限还是提高了，联邦政府的债务上限从 3360 亿美元提高到 3580 亿美元。市场从同年 7 月初开始回升。1967 年 7 月 16 日，美国发生了铁路工人总罢工，13.7 万名铁路工人发起全国大罢工，随后卷入这次罢工斗争的铁路职工多达 70 万人，罢工迫使美国 95% 以上的铁路客运和货运陷于停顿。它是第二次世界大战后美国第一次铁路工人全国大罢工。[2] 美国总统林登·约翰逊声称，由于铁路大罢工，美国正面临着"一场全国性危机"。

但股市基本没有受到罢工的影响，道琼斯工业指数从 1967 年 7 月初 860 点开始回升，到同年 9 月下旬最高上涨至 952 点，也是年内高点，中间在 1967 年 8 月中下旬出现了一段小幅调整。上涨的原因主要在于从 1967 年 7 月开始经济下行出现了一定见底的苗头，虽然没有明显回升，但是同比增速基本不掉了，而全球经济政策仍

---

① 第三次中东战争，以色列方面称"六日战争"，阿拉伯国家方面称"六月战争"。发生在 1967 年 6 月初，它发生在以色列国和毗邻的埃及、叙利亚及约旦等阿拉伯国家之间。埃及、约旦和叙利亚联军被以色列彻底打败。资料来源：王鸿余. 第三次中东战争 [J]. 国际问题资料，1985（14）.

② 资料来源：宋立志. 历史上的今天 [M]. 北京：远方出版社，2005.

在持续宽松中，当时主要资本主义国家都在使用宽松的货币政策对抗经济衰退。同年 7~9 月中处在经济稳定、政策友好的环境中。

1967 年 9 月以后的一个重大变化发生了，就是大宗商品价格出现了大幅上涨，由此带来了利率的大幅上行，同年 10 月市场利率又创历史新高了。而同时市场认为，为了平衡政府预算，按照当时的财政赤字情况，政府征收附加税（taxsur-charge）是早晚要发生的。市场在同年 10 月经历了全年幅度最大的一波下跌，道琼斯工业指数从 1967 年 9 月底的高点 952 点，最低下杀到同年 11 月初的 850 点，下跌超过 10%。

股市在 1967 年 11 月中旬稳住了，1967 年 11 月 19 日，货币政策正式转向收紧，美联储开始加息了，将贴现利率从 4.0% 提高至 4.5%。但股市在经历了同年 10 月大跌之后，11 月面对正式加息完全是按照"靴子"落地的模式来出牌的，叠加 1967 年 10 月以后经济基本面情况开始出现了好转，股市从同年 11 月中旬开始逐渐回升。

1967 年底，另外一件对资本市场影响较大的事件就是发生了英镑危机，1967 年 11 月 18 日，英镑贬值 14.3%，对美元汇率降至 2.4，英镑含金量也降为 2.13281 克/镑。英镑危机使得黄金价格再次受到挑战，在经历了一番激烈斗争后，黄金每盎司 35 美元的价格最终被守住了。但守住的代价是全球货币政策收紧不敢再放松了，法国和日本在 1967 年底先后加息。同年 12 月 27 日美联储继续收紧货币政策，提高存款准备金率。

道琼斯工业指数 1967 年底最终收于 905 点，全年上涨 15.2%（见图 2-12）。

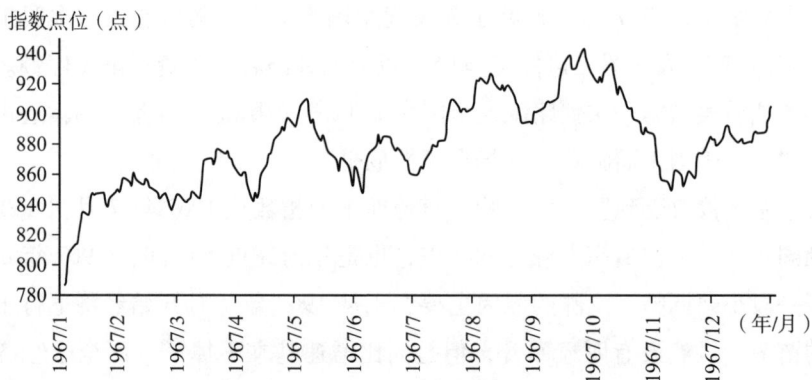

图 2-12 1967 年 1~12 月道琼斯工业指数走势

资料来源：Wind 资讯。

十一、1968 年：黄金危机与双轨制

英镑危机在 1967 年虽然过去了，但由其引发的黄金危机很快在 1968 年初再度爆发，并导致了股市大幅下跌。1968 年 1 月 1 日，美国政府宣布了总统国际收支项目，要求银行和其他金融机构限制海外信贷的投放。1968 年初，就在 1 个月多一点的时间里，伦敦出售的黄金就超过 1000 吨，相当于平时的 20 倍。法国随即退出"伦敦黄金池"，并用手中的美元向美国购买黄金，而不是美国国债。黄金需求随之暴涨，美国不得不用飞机紧急空运黄金至伦敦。随着世界各国对美元的信心大失，"伦敦黄金池"的成员方开始越来越不愿意用自己的黄金储备为美国的越南战争以及社保体系改革买单，于是纷纷退出该组织。最终在同年 3 月 15 日，英国宣布伦敦黄金市场暂时关闭，至此"伦敦黄金池"解体。自此，黄金市场走向双轨制，一方面各国央行间维持着 35.20 美元/盎司的黄金美元官方比价；另一方面黄金价格在自由市场上开始浮动。同年 3 月 18 日，美国取消了发行钞票时要有 25% 黄金储备的规定。

除了黄金危机以外，越南战争也在 1968 年初发生了一些变化。越南战争打到 1968 年，美军在战场上已经牢牢地占据了优势，但是仍然急需继续的支持和增援。同年 1 月 30 日，越南共产党的游击队打破新年休战的平静，越南共产党这次新春攻势目标指向 100 多个城市。在强大的火力基础上，美军最后取得了战场上的胜利，由于电视摄像机的普及，大量战场视频在美国国内无限制地播出，给全美国的民众带来了巨大震撼，血腥的画面导致国内反战情绪高涨。最后的结果是美国政府被迫取消了向越南增兵的计划，时任总统林登·约翰逊决定把越南战争"越南化"。战役结束后，美国反而由之前的"逐步升级"改为"战争降级"，而且把主战派国防部部长罗伯特·麦克纳马拉（Robert S. McNamara）撤职。[①]

同时，美国国内利率仍在继续上行，1968 年 3 月 14 日，美联储宣布加息，将贴现利率从 4.5% 上调至 5.0%。在这个过程中，美股在 1968 年第一季度大幅下挫，道琼斯工业指数最低下探至 818 点，跌幅约 9%。市场在同年 3 月底开始企稳，1968 年 3 月 31 日美国总统发表广播讲话，表示将在与越南和平会谈前降低轰炸力度，市场看到了越南战争取得和平协议的可能，导致了一波很急的上涨。

进入 1968 年 4 月，市场发现双轨制之后黄金价格并没太过于失控，金价一度超过 40 美元每盎司但随后又回落到 38 美元每盎司。而同年 4 月以后，随着上市公司

---

① 资料来源：宋立志. 历史上的今天 [M]. 北京：远方出版社，2005.

一季报出炉，企业利润同比好转，促发市场进一步回升。但同时利率持续上行，抑制了股市的上涨幅度。1968 年 4 月 18 日，美联储再度加息，将贴现利率从 5.0 上升到 5.5%。股市在 1968 年 4 月大幅上涨，到同年 5 月初道琼斯工业指数达到 920 点，完全收复了 1968 年第一季度的下跌幅度。

进入 1968 年 5 月，法国爆发了著名的"五月风暴"①，学生、工人联合举行总罢工总罢课，巴黎 20 多万人涌上街头，高呼反政府的口号，进行大规模的示威游行。同年 6 月 7 日，美联储宣布将证券交易的保证金比例要求从 70% 上调至 80%，收紧了股市的流动性。1968 年 7 月初，13 国中央银行同意南非新开采金矿的黄金在市场上出售，使得黄金价格再度回到每盎司 35 美元附近。股市在同年 5 月初到 7 月上旬基本是震荡的走势，道琼斯工业指数最低在 892 点，最高在 924 点。

1968 年 6 月 28 日，林登·约翰逊总统签署了《1968 年美国收入和支出控制法案》（*Revenue and Expenditure Control Act of 1968*），其创设了一个对个人和企业的 10% 的附加税，期限截至 1969 年 6 月 30 日，同时延迟了汽车和电信行业的消费税减免。按林登·约翰逊总统的说法，此次加征税收对于低收入群体的影响非常小。通过此次加税，美国政府实现了在 1969 财政年度的财政盈余，此去经年，美国政府再次看到财政实现盈余已经是 1998 年比尔·克林顿（William J. Clinton，通常称Bill Clinton）时期了，一别 30 年。此次加税以及随之带来的钢铁工人罢工使得股市在同年 7 月中下旬出现了一波快速下跌，到 1968 年 8 月初，道琼斯工业指数最低达到 870 点。

1968 年 8 月 15 日，美联储宣布降息，将贴现利率从 5.5% 下降至 5.25%，降息成为股市上涨的直接刺激。按美联储的说法，此次降息是一次"技术性"操作以对冲加税和财政支出减少的影响。实际的经济背景是，1968 年的这一次降息是在经济和通胀上行期中发生的，这导致了市场情绪异常高涨，股市从同年 8 月中旬起进入了快速上涨期。国际局势中，1968 年 8 月 20 日，苏联入侵捷克斯洛伐克。

在经济上行周期中降息，出现的结果就是企业盈利好转并利率下降，股市在 1968 年 9 月和 10 月间表现非常好，到 1968 年 10 月中下旬，道琼斯工业指数到达了 968 点。同年 10 月 11 日，美国国家航空航天局的阿波罗 7 号发射升空。阿波罗 7 号（Apollo 7）是"阿波罗计划"中第一次载人飞行任务。

---

① "五月风暴"是 1968 年 5～6 月在法国爆发的一场学生罢课、工人罢工的群众运动，由于整个欧洲各国经济增长速度缓慢而导致的一系列社会问题。资料来源：冯棠. 1968 年法国五月风暴述评［J］. 法国研究，1988（2）：104－109.

1968年11月5日，理查德·尼克松当选美国总统。1968年美国大选波折迭起，民主党这边先是前总统约翰·肯尼迪之弟、前司法部部长罗伯特·肯尼迪在1968年春夏之交遇刺身亡，随后林登·约翰逊总统因为越南战争扩大支持率降低，宣布不会参选连任，转而支持副总统休伯特·汉弗莱（Hubert Humphrey）。最后理查德·尼克松轻松赢得了大选。

降息造成的问题最后还是来了，通胀在不断上升，到1968年11月，美国10年期国债利率超过了降息前的高点，创历史新高。同年12月17日，在前一次降息后4个月，美联储再度彻底转向，宣布加息，将贴现利率从5.25%提高到5.5%。股市在1968年12月出现了约4个百分点的下跌。

道琼斯工业指数1968年底最终收于944点，全年上涨4.3%（见图2-13）。

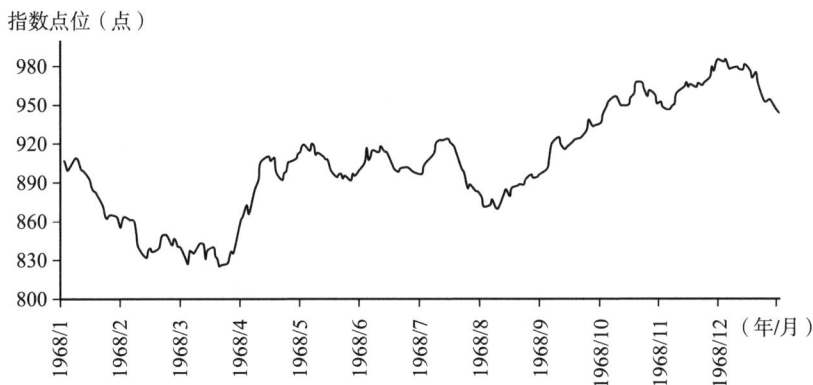

图2-13 1968年1~12月道琼斯工业指数走势

资料来源：Wind资讯。

第二节 经济形势："伟大社会"的梦想

虽然已深陷第二次世界大战后的第一次全球资本主义国家的经济衰退及增速的不断探底为开局，但1958~1968年却是美国经济发展的"黄金年代"。这期间经济保持高速发展，美国工业生产指数同比增速月均达到5.2%，从工业生产指数同比增速的波动情况来看，经济增长的稳定性较前10年也有了明显的提高（见图2-14）。

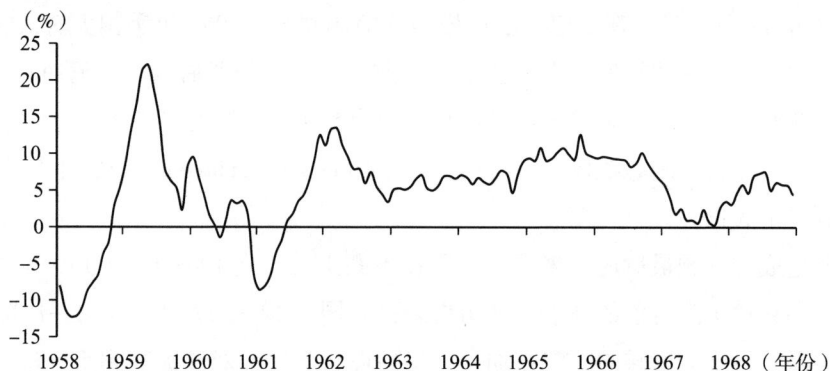

图 2 - 14 1958～1968 年美国工业生产指数同比走势

资料来源：Wind 资讯。

一、经济周期：美元危机频发

（一）经济触底与强势复苏：1958～1959 年

1958 年初，美国经济还处于衰退中。产出和就业普遍萎缩，失业率以令人不安的速度上升。1958 年第一季度美国 GDP 转向负增长，同比下降 2.9%，同年 4 月失业率由上年末的 5.2% 快速上升至 7.4%。1958 年第二季度初经济开始出现复苏的迹象，个人收入和消费支出已经停止下降，实际上还在小幅上升；不久后，产出和就业开始回升，1958 年第三季度的生产及就业等数据证实了经济正在全面复苏。1958 年第三季度美国 GDP 同比下降 0.7%，降幅较年初大幅缩窄，失业率仍处于 7.1% 的高点，但呈现下降趋势。到 1958 年底，总产出已接近 1957 年的峰值，而且正以越来越快的势头增长。整体来看，1958 年全年 GDP 同比下降 0.7 个百分点，其中，私人部门投资增速的大幅减缓是拖累经济下行的最主要原因。通货膨胀全年呈现前高后低趋势，CPI 指数由上一年的 3.3% 下降至 2.8%（见图 2 - 15）。

为了应对经济活动的不断衰退，1958 年初，美联储延续宽松的货币政策，至同年 4 月，美联储已三次降低贴现率共计 1.25 个百分点至 1.75%，并多次降低存款准备金率。鉴于经济形势在年中出现了迅速的变化，同时通胀和投机心理开始蔓延，美联储收紧货币政策。美联储在同年 8 月将贴现率上调至 2%，并在 1958 年 10 月进一步调升至 2.5%（见图 2 - 16）。

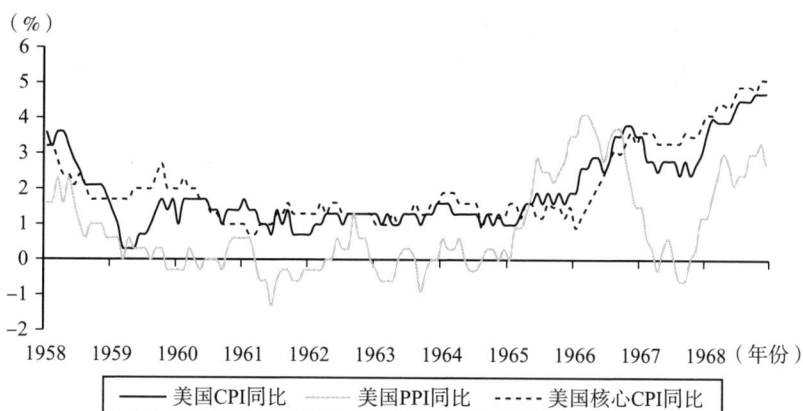

图 2－15　1958～1968 年美国 CPI、PPI、核心 CPI 同比走势

资料来源：Wind 资讯。

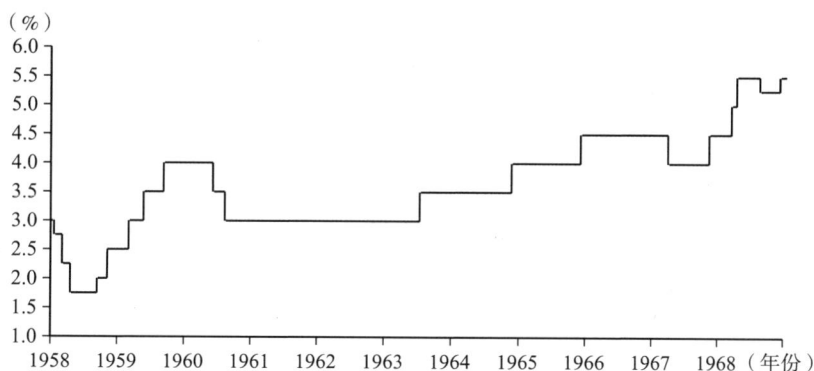

图 2－16　1958～1968 年美联储贴现利率走势

资料来源：Wind 资讯。

经济增长势头在 1959 年更加强劲，1959 年全年 GDP 增长 6.9%，较上一年的增速大幅提升了 7.6 个百分点，至 1959 年末，失业率也降至 5.3% 的低点。从细分项来看，居民消费支出是支撑经济快速扩张的主力军，拉动 GDP 增速 3.5 个百分点。私人部门投资增速的提升幅度也较大，其对 GDP 增速的拉动率由前一年的 －1.2% 上升至 2.8%。在经济加速扩张中，1959 年物价并未出现快速上涨甚至有所下降，CPI 指数继续降至 0.7% 的低位，核心 CPI 指数也下降至 2.0%。由于 1959 年对融资的需求持续强劲，为了防止投机风潮，美联储继续收紧货币政策，1959 年三次提升贴现率，每一次加息幅度都达到 0.5 个百分点，共计将贴现率从年初的 2.5% 提高到了年底的 4.0%（见图 2－16）。

（二）"特里芬难题"与美元危机：1960～1962 年

美国耶鲁大学教授罗伯特·特里芬（Robert Triftin）提出的"特里芬难题"很快被证实，1960 年美国发生了第一次美元危机。从 1958 年起，美国的贸易盈余出现了急剧的下降，黄金储备也从 1957 年末的 227.7 亿美元大幅下降至 1960 年末的 179.5 亿美元，而与此相对应的，国际收支赤字则大幅攀升，1958～1960 年美国年均国际收支逆差达到了 37 亿美元，累计逆差超 110 亿美元。黄金储备减少了近 50 亿美元，而与此同时，国外持有的美元流动资产也净增加了近 50 亿美元，美国黄金储备与海外美元存量之间的价值差额不断缩小，"美元荒"转变成为"美元灾"。1960 年末，美国的黄金储备已低于其对外短期负债（超 210 亿美元），美元信用被动摇，市场对于美元的信心开始崩溃，1960 年 10 月，出现了第二次世界大战后首次抛售美元抢购黄金的浪潮，短期资本加速外流，第一次美元危机爆发。

从经济活动来看，1960 年初，美国经济增长还保持在一个较为平稳的速度，而在资本持续外流的影响下，经济活动开始减少，特别是在美元危机爆发后，经济开始加速下行，第四季度 GDP 同比增长仅为 0.9%。全年来看，1960 年 GDP 增速由前一年的 6.9% 快速下滑至 2.6%，受资本外流的影响，私人部门投资大幅减缓，这也是导致 GDP 增速下滑的主要原因，美元的大幅贬值提升了美国出口竞争力，外需拉动 GDP 增速 0.7 个百分点。物价水平在这一年保持稳定，通胀预期缓和，CPI 指数小幅上升至 1.7%，但仍处于较低水平，核心 CPI 更是由上一年的 2.0% 持续下降至 1.3%。

经济活动的复苏始于 1961 年上半年，在第一季度 GDP 增速触及 - 0.7% 的底部后，1961 年第二季度开始美国经济强势复苏，至 1961 年末，GDP 增速已经上升至 6.4%。1961 年全年经济增长了 2.6%，1962 年在居民消费及私人投资的强劲支撑下，经济增速重回 6% 以上的高点。物价也保持相对的稳定，1961 年与 1962 年 CPI 指数均降至 1.0% 的低位，核心 CPI 指数则维持在 1.3% 的水平。但美国国际收支赤字扩大及黄金储备持续下降的问题并未得到根本解决。1961 年末，美国黄金储备下降至 169.3 亿美元，1962 年继续下降 9.5 亿美元至 159.8 亿美元。

在此期间，美联储制定货币政策时非常谨慎，这是因为一方面，疲弱的经济要求放松信贷和降低利率；而另一方面，在资本外流、国际收支不利的环境下，若继续降低利率，美国与其他国家间不断扩大的利差将诱使资本加速离开美国。美联储从 1959 年开始实行限制银行信贷和货币扩张的政策，在 1960 年上半年随着信贷需求的减少、投机压力的减轻和市场利率的下降而逐步放松。由于经济增速的下滑，美联储的货币政策越来越宽松，1960 年内两次降息，贴现率由 4.0% 下调至 3.0%

（见图2-16）。1961年开始，美联储采取双重利率措施，向银行提供信贷和货币扩张储备而不是降低利率来支撑经济的持续复苏，以期降低长期利率而尽量减少短期利率的下降压力。

（三）经济增长的黄金岁月：1963～1966年

从第一次美元危机中复苏后，美国经济进入了一段蜜月期。从1963～1966年，美国经济保持快速的扩张，GDP增速从1963年的4.4%逐年上升至1966年的6.6%。从细分项来看，强劲的消费支出是支撑GDP快速扩张的主要动力，1963～1966年分别拉动GDP增速2.5个、3.6个、3.8个和3.4个百分点。私人部门投资也以一定的增速扩张，每年对GDP增速的贡献均不少于1个百分点。而在1965年美国扩大侵略越南的战争后，政府支出急速上升，1966年政府消费支出对GDP增速的贡献上升至1.9个百分点。虽然经济快速发展，但美国的物价水平直至越南战争爆发后才出现了快速的上升。1963～1965年上半年，CPI指数一直稳定维持在低位，1963与1964年CPI指数均为1.3%；1965年下半年开始，在越南战争影响下，物价出现上涨压力，1966年开始CPI加速上涨，CPI指数由1965年的1.6%快速上升至2.9%，核心CPI也由前一年的1.2%攀升至2.4%。

美国的国际收支账户在该时期内也得到了一定程度的改善。随着经济的强势复苏，美联储适当收紧了货币政策的宽松程度，考虑到巨额的国际收支赤字，美联储于1963年7月将贴现率从3.0%上调至3.5%。美国国内短期利率的上行使得部分短期流动资金回流，同时，1963年美国实施利息均衡税法，对美国居民购买外国证券的所得利息征税，进一步限制了长期资本的外流。与1962年36亿美元的赤字相比，1963年赤字下降至33亿美元，1964年在贸易顺差进一步改善的情况下，国际收支赤字继续降至31亿美元。但与此同时，国外的强劲需求、欧洲较高的利率与资金的紧缺导致私人资本大量流出美国。为了应对英国中央银行（Bank of England，中央银行以下简称央行）在英镑危机爆发后的加息，美联储进一步收紧了货币政策，并于1964年11月再次上调了贴现率至4.0%，同时调升了银行储蓄存款利率的最高上限。

改善国际收支账户一直是20世纪60年代美国政府努力的目标之一。1965年，美国启动"自愿对外信贷限制计划"（VFCR），限制美国银行和其他金融机构对国外借款人的贷款数额。受此影响，1965年非银行机构对国外借款人的短期债权出现了超过5亿美元的净回流，与前一年6亿美元的资金外流形成了鲜明的对比；但1965年美国仍消耗了17亿美元的黄金储备，较上一年的1亿美元大幅增加。越南战争爆发后，国内通胀压力开始显现，1965年12月，美联储再次将贴现率上调至4.5%，并上调了定期存款利率的最高制度上限。为了抑制通胀，1966年美联储进一步收紧货币政策,放缓货币扩张速度。越南战争和国内需求的过热阻止了国际收支账户的进一步调整,货币政策的收紧有助于阻止资本外流并刺激资金流入,资本账户的改善抵消了贸易差额急剧恶化的影响。但令人担忧的是,美国货币储备仍在流失,1966 年末,美国的黄金储备降至 131.6 亿美元。

(四) 第二次美元危机与黄金双轨制:1967～1968 年

在货币政策持续收紧的情况下,1967 年初美国经济增速出现了大幅放缓。GDP 同比增速快速下滑至第一季度的 2.9%,并在随后的一年中维持在 3% 以下的相对低位。全年 GDP 增速下滑至 2.7%,其中,私人部门投资增速的大幅下降是主要拖累。在信贷紧张的环境下,私人投资受到限制,而在越南战争持续展开的情况下,政府国防支出不断上升,进一步挤出私人部门的投资。1967 年私人部门投资拖累 GDP 增速 0.6 个百分点,而前一年则拉动 GDP 增速 1.6 个百分点,政府支出拉动 GDP 增速 1.8 个百分点。本次经济放缓后并未出现衰退,1968 年 GDP 增速强势反弹,全年上涨 4.9%。但通胀压力与经济增速一同上升,从 1967 年中期开始通胀压力再度出现,1968 年更为严重。CPI 指数持续上升,1967 年攀上 3.1%,1968 年更是快速上升至 4.2%,核心 CPI 也由 1966 年 2.4% 逐年上升至 1968 年的 4.6%,为 10 多年来最大涨幅。

美联储在 1967 年初采取的相对宽松的货币政策在通胀压力上升后出现了转向(见图 2-16)。为了防止经济出现衰退,美联储在 1967 年初放松了信贷环境,随着经济的企稳和通胀压力的上升,1967 年 11 月美联储将贴现率从 4.0% 上调至 4.5%。抑制通胀的上升在 1968 年成为货币政策的主要目标,同年 3 月中旬,受第二次美元危机的影响,美联储继续上调贴现率至 5.0%,以增强美元的国际地位,并对抗国内的通胀压力。同年 4 月中旬,美联储再次上调贴现率至 5.5%。1967 年下半年美联储的货币政策操作有所反复,同年 8 月小幅下调贴现率至 5.25%,但随后在 1967 年 12 月中旬再次调升至 5.5%。

美国的黄金储备仍在不断下降,特别是在 1968 年 3 月第二次美元危机爆发后,半个多月中,美国的黄金储备就流失了超过 14 亿美元。由于由美国及西欧七国联合建立的黄金总库已无力维持美元与黄金的固定比价,美国不得不实行"黄金双轨制",即美国及黄金总库成员不再按 35 美元/盎司黄金的官价在市场上供应黄金,黄金市场任其自由上涨,但各国政府和中央银行仍可以按照黄金官价以美元向美国兑换黄金,第一次美元危机后建立的黄金总库宣告终止。与此同时,为了减轻美国兑现黄金的压力,美国与原黄金总库成员达成非正式的"克制提取黄金协议",各国同意原则上不再以美元向美国大量兑换黄金。1968 年 6 月,美国的黄金储备已经由 1967 年

11 月的 129.1 亿美元大幅下降至 103.7 亿美元。

二、经济结构：制造业从传统到高端

（一）宏观经济与企业盈利同步增长

虽然该时期内名义 GDP 和企业税前及税后利润出现过短暂的背离，但从整体趋势来看，从 1958～1968 年，美国的宏观经济和企业盈利几乎是同步增长的。以 1957 年为基准，1968 年名义 GDP 累计增长幅度达 98.4%，而企业税前利润累计增速为 91.2%，企业税后利润累计增速 100.4%，三者累计增长幅度极为接近。1958～1968 年是第二次世界大战后美国宏观经济和微观的企业盈利（包括税前和税后）走势最为一致的时期，也因此，1968 年美国企业盈利对 GDP 的贡献与 1958 年初美国盈利占 GDP 的比重也大致相同。

尽管美国企业税前利润和企业税后利润整体的趋势大致相同，但仍然存在着细微的差距。在 1961 年及之前，企业税前及税后的利润曲线几乎完全重叠，1962 年后，二者之间的差距逐渐变得明显，企业税后利润的增长幅度要略高于税前利润的增长幅度。从企业负担的实际税率来看，1957～1961 年，美国企业实际税负维持在 41% 左右，《1962 年收入法案》（*Revenue Act of 1962*）确立了 7% 的投资税收抵免，企业实际税负降至了 39%，《1964 年收入法案》（*Revenue Act of 1964*）将最高的企业税率从 52% 降至了 48%，企业实际税负进一步降至了 37%，美国企业税前和税后利润累计增速间的差距也逐渐加大。直到《1968 年收入和支出控制法》（*The Revenue and Expenditure Control Act of 1968*）宣布对企业征收 10% 的临时所得税附加费，企业实际税负再次上升至 38%，企业税前和税后利润累计增速间的差距才有所收窄。

（二）制造业产值稳居鳌头

除去第一产业的占比持续下降外，1958～1968 年美国的产业结构并未出现太大的变化，不考虑政府支出，增加值占比排名靠前的行业没有发生太大的变动，三大支柱产业仍然是制造业、批发零售业以及金融地产行业（见图 2－17）。截至 1968 年，制造业增加值仍然稳居第一，占 GDP 比重为 25%，较 1957 年的 27% 略有下降。批发零售业增加值占 GDP 比重为 14%，与 1957 年基本持平。1968 年金融地产业增加值占 GDP 的比重为 14%，较 1957 年上升了 1 个百分点。

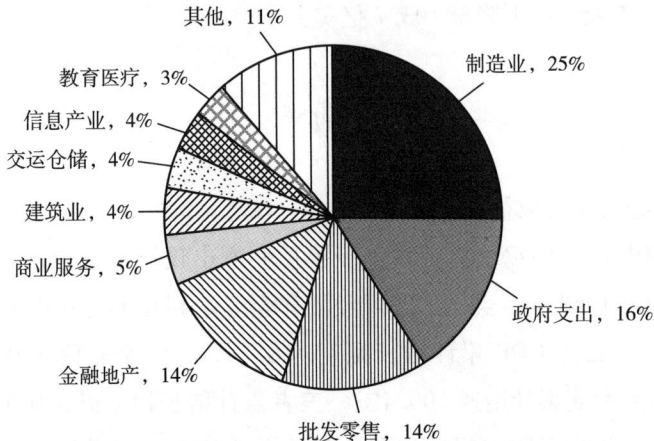

图2-17 1968年美国GDP分行业增加值占比分布

资料来源：美国经济分析局、笔者整理。

其他排名靠前的行业包括商业服务、建筑业、交运仓储业、信息产业以及教育医疗行业，增加值占比分别为5%、4%、4%、4%和3%。第三产业的增加值占比持续上升，而第一产业农、林、牧、渔业的增加值占比则持续下降。1957年，农、林、牧、渔行业增加值占GDP比重为3.9%，至1968年底，这一比重降至2.5%，仅高于采矿业和公用事业。

第三产业各行业的名义增加值年化增速普遍高于第一产业、第二产业。从各行业名义增加值年化增速的对比情况来看（见图2-18），教育医疗、商业服务、信息产业以及金融地产行业增速排名靠前，分别为9.9%、8.0%、7.5%和7.1%。第一产业代表农、林、牧、渔业与第二产业制造业、采矿业名义增加值年化增速不及GDP的增长，年化增速分别为2.3%、5.8%和1.5%。

考虑价格增长的因素，第二产业增加值实际增速的绝对值显然不及名义增速，但第二产业部分行业实际增速的相对情况要远好于名义增速。从各行业增加值年化实际增速来看，第三产业增长速度仍然是最快的，商业服务、信息产业、教育医疗和金融地产行业增速较高，分别为6.1%、5.6%、5.3%和5.1%。除此之外，第二产业中的制造业及建筑业实际增速分别为4.8%和4.4%，不仅与第三产业实际增速之间的差距大幅缩小，并且不低于整体经济的实际增长速度。实际增速表现最差的三个行业是采矿业、农、林、牧、渔业以及娱乐休闲行业，年化增速分别为1.1%、1.4%和2.5%。

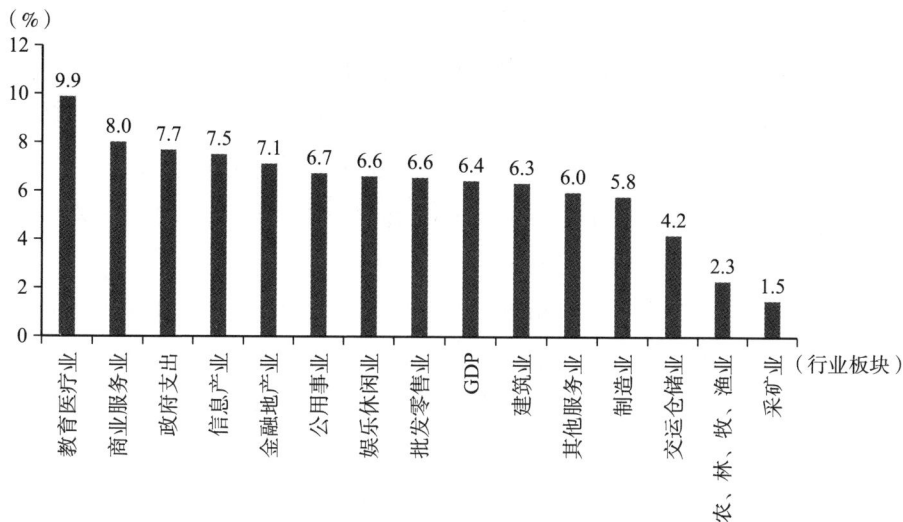

图 2 - 18　1958～1968 年美国大类产业增加值年化名义增速

资料来源：美国经济分析局、笔者整理。

制造业各细分行业的增长也体现出较为明显的结构性差异。从大类来看，耐用品制造业的发展依旧好于非耐用品，高端制造业增加值的增长速度要高于传统制造业。1958～1968 年，计算机电子制造业带来的增加值以每年 8.1% 的速度增长，增速领先于其他行业。其他发展较快的行业包括塑料橡胶制品业、电气设备行业和汽车及零部件行业，年均增速分别为 7.6%、7.0% 和 6.9%。年均增速较低的行业多为非耐用品行业或传统制造业，石油煤炭年均增速仅为 2.1%，传统制造业中的基本金属及非金属矿物制品业年均增速也仅为 3.0% 和 4.2%。

（三）美国企业利润行业结构的变化

从美国企业的利润构成情况来看，各行业所实现利润所占的比重出现了变化，美国企业利润的主要来源也有些许改变，制造业、金融地产、批发零售以及公用事业成为对美国企业利润贡献最大的四个市场。具体来看，截至 1968 年底，制造业利润占比下降至 45.2%，低于 1957 年的 49.5%；金融地产利润占比由 14.7% 小幅提升至16.5%；批发零售利润占比由 1957 年的 9.2% 上升至 12.3%，上升幅度为 3.1 个百分点，成为第三大利润来源；公用事业的利润占比在此期间先升后降，1968 年底为9.8%，较 1957 年的 10.3% 并未出现明显的下降。

其他行业或市场中，海外市场占比略有下降，但仍有 9.3%，而服务业实现的利润涨势明显，利润占比由 1.4% 上升至 3.7%。与服务类企业利润占比上升趋势相反，采矿业企业利润占比持续下降，1968 年底，所有采矿业企业实现利润占比为 1.0%，较 1957 年下降了 2.2 个百分点，是除制造业外降幅最为明显的行业。

1958～1968 年，美国全部企业利润年均增长 9.1%。由于农、林、牧、渔业在 1957 年仅实现了 500 万美元的利润，在基数效应下 1958～1968 年农、林、牧、渔业的利润年均增速高达 218.2%，远远高于其他行业的增速。除农、林、牧、渔业外，年均增速较高的行业为服务业和建筑业，服务业企业的利润以年均 38.3% 的速度增长，建筑业企业的年均利润增速达到 15.5%。

虽然公用事业、制造业、海外市场以及采矿业企业利润的年均增速均不及美国全部企业的利润增速，并由此导致了其行业或市场利润占比出现了不同程度的下降，但其中，仅有采矿业利润出现了负增长，其他三个行业或市场 1968 年所实现的利润均较 1957 年有大幅的提升。

即使是从企业利润的增速来看，耐用品制造业的发展仍然是要好于非耐用品制造业的，耐用品制造业整体的年均利润增速为 8.2%，不仅高于非耐用品的 6.8%，同时也高于制造业整体 7.5% 的年均增速。具体来看，利润增速最高的细分行业为木制品业，企业利润以年均 37.2% 的速度增长；纺织服装业紧随其后，年均利润增速为 34.4%；仪器仪表制造业利润增速也相对较高，年均增长幅度为 19.3%。利润增长幅度较低的三个行业为石油煤炭、非金属矿物制品以及基本金属，其中，基本金属年均利润增速为 -1.1%，是 1958～1968 年唯一利润出现负增长的制造业细分行业。

三、上市公司盈利与估值变化回顾

1958～1968 年美股上市公司的利润增速走势基本上是与宏观经济的走势一同变化的（见图 2-19）。1958 年，经济增速触底并开始复苏，企业盈利能力也得到了大幅提升，1959 年全部美股净利润增速大幅上升至 21.6%，较 1958 年的 -10.2% 提升了超过 30 个百分点。1960 年第一次美元危机爆发，宏观经济再次探底，美股盈利增速也大幅下降，1960 年上市公司利润增速降至 0.8%。随着美国逐渐摆脱第一次美元危机的阴影，1961 年美股利润增速开始回升，1962 年再次上升至 14.9%。1963～1966 年，美国经济保持快速扩张，上市公司也迎来稳定的发展期，年均利润增速达到 11.9%。1967 年美国经济增速大幅放缓，上市公司利润增速也随之下降。与 1968 年美国经济增速的强势反弹表现一致，全部美股净利润增速在 1968 年反弹至 12.5%。

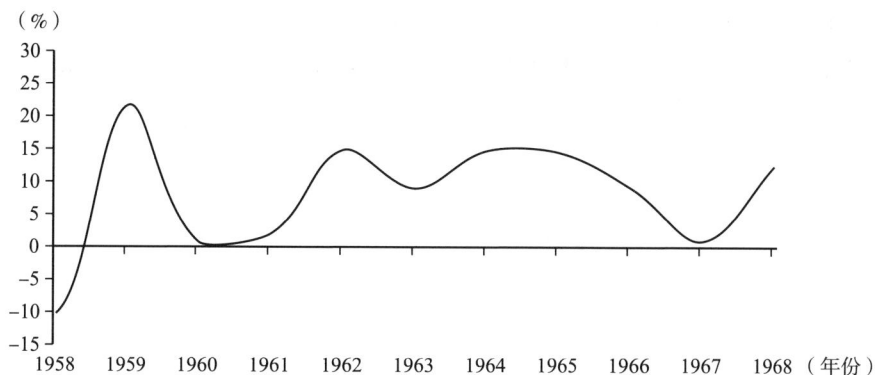

图 2 - 19　1958～1968 年全部美股年度净利润增速变化情况

资料来源：Compustat 数据库、笔者整理。

从盈利能力的角度来看，1959～1968 年，美国上市公司净资产收益率（return on equity，ROE）整体呈现上升趋势，1968 年底，全部美股 ROE［滚动 12 个月，即为最近的连续 12 个月（trailing twelve months，TTM）］为 11.6%，较 1959 年底的 8.0% 提升了 3.6%（见图 2 - 20）。具体来看，美股 ROE 的上涨主要集中在 1962～1965 年，处于第一次美元危机后、越南战争爆发前。这期间美国经济保持快速增长，同时物价水平保持稳定，CPI 指数维持低位，高增长低通胀为企业提供了一个良好的成长环境，上市公司快速发展，美股利润增速持续稳定较高。在这个背景下，美国上市公司的盈利能力也明显提升，全部美股 ROE 由 1961 年底的 9.4% 上升至 1965 年底的 12.4%。

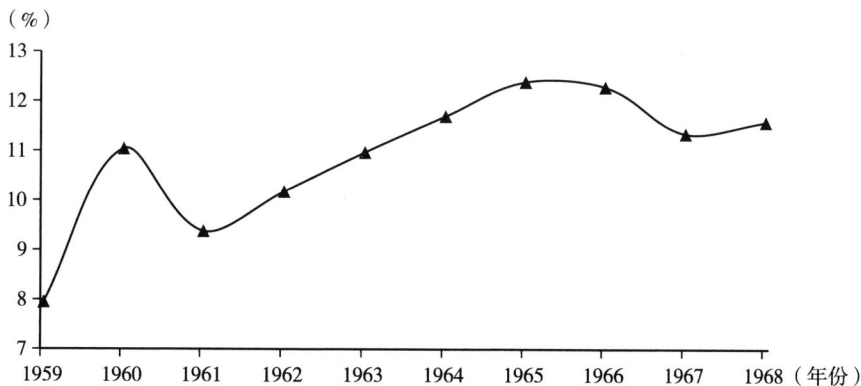

图 2 - 20　1959～1968 年全部美股 ROE 变化情况

资料来源：Compustat 数据库、笔者整理。

整体来看，1958～1968 年标普 500 指数的市盈率小幅提升，至 1968 年底，标普 500 指数市盈率 PE 达到了 18.1 倍，较 1957 年底的 11.8 倍上升了 53.4%（见图 2 -21）。

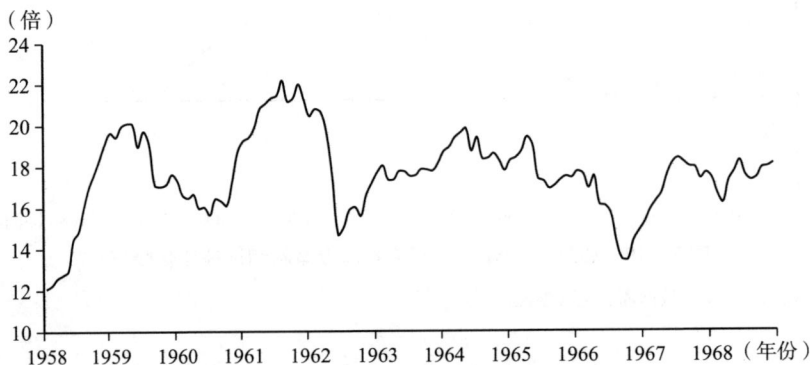

图 2 - 21　1958～1968 年标普 500 指数市盈率（PE）走势

资料来源：彭博咨询公司。

一般来说，影响估值变动的最主要因素有两个方面：一个是基本面；另一个是利率。1958～1968 年，长端利率整体呈现趋势向上的走势，美国 10 年期国债收益率从 1957 年底的 3.2% 提升至 1968 年底的 6.2%，上升幅度达到了 300 个基点（见图 2 -22）。在这种情况下，标普 500 指数估值水平整体出现了提升，其间经历了四轮上涨和三次调整，走势呈现出明显的周期性，显然是受到了基本面波动的影响。具体来看，标普 500 指数估值的提升主要发生在 1958 年、1961 年、1963 年以及 1967 年，这几年也是美国经济好转或者增长加速的时期。

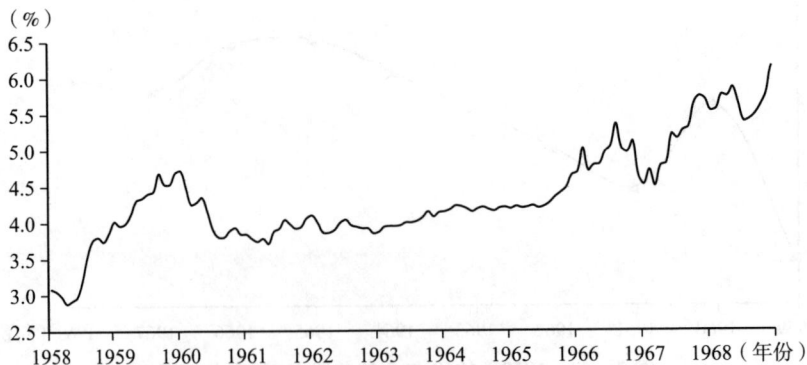

图 2 - 22　1958～1968 年美国 10 年期国债到期收益率走势

资料来源：Wind 资讯。

第三节　行情特征：第一次科技股"泡沫"

到20世纪60年代，美股市值最大的公司中，除了能源公司依旧数量最多以外，一批消费和科技类公司开始崭露头角（见表2-1）。

表2-1　　　　　　　　　　1968年底美股市值前20大公司　　　　　　单位：亿美元

名称	行业	市值	名称	行业	市值
IBM公司	信息科技	356	施乐公司	信息科技	60
美国电话电报公司	电信	291	美孚公司	能源	59
通用汽车公司	可选消费品	226	雪佛龙公司	能源	58
埃克森美孚	能源	169	杰拉尔德·福特公司	可选消费品	58
柯达公司	信息科技	118	3M公司	工业	57
德士古公司	能源	113	阿莫科公司	能源	43
西尔斯公司	可选消费品	91	GTE公司	电信	42
高尔夫石油公司	能源	90	可口可乐公司	必需消费品	41
通用电气公司	工业	85	宝洁公司	必需消费品	39
杜邦公司	原材料	76	大西洋富田公司	能源	39

资料来源：彭博咨询公司。

20世纪60年代是美国股市的沸腾岁月，1958~1968年股市大涨行情表现特别好。从股市收益率的驱动因素来看，上市公司盈利与估值的贡献大体上各占一半，从1958~1968年，标普500指数累计上涨有近165%，其中，估值水平提升约55%，每股收益提高约71%（见图2-23）。

从行情的结构性特征来看，这波行情中最大的亮点主要体现在两个方面：一是消费股表现极佳周期股普遍不行；二是出现了第一次科技股"泡沫"（见图2-24）。

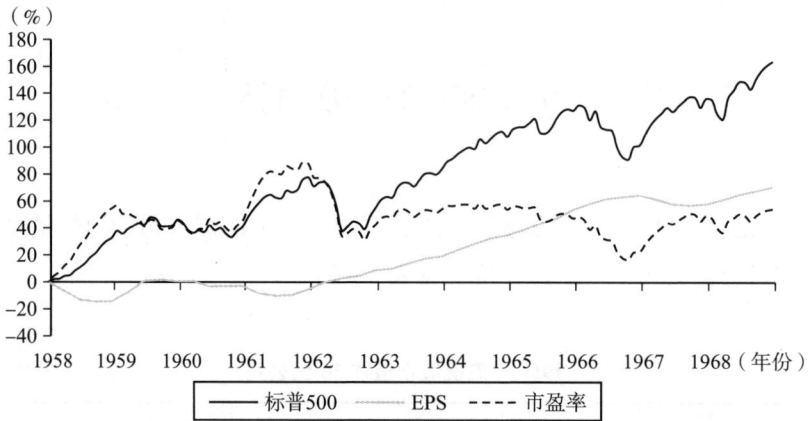

图 2 - 23 1958～1968 年标普 500 指数估值和 EPS 变化分解

资料来源：彭博咨询公司。

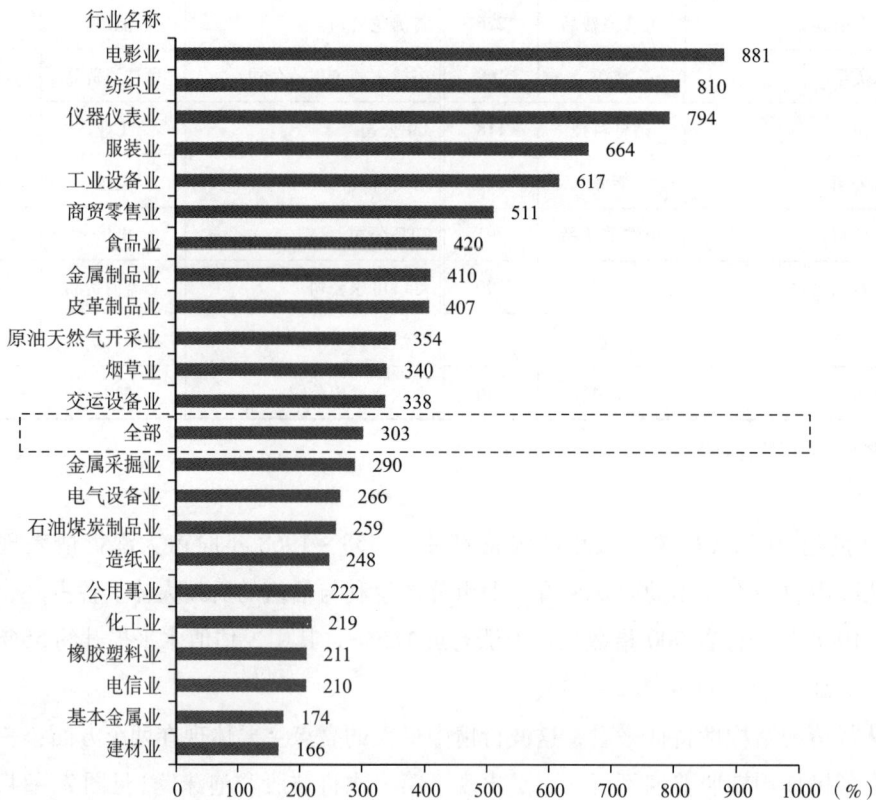

图 2 - 24 1958～1968 年美国股市主要行业累计收益率表现

注：行业分类为 SIC。

资料来源：CRSP 数据库、笔者整理。

具体来说：第一，20 世纪 60 年代初期股市出现了 1929 年大萧条以后第一次能称得上是"泡沫"的成长股行情，即所谓的"电子热"行情，这波上涨的主要都是一些小市值的成长股。

第二，在休整了几年之后，从 1965～1967 年又爆发了第二波科技股浪潮，与第一波的"电子热"不同，这波行情更加有基本面支撑，主要是消费电子产业开启了新的浪潮。

第三，第二次世界大战后第一批"婴儿潮"出生的人群 20 世纪 60 年代开始进入青年，美国的青年人口占比开始出现大幅攀升，由此带来了巨大的消费需求，消费品板块在 60 年代表现非常出色。

第四，20 世纪 60 年代是美国历史上的第三次"并购浪潮"，这期间出现了许多"并购联合体企业集团"，成为股市行情的一道独特风景线。

一、"电子热"

20 世纪 50 年代末到 60 年代初，美国股市出现了第二次世界大战以后的第一次"泡沫"行情，这是自 1929 年股市"大泡沫"后，时隔近 30 年后再一次在很多文献中被称作为"泡沫"。这波行情的特征以小市值成长股为主要特征，而其中，最著名的莫过于"电子热"。

所谓"电子热"① 是指一大批公司名称带有"tron"后缀的，比如 astron、dutron、vulcatron、transitron，或者带有"onics"后缀的，比如 circuitronics、supronics、videotronics，受到了市场的热烈追捧，股价涨幅巨大估值很高，"tronics"的意思代表着英文中电子"electronics"的后 7 个字母。所以，公司名称本身就成为一种主题炒作的热点。从这一点来看，1960 年左右的 tronics"电子热"和后来 2000 年左右的 dot"互联网泡沫"非常相似，后者以公司名称带有".com"就可以作为炒作热点。

"tronics"的"泡沫"到 1962 年开始破灭，大多数仅以公司名称带有"tronics"的股票都遭遇了很大的跌幅。图 2－25 报告了联合电子工业公司（Consolidated Electronics Industrial）、霍夫曼电子公司（Hoffman Electronics）、负跨导管电子公司

---

① "电子热"（tronics boom）这个说法主要来自伯顿·马尔基尔（B. G. Malkiel）所著的《漫步华尔街》（*A Random Walk Down Wall Street*）一书，笔者查阅了大量文献，发现在 20 世纪 60 年代当时并没有"电子热"这个说法，但当时成长股行情确实是非常明显的。

（Transitron Electronic）三家电子公司从 1958～1968 年的股价走势（见图 2－25）。还有更多的"tronics"电子公司实际上后来都消失了，在目前的主要金融财务数据库中都很难再找到其历史信息。

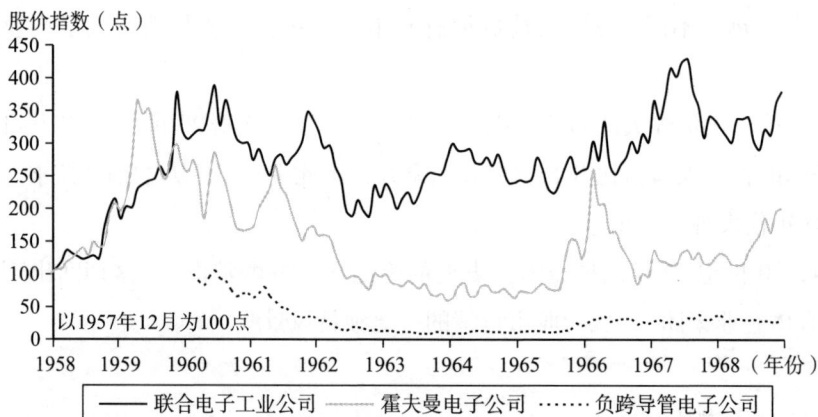

图 2－25　1958～1968 年联合电子工业公司、霍夫曼电子公司、负跨导管电子公司股价走势

资料来源：CRSP 数据库。

所以，考虑到这种"生存误差"（survival bias）的影响，"tronics"电子股在 1962 年以后的跌幅应该是巨人的。例如，波顿电子公司（Boonton Electronics）的股价，从 1961 年高点的 24.5 美元，最后跌至了 1.62 美元。

二、消费电子浪潮

"电子热"在 1962 年破灭以后，20 世纪 60 年代中后期市场又迎来了新一轮科技股浪潮，从 1965 年开始一直到 1967 年，科技板块收益率显著大幅跑赢市场整体水平（见图 2－26）。

在如今日常的分析中，一般使用 GICS 行业分类中的信息技术板块来度量科技股的表现，在中国 A 股市场的分析中我们也通常使用 TMT 的概念，即传媒、电子、通信、计算机这四个行业。但在 20 世纪 60 年代的时候，信息技术和 TMT 这两个词实际上还没有出现，所以多数统计中并没有直接的科技股分类。一些用现在眼光看属于电子股的公司，在当时多被归类在 SIC 行业中的仪器仪表行业。

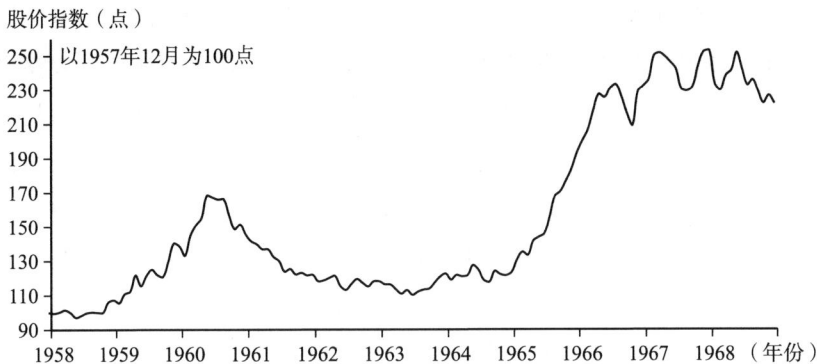

图 2 - 26　1958～1968 年仪器仪表行业股价超额收益走势

资料来源：CRSP 数据库。

相比于第一波"电子热"，20 世纪 60 年代的第二波科技股行情更有基本面支撑，上涨的幅度也更大。总体来看，1965～1967 年的这波行情主要集中在消费电子的公司。其中，涨幅较大的公司包括米罗华公司（Magnavox）、宝丽来公司（Polaroid）、真力时无线电公司（Zenith Radio）等，10 年时间内都有超过 10 倍的收益率（见图 2 - 27）。

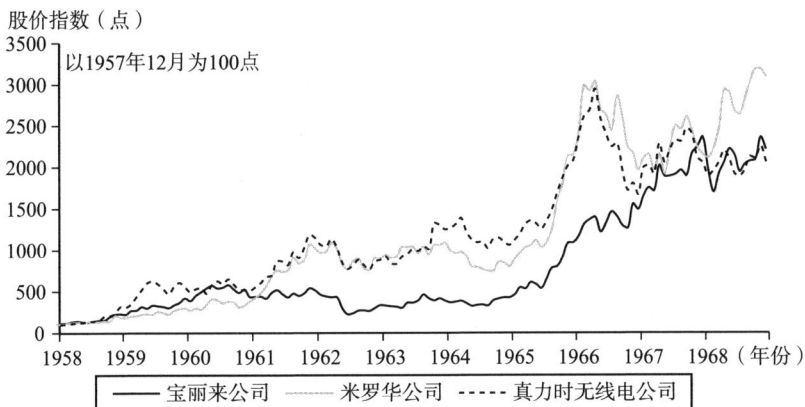

图 2 - 27　1958～1968 年宝丽来公司、米罗华公司、真力时无线电公司股价走势

资料来源：CRSP 数据库。

（一）米罗华公司

最初在 20 世纪 10 年代期间，曾任职在联邦电报公司的彼得·詹森（Peter Sensen）、埃德温·普里汉姆（Edwin Prihams）与金融界的理查·奥康纳（Richard

O'Connor) 三人在加利福尼亚州纳帕成立了处理电话听筒组件的"商用无线开发公司"。1917 年，彼得·詹森与埃德温·普里汉姆将此公司重新取名为米罗华（Magnavox），而最初米罗华是经营于通信领域，magnavox 一词在拉丁文里含义是"响亮的声音"。第一次世界大战期间，米罗华公司开发出用于抗噪声以及防水的话机供前线使用，也为美国总统伍德罗·威尔逊（Woodrow Wilson）在 1919 年的演说场合里提供扩音设备。之后米罗华改转向无线电与留声机方面的开发。20 世纪 60 年代，米罗华公司生产了历史上第一批等离子显示器规格的产品。1972 年，米罗华推出了历史上首款的家庭用电子游戏机"米罗华奥德赛"（Odyssey），该主机随后达到全球销售约 33 万台成绩。1974 年，米罗华公司被飞利浦公司（Royal Philips）收购。

（二）宝丽来公司

1926 年，宝丽来公司创始人爱德华·兰德（Edward Rand）中断了自己在哈佛大学的学业，开始光学研究。宝丽来公司于 1937 年，由爱德华·兰德和乔治·威尔怀特（George Wheelwright）所创立。早期以生产太阳镜和发明其他光学技术为主，第二次世界大战以后转向照相设备。1947 年，爱德华·兰德发明了世界上第一种即时成像系统，一年后推出了一次成像相机和专用胶卷，当时轰动了整个世界。20 世纪 50 年代到 70 年代，宝丽来公司一路顺风，成为美国红极一时的企业。1960 年，宝丽来公司发布了自己第一款自动曝光相机，Model 900 安装有电眼，它具有处理复杂光线的能力。1972 年，宝丽来公司生产出 SX - 70 袖珍型即时成像相机，这是世界上第一台可直接"吐出自印相片"的照相机，立刻风靡全世界。2001 年，宝丽来公司宣告破产。2005 年，该公司被明尼苏达州企业派特斯全球集团买下。2008 年 2 月，宝丽来公司宣布停止制造底片，转往发展数码相机业务。

（三）真力时无线电公司

真力时公司曾经是一家美国消费电子产品品牌制造商，生产广播电视接收器和其他消费电子产品。公司是电视订阅服务和现代无线遥控器的发明者，也是北美第一个开发高清电视的企业。1995 年 LG 电子获得了真力时的控股权，1999 年公司成为 LG 电子的全资子公司。

1918 年，拉尔夫·马修斯（Ralph Matthews）和卡尔·哈塞尔（Karl Hassell）在伊利诺伊州芝加哥市共同创立了芝加哥广播实验室，当时是一家小型业余无线电设备生产商。真力时（Zenith）这个名字来自 ZN'th，是其创始人的业余无线电呼号 9ZN 的缩写。1923 年，真力时无线电公司正式成立。

这家小公司很快以其高质量的收音机和电子创新产品而闻名。真力时公司在 1924 年推出了第一台便携式收音机，在 1926 年推出了第一台大规模生产的交流收音机，1927 年推出了按钮调音键。1939 年第一台真力时电视机出现，1948 年公司向公众销售了第一台商用电视机。真力时公司发明了无线遥控和调频多路立体声等多种产品。

三、"婴儿潮"下的消费热

进入 20 世纪 60 年代以后，美国的人口结构出现了一个重大变化，那就是第一批"婴儿潮"（Baby Boom）出生的孩子开始逐渐长大，美国的青年人口占比开始出现大幅攀升（见图 2–28）。1945 年第二次世界大战结束后，大批美国军人回国，从而使 1946 年成为美国"婴儿潮"的开始。从 1946～1964 年，这 18 年"婴儿潮"出生人口高达 7600 万人，这个人群通常被称为"婴儿潮一代"。

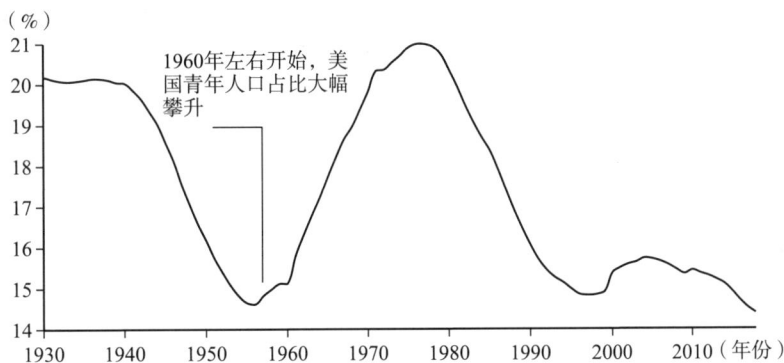

图 2–28　1930～2010 年美国 14～24 岁人口占比变化趋势

资料来源：Wind 资讯。

青年人群的大幅增加带动了包括汽车、消费电子、纺织服装等一系列耐用消费品需求的迅猛攀升。通用汽车公司、福特汽车公司、克莱斯勒汽车公司在 20 世纪 60 年代，特别是 1962～1966 年，公司股价都有非常不俗的表现（见图 2–29）。

从另一个角度来说，20 世纪 60 年代由消费电子驱动的第一轮科技股"泡沫"，也是由供给和需求两方面因素共同构成的。供给方面是电子技术的不断创新进步，而需求层面则是"婴儿潮"下的消费需求大幅提升。

股价指数（点）

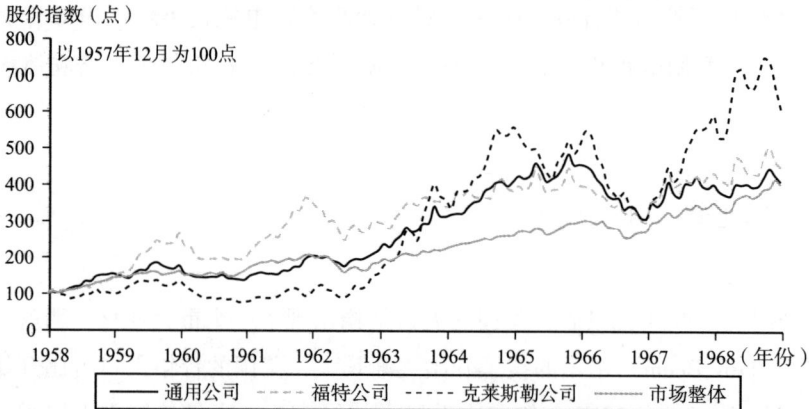

图 2 - 29　1958～1968 年通用汽车公司、福特汽车公司、克莱斯勒汽车公司股价走势

资料来源：CRSP 数据库。

　　除了上述耐用消费品外，商贸零售、食品饮料等非耐用消费品在此期间股价也有很不错的表现，比如说当时市值最大的百货零售公司西尔斯 - 罗巴克公司（Sears and Roebuck，见图 2 - 30）。

股价指数（点）

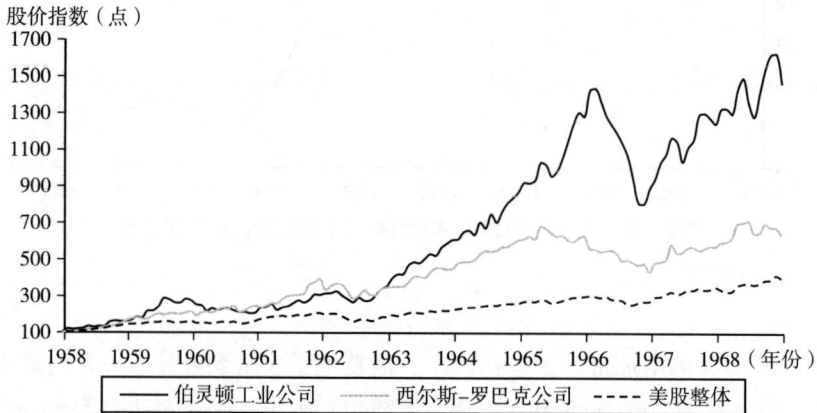

图 2 - 30　1958～1968 年伯灵顿工业公司和西尔斯 - 罗巴克公司股价走势

资料来源：CRSP 数据库。

　　西尔斯 - 罗巴克公司，一般简称西尔斯公司，是由理查德·西尔斯（Richard Sears）和阿尔瓦·罗巴克（Alva Roebuck）于 1893 年创建的连锁百货公司。西尔斯公司最初是一家邮购公司，1900 年成为美国零售业销售额排行榜的第一名。1925 年开始进入百货商店的经营，第一个地点是伊利诺伊州的芝加哥，之后陆续开设了 300

多家百货商店，1931 年其零售业务营业额首次超过邮购的营业额。

在西尔斯公司 100 多年的发展史中，自 20 世纪初期它就一直占据在美国零售业第一的位置上。但此后超级市场、仓储商店、便利店等新型业态发展势头迅猛，百货商店业态逐渐衰落。到 20 世纪 90 年代初，以折扣店起家的沃尔玛公司（WalMart）超过了西尔斯公司。西尔斯公司于 2005 年被美国大型连锁超市凯马特（Kmart）并购，组成美国第三大零售业集团。2018 年 10 月 15 日，西尔斯公司正式向美国破产法院申请破产保护。

四、纺织业的复兴时代

在 1958～1968 年的这段时间内，一个比较超预期的板块是美国的纺织服装业，特别是纺织业的表现居然如此之好（见图 2-24）。因为一般观点确实都认为美国的纺织服装业在 1950 年以后就开始逐步衰败，放到现在来看，纺织服装业在美国的国民经济中基本没有了。

但长期趋势中也会有短期趋势的背离，美国的纺织业在 20 世纪 60 年代和 70 年代出现了一次复兴。[①] 纺织业复兴的原因：一方面来自"婴儿潮"下的需求大幅提升；另一方面源自行业生产效率的大幅提高。从 1960～1973 年，美国纺织工业的职工人数基本没变，但是纤维消费量增加了 1 倍，使得劳动生产率大幅提高的技术创新包括：化学纤维的应用、天然纤维的化学变性、专用的非织造材料、分散染料的出现和生产工艺的自动化等。

当时美股中市值最大的纺织企业是伯灵顿工业公司（Burlington Industries）。在 1958～1968 年，伯灵顿工业公司股价涨幅惊人，是一支 10 倍大牛股（见图 2-30）。

伯灵顿工业公司 1923 年成立于美国的北卡罗来纳州，是世界领先的纺织品及相关产品生产商之一，在美国、加拿大和世界各地拥有超过 8000 名员工，其产品包括家具和服装面料以及室内装饰面料。

第二次世界大战爆发后，公司开始为美国政府生产产品。它的研究实验室也被用于各种政府项目，包括研究一种在降落伞中使用的新型纤维尼龙。这些研究为公司在第二次世界大战后开发以尼龙为基础纤维材料的纺织品奠定了基础。第二次世界大战后伯灵顿公司收购了许多其他公司，1962 年伯灵顿公司成为一家收入超过 10 亿美元

---

① 关于美国纺织业在这段时间内复兴的很多技术性细节，可以参见：Cooper D W. The US textile industry renaissance of 1960 - 1980 [J]. Textile History, 2011, 42 (1): 103 - 116.

的纺织品公司。到 20 世纪 70 年代伯灵顿公司开始将消费者作为公司的客户（2C 端业务），1972 年，公司以自己的名字推出了几款产品，包括毛巾、毯子、男式袜子、女式袜子、床单和窗帘等。

五、政策保护下的美国航空业

1903 年莱特兄弟（Wright Brothers）在美国试飞成功，人类自此进入航空时代。1914 年，美国首条定期航线开航。此后美国航空业迅猛发展，1925 年，美国联邦政府通过了《1925 年凯利航空邮政法》（*Kelly Air Mail Act of 1925*），授权邮政局全面负责航空邮运等相关事务，开启了美国联邦政府制定民航政策之路。1926 年美国出台《航空商务法》（*Air Commerce Act*），在美国商务部内部成立航空商务局，对飞机、飞行员、航路等进行行政许可管理，帮助民航业发展。美国的机场数量从 1912 年的 20 座增加到 1927 年的 1036 座再增加到 1937 年的 2299 座。

20 世纪 30 年代，美国航空业的竞争加剧，很多航空公司抱怨这是一种过度竞争，不利于行业发展，并积极游说。1938 年，联邦政府通过了《民用航空法》（*Civil Aeronautics Act*），设立民用航空局（CAA），包括负责航空公司经济管制的民航署、负责独立事务调查的航空安全委员会及主管航路系统建设、运营及维护的部门。《民用航空法》终结了民航运输企业的"自由市场"，开始对航空安全、航线准入、价格等进行管制，核心内容包括严格限制新企业的进入、禁止企业合并及控制运价与收入。

从此，直到 1978 年《1978 年撤销航空管制法案》（*Airline Deregulation Act of 1978*）通过，美国航空业进入了高度管制的寡头垄断竞争状态。这段时间内，随着新的喷气式动力飞机的广泛使用，航空业发展迅猛，但民航委员会基本完全禁止了新的航空公司进入市场。同时，航空管制设定了机票价格的下限来限制价格竞争，叠加国际原油价格非常低，这就使得在位的航空公司获得了丰厚的利润。

在 1958～1968 年这段时间内，航空股涨势惊人，达美航空公司（Delta Air Lines Inc.）在此区间内涨幅排名标普 500 所有成分股第一，泛美航空公司（Pan American World Airways）是当时市值最大的航空公司，在此期间，股价也有非常大的涨幅（见图 2 - 31）。

股价指数（点）

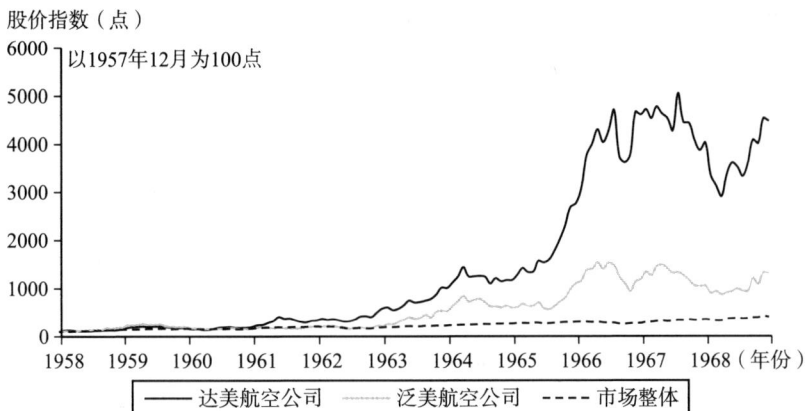

图 2-31 1958~1968 年达美航空公司和泛美航空公司股价走势

资料来源：CRSP 数据库。

六、并购联合体企业集团

20 世纪 60 年代美国股市出现的另一个非常著名的风格行情，就是并购联合体企业集团（Conglomerate）。联合体是在一个企业集团下经营完全不同行业的多个业务实体的组合，通常包括一个母公司和许多子公司。

一般认为，20 世纪 60 年代出现了美国的第三次"并购浪潮"。这一次"并购浪潮"与此前有很大不同，此前的"并购浪潮"一般要么纵向兼并多一点、要么横向兼并多一点，目标是追求集中度的提高。而第三次"并购浪潮"，追求的目标是大企业的分散化经营，所以形式多种多样，而且并购对象之间经常毫无任何业务关系。学术研究的相关文献表明，[①] 发生并购行为的上市公司在 20 世纪 60 年代股价有明显的超额收益，说明市场是在奖励企业的多样化分散化经营行为。

这期间非常有名的联合体企业包括林-泰姆科-沃伊特公司（Ling-Temco-Vought，简称 LTV）、国际电话电报公司（International Telephone & Telegraph，简称 ITT）、利顿工业公司（Litton Industries）等，股价涨势惊人（见图 2-32）。

---

① 相关的学术文献包括：Schipper K，Thompson R. Evidence on the capitalized value of merger activity for acquiring firms [J]. Journal of Financial Economics，1983，11（1）：85-119. 等。

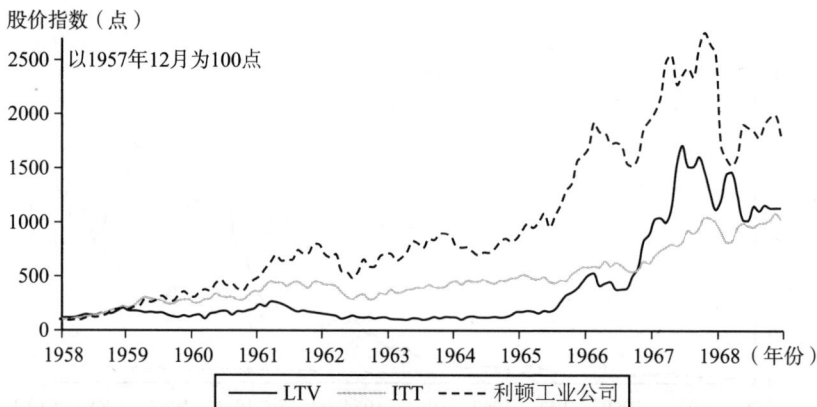

图 2-32 1958~1968 年 LTV、ITT 和利顿工业公司股价走势

资料来源：CRSP 数据库。

（一）林 - 泰姆科 - 沃伊特公司（LTV）

LTV 是美国一家大型企业集团，主要活动时间在 1960~2000 年，在其鼎盛时期，其业务领域涉及航空、电子、钢铁制造、体育用品、肉类包装、汽车租赁和制药等多个行业。

1947 年，吉米·林（Jimmy Lin）创办了林氏电子公司（Ling Electric Company）。1958 年林氏电子公司以小吞大兼并了泰姆科电器公司（Temco Aircraft），又接管了沃伊特飞机制造公司（Vought Aerospace Firm），从而构建了林 - 泰姆科 - 沃伊特公司（LTV），此时 LTV 公司在《财富》500 强企业中排名第 158 位。随后，LTV 公司又进行了一次又一次的兼并重组活动，到 1969 年，LTV 公司在《财富》500 强企业中排名提高到了第 14 位。到 1986 年 7 月，LTV 公司申请破产保护，当时公司的总资产为 61.4 亿美元、债务为 45.9 亿美元，这是当时美国历史上最大的破产案。

（二）国际电话电报公司

国际电话电报公司成立于 1920 年，在 20 世纪 60 年代和 70 年代，在首席执行官哈罗德·吉宁（Harold Ginin）的领导下，该公司作为典型的企业集团联合体而声名鹊起，其增长源自在多元化行业的数百宗收购。

1963 年，国际电话电报公司曾试图以 7 亿美元的价格收购美国广播公司（ABC），但这笔交易被联邦反垄断监管机构叫停，因为监管担心国际电话电报公司的规模增长过快。为了在不违反反垄断相关法律的情况下继续增长，国际电话电报公司开始收购电信行业以外的公司。国际电话电报公司先后收购和控制了谢拉顿公司（Sheraton Hotels）、艾维斯汽车租赁公司（Avis Rent-a-Car）、鲍勃梅里尔出版公司

（Bobbs-Merrill Company）等，在 20 世纪 60 年代完成了超过 300 起收购。从 1959~1976 年，国际电话电报公司的营业收入从 7.7 亿美元提高到了 64 亿美元，成为美国的工业巨头。

（三）利顿工业公司

利顿工业公司成立于 1953 年，当时是一家电子制造公司，生产导航、通信和电子设备等。此后，它采取了多元化经营战略，成为一家大型企业，拥有了大型造船厂和微波炉制造企业等。

利顿工业公司是 20 世纪 60 年代联合体企业集团行情中"龙头"中的"龙头"，股价涨幅一度超过 20 倍（见图 2 - 32）。在当时，类似利顿工业公司这样的联合体企业往往估值都较高，但公司通过大量的兼并，一方面实现了高成长；另一方面通过兼并估值相对自身较低的公司可以压低上市公司估值，促进股价进一步上涨。

这个过程跟中国 A 股市场 2015 年的大量外延式并购非常相似。但通过并购实现的成长性总有尽头，当 1968 年利顿工业公司宣布其企业利润在 14 年后首次下降时，股价出现了大幅下挫。

第三章
1969～1981 年：原地踏步

这是美国股市一段让人印象不好的时光，也是被经常拿来做反面教材的例子，道琼斯工业指数在超过 10 年的时间里原地踏步没有任何前进（见图 3-1）。频发的美元危机、失控的通货膨胀，20 世纪 60 年代美国经济中出现的很多问题，到 70 年代开始集中爆发。1971 年，理查德·尼克松总统强势地推行新经济政策，一方面，终结了布雷顿森林体系（Bretton Woods system）；① 另一方面，工资和物价管控使得通货膨胀出现下降。经济似乎开始要好起来了，但这一切被 1973 年的第一次石油危机所打破。整个 20 世纪 70 年代，"滞胀"② 成为美国经济的代名词，人们厌恶了传统的凯恩斯主义经济学、呼吁变革，最终迎来了罗纳德·里根（Ronald Reagan）总统。70 年代的石油危机伤害了美国经济却成就了石油企业，能源板块成为涨幅最大的板块。消费股不抗通胀，因为累进所得税制下通胀能够大幅削减居民的消费能力。"漂亮 50"（Nifty Fifty）成为一个代名词，"龙头"企业产业集中盈利能力持续上升。但一般不为人所熟知的是，"漂亮 50"之后是美股历史上最长的一段"小票行情"，风格出现大逆转。

---

① 布雷顿森林体系是指第二次世界大战后以美元为中心的国际货币体系。布雷顿森林体系是以美元和黄金为基础的金汇兑本位制，其实质是建立一种以美元为中心的国际货币体系，基本内容包括美元与黄金挂钩、国际货币基金会员国的货币与美元保持固定汇率（实行固定汇率制度）。布雷顿森林货币体系的运转与美元的信誉和地位密切相关。

② 滞胀或者又称停滞性通胀，在经济学特别是宏观经济学中，特指经济停滞、失业及通货膨胀同时持续高涨的经济现象。

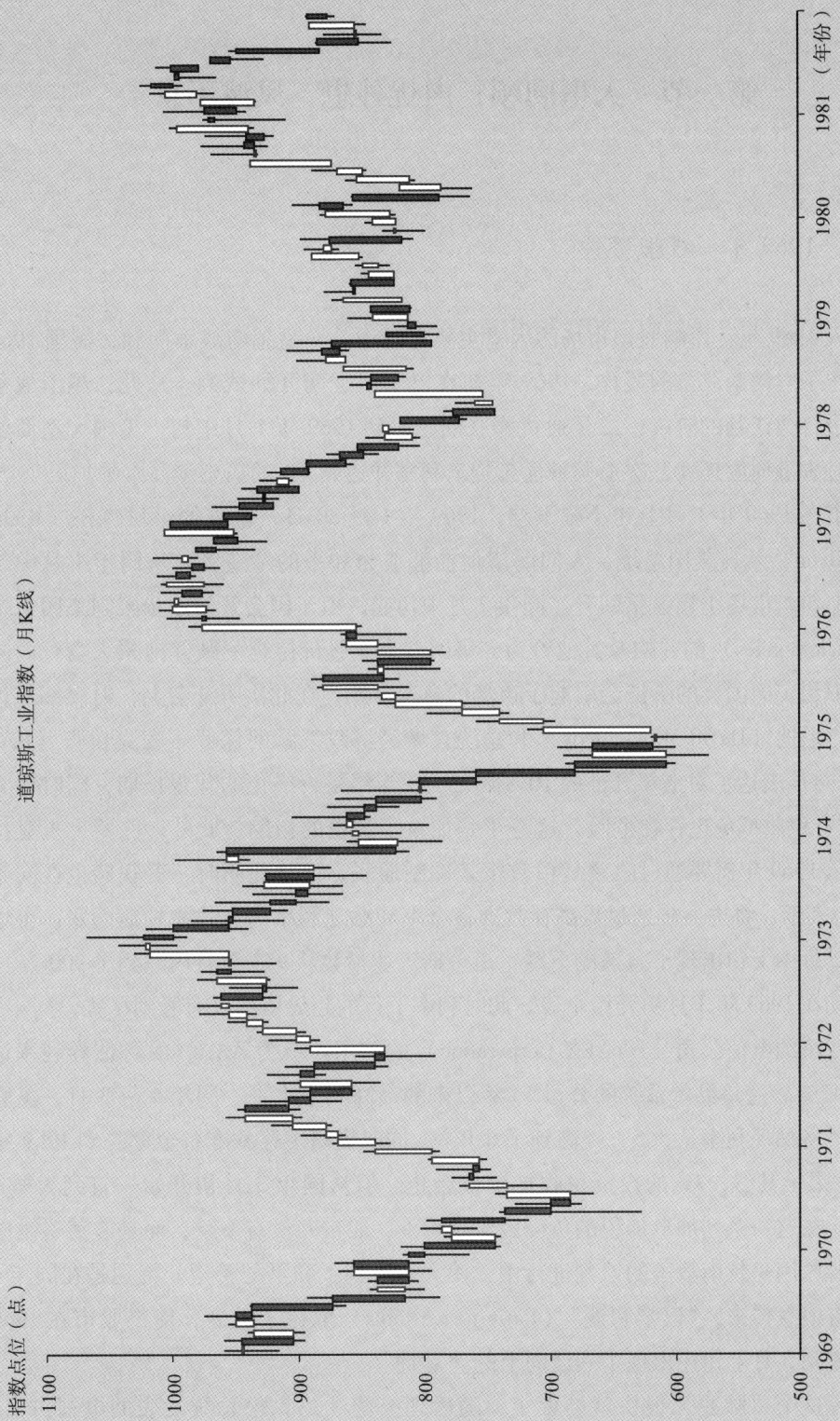

道琼斯工业指数（月K线）

指数点位（点）

图3-1 1969~1981年道琼斯工业指数走势

资料来源：Wind资讯。

第一节　大事回顾：内忧外患、风波不息

一、1969 年：滞胀警钟

进入 1969 年，影响股票市场的因素主要有两个：一是越南战争问题，美国 1968 年底停止了对越南北方的轰炸，1969 年初在巴黎与越南开始谈判。从此，越南战争进入了边打边谈判的阶段；二是通货膨胀问题，到 1969 年 1 月中旬，美国大型商业银行在过去五周内连续三次上调最优惠贷款利率并达到 7% 的历史最高水平。

股市在 1969 年 1 月上旬小幅下挫，1969 年 1 月 20 日，理查德·尼克松（Richard M. Nixon）就任美国总统，人们渴望他能够成为和平的缔造者，从同年 1 月中旬到 2 月上旬，市场小幅盘整回升。同年 2 月中旬起，由于国会开始逐步限制集团型企业（conglomerates）的并购及其他行为，集团型企业股价持续下跌并拖累大盘。而同时 2 月中旬美国国会的听证会引起了市场的急速下跌。在此次听证会上，财政部部长大卫·肯尼迪（David M. Kennedy）和总统首席经济政策顾问保罗·麦克拉肯（Paul McCracken）表达了对上年开征的 10% 附加税在当年是否终止的悲观预期，同时认为 7% 的投资税收抵免也存在危险，这等于是加重了加税的预期。此外，保罗·麦克拉肯还表示 1969 年需要通过收紧货币政策来抑制通胀。而与此同时，美联储也在同年 2 月下旬表示，将进一步通过提高存款准备金率和贴现利率的方式来控制通胀。市场在同年 2 月中下旬出现了急速的下跌，道琼斯工业指数从 953 点月内跌到了 900 点。

市场在 1969 年 3 月初开始企稳。此时利率上行的趋势依然没有看到尽头，同年 3 月中旬，纽约电信公司（NYNEX Corporation）的信用评级为 AAA，发行债券利率达到了 7.47%，这是贝尔系统的公司 73 年以来的最高利率水平。同年 4 月 3 日，美联储加息，将贴现利率从 5.5% 提高到了 6.0%，同时提高了存款准备金率。到 1969 年 4 月底，果不其然，7% 的投资税收抵免被废止。但从同年 3 月初开始一直到大概 4 月下旬，在这一系列加息加税的负面因素影响下，股市并没有下跌，而是震荡略微向上，主要原因是越南战争的谈判进行中，使大家看到了和平的希望。特别是在同年 4 月底，有消息传来，"巴黎和谈"（Paris peace talks）取得了进展，使得股市在 1969 年 4 月底到 5 月上旬还出现了一波向上的"脉冲"。

但是这个"脉冲"很快就结束了，随后理查德·尼克松总统发表的电视讲话，

让市场感觉非常失望，和平协议似乎又变得很遥远。1969 年 5 月 20 日加利福尼亚发生了反战游行，随后反战游行在其他地方扩大。同年 6 月 8 日，理查德·尼克松总统在中途岛宣布，在同年 8 月底以前，从越南撤出美军 2.5 万人。这是尼克松政府从越南的第一次撤军。①

　　除了越南战争，国内的经济问题也越发棘手。利率在不断上行，到 1969 年 6 月，商业银行的最优惠贷款利率达到了 8.5%，在此时，工资物价螺旋式通货膨胀现象已经出现②，对工资和价格进行政府管制的观点又开始出现，当时尼克松政府的措施是呼吁大家自愿控制工资和价格。海外国家的利率也在不断攀升，同年 6 月底，法国将贴现利率从 6.0% 提高到了 7.0%，联邦德国将贴现利率从 4.0% 提高到 5.0%。同年 7 月初，国会通过了延长 10% 附加税的法案。1969 年 7 月 24 日美联储修订了储备银行准备金规则，要求相关银行接受的海外银行签发的支票被纳入存款以计算保证金要求，这等于是收紧了相关业务。在政策持续收紧的情况下，同年 6～7 月美股大跌，道琼斯工业指数从高点 975 点跌至低点的 802 点，跌幅近 20%。

　　这期间，美国宇宙飞船"阿波罗 11"号（Apollo 11）于 1969 年 7 月 21 日登上月球，首次实现了人类登上月球的梦想。1969 年 7 月 24 日，"阿波罗 11"号飞船指挥舱在太平洋夏威夷西南海面安全降落，圆满完成了人类第一次载人登月飞行。此后，美国又相继 6 次发射"阿波罗"号飞船，其中，5 次成功，共有 12 名宇航员登上月球。同年 7 月 25 日，美国总统理查德·尼克松在关岛提出美国收缩战线、越南战争越南化、用亚洲人打亚洲人的"新亚洲政策"，也被称之为"尼克松主义"，显示出美国在调整对外政策的战略重点。③

　　股市在 1969 年 7 月底至 8 月初开始企稳。同年 8 月初市场盛传摩根担保信托公司（Morgan Guaranty Trust，即"大摩"前身）计划降低优惠商业贷款利率，随后进一步有传言其他银行降低利率，引发股市上涨。同年 8 月 8 日海外货币市场中法国法郎大幅贬值 12.5%。1969 年 8 月 13 日决定对商业银行的海外美元资金采用与国内不一样的准备金政策，在一定程度上表达了货币政策放松的迹象。同年 9 月 4 日，《1969 年税收改革法案》（Tax Reform Act of 1969）正式签署，该法案主要针对高收入人群此前由于各种抵免而造成的税收征收力度不足，属于加税的一种形式。同时在 1969 年 9 月，由于大量国际资本流入联邦德国，货币投机导致联邦德国外汇市场关

----

① 资料来源：史诚. 越南战争：美国人永远的噩梦［J］. 招商周刊，2004（21）.

② 工资物价螺旋式通货膨胀是一种强调工资成本提高和物价上涨的相互影响的观点，认为提高工资必然会引起商品价格上涨，而价格上涨又迫使工人要求提高工资，这又会引起商品价格的上涨。

③ 资料来源：夏亚峰. "尼克松主义"及美国对外政策的调整［J］. 中共党史研究，2009（4）.

闭。股市从同年 7 月底到 10 月初处在一个低位震荡的过程中，道琼斯工业指数从同年 7 月底的 802 点起步，到 10 月上旬再度回到 802 点。

1969 年 10 月上旬，两个事件引起了市场从同年 10 月中旬到 11 月上旬的反弹。一是美国参议院谈及"越南战争和谈"时提到有"突破性"进展，让市场看到了和平的希望；二是急剧上升的失业率让市场预期货币收紧的顶峰可能已经过去。这波反弹中，道琼斯工业指数从 802 点启动，最高到达 863 点。

1969 年 11 月 3 日，理查德·尼克松总统发表讲话，宣布实行越南战争"越南化"的计划。他一如既往地批评反战示威人士，声明他的政府不会屈服于示威者的要求而立即从越南撤军。理查德·尼克松呼吁"沉默的大多数人"支持他，努力实现"公正、持久的和平"。[①] 这个讲话在政治层面非常成功，反战运动趋于平静。但从资本市场来看，这也意味着战争短期内很难结束。股市从同年 11 月上旬开始下跌，叠加从 1969 年 11 月开始，此前已经基本平稳运行半年的利率再度大幅上行，到 1969 年 11 月下旬突破前期高点，股市一泻千里。基本面上，NBER 事后确定 1969 年 12 月美国经济正式进入衰退。道琼斯工业指数从 1969 年 11 月上旬的高点 863 点跌至 12 月中旬最低 765 点，同年 12 月下旬市场小幅反弹。

道琼斯工业指数 1969 年底最终收于 800 点，全年大跌 15.2%（见图 3 - 2）。

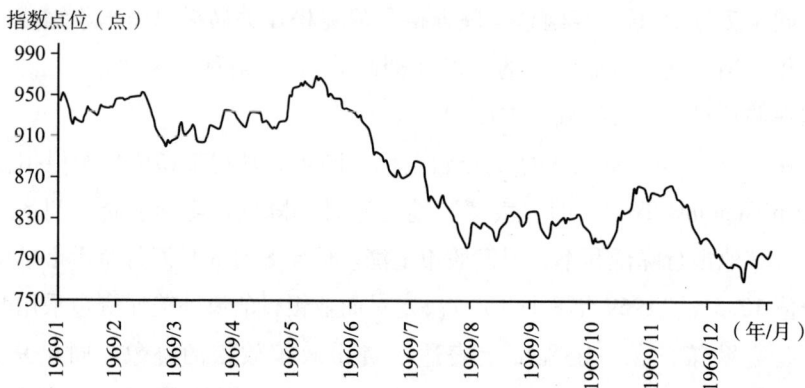

图 3 - 2　1969 年 1～12 月道琼斯工业指数走势

资料来源：Wind 资讯。

---

① 资料来源：[美] 弗雷德·I. 格林斯坦. 总统 Style：从罗斯福到贝拉克·奥巴马 [M]. 李永成，译. 北京：中国人民大学出版社，2012.

二、1970 年：美联储新主席

美国经济在滞胀中进入 1970 年，经济衰退，利率持续上行，解决通胀无疑是头等大事。1 月有两件事情使得股市下跌，一是年初在讨论政府财政预算时，理查德·尼克松总统提出要平衡政府预算，这意味着很多部门需要削减财政预算，减税就更是难上加难，包括五角大楼、美国国家航空航天局（National Aeronautics and Space Administration，NASA）等多个部门都进行了预算削减。二是大规模的工人工资调整问题，进入 1970 年，预计有约 500 万名工人需要工资合同调整，这个数字在 1969 年是 200 万名。工资通胀的螺旋式上升意味着工人工资的调整成为通胀的一个巨大风险。在正常的非通胀年份中，工资上调幅度一般在每年 3%～4%，1969 年上半年这个数字上升到了 8%，而到了 1970 年已经有企业员工提出了未来三年工资上涨 75% 的诉求。与此同时，同年 1 月 20 日，美联储宣布提高商业银行存款被允许的最高利率。同年 1 月美股单边下行，道琼斯工业指数从 800 点下跌至月底的 744 点。

股市在 1970 年 2 月初开始企稳，并在 2～3 月间出现了一波小反弹。导致市场反弹的催化剂主要是美联储换了新主席，1970 年 2 月 1 日，阿瑟·伯恩斯（Arthur Berns）正式就任美联储主席[①]，市场预期货币政策可能会向宽松方向有所转变。同年 2 月 7 日，在国会银行委员会听证会上，阿瑟·伯恩斯表示将在其权力范围内用尽所有手段避免经济衰退。而且事实上，2 月开始美国市场利率出现了快速下行，3 个月期国债到期收益率 1 月底仍在 7.91%，到同年 3 月底下降到了 6.08%，这是市场在 1970 年 2～3 月股市在经济衰退中能够反弹的主要原因。同年 3 月 26 日，美联储宣布对非成员银行提供紧急信用便利。在政策从"抗通胀"到"抗衰退"转变过程中，道琼斯工业指数从同年 2 月初的 744 点上涨到 4 月上旬的 793 点，也仅是小幅上行。

1970 年 4 月中旬以后，随着上市公司财报数据的陆续公布，市场发现基本面情况很差，且当时工业生产增速已经从下滑转为负增长，股市开始掉头向下。而就在此时，越南战争的情况又出现了新的变化。同年 4 月 30 日，理查德·尼克松总统宣布，他已向柬埔寨派遣了美国作战部队。在一次向全国的电视讲话中，总统将这次行动说成"不是对柬埔寨的侵略"，而是以保护美国军人生命安全和缩短战争时间为目的对

---

① 阿瑟·伯恩斯（Arthur Burns），曾任美联储主席，任期为 1970 年 2 月 1 日至 1978 年 3 月 8 日，是艾伦·格林斯潘（Alan Greenspan）的学术导师，他担任过德怀特·艾森豪威尔总统的经济顾问委员会主席、理查德·尼克松总统的经济顾问，1970～1978 年担任美联储主席，随后又出任美国驻联邦德国大使。

越南战争的必要扩展。同年 4 月 30 日，7 万名美军和南越军人从越南南部侵入柬埔寨。同年 5 月 1～2 日，美军恢复对越南民主共和国的广平、义安两省的轰炸，进一步扩大了侵略印度支那的战争。① 经济衰退、战争扩大，使得股市大跌，道琼斯工业指数同年从 4 月上旬的 793 点大幅下跌到 5 月下旬的 628 点，跌幅近 20%。

快速大幅的下跌在 1970 年 5 月底出现转机，1970 年 5 月 27 日晚间阿瑟·伯恩斯保证，美联储作为"最后贷款人"，绝对不会让美国经济因为缺乏金融资金而崩溃。事后，白宫方面再度确认了阿瑟·伯恩斯的说法，让商业领袖不用担心，美联储能够提供经济中需要的货币。实际上，在此前同年 5 月 5 日美联储已经放松了争取交易的保证金要求，但是市场当时没有反应。市场在同年 5 月 27 日阿瑟·伯恩斯讲话后，连续拉出了几根大阳线。

1970 年 6 月 21 日，宾州中央运输公司（Penn Central Transportation Company）申请破产，对市场产生了极大的冲击。宾州中央运输公司是当时美国最大的公司之一，拥有美国历史上最庞大的铁路线之一，最高峰时路网长达 1 万英里，其所有者宾州铁路公司是当时全世界最大的上市公司之一，并保持着连续分配股利超过 100 年的纪录。在辉煌时期，宾州铁路的年度预算额比美国政府还大。② 同年 6 月 19 日，股市收盘后，尼克松政府宣布要彻底改变自己的立场，不再为铁路运输业提供任何政府贷款，直接导致了宾州中央运输公司申请破产。在此事件影响下，股市在同年 6 月底到 7 月初快速回落。

1970 年 6 月以后，经济情况有所好转，企业盈利增速第一季度降至最低点后，第二季度还是负增长但增速回升，10 年期国债到期收益率 1970 年 6 月最高点随后回落。同年 7 月 24 日，美联储放宽了房地产行业的贷款要求，将按揭贷款的最高比例从 80% 提高到了 90%，同时将贷款的最长年限从 25 年提高到了 30 年。同年 8 月 17 日，美联储又进一步降低存款保证金比例要求。股市在同年 7～8 月间震荡上行。

1970 年 9 月 15 日，通用汽车工人联合工会开始了为期十周的罢工，集团停产 10 周。同年 10 月 8 日，巴黎和谈中北越方面拒绝了理查德·尼克松提出的"和平方案"。同年 10 月 12 日，理查德·尼克松宣布美国将在圣诞节前撤回 40000 人军队。股市在同年 9～10 月间横盘震荡。

到 1970 年 11 月，越南战争使越南化进程在加速。同年 11 月 4 日，美国将湄公

① 资料来源：侯松岭. 美国入侵柬埔寨的前因后果［J］. 东南亚研究，1991（3）：88－96.
② 资料来源：李烨. 宾州中央公司的末路［J］. 新理财，2009（4）.

河三角洲空军基地交予南越。同年 11 月 10 日，美国在本周东南亚战事中无人员伤亡，这是五年来第一次。与此同时，1970 年 11 月 10 日，美联储宣布降息，将贴现利率从 6.0% 下调至 5.75%，同年 11 月 30 日再度降息，将贴现利率从 5.75% 下降至 5.5%。叠加经济基本面也在好转，工业生产指数在 1970 年 10 月见底，股市从同年 11 月中旬开始摆脱震荡进入上攻。进入 1970 年 12 月利率仍在进一步快速大幅下行，3 个月期国债到期收益率到 12 月中旬已经下破 5.0%，相比年初高点时的 7.91%，年内利率下行已经有 300 个基点。股市在同年 12 月加速上涨，最终以全年最高点位收盘。

道琼斯工业指数 1970 年底最终收于 839 点，全年上涨 4.8%（见图 3－3）。

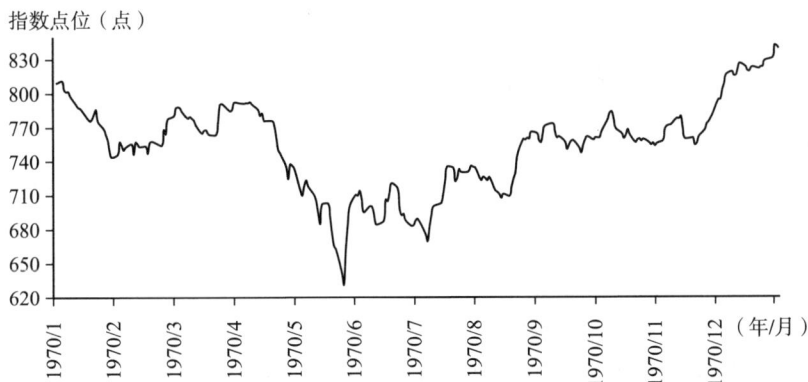

图 3－3　1970 年 1～12 月道琼斯工业指数走势

资料来源：Wind 资讯。

三、1971 年：新经济政策

1971 年初美联储降息，1971 年 1 月 7 日美联储将贴现利率从 5.5% 下降至 5.25%。在经济回升（工业生产同比增速从 1970 年 10 月后开始回升）、利率下行（一直持续到 3 月下旬）、政策放松的背景下，股市一路上涨。

1971 年 1 月 18 日，美联储年内第二次降息，将贴现利率从 5.25% 下降至 5.0%。同年 1 月 28 日，美联储延长了对非成员银行紧急信用便利支持的期限。同年 2 月 12 日，美联储年内第三次降息，将贴现利率从 5.0% 下降至 4.75%。与降息相对应的是利率的大幅下行，美国 3 个月期国债到期收益率在 1971 年 1 月中旬、2 月上旬、2 月下旬连续下破 4.5%、4.0%、3.5% 的整数关口。同年 3 月 15 日，道琼斯工业指数攻破了 900 点的"马其诺防线"。[①]

1971 年 4 月 10～17 日，参加在日本名古屋举行的第三十一届世界乒乓球锦标赛的美国乒乓球代表团，应中国乒乓球代表团的邀请访问中国，打开了隔绝 22 年的中、美交往的大门，被国际舆论誉为"乒乓外交"。到同年 4 月底，美股在 1971 年连涨 4 个月，道琼斯工业指数最高站上了 958 点，全年累计上涨 14%。

从 1971 年 5 月开始，股市急转直下，造成市场下跌的原因主要是两个：一个问题是同年 4 月以后利率开始回升了，这个过程大致要持续到 1971 年 7 月；另一个问题更严重，就是美国的国际收支不平衡导致了美元危机的发生。

从 1971 年 3 月起，美元不断地流入欧洲国家，到同年 5 月已经引起了很大的金融风波，出现了美元危机。同年 5 月 5 日，奥地利央行、比利时央行、荷兰央行、瑞士央行宣布暂停外汇交易。同年 5 月 10 日，联邦德国允许马克汇率浮动，紧接着荷兰盾也开始浮动，奥地利先令和瑞士法郎分别升值 5% 和 7.1%。此次导致美元危机的主要原因是美国国际收支不平衡的出现，在 1971 年以前，美国的国际收支基本都是顺差。这个情况从 1971 年开始转变，从 1971 年第二季度到 1972 年第四季度美国经常项目始终逆差，这导致了美元的压力越来越大。

股市进入 1971 年 5 月后便开始下跌，整个 5 月基本一路下跌。到同年 6 月初，联邦德国为了控制美元流入带来的流动性泛滥，增加了 15% 的商业银行存款准备金要求，美元危机略有缓解。股市在 1971 年 6 月初小反弹几日后旋即继续下跌。同年 6 月 10 日，美国终止了对中国的贸易禁令。到同年 6 月中旬，为了控制外资流入，联邦德国政府甚至不惜加税，将企业所得税的最高税率从 51% 提高到 56%，将个人所得税的最高税率从 53% 提高到 56%。

1971 年 7 月初，白宫发言人齐格勒（Ziegler）表示理查德·尼克松总统已经将财政部部长约翰·康纳利（John B. Connally Jr.）作为经济政策代言人，约翰·康纳利向媒体表示，理查德·尼克松总统不会推行强制的工资和价格管制，也不会增加财政支出。受此影响，美股在 1971 年 6 月底 7 月初出现了一波反弹，这波反弹的力度要大于同年 6 月初的反弹，但反弹之后也是很快继续进入下跌通道。同年 7 月 9～11日，美国总统国家安全事务助理基辛格秘密访华，为理查德·尼克松访华进行预备性会谈。同年 7 月 15 日，理查德·尼克松宣布将访华，结束了近 1/4 世纪的中、美两

---

① 马其诺防线（Maginot Line）是法国在第一次世界大战后，为防德军入侵而在其东北边境地区构筑的筑垒配系，由钢筋混凝土建造而成。可是在第二次世界大战中，德军却从法国和比利时的边境线进攻，绕过马其诺防线，并迅速占领了法国。马其诺防线寓意表面上看起来固若金汤而实际却毫无意义。

国敌对关系。同一日，美联储宣布加息，将贴现利率从4.75%上调至5.0%，这一次加息是非常超市场预期的。

股市从1971年4月底，道琼斯工业指数见到高点958点后开始下跌，到同年8月上旬最低跌到840点。这个过程中下跌的主要原因就是美元危机，以及由此引发的美国国内利率上行，因为从通胀角度看这期间美国通胀没有明显上升，但可以看到同年4～7月美国利率上行超过了200个基点。

1971年8月15日，理查德·尼克松总统抛出"重磅炸弹"，宣布实行"新经济政策"（Nixon's New Economic Policy，也称为"尼克松冲击"），目的在于对内控制通货膨胀，对外维持美元的地位。"新经济政策"由三要素构成。

第一，理查德·尼克松指示财政部部长约翰·康纳利禁止外国用美元兑换黄金，黄金兑换窗口关闭，布雷顿森林体系正式终结。

第二，理查德·尼克松总统签发《11615号行政命令》（Executive Order 11615），实行90天的工资和物价冻结。

第三，对于进口到美国的商品征收10%的进口附加税。

1971年8月15日当天是周日股市不交易，理查德·尼克松的政策在政治上和经济上都是成功的，因为当时很多美国大众都认为是海外市场的美元波动导致了他们经受通货膨胀之苦，理查德·尼克松的政策在未来可以使得美元汇率平稳。股市在第二天8月16日开盘后大涨，道琼斯工业指数上涨33点（3.85%）。这波上涨一直持续到同年9月初，道琼斯工业指数从低点840点上涨到高点921点。

到1971年9月中旬，市场开始担忧90天物价和工资冻结后的政策取向，因为第一阶段冻结毕竟是暂时的，第二阶段对工资和物价的管制，会对企业利润产生极大影响，市场在等待政策细节明晰，理查德·尼克松承诺会在同年10月中旬公布政策细节。1971年10月上旬理查德·尼克松讲话谈到了一些新的管制政策，市场感到失望。同年11月10日，美联储降息，将贴现利率从5.0%又降低到4.75%。1971年11月13日，理查德·尼克松经济管制计划第二阶段（phase two）方案细节第一次出炉，要求工资涨幅控制在每年5.5%以内，物价涨幅控制在2.5%以内。在同年9～11月这段等待经济管制计划出台过程中，虽然其间美联储都已经降息，但因为对不确定性的恐惧，市场一泻千里，道琼斯工业指数从高点921点下跌至同年11月的低点791点，跌幅达14%。

1971年11月下旬，工资管制的指引出台，市场发现政策相对是比较灵活的。同时，市场对将于同年11月30日在罗马召开的"十国集团"会议有取得积极成果的预期，股市开始回升。罗马会议期间约翰·康纳利提议美元贬值10%，并约定1971年

12 月 17～18 日在华盛顿继续会谈。1971 年 12 月 3 日，美联储将证券交易的保证金要求从 65% 降低到 55%，货币政策又放松了。1971 年 12 月 10 日，美联储再度降息，将贴现利率从 4.75% 降低到 4.5%。

1971 年 12 月 18 日，"十国集团"在华盛顿继续会议，会议通过了《史密森协定》（*Smithsonian Agreement*），其规定：（1）美元对黄金贬值 7.89%，每盎司黄金的官价由 35 美元提高到 38 美元，这是美元自 1934 年以来的第一次贬值。（2）调整汇率平价，美元对十国集团平均贬值 10%，其他欧美主要货币升值。（3）非储备货币对美元的波动允许幅度由正负 1% 调整为正负 2.25%。（4）美国政府取消 10% 的临时进口附加税。[①] 从同年 11 月下旬到 12 月，股市在货币政策放松、美元协议达成的背景下持续回升。

紧张、激烈、波折的 1971 年终于过去了，道琼斯工业指数 1971 年底最终收于 890 点，全年上涨 6.1%（见图 3-4）。

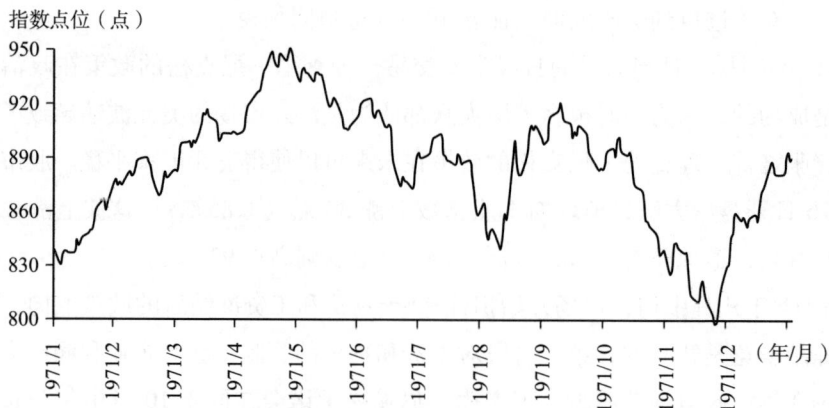

图 3-4　1971 年 1～12 月道琼斯工业指数走势

资料来源：Wind 资讯。

四、1972 年：理查德·尼克松访华、访苏

1972 年的经济情况不错，通胀被压下去了，经济增长在回升。

1972 年 1 月初，许多国家纷纷继续下调利率，1972 年 1 月 5 日，比利时国家银

[①] 《史密森协定》旨在挽救布雷顿森林体系下的以美元为核心的固定汇率制度，但到了 1973 年美元危机再度爆发后，美元对黄金再次贬值，协定各国先后放弃该协定，采用浮动汇率制，该协定挽救布雷顿森林体系的尝试彻底失败。

行继上年9月将贴现利率从6.0%下调至5.5%后，进一步将贴现利率从5.5%下降至5.0%。同一天，荷兰央行将贴现利率从5.0%下调至4.5%。美国财政部1972年1月7日发行的13周短期国债利率低至3.0%，创1963年以来的最低利率。货币利率的下行，使得包括长期国债、信用债券、大额存单（CD）、银行信贷利率在内的整体利率中枢出现下降。同年1月20日，理查德·尼克松总统向国会提交了财政预算，财政赤字依旧很高，理查德·尼克松说这个预算是"扩张性"的但并非"通胀性"的，市场担心财政赤字引发通胀连续调整了几日。

1972年2月9日，美联储主席阿瑟·伯恩斯在国会出席听证会，他对未来的利率和信贷表示乐观，认为未来几个月长端利率可能进一步下降，而同时信贷将保持充裕。同年2月下旬公布的1月房屋新开工数据显示新开工数进一步上升，显示经济在不断好转。同年2月21~28日，美国总统理查德·尼克松应邀对中国进行访问，1972年2月28日，中、美双方在上海发表了联合公报。理查德·尼克松访华标志着中、美关系开启了一个新时代。

从1972年初至3月初，指数震荡上行，中间在1月下旬出现了一次调整，道琼斯工业指数在1972年3月上旬达到957点。进入同年3月以后，货币市场利率开始回升，而同时欧洲也在试图建立一个货币联盟，联盟内汇率保持稳定，这使得美元在海外继续承压。市场在1972年3月中下旬进入震荡走势，同年3月底开始继续上行，到1972年4月18日道琼斯工业指数达到969点。

市场从1972年4月中旬开始向下调整，道琼斯工业指数到1972年5月9日最低调整到925点。这波调整的原因主要有两方面：一是同年3月底到4月越南战争有所反复。二是1972年由于价格和工资管制的原因，工业生产增速在回升，但同年4月一季报出来后显示企业税后利润增速却在回落。

1972年5月8日晚，理查德·尼克松总统在两周内第二次发表电视讲话，他重申美国军队将会按照此前的计划如期撤回。同年5月16日，第一个金融衍生品市场，芝加哥商业交易所国际货币市场（International Monetary Market，IMM），在芝加哥商品交易所（Chicago Mercantile Exchange，CME）内成立。[①] 1972年5月22日，理查德·尼克松总统访问苏联，同年5月29日美、苏两国领导人为期一周的具有历史意义的会谈在莫斯科结束。从5月9日到5月底，市场上涨回升，道琼斯工业指数在5

---

① 芝加哥国际货币市场（International Monetary Market，IMM），是最早的有形货币期货市场，它是芝加哥商业交易所的一个分支。开始主要交易品种是六种国际货币的期货合约，即美元、英镑、加拿大元、德国马克、日元、瑞士法郎，后又增加了上述货币的期权交易。

月 30 日收在 971 点。

进入 1972 年 6 月，中东地区形势发生了变化，1972 年 6 月 1 日，伊拉克的萨达姆·侯赛因（Saddam Hussein）开始将外国的石油公司国有化并将石油收入用来建造军队。此次石油公司国有化涉及美国、英国、法国、荷兰等多个国家，伊拉克政府宣称将对此进行补偿，但市场普遍认为这个补偿价格会严重低估。同年 6 月 7 日，另一个负面因素冲击了市场，美国最高法院裁定联邦能源委员会有权力在目前能源短缺的情况下分配天然气供给，按此规定，工业能源使用将排在居民、学校以及医院之后。同年 6 月 17 日，以美国共和党总统理查德·尼克松争取连任委员会首席安全顾问詹姆斯·麦科德（James W. McCord Jr.）为首的 5 人闯入华盛顿水门大厦民主党全国总部办公室进行窃听活动，当场被警方逮捕，"水门事件"（Watergate scandal）[①] 慢慢开始了。同年 6 月 23 日，英国政府宣布英镑实行浮动汇率。同年 6 月 28 日，理查德·尼克松总统宣布不会再有新入伍者被派遣至越南。股市从同年 6 月初开始一直到 7 月 20 日，晃晃悠悠地震荡下行，道琼斯工业指数最低达到 910 点。

1972 年 7 月下旬，美联储主席阿瑟·伯恩斯表态支持美元汇率，他表示美联储可以在合适的时候干预外汇市场、金额可小可大，并表示可以预期到海外美元的回流。欧洲和日本都对强势美元表示欢迎，美元汇率开始渐渐走强。同年 8 月 12 日，最后一批美国地面部队从越南撤出。股市从同年 7 月下旬开始一直到 8 月下旬一路小幅回升。

1972 年 8 月以后，一个重大变化是下半年开始大宗商品价格大幅上涨，虽然 1971 年的工资和价格管制能够将美国的 CPI 控制住，但这对国际市场定价的大宗商品价格却无能为力，1972 年 9 月上旬国际镍价一周上涨有 15%，大宗商品价格的大涨使得货币利率从同年 8 月起明显回升。股市从 1972 年 8 月中旬开始到 10 月中旬，再度震荡回落。

1972 年股市在 1 ~ 2 月小幅上涨后，从同年 3 月一直到 10 月大半年时间保持震荡走势，"三上三下"。转机出现在同年 10 月下旬，先是巴黎传来消息停火协议有可能在十日内达成，1972 年 10 月 26 日，基辛格在访问南越后表示和平已经握在手中。叠加公布的三季报显示企业利润大幅好转，道琼斯工业指数终于在同年 11 月初突破了前期 970 点附近的震荡区间上沿。

1972 年 11 月 7 日理查德·尼克松再次当选美国总统，此次大选他赢得了 50 个州中的 49 个。同年 11 月 22 日，美联储将股票交易保证金要求从 55% 提高到 65%。到

---

① 资料来源：林立树. 美国通史［M］. 北京：中央编译出版社，2014.

同年 12 月，欧洲国家开始收紧货币政策以对付通货膨胀，英格兰银行的最低贷款利率上调至 9.0%，为 20 世纪 60 年代以来的最高水平。股市在同年 11 月大幅上涨，1972 年 12 月上旬道琼斯工业指数最高见到 1042 点，同年 12 月中旬由于全球利率升高出现一定调整。

整体来看，从 1972 年 10 月中旬到 12 月上旬的上涨是 1972 年美股最好的一段行情，背后最大的驱动力是经济基本面的快速上行，工业生产同比增速连续数月加速上行，尽管在这个过程中利率仍在不断往上。当时不曾预料到的是 1972 年 12 月的基本面就是一个高点，此后将持续回落，而利率也已经处在高位，这就为 1973 年市场的下跌留下了隐患。

道琼斯工业指数 1972 年底最终收于 1020 点，全年上涨 14.6%（见图 3-5）。

图 3-5　1972 年 1～12 月道琼斯工业指数走势

资料来源：Wind 资讯。

五、1973 年：第一次石油危机

1972 年第四季度股市因为基本面加速上行而上涨，但 1972 年底的基本面就是一个高点，1973 年便开始回落了。同时，工资和价格管控使得核心 CPI 增速得到了控制，但是 PPI 价格控制不住，PPI 从 1972 年底开始大幅飙升，这使得利率持续上行。因此，进入 1973 年，股市面临的是上行的利率和下行的基本面组合的经济环境，市场在 1973 年 1 月初上涨了几个交易日后就进入了漫长的下跌通道。

1973 年 1 月 12 日，美联储宣布加息，将贴现利率从 4.5% 上调至 5.0%。而与此同时，联邦德国、日本等海外国家也在纷纷上调利率。同年 1 月 15 日，理查德·尼克松总统下令终止轰炸北越。从同年 1 月开始，理查德·尼克松总统宣布新经济政策将从阶段 2（phase 2）进入阶段 3（phase 3），在阶段 3 中将大幅使用企业自愿控制的方式来替换工资和价格的管制措施。理查德·尼克松解释道，在阶段 3 中的目标是今年实现 2.5% 以下通货膨胀率的目标。同年 1 月 23 日，美国总统理查德·尼克松宣布已达成越南战争停战协议。同年 1 月 27 日，越南和平协议在巴黎签字。华尔街有一句名言，"市场不会对同一个事件两次定价"，这句话在同年 1 月市场相当灵验，当越南战争和平协议正式到手时，市场丝毫没有理会，基本就是一路下跌。

1973 年 2 月美元危机再度爆发，从同年 1 月下旬起，市场上出现了大量抛售美元、抢购德国马克和日元的情况。到同年 2 月货币危机更是一发不可收拾，1973 年 2 月 10 日，日本东京外汇市场被迫关闭，紧随其后，法兰克福、伦敦、巴黎等外汇市场也相继关闭。美元指数在同年 2 月上旬呈跳崖式下跌。同年 2 月 12 日晚，美国财政部部长乔治·舒尔茨（George P. Shultz）宣布美元再度贬值 10% 至每盎司黄金兑换 42.22 美元，美元对欧洲各主要货币也发生了进一步的贬值，同时，日本以及其他 OECD 成员方将采取浮动汇率制度。这意味着以《史密森协定》（Smithsonian Agreement）拯救布雷顿森林体系宣告失败，固定汇率体系正式瓦解。

1973 年 2 月 23 日，美联储再度加息，将贴现利率从 5.0% 上升至 5.5%。1973 年 2 月 26 日关于越南问题的巴黎会议召开，会议签署了《关于越南问题的国际会议的决议书》（Resolution of the International Conference on Vietnam）。同年 2 月底，汇率风波有所平息，德意志银行"能够"在市场上"卖出"美元了。但这并不能改变市场单边下跌的轨迹，道琼斯工业指数在同年 3 月下旬见到低点 923 点。

1973 年 3 月 29 日，美国从南越撤出最后一批军队，从而结束了对越南将近 10 年之久的战争。同年 4 月 3 日，世界上第一部手机在纽约诞生。股市的下跌让人感觉无休无止，进一退二、震荡下行。下跌的主要逻辑实际上非常清晰，经济增速不断下移的同时市场利率不断上移。1973 年 4 月 20 日，美联储再度加息，将贴现利率从 5.5% 上调至 5.75%。

祸不单行，1973 年 4 月 30 日，包括白宫办公厅主任亨利·霍尔德曼（Harry R. Haldeman）、司法部部长理查德·克兰丁斯特（Richard Kleindinst）在内的理查德·尼克松的四名高级助手因"水门事件"辞职，同时，理查德·尼克松在向全国发表的电视讲话中表示，他承担发生"水门事件"的责任，但他不知道这件事旨在刺探政治情报，他也没有要掩饰这一事件的企图。

1973 年 5 月 10 日，美联储再度加息，将贴现利率从 5.75% 上调至 6.0%。1973 年 5 月 17 日，美国参议院专门小组开始"水门事件"听证会。同年 5 月 21 日、5 月 29 日，美联储对商业银行进行窗口指导，希望限制贷款发放。此时，全世界范围内的收紧货币抗通胀浪潮已经兴起，日本、联邦德国等国家纷纷加息。同年 6 月 8 日，美联储再度加息，将贴现利率从 6.0% 上调至 6.5%。为了对抗通胀，1973 年 6 月 13 日，理查德·尼克松总统宣布了第二次物价冻结，不同于 1971 年 8 月的那次，此次冻结只针对物价而不针对工资。①

1973 年 6 月 29 日，德国马克再度升值，作为应对，美联储当日做出两项决定，一是再度加息，将贴现利率从 6.5% 提高到 7.0%。二是将银行存款准备金率提高 0.5%。股市从年初开始，在整个上半年基本上就是一路下跌，到同年 6 月底，道琼斯工业指数低点到达 869 点，相比年初跌幅近 15%。

1973 年 7 月 5 日，美联储提高了商业银行存款允许的最高利率上限。同年 7 月中旬，美联储大幅提高了与其他国家央行的货币互换金额，以此来稳定汇率，美元升值对股市形成一定利好。股市在 1973 年 7 月迎来了一刻喘息的机会，道琼斯工业指数从低点 869 点反弹至 937 点。同年 7 月的反弹有情绪和季节性因素（summer rally），基本无视了继续上行的利率，那段时间里，利率几乎无时无刻不在上行。同年 8 月 13 日，美联储再度加息，将贴现利率从 7.0% 上升至 7.5%。股市在 1973 年 8 月再度下行，并在 1973 年 8 月 22 日下破了此前年内低点，道琼斯工业指数跌至 852 点。

1973 年 8 月下旬开始市场有所好转，最主要的原因就是市场感觉到利率上行可能是看到顶了。事实上，美国 3 个月期国债到期收益率在同年 8 月 14 日达到高点 9.05% 后便没有继续上行，此后 1 个月内没有超过该高点，并在同年 9 月中旬以后开始逐步回落。股市从 1973 年 8 月下旬一直到 10 月下旬出现了全年最大的一次反弹，其间利率下行、通胀情况有所好转，1973 年 10 月 26 日，道琼斯工业指数回复到 987 点。

然而，正在此时，致命一击已经到来，第一次石油危机爆发了。1973 年 10 月 6 日第四次中东战争爆发，阿拉伯石油生产国为了打击以色列及其支持者，把石油作为了武器。同年 10 月 16 日，科威特、伊拉克、沙特阿拉伯、卡塔尔、阿拉伯联合酋长国五个阿拉伯国家和伊朗决定，将海湾地区的原油市场价格提高 17%。1973 年 10 月 17 日，阿尔及利亚等 10 国参加的阿拉伯石油输出国组织部长级会议宣布，立即减少石油产量，决定以同年 9 月各成员方的产量为基础，每月递减 5%。对于美国等支持以色列的国家的石油供应，逐月减少 5%。1973 年 10 月 18 日，阿拉伯联合酋长国中

---

① 回顾尼克松政府时期的物价工资管控，1971 年 8 月第一次提出工资和物价冻结（freeze），此为"阶段 1"，期限 90 天。"阶段 1"结束后随即进入更富灵活性的工资和物价管制（controls），这是"阶段 2"。到 1973 年 1 月，管制被放松，进入"阶段 3"。1973 年 6 月第二次 60 天的冻结只针对物价，冻结结束后进入"阶段 4"的管制，但这些管制措施大多在 1974 年被废止。

的阿布扎比酋长国决定完全停止向美国输出石油。接着利比亚、卡塔尔、沙特阿拉伯、阿尔及利亚、科威特、巴林等主要石油生产国也都先后宣布中断向美国出口石油。[①]

市场对石油危机的反应是滞后的,美国股市是1973年10月26日见顶的,但这影响是致命的。从同年10月29日一直到12月5日,美股持续大跌,道琼斯工业指数最低到了784点,1个月时间跌幅达21%,市场已经充满了恐慌。年底时刻,情况有所好转,市场震荡中略有些许反弹。

道琼斯工业指数1973年底最终收于851点,全年大跌16.6%(见图3-6)。

指数点位(点)

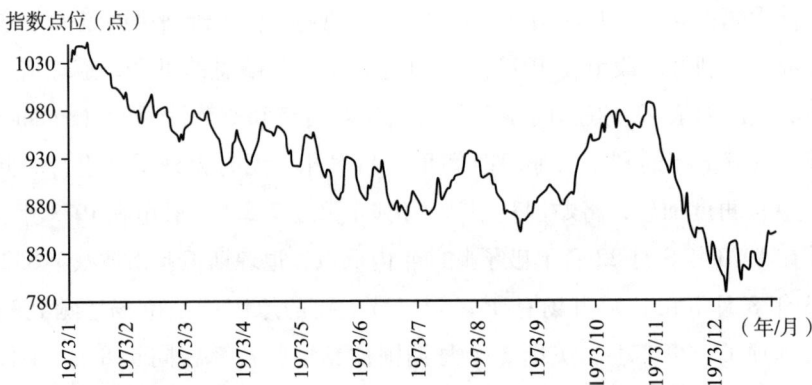

图3-6 1973年1～12月道琼斯工业指数走势

资料来源:Wind资讯。

六、1974年:理查德·尼克松因"水门事件"辞职

美联储的政策给了1974年股市一个"开门红",1974年1月2日美联储宣布将证券交易保证金比例从65%下调至50%,次日,道琼斯工业指数大涨3.0%。1974年1月4日,"水门事件"在继续发酵,理查德·尼克松总统拒绝向参议院"水门事件"委员会交出相关的录音带和文件。而在之后的国情咨文中,理查德·尼克松总统表示一年的"水门事件"已经足够了。[②] 同年1月底,中东地区的军队陆续撤离,但石油禁运还没有结束。同年1月,美国股市在对解除石油禁运的期盼中震荡度过。

1974年2月开始的一个突出变化是利率开始有所下行了,在整个2月,美国银

---

① 资料来源:王能全. 石油的时代(上、下册)[M]. 北京:中信出版社,2018.

② 资料来源:林立树. 美国通史[M]. 北京:中央编译出版社,2014.

行最优惠贷款利率从 9.75% 下降至 8.75%。股市在同年 2 月 11 日见到低点后开始反弹，一直持续到 3 月 13 日。同年 3 月 15 日，联邦大陪审团裁定理查德·尼克松参与了掩盖白宫官员卷入非法进入民主党总部的"水门事件"真相的阴谋。1974 年 3 月 18 日，阿拉伯国家决定取消对美国的石油禁运，禁运取消后当天股市就跌，道琼斯工业指数当日下跌 13.61 点（1.5%），并开启了新一轮的下跌。

从 1974 年 3 月 14 日开始一直到 5 月 29 日，美国股市一路下跌，道琼斯工业指数从 892 点下跌至 795 点。下跌主要原因是利率上行，1974 年 4 月 24 日，美联储宣布加息，将贴现利率从 7.5% 上调至 8.0%。同年 5 月中旬公布的经济数据显示经济情况一塌糊涂，经济增速从负增长 5.8% 修正为负增长 6.3%，通货膨胀从 10.8% 修正为 11.5%，绝对的滞胀。同年 3~5 月，美国商业银行连续 11 次上调最优惠贷款利率，将此利率从 8.75% 提升至 11.5%。

1974 年 6 月初，市场开始预期利率上行可能结束，银行最优惠贷款利率可能下行，这引起了股市在 6 月初出现了一次小反弹。1974 年 6 月 5 日，美国第一国民城市银行（First National City Bank，花旗银行的前身）主席沃尔特·瑞斯顿（Walter Wriston）预计到年底时，银行最优惠贷款利率将会降至 7%~8%。沃尔特·瑞斯顿的这一说法得到了美国银行（当时全美最大商业银行）总裁奥尔登·克劳森（Alden W. Clausen）的支持，奥尔登·克劳森表示利率一旦下行将以很快的速度下降。1974 年 6 月 7 日，第一国民城市银行将最优惠贷款利率从 11.5% 下调至 11.25%。

但反弹很快就终止了，因为通胀在继续上行，利率也还没有见顶。1974 年 6 月中旬，政府统计数据显示在经历了 4 月的温和上行后，CPI 价格指数在 5 月又出现了加速上行。同年 6 月 24 日，第一国民城市银行将最优惠贷款利率提高到了 11.8%，之后其他银行将利率提高到 11.75%。同年 7 月 5 日，银行最优惠贷款利率的均值到达了 12.0%。同年 7 月 20 日，土耳其军队侵入塞浦路斯，造成了重大的国际危机。同年 7 月 24 日，美国最高法院一致裁决理查德·尼克松总统需要将白宫录音带交予"水门事件"特别检察官。同年 7 月 27 日，美国众议院代表司法委员会接受了对总统的弹劾案。同年 8 月 5 日，"水门事件"中的一些录音带被披露，有一盘录音带上清楚地记录着"水门事件"发生后六天，理查德·尼克松指示他的助手，让中央情报局阻挠联邦调查局调查"水门事件"，这是理查德·尼克松掩盖事实真相的铁证，理查德·尼克松在国会中的支持崩塌了。同年 8 月 8 日，美国总统理查德·尼克松因"水门事件"被迫宣布将于次日辞职。[①] 股市从 1974 年 8 月 8 日开始

---

① 资料来源：林立树. 美国通史 [M]. 北京：中央编译出版社，2014.

进入加速下跌阶段。

回顾理查德·尼克松的总统生涯，从政绩上来看有很多可圈可点的地方，包括访华、访苏、结束越南战争、新经济政策等，但似乎与股市的"化学反应"并不好。1969 年 1 月 20 日理查德·尼克松就任美国总统时，道琼斯工业指数是 931 点，而在 1974 年 8 月 9 日离开白宫时，道琼斯工业指数是 777 点。理查德·尼克松是赫伯特·胡佛（Herbert C. Hoover）总统以来首位全部任期内股市下跌的总统。而且股市似乎丝毫没有给新总统杰拉尔德·福特（Gerald R. Ford）留一丁点面子，从 1974 年 8 月 9 日杰拉尔德·福特接任总统开始，股市以疾风骤雨般的速度下行。

1974 年 9 月 4 日，美联储决定取消 10 万美元以上大额存单（CD）3% 的附加存款保证金要求，在一定程度上算是货币政策的一种放松。同年 9 月 8 日，杰拉尔德·福特总统宣布，他已无条件地赦免理查德·尼克松在任总统期间美国"已犯下的和可能犯下的"一切罪行。同年 9 月 12 日开始，短期国债利率出现了快速回落，市场在同年 9 月中旬出现了几天的小反弹，但很快被扼杀。到同年 10 月 4 日，道琼斯工业指数最低下探至 585 点。

1974 年 10 月 4 日以后市场略有好转，这期间除了短期国债利率下行以外，从 1974 年 9 月底开始银行的最优惠贷款利率也开始趋势性下降。同年 10 月 8 日，富兰克林国民银行（Franklin National Bank）宣布破产，富兰克林国民银行是当时美国第十二大银行，拥有大约 50 亿美元的资产，这一破产案是截至当时美国历史上最大的银行破产案，但该破产案在当时并没有引起恐慌并扩散。在银行最优惠利率持续下降的过程中，市场从同年 10 月 4～14 日出现了一波小反弹，之后横盘震荡。

1974 年 11 月 12 日，全国性的煤炭工人罢工开始。同年 11 月 18 日，美国总统杰拉尔德·福特在《神奈川条约》（Treaty of Kanagawa）签订 120 周年之际访问日本。这是美国现任总统第一次访问日本。同年 11 月 20 日，美国司法部以反垄断起诉 AT&T，这在后来最终导致了 AT&T 和贝尔系统的拆解。而同时，1974 年 11 月很多汽车公司中出现了较大的失业问题。在这些因素影响下，1974 年 11 月以后，市场再度杀跌，并在同年 12 月 6 日道琼斯工业指数创出了 578 点的年内低点。

1974 年 12 月 6 日，美联储终于正式降息了，将贴现利率从 8.0% 下降至 7.75%，市场在最后 1 个月略有一点起色。

道琼斯工业指数 1974 年底最终收于 616 点，全年大跌 27.6%（见图 3 - 7）。

指数点位（点）

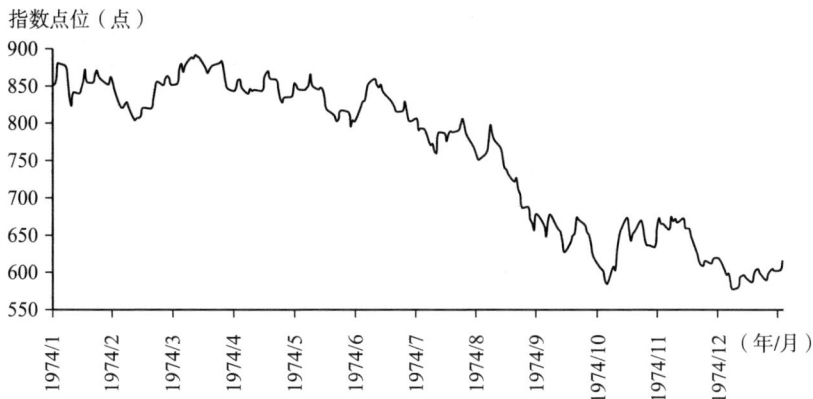

图 3-7 1974 年 1~12 月道琼斯工业指数走势

资料来源：Wind 资讯。

七、1975 年：经济曙光 强势上涨

1974 年 12 月 6 日，在经历了全年的经济衰退和通胀上行之后，美联储终于降息了，开启了降息周期。刚进入 1975 年，1 月 3 日，美联储继续降息，将贴现利率从 7.75% 下降至 7.25%。在 1975 年上半年此时经济仍在下行中，但利率开始逐步大幅回落，股市开始见底回升。同年 1 月 20 日，美国三家最大的汽车生产商削价销售汽车，此前汽车公司一直反对削价，但由于石油危机使得汽车滞销并出现大面积的失业情况。这是自从第二次世界大战以来汽车行业陷入的最严重的萧条。1975 年 1 月 20 日，美联储继续放松货币政策，降低了银行存款准备金率，此举大概可以释放 11 亿美元的流动性。同年 1 月 23 日，第一国民城市银行、摩根担保信托公司以及其他一些主要银行，将最优惠贷款利率从 9.75% 下降至 9.5%。到 1975 年 1 月结束，道琼斯工业指数涨幅已经有 15% 左右。

进入 1975 年 2 月，各个商业银行的最优惠贷款利率继续不断下移。同年 2 月 4 日，美联储降息，将贴现利率从 7.25% 下降至 6.75%。同年 3 月 7 日，美联储再度降息，将贴现利率从 6.75% 下降至 6.25%。利率在 1975 年第一季度单边大幅下降，商业银行最优惠贷款利率在第一季度连续下降 12 次，从 1975 年初的 10.5% 一直下降至 3 月末的 7.5%。到同年 3 月中旬，道琼斯工业指数的累计涨幅已经达到约 25%。

1975 年 3 月中下旬，一些经济数据公布出来不及预期，叠加此前市场超涨，使得市场小幅调整，一直持续到大概 1975 年 4 月上旬。同年 3 月 27 日，国会通过了一个金额约 228 亿美元的《1975 年减税法案》（*Tax Reduction Act of 1975*），使得每一个纳税公民和家庭大约可以在当年减税 130 美元。市场得此消息后上涨了两日,但这并没有改变市场运行趋势,想想也是,消费取决于持续收入,暂时性的一次性的减税不会有太大刺激效果。

进入 1975 年 4 月以后,市场慢慢看到了经济复苏的曙光和希望,股市重新回到上涨趋势。同年 4 月 30 日,杰拉尔德·福特总统推迟了对进口原油加征关税,并开启了终止国内原油价格管制的行政流程。同年 5 月 7 日,杰拉尔德·福特总统签署一项公告,停止发放战时退伍军人津贴费,这实际上是宣告了越南战争的结束。"美国已不再处于战争状态了。"总统在一项声明中宣布结束了"越南时代"。[①] 同年 5 月 15 日,美联储继续降息,将贴现利率从 6.25% 下降至 6.0%。同时,在 1975 年的第一季度和第二季度,美国国际收支状况也明显好转。

1975 年 6 月上旬,市场传来消息,OPEC 成员方代表会议有意在同年 9 月 30 日 OPEC 原油价格冻结结束后上调原油价格,但具体上涨幅度尚不明确。股市从同年 5 月中旬到 6 月中旬出现了小幅调整。1975 年 6 月下旬开始,市场进一步上攻,道琼斯工业指数在 1975 年 7 月 15 日达到了年内高点 889 点。

1975 年 7 月中旬以后,市场开始进入下跌调整,此时经济基本面真正处在回升,但股市表现已经不一样了。引发市场调整的直接因素依然是利率,1975 年 7 月银行最优惠贷款利率年内第一次出现了回升。同年 7 月 18 日,最优惠贷款利率从 7.0% 上升至 7.25%,同年 7 月 28 日进一步上升至 7.5%,同年 8 月 13 日继续上升至 7.75%。此时,在 1975 年 8 月的第一周,政府统计数据显示 7 月美国批发价格指数同比涨幅在 14.4%,而同时财政部宣布将发债 20 亿美元,通胀与赤字使得市场对利率上行忧心忡忡。

股市从 1975 年 7 月 16 日开始下行,第一波下跌至 1975 年 8 月 21 日,道琼斯工业指数最低达到 792 点,距离高点跌幅为 11%。随后在同年 8 月末到整个 9 月震荡盘整,1975 年 9 月 30 日道琼斯工业指数最低到达 784 点。这期间,1975 年 9 月 5 日、9 月 22 日美国总统杰拉尔德·福特在 17 天内两次遇刺,但总统安然无恙。

市场担心利率一路攀升,但实际情况并没有这样。银行最优惠贷款利率从 1975 年 7 月开始上升,上升到 1975 年 9 月中旬后便不再上升了,同年 10 月底后又开始回落。同年 10 月 15 日,美联储降低了成员银行的存款准备金要求,将四年以上期限存款的保证金要求比例从 3% 降低到 1%。

1975 年 10 月发生的最重要的事情就是纽约市政府出现了财政危机。纽约市的财

① 资料来源:宋立志. 历史上的今天 [M]. 北京:远方出版社,2005.

政问题在 1975 年是慢慢发酵的，使得问题变大的直接因素应该说还是在于联邦政府的态度，杰拉尔德·福特总统一开始态度很坚决，否决任何"紧急财政援助"议案，并警告纽约的问题只是这个国家所面临的问题的一个缩影。1975 年 10 月 16 日，纽约市政府陷入最大危机，第二天将会有 4.53 亿美元债务到期，但政府手中只有 3400 万美元，地方政府面临破产的风险。

　　但实际上，从股市盘面上可以看到，在整个 1975 年 10 月和 11 月，股市没有明显下跌而是回升向上，并在 1975 年 11 月 28 日回到了 861 点的较高位置。究其原因，实际上也不难理解，就是"预算软约束"①和"道德风险"问题，说到底，市场笃定联邦政府是不可能让纽约市这样一个量级的政府破产的，由此产生的风险谁也担不起。事实上也确实如此，联邦政府的态度最后也渐渐软化，1975 年 12 月 30 日，联邦政府与纽约市、纽约州和紧急财政管理局签署信用协议，据此联邦财政部部长被授权给纽约市提供短期贷款，贷款总量不超过 23 亿美元。②但地方政府也要做出承诺，如纽约市居民的所得税要增加，并可以进一步使用纽约市雇员退休基金等。

　　1975 年 12 月杰拉尔德·福特总统否决了将 1975 年税收减免延长至 1976 年上半年的提议。1975 年 12 月 24 日，美联储降低了对商业银行定期存款的存款准备金要求。回顾 1975 年股市整体行情，简单说就是一个上半年大涨、下半年盘整的走势。

　　道琼斯工业指数 1975 年底最终收于 851 点，全年大涨 38.3%（见图 3 - 8）。道琼斯工业指数 1975 年的涨幅在第二次世界大战后排名第二，仅次于 1954 年。

八、1976 年：合众国独立 200 周年

　　美国股市在 1975 年上半年大幅上涨后，下半年一直在横盘。在这段时间内，美国经济复苏、利率下行、估值不高。工业生产同比增速从 1975 年 5 月最低的 - 12% 点多，到年底回升到正增长。3 个月期和 10 年期国债到期收益率、银行最优惠贷款利率，在 1975 年 10 月以后均出现明显回落。因此，在休息整固了半年之后，股市行情一进入 1976 年就爆发了。

---

　　① 预算软约束是指当一个预算约束体的支出超过了它所能获得的收益时，预算约束体没有被清算而破产，而是被支持体救助得以继续存活下去。

　　② 资料来源：王旭. 1975 年纽约市财政危机［J］. 华中师范大学学报（人文社会科学版），2011，50（4）：86 - 93.

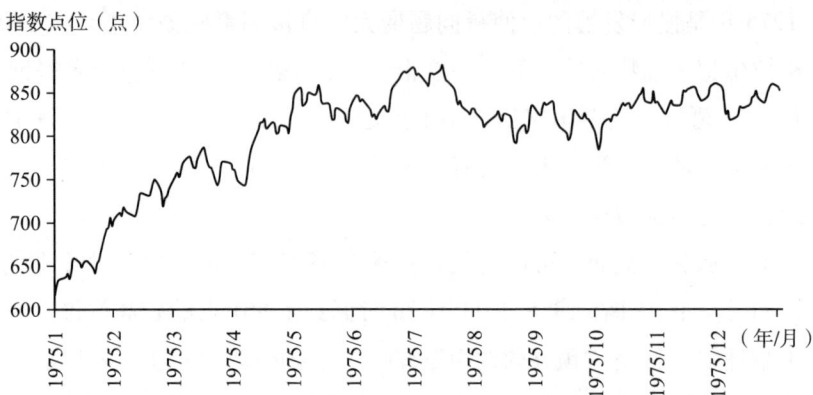

图 3－8　1975 年 1～12 月道琼斯工业指数走势

资料来源：Wind 资讯。

1976 年 1 月 8 日，国际货币基金组织临时委员会在牙买加首都金斯敦会议上达成协议，即《牙买加协定》（*Jamica Agreement*），其主要内容包括：第一，承认浮动汇率的合法性、建立多样化的汇率制度安排；第二，取消黄金官价，黄金与货币彻底脱钩，取消国家之间必须用黄金清偿债权债务的义务；第三，增加并调整会员国的基金份额；第四，建立以美元为主导的多元化国际储备体系，扩大特别提款权的使用范围，使其逐步成为主要的国际储备资产；第五，扩大对发展中国家的资金援助等。

1976 年 1 月 16 日，美联储降息，将贴现利率从 6.0% 下降至 5.5%。同时，在同年 1 月下旬，商业银行最优惠贷款利率连续两次下调，从 7.25% 下降至 6.75%。同年 1 月 30 日，纽约证券交易所（New York Stock Exchange，NYSE）成交量达到 3851 万股，创 184 年以来最高纪录。截至同年 1 月底，道琼斯工业指数已经有大约 14% 的涨幅。同年 2 月市场继续上扬，此时市场基本已经完全看清美国经济复苏的态势，很多大公司出色的财报数据也在给市场的上涨添砖加瓦。叠加美元汇率在不断走强，又给予市场很多信心。① 同年 3 月 11 日，道琼斯工业指数收盘在 1003 点，三年来首次站上 1000 点。

1976 年 3 月，海外市场有所变局，英镑危机再度爆发。1965～1975 年英国总体经济发展不太理想，人均 GDP 要低于其他 OECD 成员方且通胀持续攀升，主流观点将矛头指向公共部门的过度膨胀。同年 2 月英国政府提出了削减公共支出计划的白皮

---

① 从 1975 年 3 月至 1976 年 5 月底，美元指数一直在上升。

书，但这个白皮书在同年3月被英国下院否决了，外汇市场立刻反应。同年3月16日，英国首相哈罗德·威尔逊（James Harold Wilson）表示身心俱疲，突然宣布自己将会辞去首相一职。

进入1976年4月，上市公司一季报逐步披露，经济复苏中的财务报表总是挺好看的。同年4月21日，道琼斯工业指数达到高点1011点。随后市场开始出现一定调整，1976年4月下旬到6月上旬开始了1976年的第一次调整，这次调整的主要原因是担心货币政策收紧。从1976年4月下旬到6月初，短端利率大幅上升，3个月期国债到期收益率从4月21日的4.69%，上升到6月3日的5.52%，这引发了市场对于美联储收紧货币政策的担忧。同年6月9日，道琼斯工业指数回落至低点958点。

市场的短期利率在1976年6月初见到高点后便又开始回落，股市开始反弹。1976年7月，美国建国200周年，全国举行各项庆祝活动。同年7月12日，道琼斯工业指数再次回到了高点1011点。从1976年7月中旬到8月下旬市场开始了第二次调整，这次调整的主要原因是有些经济数据表现不佳，同年8月12日，公布的数据显示美国零售额在7月环比下降1.2%，连续两个月下滑。但基本上都是小事无碍大局，总体来看，美国的经济基本面在1976年达到高点后有所回落，然后一直到1978年维持着高位运行的不错态势。这波下调到1976年8月26日道琼斯工业指数见低点960点。

1976年9月以后，随着短端和长端利率的持续回落，市场的降息预期又开始兴起，道琼斯工业指数在1976年9月21日到达高点1014点，比此前两次高点1011点高了3点，算是创新高了。此后，市场出现了一波急跌，是1976年的第三次调整。这次急跌的原因是市场担心经济放缓。同年9月28日，政府公布的经济领先指标显示8月该指数下降了1.5%，是18个月以来首次出现下降。叠加利率下行的两面性作用，一方面，利率下行利好权益资产估值；另一方面，利率下行又是经济放缓的信号。此次调整是1976年全年调整幅度最大的一次，到同年11月10日，道琼斯工业指数见到低点924点，较高位回落8.9%。

1976年11月2日，民主党候选人，前佐治亚州州长吉米·卡特（James E. Carter Jr.）击败共和党总统候选人，在任总统杰拉尔德·福特，成为第39位美国总统。从选举人票上看，这次选举的结果是继1916年美国总统选举以来最为接近的，吉米·卡特赢得了23个州的297张选举人票，而杰拉尔德·福特则赢得了27个州的240张选举人票。

1976年11月19日，降息预期兑现，美联储再度降息，将贴现利率从5.5%下调至 5.25%。从 1976 年 6 月开始，美国短端利率一直在下行，此次降息以后，从同年 11 月中旬开始利率加速下行。降息成为年底行情的"导火索"。1976 年 12 月 16 日，OPEC 的 13 个成员方达成一致，在未来 6 个月分两个层次提高原油价格，即沙特和阿联酋提高油价 5%，其他国家提高油价 10%，此次提价幅度是低于此前华尔街市场预期的。同年 12 月 17 日，美联储降低了成员银行的存款准备金要求。

道琼斯工业指数 1976 年底最终收于 1005 点，全年上涨 17.9%（见图 3-9）。

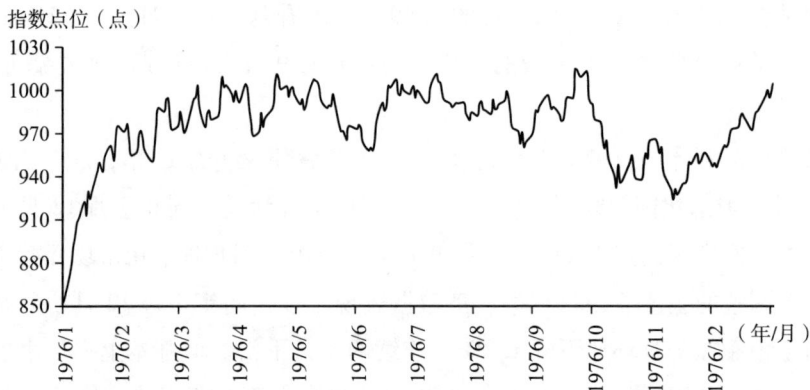

图 3-9　1976 年 1～12 月道琼斯工业指数走势

资料来源：Wind 资讯。

九、1977 年：美元危机再现

美国股市在 1976 年最后两个月持续回升，本来看着势头不错，没想到一进入 1977 年市场立刻转向，开启了漫长的下跌通道。

1977 年 1 月市场最大的利空是天气，1976～1977 年美国的冬季天气极其寒冷，这导致了能源价格大幅上升。1977 年 1 月 OPEC 组织的两层次油价上涨正式实施，美国国内油价和天然气价格大幅上涨。同时，由于井口价格长期维持不变以及对跨州天然气市场的过度监管，挫伤了生产商的积极性，这又导致了 1976～1977 年作为天然气资源输入地的美国北部地区发生"气荒"。据统计，1976～1977 年冬季天然气严重短缺时 9000 个工厂被迫停产，有些州的学校甚至因无气供暖而被迫停课。[1] 1977 年 1 月 20 日吉米·卡特就任美国第 39 任总统。

---

[1]　资料来源：张祁，张卫忠. 美国天然气行业发展的经验及启示 [J]. 国际石油经济，2009，17（6）：22-25.

严寒的天气下能源价格上涨，一方面使得生产活动有所减缓；另一方面更重要的是使得利率特别是长端利率在 1977 年 1 月有明显上行，美国 10 年期国债到期收益率 1 月从 6.9% 上行到了 7.5%，要知道上年 11 月美联储才刚刚降过息。1977 年 1 月底，由于严寒气候对经济造成的冲击，卡特政府决定重启 310 亿美元的经济刺激计划。1977 年 1 月，股市持续下滑，道琼斯工业指数单月下跌约 4%。

1977 年 2 月，美国商务部公布的与能源相关行业的失业人数超过了 100 万人。而此时，政府财政赤字扩大也越来越成为一个问题。同年 2 月 23 日，美联储主席阿瑟·伯恩斯在国会发言时表示，他对本年通胀降低并不乐观，而且由于联邦财政赤字扩大，商业活动信心正在减少。到 2 月底，道琼斯工业指数的当年累计跌幅达 6.4%。

1977 年 3 月，财政部部长沃纳·布鲁门特尔（Werner M. Blumenthal）表示，卡特政府的经济刺激计划会使得美国经济在春季很快恢复，同时通胀也主要是由于严寒天气造成的冲击，并不反映内在的趋势。换言之，前两个月看到的问题都是暂时性的，很快会好起来的。受此影响下，股市在 1977 年 3 月中上旬出现了一波小反弹，道琼斯工业指数回升到了 968 点。但反弹行情很快就结束了，1977 年 3 月下旬公布数据显示，CPI 在同年 2 月环比上涨 1%，年化涨幅 12%，通胀的恐惧再度袭来。

股市从 1977 年 4 月初开始一直到 5 月中旬，大概一个半月的时间里盘面有点稳住了，横盘震荡没有继续下行。这个过程中的经济数据显示，失业率有所回落，显示经济衰退的风险暂时不大，但是通货膨胀依然高企。同年 5 月中旬以后，利率的形势进一步恶化，商业银行的最优惠贷款利率开始上升了（1977 年初至 5 月中一直没动）。同年 5 月 13 日，最优惠贷款利率从 6.25% 上升至 6.5%，同年 5 月 31 日进一步上升至 6.75%。市场进一步下跌，到 1977 年 5 月底，道琼斯工业指数一度跌破 900 点。

1977 年 6 月初公布的 5 月批发价格指数显示，5 月环比上涨 0.4%，涨幅相比 3 月和 4 月明显回落。市场在同年 6 月中上旬出现了一个反弹，道琼斯工业指数从最低 899 点回升至 930 点。到同年 7 月，市场对未来的分歧很大，有担心经济下行的，有担心通胀起来的。同年 7 月下旬开始，市场再度进入加速下跌阶段，这次的主要原因是货币政策又重新收紧了。进入 1977 年以后，美国的国际收支又迅速恶化，经常贸易差额占 GDP 比重在 1976 年仍为顺差，但到 1977 年就转变为显著的逆差。1977 年 7 月底的数据显示，6 月美国的贸易赤字达到了 28 亿美元，着实把华尔街吓了一跳。

为了应对国际收支以及其他的问题，美联储主席阿瑟·伯恩斯在国会表示将提高联邦基金的目标利率。从 1977 年 7 月开始，短端的货币利率出现明显上升，7 月单月美国 3 个月期国债到期收益率上行 50 个基点，随后仍在继续上行。1977 年 8 月 29 日，美联储正式加息，将贴现利率从 5.25% 上升至 5.75%。9 月初，市场传言政府可能再度使用工资和价格管制措施。同年 9 月下旬，美联储将联邦基金目标利率提高到 6.25%。

截至 1977 年 9 月，实际上美国经济 1977 年的情况并不是那么糟糕，经济增长维持较高速度，通货膨胀没有明显起来，而且股市估值并不高。股市的持续下跌，反映了投资者对于美国经济深层次问题的担忧，就是通胀根本压不下来，如果要通胀下来就必须面对经济衰退，如果不想面对经济衰退，通胀就在那里无休止地螺旋式上行。

1977 年 10 月以后，市场再度遭遇冲击，美元危机再度来临，美元指数一通暴跌，此次美元危机的直接原因就是从 1977 年开始美国的贸易赤字迅速扩大。1977 年 8 月美国贸易赤字达到了 27 亿美元，美国国际收支不平衡的加剧导致了多方面的影响，一是黄金需求大幅增加；二是美元汇率持续走软；三是为了应对汇率国内短期利率持续走高，这几方面因素都对美元产生了非常不利的影响。

1977 年 10 月下旬，白宫警告如果利率进一步上行将对美国经济复苏带来伤害，但美联储显然没有理会白宫的声明，1977 年 10 月 25 日，美联储宣布加息，将贴现利率从 5.75% 提高到 6.0%，不过这次加息的幅度是低于预期的。股市在持续回落，同年 11 月 2 日，道琼斯工业指数最低达到 801 点，年内最低点。

1977 年 11 月 11 日这周市场反弹，道琼斯工业指数上涨 35.95 点，涨幅 4.44%，成为 1977 年全年涨幅最大的一周，上涨的原因主要是市场投资者觉得利率可能见顶了。但这种预期很快被证伪，虽然日本、联邦德国政府采取了很多措施来干预外汇市场，但美元仍然继续走弱，在这个背景下，股市再度回落。

回顾 1977 年全年，美国股市走势基本上就是单边下行，几乎没有出现过像样的反弹。道琼斯工业指数 1977 年底最终收于 831 点，全年下跌 17.3%（见图 3 - 10）。

十、1978 年：美联储接受"双重使命"

进入 1978 年以后，货币政策仍在持续收紧。同年 1 月 6 日，美联储宣布加息，将贴现利率从 6.0% 提高到 6.5%，此次加息的目的依然是为了处理日益恶化的汇率问题。在加息以后，美联储又随即推高了市场短期利率。美元汇率问题是 1978 年初造成股价下跌的最重要原因。

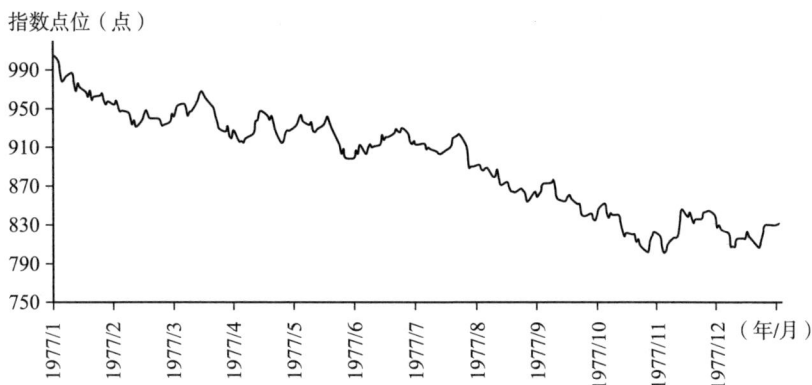

图3-10 1977年1～12月道琼斯工业指数走势

资料来源：Wind资讯。

此次美元危机从1977年10月开始，当时美元兑主要货币的汇率均开始贬值，美元指数大幅下滑，虽然其他国家央行都采取了措施在支持美元避免本国货币大幅升值，但美元汇率整整下跌了一年一直到1978年10月底。这期间，美元兑瑞士法郎贬值36%，兑日元贬值33%，兑联邦德国马克贬值24%，兑英镑贬值16%，这是一次严重的货币冲击。

1978年2月中旬公布的数据显示1月零售出现了13年以来最大的下滑，同时工业生产增速也有所下滑，美元贬值叠加1977年第四季度到1978年第一季度经济有所下行，股市持续下行，1978年2月28日道琼斯工业指数跌至全年低点742点，较上年底下跌了近11%。同年3月行情开始有所企稳，主要的原因是超跌修复，道琼斯工业指数在3月低位盘整。这期间，1978年3月8日，威廉·米勒（G. William Miller）①就任美联储新主席。同年4月1日，1976年达成的《牙买加协议》（*Jamaica Agreement*）正式生效。

股市行情从1978年4月开始启动，直接诱因是美元汇率在4月和5月有所回升。在前期大幅下挫后，同年4月美股迎来了大幅上扬，道琼斯工业指数4月单月上涨10.6%。1978年5月10日，美联储进一步加息，将贴现利率从6.5%上调至7.0%。此时加息对市场影响已经不大了，市场关注的核心变量是美元汇率，1978年5月市场仍在继续回升，道琼斯工业指数在1978年6月6日达到867点。

1978年6月以后，美元汇率再度开始下行，股市随之开始调整。从1978年6月

---

① 威廉·米勒是美联储的第五任主席，也是任职时间最短的主席，他在1978年3月8日至1979年8月6日担任美联储主席，此后出任美国财政部部长。

以后，笔者看到在美元汇率贬值的过程中，美国的货币政策收得更紧了，短端利率大幅上行。1978 年 6 月 30 日，美联储继续加息，将贴现利率提高到 7.25%。这波调整到同年 7 月初结束，道琼斯工业指数 1978 年 7 月 5 日达到低点 806 点。

1978 年 7 月以后股市再度上行，一直持续到大概同年 10 月上旬，中间 9 月中旬到 10 月上旬又走出了一个小 "V" 字形。这个过程中有两点资产价格变化值得注意，一是这段时间内美元仍在大幅贬值、美国国内利率大幅上行，股市是在上涨的。这背后的主要原因是从 1978 年第二季度开始，美国经济基本面出现了加速回升，股市是在多重不同方向的力量下曲折前行的，而上涨的幅度实际上也比较有限。

二是期限利差的变化，美国国内利率 1978 年 7 月短端和长端利率均有所回落，但到了同年 8 月，随着美元汇率的问题越发不可收拾，美联储大力度提高短期利率。1978 年 8 月 18 日，美联储继续加息，将贴现利率从 7.25% 提高到 7.75%。同年 9 月 22 日，美联储将贴现利率从 7.75% 提高到了 8.0%。同年 10 月 13 日，美联储将贴现利率从 8.0% 提高到了 8.5%。此时出现了短端利率大幅上行而长端利率却回落的情况，期限利差大幅收窄。到 1978 年第四季度，美国 10 年期国债到期收益率与 3 个月期国债到期收益率出现了利差倒挂。

股市行情在 1978 年 9 月 8 日道琼斯工业指数达到了年内高点 908 点，之后 1 个月时间，股市走出了一个快速下降又快速回升的小 "V" 字形走势，同年 10 月 11 日，指数再度回到年内高点附近。进入第四季度，新的问题又出现了，就是通胀。此前包括 1977～1978 年第三季度，美国利率上行的主要原因是贸易赤字导致的美元汇率大幅贬值，通胀在一个较高位置，但 PPI 和 CPI 的同比增速并没有进一步大幅上升，所以才会有期限利差明显收窄的出现。但从 1978 年下半年开始，通胀又加速上行了，1977 年 6 月 CPI 同比是 6.9%，12 月是 6.7%。到 1978 年 5 月 CPI 同比到了 7.0%，7 月到 7.7%，9 月到 8.3%，10 月到了 8.9%。

到 1978 年 10 月，吉米·卡特总统提出了要使用更加严厉的政策使得通货膨胀在 1979 年得到下降。股市在 10 月中下旬再度大幅下跌。同年 10 月 27 日，吉米·卡特总统签署了《汉弗莱 - 霍金斯充分就业法案》（*Humphrey-Hawkins Full Employment Act*）。这部法案将实现充分就业纳入美联储的现有使命，因此美联储从此以后从法理上拥有了双重使命，即 "物价稳定" 和 "充分就业"。同时，此法案要求美联储主席每年两次到议会作证，解释其想法。

1978 年 11 月 1 日，美联储加息，将贴现利率从 8.5% 提高到 9.5%，整整 100 个基点，此时加息的目的不再是解决美元汇率问题，而是为了遏制通胀。到 1978 年 11 月，市场开始有关于经济衰退的担忧出现。同年 12 月 16 日，《中美建交公报》（*Joint*

Communique of the United States of America and the People's Republic of China）发布，美国
政府在联合公报中接受中国提出的建交三原则：同中国台湾断交、撤出军队和设施、
废除美台《共同防御条约》。两国宣布双方自 1979 年 1 月 1 日起互相承认并正式建立
外交关系。股市在 1978 年 10 月大跌之后，11 月和 12 月保持弱势盘整。

　　道琼斯工业指数 1978 年底最终收于 805 点，全年下跌 3.1%（见图 3 - 11）。

图 3 - 11　1978 年 1 ～ 12 月道琼斯工业指数走势

资料来源：Wind 资讯。

十一、1979 年：第二次石油危机

　　一句话概括 1979 年全年的行情，就是全年大幅震荡。

　　1979 年 1 月 1 日，中、美正式建交。1 月股市在美元汇率回升的利好影响下，股
市开始回升，同年 1 月 26 日，道琼斯工业指数上冲至 860 点，涨幅 6.8%。同年 1 月
29 日至 2 月 5 日，邓小平副总理应美国总统吉米·卡特等邀请抵达美国进行正式访
问，这是中华人民共和国成立后中国高级领导人首次访美。

　　到 1979 年 2 月，伊朗问题进一步升级，吸引了全世界目光。伊朗伊斯兰革命[①]从
1978 年初开始爆发，此后不断升级。1979 年 1 月 16 日，巴列维国王（Mohammad
Reza Pahlavi）离开伊朗前往埃及。同年 2 月 1 日，鲁霍拉·霍梅尼（Ruhollah Musavi
Khomeini）回到德黑兰。伊朗在 1979 年 4 月 1 日成为伊斯兰共和国，并通过了新的

---

　　① 伊朗伊斯兰革命，是伊朗什叶派穆斯林推翻巴列维王朝统治及在国内实行"全盘伊斯兰化"的革命，
是反对国王推行西方化和世俗化的伊斯兰复兴运动。

伊朗伊斯兰共和国宪法。[1] 从 1978 年底至 1979 年 3 月初，伊朗停止石油出口，使石油市场每天短缺石油 500 万桶，约占世界总消费量的 1/10，致使国际原油价格暴涨，国际油价从 1978 年 11 月的 13.2 美元/桶上涨到 1979 年 2 月的 20.8 美元/桶。股市在 1979 年 2 月大幅回落，道琼斯工业指数在同年 2 月 27 日下探 807 点，跌破年初位置。

股市从 1979 年 3 月开始大幅反弹。1979 年 3 月 5 日，伊朗恢复石油出口，国际油价上涨势头暂停，同年 3 月和 4 月国际原油价格大致维持在 22 美元/桶，没有进一步上涨。同年 3 月 26 日，埃及总统穆罕默德·萨达特（Mohamed Anwar el-Sadat）和以色列总理梅纳赫姆·贝京（Menachem Begin）在美国华盛顿签订《埃及 - 以色列和平条约》（Egypt-Israel Peace Treaty），美国总统吉米·卡特作为连署人在和约上签字，它标志着埃及、以色列两国自 1948 年第一次中东战争以来一直存在的战争状态的结束。随即，18 个阿拉伯国家和巴勒斯坦解放组织的代表在巴格达举行会议，通过对埃及实行政治和经济制裁的决议。绝大多数阿拉伯国家中断同埃及的外交关系。[2] 股市从 1979 年 2 月底起步，到同年 4 月 10 日，道琼斯工业指数达到高点 878 点。

1979 年 4 月中旬开始，股市再度下跌，此次下跌的原因主要是两个，一是经济基本面出现了明显下滑，二是国际原油价格又开始上涨了。首先是基本面问题，美国工业生产同比增速在 1979 年 1 月和 2 月有加速回升的势头，3 月增速趋缓，4 月快速大幅回落，很有一副经济衰退即将出现的样子。同年 4 月中旬公布的 1979 年第一季度 GDP 增速收窄至 0.7% 也是大幅低于市场预期。当时市场一致预期是 1979 年经济下行一定会有，只是什么时候会来的问题。再者就是国际油价的问题，1979 年 3～4 月国际油价维持基本不变，但到 5 月又开始上涨，且大幅跳涨 50% 至 33.5 美元/桶。1979 年 4～5 月股市连续下挫，道琼斯工业指数在同年 6 月 1 日达到低点 821 点。

在经济下行的过程中，1979 年 5～7 月利率也出现了下行，而同时国际油价在 6 月以后一直到 9 月又横盘没有继续上涨。同年 7 月 19 日，美联储加息，将贴现利率从 9.5% 上调至 10.0%。1979 年 6～7 月，股市横盘震荡整理。

1979 年 8 月 6 日，美联储历史上的传奇人物登上舞台了，保罗·沃尔克（Paul A. Volcker）就任美联储主席。[3] 资本市场的有趣之处有时就在于人的心理的微妙变化，当然，这种心理变化最终是由背后的客观因素决定的，但在一段时间内可以出现

---

① 资料来源：哈全安. 从白色革命到伊斯兰革命——伊朗现代化的历史轨迹 [J]. 历史研究，2001（6）：134 - 143.

② 资料来源：朱庭光. 当代国际知识大辞典 [M]. 北京：团结出版社，1995.

③ 保罗·沃尔克在 1979 年 8 月 6 日至 1987 年 8 月 11 日担任美联储主席。

很多背离和超乎想象。同年 7 月底到 10 月初美国股市大幅攀升，但这波行情几乎没有办法用基本面去解释。这段时间内，美国经济增速在下行，货币政策在收紧，利率显著上行。同年 8 月 16 日，美联储加息，将贴现利率从 10% 提高到 10.5%。同年 9 月 18 日继续加息，将贴现利率从 10.5% 提高到 11%。市场上涨的主要动能在于投资者对于新任美联储主席的信任，相信他能够实现对抗通胀的历史使命。在当时，抗通胀是头等大事一号工程，因此特定时期内紧缩的货币政策被视作了一种政府对抗通胀的决心，倒成为一种利好。同年 10 月 5 日，股市行情达到了年内的最高点，道琼斯工业指数到达 898 点。

但经济运行的客观规律是不会改变的，将一种利空视作利好只是昙花一现，不能久远。1979 年 10 月 6 日，大事来了。当天（星期六）晚上，美联储召开新闻发布会，保罗·沃尔克宣布了早些时候召开了一次非预定安排的联邦公开市场委员会（Federal Open Market Committee，FOMC）会议。会议的精神是采取更加严厉和紧缩的货币政策来遏制通货膨胀，措施包括，第一，将贴现利率从 11% 进一步提高到 12%，整整 100 个基点，因为美联储认为慢慢悠悠往上提高利率效果不好。第二，美联储决定将货币供应量作为货币政策的中介目标，以此来直接控制需求进而对抗通货膨胀。与控制货币量对应的操作措施是放开联邦基金利率的波动范围，此前在 9 月的议息会议中，联邦基金利率的波动范围是 11.25%～11.75%，50 个基点。到 10 月，波动范围被放宽到 400 个基点，从 11.5%～15.5%。实际上，到 1979 年底，联邦基金利率接近 14%，到 1980 年甚至可以高到 20%。[①]

1979 年 10 月 6 日的美联储新闻发布会像是一个晴空霹雳，同年 10 月 8 日（周一），道琼斯工业指数下跌 1.51%，此后数日连续下跌，到同年 10 月 12 日（周五），道琼斯工业指数跌至 839 点，单周下跌 6.5%，单周下跌幅度截至当时排名历史第二。这波下跌一直持续到同年 11 月上旬，其间利率大幅上行，银行最优惠贷款利率从 1979 年 10 月 6 日加息前的 13.5% 上行至 11 月初的 15.75%。1979 年 11 月 7 日，道琼斯工业指数跌穿 800 点整数关口，跌至 797 点年内低点。

到 1979 年 11 月，海外局势又发生变化，"伊朗人质危机"[②]（Iran hostage crisis）爆发了。同年 11 月 1 日，新的伊朗领导人鲁霍拉·霍梅尼号召伊朗人民向美国和以

---

① 关于 1979 年 10 月 6 日美联储货币政策的更多操作细节和讨论，可以参见：Lindsay D E, Orphanides A, Rasche R H. The reform of October 1979：how it happened and why［J］. SSRN Electronic Journal, 2005, 87 (6).

② 伊朗人质危机（Iran hostage crisis）或称伊朗人质事件。伊朗伊斯兰革命后，美国大使馆被占领，52 名美国外交官和平民被扣留为人质的一次危机。这场人质危机始于 1979 年 11 月 4 日，一直持续到 1981 年的 1 月 20 日，长达 444 天。

色列示威。同年 11 月 4 日，美国驻伊朗大使馆被占领，52 名美国外交官和平民被扣留为人质。此次"伊朗人质危机"在美国引起轩然大波，同年 11 月 12 日起美国终止从伊朗进口石油，同年 11 月 14 日，大约价值 80 亿美元的伊朗人在美国的资产被冻结。[①]"伊朗人质危机"使得国际原油价格继续上涨，到 1979 年 11 月原油价格达到了每桶 40.8 美元。

但股市表现从 1979 年 11 月中旬起开始有所好转，并没有理会海外局势紧张的冲击。这中间最重要的原因主要是从 1979 年 11 月以后利率开始有所回落了，美国 10 年期国债到期收益率 1979 年 11 月以后开始明显回落，到 12 月银行最优惠贷款利率连续两次下调各 25 个基点。1979 年 12 月 27 日，苏联入侵阿富汗。

道琼斯工业指数 1979 年底最终收于 839 点，全年上涨 4.2%（见图 3 - 12）。

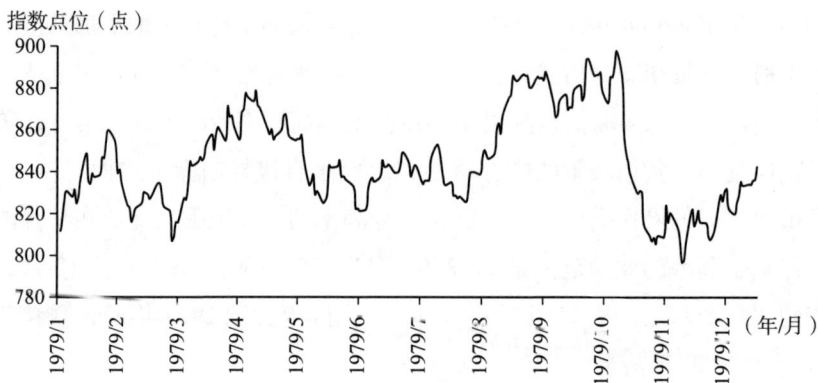

图 3 - 12　1979 年 1～12 月道琼斯工业指数走势

资料来源：Wind 资讯。

十二、1980 年：疯狂的黄金

1980 年初，金融市场中最耀眼的无疑是价格暴涨的黄金。

在 1971 年 8 月理查德·尼克松宣布美元停止兑换黄金后，黄金市场价格大约在 42 美元每盎司。之后随着石油危机的爆发和通货膨胀的不断高企，黄金价格也是节节攀升，1972 年 5 月黄金价格达到每盎司 50 美元，1973 年 2 月达到每盎司 80 美元，1973 年 5 月突破每盎司 100 美元整数关口，到 1978 年 8 月黄金价格突破每盎司 200

---

① 资料来源：潜旭明. 美国的国际能源战略研究：一种能源地缘政治学的分析 [M]. 上海：复旦大学出版社，2013：150 - 152.

美元。在第二次石油危机的冲击下，黄金价格随后出现了加速上涨，1979 年 8 月每盎司 300 美元，1979 年 10 月达每盎司 400 美元，1979 年底黄金价格达到了每盎司 524 美元。

进入 1980 年，黄金价格上涨的势头似乎完全收不住，1980 年 1 月 2 日伦敦黄金现货价格涨至 560 美元每盎司，同年 1 月 3 日涨至 634 美元，同年 1 月 15 日价格涨至 684 美元，同年 1 月 16 日涨至 760 美元，同年 1 月 21 日达到高点 850 美元每盎司。在 1980 年初买入黄金的投资者，基本上是深套二十多年，黄金价格要到 2007 年底才再次回到每盎司 800 美元以上。从这个角度来看，投资黄金长期保值升值，这是一个伪命题。

美国股市在 1980 年初表现不错，从年初到 2 月上旬持续上涨，1980 年 2 月 13 日，道琼斯工业指数上涨至 904 点，全年累计涨幅 7.7%。1980 年初股市上涨的原因可能来自两方面：一是 1980 年初经济有些许好转，不过也是昙花一现，工业生产同比增速就回升了 1 个月又接着下去了；二是黄金价格大涨带动了铜、银等金属价格上涨，并且使得热情扩散到其他资产价格上，以至于市场出现了权益资产也是抗通胀品种的逻辑。[①]

这波行情的转折点出现在 1980 年 2 月中旬，主要原因是加息。1980 年 2 月 15 日，美联储宣布加息，将贴现利率从 12% 提高到 13%，又是整整 100 个基点。货币政策的收紧，导致市场利率大幅攀升，从 1980 年 2 月 19 日到 4 月 4 日，美国银行最优惠贷款利率连续上调 9 次，从 15.25% 上调至 20.0%。而且，如前所述，1980 年初的基本面反弹仅仅是昙花一现，2 月以后工业生产同比增速快速下滑。所以此时市场对于美国经济会进入衰退（recession）已经基本没有疑问了，分歧只是在幅度上。道琼斯工业指数从 1980 年 2 月中旬 904 点开始下跌，一路快速下跌后到 3 月 27 日，指数到达 760 点，调整幅度 16%，从同年 3 月下旬到 4 月中旬股市低位震荡。

1980 年 4 月以后，通胀开始有所回落了，然后利率也开始回落，几个利率指标中最先开始下降的是 10 年期国债到期收益率，大致从同年 3 月开始便已经下降，反映出对经济基本面的预期。1980 年 3 月底以后，短端货币利率开始出现下行，同年 4 月 19 日开始，商业银行最优惠贷款利率也开始下行，此后持续回落。同年 5 月 28 日，美联储正式降息，将贴现利率从 13.0% 下降至 12.0%。

---

① 股票作为一种资产，究竟有没有抗通胀的属性，是一个没有确切答案的问题。从美国的历史经验看，高通胀期间美国利率大幅飙升，股票估值回落，整体看高通胀期间股票资产的收益率表现是非常不好的。但在很多拉美国家，却也看到了大幅通货膨胀之后，权益资产价格大涨的情形。

1980 年 6 月 3 日，NBER 正式确认美国经济从 1980 年 1 月开始进入经济衰退，但这个对市场影响已经不大了。相反，很多市场观点认为经济衰退到 1980 年 6 月基本已经走过了最困难的时刻，根据股市表现领先基本面的逻辑，此时反而应该成为买点而非卖点。同年 6 月 12 日，美联储再度降息，将贴现利率从 12.0% 下降至 11.0%。同年 7 月 25 日，美联储再度降息，将贴现利率从 11.0% 下降至 10.0%。股市从 1980 年 4 月下旬开始见底回升，一直持续上涨到 8 月中旬，1980 年 8 月 15 日，道琼斯工业指数达到 967 点，这波涨幅有约 27%。

1980 年 4 月下旬到 8 月中旬间的股市大涨，核心驱动力是通胀小幅下行过程中的利率快速下行，这个过程中基本面仍在不断恶化。经济基本面从 1980 年 8 月以后开始好转，工业生产同比增速明显回升，但此时利率又开始再度回升，1980 年 8 月 23 日起银行最优惠贷款利率重新回到上涨势头，这个趋势一直持续到年底。同年 9 月 22 日，"两伊战争"① 爆发，两国石油生产陷于停顿状态，导致原油价格再度上涨。同年 9 月 25 日，美联储加息，将贴现利率从 10.0% 提高到 11.0%。在一边经济开始复苏、一边利率继续上行的环境中，股市在同年 9 月和 10 月期间保持着横盘的走势。

1980 年 11 月 4 日，共和党候选人罗纳德·里根（Ronald Reagan）战胜民主党现任总统吉米·卡特，当选美国总统。此次大选中，罗纳德·里根赢得了 44 个州，共 489 张选举人票，创下以"未现任总统身份"参选而获得选举人票数目的最高纪录。② 1980 年，美国总统大选反映了美国民众对于多年来民主党政府奉行的"自由主义"经济政策的不满和失望，通货膨胀加剧、生产水平下降。罗纳德·里根在竞选中提出的基本口号是反对"大政府"和"高税收"，并提出非常有吸引力的削减企业和个人所得税计划。罗纳德·里根的"保守主义"经济政策抓住了当时美国社会最迫切需要的东西，那就是渴求"变革"。股市在罗纳德·里根当选总统后出现了一波"脉冲"，并在 1980 年 11 月 20 日道琼斯工业指数站上了 1000 点，这是自 1976 年以来道琼斯工业指数首次回到四位数。

但 1000 点只是一个瞬间，站上之后指数又开始回落。1980 年 11 月 14 日，美联储加息，将贴现利率从 11.0% 提高到 12.0%；同年 12 月 4 日，美联储继续加息，将贴现利率从 12.0% 提高到 13.0%。利率持续攀升，到年底时，银行最优惠贷款利率达到了 21.5%，超过了此前 4 月时 20.0% 的高点。

---

① 两伊战争，又称为第一次波斯湾战争，是发生在伊朗和伊拉克之间的一场长达 8 年的边境战争。

② 资料来源：庄去病. 从卡特到里根——美国大选结局初评 [J]. 世界知识，1980 (23)：3–5.

道琼斯工业指数1980年底最终收于964点，全年上涨14.9%（见图3－13）。

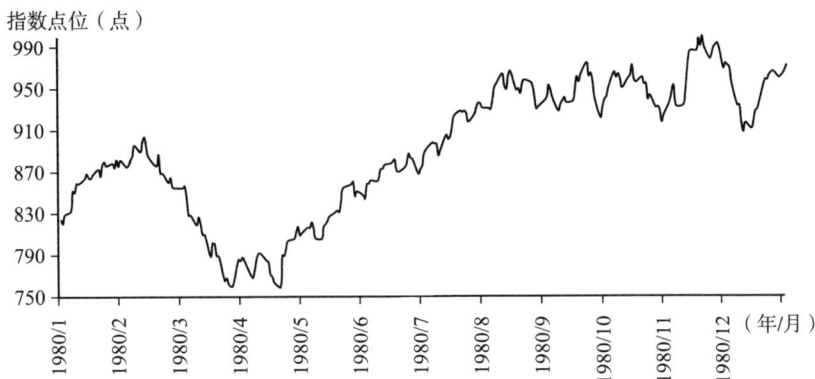

图 3－13　1980 年 1～12 月道琼斯工业指数走势

资料来源：Wind 资讯。

十三、1981 年：里根经济学

1981 年美国股市开局延续着 1980 年底的回升势头，1981 年 1 月 2 日，道琼斯工业指数上涨 0.9%，同年 1 月 5 日上涨 2.0%，1 月 6 日，再涨 1.2% 突破 1000 点指数关口，达到了 1005 点。正当市场在庆祝之时，出现了戏剧性的转折，1981 年 1 月 6 日，美国投资专家约瑟夫·葛兰碧（Joseph E. Granville）呼吁投资者卖出股票。约瑟夫·葛兰碧是著名的技术分析专家，代表成名作品包括"葛兰碧移动均线八大法则""OBV 能量潮指标"等。在约瑟夫·葛兰碧的看空股市的建议影响下，股市掉头向下，1981 年 1 月 7 日道琼斯工业指数下跌 2.37%，1 月 8 日再跌 1.55%。那几个交易日中，约瑟夫·葛兰碧被称作是"摧毁市场的人"。这波下跌一直到 1981 年 1 月底，从 1981 年 1 月底到 2 月中旬市场保持震荡盘整。

1981 年 1 月 19 日，伊朗与美国签署协议，同意释放 52 名已经扣押了 14 个月的美国人质。同年 1 月 20 日，罗纳德·里根就任第 40 届美国总统，当时的美国着实面临着一系列问题：越南战争刚刚过去、"水门事件"阴影犹在、石油危机导致国内经济衰退通胀横行、"伊朗人质危机"刚刚结束、苏联出兵阿富汗等。应当说，时年 70 岁的罗纳德·里根总统是有雄心壮志的。刚一上任，同年 1 月 28 日，罗纳德·里根总统取消了残余的国内汽油价格和分配管控，这项管控原本到 1981 年 9 月也就到期了，总统提前取消管控，体现了政府从"自由主义"向"保守主义"转变的决心。

1981 年 2 月 18 日，罗纳德·里根总统向国会提交了著名的"经济复苏计划"，这一计划反映了里根经济学的基本思想，即放松政府对企业的限制和干预，通过刺激供给、自由竞争，使美国经济达到自动复兴和发展。其主要内容包括四项：一是大幅减税。个人所得税税率每年减少 10%，三年预计减少 30%，从 7 月 1 日起施行。同时对企业生产设备进行加速折旧。二是削减联邦政府开支，减少财政赤字，计划到 1984 年财政收支实现预算收支平衡能够略有盈余。三是控制货币供应量增长速度，实行稳定的货币政策以抑制通货膨胀。四是放松政府对企业规章制度的限制，减少国家对企业的干预。

1981 年罗纳德·里根的"经济复苏计划"被视作是罗斯福新政（The Roosevelt New Deal）以来最具有创造性的经济政策规划，对股票市场有很强的信心提振作用。股市从 2 月底开始见底回升。而与此同时，利率也开始明显下行，应当说，大致从第二次石油危机开始，一直到 1982 年高通胀高利率问题被彻底解决，这段时间内，美国股市基本可以说是完全跟着利率走的，利率变化对股市行情有决定性影响。

美国 3 个月期国债到期收益率从 1981 年 1 月底开始回落，一直持续到大概 3 月底，回落的幅度超过 300 个基点。其间，银行最优惠贷款利率从年初开始到 3 月底连续 7 次下调，降幅更是达 450 个基点。同年 3 月 30 日，罗纳德·里根总统遇刺。这波反弹从 2 月下旬开始一直持续到了 4 月底，道琼斯工业指数从 932 点上涨至年内最高点 1024 点，涨幅 9.9%。

股市从 1981 年 4 月下旬到 6 月下旬走出了一个先抑后扬的"V"形走势。此时影响市场的因素主要是两个，一是从 1981 年 4 月以后利率又开始起来了。同年 5 月 4 日，美联储加息，将贴现利率从 13.0% 上调至 14.0%。特别是从 1981 年 4 月底到 5 月底 1 个月时间内，银行最优惠贷款利率连续上调 6 次，幅度达 350 个基点。二是到 1981 年 5 月和 6 月国际油价出现一定的回落，国际油价 4 月为每桶 36.4 美元，5 月为 34.3 美元，6 月为 32.7 美元，这使得市场在 1981 年 5 月中旬到 6 月下旬又出现反弹。这期间，1981 年 6 月 7 日，以色列飞机炸毁了伊拉克核反应堆。

行情从 1981 年 6 月下旬开始发生变化，一直到 9 月下旬，股市进入了一轮主跌浪。行情下跌的原因主要有两个，第一个原因是基本面下行，1981 年 7 月，美国经济再次进入衰退（NBER 在 1982 年 1 月 6 日确定的），这波经济下行，美国工业生产同比增速从 1981 年 7 月的大概 6.9% 下降到年底的 -2.5%。1981 年的这段股市行情有一个比较有意思的地方，就是这一次股市表现跟基本面是同步的，并没有领先。在绝大多数情况下，股市表现对于经济基本面都是领先的，不会等到经济衰退要来临时才跌，也不会等到经济复苏快来时才涨。但这一次股市并不太领先，这其中，主要的原因恐怕还是在当时的经济环境下，以经济增速为代表的基本面问题并不是主要矛盾，主要矛盾在通胀和利率，股市对利率的变化更加敏感。

第二个原因是通胀导致的利率上行。不得不说 1981 年的这段下跌行情确实是比较有意思的，因为从趋势上看，通货膨胀整体是下行的，但恰恰就在 1981 年 6～9 月间通胀又出现了一个小抬头。而且又恰恰是在这个过程中，美国的 M1 同比增速在 1981 年 4 月创下了历史新高。我们知道，1979 年 "10·6 发布会" 后，美联储将货币供应量作为了货币政策的中介目标，要控制货币供应量以达到遏制通货膨胀的目的。M1 同比增速创历史新高，迫使美联储采取更加紧缩的货币政策。在这段时间内，美国银行最优惠贷款利率基本没有变化，但是 3 个月和 10 年期国债到期收益率都有明显上行。

道琼斯工业指数从 1981 年 6 月 15 日的 1012 点开始下跌，到同年 9 月 25 日最低跌到 824 点，跌幅达 18.6%。1981 年 10 月以后随着通胀重回下降通道，货币政策开始放松，股市行情开始企稳。同年 9 月 21 日，美联储降低了将信贷的附加费率，从贴现率之上的 4% 降低到 3%，同年 10 月 9 日，又进一步将这个附加费率从 3% 降低到 2%。同年 10 月 30 日，美联储降息，将贴现利率从 14% 降低到 13%。同年 11 月 16 日，美联储取消了信贷的附加费率。同年 12 月 3 日，美联储再次降息，将贴现利率从 13% 降低到 12%。但到 1981 年 12 月，利率再度出现上行走势。同年 12 月 29 日，美国总统罗纳德·里根在白宫发表的一项声明中宣布，鉴于苏联对波兰的事态发展负有 "重大的和直接的责任"，美国决定立即对苏联实行经济制裁。股市行情在第四季度低位徘徊、小幅回升。

道琼斯工业指数 1981 年底最终收于 875 点，全年下跌 9.2%（见图 3-14）。

图 3-14   1981 年 1～12 月道琼斯工业指数走势

资料来源：Wind 资讯。

第二节 经济形势：通胀魔咒

美国经济增长的"黄金时期"在 20 世纪 70 年代戛然而止，前期增长过程中的问题也开始集中爆发，"滞胀"更是成为 70 年代美国经济的代名词。从经济增长的情况来看，1969～1981 年美国工业生产指数同比增速月均值降至了 2.7%，经济波动性也较前一阶段显著加大（见图 3-15）。根据 NBER 的定义，这一时期内，美国经济共计经历了四轮经济衰退，其中的两次石油危机更是在美国历史上留下了深刻的印记。

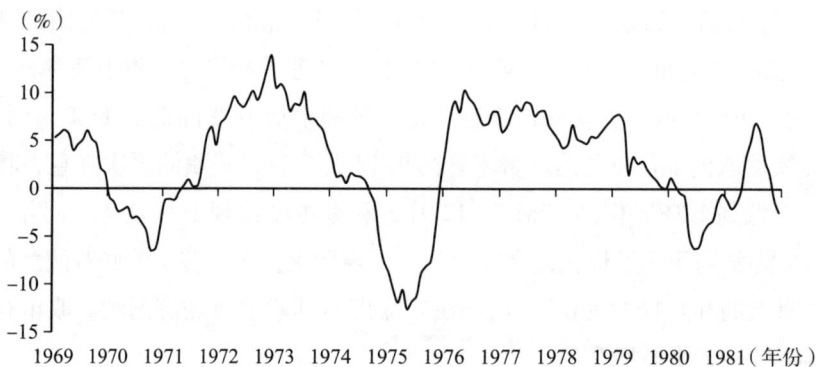

图 3-15　1969～1981 年美国工业生产指数同比走势

资料来源：Wind 资讯。

一、经济周期：挥之不去的高通胀

（一）滞胀初现与布雷顿体系的崩溃：1969～1972 年

20 世纪 60 年代末至 70 年代初的美国经济并不乐观，前期采取的一系列抑制通货膨胀的措施开始影响实体经济的运行。从 1969 年开始，经济增速开始持续下降，按照 NBER 对经济危机的定义来看，20 世纪 70 年代初的美国正处于一轮经济危机之中，1970 年第四季度经济出现负增长，GDP 增速降至了 -0.2% 的水平。私人部门投资增速的大幅放缓是导致经济增速下降的最主要原因，而美国政府从战时向和平期国防支出水平的过渡也使得当年的政府支出成为经济增长的拖累项。尽管 20 世纪 70 年代初的美国经济陷入了衰退，但是通货膨胀率却一直居高不下，1970 年全年核心 CPI

较前一年的5.8%继续上升至6.3%，此后10年长期困扰美国经济的"滞胀"问题在刚进入70年代时便已初露端倪（见图3－16）。

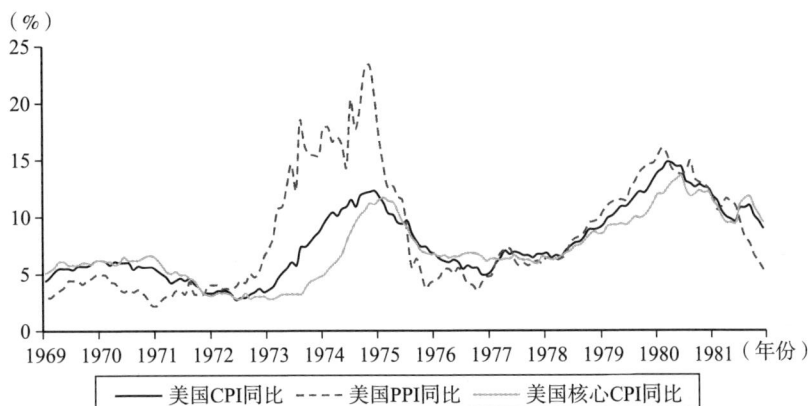

图3－16 1969～1981年美国CPI、PPI、核心CPI同比走势

资料来源：Wind资讯。

随着经济增速的下滑，货币政策也出现了大的转变，减缓经济下滑并促进增长取代了抑制通货膨胀，成为1970年货币政策的首要目标。货币政策从1969年的紧缩快速转向1970年的宽松（见图3－17），导致美国的利率水平出现了急剧的下降。这刺激了美国的投资活动，私人部门投资增速大幅提升，并带动美国经济持续好转。从很多方面来说，1971年似乎都是一个很好的年份。总体的就业人数、总体的产出水平、人均产出水平、实际工资、税后的可支配收入都达到了新高。但1971年美国对外贸易出现了自1893年以来的第一次贸易逆差。为了应对失业率、通货膨胀以及贸易赤字三大难题，叠加美元危机的再次爆发，尼克松政府颁布了新经济政策，包括实施价格管制、进口征税、刺激经济的税收改革以及取消美元与黄金的自由兑换。美元与黄金脱钩意味着，自1944年开始运行的布雷顿森林体系终于崩溃。

价格管制政策在短期内的效果是显著的，通货膨胀率在1971年下降趋势明显，随后一年也维持在3%左右的较为合理的水平。取消汽车消费税等税收改革也刺激了居民的消费，1972年居民的消费出现了大幅增长，带动经济持续上行，1972年美国全年的GDP增速达到了5.3%。但美国贸易问题仍未得到明显的改善，食品价格出现了大幅的上涨，这为1973年通胀的复燃埋下了隐患。

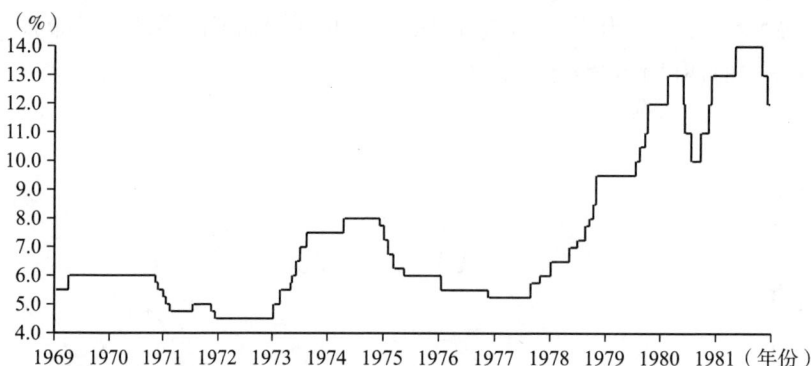

图 3-17 1969～1981 年美联储贴现利率走势

资料来源：Wind 资讯。

（二）第一次石油危机：1973～1974 年

1971 年，理查德·尼克松颁布新经济政策主要是为了实现三个经济目标：促进产出扩大并降低失业率、减少贸易赤字以及遏制通货膨胀。站在 1973 年来看，新经济政策中的两个目标取得了一定的进展，一是经济保持快速增长，失业率也有所下降；二是美国贸易在 1973 年再次实现了顺差。然而，通货膨胀在潜伏了两年后出现了快速且大幅的反弹，高涨的通货膨胀率再次成为困扰美国经济的主要问题。

美国通货膨胀率的大幅上升主要是受供给短缺造成的粮食价格大幅上涨所致，其对 1973 年美国 CPI 上涨的贡献达到 51%。1973 年第四季度爆发的第一次石油危机更是推波助澜，据统计，1973 年能源价格的上涨对 CPI 上升的贡献达到了 11%。1973 年 10 月，石油输出国组织宣布石油禁运，暂停出口；这一措施使得国际石油价格大幅上涨，西方国家的经济出现混乱，第一次石油危机爆发。受石油价格快速上升的影响，1973 年第四季度开始，美国汽车销量出现了显著下滑，居民消费支出下降，私人部门的生产投资活动也大幅放缓。1974 年的美国经济陷入了衰退，甚至出现了较为严重的滞胀，不仅全年 GDP 增速由 1973 年的 5.6% 下降至 - 0.5%，CPI 也随着石油危机的持续发酵迅速攀至 10% 以上的水平，1974 年全年 CPI 增速高达 11%，年底核心 CPI 同比增速上升至 11.1% 的高点。

一方面是经济活动的放缓甚至下滑；另一方面是通货膨胀水平的不断攀升，与 1973 年偏紧缩的货币政策环境相比，1974 年的货币政策更是显得反复无常了（见图 3-17）。1974 年初由于石油危机带来的不确定性，货币政策被允许暂时偏离放缓货币供应量的目标，同年第二季度至第三季度，由于石油危机影响有所消退，美联储转向控制货币供给的增速。随着 1974 年 10 月经济疲软的迹象开始显现，货币政策再次转向宽松，并采取了包括降低法定准备金要求在内的一系列措施。

（三）石油危机后的经济复苏：1975~1978 年

第一次石油危机给美国带来的经济衰退在 1975 年第一季度见底，GDP 同比增速降至 -2.3%，随后美国经济步入了复苏阶段。在本轮经济复苏过程中，受《1975 年减税法案》（*Tax Reduction Act of 1975*）的刺激，个人消费支出最先回暖，1975 年消费对 GDP 增速的贡献率上升至 1.36%，带动经济触底回升。随后企业投资的回升推动经济持续回升，1976 年私人部门拉动 GDP 增速上升了 2.9%，而在 1975 年该值为 -2.9%，全年 GDP 增速达到 5.4%。虽然通胀高企的问题在 1975 年并未得到有效的解决，但通货膨胀继续上升的势头已被遏制，甚至从走势来看，通货膨胀已经处于下降通道当中。直至 1976 年，通货膨胀问题才取得了实质性的进展，全年 CPI 同比增速仅为 5.8%，比预期有了显著的改善，核心 CPI 的上涨趋势也得到了有效的遏制。

强劲的企业投资和居民消费支撑着美国经济复苏与繁荣，经济维持高速增长，1977 年与 1978 年美国 GDP 增速分别达到 4.6% 和 5.5%。伴随着经济的强劲增长，通货膨胀再次出现了上升的苗头。1977 年 CPI 同比增速为 6.5%，在经历了 1976 年的下降后出现了回升，但核心 CPI 增速较上一年继续下降。1978 年，通货膨胀再次上涨的趋势变得明确，前期美国政府为抑制通货膨胀所做的努力付之一炬。从走势来看，1978 年底，CPI 同比增速再次达到了 9.0% 的高位，核心 CPI 同比增速也再次拐头向上。

这一时期的货币政策经历了从温和到紧缩的变化（见图 3-17）。经济复苏初期，美联储多次降准为市场创造良好的信贷环境，但考虑到通货膨胀的高企，过度刺激的政策很可能会适得其反，在这种情况下，货币体系选择了温和货币扩张路线。在 1976 年两次降低贴现率至 5.25% 后，1977 年美国的货币政策再次偏向紧缩。1977 年中快速上升的 M1 增速超过了美联储前一年制定的 6.5% 的目标上限，因此美联储采取措施收紧银行准备金，并分别在 1977 年 8 月和 10 月两次提高贴现率至 6%。在通货膨胀利率上升趋势确定后，1978 年货币政策更为严格，全年加息 7 次，贴现率从年初的 6% 上升至年末的 9.5%。

（四）第二次石油危机与全面滞胀：1979~1981 年

1979 年第二次石油危机再次入侵美国，高涨的石油价格进一步推升美国的通货膨胀水平。至 1979 年末，美国的 CPI 同比增速已经达到了 13.3% 的恶性通胀水平，甚至超过了 1974 年石油危机下美国通胀的最高值。尽管卡特政府的减税方案得以实施，但美国经济增速仍在 1979 年第一季度触及高点后开始下滑，1979 年末 GDP 同比增速由年初的 6.5% 大幅降至 1.3%。1980 年美国经济出现衰退，GDP 增速在第二季度转为负增长，而通货膨胀率持续上升，全年 CPI 继续攀升至 13.5% 的高位，核心 CPI 同比增速较上年继续上升至 12.4%，美国经济陷入全面滞胀。

为了应对能源危机，1979 年吉米·卡特总统宣布将逐步解除石油价格管制，为防止石油公司从价格解禁中获利，1980 年美国通过了《1980 年原油暴利税法案》（*Crude Oil Windfall Profit Tax Act of 1980*），主张向石油公司征收 50% 的石油暴利税来为节约能源和为再生能源的生产提供税收优惠。此外，卡特政府还修建了地下战略储备石油基地，调整对中东地区的政策，寻找新的进口能源国。虽然不能快速地从根本上解决能源危机，但吉米·卡特的能源政策为此后美国能源危机的缓和创造了有利的条件。

1981 年，罗纳德·里根总统上台，其就任后的第一项行政令便是立即结束石油价格控制，这一举措提高了美国国内原油生产商的生产积极性，石油公司大大增加了国内油气勘探和生产投资。罗纳德·里根总统还提出了经济复兴计划，主张通过减税并缩减政府开支来实现预算均衡，同时，给予市场经济足够的重视，要求政府放松对企业的限制和干预，控制货币供给量的增长以抑制通货膨胀。美国的经济增速在这一年出现了小幅反弹，全年 GDP 增速达 2.5%，私人部门投资的回升是带动此轮反弹的主要力量。通货膨胀也得到了抑制，CPI 及核心 CPI 均出现了下降。

该时期遏制通货膨胀的快速上升一直都是美国货币政策的主要目标，在保罗带领下的美联储在这 3 年采取了紧缩的货币政策，但在此期间，若经济增速出现了快速下滑或衰退，货币政策会相对放松（见图 3 - 17）。1979 年美联储 4 次提高贴现率至 12%，1980 年 2 月继续提升至 13%，由于经济形势的持续恶化，1980 年 5～6 月，美联储 3 次降低贴现率至 10% 的水平，同年 9～12 月，美联储再加息 3 次至 13%。1981 年上半年随着经济情况的好转，美联储将贴现率升至 14% 的水平，由于下半年经济再次下滑，美联储分别于 1981 年 10 月及 12 月两次降低贴现率至 12%。

二、经济结构：去工业化之路慢慢开启

（一）GDP 与上市公司利润变化基本一致

从 GDP 与企业利润的变化情况来看，1969～1981 年，宏观经济与微观企业的经营情况并未出现较大的背离。以 1968 年为基准，至 1981 年，名义 GDP 累计增速达 240.9%，与企业税后利润 239.6% 的累计增速基本一致。企业税前利润的增长幅度相对较低，累计增长 182.5%。

造成企业税前税后利润增速不一致的原因在于，这期间企业所承担的实际税负有所下降，从 1969～1981 年，美国企业实际税率由 38% 降到了 25%，下降幅度高达 13

个百分点，也是第二次世界大战后美国企业实际税负下降最快的阶段之一。1969年尼克松政府推出了替代性最低税（alternative minimum tax，AMT）以避免高收入公司和个人过度使用避税措施，基于"扩大税基，降低税率"的观念，将一些对富人有利的税收减免措施转换成应纳税的税基。虽然本次税制改革可能并不利于部分高收入公司，但从整体上来看，本次税改明显降低了美国企业的实际税负。此外，1978年卡特政府的减税政策，虽然没有从根本上使美国经济摆脱滞胀的局面，但进一步降低了美国企业所承担的税收压力，至1981年，美国企业的实际税率降至了25%。

（二）制造业外流趋势初露苗头

美国制造业外流的趋势在20世纪70年代开始出现，由于国外新兴经济体成本低廉，美国开始将大量的制造业转移到海外。与此同时，西欧各国、日本等国工业兴起，开始冲击美国工业，叠加该时期内频繁爆发的石油危机的影响，美国制造业名义增加值占GDP的比重大幅下降（见图3－18）。截至1981年底，制造业名义增加值所占比重为20%，虽然依旧领先于其他行业，但较1968年25%的比重大幅降低了5个百分点。

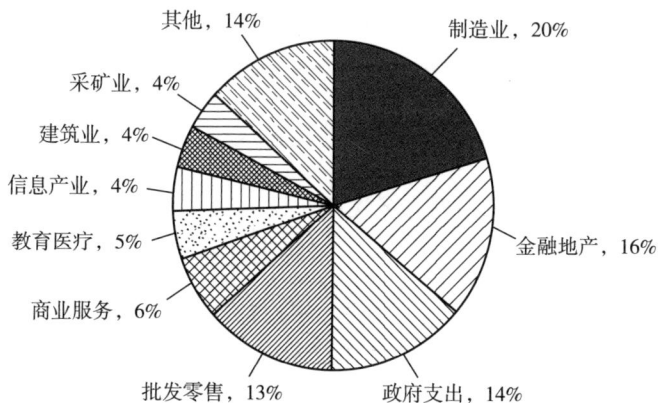

图3－18　1981年美国GDP分行业增加值占比分布

资料来源：美国经济分析局、笔者整理。

随着制造业开始显露衰退迹象，服务业对经济的贡献逐渐增加。作为第三产业的代表，1981年金融地产行业名义增加值占GDP的比重上升至16%，较1968年上升了2个百分点，并超过批发零售行业及政府支出，成为占GDP比重第二大的行业。政府支出占GDP比重下降了2个百分点至14%，批发零售行业名义增加值占GDP比重为13%，是除政府支出外的第三大支柱行业。增加值占GDP比重不低于5%的其他行业包括商业服务、教育医疗，占比分别为6%和5%。

从名义增加值年化增速来看（见图3－19），1969～1981年各行业均保持快速发展，其中，发展最快的行业是采矿业，增速高达18.9%，其次是教育医疗业及商业服务业；制造业的发展最为缓慢，年化增速仅为8.1%。

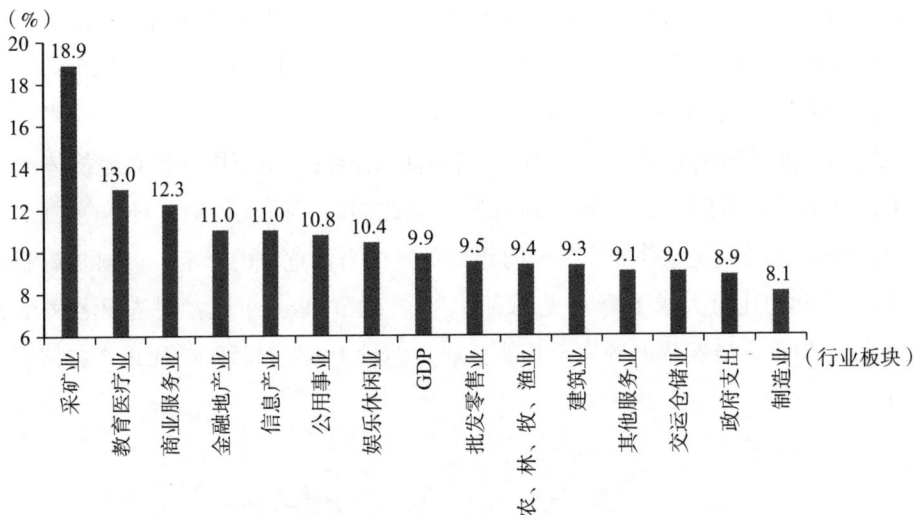

图3－19　1969～1981年美国大类产业增加值年化名义增速

资料来源：美国经济分析局、笔者整理。

但各行业的实际发展情况并没有名义增速显示的那么好，高企的通货膨胀使得各行业名义及实际增加值年化增速之间出现了较大的差异。从实际增速来看，1969～1981年发展最好的行业是信息产业，年化增速为6.4%，另外是金融地产和商业服务业，增速分别为5.1%和4.5%。对于采矿业来说，20世纪70年代石油价格的大幅飙升造成采矿业名义增速与实际增速差距异常悬殊，其1981年实际增加值甚至不及1968年，年化增速为－4.3%，远远不及其他行业。

在20世纪70年代，美国制造业不仅出现了外流趋势，其内部结构也出现了细微的调整。从制造业细分行业的情况来看，该阶段非耐用品的年化增速首次超过耐用品制造业增加值的年化增速，这说明在制造业占比整体下降的趋势中，非耐用品制造业的调整幅度将会小于耐用品。具体来看，1969～1981年仅有石油煤炭及计算机电子两个细分行业名义增加值年化增速超过GDP增速，年化增速分别为14.3%和10.5%。交运设备及纺织服装行业在20世纪70年代的发展较为缓慢，其他交运设备行业与汽车及零部件行业名义增加值年化增速不及5%，纺织品行业及服装皮革业年化增速分别为5.7%和6.2%，仅略高于交运设备行业。

（三）美国企业利润行业结构的变化

截至1981年底，制造业仍然是美国企业利润的主要贡献行业，制造业企业利润占全部企业利润的比重高达40.8%，远高于其他行业；但与1968年相比，制造业企业利润占比大幅下降了4.4个百分点，这与美国产业结构中制造业增加值占比下降的趋势相一致。除制造业外，利润占比最大的行业为批发零售业，其所占比重由1968年的12.3%小幅上升至1981年的14.7%。海外市场在1969～1981年得到了快速的发展，利润贡献由1968年的9.3%大幅上升至1981年的14.4%，为1981年企业利润的第三大来源。其他行业中，金融地产业利润占比为11.8%，较1968年的16.5%大幅下降了4.7个百分点；第二产业中的建筑企业利润占比下降了1.3个百分点至0.8%，而第三产业中的服务业利润占比上升了2.3个百分点至6.0%。

1969～1981年，在物价高涨的背景下，美国企业利润实现了快速的增长，年均增速高达18.4%。对比此期间各行业企业利润的年均增速，可以发现第三产业的发展速度远高于其他两个产业。服务业企业利润扩张的速度最快，年均增速高达34.7%，海外市场以34.7%的年均增速排名第二，批发零售行业年均增速也高达23.5%。制造业年均利润增速为15.9%，不及全部企业18.4%的年均利润增速。所有行业中，仅农、林、牧、渔行业利润出现了下滑，年均增速为-4.1%。

从制造业各细分行业的情况来看，非耐用品企业的经营情况要明显优于耐用品企业。具体来看，受益于石油价格的大幅上涨，石油煤炭类企业利润大幅提升，年均增速高达72.3%，远高于其他行业。机械、电气和电子设备企业利润增长幅度较大，年均利润增速均为18.7%。其他交运设备、木制品和汽车及零部件三个细分行业的利润在1969～1981年出现了下滑，年均利润增速分别为-27.2%、-8.7%和-2.4%。

三、上市公司盈利与估值变化回顾

整体上看，1969～1981年美股上市公司利润增速平均为11.1%，高于1958～1968年8.2%的平均增速；但与1968年底10.4%的增速相比，1981年底美国上市公司的利润增速小幅下滑，仅为3.7%；从走势来看，1969～1981年，美国上市公司的利润增速几乎同步于宏观经济增速的变化，经历了三轮大幅的下滑（见图3-20）。

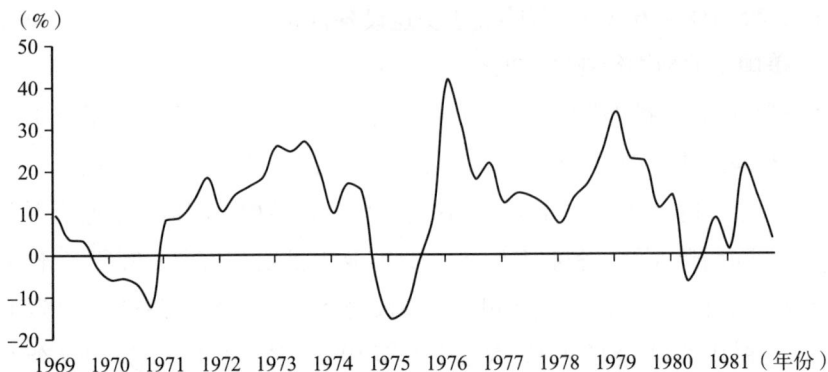

图 3 - 20　1969 ~ 1981 年全部美股单季度净利润增速变化情况

资料来源：Compustat 数据库、笔者整理。

　　第一轮发生在 20 世纪 70 年代初，随着美国经济增速在 1970 年第四季度触及阶段性底部，全部美股单季度利润增速也由 1969 年第一季度的 9.6% 下降至 1970 年底 -12.2% 的低点。在政策友好、经济复苏以及通胀下降的环境下，1971 年企业盈利显著改善，全部美股单季度利润增速持续攀升。

　　第二轮是在 1973 年石油危机期间，由于通胀大幅反弹，叠加石油危机的冲击，美国经济在 1973 年第一季度开始拐头向下，上市公司的盈利情况也迅速恶化，企业利润增速在 1973 年第三季度触及 27% 的高点后快速下探，1975 年第一季度上市公司利润增速降至 -15.3%。消费带动了美国经济的触底回升，经济的回暖又为企业经营创造了良好的环境，美国上市公司的利润增速快速上行，1976 年第一季度上升至 41.5% 的历史新高。

　　第二次石油危机与美国经济的全面滞胀导致了上市公司利润增速在 20 世纪 70 年代末出现了该阶段内的第三轮下探。全部美股单季净利润增速与经济增速同时触及高点，由 1979 年第一季度的 33.9% 开始下滑；但上市公司利润增速的见底略早于宏观经济，美国经济增速在 1980 年第三季度才出现触底回升迹象，而上市公司利润增速在 1980 年第二季度触及 -6.4% 的阶段性底部后便开始反弹。

　　不同于美股上市公司利润增速大幅波动，从盈利能力的角度来看，美股上市公司的盈利能力出现了显著提升，美股 ROE 由 1968 年底的 10.6% 上升至 1981 年底的 13.5%（见图 3 - 21）。1969 ~ 1981 年美股 ROE 的提升主要有两个阶段，第一个阶段是 1971 ~ 1974 年，由 1971 年第二季度的 9.7% 上升至 1974 年第三季度的 13.1%；第二个阶段是 1975 年底至 1980 年初，由 11.1% 上升至 15.0%。在这两个阶段的初期都能看到通货膨胀的短期好转，这为后续美国经济的快速扩张奠定了基础；这两个阶段均处于 1969～1981 年美国经济增长较快的时期，但最终两次石油危机的袭击结束了这两轮宏观经济的快速扩张，也扭转了美股 ROE 持续上升的趋势。

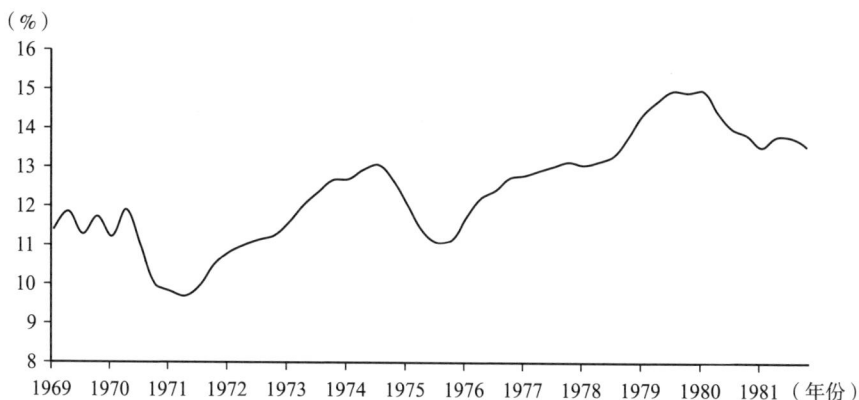

（%）

图 3－21　1969～1981 年全部美股 ROE 变化情况

资料来源：Compustat 数据库、笔者整理。

在美股盈利能力大幅提升的同时，1969～1981 年指数总体的估值水平是下降的（见图 3－22）。标普 500 指数在 1981 年底的市盈率（PE）在 8.1 倍，较 1968 年底市盈率大幅下降了 55.5%，从而导致了在上市公司业绩持续增长的背景下，标普 500 指数却出现了原地踏步的情况。

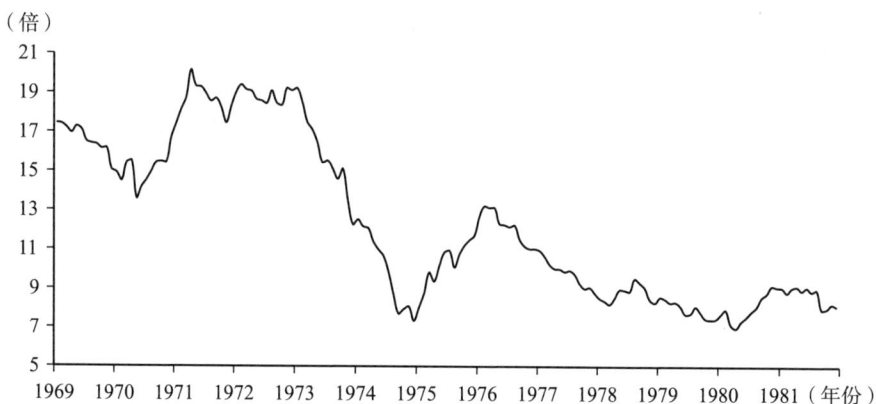

（倍）

图 3－22　1969～1981 年标普 500 指数市盈率（PE）走势

资料来源：彭博咨询公司。

造成估值下降的原因主要是长端利率的大幅抬升（见图 3－23）。从走势来看，

1969～1981 年，指数估值的下跌主要有两个阶段，第一个阶段是 1971～1975 年，第二个阶段发生在 1976～1981 年。而这两个阶段也正是美国 10 年期国债收益率上升的主要时期。为了应对 70 年代初的经济衰退，美联储在 1971 年初多次降息，10 年期国债收益率在 3 月降至低点，而随后美元危机的爆发打破了这一趋势，引发了利率快速上行。随后在美联储连续加息、粮食价格上涨、石油危机冲击等一系列事件的推动下，美国 10 年期国债利率一路上行，直到 1975 年才出现下降趋势。但利率下降的趋势并没有持续太久，随着 1977 年货币政策偏向紧缩、美元危机再现以及通货膨胀的抬头，利率再次拐头向上。第二次石油危机加剧了美国的通货膨胀，10 年期国债利率更是如脱缰的野马般疯狂上涨，直到 1981 年下半年才开始回落。

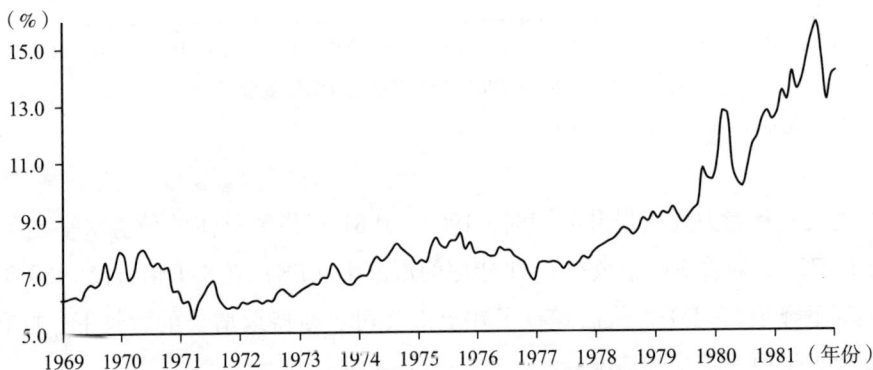

图 3 - 23　1969～1981 年美国 10 年期国债到期收益率走势

资料来源：Wind 资讯。

第三节　行情特征：通胀下的行业百态

　　两次石油危机深刻地改变了 20 世纪 70 年代美国经济和资本市场的环境，到 1981 年底，美国股市市值前 20 个大公司中，有一半的公司是能源公司，而消费类公司则明显减少（见表 3 - 1）。

　　影响美股 20 世纪 70 年代行情的核心问题就是通货膨胀，通货膨胀使得美国市场利率大幅攀升，由此导致股市的估值水平大幅下降。1969～1981 年，美国上市公司盈利增长有近 170%，但估值水平下降超过一半（见图 3 - 24），综合起来使得股市在这十多年原地踏步没有任何前进。

名称	行业	市值	名称	行业	市值
美国电话电报公司	电信	479	美孚公司	能源	103
IBM 公司	信息科技	337	美孚石油公司	能源	102
埃克森美孚公司	能源	271	杜邦公司	原材料	87
斯伦贝谢公司	能源	162	德士古公司	能源	85
阿莫科公司	能源	154	强生公司	医疗保健	69
雪佛龙公司	能源	147	高尔夫石油公司	能源	66
通用电气公司	工业	131	加利福尼亚州联合石油公司	能源	65
通用汽车公司	可选消费品	117	3M 公司	工业	64
柯达公司	信息科技	116	美国默克集团	医疗保健	63
大西洋富田公司	能源	113	宝洁公司	必需消费品	63

表 3-1　　　　　　　　　1981 年底美股市值前 20 大公司　　　　　单位：亿美元

资料来源：Compustat 数据库。

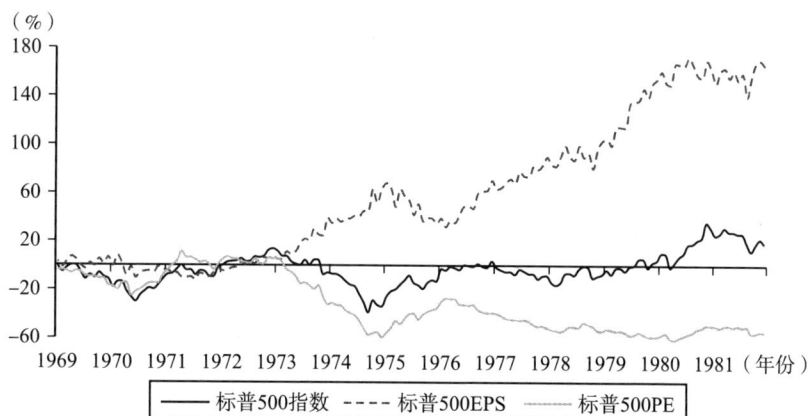

图 3-24　1969~1981 年标普 500 指数估值和 EPS 变化分解

资料来源：彭博咨询公司。

从行情的结构性特征来看，1969~1981 年的行情主要有以下五个特点（见图 3-25）。

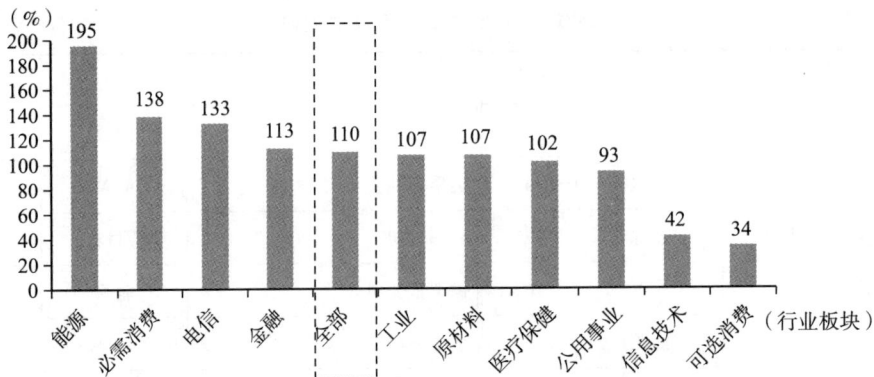

图 3 – 25　1969～1981 年美国股市分板块累计收益率表现

注：行业分类为 GICS。

资料来源：Compustat 数据库、笔者整理。

第一，两次石油危机以后，全球原油价格大幅飙升，使得原油公司赚得盆满钵满，能源板块成为这段时间内表现最好的板块，石油公司股价表现最优秀。

第二，消费股没有呈现出抗通胀的属性，通胀上升后消费品板块超额收益即开始显著回落，笔者认为，这主要与累进所得税制下通胀能够大幅削减居民的消费能力有关。而同时高利率环境使得可选消费板块表现更差。

第三，科技股行情值得反复推敲。作为整体科技股收益率是大幅跑输市场平均的，这主要是因为大市值科技股公司表现普遍不佳。20 世纪 70 年代中后期后，美股科技股走出了一轮很强的小票行情，小市值科技股收益率非但跑赢大市值科技股公司，而且大幅跑赢市场整体水平。

第四，风格特征上最著名的无疑是"漂亮 50"行情，时间大致从 1970～1972 年，笔者认为"漂亮 50"行情背后的核心逻辑是产业集中的背景下，"龙头"公司盈利能力持续提高的"故事"。

第五，"漂亮 50"行情非常有名，但一般不为人所熟知的是，在"漂亮 50"行情终结以后，美国市场的风格出现了大逆转，从 1975 年开始，美国股市开启了一轮时间周期非常长的"小票行情"。

一、最优秀的石油股

20 世纪 70 年代，经济环境最重要的事件无疑是两次石油危机，使得美国的通货膨胀大幅上升。但在这个过程中，美国的石油公司们却是赚得盆满钵满，股价一路上涨，能源板块是 1969～1981 年涨幅最大的板块（见图 3-25）。能源板块在当时美股的构成中相当重要，从表 3-1 中可以看到，在 1981 年时，美股市值最大的 20 个公司中有一半是能源公司。

能源板块涨幅第一的根本原因是石油公司在两次石油危机中利润大幅攀升。表 3-2 报告了当时市值最大的能源公司埃克森美孚公司从 1969～1981 年的主要财务指标变化情况（见表 3-2）。公司 1981 年的营业收入是 1969 年的 7.2 倍，净利润是 1969 年的 4.5 倍。换言之，一方面，石油价格的大幅上涨降低了石油公司的毛利率和净利率；另一方面，由于原油需求相对有刚性，在营业收入大幅攀升的过程中，公司净利润总量依旧有非常大的增长。而且读者可以发现，1973 年和 1979 年，两次石油危机爆发的当年，公司的净利润都是暴增的，这说明石油公司是显著受益于油价上涨的。

表 3-2 埃克森美孚公司 1969～1981 年主要财务指标

指标	1969年	1970年	1971年	1972年	1973年	1974年	1975年	1976年	1977年	1978年	1979年	1980年	1981年
净利润（亿美元）	12.4	13.1	15.2	15.3	24.4	31.4	25.0	26.4	24.2	27.6	43.0	56.5	55.7
营业收入（亿美元）	149	166	187	203	257	421	449	486	541	603	791	1031	1081
ROE（%）	12	12	13	12	18	20	15	14	12	14	19	22	20
净利率（%）	8.3	7.9	8.1	7.5	9.5	7.5	5.6	5.4	4.5	4.6	5.4	5.5	5.1

资料来源：Compustat 数据库。

普通民众在忍受着无止境的高通胀，石油公司却在大发国难财，这种情况使得美国政府和民众都有点看不下去了。1979 年 4 月 5 日，吉米·卡特公布了第二阶段能源计划，宣布将分阶段取消对石油价格的管制，同时要求国会通过一项征收 57% 的超额利润暴利税计划，用以鼓励研发新能源。1980 年 3 月 13 日和 17 日，国会众、参两院分别通过了修正了的卡特政府提出的《1980 年原油暴利税法案》（*Crude Oil Windfall Profit Tax Act of 1980*，以下简称《法案》）；同年 4 月 2 日，吉米·卡特签署了该《法案》，该《法案》规定向石油公司征收 50% 的石油暴利税。

二、消费股不抗通胀

通常很多观点认为，消费股特别是必需消费股有对抗通胀的属性，其主要逻辑是消费品公司可以通过提高商品价格来转嫁通胀带来的成本压力。但从美国的历史经验来看，这个逻辑似乎值得商榷。图 3－26 报告了 1969～1981 年美国必需消费板块超额收益的走势情况（见图 3－26）。我们可以看到，从 1969 年开始一直到 1975 年左右，必需消费板块是有显著的超额收益的，这段时间内板块大约跑赢市场有近 35%。但从 1976 年开始，板块显著跑输市场整体，这段时间内正好是美国通货膨胀非常高的时候。

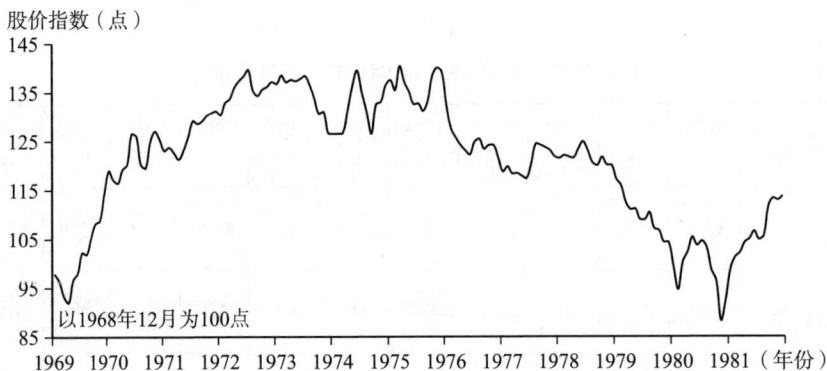

图 3－26 1969～1981 年必需消费板块超额收益走势

资料来源：Compustat 数据库。

为什么消费股会没有很好的抗通胀属性？笔者认为潜在的原因可能有两个：第一个原因是消费品公司未必能百分之百地转嫁成本压力，商品价格能否上涨，从经济学理论上来说，主要取决于需求曲线和供给曲线各自的商品价格弹性，或者说生产这个商品行业的竞争状况如何。

第二个原因更加重要，就是持续较高的通货膨胀是居民收入的杀手，对消费有直接的伤害作用。由于个人所得税是累进税率，这就会导致因通货膨胀造成的名义收入上升以后，居民负担的平均税率会上升。举个例子说，如果突然从某个时点开始，全社会的商品价格全部上涨 10 倍同时居民收入也都提高 10 倍，此时所有人的所得税平均税率都会大幅提升，因此实际的购买能力是下降的。

从必需消费板块的三个一级子行业超额收益走势来看，在石油危机大通胀以后，家庭个人用品行业的表现是最差的、超额收益迅速回落，此外是食品饮料烟草行业，相对而言，表现最好的一级子行业是必需品零售行业（食品商超），在 1973 年以后依然保持着超额收益，虽然幅度不大。

三、可选消费明显跑输大盘

相比必需消费，可选消费在 1969~1981 年表现更差，收益率表现位列所有板块最后（见图 3－25）。

可选消费表现最差的原因从直观上是很能够理解的。第一，相比必需消费，可选消费与宏观经济的相关性更强，经济不好可选消费受到的影响更大；第二，可选消费对消费贷款的依赖性更强，高利率环境影响消费者借贷消费的意愿；第三，汽车作为可选消费板块中最主要的行业，与房地产高度相关，试想一下 20% 利率环境下的按揭贷款会是一种什么样的感受。

可选消费板块一共有五个一级子行业，分别是：汽车及零部件、纺织服装耐用品、消费者服务、传媒、百货零售。从可选消费板块的几个细分子行业超额收益率表现来看，汽车、纺服、百货零售这三个一级子行业的表现是非常差的，收益率大幅持续跑输市场整体（见图 3－27）。

图 3－27　1969~1981 年汽车、纺服、百货零售行业超额收益走势

资料来源：Compustat 数据库。

消费者服务和传媒行业的表现相对不错，在 1975 年经济复苏以后，一直到大概 1981 年的时间里，这两个行业总体还能够略微跑赢市场整体（见图 3－28）。

股价指数（点）

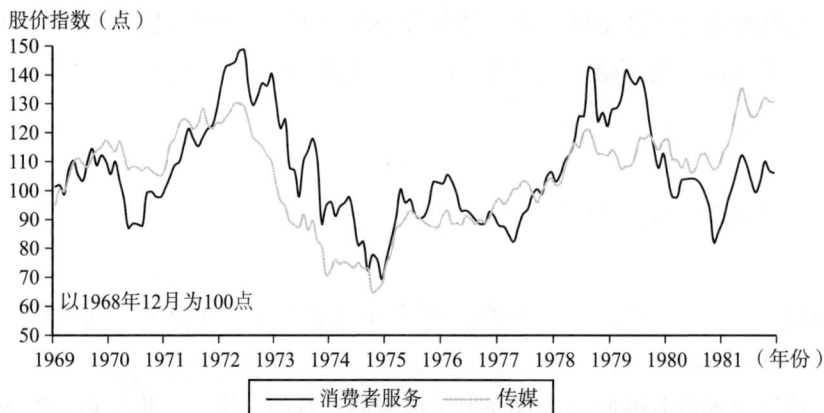

以1968年12月为100点

消费者服务　　传媒

图 3 - 28　1969～1981 年消费者服务和传媒行业超额收益走势

资料来源：Compustat 数据库。

总结必需消费和可选消费板块在美国"大通胀"年代的表现，总体而言，消费股没有太好的抗通胀属性，其中，必需品零售、传媒、消费者服务三个子行业相对表现更好，这期间依然获得了超额收益。

四、科技股的小票行情

20 世纪 70 年代，美国科技股的走势是非常有意思的，这里值得讨论一下。

单从构建的用市值加权平均的指数来看，科技股整体是要显著跑输市场整体的（见图 3 - 25）。这个结果在直观上并不是太好接受，因为美国 70 年代经济不是太好，但是是一个科技大创新的年代。

进一步剖析会发现，导致信息技术板块整体表现不佳的主要原因是那些大市值的权重股股价表现不好，而板块内小市值公司的表现非常好，显著跑赢大盘，所以说，科技股内部的收益率表现结构差异非常大。图 3 - 29 报告了这样的结果，笔者构建了两个信息技术板块股价指数，都是按照市值加权平均计算的。其中，信息技术（全部）即为图 3 - 25 中的信息技术板块，可以看到这个板块收益率表现要明显低于市场整体。另外，图 3 - 29 还构建了一个剔除标普 500 样本以后的信息技术板块股价指数，我们可以将其理解为信息技术板块小市值公司股价指数，可以看到，这个指数收益率表现要明显好于信息技术（全部）以及市场整体的表现（见图 3 - 29）。

股价指数（点）

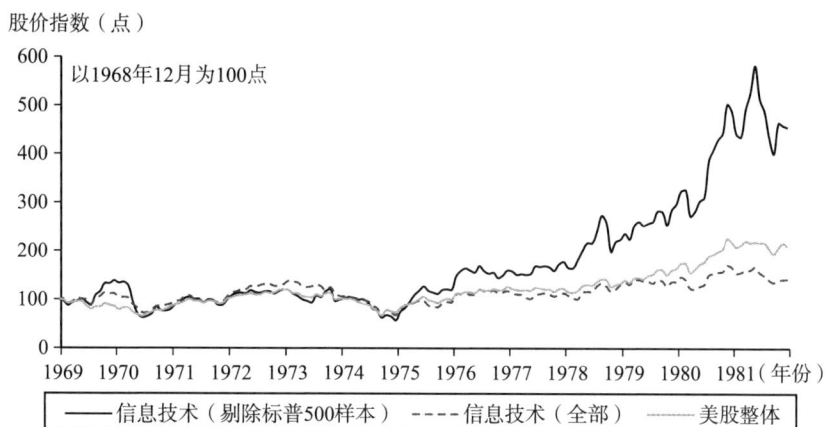

图 3 - 29 1969 ～ 1981 年不同口径统计下信息技术板块走势

资料来源：Compustat 数据库。

20 世纪 70 年代，美国的大市值信息技术公司表现都不好，细看一下会发现，除了 IBM 等少数公司以外，当时大多数被归类到信息技术的公司主要集中在电子和黑色家电领域，IBM 公司、柯达公司（Eastman Kodak Company）、施乐公司（Xerox）这些耳熟能详的公司在 70 年代股价表现都大幅跑输市场整体（见图 3 - 30）。

股价指数（点）

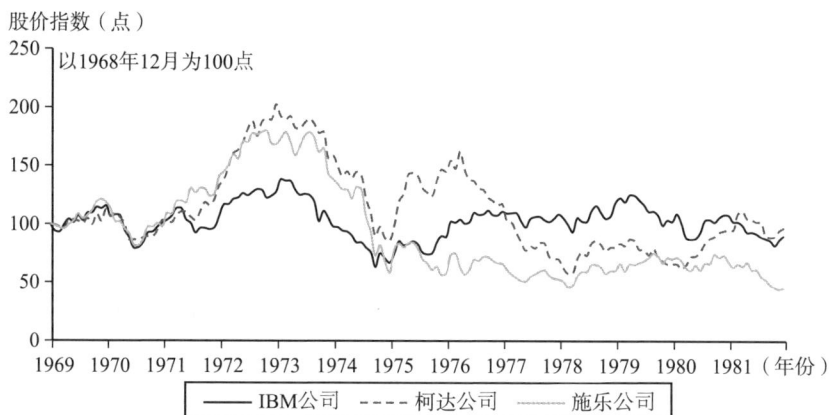

图 3 - 30 1969 ～ 1981 年 IBM、柯达公司、施乐公司股价走势

资料来源：Compustat 数据库。

相比之下，信息技术板块中股价表现较好的基本都集中在计算机行业中，也就是我们今天理解的狭义的信息技术领域。图 3 - 31 报告了在 1969～1981 年标普 500 样本股中收益率表现最好的三个信息技术板块公司（见图 3 - 31），它们分别是英特尔

公司（Intel）、存储技术公司（Storage Technology）、科技亚特兰大公司（Scientific-Atanta）。

图 3 – 31　1969～1981 年英特尔公司、存储技术、科技亚特兰大股价走势

资料来源：Compustat 数据库。

所以笔者认为，美股的科技股在 20 世纪 70 年代完成了一个大转型，从传统的消费电子公司转向了新一代的计算机信息技术公司。

五、"漂亮 50"行情

20 世纪 70 年代初，美股行情中最出名的莫过于"漂亮 50"行情。

很多观点在讨论"漂亮 50"时并没有很明确地给出"漂亮 50"具体对应的标的是哪些、发生在什么时间。一般的说法是，"漂亮 50"（Nifty Fifty）是证券投资历史上出现的一个特定专业术语，泛指在 20 世纪 60 年代末到 70 年代初受到市场投资者广泛追捧的 50 只蓝筹股票。这使得关于"漂亮 50"的讨论往往仅仅是泛泛而谈，大概其意思都是"有段时间蓝筹股涨得很好"，无法进行更进一步的深入研究。

对于"漂亮 50"行情发生的具体时间段，相关研究文献并没有一个统一的说法。通常以 1972 年底市场下跌前的高点作为行情结束的时间，而行情开始时间的说法各有不同。从根据前述"漂亮 50"组合计算的"漂亮 50"指数与标普 500 指数走势的对比来看，"漂亮 50"行情主要发生在 1970 年 6 月行情低点到 1972 年 12 月行情高点，这段时间内"漂亮 50"股票表现明显跑赢标普 500 指数。因此，本书以 1970 年 6 月至 1972 年 12 月作为"漂亮 50"行情发生的时间段（见图 3 – 32）。

指数点位
（点）

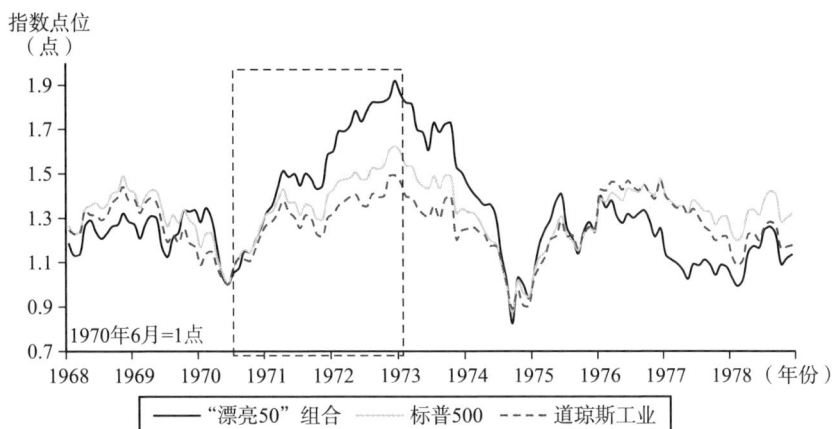

图 3 - 32　1968～1978 年"漂亮 50"组合与标普 500 指数和道琼斯工业指数走势

资料来源：CRSP 数据库。

对于"漂亮 50"具体对应的股票标的，国外的研究一般采用的都是摩根担保信托公司（Morgan Guaranty Trust Co.）提供的股票名单①（见表 3 - 3）。

表 3 - 3　　　　　　　20 世纪 70 年代"漂亮 50"公司名单及对应所属行业

公司名称	行业大类	行业名称	公司名称	行业大类	行业名称
美国家用产品公司	医疗保健	制药	可口可乐公司	必需消费	饮料和烟草
美国医疗用品供应公司	医疗保健	医疗设备和服务	柯达公司	信息科技	计算机硬件
美国安普公司	工业	资本品	路易斯安那房地产开发公司	能源	能源
雅芳产品公司	必需消费	家庭产品	礼来公司	医疗保健	制药
美国运通公司	金融	多元金融	路博润公司	原材料	原材料
百特国际公司	医疗保健	医疗设备和服务	麦当劳公司	可选消费	消费者服务
百得公司	可选消费	耐用消费品	速汇金国际有限公司	信息科技	软件和服务
百时美公司	医疗保健	制药	明尼苏达矿务及制造业公司	工业	资本品
伯勒斯公司	可选消费	耐用消费品	高特利集团	必需消费	饮料和烟草
安海斯布希公司	必需消费	饮料和烟草	默克公司	医疗保健	制药

① 资料来源：Siegel J J. The Nifty-Fifty revisited：do growth stocks ultimately justify their price？［J］. Journal of Portfolio Management，1995，21（4）：8 - 20.

续表

公司名称	行业大类	行业名称	公司名称	行业大类	行业名称
旁氏公司	必需消费	家庭产品	百事公司	必需消费	饮料和烟草
第一花旗银行	工业	资本品	辉瑞公司	医疗保健	制药
数字设备公司	信息科技	计算机硬件	宝洁公司	必需消费	家庭产品
迪士尼公司	可选消费	传媒	法玛西亚普强制药公司	医疗保健	制药
陶氏化学公司	原材料	原材料	宝丽来公司	可选消费	耐用消费品
埃默里航空运输公司	工业	交通运输	露华浓公司	可选消费	个人用品
吉列公司	必需消费	家庭产品	斯普林特公司	通信	通信
通用电气公司	工业	资本品	先灵葆雅公司	医疗保健	制药
哈里伯顿公司	能源	能源	西尔斯公司	可选消费	零售
霍伊布林公司	必需消费	饮料和烟草	斯伦贝谢公司	能源	能源
国际商业机器公司	信息科技	软件和服务	施利茨酿酒公司	能源	能源
国际香料香精公司	原材料	原材料	施贵宝公司	医疗保健	制药
国际电话和电报公司	工业	资本品	简单模式公司	可选消费	传媒
彭尼公司	可选消费	零售	德州仪器公司	信息科技	半导体
强生公司	医疗保健	制药	施乐公司	信息科技	软件和服务

资料来源：杰里米·西格尔（Jeremy Siegel，1995）。

　　一提到"漂亮50"，联想最多的就是"蓝筹白马"，因此市场中有很多观点认为"漂亮50"就是蓝筹白马行情。笔者认为，这一观点是存在理解误差的，"漂亮50"并不等于蓝筹白马。虽然笔者很难对究竟什么是"蓝筹白马"给出一个明确的定义，但一个最有力的证据就是，道琼斯工业指数（30只最具代表性的蓝筹白马股票指数）在这一时期其实是明显跑输标普500的。

　　在前述"漂亮50"发生的时间区间内，从1970年6月的低点到1972年12月的高点，"漂亮50"个股组合涨幅是92%，标普500指数涨幅是62%，而道琼斯工业指数涨幅仅为49%。而且从具体个股来看，一些我们耳熟能详的蓝筹白马股票，如AT&T、通用汽车、美国钢铁，并没有出现在"漂亮50"公司名单中。而且在"漂亮50"发生的这段时间内，这几个公司股票实际上都是明显跑输大盘的。

　　那么"漂亮50"行情背后的"故事"究竟是什么呢？

　　笔者认为，第一点逻辑是"漂亮50"所在行业有明显的产业集中度提升。

　　首先从"漂亮50"公司的行业分布来看。从大类上看，"漂亮50"公司主要集中在"制造业"之中，50 个公司中有 38 个公司集中在制造业，占比高达 76%。其次是零售业，占比为 8%。交通运输、通信、采掘等大类行业的占比都在 4% 左右。从具体行业构成看，在 38 个制造业"漂亮 50"公司中，制药行业占比最大有 10 家公司（占比高达 27%）、其次是饮料行业有 5 家公司（占比为 13%）。其他占比相对较大的行业分别是日化（占比 8%）、医疗器械（占比 8%）、电脑设备（占比 5%）、工程机械（占比 5%）、摄影器材（占比 5%）。

这些"漂亮 50"公司所在行业的共同特点就是行业产业集中度出现了快速上升。根据美国经济普查的统计数据，在 1972 年"漂亮 50"行情出现时，制药和饮料这两个行业的产业集中度都有了明显的提升。以饮料行业为例，从 20 世纪 60 年代起在 20 年左右的时间里，行业公司数减少了 2/3 以上，前 20 大企业的市场份额提高了近 20%。制药行业也可以看到类似的情况发生，制药行业内公司的数量减少了近一半。

而反观不在"漂亮 50"名单中的蓝筹公司的行业表现情况，可以发现，这些公司所在的行业均没有发生集中度提高的现象。美国钢铁行业前四大企业的市场份额非但没有提高，反而在不断下降，而同时行业的公司数量也在不断增加。从 1967～1977 年，美国的炼钢企业数量从约 150 家公司上升到了近 400 家公司，而同时前四大企业的市场份额总和从 48% 下降到了 45%。汽车行业也是同样的情况，行业的企业数量在不断增加，从 1967～1977 年，美国的汽车整车制造企业数量从约 100 家公司左右上升到了近 300 家公司左右。而大公司的市场份额已经接近饱和，无法进一步提高。美国汽车整车制造企业前 20 大企业的市场份额合计一直保持在 92%～93%。

所以我们看到像美国钢铁公司、通用汽车公司都不在"漂亮 50"里面。而亚历山大·贝尔（Alexander G. Bell）创立的美国电话电报公司（AT&T）更是如此，在当时美国的电信行业基本上处于完全垄断的状态，无论是市内电话还是长途电话，在美国司法部拆分 AT&T 之前，基本上都集中在 AT&T 公司内，市场份额已经是升无可升。

第二个逻辑是"漂亮 50"公司 ROE 显著高于同行企业。

除了上述行业层面的特征，可以再来看看"漂亮 50"名单中企业在公司层面中的特点。笔者认为，这个最大的特点就是"漂亮 50"公司都是行业优质"龙头"公司，盈利能力强。笔者用企业的 ROE 水平来度量其盈利能力的强弱。对比"漂亮50"公司与所在行业其他公司的 ROE 对比情况，很明显地可以看到，"漂亮 50"公司的 ROE 显著要高。全部"漂亮 50"公司的 ROE 大概在 20% 左右，而当时市场其他全部公司的"ROE"大概在 12% 左右。

分行业看也是如此，"漂亮 50"公司的 ROE 在各个行业均明显高于所在行业其他公司。"漂亮 50"公司在饮料、医药、信息科技、原材料、金融等行业的 ROE 水平分别是 18%、18%、19%、18%、24%，而对应行业内其他公司的 ROE 只有 11%、15%、12%、12%、11%。

总结起来，笔者发现"漂亮 50"名单中的股票有两个特征：一是所在行业的产业集中度出现了明显上升；二是公司的盈利能力很强，ROE 水平显著高于同行公司。因此笔者认为，"漂亮 50"一个是在行业产业集中度提高过程中；另一个是优质"龙头"企业（高 ROE）价值重估的逻辑"故事"。

六、后"漂亮 50"时代风格大逆转

很多时候、很多事情，事前看看言之凿凿非常有理，事后想想很傻、很天真，美国股市"漂亮 50"行情后的大逆转就是一个这样的"故事"。

美国的"漂亮 50"行情大致在 1973 年结束，之后 1974 年美国经济衰退，美股大跌，股市从 1975 年开始回升，此时市场风格发生了巨大改变，从此前的"漂亮 50"的"大票行情"一下子切换到了成长股的"小票行情"，而且这波"小票行情"持续时间非常长，一直持续到 1983 年（见图 3 - 33）。

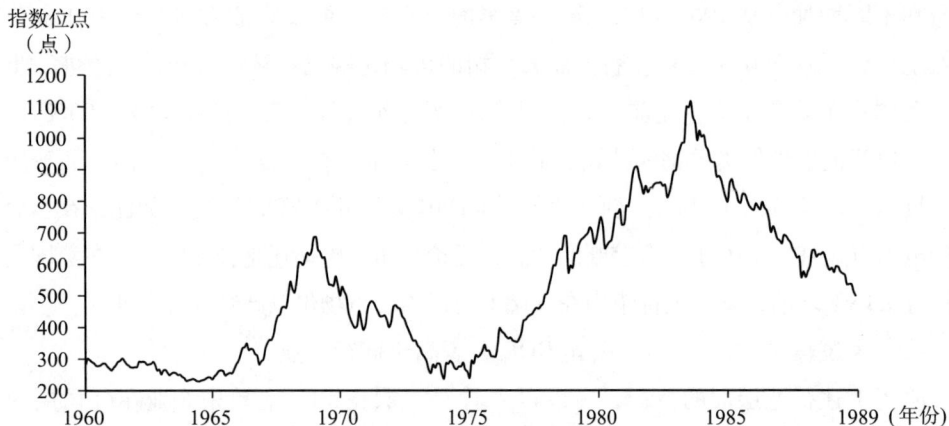

图 3 - 33　1960～1989 年美国小盘股相对大盘股走势

注：本图中的曲线表示全市场市值最小 20% 公司相比市值最大 20% 公司的股价相对表现，曲线向上表示"小盘股行情"，向下表示"大盘股行情"。

资料来源：CRSP 数据库。

那么"漂亮 50"之后出现如此长的一轮小票风格周期的主要原因是什么呢？

一个重要的原因就是新技术革命（第三次科技革命）的出现。从 20 世纪 70 年代

初开始，出现了以微电子技术、生物工程技术、新型材料技术为标志的新技术革命，这是人类文明史上继蒸汽技术革命和电力技术革命之后科技领域里的又一次重大飞跃。它以原子能、电子计算机、空间技术和生物工程的发明和应用为主要标志，涉及信息技术、新能源技术、新材料技术、生物技术、空间技术和海洋技术等诸多领域的一场信息控制技术革命。

第三次工业革命也催生了现今人们依然能够耳熟能详的信息技术公司（IT 公司）如英特尔公司（Intel，1968 年创立）、微软公司（Micosoft，1975 年创立）、苹果公司（Apple，1976 年创立）、甲骨文公司（Oracle，1977 年创立）等，至今它们仍占据着人们生活和工作的主流，甚至 1998 年诞生的谷歌公司（Google）和 1995 年创办的亚马逊公司（Amazon）是第三次技术革命的产物。

另一个重要的原因就是企业开始重视科技创新和研发。可以看到，美国企业研发支出占 GDP 的比重从 1977 年底开始急速上升，虽然企业的研发周期相对于技术革命的开始时间有一定滞后期，但研发投入的急剧增加也是此轮小票行情后期的重要助力。此轮研发支出的顶点基本于 1984 年结束，与小票行情的结束时间基本吻合。

顺便可以提及的是，笔者在学术研究中所熟知的"小市值公司溢价"（Fama-French 三因子模型因子之一），最著名的文献正是 1981 年 R. W. 本斯（R. W. Banz）所提出[1]，这个提出的时间点，正好是美股小票风格的顶点。

---

[1] Banz R W. The relationship between return and market value of common stocks [J]. Journal of Financial Economics, 1981, 9 (1): 3–18.

第四章
1982～1987 年：新的历史高度

里根经济学①给美国经济带来了希望，保罗·沃尔克（Paul A. Volcker）的坚持终于使得美国的通货膨胀和利率水平开始下降，但代价是连续出现的经济衰退。美股迎来了"改革牛"，对政府经济改革成效和利率进一步下行的美好预期，使得美股完全依靠估值水平的回升而不断走高。1983 年 1 月，道琼斯工业指数经历万般艰难，终于突破了前期近 20 年震荡横盘区间的上限，达到了新的历史高度（见图 4-1）。1985 年《广场协议》（*Plaza Accord*）②的达成，意味着美国在美元战争中的又一次胜利，1986 年全球原油生产开始过剩油价暴跌，这一切都驱动着美股不断创新高，直到 1987 年 10 月 "股灾"的到来，"黑色星期一"熄灭了无数人的梦想。这是一段美国股市大消费的时代，消费股表现在所有板块中排名最靠前，累计所得税制下通胀的下行提高了居民的消费能力，利率的下行有力地促进了可选消费品的购买。科技股在转型，以电子管为代表的老一代科技公司慢慢地衰落，以半导体集成电路为代表的新一代科技公司开始慢慢崛起。

---

① 里根经济学指罗纳德·里根总统执政期间实行的经济政策，其主要经济措施包括削减政府预算以减少社会福利开支，控制货币供给量以降低通货膨胀，减少个人所得税和企业税以刺激投资，放宽企业管理规章条例以减少生产成本。

② 20 世纪 80 年代初期，美国财政赤字剧增，对外贸易逆差大幅增长。美国希望通过美元贬值来增加产品的出口竞争力，以改善美国国际收支不平衡状况。1985 年 9 月，美国、日本、联邦德国、法国以及英国达成协议，诱导美元对主要货币的汇率有秩序地贬值，以解决美国巨额贸易赤字问题。因协议在广场饭店签署，故该协议被称为"广场协议"。

标普500指数（月K线）

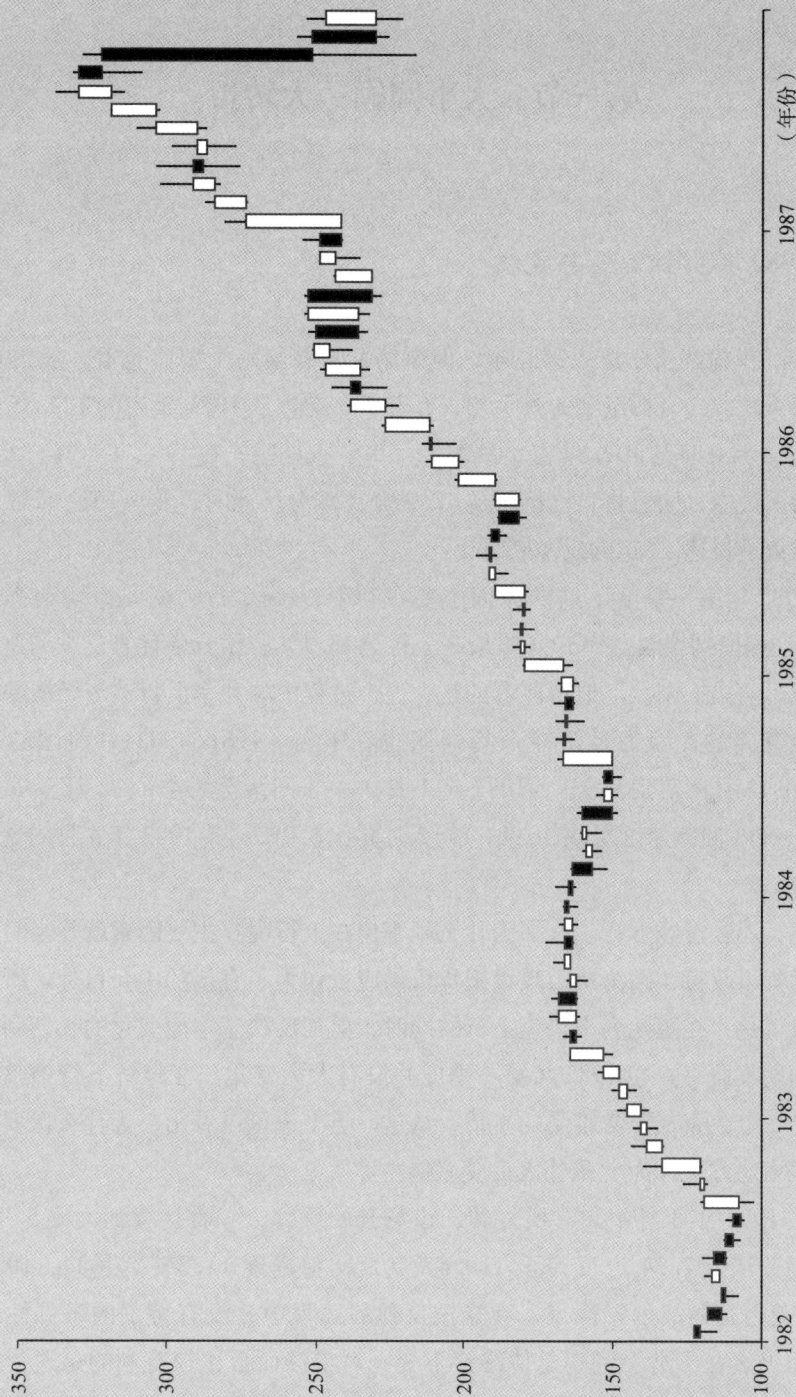

图 4-1 1982~1987年标普500指数走势

资料来源：Wind资讯。

第一节　大事回顾：大转折

一、1982 年：拉美债务危机

1982 年，里根经济学进入第二年，但市场并没有给一个好脸色看。股市自 1982 年初便一路下跌，一直持续到 3 月上旬，标普 500 指数从 1981 年底的 122.55 点，下探到 1982 年 3 月 8 日的 107.34 点，跌幅 12.5%。这期间，在 1982 年 1 月，AT&A 在应对反垄断诉讼中，同意将自己拆解成 22 个分支部分。同时，美国司法部与 IBM 达成和解，结束了长达 13 年的反垄断诉讼。

股市 1982 年第一季度下跌的原因主要在利率，1～2 月，美国短期利率快速上行，3 个月期国债到期收益率 12.0% 最高上行至 15.5%，银行最优惠贷款利率在第一季度也出现了两次上调。但值得注意的是，这个过程中的利率上行，与经济基本面的变化是完全背离的，因为经济在下行通胀也在下行。1981 年 11 月美国的 CPI 是 9.6%，同年 12 月回落到 8.9%，1982 年 1 月进一步回落至 8.4%，2 月至 7.6%，3 月至 6.8%。PPI 回落速度更快，1981 年 12 月同比 6.0%，到 1982 年 3 月同比增速已经跌至 2.7%。

可以说，通胀已经下行了，那为什么利率仍在上行呢？主要因素就是当时美联储在持续收紧货币政策，因为货币政策把货币供应量作为了直接的中介目标。所以当时看到的情况就是，在短期利率快速上行的同时，更加反映基本面变化的长期利率（10 年期国债到期收益率）在 1982 年第一季度并没有太大变化。在经济下行中收紧货币政策，这是一个大家都非常难受的事情，从这一点上也可以看出，为什么保罗·沃尔克事后在很多地方被称为"最伟大的美联储主席"。

行情从 1982 年 3 月中旬有所好转，市场开始反弹，一直持续到大概 5 月上旬，标普 500 指数从 107.34 点反弹至 119.47 点，反弹幅度 11.3%。其间，1982 年 4 月 2 日，"英阿马岛战争"爆发。在这波反弹的过程中，没有特别的事件性利好出现，基本面仍然在下滑、利率总体维持不变。对市场而言比较有利的是通货膨胀在继续下行，同年 3 月的 PPI 和 CPI 价格环比出现了负增长，这是十多年以来都比较罕见的。

行情从 1982 年 5 月中旬开始再度进入下跌调整，下跌的主要原因是经济进入深度衰退状态，对基本面下行进行定价，是 1982 年 5 月中旬至 8 月上旬下跌的主要驱动力。工业生产同比增速连续多月负增长，且继续加速下行。1982 年 3 月工业生产同比增速为 −3.2%，4 月下行至 −3.6%，5 月下行至 −5.0%，6 月到了 −5.5%，7 月跌至 −6.2%，8 月跌至 −6.9%。同时失业率也在不断上行。其间中东地区局势也有所变化，同年 6 月 6 日，第五次中东战争爆发①，以色列对黎巴嫩发动大规模进攻。这波下跌是 1982 年最大的一次，标普 500 指数到 1982 年 8 月 12 日下探到全年低点 102.42 点，较同年 5 月的高点下跌 14.3%。

在股市持续下跌的同时，市场利率从 1982 年 7 月开始大幅下行。同年 7 月 19 日，美联储降息，将贴现利率从 12% 下降至 11.5%。同年 7 月 30 日，美联储月内第二次降息，将贴现利率从 11.5% 下降至 11.0%。短端利率大幅下降，3 个月期国债到期收益率从 7 月初的大约 13.5% 下降至 7 月末的 10.0%。

股市的转折点发生在 1982 年 8 月中旬，利率下行是核心驱动力。利率在同年 8 月继续大幅下降，1982 年 8 月 13 日，美联储再度降息，将贴现利率从 11.0% 下降至 10.5%。同年 8 月 26 日，美联储连续降息，将贴现利率从 10.5% 下降至 10.0%。到 1982 年 8 月，3 个月期国债到期收益率最低下降至 7.3% 左右，相比年初高点的 15.5%，利率下行超过 800 个基点。

在利率大幅下行的同时，1982 年 8 月另一个重要的事情就是拉美债务危机②爆发了。同年 8 月 12 日，墨西哥财政部部长席尔瓦·赫尔佐格（Silva Hertog）告知美国政府和 IMF，墨西哥将无力偿付 800 亿美元的外债。墨西哥政府的这一声明最终引起了连锁反应，被视作是 20 世纪 80 年代发展中国家债务问题的开端。继墨西哥之后，巴西、委内瑞拉、阿根廷、秘鲁和智利等国也相继发生还债困难，纷纷宣布终止或推迟偿还外债。

1982 年 8 月的大涨行情中还有一段插曲，那就是所罗门兄弟公司的亨利·考夫曼（Henry Kaufman）在 8 月 16 日（股市大涨爆发的前一天），发表一份分析报告，一改他前几个月所作的判断，预测美国的利率将会进一步下降，同时建议客户将资金从银行中提取出来，大量购进股票和债券。此次战役可谓是考夫曼的封神之作，此后他成为

---

① 第五次中东战争，又称黎巴嫩战争，爆发于 1982 年 6 月 6 日。以色列因为其驻英国大使被巴勒斯坦武装暗杀，出动陆、海、空军 10 万多人的部队，对黎巴嫩境内的巴勒斯坦解放组织和叙利亚军队发动了大规模的进攻。资料来源：于江欣. 兵戈相向——五次中东战争始末 [J]. 军事历史，2006（9）：20 - 29.

② 拉美债务危机是指拉美国家由于无力清偿到期的外债本息所发生的支付危机，从 1975～1983 年拉美国家的外债大幅攀升。从 1982 年开始，以墨西哥为首的十多个拉美国家先后宣布无力偿还或暂停偿还期外债的本息。

华尔街几乎是人人皆知的著名人物，有人把他誉为"先知先觉，料事如神"。

股市的第一波大涨在 1982 年 8 月，9 月市场稍做了下休息，10 月初行情再度袭来。拉美债务危机的持续发酵，使得国际资本大量从新兴市场国家撤出，转而流向美国，美股和美债都成为避险资产。同年 10 月 8 日，美联储再度降息，将贴现利率从 10.0% 下降到 9.5%。事实上，美国短端利率的下行到 1982 年 9 月开始就结束了，此后短端利率基本走平，而长端利率在同年 10 月初又下行了 100 多个基点。美股在 1982 年 10 月上旬的大涨，核心逻辑就是市场坚信利率还有进一步下降的空间，因为此时经济增长仍然低迷，而通货膨胀已经大幅回落。

1982 年 11 月 2 日，美国中期选举结束，此次选举中民主党在国会中的优势进一步扩大，市场认为这样的选举结果将有利于未来货币政策继续宽松，继而以大涨相应，11 月 3 日，标普 500 指数大涨 3.9%。同年 11 月 9 日，标普 500 指数上冲到全年高点 143 点，此时距离 8 月行情启动时的 102 点，已经上涨有 40% 左右。行情在 1982 年 11 月初"脉冲"之后，便开始回落，注意到同年 11 月的时候，经济基本面还没有起色，利率下行到此时也基本暂停。

1982 年 11 月 19 日，美联储继续降息，将贴现利率降低至 9.0%，同年 12 月 13 日，再降息，将贴现利率降低至 8.5%。此时市场对降息已经没有太大反应了，市场利率无论是短端还是长端，在 1982 年 11 月和 12 月基本都是走平，没有继续下降。股市在 1982 年 11 月中下旬回落后，12 月初又震荡向上，市场在 11～12 月整体保持震荡横盘走势。

标普 500 指数 1982 年底最终收于 141 点，全年上涨 15%（见图 4-2）。

指数点位（点）

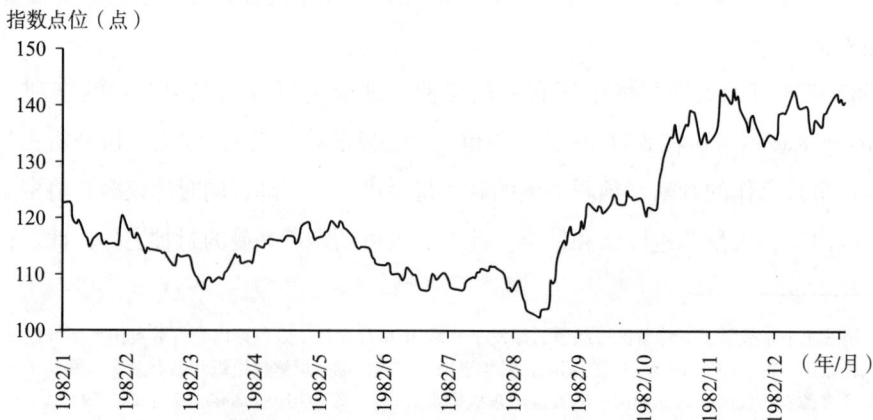

图 4-2　1982 年 1～12 月标普 500 指数走势

资料来源：Wind 资讯。

二、1983 年："星球大战计划"

1983 年行情的逻辑主线非常简单，全年经济基本面持续回升，上半年股市大幅上涨，之后利率开始慢慢上行，股市下半年高位宽幅震荡，全年走出了一个"厂"字形走势。

进入 1983 年，市场开始慢慢看到了经济复苏的信号，各项指标都有好转的迹象，股市继续回升，1983 年 1 月 15 日，银行最优惠贷款利率出现下调，从 11.5% 下调至 11.0%。到同年 1 月中旬，股市在经历了将近 20 年的徘徊后，终于突破了前期持续震荡区间的上限，创出历史新高。1983 年 1 月下旬市场出现一定调整，同年 1 月 20 日晚上，美联储主席保罗·沃尔克表示，巨额的财政赤字限制了其政策空间，使美联储很难兼顾经济复苏和降低利率，同年 1 月 21 日市场应声大跌。同年 1 月 24 日受 OPEC 日内瓦会议无果而终消息的影响，市场再度大跌。

1983 年 1 月底开始，市场行情进入主升浪，核心的驱动力是经济复苏。从基本面变化的趋势来看，1983 年工业生产同比开始快速回升，而且基本上是全年一路回升。同年 2 月公布的 1 月数据显示，工业生产环比增长 0.9%，新屋开工数据创 1959 年商务部有数据以来历史新高。而与此同时，1983 年 2 月长端利率还有所下行，10 年期国债到期收益率大约从 11.0% 下降至 10.2%。到同年 3 月 4 日，行情的第一波上冲完成，标普 500 指数到达 153.67 点，全年累计上涨约 9.0%。

行情在 1983 年 3 月出现了一些停顿，震荡横盘了 1 个月。基本面上的原因在于经济数据在此时出现了一定的反复，工业生产的同比增速全年趋势性是往上的，但 1983 年 2 月的增速出现了一点下行。因为这是在经济复苏的初期，数据的反复影响着市场对于经济前景的判断。

除了经济基本面因素以外，1983 年 3 月还发生了两件事值得关注。一个是原油价格下跌，1983 年 3 月 14 日，OPEC 成员方首次同意削减石油价格，把作为基准点的沙特阿拉伯轻质原油价格减少到每桶 29 美元，降价幅度达 15%。13 个石油输出国还规定每天生产石油不超过 1750 万桶，比目前每天的最高限量少 100 万桶，但比目前的实际产量仍高出至少 350 万桶。油价的下跌，在当时短期来看，被市场视作一种利空，因为影响石油公司的利润和股价，而石油公司当时都是市场的重要权重股。但从长期来看，油价下跌压低通胀，无疑对市场是一个重大的利好。此外，也是在 1983 年，美国纽约商业交易所（New York Mercantile Exchange）推出了西得克萨斯中质原油（West Texas Intermediate，WTI）期货合约。

另一件事是罗纳德·里根总统提出了"星球大战计划"（Strategic Defense Initiative）。1983 年 3 月 23 日晚，美国总统罗纳德·里根在白宫电视讲话中，提出一项使用最新的现代化技术为美国建立一个不可摧毁的导弹防御系统计划。"星球大战计划"（Star Wars Program）正式名称应该是"战略防御计划"（Strategic Defense Initiative），其核心内容是以各种手段攻击敌方的外太空的洲际战略导弹和外太空航天器，以防止敌对国家对美国及其盟国发动的核打击。[①]

股市行情在 1983 年 4 月再度启动，此时经济基本面向上的趋势已经开始确认了，各项经济增长指标都在好转。同年 4 月又是上市公司的财报季，一般在经济向上的过程中，财报季的股市表现都比较不错。到 1983 年 4 月底，标普 500 指数全年累计上涨幅度已经超过了 15%。

1983 年 5 月 2 日，摩根士丹利著名分析师巴顿·比格斯（Barton Biggs）发表观点从乐观转向谨慎，认为市场已经达到了牛市第一阶段的顶点，当天标普 500 指数大跌 1.4%。不过比格斯的影响力还是要弱于此前的约瑟夫·葛兰碧，市场几天后很快收复失地，没有出现持续下跌。不过在经济复苏的过程中，1983 年 5 月利率出现了明显回升，这使得市场没有能够进一步上行，如同年 3 月一样，5 月进入第二次震荡调整。

行情从 1983 年 6 月中旬开始再次向上进攻，这次进攻的驱动力量，一个因素是经济基本面确实好，1983 年 6 月 16 日美国商务部公布的新屋开工数据又创新高；另一个催化剂是市场预期罗纳德·里根总统将再度提名保罗·沃尔克继续担任美联储主席，出现了所谓的"沃尔克上涨"（Volcker Rally）。到同年 6 月 22 日，标普 500 指数上冲到 171 点，全年累计涨幅达到 21%。

但在这个过程中，利率在不断地上行，行情从 1983 年 6 月下旬开始进入调整，一直持续到 8 月上旬。这中间有过一个小插曲，就是美联储主席保罗·沃尔克在国会做听证时表示，将提高 M1 的目标上限，这意味着货币政策有进一步放开的可能，同年 7 月 20 日，标普 500 指数大涨 2.7%。但是大涨之后，市场又继续回到关注利率，股市重回调整通道。这波调整的低点跌破了 1983 年 5～6 月的低点，标普 500 指数最低达到 159 点。

从 1983 年 8 月中旬开始一直到 10 月上旬，市场出现了一波进二退一的震荡向上

---

① 由于系统计划的费用昂贵和技术难度大，以及此后苏联解体，美国在已经花费了近千亿美元的费用后，于 20 世纪 90 年代宣布中止"星球大战计划"。资料来源：万长江. 美国为何决定放弃"星球大战"计划 [J]. 瞭望周刊，1993（22）：60.

行情，行情的驱动力在于利率回落。10年期和3个月期国债到期收益率在此期间大约回落了100个基点。同年10月上旬以后，长端利率再度开始上行，到1983年10月底开始，短端利率也开始上行。标普500指数在1983年10月上旬见到年内高点172.65点后开始回落。而随着利率从回落转为回升，股市也开始从同年10月中旬起进入调整。1983年10月25日，美国入侵格林纳达，美国五角大楼人士说，这次行动是自从越南战争以来美国最大的一次军事行动。[①] 1983年最后两个月，市场受制于两股力量，在震荡盘整中运行，一方面是经济复苏基本面在越来越好；另一方面利率也在不断上行。

标普500指数1983年底最终收于165点，全年上涨17%（见图4-3）。

指数点位（点）

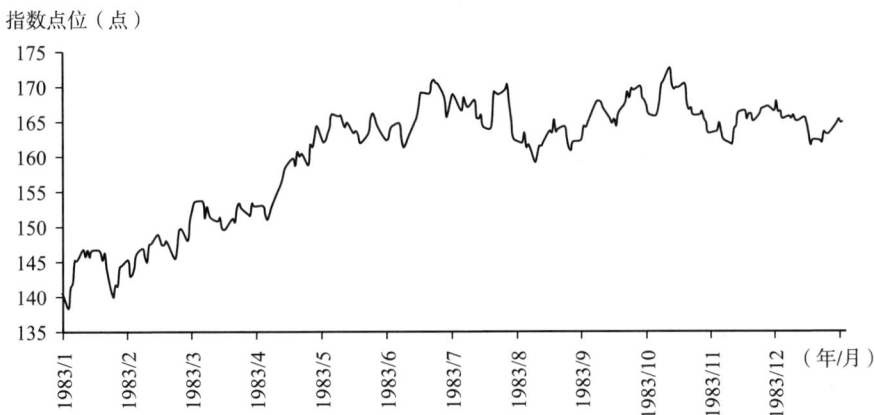

图4-3 1983年1～12月标普500指数走势

资料来源：Wind资讯。

三、1984年：财政赤字困局

1984年初，市场情绪是不错的，1983年标普500指数大涨17%，而且从历史统计来看，第二次世界大战以后至今总统大选年股市多数情况都是上涨的，只有两个例外，1948年和1960年。在期待和憧憬中，美国股市在1984年1月4～6日连续3天向上"脉冲"，大有一鸣惊人之势。

但理想与现实的差距，往往就在一刹那，大涨3天之后，股市旋即转头回落，开

[①] 资料来源：杨树旗，郭若冰."暴怒"行动——美国入侵格林纳达史实 [J]. 现代兵器，1997（10）：41-42.

始了一轮快速的下跌周期。引发市场下跌一开始的原因可能是经济复苏的速度趋缓，1984 年 1 月下旬公布的 1983 年第四季度经济增速明显低于市场预期，而且在 1984 年 1 月，市场利率无论是短端的还是长端的，都没有上升甚至略降。

但这个并不是主要问题，导致后续股市持续下跌的主要原因是市场对联邦政府财政赤字问题的担忧。美国政府在第二次世界大战后初期哈里·杜鲁门时代以及艾森豪威尔时代，仍然试图追求过"平衡财政预算"，即没有财政赤字。到 20 世纪 60 年代，随着越南战争和"伟大社会"等许多政府福利项目的推出，平衡财政预算基本是不可能了，但总体而言，财政赤字的幅度是比较小的，整个 20 世纪 60 年代，财政赤字年平均仅 56 亿美元，财政赤字占的比重平均在 0.7%。70 年代，为了应对石油危机刺激经济，财政赤字大幅扩大，年平均财政赤字达到了 350 亿美元，财政赤字占 GDP 比重到了 1.9%。罗纳德·里根上台以后，财政赤字加速扩大而且有失控的态势，1981~1983 年财政赤字分别为 790 亿美元、1280 亿美元、2078 亿美元，1983 年财政赤字占 GDP 的比重达到了 5.7%！

1984 年 1 月末，罗纳德·里根总统向国会提交的财政预算中预算 1985 财年财政赤字 1800 亿美元，同时预测 1986 财年和 1987 财年的财政赤字分别将为 1770 亿美元和 1800 亿美元。巨大的财政赤字，使得市场担心利率会上行，市场在同年 1 月底至 2 月初出现了急跌。同时叠加 1984 年第一季度通货膨胀的上行，CPI 从 1983 年 12 月的 3.8% 上升到 1984 年 3 月的 4.8%，利率从 1984 年 2 月开始出现了上升的趋势，市场持续下挫。标普 500 指数从 1984 年 1 月 6 日的 169 点下跌至 2 月 23 日的 154 点，跌幅达 8.9%。

急跌之后，1984 年 2 月 23 日行情企稳，拉出了一个很长的下影线。第二天（2 月 24 日），标普 500 指数大涨 2.1%，开始有人抄底了。行情从同年 2 月下旬到 5 月初，走出了一段宽幅震荡上行的走势，但回升的幅度比较有限，整体大概在 5% 以内。同年 3 月中旬，罗纳德·里根总统提出了一个 3 年削减 1500 亿美元财政赤字的计划，其中，包括削减 570 亿美元军费以及其他一些加税措施。市场围绕着罗纳德·里根总统加税的讨论开始了，此时，加税变成了一种利好，拒绝加税反而是利空。这段时间内，市场利率在不断上行，银行在 1984 年 3 月和 4 月各上调一次最优惠贷款利率，这也引发了市场对于进一步加息的预期。同年 4 月 6 日，美联储加息，将贴现利率提高到 9.0%。

1984 年 2 月下旬到 5 月初的这段震荡上行行情，非常有意思，其特色在于把很多传统的逻辑都逆转了。驱动这段时期行情的力量恰恰是基本面增速在下滑，此时市场的逻辑是经济降温是利好，有利于未来利率下行。其间，1984 年 3 月 27 日，中东地区"两伊战争"（Iran-Iraq War）发展到了一个新的阶段，"袭船战"开始了，据统计，仅在 1984 年一年之内，两伊相互袭击油轮的次数达 54 次之多①，这也加剧了国际形势和市场的波动。

但事实证明，经济是降温了，利率却没有下来，市场从 1984 年 5 月开始快速转头向下，直接"导火索"是 5 月上旬美国财政部发行了 165 亿美元国债，使市场再度感受到了财政赤字的压力。财政赤字的问题不单单是一个心理上的压力，更是直接表现在对利率的影响上。1984 年的经济现象中，一个突出的特点就是通胀小幅上行但利率大幅上行，而且这是在经济增速下滑的过程中发生的。到同年 3 月 CPI 达到高点时，同比增速其实也就 4.8%，与 1980 年的高点 14.4% 相去甚远。但长端利率，10 年期国债到期收益率 1984 年最高到了 14% 左右，此前最高也就在 16% 不到。而且从趋势上看，同年 3 月以后通胀开始下行，但利率仍在上行一直要到 1984 年 7 月左右。这意味着，当时极高的财政赤字使得市场对于通胀上行产生了巨大的担忧。

1984 年 5 月金融市场另一件大事就是伊利诺伊大陆银行（Continental Illinois National Bank）发生了"挤兑"。伊利诺伊大陆银行曾是美国前十大银行之一。自 1869 年伊利诺伊州大陆公司（Continental Illinois Corporation）创办以来，大陆银行就是该控股公司的附属公司，它持续经营超过了 115 年。在它的巅峰期 1981 年，该行在跨国银行中列第六位，是国内最大的商业和工业贷款人。到 1984 年出事之前，该行在资产和存款两方面都是芝加哥市最大、美国第七大的银行。1984 年 5 月，大陆银行在 14 个州和 29 个其他国家（或地区）有 57 家营业处。同年 5 月 17 日，伊利诺伊大陆银行接受了联邦存款保险公司（FDIC）的临时金融援助，同年 9 月 26 日接受持续金融援助。对伊利诺伊大陆银行的公开援助业务是 FDIC 历史上最重大的银行破产决议。5 月股市单边下跌，标普 500 指数单月下跌 5.94%。

1984 年 6 月，股市行情从快速下行转为了震荡下行。这期间利率仍在继续上行，1984 年 6 月 25 日，银行最优惠贷款利率继续上行，达到了 13.0%。同年 7 月开始，长端利率开始下行，但依旧阻挡不了市场下行的趋势。下跌一直持续到 1984 年 7 月下旬，标普 500 指数最低到达 147.3 点，较年初高点 169.3 点降幅 13%。

1984 年 7 月 25 日，美联储主席保罗·沃尔克在国会听证会上表示，对于货币和信贷更加严格的控制并不合适，给市场释放了一个信号，即货币政策可能不会进一步收紧，市场开始见底回升。从同年 7 月 25 日到 8 月 9 日，股市出现了一波快速的跳跃式上攻，12 个交易日内标普 500 指数上涨 12.4%。随后行情从急涨转为震荡向上，

---

① 资料来源：陈江. 关于伊拉克和伊朗的战争［J］. 国际问题研究，1987（4）：21-28.

一直持续到9月中旬，标普500指数达到168.9点，较启动时低点上涨14.7%。这波行情的驱动力依旧是经济放缓，但不同于5月以前经济放缓的同时利率没有下降，此时长端利率确实是降下来了（短端还没有），10年期国债到期收益率大约从7月初的14.0%下降至12.6%。

从1984年9月中旬开始一直到年底，大概三个半月的时间，市场一直在宽幅震荡。这期间引导市场的力量是两个，持续下降的利率以及经济基本面，股市行情与1983年非常相似，都是宽幅震荡，1983年的经济形势是上行的基本面和利率，也是两种方向不同的力量。

这波行情中，1984年10月中下旬市场开始发力上攻，驱动力是银行最优惠贷款利率的下降，1984年10月17日最优惠贷款利率从12.75%下降至12.5%，10月18日市场大涨，标普500指数大涨2.4%。随后，英国、挪威、尼日利亚等国纷纷下调原油价格，迫使OPEC召开紧急会议商讨对策，市场继续上涨。到同年11月初，市场预期罗纳德·里根能够再度当选美国总统，股市在1984年11月6日达到了年内高点170.4点。

1984年11月6日，罗纳德·里根的确再次当选总统，而且是大幅获胜，罗纳德·里根赢得了50个州中49个州的选票。但戏剧性的事情就是，罗纳德·里根当选当日就是股市全年最高点，市场在1984年11月开始下跌，主要原因是对经济基本面下行的担忧终于开始出现了，此前是一直觉得经济放缓可以有利于利率下行，现在利率下来了，投资者开始担心企业盈利了。

1984年11月21日，美联储降息，将贴现利率从9.0%下降至8.5%，这是自1982年12月以来的首次降息。消息是在盘后发布的，同年11月22日感恩节股市休市，同年11月23日标普500指数大涨1.46%。但这次大涨是个一日游，第二天指数又开始持续回落。下跌的原因是1984年11月27日，美国财政部提出了一个重要的税收改革方案，按照新的税收改革方案，税率层级将被大大简化，企业和个人所得税率会降低，相应的扣减项目也会减少。据财政部的估算，未来个人支付的税收可以降低8.5%，企业支付的税收将会增加25%，政府的税收总收入总体不变。

市场担心税改会影响上市公司利润，股市的下跌一直持续到1984年12月中旬，此时市场降息的预期又再次出现。这次押宝是押对了，1984年12月21日，美联储果然降息，将贴现利率8.5%下降至8.0%。从1984年12月中旬到月底，指数小幅回升。

标普500指数1984年底最终收于167点，全年上涨1.4%（见图4-4）。

指数点位（点）

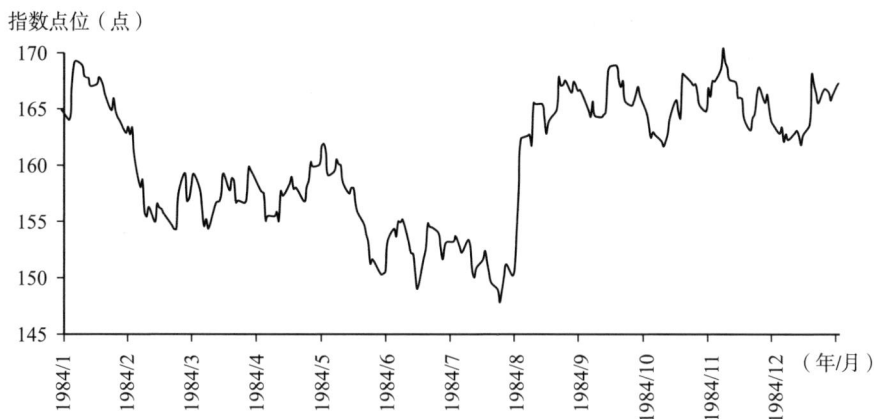

图 4－4　1984 年 1~12 月标普 500 指数走势

资料来源：Wind 资讯。

四、1985 年：《广场协议》

1985 年初，连跌了 3 个交易日后，市场便进入快速拉升阶段。市场运行的逻辑依然是利率下行（1984 年 12 月 21 日刚降的息），1985 年 1 月初美联储主席保罗·沃尔克重申了目前通货膨胀已经得到了控制，1985 年 1 月 15 日银行最优惠贷款利率从10.75% 下调至 10.5%，整个 1 月 10 年期国债到期收益率下行了大约 60 个基点。到1985 年 1 月底，标普 500 指数的涨幅约为 7.5%。

进入 1985 年 2 月，股市延续着 1 月的势头继续向上攻击，到 1985 年 2 月中旬，标普 500 指数达到了 183.35 点，全年累计涨幅约 10%。从 1985 年 2 月中下旬开始一直到 4 月底，股市进入一个震荡盘整阶段。这个过程中出现了以下三个变化。

一是经济基本面仍然在一个下行的过程中，工业生产和企业利润增速均在下降。

二是市场利率出现了一个先升后降的过程。1985 年 2 月 20 日，美联储主席保罗·沃尔克在参议院的听证会上表示，美联储将不再继续执行上年底开始的货币放松政策，但同时也不会收紧信用，这可以理解为货币政策从宽松转向中性。同年 2 月26 日，在众议院的听证会上，沃尔克再度表示美联储没有意图压低利率。利率从1985 年 2 月初开始上行，一直持续到大概 3 月中旬，再度转而向下。

三是美元指数达到了历史最高点。美元指数从 1980 年 7 月开始见底回升，启动时的点位在 84.1 点，持续上行了将近 5 年，在 1985 年 2 月 25 日达到了历史最高的164.7 点，升值幅度约有 1 倍。汇率与股市的关系，多数时候看方向并不确定，更像是一个伪命题，汇率贬值的时候人们担心资本外流，汇率升值的时候又会担心汇率高估影响出口。

　　盘整的行情到1985年4月底结束，市场从5月初开始走了出来，进入上涨阶段，一直持续到当年7月中旬，标普500指数在1985年7月中旬达到195.65点，全年累计涨幅约17%。这波行情的驱动力主要有两个：一是里根政府开始准备削减财政赤字。同年5月9日，美国参议院共和党多数党领袖鲍勃·多尔（Bob Dole）表示，罗纳德·里根总统已经同意限制财政支出，预计1986财年将削减财政赤字560亿美元。二是利率下行以及由此带来的降息预期。市场利率从1985年3月初开始下行，一直持续到大概6月初，到5月利率已经明显下降，1985年5月17日，美联储宣布降息，将贴现利率从8.0%下降至7.5%，同年5月20日银行最优惠贷款利率从10.5%下降至10.0%，市场对美联储进一步降息的预期在不断增强。

　　但实际情况是，利率从1985年6月开始是走平的，并没有继续下降。换言之，如果说1985年5月的上涨行情主要由利率下行驱动，那么从6月初到7月中旬的行情主要是降息预期驱动的，其间基本面仍在下滑。预期可以驱动一时的行情，但终究要与现实趋同，降息预期没有兑现后，股市从1985年7月中旬进入下跌，一直持续到同年9月25日，标普500指数从195.65点跌至180.66点，调整幅度约7.3%。

　　造成股市1985年7月中旬到9月底下跌的最主要原因应该是利率下不去，利率下不去的首要原因在于CPI增速下不去。1985年7月，沙特国王法赫德·阿卜杜勒－阿齐兹（Fahd Bin Abdul-Aziz Al-Saud）宣布以低价销售石油，引起国际石油市场的大混乱，国际石油价格立刻大幅度下跌。这就出现了一个有意思的现象，当时PPI同比增速快速下滑，但CPI和核心CPI同比就是下不去，而且是在经济增速下降的环境中。

　　另外是基本面下滑，工业生产增速在1985年上半年仍持续回落，7月见到最低点增速－0.03%。市场在1985年7月以后开始对上市公司利润产生顾虑，特别是在8月的中报季。从股市表现与基本面变化的关系来看，1985年的股市表现是滞后于基本面变化的，这种情况在历史上相对比较少见。最后是美元指数快速回落，美元指数在1985年2月见顶后下滑速度非常快，如前所述，虽然无论从理论还是经验看，都说不清楚汇率和股市究竟是正向还是负向关系，但是短期内汇率的大幅波动，总难免使得市场产生避险情绪。

　　如果仔细想想，到1985年9月，孕育股市大牛市行情的条件已经基本成熟。经济基本面低点已经过去。通胀方面CPI虽然还下不去，但PPI的持续下降最后终究会带动CPI下行，而且在前文中笔者也已经分析过，即使对应当时下不去的CPI水平，利率也是显著高估的，下降空间很大。控制财政赤字的决心政府也已经做出了。

万事俱备、只欠"东风"，这个"东风"在 1985 年 9 月下旬来临了，它就是《广场协议》。持续上行的美元汇率以及日本、德国出口的冲击，使得美国面临很大的贸易赤字和汇率高估问题。到 1985 年美国的外债总额超过了内债，美国也从净债权国变为世界上最大的净债务国，结束了自 1914 年以来长达 70 年作为净债权国的历史。1985 年 9 月 22 日，美国、日本、联邦德国、法国以及英国的财政部部长和中央银行行长在纽约广场饭店举行会议，达成五国政府联合干预外汇市场的共识，诱导美元对主要货币的汇率有秩序地贬值，以解决美国巨额贸易赤字问题。《广场协议》签订后，五国联合干预外汇市场，各国开始抛售美元，继而形成市场投资者的抛售狂潮，导致美元持续大幅度贬值。《广场协议》是第二次世界大战后西方国家最成功的一次联合干预汇率行动，也是影响最大的一次。

《广场协议》达成以后，市场普遍认可货币政策有进一步放松的空间，且汇率贬值对企业也是一种利好，行情开始启动。1985 年 9 月底，控制财政赤字的工作取得了实质性进展，《1985 年格拉姆 – 卢德曼 – 霍林斯法案》（*The Gramm-Rudman-Hollings Balanced Budget and Emergency Deficit Control Act of 1985*，以下简称《法案》）正式出台①，该《法案》要求到 1991 年联邦政府基本实现财政预算平衡。

1985 年 10 月以后，利率终于降下来了。同年 10 月 28 日晚，美联储主席保罗·沃尔克在多伦多发表讲话，被市场解读为：美联储认为经济依靠自身走出低谷可能性不大，需要依靠更低的利率的帮助。股市行情在 1985 年 10 月和 11 月持续上行，1985 年 11 月 21 日，标普 500 指数有史以来第一次突破 200 点。到同年 12 月，OPEC 的原油产量达到了每天 1800 万桶（MMB/D），OPEC 对于产油国家价格战的默认，促使油价进一步下跌，华尔街认为这等同于另一次"减税"了。同年 12 月 12 日，《法案》正式生效。股市在 1985 年 12 月 17 日到 24 日出现了一次小幅调整，但是基本上不影响上涨的趋势。

标普 500 指数 1985 年底最终收于 211 点，全年上涨 26%（见图 4 – 5）。

五、1986 年："石油过剩"

1986 年初，股市并没有延续 1985 年第四季度一路上扬的走势，1986 年 1 月上旬

---

① 《格拉姆 – 卢德曼 – 霍林斯法案》削减财政赤字的具体措施参见：鲁晓龙，李黎. 美国解决财政赤字的措施［J］. 外国经济与管理，1988（5）：33 – 34.

指数点位（点）

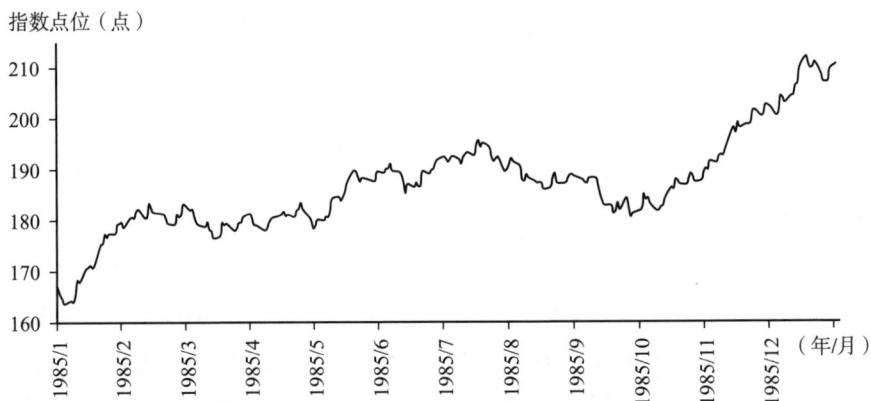

图4-5　1985年1～12月标普500指数走势

资料来源：Wind资讯。

到中旬股市出现了回撤，其中，1986年1月8日市场大跌，标普500指数跌2.73%。导致市场下跌的原因，除了大幅上涨之后的获利了结之外，一是市场利率在1986年初至1月14日是回升的。利率上行的动力可能主要来自1986年1月初公布的1985年12月失业数据显示，失业率降至了6.8%，这是罗纳德·里根执政以来失业率首次低于7.0%，引起了市场对于货币政策进一步放松的质疑。另外，同年1月市场将国际原油价格下跌视作是一种利空，原因是油价下跌会影响产油国偿付外债的能力，从而威胁到美国的金融系统，拉美金融危机才过去不久。标普500指数在1986年1月22日达到了年内低点203.49点。

但上述理由显然不太能成为持久的利空因素，股市从1986年1月下旬开始启动，进入了1986年上涨的主升浪中。驱动第一阶段上涨的主要力量是利率大幅下行，美国市场利率从1986年1月中旬开始一直到4月15日一路下行。导致利率下行的主要原因是国际原油价格的暴跌，出现了所谓的"石油过剩"（oil glut）。国际原油价格在1985年底仍在26.5美元/桶，1986年1月跌至25.7美元，然后就收不住了，出现了加速下跌，2月跌至每桶15.9美元，3月跌至每桶12.6美元，最低到1986年7月跌至每桶9.6美元（见图4-6）。

原油价格的暴跌直接导致了PPI的快速下行，并带动利率下降。1986年3月6日，美联储降息，将贴现利率降至7.0%。同年3月14日，数据显示PPI在2月下降1.6%，创1947年美国劳工部（U.S. Bureau of Labor Statistics）公布数据以来的最大降幅，当日标普500指数大涨1.44%。此外，这期间联邦德国和日本也纷纷降息，在全球范围内形成了降息的共振。

（美元/每桶）

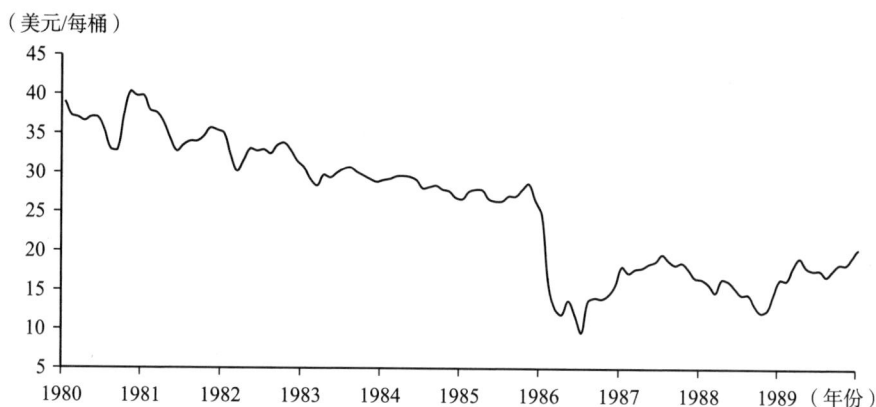

图 4 - 6 1980 ~ 1989 年全球原油价格走势

资料来源：世界银行（World Bank）。

　　主升浪的第一阶段，从 1986 年 1 月末一直到 3 月底，标普 500 指数从 203.49 点上涨至 238.9 点，涨幅 17.4%。中间虽出现了一些小波折，但对股市行情基本没有什么影响。这里值得一提的是，1985 年下半年的基本面回升在 1986 年属于被证伪了的，企业利润增速下滑且负增长，在整个 1986 年，工业生产同比增速维持在 0~2% 反复震荡，所以经济基本面在 1986 年不是影响股市的主要变量。

　　行情在 1986 年 4 月初出现了一次调整，调整原因主要是原油价格快速上升。WTI 原油价格在同年 3 月 31 日达到低点每桶 10.42 美元，后面几天快速拉起，到同年 4 月 7 日涨至每桶 14.33 美元，短短几天涨幅将近 40%。但调整仅仅持续了数日，行情很快再度向上。同年 4 月上旬，市场上再度出现了美联储即将降息的传言。

　　1986 年 4 月 15 日凌晨，美国出动几百架飞机对利比亚进行代号为"黄金峡谷"的突然空袭，大规模轰炸利比亚首都的黎波里和重要港口班加西市。股市对此的反应可谓是完全不予理睬，1986 年 4 月 15 日市场微涨，4 月 16 日标普 500 指数大涨 1.9%。同年 4 月 18 日，美联储降息，将贴现利率降低至 6.5%。到同年 4 月 21 日，标普 500 指数上冲至 244.74 点，全年累计涨幅达 16%。

　　但降息后市场利率便开始回升，从 1986 年 4 月中到 5 月底利率逐步回升，回升的主要原因依然是油价反弹。利率的回升导致了股市从 1986 年 4 月中旬到 5 月中旬的调整。除了利率上行之外，其间还发生了一个事件性冲击，就是"切尔诺贝利核泄漏事故"。① 从某种意义上说，在大涨之后，核事故成为很多投资者获利了结的借口，同年 4 月 29 日标普 500 指数下跌 1.06%，4 月 30 日再跌 2.07%。

油价在 1986 年 5 月 19 日左右反弹结束，股市行情也随之好转，从 1986 年 5 月 19 日到 7 月 2 日股市一路上扬，标普 500 指数在同年 7 月 2 日达到了 252.7 点，全年累计涨幅达到 19.8%。这期间，1986 年 6 月 9 日，标普 500 指数大跌 2.32%，原因被认为是程序化交易导致的冲击。1986 年 6 月以后市场利率在不断下行，所以这个冲击很快就收复了。

1986 年 7 月以后市场再度进入调整，1986 年 7 月 10 日，美联储再度降息，将贴现利率降低至 6.0%。但市场利率在 1986 年 7 月有所反复，降息之后并不是一路下降，叠加 7 月以后进入中报季，市场投资者对于上市公司利润出现顾虑，市场在 7 月出现明显调整。利率在 1986 年 8 月重新进入下行通道，8 月 20 日，美联储继续降息，将贴现利率降低至 5.5%。行情在 1986 年 8 月再度回暖，到同年 9 月 4 日，标普 500 指数再度回到 253.83 点的位置，创新高。

但随后从 1986 年 9 月 5 日到 9 月 12 日，股市出现了一连串急速暴跌，标普 500 指数 6 个交易日内跌去 9.1%，其中，9 月 11 日单日，标普 500 指数暴跌 4.81%。从下跌的速度来看，如此急速的下跌方式，很可能是由于程序化交易等交易方式的冲击造成的。而从整个区间来看，1986 年 9 月的下跌主要原因是美国和联邦德国、日本的国际经济政策此时无法协调一致，美国有继续降息的意愿，但是日本和联邦德国并不想，这种分歧造成了美国的利率在 1986 年 9 月再度上行。

在 1986 年 9 月上旬连续大跌之后，行情在 9 月中下旬企稳，并在 10 月再度开始上攻。这段时间内并没有太有利的上涨逻辑，基本面没有好转，利率走平也没有继续下降。可能的一个理由是大致从 1986 年 10 月下旬开始日本利率大幅下降，这使得国际经济政策的协同性又增强了。同年 10 月底，日本宣布降息，将贴现利率从 3.5% 下降至 3.0%，引发市场大涨。这也使得美国长端利率在同年 11 月又出现了一次下降（11 月短端利率相反是有所上行的）。

股市行情在 1986 年 11 月走出了一个先抑后扬的深 "V" 形走势。导致深度回调的原因是市场担心监管的趋严。1986 年 11 月，美国司法部以证券欺诈罪起诉麦克

---

① 1986 年 4 月 26 日早上，切尔诺贝利核电站第 4 号反应堆发生爆炸，更多爆炸随即发生并引发大火，致使放射性沉降物进入空气中，此次事故被称为历史上最严重的核电站灾难。资料来源：杨进. 切尔诺贝利悲剧的重新审视 [J]. 理论学习，2011 (7)：76-78.

尔·米尔肯（Michael Milken）及其弟弟。① 麦克尔·米尔肯被认为是自 JP 摩根公司以来美国金融界最有影响力的风云人物，是 20 世纪 80 年代驰骋华尔街的"垃圾债券大王"，影响并改写了美国的证券金融业发展的历史。

除了麦克尔·米尔肯被起诉以外，1986 年末另一件重大事件就是"伊朗门"事件（Iran-Contra affair）。1986 年 11 月 2 日，一家黎巴嫩杂志《帆船》（Ash-Shiraa）揭露了美国向伊朗秘密出售武器一事，从而造成里根政府严重政治危机的事件，因人们把它与理查德·尼克松"水门事件"相比，故名"伊朗门事件"。② 在经过一段时间发酵之后，同年 12 月 2 日，应国会的要求，罗纳德·里根宣布将由法庭任命一名特别检察官调查此案，并要求国会成立一个专门的调查委员会。罗纳德·里根的这个做法很受市场认可，1986 年 12 月 2 日，标普 500 指数大涨 2.0%，并创出了 254 点的年内高点。

不过在创新高之后，市场行情在 1986 年 12 月是单边下行的。主要原因是到 1986 年 12 月利率起来了，但市场还没有意识到经济基本面的好转。同时在同年 12 月的 OPEC 峰会上，产油国达成协议，重新实行配额制度，计划削减 5% 到 10% 的原油产量，将原油目标价格定在每桶 18 美元，OPEC 的这一决定对美国而言也是一种利空。

标普 500 指数 1986 年底最终收于 242 点，全年上涨 14.6%（见图 4-7）。

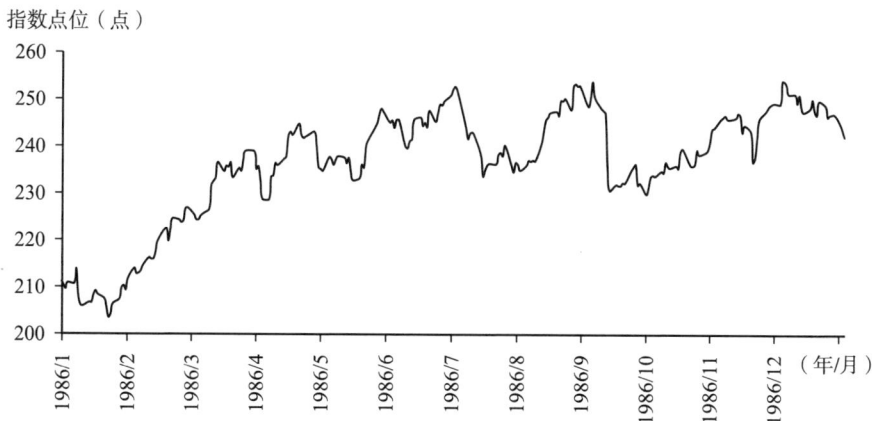

图 4-7 1986 年 1～12 月标普 500 指数走势

资料来源：Wind 资讯。

---

① 1990 年 4 月 20 日，法庭指控麦克尔·米尔肯犯有 6 项罪名，麦克尔·米尔肯最终被判处 10 年监禁、赔偿和罚款 11 亿美元，并禁止他再从事证券业。

② 资料来源：晓笛. 美伊秘密交易"曝光"[J]. 世界知识，1986（24）：5-9。

这里值得一提的是，由于程序化交易方式的推广，1986 年出现了多次单日暴跌的情况，在同年的 1 月 8 日、4 月 30 日、6 月 9 日、7 月 7 日、9 月 11 日，道琼斯工业指数连续创出有史以来最大跌幅，这种情况非常罕见。而且这种情况的背后应该说更多的是交易制度的问题，而非基本面的问题，因为此类单日大跌貌似都没有持续性，仅仅是一个"脉冲"式冲击，并没有影响到股价的趋势性。从事后来看，1986年的这种交易性冲击是应该值得警觉的，正是这种冲击导致了 1987 年"黑色星期一"的巨大"黑天鹅"出现。

六、1987 年："黑色星期一"

从经济基本面和利率变化的情况来看，1987 年美国经济基本面很好，工业生产的同比增速是一路回升的，而长端利率在 1987 年 10 月"股灾"以前也基本上是单边上行的。因此，股市与利率的强负相关关系，在 1987 年开始被打破，行情主要的驱动力是基本面。

1987 年的美股行情着实非常有趣，1986 年 12 月股市行情单边下滑，但 1987 年初第一天行情即逆转，快速进入主升浪阶段。行情这么快就到来是完全超出市场预期的，当时市场的普遍观点是如果利率能够维持在现有水平，随着企业利润的改善，行情可能会从下半年开始。

这波行情演绎得太快，1987 年 1 月 8 日，道琼斯工业指数历史上第一次突破2000 点。回顾道琼斯工业指数的历史，1972 年 11 月 14 日道琼斯工业指数第一次站上 1000 点，然后等待了 10 年，到 1983 年 2 月 24 日，才仅仅朝前走了 100 点，到1100 点。再往后的路要好走很多，1983 年 4 月 26 日道琼斯工业指数站上 1200 点，这一次走完 100 点只用了两个多月。1985 年 12 月 11 日，道琼斯工业指数走到了1500 点，然后 1600 点、1700 点、1800 点、1900 点都比较顺利。

从驱动因素来看，1987 年初的行情主要驱动力是经济复苏的预期，同时市场利率在同年 1～3 月中旬是基本走平的，没有上升。除了利率和基本面因素以外，1987年对股市有重要影响的另一个变量就是美元汇率。美元汇率在 1985 年《广场协议》后出现了趋势性的贬值，到 1987 年美元汇率贬值仍在继续。正如之前笔者所讨论的，汇率与股市关系，理论和经验上都比较模糊，没有明确的正向或者负向关系。但在1987 年初的经济环境中，市场无疑把贬值作为了一个利好，因为当时美国经济面临的一个大问题是出口，贸易赤字在扩大，汇率贬值利好出口。

到 1987 年 1 月底，标普 500 指数收涨于 274.08 点，全年累计涨幅约 13%。同年

2 月，上涨行情仍在继续，股市在 1987 年 2 月 6 日、9 日、10 日三个交易日小幅调整，随后继续上攻。同年 2 月 20 日周五收盘后，出现一个利空消息，巴西政府突然宣布，无限期停止支付外债的利息，这部分债务总额大约 810 亿美元，包括美国商业银行的 240 亿美元。同时，为了防止国际债权银行的报复行动，巴西又于 2 月 25 日宣布暂停偿付到期和即将到期的 160 亿美元短期贷款。1987 年 2 月 23 日周一开盘后，标普 500 指数小幅下跌，然后市场盘整了几日。

此外，1987 年 2 月还有一件大事，就是 2 月 22 日，美国、日本、英国、法国、联邦德国、加拿大六国集团在法国巴黎签署了《卢浮宫协议》（*Louvre Accord*），意大利也受到了邀请，但是最终不参与签署。协议的目标是稳定国际货币市场，停止由《广场协议》导致的美元持续贬值。其中，美国则同意在 1988 年把财政赤字占 GDP 的比例从 1987 年预估值的 3.9% 降到 2.3%，在 1988 年减少政府开支一个百分点及保持低利率。从市场情况来看，签署《卢浮宫协议》前后的一大变化是，股市在之前将美元贬值视作利好，而之后则将贬值视作了利空。

1987 年 3 月行情继续上攻，3 月 3 日盘后通用汽车宣布到 1990 年前，将回购 20% 的公司股票，消除了股价过高的市场忧虑，次日 3 月 4 日标普 500 指数大涨 1.6%。在经过了 1987 年 3 月的“三巫聚首日”（Triple Witching Hour，即股票指数期货、指数期权以及个股期权同时到期的日子）后，标普 500 指数在同年 3 月 24 日达到了 301.64 点，全年累计涨幅达 24.6%。其间虽然还有“博斯基内幕交易案”[①] 使得市场对监管加强有所担心，但基本无碍大局。

行情从 1987 年 3 月底到 5 月中出现调整，主要原因是利率有大幅上行，10 年期国债到期收益率从 7.2% 上冲至 8.9%。而同时，“美日贸易战”在 1987 年 4 月有所升级，也加剧了市场的担忧。同年 4 月 17 日，罗纳德·里根总统宣布对价值 3 亿美元来自日本的进口产品加征关税，产品类别包括计算机、电视机、电气设备等。这段时间内指数上下震荡，但总体而言调整幅度不算太大。

利率从 1987 年 5 月 21 日左右开始回落，一直回落到 6 月下旬，股市行情也在 5 月下旬开始再度启动。同年 6 月 3 日，艾伦·格林斯潘（Alan Greenspan）被正式提名为美联储主席，接替保罗·沃尔克，市场对此十分欢迎，认为艾伦·格林斯潘属于

---

① 伊凡·博斯基（Evan Boesky）是 20 世纪 80 年代美国华尔街传奇人物，在各种交易中充当套利者，尤其擅长从并购交易中套利。美国证监会以内幕交易罪指控伊凡·博斯基，伊凡·博斯基选择与证监会合作达成诉辩交易，以换取减轻处罚，合作方式包括认罪并告发其他内幕交易行为，包括垃圾债券（jounk bond）大王迈克尔·密尔肯（Michael Milken）的内幕交易行为。1987 年，伊凡·博斯基因内幕交易被判 3 年半监禁，以及 1 亿美元罚款。

里根经济学一派,将有利于使得利率继续下行,且艾伦·格林斯潘相比保罗·沃尔克更加关注政治,不会让经济衰退在总统大选年份(1988 年)出现。

1987 年 7 月以后利率开始上行,股市在 6 月下旬到 7 月中旬横盘整理了一会。同年 7 月下旬开始到 8 月下旬,利率上行且股市上行,股市开始更多地对基本面定价了,这是过去很多年里少见的。同年 8 月 11 日,艾伦·格林斯潘接替保罗·沃尔克,开始执掌美国联邦储备委员会。标普 500 指数在 1987 年 8 月 25 日达到了全年最高点337.89 点,全年累计涨幅达 39.6%。

股市行情从 1987 年 8 月底以后开始见顶回落,造成行情走弱的因素主要是两个,一是利率加速上行;二是美元汇率下行。利率从同年 7 月以后开始回升,到 8月下旬后开始加速上行,1987 年 9 月 4 日,美联储加息,将贴现利率从 5.5% 提高到 6.0%。美元指数此前从 1987 年 5 月初开始一直到 8 月上旬都在回升,从 8 月中旬左右开始再度下降。股市从 1987 年 8 月 26 日开始到 9 月 8 日出现了一波调整,之后开始又震荡回升。如果单从股价走势的图形上来看,站在同年 10 月初的时候,感觉市场应该是调整得差不多了,可能会往上走,可谁曾想,灾难性的下跌才刚刚开始。

1987 年 10 月 6 日,标普 500 指数大跌 2.7%,开启了暴跌的道路。1987 年 10 月的行情,就是从小跌(10 月 6 日到 13 日),到大跌(10 月 14 日标普 500 指数跌2.95%、10 月 15 日标普 500 指数跌 2.34%、10 月 16 日标普 500 指数跌 5.16%),最后到"黑色星期一"的出现。

1987 年 10 月 19 日(星期一),股市一开盘便下跌,止不住地下跌,当大标普500 指数下跌 20.5%,道琼斯工业指数跌幅达 22.6%,超过了 1929 年 10 月 29 日股市暴跌的纪录。1987 年 10 月 19 日创纪录的交易量使许多系统"瘫痪"。在纽约证券交易所,交易执行情况在一个多小时后才得到报告,交易商们因此产生迷茫。投资者不知道限价订单是否已被执行,或是否应设立新的限价。

美国股市暴跌,迅速蔓延全球,1987 年 10 月 19 日,英国伦敦《金融时报》(*Financial Times*)指数跌 10.8%,创下了英国股市日最大跌幅,日本的日经 225 指数在 1987 年 10 月 19 日和 20 日两天累计跌幅为 16.9%,法国、荷兰、比利时、新加坡、巴西、墨西哥等国家股市均出现了大幅下挫。[①] 中国香港恒生指数 1987 年 10 月19 日单日下跌 420 点,跌幅达到 11.12%。1987 年 10 月 19 日凌晨中国香港联合交易所有限公司(The Stock Exchange of Hong Kong Ltd., SEHK)立即召开了紧急应变会

---

① 资料来源:股小茵. 1987 年美国股灾的原因、影响及借鉴 [J]. 证券市场导报,1995(8):36 - 39.

议，在10点钟开市前终于作出决定，宣布为了令投资者保持冷静，以及积压了大量未清理的交收，因此联合交易所停市4天（10月20～23日）。1987年10月26日上午11点复市，积压数日的抛单汹涌而出，市场根本无法接单，中国香港恒生指数暴跌1120.7点，日跌幅高达33.33%，创世界股市历史上的最高跌幅纪录。

在此次"股灾"中，美联储发挥了积极的作用，向市场投放了大量的流动性，国债利率出现了接近90度的垂直下落。"黑色星期一"后的多个交易日，美国股市都是巨幅波动的，1987年10月20日、21日，标普500指数大涨5.3%和9.1%，10月22日标普500指数跌3.9%，26日再跌8.3%。1987年10月底的最后5个交易日市场反弹，标普500指数反弹至255.75点，距离"股灾"时的最低点216.46点，反弹幅度有18%。

1987年10月底的反弹之后，11月股市又开始缓慢回落，主要问题依然是美元汇率在持续贬值。同年11月20日，美国白宫和国会达成了一个削减财政赤字的协议，计划未来两年减少750亿美元的财政赤字。同时在1987年11月，西方主要国家纷纷降息，来稳定市场和经济。到同年12月，市场行情开始好转，此时美元汇率其实仍然还在贬值，但美国经济基本面也在持续好转，1987年12月初的数据显示，美国的失业率降至了5.8%。同年12月7日，美国和加拿大最终就自由贸易协定的细节达成一致。在经济基本面好转的支撑下，股市行情在1987年12月逐步回升。

标普500指数1987年底最终收于247点，全年上涨2.0%（见图4-8）。

指数点位（点）

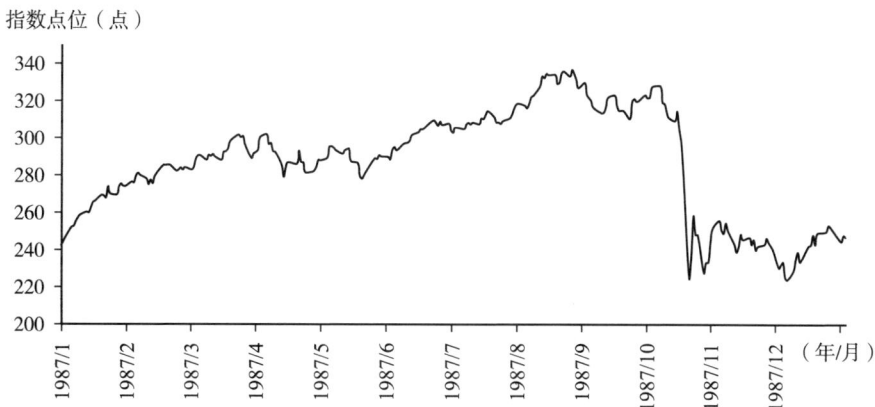

图4-8　1987年1～12月标普500指数走势

资料来源：Wind资讯。

第二节　经济形势：供给学派的胜利

在经历了 20 世纪 70 年代末至 80 年代初连续出现的经济衰退后，美国的通货膨胀终于迎来了回归正常的曙光；在罗纳德·里根总统与保罗·沃尔克的努力下，20 世纪 80 年代的美国最终走出了"滞胀"的"泥潭"。从 1982～1987 年，美国工业生产指数同比增速月均值虽然继续小幅降至 2.3%，但与 20 世纪 70 年代相比，80 年代美国经济增长的稳定性明显增加，根据 NBER 的定义，这一时期内，美国仅在 1982 年尚处于经济衰退当中（见图 4 –9）。

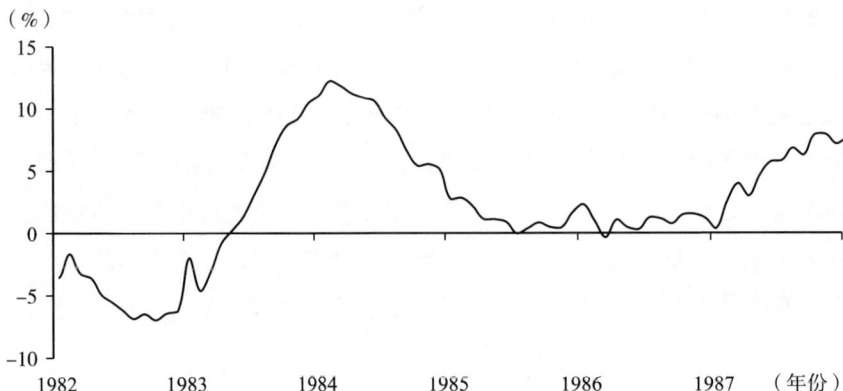

图 4 – 9　1982～1987 年美国工业生产指数同比走势

资料来源：Wind 资讯。

一、经济周期：里根经济学

（一）走出"滞胀泥潭"：1982～1983 年

困扰了美国整个 20 世纪 70 年代的高通货膨胀问题在 1982 年出现了好转，但为此付出的代价也是惨痛的。1982 年是全面实行"经济复兴计划"的一年，但美国经济仍然经历着从通货膨胀到价格稳定的艰难过渡，这一年，美国经济增速出现了大幅的下滑，也是第二次世界大战后经济危机较为严重的一年。1982 年伊始，美国经济便出现了严重的衰退，第一季度 GDP 同比增速大幅下降至 –2.2% 的水平，全年 GDP 同比增速下探至 –1.8%。商业投资和出口的下降尤其严重，特别是私人部门的投资增速在高资金利率的影响下，对 GDP 增速的贡献迅速下滑至 -2.5%。1982 年货币政策主要目标是缓和通货膨胀压力，以便在价格稳定方面取得进一步进展。在以经济增长为代价的情况下，货币政策对物价的调控终于有所成效，1982 年通货膨胀大幅放缓（见图 4 - 10），从幅度上来看，1982 年的 CPI 同比增速由上一年的 10.3% 大幅下降至 6.2%，核心 CPI 同比增速也降至 7.4% 的水平；虽然通胀率降低主要得益于石油价格的疲软，但不论是消费品、服务还是资本设备的通胀率都较上一年出现了明显的下降。

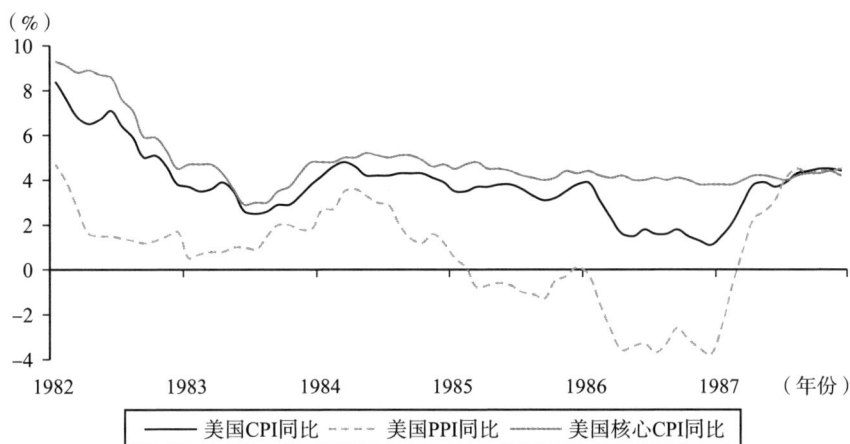

图 4 - 10　1982～1987 年美国 CPI、核心 CPI、PPI 同比走势

资料来源：Wind 资讯。

1982 年美国在稳定物价方面取得的成就为其 1983 年经济复苏创造了有利的环境，货币政策目标在 1983 年转向促进经济活动的复苏，货币政策出现了明显的宽松（见图 4 - 11）。美国经济活动在 1983 年明显活跃起来，全年 GDP 增速上升至 4.6%，第四季度更是达到 7.9% 的高点。通货膨胀率进一步降低，全年 CPI 同比增速降至 3.2%，核心 CPI 也继续下降至 4.0%。在通胀水平回归正常、利率降低以及政府减税的三重刺激下，美国居民消费支出快速增长，带动 GDP 增速回升 3.5 个百分点。美国经济终于走出了"滞胀泥潭"。

（二）贸易逆差与《广场协议》：1984～1985 年

随着 CPI 趋于合理水平，贸易逆差与高赤字替代高通胀成为困扰美国政府的问题。由于罗纳德·里根"经济复兴计划"中的大规模减税政策，美国的政府赤字在 1983 年出现了令人担忧的急剧增长，高赤字与较高的利率吸引大量的国际资本流入美国，美元走强，导致美国贸易逆差迅速扩大。1984 年美国经济保持快速增长，全年 GDP 增速高达 7.2%，居民消费支出与私人部门投资保持强劲增长，但在美元持续走强的情况下，美国出口情况不断恶化，净出口对 GDP 增速的拖累上升至 1.5 个百分点。

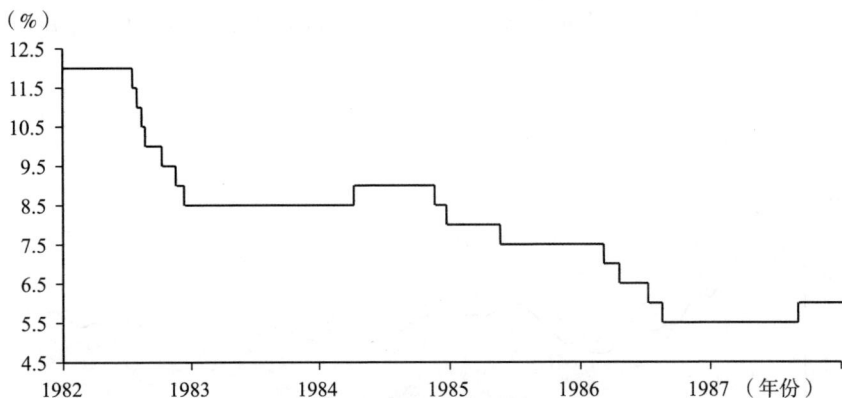

图 4－11　1982～1987 年美联储贴现利率走势

资料来源：Wind 资讯。

为了寻求解决巨额贸易赤字问题的方法，1985 年 9 月，美国联合日本、德国、法国以及英国政府达成联合干预外汇市场、诱导美元对主要货币的汇率有秩序地贬值的《广场协议》。《广场协议》签订后，美国、日本、联邦德国、法国、英国五国开始联合干预外汇市场，在国际外汇市场大量抛售美元，继而形成市场投资者的抛售狂潮，导致美元持续大幅度贬值，自《广场协议》签订至 1985 年末，美元兑日元共计贬值 16.6%。

在《广场协议》的影响下，1985 年，美国商品和服务净出口对 GDP 增速的拖累效应有所减小，贡献率提升至 -0.4%。但美国政府的赤字仍然处于历史高位，政府支出大幅增加，推动美国 GDP 增速提升 1.4 个百分点。政府支出的大幅增加挤出了私人部门投资，居民消费支出保持较快增长。综合来看，1985 年美国 GDP 增速为 4.2%，较前一年出现了较大的下滑，但仍维持较快的增长。这期间，通货膨胀率保持在可控范围内，物价涨幅普遍低于上一年。在此背景下，1985 年美国的货币政策较为宽松，1987 年 5 月 20 日美联储下调贴现率至 7.5%，联邦基金目标利率由年初的 8.125% 降至年末的 7.75%（见图 4－11）。

（三）"第二次美国革命"：1986～1987 年

1986 年，美国的经济活动继续保持温和扩张的态势，全年 GDP 增速达到 3.5%。

在以鼓励经济持续扩张为主要目标的指导下，美联储年内 4 次降低贴现率共计 2 个百分点。利率下降降低了居民的借贷成本，并提升美国居民的资产价值，这使得家庭消费支出保持强劲的增长。与此形成鲜明对比的是，制造业等商业部门的经济活动步伐持续放缓，国内私人部门投资对 GDP 的拉动作用几乎为零。

早在 1981 年，罗纳德·里根刚刚上任时便提出了经济复兴计划，并颁布了著名的《经济复苏和税收法案》（ *Economic Recovery and Taxation Act* ），旨在降低税收，促进经济增长，但由于政府财政赤字持续扩大等一系列问题，导致一些减税措施被取消，另一些未生效的规定被搁浅。而在 1986 年 9 月 27 日，美国参议院通过了罗纳德·里根提出的《1986 年税制改革法案》（ *Tax Reform Act of 1986* ，TRA86 ）。这一被罗纳德·里根称为"第二次美国革命"的税制改革基于宽税基、低税率、简税制的原则，对个人和企业所得税进一步做出调整，将个人所得税的最高税率进一步降至28%，将企业所得税最高税率下降至 34%（见表 4 -1）。

表 4 -1　　　　　　　　　里根政府两次税改主要内容

税种	《经济复苏和税收法案》	《1986 年税制改革法案》
个人所得税	（1）将个人所得税最高税率由 70% 下降至 50% （2）允许 1981 年税收抵免，抵免额为个人正常纳税义务的 1.25% （3）从 1985 年起，根据 CPI 对个人所得税税率、个人所得税免征额、扣缴额和最低所得税申报额进行调整 （4）降低最高遗产税税率，并提高遗产税税收抵免额	（1）将原来 11% ～50% 的超额累进税率调整为 15% 和 28% 的两级累进税率 （2）将已婚夫妇的基础标准扣减额提高至5000 美元；并将个人豁免额分三年逐渐增至2000 美元 （3）增加劳动所得税额抵免 （4）对其他税收抵扣条款进行了调整，如取消居民消费税抵扣等
企业所得税	（1）扩大加速折旧法的适用范围，降低各类资产折旧年限 （2）对高新技术产业实施税收优惠	（1）将原来的 15% ～46% 的超额累进税率调整为 15%、25% 和 34% 三级累进税率 （2）取消了特别项目的纳税扣除优惠
资本利得	对个人销售或者交换获得的长期资本利得设置20% 的最高征收税率	（1）取消个人长期资本利得税免除条款，对非企业资本利得设置 28% 的最高征收税率 （2）废除企业资本利得优惠，对企业资本利得设置 34% 的最高税率

资料来源：美国国会。

在新税改政策刺激下，1987 年美国经济保持较快的增长，全年 GDP 增速达到了3.5%，超出了大多数人的预期。经济活动的构成也朝着更加平衡的方向发展，在居民消费保持较快增长的情况下，私人部门的投资增速也出现了较大幅度的提升，推动 GDP 增速提升 0.5 个百分点。此外，美元的走弱使得美国产品的国际竞争力也出现了明显的提升，1987 年美国商品与服务净出口不再是美国经济的拖累，全年为 GDP 增速的贡献为 0.2 个百分点。在减少联邦赤字方面，美国政府也取得了一定的进展，1987 年财政年度赤字约为 1500 亿美元，较前一年的创纪录水平低了大约 1/3。

尽管美国经济交出了一份较为漂亮的成绩单，美联储在 1987 年制定执行政策时却遇到了较大的困难。由于货币供应总量的增速与经济活动之间的相关性越来越弱，两者之间的关系存在着相当大的不确定性，美联储在执行货币政策时需要采取更加灵活的方式，同时也要全面把握经济中不同层面的运行状况。1987 年上半年，在美元疲软及石油价格反弹的压力下，通胀率持续上升，货币政策趋于谨慎。同年 7 月，由于 M1 不再能够对经济活动的情况进行预测，FOMC 决定不再为 M1 设置目标范围。下半年，在经济走强的背景下，美元疲弱再次引发了市场对通胀的担忧，通胀压力上升，美联储在 1987 年 9 月提高贴现率 0.5 个百分点（见图 4 - 11）。高利率最终导致了美国股市在同年 10 月暴跌，为了确保金融体系的流动性，美联储公开市场操作的重点已经转向维持稳定和宽松的市场，以促进金融市场全面恢复稳定，并减轻股市下跌对经济的影响。

二、经济结构：从工业到服务业

（一）宏观经济好于企业盈利

宏观经济的表现要明显好于企业盈利的增长是 1982～1987 年的一个显著特征。1982～1983 年，美国终于摆脱了"滞胀"的"泥潭"，经济在 1983 年之后也开始快速扩张并持续增长。若以 1981 年为基准，在 1982～1987 年，美国名义 GDP 逐年稳步上升，至 1987 年，名义 GDP 的累计增速高达 51.4%。但是在宏观经济持续改善的背景下，微观的企业经营情况却并没有那么乐观，美国企业税前、税后的利润均与名义 GDP 的走势出现了背离。以 1981 年为基准，1987 年美国企业税前利润累计增长幅度仅为 19.6%，远远不及名义 GDP 的累计增速，企业税后利润在这期间更是几乎没有增长，累计增速仅有 5.7%。这说明，1982～1987 年企业盈利并不是美国经济增长的主要贡献，美国企业盈利在 GDP 构成中的占比也在持续下降。

1986 年之后，企业税前利润和税后利润的走势出现了明显的分化，这是该阶段的另一个显著特征。从企业利润累计增速的走势来看，1985 年以前，美国企业的盈利基本上没有增长，甚至在 1982～1983 年还出现了下降。但是在 1985 年以前，美国企业税前利润和税后利润的走势基本上保持一致。1986 年，美国的企业盈利再次下滑，也是在这一年，企业的税前利润开始明显高于税后利润。从实际税率来看，1985年美国企业的实际税率为 28%，1986 年便快速上升至 35%，1987 年仍然保持在34%。造成 1986 年美国企业实际税负大幅提升的原因还是在于里根政府提出的《1986 年税制改革法案》（以下简称《法案》），虽然该《法案》大幅降低了个人和公司的最高税率，但同时，该《法案》也完善了美国的税收体系，通过填补并消除富人和公司原来能够享受的税收漏洞来大幅扩大税基，从而使得美国政府保持收入中性。这种情况下，原本个人承担的税收负担部分被转移至公司，美国企业实际承担的税负其实是有所增加的。

（二）金融地产与制造业分庭抗礼

1982～1987 年，美国经济体的三大支柱产业没有发生变化，仍然是制造业、金融地产以及批发零售业三大产业（见图 4－12）。但在新技术革命下，国民经济的重心逐渐向非物质生产部门的第三产业转移，制造业外流的趋势在 20 世纪 80 年代初期有所加速，与此同时，金融地产行业对经济体的重要性不断提升，截至 1987 年底，金融地产行业增加值占 GDP 的比重上升至了 18%，与制造业呈分庭抗礼之势。不考虑政府支出，批发零售行业仍然是美国经济的第三大产业，产业增加值占 GDP 的比重为 13%，与 1981 年相比几乎没有变化。

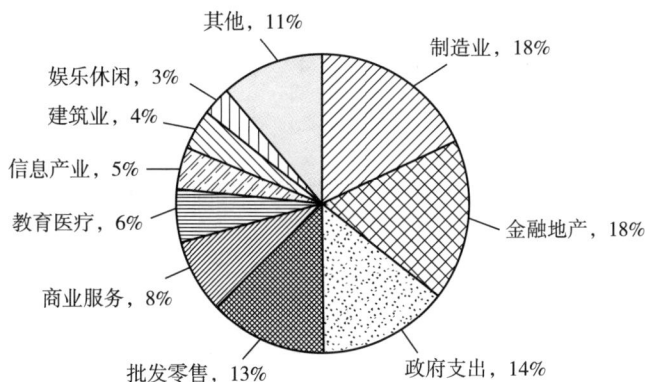

图 4－12 1987 年美国 GDP 分行业增加值占比分布

资料来源：美国经济分析局、笔者整理。

不仅是金融地产行业的产值贡献逐年提升，其他第三产业的增加值占比也在不断提高。除去上述三大行业外，其他增加值占比较高的行业包括，商业服务、教育医疗、信息产业、建筑业以及娱乐业，占比分别为 8%、6%、5%、4% 和 3%，而其中，除建筑业外，其他四个行业均属于第三产业。随着通胀价格趋于平稳，前期受益于价格大幅上涨的采矿业产值出现了大幅的下降，1987 年行业增加值不及农、林、牧、渔业，成为占比最低的行业。

美国在该时期内走出了过去困扰经济较长时间的"滞胀"问题，但从较高水平的通货膨胀向正常价格水平的过渡造成了该阶段各行业增加值名义增速和实际增速之间的较大差异。从名义增加值年化增速来看（见图 4 – 13），1982～1987 年，发展速度最快的三个行业是商业服务、教育医疗和公用事业，年化增速分别为 11.8%、10.6% 和 9.8%，而发展速度较慢的行业有采矿业、农、林、牧、渔业以及制造业，其中，采矿业名义增加值以年化 – 8.2% 的速度下降，农、林、牧、渔业以及制造业名义增加值年均增长幅度也仅为 0.8% 和 5.2%。

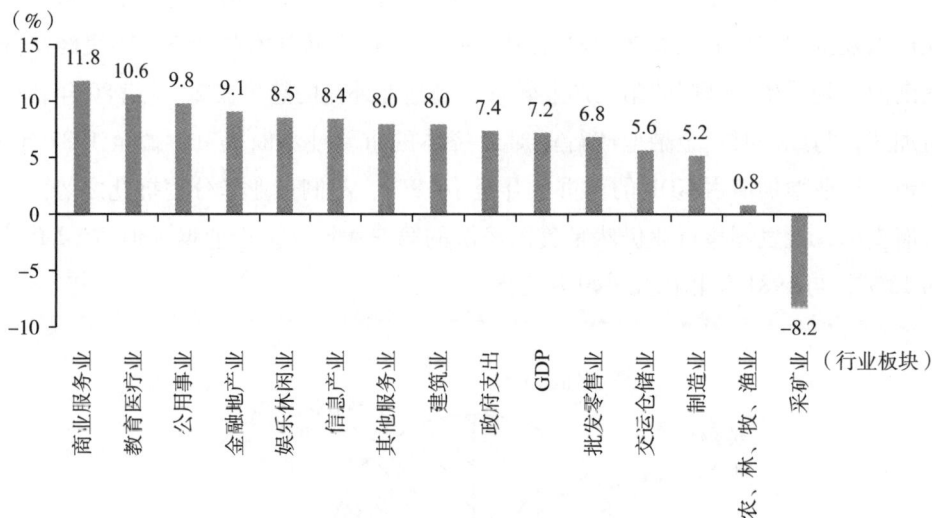

图 4 – 13 1982～1987 年美国大类产业增加值年化名义增速

资料来源：美国经济分析局、笔者整理。

若从实际增加值的角度来看则完全不一样。虽然商业服务仍然以 6.1% 的年化增速排名第一，但名义增速为负值的采矿业实际增速并不低，仅次于商业服务和批发零售业，以 4.2% 的年化增速与制造业共同位列第三。而在剔除价格因素后，教育医疗以及公用事业产值的年化增速大幅下降至 2.9% 和 1.1%，甚至不及 GDP 的实际增速，其中，公用事业的实际增速更是所有行业中最低的。

从制造业细分行业的情况来看，非耐用品行业增加值的增速持续快于耐用品行业，同时该阶段下，仅其他交运设备、木制品、印刷制品、计算机电子、汽车及零部件和家具行业年化增速高于 GDP 增速。由于 20 世纪 70 年代的低速发展，低基数效应下，1982～1987年，交运设备行业发展较为迅速，其中，其他交运设备行业名义增加值以每年13.8%的速度增长，汽车及零部件行业的年化增速为8.8%。名义增加值增速较低的行业包括基本金属、机械和石油煤炭，除去基本金属和机械行业名义增加值负增长外，石油煤炭行业的年均增速也仅为0.6%。

（三）美国企业利润行业结构的变化

从美国制造业企业利润占比的变化情况来看，该阶段下，制造业的外流明显加速。1981年底，全部制造业企业实现的利润占全部美国企业的盈利比重尚有40.8%，1987年底，这一比重大幅下降至28.9%，降幅高达11.9个百分点；与此同时，海外市场的利润贡献出现明显提升，利润占比由1981年的14.4%大幅提升至1987年的22.0%。金融地产行业利润占比在1981年触及11.8%的低点后反弹，至1987年底已上升至18.0%。该时期美国企业利润结构的变化还包括，批发零售行业1987年利润占比为14.1%，较1981年末小幅降低0.6个百分点，服务业利润占比下降至3.9%，建筑业利润占比由0.8%上升至2.6%，而采矿业利润在该阶段下持续亏损。

1982～1987年，美国企业利润几乎没有增长，年均利润增速仅为1.0%。从各行业企业利润年均增速的绝对值看，利润增长最快的三个行业及市场分别为农、林、牧、渔业，建筑业和海外市场，其中，农、林、牧、渔业年均利润增速高达362.4%，远远高于其他行业。农、林、牧、渔业超高的增速主要是低基数效应造成的，1981年，整个农、林、牧、渔业仅实现5900万美元的利润，对当年美国企业利润的贡献几乎为0；虽然1987年其利润贡献仍不足1%，但与1981年相比已经是大幅的改善。与农、林、牧、渔业企业利润大幅改善不同的是，在石油价格持续下跌的背景下，采矿业企业盈利情况急剧恶化，采矿业企业连年亏损，年均增速为-63.3%。

制造业企业利润增速在第二次世界大战后首次出现了负增长，年均增速为-4.2%。在此背景下，近半数的制造业细分行业利润有所下降，但耐用品企业整体利润增速要好于非耐用品企业。具体来看，由于木制品及其他交运设备行业在基期1981年尚处于亏损状态并在该时期内扭亏为盈，因此这两个行业实现了利润的大幅增长，年均利润增速分别高达505.6%和49.4%。亏损幅度最大的细分行业是石油煤炭，受石油价格下跌的影响，1982～1987年石油煤炭企业利润年均下降18.6%。

三、上市公司盈利与估值变化回顾

尽管1983年后美国经济一直保持着较快的增长速度，但上市公司的利润增速却并不是非常可观，1982～1987年美股上市公司平均利润增速仅为3.1%。从走势来看，1982～1987年全部美股的利润增速经历了三个阶段（见图4-14）。第一阶段在1982～1983年，伴随着美国经济彻底摆脱"滞胀"的"泥潭"，美国企业的盈利能力大幅提高，上市公司利润增速也实现了由负到正的大飞跃。第二阶段开始于1984年第一季度，全部美股净利润增速与GDP增速同时触及阶段性顶点，随后开始下滑，但上市公司利润增速下降的速度要更快、下降的幅度也更大。至1985年底，美股利润增速降至－19.8%，为1982～1987年的最低点。第三阶段在1986～1987年。1986年后美国经济增速不再放缓，上市公司利润增速也开始震荡回升，1987年底，美股利润增速再度上升至34.3%。

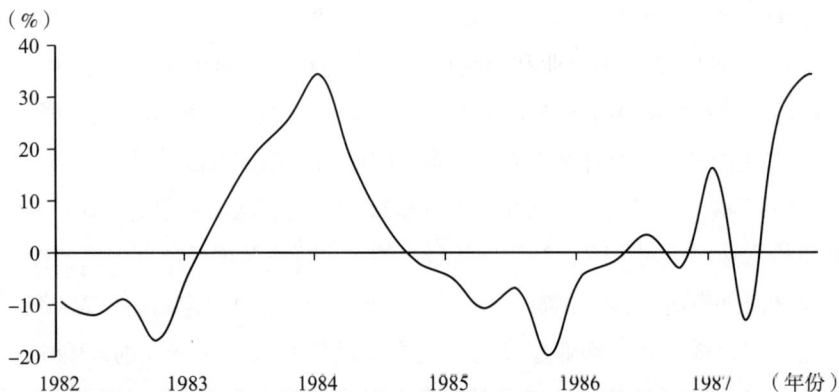

图4-14　1982～1987年全部美股单季度净利润增速变化情况

资料来源：Compustat数据库、笔者整理。

从盈利能力的角度来看，美股上市公司的ROE整体趋势是下跌的，由1981年底的13.5%下降至1987年底的11.0%（见图4-15）。石油危机后ROE下跌的趋势在1982年仍在持续，直到1983年第二季度美国经济增速及上市公司利润增速均明显好转后，美股ROE才从10.7%的底部回升。但随着美股利润增速在1984年初的见顶，1984年第三季度开始，上市公司ROE再次转入下跌通道，1987年第二季度降至了9.9%。

与上市公司盈利能力整体下降的趋势相反，1982～1987年，标普500指数的市盈率持续提升，即使经历了1987年"股灾"，标普500指数的市盈率PE仍然从1981年底的8.1倍提升至1987年底的15.6倍，上升幅度高达92.6%（见图4-16）。

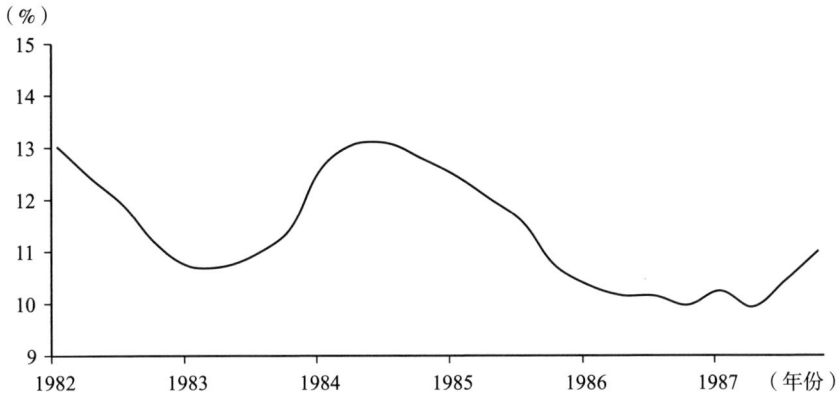

图4－15 1982～1987年全部美股ROE变化情况

资料来源：Compustat数据库、笔者整理。

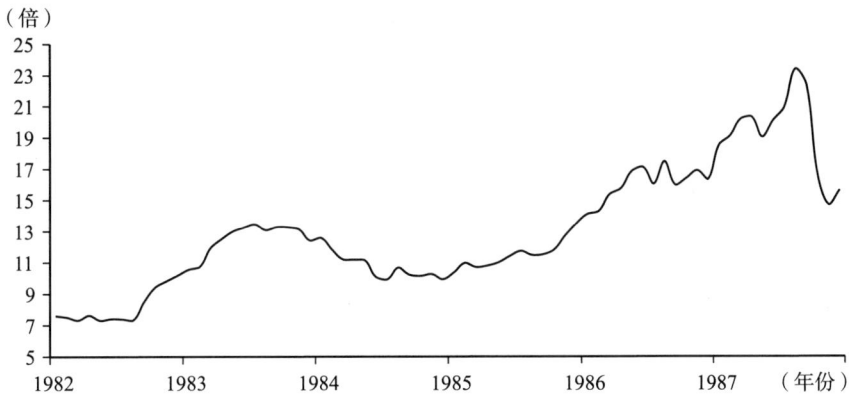

图4－16 1982～1987年标普500指数市盈率（PE）走势

资料来源：彭博咨询公司。

1982～1987年估值提升的逻辑非常简单与直接，长端利率的大幅下降是造成估值大幅持续攀升的主要原因（见图4－17）。通货膨胀的大幅放缓不仅直接拉低了长端利率，同时还为美国货币政策的放松创造了空间。美国10年期国债到期收益从1981年底的14.0%大幅下降至1987年底的8.8%，下降幅度高达520个基点。虽然该时期内，美股上市公司的盈利能力及利润增速并没有出现明显的改善，但在长端利率下行的刺激下，美股估值还是出现了大幅提升。

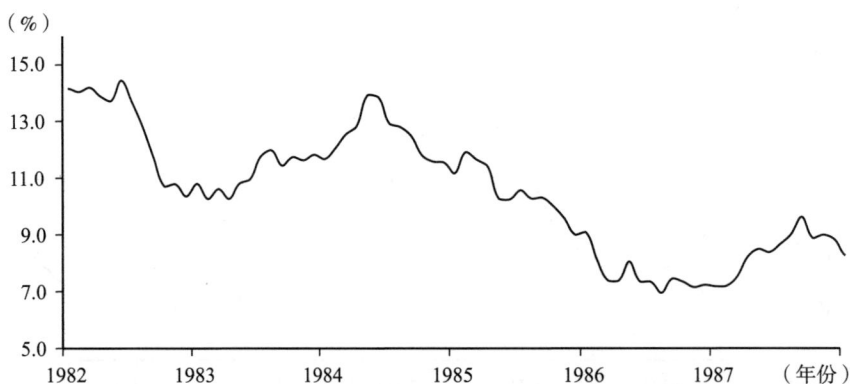

图4－17　1982～1987年美国10年期国债到期收益率走势

资料来源：Wind资讯。

第三节　行情特征：大消费时代

在成功地遏制住通货膨胀之后，美国的市场利率开始大幅下行，经济进入新的发展阶段。相比1981年底，到1987年底美股市值最大的20个公司中，能源类公司数量明显减少，而消费类公司数量大幅增加（见表4－2）。

表4－2　　　　　　　　　　　　**1987年底美股市值前20大公司**　　　　　　　　单位：亿美元

名称	行业	市值	名称	行业	市值
IBM	信息科技	690	阿莫科公司	能源	178
埃克森美孚公司	能源	526	南贝尔公司	电信	175
通用电气公司	工业	398	陶氏杜邦公司	原材料	170
美国电话电报公司	电信	290	宝洁公司	必需消费品	166
杜邦公司	原材料	209	美孚公司	能源	161
美国默克集团	医疗保健	208	柯达公司	信息科技	159
数字装备公司	信息科技	207	3M公司	工业	146
高特利公司	必需消费品	202	可口可乐公司	必需消费品	142
杰拉尔德·福特公司	可选消费品	191	沃尔玛公司	必需消费品	137
通用汽车公司	可选消费品	191	雪佛龙公司	能源	136

资料来源：彭博咨询公司。

1982年可以说是美国新一轮牛市的起点。1982～1987年的这段行情可以说是一波"改革牛"行情，即行情的涨幅基本完全由估值提升构成，业绩增长贡献非常少。股市估值大幅提升的背后，是市场对于里根政府改革的良好预期，以及从1982年开始持续下降的利率。

1982～1987年的这段行情另一个非常值得关注的问题就是股市表现和汇率的关系，因为从1982～1987年美元汇率走出了一个先上后下类似正态分布的形态，给研究者提供了正反两方面的例证。从历史的实践经验来看，汇率与股市表现没有明确的单向关系。

从股市行情的结构性表现来看（见图4-18），主要有以下三个特点。

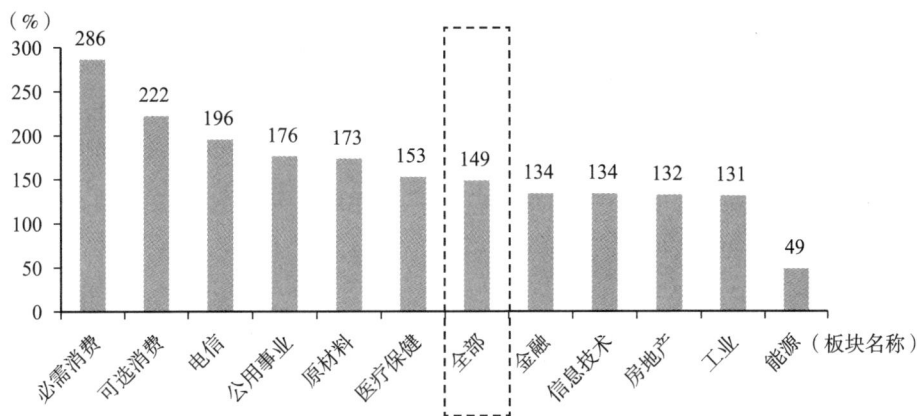

图4-18　1982～1987年美国股市分板块累计收益率表现

注：行业分类为GICS。

资料来源：Compustat数据库、笔者整理。

第一，消费股表现最好，必需消费和可选消费板块分别排所有板块的第一名和第二名（见图4-18）。消费股大涨的主要逻辑包括：（1）在累进所得税制下，通胀下行提高了居民消费能力。（2）大量美国消费品公司开始了海外扩张，享受到了很多发展中国家的市场红利。（3）利率下行对可选消费品，特别是汽车，有显著的利好。

第二，电信和公用事业板块收益率跑赢了市场整体。这主要得益于利率的大幅下行，使得这两个利率敏感性板块有了超额收益。

第三，科技股正处在一个新老交替的转型过程中。从整体来看，信息技术板块在1982～1987年中是没有超额收益的。从个股来看，20世纪70年代表现最好的个股在这段时间内成为最大的输家，股价跌幅很大。笔者认为，这反映了科技革命从一个旧时代向一个新时代转变的过程。

一、美股的"改革牛"

在 20 世纪 80 年代的美国股市，也出现了一种所谓的"改革牛"行情，即股市上涨基本完全依靠拨估值而非业绩提升。从 1982～1987 年，标普 500 指数大概上涨了有 1 倍多，从收益率构成的分解来看，基本上全部是估值的贡献（见图 4 - 19）。

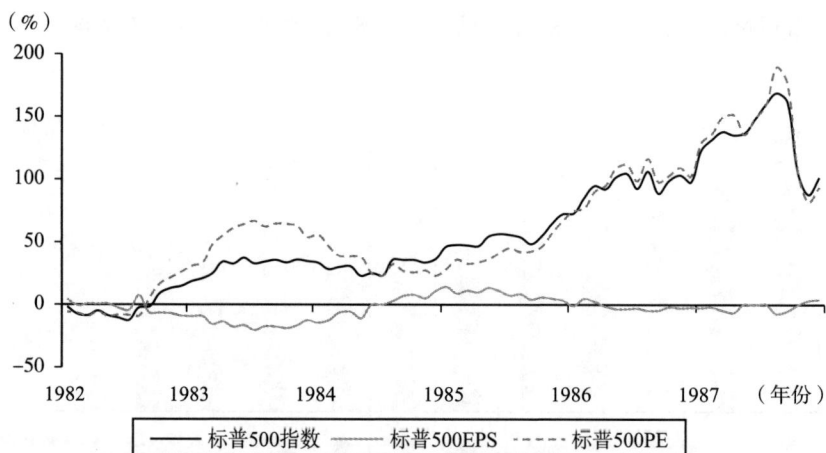

（％）

图 4 - 19　1982～1987 年标普 500 指数估值和 EPS 变化分解

资料来源：彭博咨询公司。

"改革牛"背后的核心逻辑，是改革推动了美股从资产重估到盈利再生。为解决严重的滞胀问题，里根政府上台伊始便提出了长达 300 页的"经济复兴计划"。财政上，大规模减税并调整支出结构；货币上，紧货币控制通胀、不惜以经济衰退为代价；同时进行了大规模的经济改革，减少政府干预、放松行业管制。改革使得美国经济重新恢复活力，大类资产中权益资产配置优势大幅增加。20 世纪 80 年代美股的上涨经历了改革带来的资产重估到企业盈利再生的过程。牛市大致可以分为两个阶段，1987 年"股灾"前牛市靠估值驱动，之后靠基本面业绩驱动。

第一阶段：风险偏好与低利率推升估值。美国股市能在 1982 年下半年开始呈现估值系统性回升，得益于两个方面：（1）改革持续推进并有所成效，市场担忧的经济低迷与高通胀问题均有所缓解，这提升了权益资产的风险偏好，而房产等其他大类资产的收益预期有所降温，风险溢价在不同资产的再分布调整有利于股票估值的回升。（2）无风险利率开始呈现系统性的下降，并且继续下降的空间因通胀得到控制被完全打开，这有助于资本市场估值的提升。尽管此时上市公司企业盈利尚未有所恢复，但股票估值开始呈现持续的回升。

第二阶段：改革红利促进企业盈利再生。1986 年以后，美国上市公司盈利能力显著提升，牛市进入了盈利再生的第二阶段。随着税制改革、减少政府干预、放松经济管制等改革措施的不断落实推进，外加 1983 年以后美联储的货币政策开始放松，信用环境明显改善，产能利用率回升。20 世纪 80 年代中后期开始美国上市公司的盈利能力有了显著提升。到 1988 年底，美国所有上市公司的净利润总和是 1985 年的 1.72 倍，年均复合增长率 18%。同时，上市公司的 ROE 在 1986 年见底，之后亦呈现出逐步抬升的趋势。

二、股市与汇率的关系

20 世纪 80 年代美国股市另一个非常值得讨论的问题，就是股市和汇率的关系。如前文所述，在 1971 年布雷顿森林体系解体之前，基本上每一次的美元危机，都会对股票市场产生较大的负面影响。

但从 20 世纪 80 年代的情况来看，汇率与股市的关系似乎又不是那么具有单边确定性。图 4-20 报告了 1980～1989 年美元指数与标普 500 指数走势对比。从图 4-20 中可以很清晰地看到，以美元指数来度量的美元汇率变化，在整个 80 年代刚好走出了一个先升后降的过程，整体形态类似一个正态分布函数，转折点出现在 1985 年的《广场协议》。而股票价格走势在整个 80 年代趋势上基本上是单边向上的。因此第一个结论是，从历史经验来看，整体趋势上汇率和股市表现没有很强的相关关系。

有读者可能会问，10 年周期的维度太长，短期的情况如何？从图 4-20 的经验情况来看，汇率升值时股市可以跌，比如 1981～1982 年上半年，汇率贬值时股市也可以大涨比如 1985～1987 年，这样的案例非常多。因此笔者认为，第二个结论是即使从短周期波动的角度来看，用汇率去推断股市走势准确性也不高。

实际上，从理论上来说，市场对于汇率与股市关系的解释确实处在一种说不清楚的境地。第一个逻辑可以说汇率升值有助于本国货币计价的资产整体升值，贬值则会造成整体贬值，特别是对于外国投资者而言，汇率尤为重要。第二个逻辑可以说汇率贬值有利于出口，从而在基本面层面利好上市公司业绩。

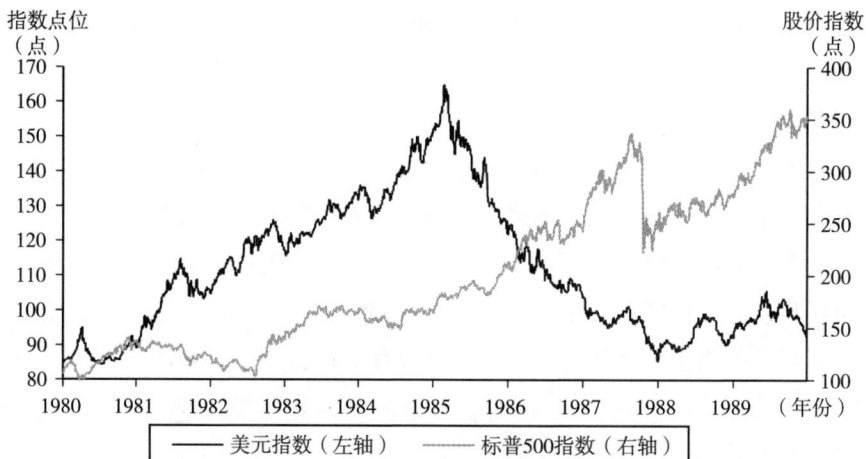

图4-20　1980～1989年美元指数与标普500指数走势对比

资料来源：Wind资讯。

从美国的历史经验来看，这两个逻辑在历史上都成立过。笔者认为，在特定的时期内，市场究竟是认同第一种还是第二种逻辑，这取决于当时市场环境中的主要矛盾，不能一概而论。具体来看，在1982年以前，美股市场主要认同的是第一种逻辑，即汇率升值利好股市，除了本币资产价格升值外，另外一点比较重要的是汇率升值有助于控制本国通胀。

但特别是1985年以后，人们会发现逻辑变了，市场渴望的是美元贬值。为什么此时美元贬值反而是利好了呢？笔者认为，这主要取决于经济环境发生了变化，贬值利好出口，但会造成通货膨胀压力并减少本币资产价值。当时的情况是通胀已经被压制住了，但是出口的贸易赤字成为经济运行中的主要问题，因此贬值成了一个利好因素。

三、消费股进入"黄金时期"

20世纪80年代是美国消费股的"黄金时期"。横向来看，在1982～1987年这段时间内，消费股板块无论是必需消费还是可选消费，表现都显著好于市场整体，收益率在所有板块中分别排名第一和第二（见图4-18）。纵向来看，必需消费品板块在历史周期中，80年代的超额收益表现最好，1982～1987年这段时间是一个开端。

成就消费股大牛市的原因大致有这三个：第一，通货膨胀的大幅下行，极大地提高了居民的消费能力。如前所述，在个人所得税累进制税率的情况下，高通胀对于居民的消费能力基本就是扼杀，1982 年以后通胀和利率大幅下行，使得居民消费能力大幅提升。第二，一大批优秀的美国消费品公司开始海外扩张，海外应收账款大幅增加。从这个角度上讲，美国的消费品公司在很大程度上分享了中国改革开放的成果。第三，消费品公司的行业集中度提升，导致"龙头"公司的净利润率大幅提高。这个逻辑要在 20 世纪 80 年代末期才开始慢慢出现，消费品"龙头"公司的净利润率提高主要是在 90 年代实现的。

必需消费股中，沃尔玛公司（WalMart）在 1982～1987 年走出了 10 倍股行情（见图 4–21），其他表现特别好的必需消费股包括箭牌口香糖公司（Wm. Wrigley Jr. Company）、联合利华公司（Unilever）。

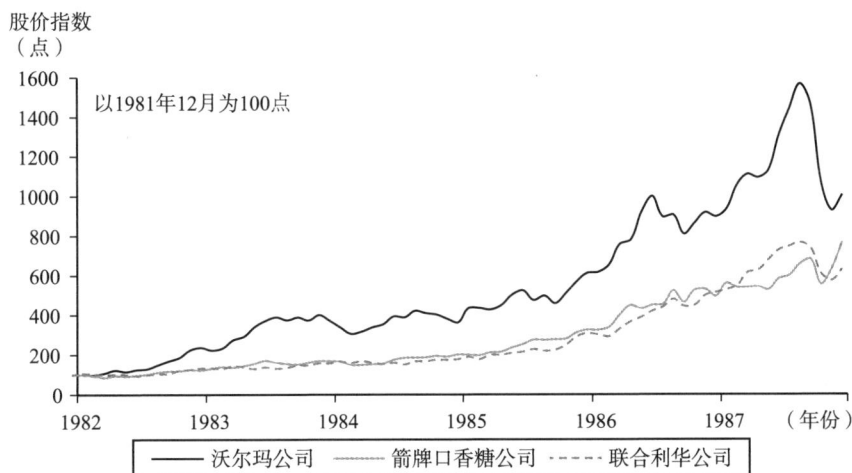

图 4–21 1982–1987 年沃尔玛公司、箭牌口香糖公司、联合利华公司股价走势

资料来源：Compustat 数据库。

可选消费股中，除了汽车股，服装类和奢侈品也有很出色的表现，出现了多个大牛股，像孩之宝公司（Hasbro）、凯特丝蓓公司（Kate Spade）、盖璞公司（Gap）等，在 1982～1987 年都是 10 倍股（见图 4–22）。

四、彼得·林奇的汽车股

除了前述必需消费股和可选消费股以外，1982～1987 年的美股行情中，值得重点突出的还有汽车股行情（汽车股也属于可选消费）。

股价指数
（点）

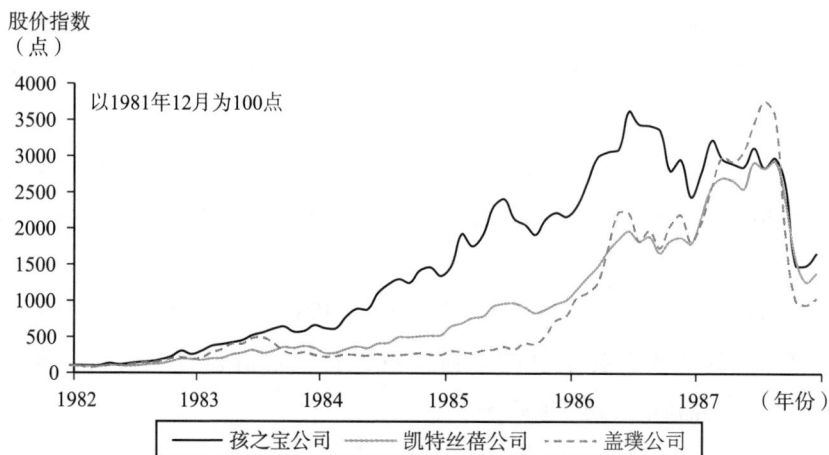

图 4－22　1982～1987 年孩之宝公司、凯特丝蓓公司、盖璞公司股价走势

资料来源：Compustat 数据库。

著名的基金经理彼得·林奇（Peter Lynch）在他自己的著作中说过："从 1982～1988 年这整整六年里，在麦哲伦基金（Fidelity Magellan Fund）前五大重仓股中，这 3 家汽车公司中至少有 2 家，有时 3 家公司股票都是前五大重仓股。正是在这少数几家汽车公司股票上获得的巨额盈利，才让麦哲伦基金业绩出类拔萃。"① 可以说，是汽车股成就了彼得·林奇。

造就汽车股大行情的逻辑是多方面的，有一种天时、地利、人和共振的感觉。一方面，作为可选消费品种中贝塔属性较强的，汽车股享受到了时代的大红利，利率下降对汽车股有很大的刺激作用；另一方面，20 世纪 80 年代以后，原油价格的大幅下降，使得汽车股又享受到一层利好。而在 20 世纪 70 年代到 80 年代，美国的汽车行业开始出现危机，在欧洲和日本汽车的围攻下，三大汽车公司的市场份额不断下降。市场非常悲观，认为美国汽车产业已经走到了崩溃的边缘。极低的股价使得汽车股后续有了很大的上涨空间。

个股选择上，彼得·林奇主要看好福特汽车公司和克莱斯勒汽车公司，以及欧洲的沃尔沃汽车公司，不看好通用汽车公司，彼得·林奇说道："我从来不会持有太多的通用汽车股票，即使是在当时汽车行业一片大好的年代里。因为我可以把通用汽车公司称为一个糟糕的公司，这种称呼已经算是最客气的了。"

---

① ［美］彼得·林奇，约翰·罗瑟查尔德. 战胜华尔街［M］. 刘建位，等译. 北京：机械工业出版社，2010.

事实也确如彼得·林奇所言，在1982～1987年的大行情中，克莱斯勒汽车公司和福特汽车公司都是10倍股的大牛股，而通用汽车公司股价也有上涨，但上涨幅度逊色太多（见图4-23）。

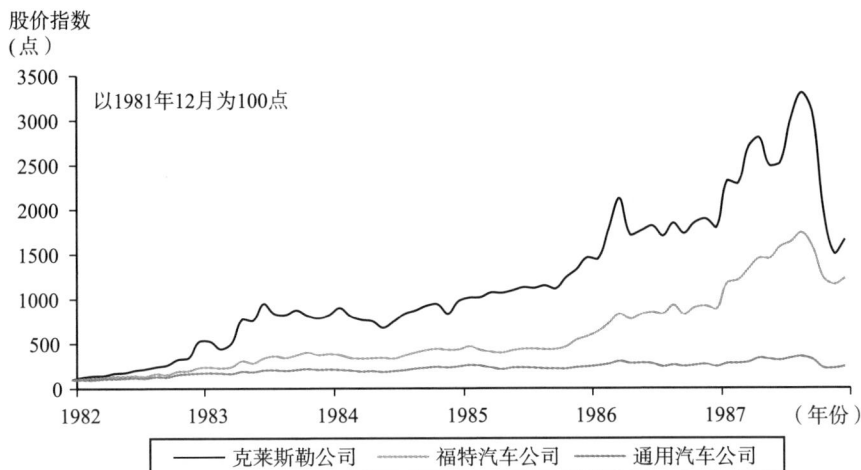

图4-23　1982～1987年克莱斯勒汽车公司、福特汽车公司、通用汽车公司股价走势

资料来源：Compustat数据库。

五、对利率敏感的公用事业

1982～1987年，收益率排在消费品板块之后的是电信和公用事业板块；这里的电信主要是电信服务运营商，而不是科技属性较强的通信设备企业，所以这两个板块可以被统称为广义的公用事业股。

公用事业板块拉长来看，并不是一个特别出色的板块，长期看没有什么超额收益。作为一个典型的防守型板块，公用事业板块的业绩与宏观经济相关性较低，同时较高的股息率决定了利率是影响板块收益的最重要变量。

从金融资产无套利均衡的角度看，由于公用事业公司的业绩成长性一般也没有什么可以期待的空间，无风险利率就是公用事业公司的股息率资产比价。举例来说，如果当前的市场利率对应的投资者乐意接受的均衡股息率是5%，那么如果利率下行，使得投资者乐意接受的均衡股息率降低到4%，在上市公司股息金额不变的情况下，意味着股价可以提高25%[①]，这就是利率下行对公用事业公司股价的巨大吸引力。

---

① 假设一家上市公司每股股价100美元，股息5美元，此时对应的股息率为5%。如果利率下行，使得市场均衡股息率是4%，在股息仍然是5美元的情况下，意味着股价可以上涨到125美元。

从实际情况来看，笔者发现这个逻辑在 1982～1987 年是成立的，从公用事业板块股价的超额收益走势来看，确实存在着与 10 年期国债到期收益率较为明显的负相关关系（见图 4－24）。

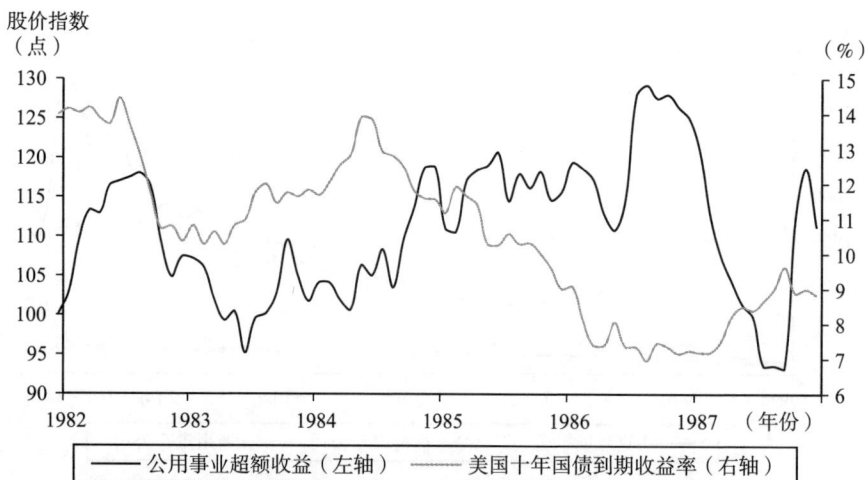

图 4－24　1982～1987 年公用事业板块超额收益与国债收益率对比

资料来源：Compustat 数据库、Wind 资讯。

六、转型中的科技股板块

1982～1987 年这段时间内，信息技术板块表现并不好，特别是从 1983 年终开始一直到 1987 年，板块基本上是完全跑输市场整体（见图 4－25）。

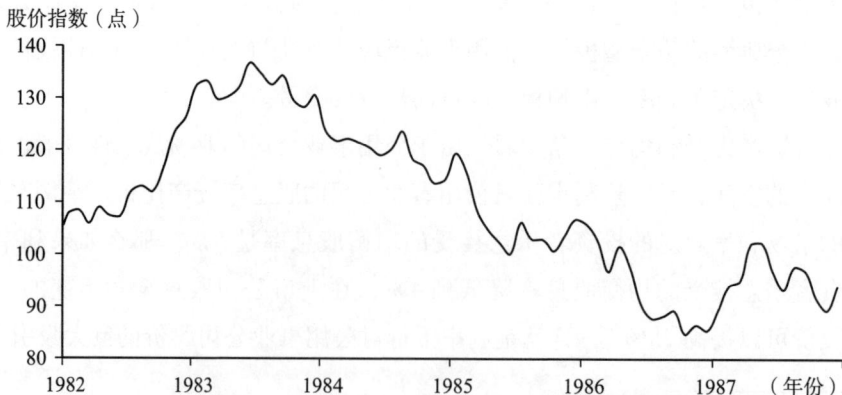

图 4－25　1982～1987 年信息技术板块超额收益走势

资料来源：Compustat 数据库、Wind 资讯。

回顾整个 20 世纪 70 年代和 80 年代，这段时间内科技股总体表现都不行（60 年代时科技股中的消费电子股表现其实非常高）。笔者认为，这中间的主要原因可能就在于 70 年代和 80 年代是科技革命的一个转型期，是以电子管为代表的老一代科技公司慢慢衰落，而以半导体集成电路为代表的新一代科技公司慢慢崛起的过程。而这个过程很漫长。

过去的一百多年中，能够对人类生产效率产生革命性影响的"通用目标技术"普遍认可的是两个，一是由电力和内燃机发明带来的"能源革命"；二是信息通信技术产业（information communications technology，ICT 产业）的诞生，带来了"信息革命"。而回顾科技发展史就会发现，从技术的诞生到生产率的提高，从来都不是一帆风顺的，从科技创新到技术被接受、学习、证实或证伪，中间就会有一个非常漫长的路程。

"信息革命"出现的时间其实很早，1946 年由美国军方定制的世界上第一台电子计算机"电子数字积分计算机"（ENIAC）在美国宾夕法尼亚大学（University of Pennsylvania）问世，之后 20 世纪 50 年代出现了只有大型商业机构才能负担得起的"第一代计算机"，60 年代使用晶体管代替真空管出现了"第二代计算机"，20 世纪 60 年代末至 70 年代初有了集成电路的"第三代计算机"，到 1975 年第一款微型计算机 Altair 8800 问世。1965 年仙童半导体公司研究开发实验室主任摩尔提出了"摩尔定律"，预言半导体芯片上集成的晶体管和电阻数量将每年增加 1 倍。

但是，在经历了整个 20 世纪 70 年代的生产率停滞甚至衰退之后，美国人对于信息科技提升生产率的说法是非常失望的。1987 年，诺贝尔经济学奖得主罗伯特·索洛（Robert Merton Solow，基本可以称得上是经济增长理论之父了），提出了一个著名的观点："IT 产业无处不在，而它对生产率的推动作用却微乎其微"（Computers everywhere except in the productivity statistics），被称作是索洛悖论或者是生产率悖论（productivity paradox）。可见从科技创新到生产率提升是何等缓慢，由信息科技带来的生产率提升要到 80 年代后期才出现，在 1995 年以后出现了加速。

美股信息技术板块也在反映背后这样的形势变化。这段时间内，除了信息技术板块作为一个整体没有超额收益以外，更值得注意的一点是，信息技术"龙头"公司变化得很快。所以，投资者很有可能会是看对行业却选不对个股。在 70 年代表现非常好的信息技术个股存储技术公司（Storage Technology）和科技亚特兰大公司（Scientific-Atlanta）（见图 3 - 31），在 1982～1987 年股价损失惨重，跌幅分别达到 95% 和 56%。而在 1982～1987 年表现较好的信息技术股票包括冠群技术公司（Ca Inc）、美国电子数据系统公司（Electronic Data Systems Corporation）等。

第五章
1988～1994 年：蓄势待发

　　1987 年 10 月的"股灾"给投资者留下了惨痛的记忆。1988 年以后，美股行情的驱动力从之前几年依靠估值的"资产重估"转到了依靠业绩的"盈利再生"。里根经济学改革的红利开始逐步释放，上市公司的盈利能力开始显著增强，因为承诺会继承罗纳德·里根的精神和政策，乔治·H. 布什（George H. W. Bush，以下简称老布什）非常顺利地当选美国总统。虽然受到美元汇率持续回落、日本经济"泡沫"破裂①、第三次石油危机②、"海湾战争"（Gulf War)③ 爆发、欧洲货币危机等一系列外部不利因素的影响，但依靠上市公司强劲的业绩支撑，美国股市依旧持续上涨走势如虹（见图 5 - 1）。20 世纪 80 年代末期到 90 年代初期，美国经济基本上完成了一轮经济结构的转型调整，服务业已经替代了传统制造业成为支柱产业，信息技术的发展使得科技已经从电子时代走向了计算机时代。1991 年开始，美国开启了一轮时间非常长的房地产景气周期，带动了金融板块未来 15 年的长期超额收益周期。1990 年人类基因组计划的启动，使得美股出现了第二次生物科技股的"泡沫"。蓄势待发，美国经济和股市已经做好了新经济繁荣前的准备。

---

　　① 1985 年 9 月《广场协议》签订后日元升值，为刺激日本经济的发展，日本中央银行采取了非常宽松的金融政策，鼓励资金流入房地产以及股票市场，致使房地产价格暴涨。1991 年后，随着国际资本获利后撤离，日本房地产泡沫迅速破灭，房地产价格随即暴跌，同时股市大跌。

　　② 20 世纪 80 年代以后，随着石油输出国组织团结力量的瓦解以及新兴产油国的出现，1986 年，石油价格降到 10 美元/桶以下，使国际石油市场出现混乱，对世界经济和金融体系产生猛烈冲击，被称为第三次石油危机。

　　③ "海湾战争"，是美国领导的联盟军队于 1990 年 8 月至 1991 年 2 月，为恢复科威特主权、独立与领土完整并恢复其合法政权而对伊拉克进行的一场战争，是"冷战"结束后的第一场大规模武装冲突。

标普500指数（月K线）

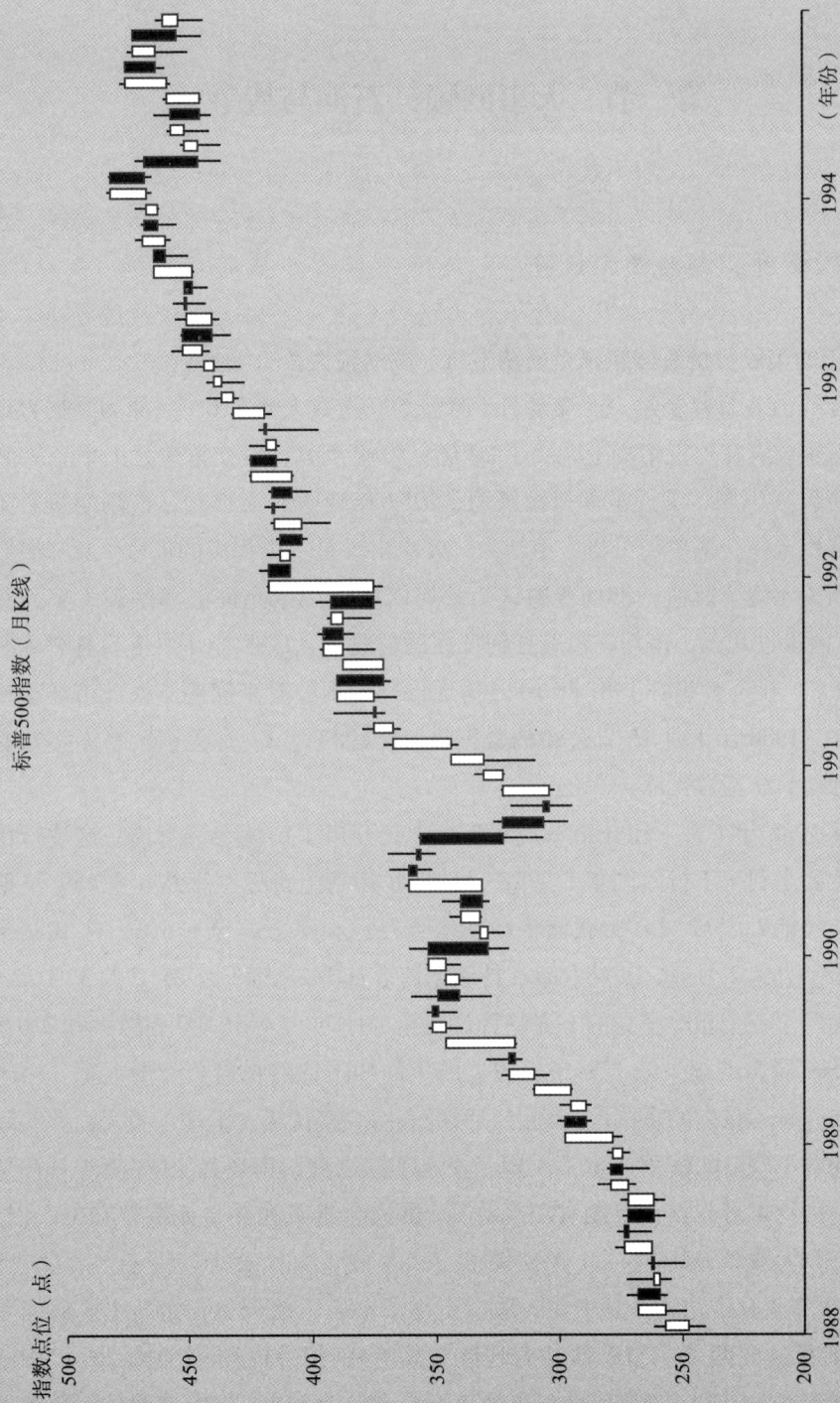

图5-1 1988~1994年标普500指数走势

资料来源：Wind资讯。

第一节　大事回顾：石油与战争

一、1988 年：扭转美元逆境

1988 年的美股行情总体特征是震荡上行、波动很大。

1988 年 1 月 4 日年初第一个交易日，标普 500 指数大涨 3.6%，原因是据报道美国和其他国家政府在外汇市场上购买了 20 亿～30 亿美元，以支撑美元汇率。从 1985 年《广场协议》以来，美元汇率持续贬值，1987 年贬值尤为严重，市场期盼看到美元汇率能够稳定住。华尔街分析人士认为，此次出手是一个积极的信号，意味着政府不愿意看到美元继续贬值。市场普遍认为政府的底线是不允许汇率跌破 1 美元兑换 120 日元。但没过几天，市场在没有任何征兆的情况下，1988 年 1 月 8 日标普 500 指数暴跌 6.8%。投资者担心 1987 年 10 月情形再现，不过看来问题不大，市场很快又恢复了过来。1988 年 1 月 15 日公布的数据显示，1987 年 11 月美国贸易赤字数有明显缩减，标普 500 指数大涨 2.5%。

市场从 1988 年 1 月下旬开始一直到 3 月中旬开启了一波上涨行情，这波行情的驱动力量主要是利率下行。同年 1 月 28 日，将联邦基金目标利率从 6.8125% 下调至 6.6250%。同年 2 月 11 日，美联储将联邦基金目标利率下调至 6.5%。从 1988 年 1 月上旬开始一直到 2 月底，长端利率在持续回落。从 1988 年 1 月 21 日到 3 月 22 日，市场整体走出了一个相对平稳的上涨趋势。同年 3 月 24 日标普 500 指数大跌 2.07%，25 日标普 500 指数继续大跌 1.84%，主要的负面冲击依然来自美元的汇率。由于此前包括美国、日本在内的多国政府都已经明确表示会支持美元汇率，美元汇率实际的走弱让市场对于政府的信用产生了质疑。快速下跌之后，市场在 1988 年 4 月初又被很快拉起。同年 4 月 6 日，市场有消息称 G7 国家会将美元兑日元维持在 125 以上，标普 500 指数大涨 2.7%。

从 1988 年 4 月中旬到 5 月中旬，股市走出了一波下跌调整行情，主要原因是利率有明显上行。同年 3 月 29 日，美联储将联邦基金目标利率上调 25 个基点至 6.75%。对于此次加息，美联储的议息会议声明是这么说的："本季度经济活动的扩张速度较第四季度有所放缓，持续扩张得到了国内最终销售大幅回升的支持，而库存积累似乎有所放缓。"显然，美国经济一方面没有过热的迹象；另一方面也没有太大的通胀压力，加息的主要原因应该就是通过提高利率来支持美元汇率。

1988 年 4 月 14 日，美国商务部公布的数据显示 2 月的贸易赤字数上升至 138 亿美元，当日标普 500 指数大跌 4.35%。同年 4 月 17 日，美国海军袭击伊朗，伊朗由此处于与伊拉克和美国两面作战的被动状态，这成为 1988 年 7 月伊朗和伊拉克停火的主要原因。同年 5 月 9 日，美联储将联邦基金目标利率上调 25 个基点至 7.0%。同年 5 月 25 日，美联储将联邦基金目标利率上调 25 个基点至 7.25%。这波调整使标普 500 指数下探至 251 点，基本抹去了年初的全部涨幅回到了原点。

从 1988 年 5 月底开始一直到 6 月底，市场开始了 1988 年的第二轮上涨。这轮上涨的主要动力是美元指数大幅上扬、长端利率有所回落。这期间美股市场对于贸易赤字数据比较敏感，贸易赤字收窄被视作重要利好。同时股市又对基本面数据表现得很矛盾，较差的就业数据被解读为有利于美联储放松货币政策。

行情从 1988 年 7 月开始再度进入调整，这期间利率再度上行，特别是银行的最优惠贷款利率。同年 6 月 30 日，美联储将联邦基金目标利率上调至 7.5%。同年 7 月 8 日，美国劳工部公布失业率降低至 5.2% 为 14 年来最低水平。同年 7 月 19 日，联邦基金目标利率被上调至 7.6875%。同年 8 月 8 日，联邦基金目标利率被上调至 7.75%，8 月 9 日联邦基金目标利率被上调至 8.125%，同日美联储将贴现利率从 6.0% 提高到 6.5%，8 月 9 日当日标普 500 指数下跌 1.3%。行情一直调整至 1988 年 8 月下旬，标普 500 指数最低下探至 257 点。

行情从 1988 年 8 月底开始进入 1988 年的第三轮也是幅度最大的一轮上涨，这波上涨的主要原因是美联储停止了加息的步伐，货币政策从收紧转向了中性。从 1988 年 8 月 9 日一直到 11 月 17 日，美联储没有进一步上调联邦基金目标利率。同年 9 月 2 日，劳工部的数据显示就业人数 8 月新增 21.9 万人，低于市场预期的 22.5 万人，标普 500 指数大涨 2.37%。同年 10 月 7 日劳工部的数据显示新增就业人数为 25.5 万人，继续低于华尔街的预期，标普 500 大涨 2.1%。标普 500 指数在 1988 年 10 月 21 日达到了年内高点 284 点。

1988 年 10 月以后，美元汇率再度掉头向下，使得美联储不得不在 11 月中旬开始再度开始加息，股市从 1988 年 10 月下旬开始进入调整。同年 11 月 8 日，老布什当选为美国第 41 任总统，他承诺会继承罗纳德·里根的精神。同年 11 月 11 日美元大跌拖累股市，标普 500 指数下跌 2.11%。同年 11 月 16 日，商务部公布的美国 9 月贸易赤字为 104.6 亿美元，较 8 月 122.7 亿美元明显减少，但美联储主席艾伦·格林斯潘表示美联储将继续收紧货币政策直到政府赤字有明显好转，当日标普 500 指数大跌 1.68%。在 1988 年 11 月 16 日标普 500 指数最低下探至 264 点。

1988 年 11 月下旬开始，股市行情好转，12 月开始美元汇率回升进一步带动了行情。这期间还出现了一轮"戈尔巴乔夫行情"（Gorbachev rally）。同年 12 月 6 日美联社报道，苏共中央总书记米哈伊尔·戈尔巴乔夫（Михаил С. Горбачёв）主动提出单方面裁军 30%，国防部部长德米特里·亚佐夫（Dmitry Yaz）扬言要辞职。随后 1988 年 12 月 7 日在联合国大会第 43 届会议中，米哈伊尔·戈尔巴乔夫宣布苏联决定在今后两年内单方面裁军 50 万人，并大大减少常规武器数量。[①] 苏联的单方面裁军表态，引发了美股的做多热情，因为投资者意识到这将减轻未来美国政府财政赤字的压力，从而有利于货币政策的放松。股市在 1988 年 12 月持续回升。

标普 500 指数 1988 年底最终收于 278 点，全年上涨 12.8%（见图 5 - 2）。

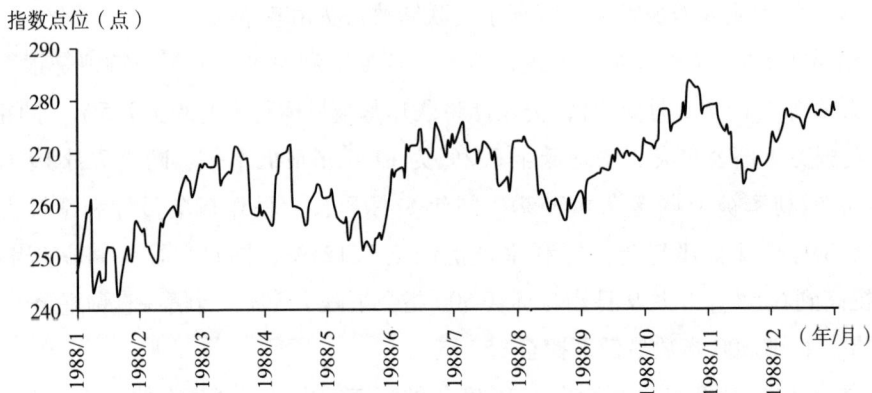

图 5 - 2　1988 年 1～12 月标普 500 指数走势

资料来源：Wind 资讯。

1988 年的美股行情有个值得讨论的问题就是，美股为什么在经济增速下行叠加利率上行的背景下，仍然继续上涨？笔者认为，这中间有几点值得注意：一是到 20 世纪 80 年代末期美国经济结构已经发生了重大的转变，服务业已经替代了工业成为最重要的产业，所以我们看到 1988 年工业生产同比增速下降比较快，而 GDP 同比增速下降比较慢。二是 1988 年的利率上行主要原因并不是通胀压力太大，而是在很大程度上美联储为了维系美元汇率而进行的加息，所以我们看到，短端的 3 个月期国债到期收益率从年初的 6.0% 左右大幅上行到年底的 8.5% 左右，而长端的 10 年期国债到期收益率年初和年底基本持平在 9.0% 左右，期限利差大幅收窄。三是经济状况很

[①]　资料来源：肖明建. 戈尔巴乔夫时期的苏联军事改革·大事记（1988 年）［J］. 军事政治学研究，2014（4）：175 - 188.

重要的一点改善就是美国的贸易赤字在 1988 年明显收窄，这使得美元汇率从 1988 年开始基本能够走平了，没有进一步地大幅贬值。

二、1989 年：垃圾债券信用危机

1989 年初，美国经济状况如期好转，采购经理人指数（purchasing managers' index，PMI）持续上行，就业改善。同年 1 月初，老布什接替罗纳德·里根担任美国第 41 任总统。同时，美联储在 1989 年 1 月初提高了联邦基金目标利率。尽管市场担心通胀导致利率上行，以及里根政府的巨额财政赤字问题，但股市依然强势上涨。当然，强势的美元也吸引了大量的海外资金流入，实际上不仅是美国股市，英国伦敦股市、日本东京股市和德国法兰克福股市年初也大幅上涨，1989 年的"开门红"行情是全球性的。

然而持续上行的利率、通胀以及持续扩大的贸易赤字，这些都使得美股从 1989 年 2 月初开始回调。同年 2 月 9 日，美联储再度调高了联邦基金目标利率。同年 2 月 14 日和 2 月 24 日，美联储又连续两次提高了联邦基金目标利率，而且同时提高了贴现率。1989 年 2 月 22 日，道琼斯工业指数单日大跌 1.83%，创下自 1988 年 11 月 16 日以来的最大单日跌幅。1989 年 2 月道琼斯工业指数和标普 500 指数基本都回调了 4%。

1989 年 3 月初，由于就业数据超预期，美股再度上涨。这期间由于 1989 年 3 月中旬公布的生产者价格指数上涨 1%，远超市场预期，引发了道琼斯工业指数的短暂回调。但零售数据、贸易赤字数据，包括同年 4 月的生产者价格指数均显示经济过热的情况正在逐渐好转。这意味着美联储的紧缩政策可能即将结束。1989 年 4 月底发生的科莫兰特油田爆炸事件导致油价迅速上行，股价小幅回调了两周左右。直至 1989 年 5 月初，美股仅在 1989 年 2 月经历了一轮震荡回调，几乎是一路向上的，道琼斯工业指数和标普 500 指数累计涨幅已经接近 10%。

随着通胀的渐渐平息，市场对经济"软着陆"的预期越来越强，因为 PMI 直至 1989 年 4 月依然处于"荣枯线"以上，1989 年第一季度 GDP 同比增速有所反弹，这些信号对股票市场来说都是十分友好的，也推动了同年 5 月的上涨行情。同年 5 月 17 日，美联储再度提高了联邦基金目标利率。

可以发现，1989 年美股的走势完全是由基本面主导，短期经济指标包括通胀、PMI、利率的短期走势和变化对股市的影响都是直接实时的。同年 6 月美股回调了 1 个月，主要的影响因素一是美元持续上行带来的盈利担忧；二是同年 6 月公布的 PMI

数据环比上月迅速下行，已经跌破"荣枯线"，创 1986 年以来新低；三是美联储在 1989 年 6 月初又加息了。市场担心经济下行的幅度和速度超预期，从同年 6 月初回调至 7 月初，指数回调幅度在 3% 左右。

1989 年 7 月初，美联储迅速调整货币政策，仅仅在前次加息不到 1 个月的时间内，转而降低了联邦基金目标利率。同时，由于通胀持续下行，就业数据也有所改善，美股从 1989 年 7 月初开始继续高歌，一直涨到 8 月底。同年 7 月底道琼斯工业指数突破 2600 点，8 月底，道琼斯工业指数突破 1987 年"股灾"前的最高点 2722 点。

与此同时，经济数据出现了矛盾的信号，PMI 持续下降的同时，就业数据出现了明显改善。但由于美联储放松了货币政策，利率也在下行，所以强劲就业数据使得股市进一步上涨。1989 年 9 月中上旬美股回调了一段，直接"导火索"是"杠杆危机"的爆发导致垃圾债券市场的震荡。1989 年 9 月加拿大企业家罗伯特·甘皮奥（Robert Campeau）的"零售王国"发生了财务困难。[①] 他未能支付一笔到期利息结果造成垃圾债券的基点差从 500 个基点急速上升到 700 个基点，流入垃圾债券共同基金的资金出现了急剧下跌。信用危机的出现使得股市风险偏好大幅下降，市场出现调整，但股指 1989 年 9 月的跌幅也仅在 3% 左右。1989 年 9 月下旬公布的就业数据低于预期，市场对降息充满期待，使得行情再度引爆。

直至 1989 年 10 月初，整个 1989 年美股的走势几乎是一路向上的，虽然同年 2 月、6 月和 9 月股市经历了一些回调，但调整的跌幅都非常有限。至 1989 年 10 月上旬，道琼斯工业指数和标普 500 指数的涨幅均接近 30%。真正的下跌发生在 1989 年 10 月。1989 年 10 月 13 日，被称为"黑色星期五"，是 1987 年 10 月以来股市最严重的暴跌，标普 500 指数单日大跌 6.13%。直接"导火索"是美国联合航空公司（United Airlines）的母公司美国联合航空集团（UAL Corporation）67.5 亿美元杠杆收购交易失败的消息。当时这个事件承接着 1989 年 9 月罗伯特·甘皮奥的"垃圾债事件"，加剧了市场对垃圾债市场的恐慌。这轮下跌持续到了 1989 年 11 月初，其间因为美联储 10 月 19 日意外降息而小幅回弹。

1989 年 11 月初开始，由于贸易赤字环比大幅改善，非农就业数据好于预期，美股再度企稳，11 月底，美联储再度降息。同年 12 月 20 日，为应对美国"储贷协会

---

① 1989 年 9 月 15 日，罗伯特·甘皮奥旗下的联合百货公司（Allied Stores Corp）未能支付 5000 万美元的到期利息。该笔贷款涉及以 97% 的债务杠杆收购 Federated Department Stores Inc. 的交易，总金额达 10 亿美元，于 1990 年 1 月到期。此前公布的两公司第一季度财报也都出现了大额亏损。市场预计罗伯特·甘皮奥难以支付巨额债务。

危机"，美联储将联邦基金目标利率再度下调，至8.25%。从1989年7月美联储调整货币政策以来，已经连续降息5次。1989年的美股涨幅在过去30年里排名第三，道琼斯工业指数和标普500指数上涨27%（全年走势见图5-3），纳斯达克指数上涨了19%，超越了1987年"股灾"的点位，股指创下历史新高。

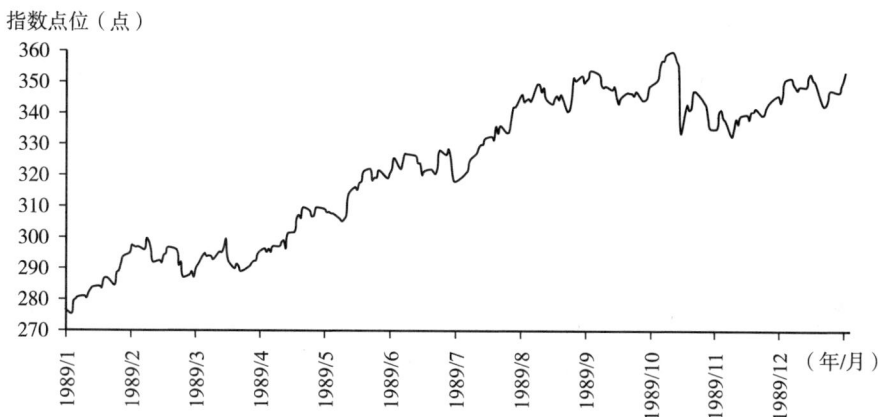

图5-3 1989年1~12月标普500指数走势

资料来源：Wind资讯。

三、1990年：第三次石油危机

受日经指数和欧洲股市暴跌的影响①，1990年1月美股直线下跌。

当然，背后的主要原因还是美国经济的下滑速度远超预期，1989年第四季度美国GDP增速2.74%，触及1987年以来最低增速。经济的"硬着陆"还体现在企业盈利上，而且盈利下行的同时，国内外的利率中枢还在抬升。1989年1月美股三大指数均下跌了10%左右。

1990年2月初，对经济复苏的乐观期待让前期暴跌的股市开始企稳上涨，主要的信号包括同年1月超预期改善的就业数据，美联储主席艾伦·格林斯潘也公开表示对经济扩张仍有信心。美股的上涨趋势一直持续到1990年7月初，其间有三次小幅回调。

① 日经225指数在1989年末达到38916点的峰值后开始暴跌。到1990年11月，指数跌破25000点，1990年下跌了近40%。股价暴跌几乎使所有银行、企业和证券公司出现巨额亏损。紧跟其后，日本地价也开始剧烈下跌，跌幅超过46%，日本的房地产市场泡沫随之破灭。

第一次是 1990 年 2 月中下旬，就在美股企稳后的半个月，由于日本股市持续暴跌①，美股投资者担心日本资本市场将面临崩溃。同时，包括美国在内的全球主要发达国家，日本、德国的利率均持续走高，加上持续高企的通胀，市场开始担心全球紧缩的政策周期会卷土重来。然而同年 3 月初，由于经济数据的局部好转，1989 年第四季度 GDP 修正数据达到 0.9%，远高于市场预期的 0.5%，1990 年 2 月 PMI 大幅回升，市场情绪很快就转向乐观。

第二次是 1990 年 4 月中旬，由于不断升高的利率和通胀，美股急跌两周，又在 5 月初迅速反弹。反弹的主要原因是全球股市的上涨和 PMI 重回 50 以上。

第三次是 1990 年 6 月初的下行，主要与国际油价的暴跌有关。② 同时，PMI 数据在"荣枯线"之上仅仅持续了 1 个月，随后再度掉头向下，1990 年 6 月底股指再度企稳。同年 7 月 13 日，美联储降息 25 个基点，在接下来的两个交易日内，道琼斯工业指数突破 3000 点。从 1990 年 2 月初至 7 月中旬的这轮反弹中，道琼斯工业指数上涨了 16%，纳斯达克指数和标普 500 指数均上涨了 12%。

就在道琼斯工业指数突破 3000 点关口之时，美股突然调转方向开始回调。这次下跌的"导火索"与第二季度盈利增速大幅下滑以及通胀高于预期相关，同时也和中东地区问题③的恶化有关。但下半年国内外经济政治形势的走势将此次回调演变成了持续的下跌。事后来看，自 1990 年 7 月开始，美国经济正式陷入衰退，股票市场确实是提前预见到了。

1990 年 8 月开始股市的形势更加恶化，不仅国内经济迅速下滑，海外政治局势也十分动荡。1990 年 8 月 2 日凌晨，伊拉克军队入侵科威特北部边界，占领科威特首都的大部分地区，双方部队在海湾大道北端展开了激烈战斗。与此同时 1990 年 8 月石油平均月度价格从每桶 17 美元至 10 月已升至 36 美元，第三次石油危机爆发。同年 8 月 5 日，美国总统老布什宣称不会容忍伊拉克的侵略行为，8 月 7 日，美国国防部部长理查德·切尼（Richard Cheney）访问沙特阿拉伯，同意协防沙特，展开"沙漠盾牌"（Desert Shield）④ 军事行动，防止伊拉克可能的侵略行动。

---

① 1990 年 3 月，日本大藏省发布《关于控制土地相关融资的规定》，对土地金融进行总量控制，这一人为的急刹车导致了本已走向自然衰退的泡沫经济加速下落，并导致支撑日本经济核心的长期信用体系陷入崩溃。此后，日本银行也采取金融紧缩的政策，进一步导致了泡沫的破裂。

② 国际需求降低以及其他替代能源发展迅猛导致 OPEC 主动发动价格战，试图重新控制油价。同时，OPEC 内部的"鹰派"和"鸽派"对油价和产量的问题产生了分歧，最终爆发海湾危机。

③ 1990 年 7 月 17 日，伊拉克总统萨达姆·侯赛因指责科威特超产原油，且窃取两国边界油田的原油。

④ "沙漠盾牌"行动的计划主旨是向海湾地区紧急增兵、阻止伊拉克进一步入侵沙特，并迫使伊拉克从科威特撤军。资料来源：沈力红．"沙漠盾牌行动"的巨大代价［J］．国际展望，1990（21）：14.

　　中东地区局势的动荡确实引发了风险偏好的降低，但基本面的恶化是毋庸置疑的。1990 年 8 月公布的上月失业率急剧上行，同时通胀水平大幅攀升，这还是在中东危机引发油价大幅上行之前发生的。另外，零售数据也出现了大幅下滑，美元指数持续下行、对中东战争的新担忧、油价的大幅上涨、经济的持续衰退，大幅压低了股市，导致主要股指都跌至一年多来的新低。

　　美股从 1990 年 7 月中旬跌到 10 月中旬，道琼斯工业指数和标普 500 指数已经跌去了近 20%，而纳斯达克指数的跌幅更是高达 31%。同年 10 月中旬开始，油价开始大幅下行，美股终于开始止跌反弹，1990 年 10 月 29 日，美联储降息 25 个基点。长端利率开始大幅下行，市场预期未来可能出现更多降息，而这种预期大幅提振了股市和债市。随后在 1990 年 11 月 13 日、12 月 7 日、12 月 18 日，美联储连续降低了联邦基金目标利率，同时，12 月 19 日，美联储还降低了贴现率 50 个基点。1990 年 10 月中旬至年末，市场在石油危机缓解和美联储货币政策的引导下，收复了部分失地，三大指数反弹幅度都在 10% 以上。

　　1990 年本是股票市场创历史新高的一年，但在战争和衰退拖累下，道琼斯工业指数触及 3000 点后得而复失。美股经历了 1981 年以来最差的年份，道琼斯工业指数下跌了 7%，标普 500 指数下跌 4%（全年走势见图 5 - 4），纳斯达克指数跌幅更是高达 18%。

指数点位（点）

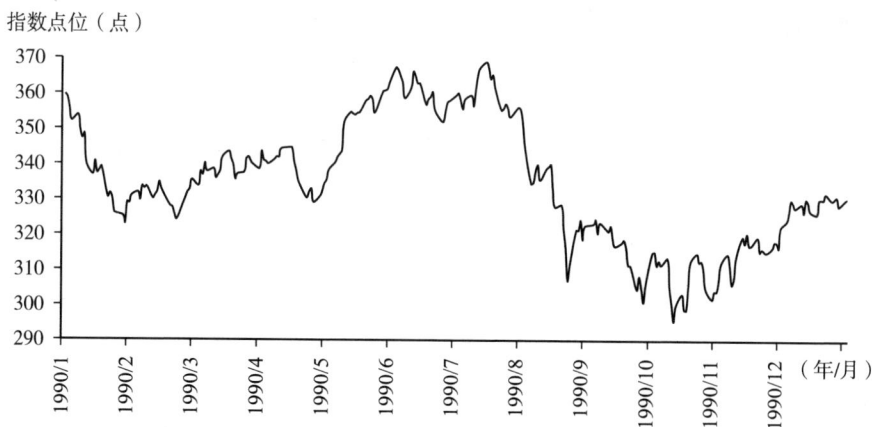

图 5 - 4　1990 年 1～12 月标普 500 指数走势

资料来源：Wind 资讯。

四、1991 年："海湾战争"爆发

1991 年初，持续疲弱的经济数据引发了美股再度回调。房价降至 1982 年衰退以来的最低水平，工业生产继续下降，通胀还在上行，1991 年 12 月 PMI 已经降至 40.8，非农就业同比持续负增长。

然而仅仅十几天之后，市场情绪就发生了转机。先是在 1991 年 1 月 9 日，美联储将联邦基金目标利率下调 25 个基点至 6.75%。随后波斯湾局势持续恶化，1991 年 1 月 12 日，美国国会授权使用武力对付伊拉克，1 月 16 日，美国老布什总统命令美军向伊拉克开战，以美国为首的多国部队轰炸巴格达，发起"沙漠风暴行动"（Operation Desert Storm）①，"海湾战争"爆发。"海湾战争"爆发后次日，1991 年 1 月 17 日道琼工业指数大幅上涨 4.57%。要知道，从美国介入海湾危机以来，前期暴涨的油价已经大幅下行，而 1991 年 1 月中旬之后，长端利率也明显走低，市场认为这些变量的变化为经济反弹提供了充足的安全垫。

1991 年 2 月 1 日，美国劳工部宣布非农就业降幅远超预期，美联储将联邦基金目标利率下调 50 个基点，比市场预期的多 25 个基点，美股大涨。美联储的官方声明声称，这一举措是在经济活动进一步下滑、货币和信贷增长持续疲软、通胀压力（包括大宗商品价格疲软）有所缓解的情况下采取的。爆发式的行情基本到 1991 年 2 月中旬就结束了，这轮反弹虽然仅持续了 1 个月，但道琼斯工业指数和标普 500 指数涨幅高达 18%，而纳斯达克指数更是上涨了 26%！1991 年 2 月中旬后，蓝筹股进入震荡行情，而纳斯达克指数依然持续上行。

1991 年 2 月 28 日，"海湾战争"结束，市场将关注点集中在了基本面上。1991 年 2 月底公布的经济数据显示 PMI 降至 40 以下，美元指数大幅上行，美股急涨行情告一段落，开始进入震荡走势。同年 3 月初，美联储进行了年内的第三次降息，联邦基金目标利率降低 25 个基点，美股震荡缓慢上涨趋势得以维持。与此同时，失业率持续大幅上行，随后 1991 年 3 月的 CPI、PPI 降幅超预期，市场期待 4 月的再一次降息，同年 4 月 17 日，道琼斯工业指数突破 3000 点。自 1991 年 2 月中旬过后，道琼斯工业指数又震荡上涨了 2%，而标普 500 指数和纳斯达克指数分

---

① "沙漠风暴行动"是"海湾战争"中美国及其盟友进攻作战行动的行动代号，指发生在 1991 年 1 月 17 日至 2 月 27 日期间，以美国为首的"盟国部队"与伊拉克军队之间进行的一场大规模军事行动，目标是"解放科威特"。这场举世瞩目的军事行动只持续了 43 天，伊拉克军队完全战败，被迫接受《停战协议》，科威特被解放。资料来源：苏庆谊，张强. 战斗中的科威特空军 [J]. 国际展望，1991（3）：16.

别上涨了 6% 和 14%。

1991 年 4 月 12 日，美联储召开电话会议，结果显示各地区分行对降息的意见并不统一。1991 年 4 月 18 日开始，受盈利不及预期以及美联储不愿降息的影响，市场再度下跌。同年 4 月 30 日，美联储将联邦基金目标利率下调 25 个基点至 5.75%，并出乎市场意料地将贴现率从 6% 下调至 5.5%。虽然美联储的表现很让市场满意，但在基本面毫无起色的情况下，市场对经济的方向看不清楚，这也是导致市场横盘震荡的行情一直持续到 1991 年 11 月的主要原因。

虽然指数横盘没有方向，但市场预期却在悄然发生变化。1991 年 6 月开始市场对经济见底开始形成预期，从数据上看，PMI 持续上行，并在同年 6 月越过"荣枯线"。但市场始终并没有明确上涨方向，一方面是担心高利率和通胀问题；另一方面是公司盈利问题（因为盈利并未见改善，仍延续负增速下滑趋势）。还有一个很重要的原因，就是海外股市和经济的大幅波动影响了美股。1991 年 6 月开始，日本证券业丑闻爆发①，叠加楼市"泡沫"破灭引发的经济危机，导致东京股市持续暴跌。同年 7 月初，日本央行降息后日经指数才慢慢稳定下来，与此同时，纳斯达克指数开始上涨，而道琼斯工业指数和标普 500 指数仍然横盘震荡，原因是蓝筹股的盈利远不及预期。其中，以 IBM 为代表，IBM 第二季度发布了其公司历史上第二次盈利预警，带动蓝筹股集体下跌。就在市场认为经济已经远离衰退开始复苏的时候，第二季度公布的 GDP 增速大大低于预期，1991 年 8 月 6 日，美联储降息 25 个基点。同年 8 月下旬，苏联爆发了"八·一九事件"②，美股也在短短 3 天内实现 V 形反转（当然，只是横盘震荡行情中的一个小插曲）。

1991 年 9 月 13 日，美联储降息 25 个基点，经济数据继续恶化，主要是失业率的持续上行，而且从 9 月开始，PMI 也出现了下降。花旗集团、IBM、苹果公司等"龙头"公司三季报盈利均大大不及预期。1991 年 10 月底和 11 月初美联储连续两次降息 25 个基点。同年 11 月 15 日，美国股市暴跌，道琼斯工业平均指数下跌 120 点，收于 2943 点。这是有记录以来的第五大跌幅，也是 1989 年以来的最大降幅。由于没有公布的重大新闻，分析师将下跌归因于一系列的原因，包括对经济的不满，投机

---

① 1991 年夏天，以野村证券（Nomura）、大和证券（Daiwa Securities Group）、日兴证券（Nikko Cordial Securities）和山一证券（Yamaichi Securities）四大证券公司为首的一大批证券公司的"填补损失"丑行被曝光。所谓"填补损失"是指当股市出现较大波动时，证券公司以高买低卖的形式来补偿客户的损失。

② 又称"苏联政变"或"八月政变"。指 1991 年 8 月 19～21 日在苏联发生的一次政变。当时苏联中央政府的一些官员企图废黜苏联总统戈尔巴乔夫并取得对苏联的控制。资料来源：王国杰."八·一九事件"的透视与剖析 [J]. 俄罗斯东欧中亚研究，2000（1）：43－52.

"泡沫"破裂，苏联的商业动荡，以及国会限制信用卡利率引发恐慌，许多人担心这可能会削弱银行业并广泛限制信贷。从 1991 年 4 月至 11 月末，美股持续横盘震荡，三大指数几乎完全走平。

1991 年 12 月 6 日和 12 月 20 日，美联储分别降息 25 个基点和 50 个基点，联邦基金目标利率已降至 4%，达到有数据以来的最低水平。自美联储 12 月初降息开始，前期一直震荡的道琼斯工业指数和标普 500 指数开始大幅反弹，市场对近期利率下降可能重振经济的信心如雨后春笋般涌现。同年 12 月还有一个很重要的外部事件，就是欧盟（European Union，EU）的成立。1991 年 12 月 9 ~ 10 日，第 46 届欧洲共同体首脑会议在荷兰的马斯特里赫特举行，代表们通过并草签了《欧洲联盟条约》（*Treaty on European Union*），即《马斯特里赫特条约》（*Treaty of Maastricht*）。同年 12 月 28 日，道琼斯工业股票平均价格指数突破另一个关口，首次收于 3100 点上方。1991 年 12 月的这波反弹，三大指数涨幅均在 10% 左右。

虽然并非一路高歌，但算起来 1991 年全年标普 500 指数上涨了 26%（全年走势见图 5 - 5），道琼斯工业指数也上涨了 20%，而纳斯达克指数的涨幅竟然高达 57%。当然，截至 1991 年底，企业盈利仍然没有起来，但经济复苏的迹象已经开始显现。可以说这样的大牛市，多少是透支了政策的宽松和复苏的预期得来的。

指数点位（点）

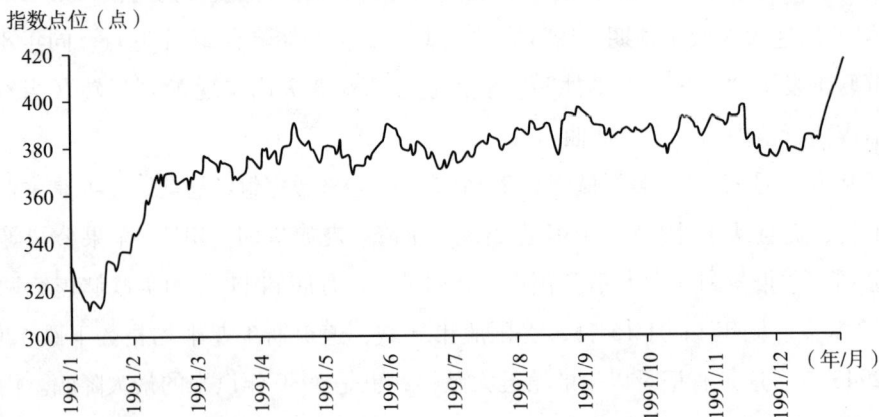

图 5 - 5　1991 年 1 ~ 12 月标普 500 指数走势

资料来源：Wind 资讯。

五、1992 年：欧洲货币危机

美股乘着 1991 年末飙升的"东风"来到了 1992 年，但"故事"却似乎发生了变化。前期强势上涨的标普 500 指数 1992 年初持续下跌直至 4 月初，而道琼斯工业指数和纳斯达克指数则纷纷实现"开门红"，连创新高。道琼斯工业指数在年初就突破了 3200 点。年初的涨势分化主要是受中小投资者推动，柜台交易量创历史新高。而 1992 年初的经济环境如何呢？经济在改善，但增速仍比较缓慢，与此同时，通胀率在年初大幅下行。1992 年 2 月初的美联储议息会议决定维持利率不变，并对经济增长前景表示担忧，这也就意味着，短期内美联储再次降息的可能性极低。

要知道，1991 年美股的勉强上涨可是美联储降息 300 个基点的成果，不降息的预期对当时美股来说简直是致命的，而且长端利率从年初持续上行到 1992 年 3 月中旬。美联储议息会议后各指数纷纷开始下跌，先是 1992 年 2 月中旬纳斯达克指数在上涨 6% 之后开始下跌。随后 1992 年 3 月上旬道琼斯工业指数又开始下跌（虽然前期也仅有 1% 的涨幅），下跌一直持续到 4 月。同年 3 月 31 日美联储委员会通过了一项指示，要求维持对储备头寸的现有压力，其中，包括倾向于在会议期间可能放松货币政策。

1992 年 4 月 7 日，美联储意外降息 25 个基点，4 月 8 日开始，美股开始反弹，这一波反弹大概持续了两个月直至 6 月初。这期间，海外资本市场的动荡引发了美股短期波动，但并没有对趋势造成持续性影响。1992 年 4 月 1 日，日本发生"股灾"，东京证券市场的日经平均指数跌破了 17000 点，日本股市陷入恐慌。同年 4 月 14 日，道琼斯工业股票平均价格指数突破 3300 点大关。

虽然 1992 年 4 月美股开始反弹了，但由于经济增长方向性仍不明确，股指的走势风格分化也比较明显。失业率在持续上行，但 PMI 和 GDP 增速是在改善的，这令市场在选择方向的时候将更多关注点放在了盈利上。由于彼时美股仍处于 1989 年以来的盈利负增长区间，1992 年一季报披露的数据也只有蓝筹股的表现比较亮眼，所以这段时间市场出现了明显的抱团行为。同年 5 月 19 日，由于美国商务部宣布 4 月新屋开工数出现八年来的最大降幅，美联储决定结束（至少是暂时）压低利率的行动，美股继续上涨。直至同年 6 月初，道琼斯工业指数反弹了 7%，标普 500 和纳斯达克指数分别反弹了 5% 和 3%。

1992 年 6 月至 9 月中旬，美股一直处于寻找方向的宽幅震荡区间，三大指数几乎走平。这段时间影响美股走势的主要有这么三个因素：一是同年 6 月初油价上涨带来的通胀担忧，引起了半个月左右的回调；二是全球经济衰退带来的海外资本市场暴跌，日本，英国、法国、德国、墨西哥股市均因为疲弱的经济基本面出现连锁下跌；三是德国央行无视七国首脑会议对其降息的要求，悍然宣布加息，将贴现率升至 8.75%①，此举引发了同年 7 月中旬至 8 月底美元指数对德国马克的暴跌，汇率降至 40 年来新低，这对美联储进一步降息造成了阻碍。这三个是利空因素。利好的因素：一是美联储再度降息，同年 7 月 2 日，美联储降息 50 个基点，美股短暂反弹；二是微观层面的企业盈利，第二季度的盈利已经实现正增长，环比也大幅改善。整体来看，这段时间的经济背景确实是很复杂的，指数维持宽幅震荡，整体走平。

1992 年 9 月 4 日，美联储降息 25 个基点，联邦基金目标利率降至 3%。可惜，市场全部的关注点都已经放在了欧洲。1992 年 9 月中旬，在欧洲货币市场上发生了一场自第二次世界大战后最严重的货币危机。德国 1992 年 7 月的加息，引发了各国汇率的大幅波动，1992 年 9 月 8 日，芬兰政府突然宣布芬兰马克与德国马克脱钩，自由浮动。同年 9 月 12 日，欧洲货币体系内一直是软货币的意大利里拉告急，汇率一路下挫，跌到了欧洲货币体系汇率机制中里拉对马克汇率的最大下限。同年 9 月 13 日意大利政府不得不宣布里拉贬值，将其比价下调 3.5%，而欧洲货币体系的另外 10 种货币将升值 3.5%，这是自 1987 年 1 月 12 日以来欧洲货币体系比价的第一次调整。到了此时，德国政府才出于维持欧洲货币体系的运行而作出细微的让步，于 1992 年 9 月 14 日正式宣布贴现率降低半个百分点，由 8.75% 降到 8.25%，这是德国五年来的第一次降息。就在德国宣布降息的第二天，英镑汇率一路下跌。英国政府于 1992 年 9 月 16 日清晨宣布提高银行利率 2 个百分点，几小时后又宣布提高 3 个百分点，把利率由 10% 提高到 15%，但仍然无法阻挡英镑的狂跌。英国和意大利相继宣布退出欧洲货币体系。这次危机使得美股从 1992 年 9 月中旬一直下跌至 10 月上旬，随着美国上市公司三季报的逐渐披露，市场的目光才转移到国内。

1992 年 10 月 12 日开始，美股开始反弹，一直持续到年底，这也是 1992 年美股最强劲的一轮上涨，原因很简单，就是市场看到了盈利和基本面都开始明显地好转。1992 年第三季度盈利增速高达 18%，而连续 12 个月（TTM）的盈利增速实现了 1989 年第三季度以来的首次正增长。另外，失业率、零售数据，包括消费者信心指数都出现了明显改善，1992 年第三季度 GDP 增速高达 3.67%！同年 11 月 3 日，比尔·克林顿当选美国第 52 任总统。经济强劲的预期推动股市持续上涨，当然，年末的这轮上涨具有明显的风格偏向性，纳斯达克指数涨幅高达 19%，而道琼斯工业指数和标普 500 指数分别上涨 5% 和 8%。

---

① 基本上，所有历史回溯的史料都会言之凿凿地将接下来发生的汇率市场大动荡归咎于德国的不当利率政策。过高的德国利息率引起了外汇市场出现抛售英国英镑、意大利里拉而抢购德国马克的风潮，致使里拉和英镑汇率大跌，这是 1992 年欧洲货币危机的直接原因。

经历了重重关隘的美股终于完美收官，道琼斯工业指数和标普 500 指数全年上涨 4%（走势见图 5-6），而纳斯达克指数上涨了 15%。这一年美股的走势也让我们清楚地认识到，利率和盈利才是影响美股的核心变量，即使发生了欧洲货币危机那么大的事情，也依然阻挡不了基本面复苏带来的投资热情。

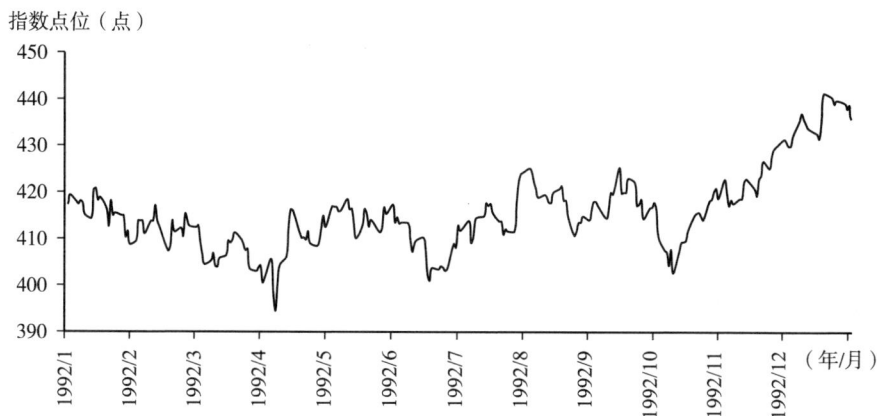

图 5-6 1992 年 1~12 月标普 500 指数走势

资料来源：Wind 资讯。

六、1993 年：克林顿经济振兴计划

1993 年初，美股受到伊拉克战事影响，在年初表现比较低迷。同年 1 月 6 日，美国、俄罗斯、英国和法国向伊拉克发出最后通牒，要求伊拉克从"禁飞区"撤走导弹。遭到拒绝后，同年 1 月 13 日，美国、英国和法国驻海湾地区的 100 多架作战飞机同时向伊拉克南部的一些军事设施发动了空袭，这是自 1991 年"海湾战争"结束以来美、英、法三国第一次大规模对伊拉克实施军事打击。[①]

道琼斯工业指数直到 1993 年 1 月 19 日才开始出现反弹，而纳斯达克指数则受此事件影响较小。另外，德国央行的意外降息和美股企业盈利的持续上行也都推动了美股的上涨。同年 2 月 3 日，道琼斯工业平均指数创下年内最大单日涨幅。直至同年 2 月初，纳斯达克指数上涨 5%，标普 500 指数上涨 3%，道琼斯工业指数上涨 4%。

1993 年 2 月 5 日，美股三大指数同时下跌，一直下跌到 2 月 20 日左右。下跌的主要"导火索"是比尔·克林顿提出的《经济振兴计划》（以下简称《计划》），

---

① 资料来源：李大钧. 伊拉克战争将再兴起吗 [J]. 瞭望，1993（4）：62-63.

1993 年 2 月 17 日，美国总统比尔·克林顿向国会众参两院联席会议发表首次国情咨文讲话，正式提出该《计划》。该《计划》的 4 项基本内容是：由强调消费转向强调投资；政府的任何决策都要有利于人们的工作和家庭；大幅度削减联邦财政赤字，以削减政府开支和公平分担负担的方式来争取和赢得美国人民的信任。《计划》涉及包括白宫裁员和提高公司税率等负面事项。事实上，市场对该《计划》更多的担心是本已经过热的美国经济如果继续增长，将可能会带来利率的上升，这对股票市场来说显然是致命的。半个月时间道琼斯工业指数和标普 500 指数基本回到年初点位，而跌幅 7%，创年内新低。

从 1993 年初至 3 月初，长端利率持续下行创新低，企业盈利持续增长，大量资金以共同基金的形式涌入美股。虽然受到事件性的影响，但美股上涨的根基仍未被动摇。1993 年 2 月 20 日至 3 月 10 日，美股再度反弹。

然而从 1993 年 3 月开始，PPI 和 CPI 大幅上行，市场担忧的通胀问题似有隐忧。一方面，同年 3 月 10 日，美联储暗示市场不会再继续降息，利率迅速上行，股市重启回调模式；而另一方面，从 1993 年初至 4 月，PMI 持续下行，从 1 月的 55 下降至 4 月已至"荣枯线"附近，美股在内忧外患中持续下行，直至 1993 年 4 月底。在年内的第二轮下跌中，蓝筹股依然表现出了明显的抗跌性，道琼斯工业指数跌幅 2%，标普 500 指数下跌 5%，纳斯达克指数下跌 7%，纳斯达克指数再次突破前低。

整体来看，通胀是影响 1993 年美股波动的核心变量。1993 年 4 月底开始，通胀一路下行，利率持续走低，美股也几乎是一路上涨至年末。同年 5 月 19 日，道琼工业指数首次突破 3500 点。当然，其间还有两次小幅的回调，第一次是 1993 年 6 月初至 7 月初，回调了 1 个月左右，三大指数跌幅都在 2% 左右。起因还是 1993 年 4 月通胀的小幅上行以及失业率的超预期改善引发的加息担忧。但是因为 1993 年 4 月通胀数据仅仅小幅反弹，并且随后利率、通胀均出现持续下行，所以美股整体跌幅很小。同年 6 月 28 日，美国 30 年期国债收益率跌至 6.67%，为 16 年来的最低点。美股很快就重振旗鼓再度上扬。同年 8 月 10 日，美国国会通过了《综合预算调整法案》（OBRA93），规定 5 年内达到削减赤字 4960 亿美元，由此美国开始了一轮大规模削减联邦赤字的过程。同年 8 月 18 日，道琼斯工业指数突破 3600 点。

第二次回调发生在 1993 年 8 月底，时间差不多也是 1 个月左右，这轮下跌的"导火索"主要是对经济增速放缓的担忧。同年 8 月底公布的房屋销售数据和贸易赤字数据均出现明显恶化，赤字水平达到了 1987 年以来的新高，市场担心 1993 年第二季度经济增速将明显下修，30 年期国债收益率跌至 6% 以下，创历史最低纪录。从年初的经济过热、通胀上行，到下半年的经济增速放缓，市场的预期似乎变得太快了些。除了对国内经济下行的担忧，外部局势的动荡也令投资者焦躁不安。1993年9月21日，时任俄罗斯总统鲍里斯·叶利钦（Boris Nikolayevich Yeltsin）解散俄罗斯议会，美国股市暴跌，道琼斯工业指数创1993年4月2日以来最大单日跌幅。同年9月23日，莫斯科发生流血事件，俄罗斯总统鲍里斯·叶利钦9月24日下令内务部接管议会警卫局，收缴某些人手中非法持有的武器。同年10月3日，俄罗斯总统鲍里斯·叶利钦发布在莫斯科实行紧急状态令，随后发生了著名的"十月事件"（Moscow, October Incident）。① 虽然俄罗斯局势不断恶化，但美股在1993年9月22日左右就已经开始反弹了，整体看这轮回调幅度也不大，道琼斯工业指数回撤了3%，标普回撤了2%，纳斯达克指数走平。

1993年10月开始，上市公司三季报逐渐披露，美股盈利增速依然远超预期，PMI指数也见底回升，诸多经济指标表明，美国经济增长动力依然强劲。这段时间市场也出现了风格的分化，蓝筹股由于业绩表现超预期大幅上行，而1993年5月以来，鲜有回调的成长股开始遭到市场的抛弃。同年10月中旬至11月底，纳斯达克指数有一个深幅回调，指数回撤了6%。同年11月16日，受《北美自由贸易协定》（North American Free Trade Agreement，NAFTA）消息的鼓舞，道琼斯工业指数一举突破3700点。同年11月20日，两院正式通过《北美自由贸易协定》。

经济增长的信号持续得到印证，消费者支出走强、企业盈利上升、新屋销售量创1986年来新高。当然除了基本面因素以外，低利率和大量的共同基金资金流入也是加速美股1993年上涨的重要原因。1993年全年道琼斯工业指数全年上涨7%，而标普500指数（全年走势见图5-7）和纳斯达克指数分别实现了14%和15%的收益率。

七、1994年：债市大崩盘

1993年的美股虽然有窄幅波动，但整体涨幅还是很不错的。股市的上涨惯性延续到了1994年初，市场认为低利率的经济环境仍然将成为1994年继续推动股市上行的重要因素。1994年初美股持续上行，直至2月初。

---

① "十月事件"，又称"炮打白宫事件"，是1993年10月，鲍里斯·叶利钦下令军队包围俄罗斯联邦最高苏维埃所在的议会大楼，随后进行炮轰，以武力强行解散俄联邦最高苏维埃的事件。据官方宣布，这场流血冲突造成142人死亡，744人受伤。鲍里斯·叶利钦承认，10月3日和4日，俄罗斯经历了"最大的悲剧事件"。资料来源：贾志平. 俄罗斯十月事件始末 [J]. 党的建设，1994（3）：32-33.

指数点位（点）

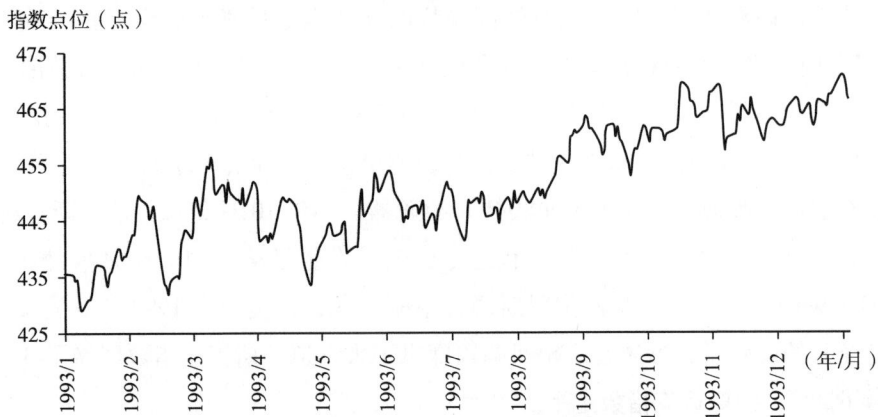

图 5 - 7 1993 年 1 ~ 12 月标普 500 指数走势

资料来源：Wind 资讯。

由于担心通货膨胀压力在迅速扩张的美国经济中进一步加剧，1994 年 2 月 4 日，美联储突然宣布加息 25 个基点，5 年来的第一次加息就这样猝不及防地降临了，要知道，美联储的宽松政策是美股前三年大牛市重要的经济背景。美股顺势大跌，其中，道琼斯工业指数和标普跌幅较猛，而纳斯达克指数在短暂回调之后很快恢复了元气。同年 3 月 22 日，美联储再度加息 25 个基点，纳斯达克指数也开始迅速下探。与此同时，外部风险因素也在不断发酵，年初的墨西哥政治危机加剧，1994 年 1 月，南部恰帕斯省长期的不满演变成了暴力冲突，爆发了农民起义。3 月 23 日，墨西哥制度革命党总统候选人唐纳德·卡洛西奥（Donaldo Colosio）被暗杀，他是墨西哥几十年来第一个被谋杀的总统候选人。[1] 政治动荡成为 1994 年随后爆发的墨西哥金融危机的重要原因。

道琼斯工业指数和标普 500 指数在 1994 年 4 月初开始止跌，而纳斯达克指数则是等到了 4 月 18 日美联储年内第三次加息之后才开始企稳。至 1994 年 4 月下旬，三大指数全部跌破年初点位，道琼斯工业指数跌 2%、标普 500 指数跌 4%、纳斯达克指数跌 6%，如果和 1994 年 1 月底的美股点位相比，三大指数的回撤幅度均超过了8%。这轮下跌也是 1990 年底以来美股经历的幅度最深的回调。

1994 年 2 月初至 4 月初，蓝筹股下跌最猛的时候其实也是利率上行最快的时候，10 年期国债利率从年初的 5.7% 到 4 月初时已经涨到 7.1%。1994 年 4 月下旬至 6 月底利率涨势趋缓，美股也进入了宽幅震荡，当然从趋势上看是上涨的。这期间影响股

---

① 资料来源：[美] 戴维·德罗萨. 金融危机真相 [M]. 朱剑锋，谢士强，译. 北京：中信出版社，2008.

市震荡方向的因素，一是盈利因素，二是通胀数据。1994 年美股的盈利增速其实是很不错的，无论是从单季度增速还是全年增速，都是美股有数据以来的最高增速水平。但受紧缩政策的影响，市场对高盈利并不很感冒，或者说，对盈利的增长前景并不看好。因此 1994 年 4 月下旬左右，尽管陆续披露的一季报大超预期，但美股依然只是短暂上涨了几天而已。5 月初，受强劲就业数据的影响，利率再度上行，10 年期国债利率逼近 7.5%，同年 5 月 17 日，美联储加息 50 个基点，预期落地之后美股持续上涨，直至同年 6 月中旬。从 1994 年 4 月中旬到 6 月中旬，纳斯达克指数反弹了 10%，道琼斯工业指数和标普 500 指数相对较弱，仅上涨了 4% 左右。

1994 年 6 月中旬至 6 月 26 日，三大指数急剧下跌，9 个交易日内跌幅均超过 4%。主要的"导火索"一是美元指数持续下行，创 20 个月以来新低；二是美联储和市场同时担心的通胀问题似乎愈演愈烈。油价、金价以及商品价格指数齐齐上涨，市场纷纷猜测美联储将持续加息以对抗通胀和挽救疲弱的美元指数。

1994 年 6 月底到 9 月中旬，美股开启了年内最强劲的一轮反弹，其中，既有盈利的因素，也有些类似期权到期行权等技术性因素。另外就是，1994 年 7 月议息会议暂缓了加息，同年 7～8 月 PMI 数据出现了小幅下行，核心通胀率同年 6～8 月一直稳定在 2.9%，没有出现进一步上行，这些都给了市场想象空间，美联储的加息政策可能很快就会结束。1994 年 8 月 16 日，美联储加息 50 个基点。截至同年 9 月中旬，两个半月内道琼斯工业指数和标普 500 指数均反弹了 8% 左右，纳斯达克指数反弹了 12%。

1994 年 9 月中旬开始，由于 PPI 持续上行，加息担忧再度席卷市场，利率持续上行，触及 1992 年以来的新高，这段时间市场再度回到宽幅震荡区间。1994 年 9 月中旬至 10 月初加息预期影响下美股下跌回调，而进入三季报窗口，市场因为大超预期的盈利数据再度反弹。

1994 年第三季度美国 GDP 增速达到了 4.3%，是 1992 年以来的最好数字。而长端利率和 PMI 还在上行，1994 年 9 月的核心 CPI 上升到 3%，于是从同年 10 月下旬开始，美股再度下跌。同年 11 月初，长端利率已经突破了 8%，1994 年 11 月 15 日，美联储加息 75 个基点，比市场预期的高出了 25 个基点。直至 1994 年 12 月上旬，三大指数差不多回调了 6% 左右。

最后 1 个月的美股也不太平。首先是墨西哥比索危机爆发，1994 年 12 月 19 日深夜，墨西哥政府突然对外宣布，本国货币比索贬值 15%。这一决定在市场上引起极大恐慌。外国投资者疯狂抛售比索，抢购美元，比索汇率急剧下跌。同年 12 月 20 日比索汇率狂跌 13%，21 日再跌 15.3%。伴随比索贬值，外国投资者大量撤走资金，墨西哥整个金融市场一片混乱。1994 年 12 月 20～22 日，短短的 3 天时间，墨西哥比索兑换美元的汇价就暴跌了 42.17%。同时美国国内的"橘子郡破产事件"[①] 也对市场造成了不小的影响。

就这样，跌宕起伏的 1994 年终于宣告结束，标普 500 指数全年上涨 2%（全年走势见图 5-8），道琼斯工业指数和纳斯达克指数分别下跌 2% 和 3%。

指数点位（点）

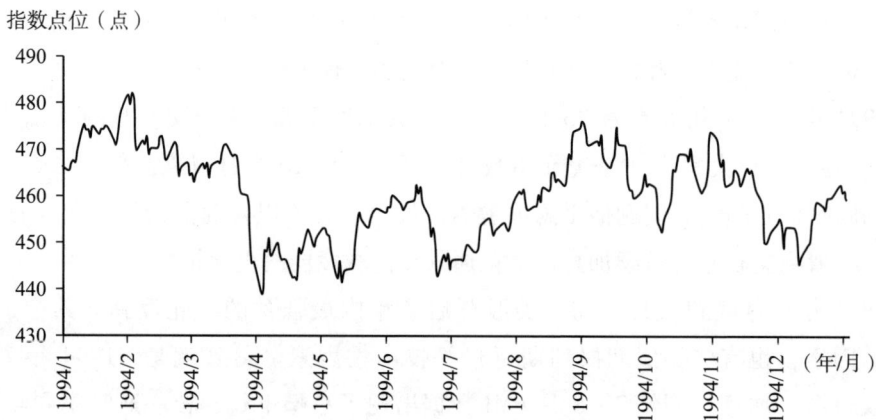

图 5-8　1994 年 1～12 月标普 500 指数走势

资料来源：Wind 资讯。

相比股票市场而言，1994 年债市崩盘或许更惨烈些，这也是 20 世纪 90 年代最著名的金融风暴之一。美联储从 1994 年 2 月开始紧缩货币政策，至 12 月末，基准利率累计上升 250 基点，10 年期国债收益率上升 214 基点，2 年期国债收益率上升 357 基点，并导致短期利率升幅显著超过长期利率升幅，债券收益率曲线出现倒挂。据《财富》（*Fortune*）杂志估计，从 1994 年初至 9 月中旬，美国债券市场价值损失了 6000 亿美元，全年全球债券市场丧失了 1.5 万亿美元。

第二节　经济形势：新的发展阶段

虽然受到美国储贷业危机、日本经济"泡沫"破裂、第三次石油危机、"海湾

---

①　美国加利福尼亚州的橘子郡因投资失利，造成财政损失 17 亿美元，超出了其承受能力，从而宣告破产。原因是主管橘县财政税收和公共存款的司库把政府的资金投入华尔街的债券市场，结果投资失利发生支付危机。

战争"爆发、欧洲货币危机等一系列国内外不利因素的影响，但1988~1994年，美国经济仅在第三次石油危机的冲击下出现过一次经济衰退，经济的韧性显著增强。1988~1994年，美国工业生产指数同比增速月均值为2.4%，先抑后扬，特别是在1992年后，美国经济便开始趋势性向好（见图5-9）。

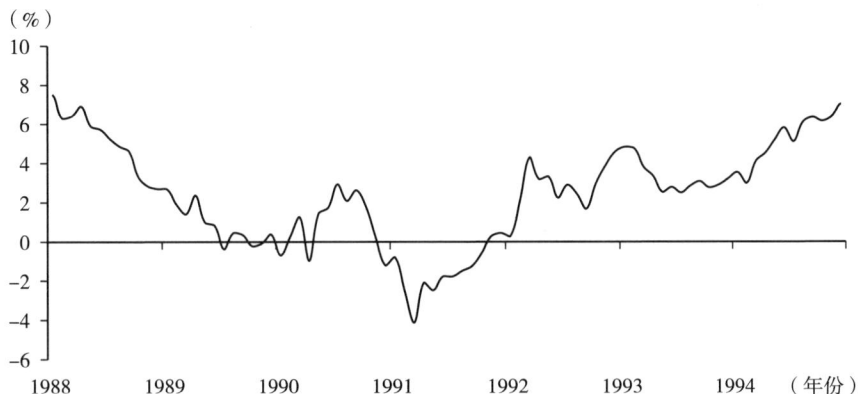

图5-9　1988~1994年美国工业生产指数同比走势

资料来源：Wind资讯。

一、经济周期：危机与复苏

（一）挽救美国储贷行业：1988~1989年

至1989年，美国已经实现了连续七年的经济增长，总体来说，在20世纪80年代最后两年，美国经济的产出和就业进一步大幅度增加，1988年和1989年GDP同比增速分别为4.2%和3.7%，保持快速增长。经济的持续繁荣、消费的快速增长以及劳动力和产品市场的持续紧缩引发了市场对于通货膨胀的担忧，CPI指数居高不下，1988年1月CPI指数为4.0%，至1989年5月，CPI已经上升至5.4%的高位。核心CPI指数也一直维持在4.3%以上的水平（见图5-10）。

在此期间，美联储如前几年一样，在面对不断变化的经济金融环境时制定了灵活的货币政策（见图5-11）。1988年初，美联储还在试图缓解1987年"股灾"对经济活动的影响，特别是防止商业活动出现大幅收缩的情况。而在存款机构储备压力小幅缓解，经济增长仍然强劲的情况下，美联储政策重心转向抑制通货膨胀，1988年3月底开始政策转向紧缩，1988年8月提高贴现率0.5个百分点至6.5%。进入1989年，由于经济仍然强劲，且通胀压力持续，美联储维持了紧缩的货币政策。美元的走强以及公布的经济数据显示，通胀加速的风险开始有所降低，美联储暂停了收紧货币政策的脚步；当出乎意料的巨额税款抽干了流动资金余额时，1989年6月美联储开始缓解储备市场的压力，降低市场利率。随着经济活动进一步放缓的迹象开始显现，1989年10月起，美联储再次放宽货币政策，至年底联邦基金目标利率跌至8.25%左右，较同年2月实行紧缩货币政策时的水平低了近1.5个百分点。

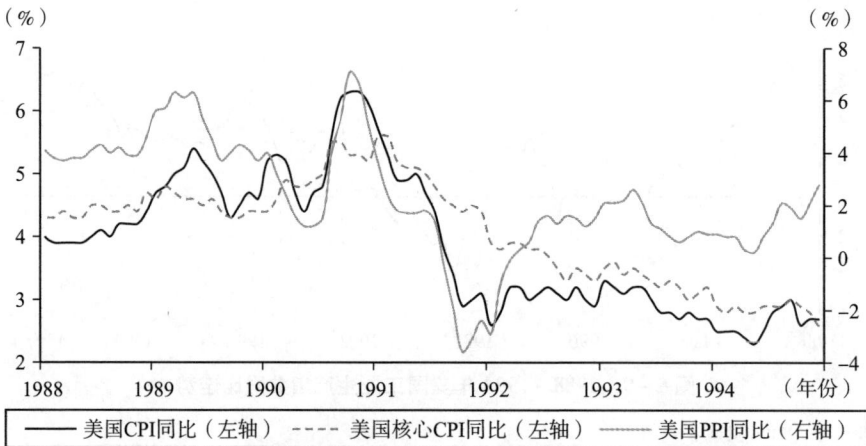

图5-10　1988～1994年美国CPI、核心CPI、PPI同比走势

资料来源：Wind资讯。

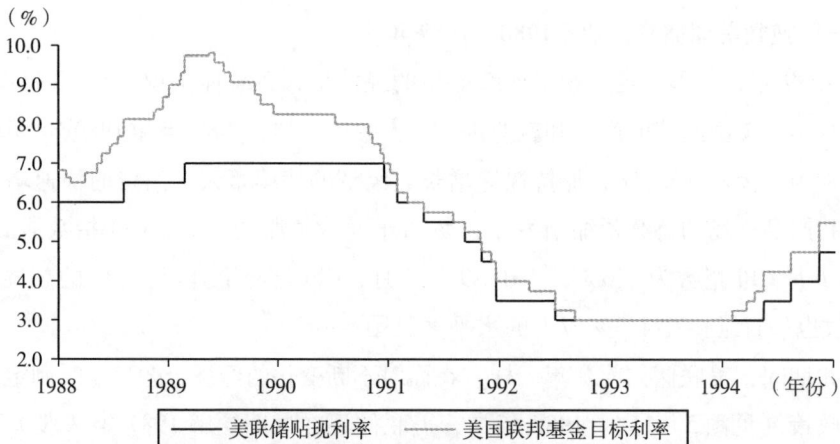

图5-11　1988～1994年美国联邦基金目标利率及贴现利率走势

资料来源：Wind资讯。

虽然20世纪80年代末美国经济活动仍然保持着较快的增长，但金融环境并不乐观。一方面，20世纪70年代的高通胀以及80年代初期的高利率环境为美国的储贷行业带来了前所未有的挑战，市场利率的攀升使得储贷机构的账面资产价值大幅缩水，行业出现大面积亏损；另一方面，由于储贷机构存款以短期为主，政府设定的低存款利率在高利率环境下毫无吸引力，储贷机构开始不断流失储户，脱媒现象严重，资金的长短期配置更是让储贷机构损失惨重。80年代初期，经济自由化、放松监管的思想逐渐占据了主导地位；去监管为疲弱不堪的储贷行业注入了兴奋剂，储贷行业的资产规模在20世纪80年代中期快速增长，在联邦储蓄贷款保险公司的兜底下，储贷行业的道德风险显著增加，储贷机构的投资项目也转向了具有更高风险高收益的领域。

但自由化政策并没有从根本上改善储贷机构的状况，由此带来的道德风险问题反而加速了储贷行业的全面崩溃和损失规模的急剧扩大。20世纪80年代末，整个储贷行业陷入了混乱状态，由于倒闭储贷机构过多，联邦储贷保险公司（Federal Savings and Loan Insurance Corporation）早在1986年便入不敷出，出现了巨额缺口。1987年，《银行公平竞争法》（*Competitive Equality Banking Act*）授权融资公司（FICO）为联邦储贷保险公司筹集108亿美元资金，并对储贷机构征收保险费用，但这并没有解决储贷行业的危机。1988年，美国监管机构花费了960亿美元并关闭了185家储贷机构，但仍不足以稳定局面。到1989年，美国储贷危机达到顶点。同年美国国会颁布《1989年金融机构改革、恢复和加强法案》（*Financial Institutions Reform*，*Recovery*，*and Enforcement Act of 1989*，以下简称《法案》），对金融行业进行全面整顿。该《法案》设立了储贷机构监管办公室（Office of Thrift Supervision，OTS），撤销了联邦储贷保险公司，将其功能并入联邦存款保险公司（Federal Deposit Insurance Corporation，FDIC），并设立了重组信托公司（Resolution Trust Corporation，RTC）来兼并或清算1989～1992年破产倒闭的储贷机构，接收储贷行业不良信贷资产。

（二）第三次石油危机：1990～1991年

1990年对美国来说是异常困难的一年，在储贷危机尚未得到解决的情况下，第三次石油危机再次袭击了美国。美国储贷危机仍然较为严重，1990年RTC共计出资1330亿美元解决了多达213家储贷机构的问题。而在储贷危机的影响下，金融领域的其他机构也受到影响，大大降低了金融行业为市场提供信贷的能力及意愿。雪上加霜的是，1990年8月初，伊拉克入侵科威特以及与之相关的油价飙升使经济偏离了轨道，推动了通货膨胀的上升，并使经济从缓慢增长转向衰退。到当时为止的美国历史上最长的和平时期的扩张宣告结束。20世纪70年代的石油危机给美国留下的痛苦尤为深刻，第三次石油危机的爆发使得投资者的信心在一夜之间出现断崖式暴跌。

从经济增速的走势来看，1990年上半年，虽然储贷危机依然严重，但美国经济

活动仍然温和增长，GDP 增速维持在 2% 以上的水平。第三次石油危机意味着通胀的
上升和经济活动的减弱，1990 年第三季度开始，美国经济便陷入了衰退，第三季度
GDP 同比增速降至 1.7%，而通货膨胀率再次攀升，1990 年 10 月 CPI 再次达到 6.3%
的高点。经济的衰退一直持续至 1991 年初，第一季度美国 GDP 增速触及 -1.0% 的
底部，"海湾战争"的迅速结束提振了市场信心，油价的下跌缓解了通货膨胀的压
力，经济的复苏似乎以一种第二次世界大战后早期扩张时期的典型方式站稳了脚跟，
但随着"海湾战争"结束后对国内需求的刺激逐渐消失，相比前几次经济的复苏，
1991 年下半年的经济增长相对缓慢，1991 年全年的 GDP 增速仅为 -0.1%。造成经
济复苏疲软的原因是多方面的，一是储贷危机影响下，金融机构收紧贷款抑制了经济
的复苏；二是 RTC 救助储贷机构增加了大量的财政支出，财政赤字进一步抑制了支
出，此外，家庭和企业在背负沉重债务，且资产价值（特别是房地产）疲弱的情况
下，消费支出和投资需求受限，进一步拖累总需求。相比之下，1991 年的通货膨胀
情况则出现了明显的好转，至 1991 年末，CPI 增速已经降至 3.1% 的水平，全年的
CPI 也由 1990 年的 5.4% 下降至 4.2%。

美联储在制定货币政策时面临着来自多个方面的挑战，一是储贷危机对金融行业
造成的影响；二是在 20 世纪 80 年代末逐渐上升的通货膨胀率；三是不断放缓的经济
增速。第三次石油危机会带来通胀的上升和经济活动的减少，但由于并不清楚哪种影
响会更加严重，美联储采取了相对谨慎的态度（见图 5 - 11）。到 1990 年秋季中期，
石油危机的通货膨胀溢出效应似乎已得到有效遏制，但经济收缩的风险正在增加。美
联储在经济疲弱、货币增长乏力、通胀前景改善、财政紧缩力度加大以及信贷紧缩的
背景下再次转向了宽松的货币政策，在年底降低了贴现率 0.5 个百分点，并且在
1990 年 12 月取消了对非个人定期存款和欧洲货币净负债的准备金要求以激励贷款。
1991 年初，美联储进一步放松了货币政策，在经济出现复苏迹象后，美联储转向中
性。1991 年下半年，在经济活动萎靡不振、通货膨胀压力减少和货币总量增长疲弱
的背景下，美联储再次转向宽松的货币政策，1991 年共计 5 次下调贴现率至 3.5%，
降至近 30 年来的最低水平。

（三）克林顿经济计划：1992～1994 年

1992 年，美国的经济开始出现了明显复苏，全年 GDP 增速达到 3.5%，是 1989
年以来增速最快的一年。但储贷危机的影响仍然存在，货币和信贷总额明显疲软，美
联储继续坚持宽松的货币政策，1992 年内 3 次降低联邦基金目标利率 1 个百分点至
3.0%，同时下调贴现率至 3.0% 的水平（见图 5 - 11）。在宽松的货币政策环境中，
利率下降，股票价格上涨，企业和家庭通过在债券和股票市场中筹集资金，来偿还银

行贷款和其他的短期债务，增强了美国居民和企业的资产负债表。与此同时，居民消费支出和企业投资也得到了较大的增长，并对经济的回升形成了有力支撑，1992 年居民消费支出对 GDP 增速的贡献值由前一年的 0.1% 上升至 2.4%，私人投资对 GDP 增速的拉动作用也由前一年的 −1.1% 上升至 1.1%。

1993 年 2 月，美国总统比尔·克林顿正式提出了他的经济振兴计划。克林顿经济计划包括四项基本内容：一是大力削减财政赤字，实施有增有减的财政政策；二是坚决制止通货膨胀，实行稳定连续的货币政策；三是加强经济外交，实行以开拓国外市场为核心的贸易政策并且扩大出口；四是由间接促进产业技术发展转向直接发展产业技术。比尔·克林顿的经济政策在美国的经济发展史上是不可磨灭的一笔，对美国的经济生活影响是巨大的。

在克林顿经济计划颁布后的两年，美国经济持续复苏，经济增长呈平稳上升趋势，1993 年与 1994 年全年 GDP 增速分别为 2.8% 和 4.0%，而通货膨胀率得到了有效控制，1994 年 CPI 由 1993 年 3.0% 进一步下降至 2.6%，核心 CPI 在 1994 年降至了 2.8%，为 1967 年以来的低点。金融环境也大幅改善，在经历了前期出清和资产负债表改善之后，包括贷款违约率和破产申请在内的金融压力指标也出现了明显的好转，在经济持续复苏的情况下，金融机构惜贷情况也得到了有效的缓解。最令人欣喜的是，在经历了三年的急剧增加之后，1993 年联邦政府赤字的规模在支出放缓、收入增加的情况下出现了下降。比尔·克林顿在削减财政赤字方面的政策取得了初步的效果，而这使得投资者对资本市场长期前景的信心明显增强。

为了维持经济的持续复苏，1993 年美联储政策依然十分宽松，但 1994 年初，随着经济增长势头的越来越强劲，通货膨胀成为美联储首要考虑的内容（见图 5−11）。为了创造一个有利于持续经济增长的金融环境，美联储在 1994 年六次提高联邦基金目标利率至 5.5%，三次提高贴现率至 4.75%，累计提高 1.75 个百分点。

二、经济结构：向服务业转型基本完成

（一）企业盈利稳步增长

1988～1994 年，美国的宏观经济与企业的微观表现较为一致，名义 GDP 逐年上升，美国企业税前利润与税后利润也不断提高，不过企业利润的变化弹性要明显大于名义 GDP，上升幅度也相对更高。以 1987 年为基准，1994 年名义 GDP 累计涨幅为 50.1%，企业税前利润和税后利润的累计增长幅度更是分别高达 81.9% 和 96.7%。这也代表着，在 1994 年美国名义 GDP 的构成中，企业盈利所占的比重要高于 1987

年企业盈利占 GDP 的比重，特别是在 1994 年美国经济快速扩张的阶段，美国企业盈利更是加速增长，占名义 GDP 的比重也大幅提高。

这期间，美国企业税后利润的累计增速总是相比企业税前利润的累计增速具有小幅的优势，这与美国企业所承担的实际税负整体呈现下降趋势的走势是一致的。1988 年美国企业实际税负水平较 1987 年有明显下降，由 34% 降至 32%，1989 年保持稳定，但是随后两年，美国企业税负水平大幅下降，实际税率由 32% 一举降至 1991 年的 27%，企业税后利润和税前利润累计增速间的差距被拉大。1992 年开始企业实际税负有所回升，但截至 1994 年底，美国企业实际税率也仅为 29%，较 1987 年的 34% 大幅下降了 5 个百分点。

（二）金融地产成为美国第一大产业

1988~1994 年，美国去工业化的进程在不断推进，制造业在国民经济中的比重持续下降。而金融地产行业的重要性不断提升，1990 年金融地产行业增加值比重首次超过制造业，此后，两者之间差距逐年拉大，1994 年，金融地产行业增加值所占比重维持在 18%，而制造业增加值占比下降至 16%。除金融地产和制造业外，批发零售行业增加值占比稳定在 13%，较 1987 年基本持平（见图 5-12）。

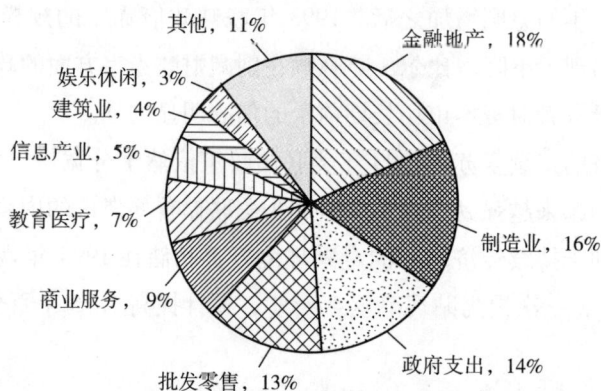

图 5-12　1994 年美国 GDP 分行业增加值占比分布

资料来源：美国经济分析局、笔者整理。

除去金融地产行业增加值比重超过制造业成为美国第一大产业外，与 1987 年相比，美国各产业增加值占比之间的大小关系几乎没有发生变化。金融地产、制造业以及批发零售仍然是支撑国民经济最重要的三大行业，其他增加值占比较高的行业依次是商业服务、教育医疗、信息产业、建筑业以及娱乐业，其中，商业服务和教育医疗行业占比较 1987 年提升了 1 个百分点，信息产业、建筑业以及娱乐业增加值占国民经济的比重几乎与1987年的水平持平。

　　1988～1994年，美国各行业增加值名义增速及年化增速间存在着一定的差异。从名义增速来看（见图5－13），不考虑政府支出，增速超过GDP的行业均为高附加值的服务业，包括教育医疗、商业服务、娱乐休闲、其他服务、金融地产以及信息产业，其中，教育医疗、商业服务和娱乐休闲行业为增长速度最快的三个行业，年化增速分别为9.0%、7.6%和6.9%。第一产业和第二产业的行业增加值增长速度相对较低，其中，采矿业年化增速仅为0.6%，农、林、牧、渔业及建筑业年化增速均为4.1%。

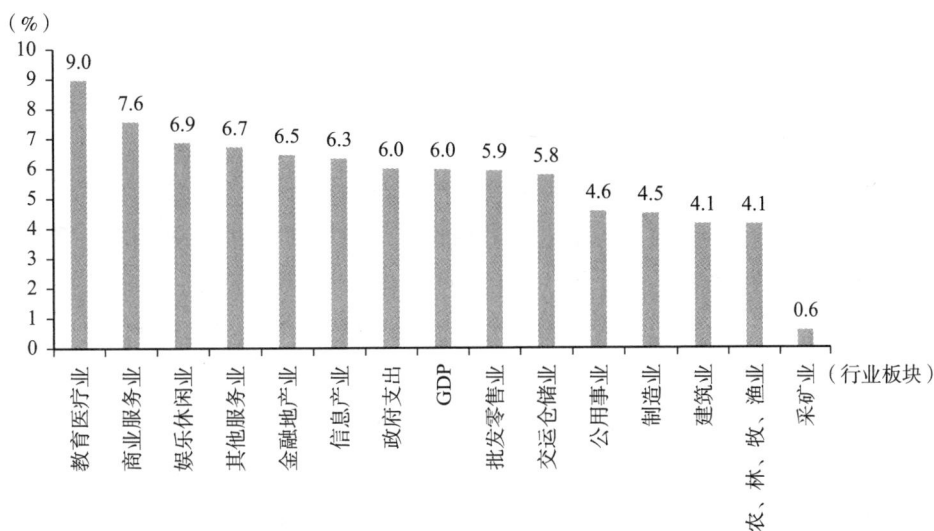

图5－13　1988～1994年美国大类产业增加值年化名义增速
资料来源：美国经济分析局、笔者整理。

　　从实际增速来看，虽然增速较快的行业仍多属于第三产业，但第一产业、第二产业、第三产业增长之间的差距并不明显。交运仓储、批发零售以及信息产业是实际增加值增长最快的三个行业，年化增速分别为4.9%、4.7%和4.0%。增长速度快于实际GDP增速的行业不再被第三产业所垄断，农、林、牧、渔业以及采矿业的年化实际增速均不低于实际GDP的年化增速。而名义增速领先于其他行业的教育医疗业在剔除价格因素后，年化实际增速仅为2.3%，仅高于公用事业和建筑业。

　　由于制造业行业整体增加值年化名义增速仅为4.5%，不及GDP的年化增速，因此该阶段下，年化增速高于GDP增速的制造业细分行业仅有其他制造业、石油煤炭、化工品以及塑料橡胶制品四个行业，年化增速分别为7.9%、7.7%、7.3%和6.5%。前期增长较为迅速的交运设备行业体现出了明显的结构性特征，汽车及零部件制造业增加值每年仍以5.5%的增速增长，但其他交运设备1994年的行业增加值不及1987

年水平，年化增速为 - 3.4%，为该阶段唯一增加值负增长的制造业细分行业。

（三）美国企业利润行业结构的变化

随着美国制造业的不断外流，制造业企业利润遥遥领先于其他行业或市场的情况已不复存在，在 1988～1994 年，美国企业的第一大利润来源在制造业、金融地产与海外市场之间轮流转换，呈现"三足鼎立"之势。截至 1994 年末，制造业、金融地产及海外市场实现的利润占美国企业利润的比重分别为 23.9%、19.6% 和 18.2%，分别较 1987 年下降 5 个、上升 1.6 个、下降 3.8 个百分点。包括商业服务、教育医疗等在内的服务类企业利润占比明显提升，由 1987 年的 3.9% 上升至 8.5%，采矿业企业的盈利情况有所改善，扭亏为盈，1994 年利润占比较 1987 年提升了 1.8 个百分点至 0.6%。农、林、牧、渔业，建筑业，公用事业以及批发零售业利润占比分别为 0.2%、1.9%、12.9% 和 14.4%。

1988～1994 年，全部美国企业的利润年均增速高达 13.8%。其中，服务业、采矿业以及公用事业企业利润实现了大幅的增长，年均增速分别为 46.4%、27.6% 和 18.6%。利润增长速度小于美国全部企业利润增速的行业有制造业、海外市场、建筑业以及农、林、牧、渔业，其利润增速分别为 8.9%、8.9%、5.5% 和 - 4.9%，其中，农、林、牧、渔业是该阶段下唯一出现利润下降的行业。

1988～1994 年，美国制造业企业利润结构有所改变，非耐用企业整体的利润增速开始好于耐用品企业的利润增速，同时交运设备行业也出现了明显的分化。具体来看，非耐用品制造业利润增速为 9.5%，高于耐用品企业 8.5% 的利润增速；汽车及零部件企业利润上升速度最快，年均增速为 63.0%，远高于其他行业，而其他交运设备利润出现了大幅下滑，年均增速为 - 12.4%。其他利润增长较快的行业包括其他制造业、塑料橡胶制品业，利润增速分别为 25.7% 和 24.4%，此外，皮革制品业和基本金属的利润下滑幅度较大，年均下滑幅度为 16.5% 和 12.1%。

三、上市公司盈利与估值变化回顾

1988～1994 年，美国上市公司单季度净利润增速平均值为 11.3%，较 1982～1987 年大幅提升，从走势来看，该时期内美股利润增速呈现"V"形走势（见图 5 - 14）。1988～1991 年，美股上市公司利润增速整体呈现下跌趋势，并在 1991 年底下探至 - 29.5% 的阶段性低点。在 1992 年美国经济明显复苏的背景下，美股上市公司的利润增速也开始持续回升。虽然在 1993 年由于美国的经济增速小幅放缓，美股上市公司的利润增速也出现了波动，但随着 1994 年美国经济增长的势头再次强劲，美股上

市公司的利润增速也大幅上升，最终在 1994 年第四季度上升至 57.8%，为 1988 ~
1994 年利润增速的最高点。

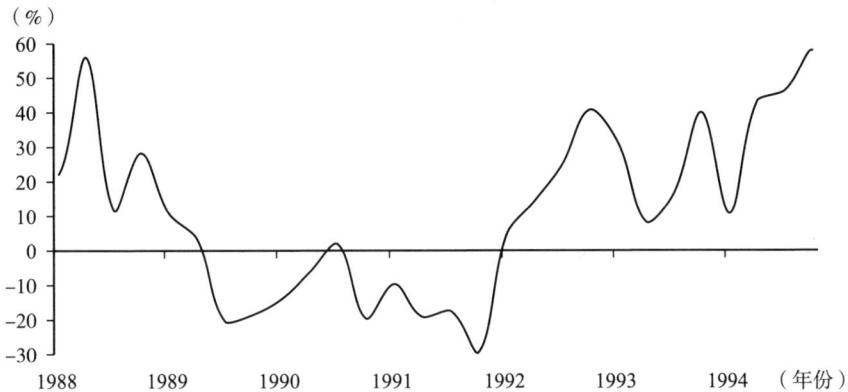

图 5 - 14 1988 ~ 1994 年全部美股单季度净利润增速变化情况

资料来源：Compustat 数据库、笔者整理。

与利润增速的走势基本一致，全部美股 ROE（TTM）也走出了"V"形反转
（见图 5 - 15）。美股上市公司 ROE 在 1988 年的短暂上升后开始持续下跌，并于 1991
年第四季度下探至 8.3% 的底部，较 1987 年底的 11.0% 下降了 2.7 个百分点。1992
年美股利润增速开始回升，上市公司的 ROE 也迈入持续上升通道，至 1994 年底，全
部美股 ROE 已经上升至 13.8%，较 1991 年的低点提升了 5.5 个百分点，较 1987 年
底也有 2.8 个百分点的提升。

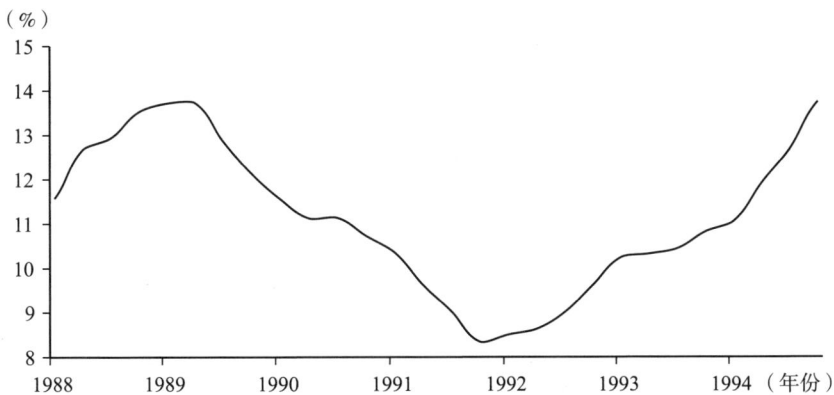

图 5 - 15 1988 ~ 1994 年全部美股 ROE 变化情况

资料来源：Compustat 数据库、笔者整理。

从走势来看，1988～1994年，标普500指数的估值走势主要分为三个阶段：1988年初至1990年底，标普500指数市盈率维持窄幅震荡，PE从15.6倍小幅下降至15.3倍；1991年开始，标普500指数市盈率快速提升，1991年末上升至26.7倍，提升幅度高达74.5%；1992年指数估值开始调整，1993年8月加速下行，至1994年末降至17.4倍，下降幅度达34.8%（见图5-16）。

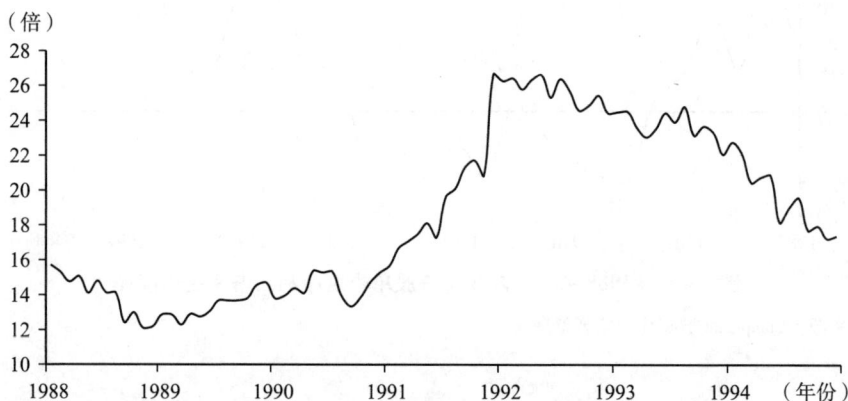

（倍）

图5-16　1988～1994年标普500指数市盈率（PE）走势

资料来源：彭博咨询公司。

1991年估值的大幅提升显然是得益于长端利率的快速下行（见图5-17）。美国10年期国债收益率自1986年以来，便一直围绕着8%的中枢水平上下波动，1991年利率开始下探，并在1991年底降至6.7%的水平，较1990年底下降了近140个基点。

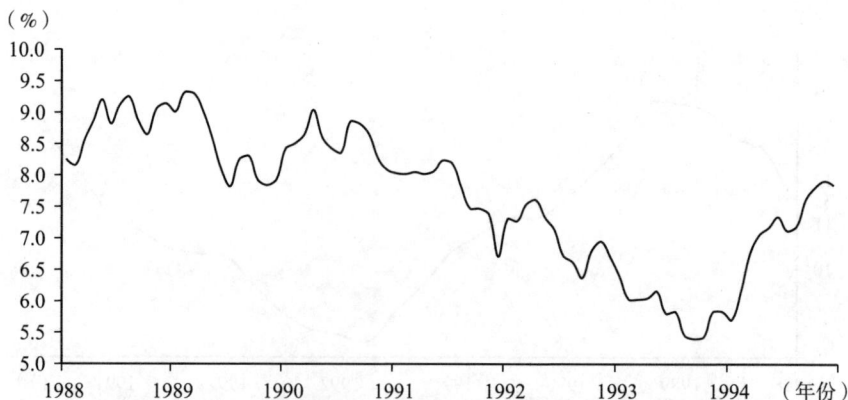

（%）

图5-17　1988～1994年美国10年期国债到期收益率走势

资料来源：Wind资讯。

美国 10 年期国债收益率在 1993 年秋季触底后开始反弹，同时，美联储在 1994 年收紧了货币政策，这导致了标普 500 指数的市盈率在 1993 年末期及 1994 年加速下降。

第三节　行情特征：新旧转换

到 1994 年底，美国股市中市值最大的 20 个公司，数量在各行业的分布相对较为均匀，其中能源类公司有 4 个，必需消费品公司也是 4 个，信息科技公司有 3 个，医疗保健公司有 3 个，电信公司有 2 个，原材料、工业、金融、可选消费品公司各有 1 个（见表 5 - 1）。

表 5 - 1　　　　　　　　　　**1994 年底美股市值前 20 大公司**　　　　　　　单位：亿美元

名称	行业	市值	名称	行业	市值
通用电气公司	工业	870	强生公司	医疗保健	352
美国电话电报公司	电信	788	摩托罗拉公司	信息科技	341
埃克森美孚公司	能源	755	美孚公司	能源	334
可口可乐公司	必需消费品	657	通用汽车公司	可选消费品	318
沃尔玛公司	必需消费品	609	美国国际集团	金融	310
高特利公司	必需消费品	490	微软公司	信息科技	300
美国默克集团	医疗保健	476	施贵宝公司	医疗保健	294
IBM 公司	信息科技	432	阿莫科公司	能源	293
杜邦公司	原材料	382	GTE 公司	电信	293
宝洁公司	必需消费品	365	雪佛龙公司	能源	291

资料来源：彭博咨询公司。

在经历了 1987 年"股灾"之后，美股老实了不少，1988～1994 年这段行情中，股市的上涨主要依靠业绩的驱动，估值有贡献但幅度很小（见图 5 - 18）。

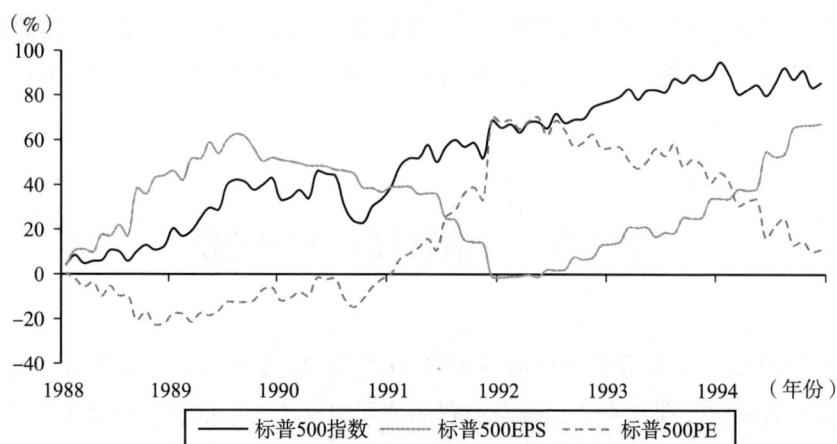

图 5 – 18 1988～1994 年标普 500 指数估值和 EPS 变化分解

资料来源：彭博咨询公司。

从行情的结构性特征来看（见图 5 – 19），主要有如下五个特点。

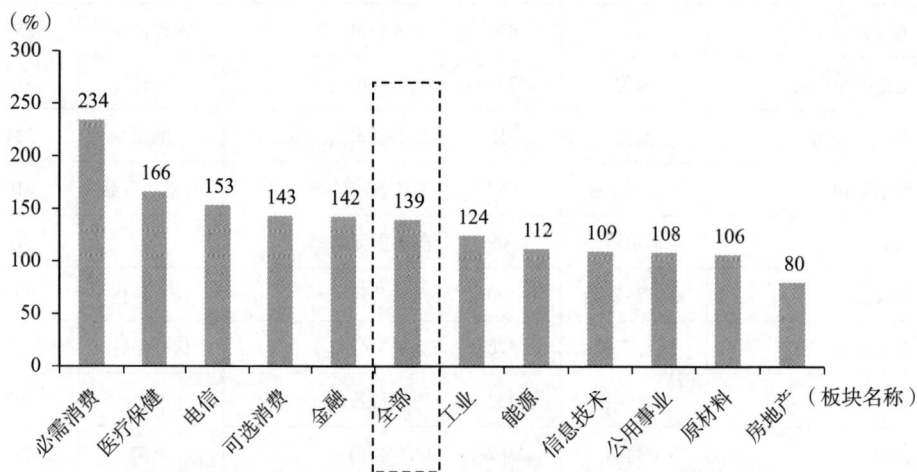

图 5 – 19 1988～1994 年美国股市分板块累计收益率表现

注：行业分类为 GICS。

资料来源：Compustat 数据库、笔者整理。

第一，受益于利率下行、海外市场扩张、产业集中度提高等多种利好，必需消费品板块继续表现最为优秀。1988 年正好是沃伦·巴菲特（Warren E. Buffett）开始大量买入可口可乐公司股份的时候，沃伦·巴菲特此后在必需消费品板块中赚了好多钱。

第二，从 1991 年开始，美国开启了一轮时间非常长的房地产景气周期，地产是周期之母，宏观经济结构的这一发展趋势，对包括金融、可选消费、周期股等在内的多个行业产生了很大影响。

第三，1990 年人类基因组计划（Human Genome Project，HGP）启动，1990～1992 年爆发了美股的第二次生物科技股"泡沫"，生物科技公司在此期间内涨幅惊人。

第四，科技股作为一个整体在 1988～1994 年依然没有突出表现，但科技股已经彻底从电子时代进入了计算机时代，老一代的科技股渐渐谢幕，新一代的科技股开始走上历史舞台。

第五，20 世纪 80 年代中后期，爆发了美国金融史上少有的系统性银行危机"储贷协会危机"，这对银行股整体超额收益以及板块内部的结构分化产生了重要影响。

一、沃伦·巴菲特的可口可乐公司与必需消费

在 1988～1994 年的这个时间段，必需消费板块的表现无疑是最耀眼的，收益率表现在所有板块中排名第一，且大幅领先第二名的医疗保健板块（见图 5 – 19）。

这段时间内必需消费板块有显著超额收益的原因主要包括，一是美国消费巨头如宝洁公司（Procter & Gamble）、可口可乐公司等拓宽了海外市场，营收和利润增长迅猛；二是必需消费品中很多行业的市场集中度在提高，使得"龙头"公司的销售净利率有明显提高。笔者在本书的后续章节，会对这些逻辑进行详细阐述。

而站在 1988 年的时点，一个非常有意思的事件，就是沃伦·巴菲特开始重仓可口可乐公司，赶上了必需消费品这一飞驰的列车（见图 5 – 20）。1988 年，沃伦·巴菲特开始大量买入可口可乐公司的股份，1988 年底共持有 1417 万股（送股后约为 22672 万股），平均每股购买价格为 41.8 美元，总成本为 5.92 亿美元，当年可口可乐公司的每股净利润为 2.84 美元，购买价的市盈率为 14.7 倍。1989 年，沃伦·巴菲特继续增持可口可乐公司的股票，总持股数翻了 1 倍，为 2335 万股（送股后约为 37360 万股），新购入股票的平均价格大约为 46.8 美元，市盈率约为 15 倍，总成本为 10.24 亿美元。1994 年上半年，沃伦·巴菲特继续小幅加仓可口可乐公司 660 万～10000 万股（送股后为 40000 万股），介入市盈率约为 21 倍，投资可口可乐公司的总成本上升至 12.99 亿美元。此后，沃伦·巴菲特一直持有可口可乐公司的股票至今（本书截至 2018 年底），持股份额仍为 40000 万股。

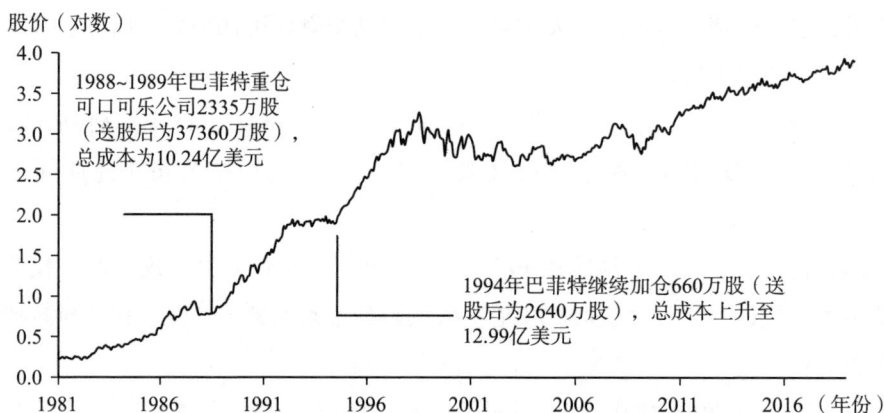

图 5－20　1981～2016 年可口可乐公司股价走势

资料来源：Wind 资讯。

在沃伦·巴菲特建仓后，借助于整个腾飞的 20 世纪 90 年代的美国股市，可口可乐公司实现了估值与盈利的"戴维斯双击"（Davis double-killing effect），从 1988～1998 年的 10 年间，沃伦·巴菲特成本仅为 12.99 亿美元的投资升值到 134 亿美元，投资收益率高达 932%。在可口可乐公司市盈率触及 1998 年的 48 倍时，沃伦·巴菲特并没有卖出可口可乐公司股票，而在此后的 12 年中，可口可乐公司的估值一路下滑至 2010 年底 13 倍。沃伦·巴菲特持有的可口可乐公司股权的市值也下滑至 131.5 亿美元，累计收益率为 913%。依靠利润的增长，可口可乐公司的估值终于降至正常水平，至 2018 年底，沃伦·巴菲特持有的可口可乐公司的市值上升至 189.4 亿美元，累计投资收益率达 1358%。

从复盘的情况来看，沃伦·巴菲特在可口可乐公司上的巨额收益主要是在 20 世纪 80 年代到 90 年代中期实现的。从 1998～2018 年的 20 年间，可口可乐公司的股价几乎没有任何的增长，看似是"失去的 20 年"，虽然在 2009 年后，可口可乐公司的股价再次出现了不错的涨幅，这主要得益于可口可乐公司每年的股利分红，但是公司股价相对表现是明显跑输标普 500 指数大盘的。从可口可乐公司的财务数据变化中可以看得更清楚（见图 5－21），沃伦·巴菲特在可口可乐公司上获得的成功，最本质上的原因，是买对了可口可乐公司上升的 ROE 曲线。

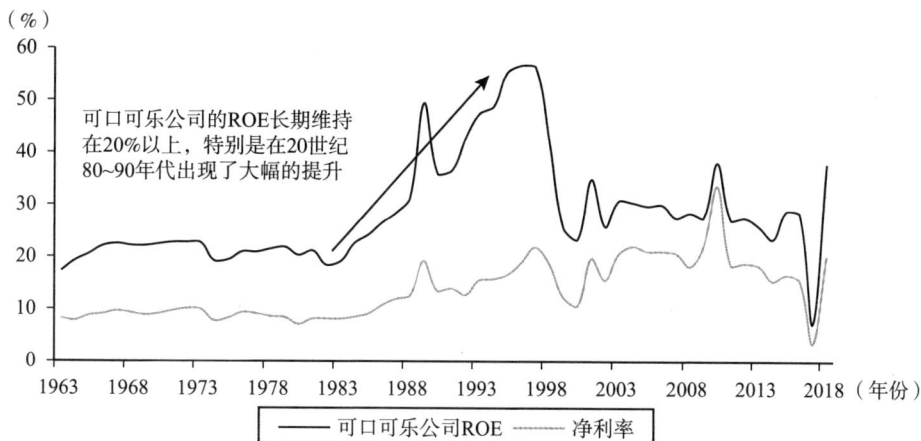

图5-21　1963～2018年可口可乐公司ROE和净利率变化

资料来源：Compustat数据库。

二、走势分化的可选消费

作为一个整体，可选消费在1988～1994年表现与市场整体基本持平，略好一点点（见图5-19）。

从结构上来看，可选消费内部不同行业的走势有较大差异，分化也比较明显（见图5-22）。具体来说，一级行业中传媒行业显著跑输市场整体、超额负收益较为明显。汽车及其零部件行业超额收益走势在1992年前后出现反转，走出了一个类似"V"形的走势，总体上在1988～1994年收益率略低于市场整体。纺织服装耐用品和消费者服务这两个行业总体走势略好于市场整体。

1988～1994年可选消费板块表现最突出的是零售，收益率相比市场整体有显著的超额收益。零售行业表现较好的逻辑中有两条值得重点关注。

一是与房地产家庭装修相关的专业零售公司表现非常突出。典型的如家得宝公司（Home Depot Inc.）与劳氏公司（Lowe's Companies, Inc.）。[①] 这两家家居建材零售连锁的"龙头"公司，在1988～1994年都可谓是10倍股（见图5-23）。

---

① 家得宝公司为全球领先的家居建材用品零售商，业务遍布美国、加拿大、墨西哥和中国等地区，连锁商店数量超过2000家。劳氏公司是美国第二大家居装饰用品连锁店，与业界排名第一的家得宝相比各具特色，许多人把劳氏视为"穷人版"的家居货栈。

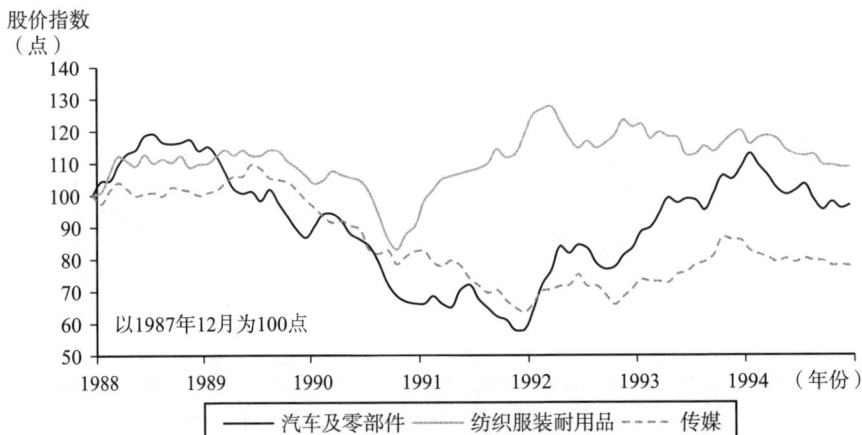

图 5 – 22 1988～1994 年汽车、纺服、传媒行业超额收益走势

资料来源：Compustat 数据库。

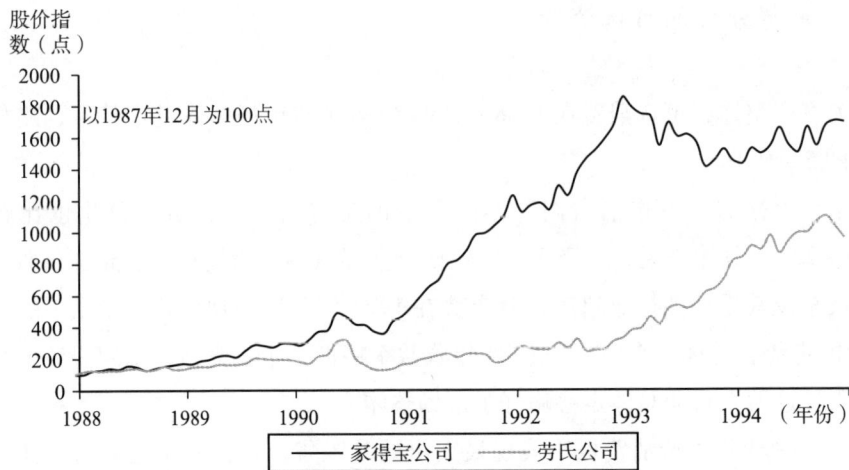

图 5 – 23 1988～1994 年家得宝公司和劳氏公司股价走势

资料来源：Compustat 数据库。

二是一些直销企业和互联网零售公司，在这段时间内有很突出的收益率表现。这个行业在当时处在初创期、探索期，对应的上市公司市值相对非常小，标普 500 样本内一个都没有。当时行业内的公司包括微型仓库公司（Micro Warehouse Inc.）、芬格赫特公司（Fingerhut Companies Inc.）、丽莲弗农公司（Lillian Vernon Corp.）等，不过这些公司都是刹那的辉煌，后来很快就消失了。一直到亚马逊公司上市以后，该细分行业才有了真正的"龙头"公司，互联网零售行业对于整个可选消费板块的影响也越来越大。

三、地产大周期时代开启

从宏观经济上讲，进入 20 世纪 90 年代，美国经济发生了很多变化，包括"高增长、低通胀"的"新经济"时代、计算机互联网的"信息时代"等。其中，有一个重要变化，就是大致从 1991 年起，美国开启了一轮时间非常长的房地产景气周期（见图 5－24）。

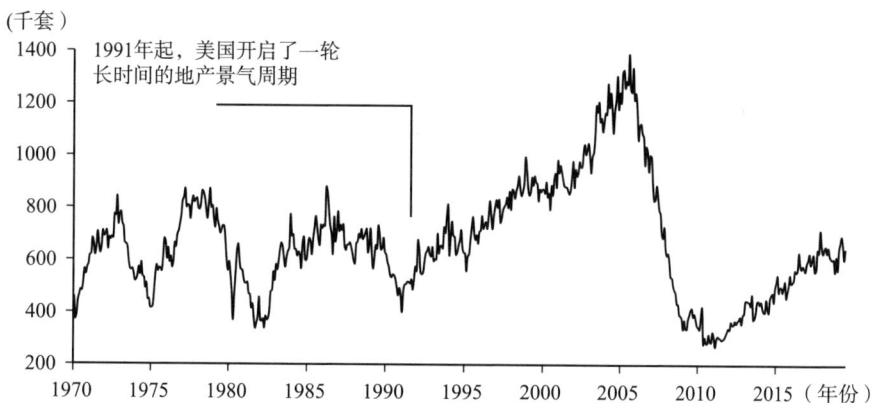

图 5－24 1970～2015 年美国新建住房销售数量变化

资料来源：Wind 资讯。

很多人说，地产是周期之母，笔者认为这个观点还是非常有道理的。在宏观经济所有变量中，地产销售或许可以排得上前五，可能仅次于经济增速、通货膨胀、政策利率，如果说是结构性宏观变量的重要性，那地产销售和投资无疑可以排到第一。

笔者认为，房地产周期对股市行情的影响主要体现在两个方面。

第一是房地产周期与股市大盘走势的关系。有不少观点认为，房地产和股市存在一种跷跷板的关系，即资金从股市流出可以进入楼市、从楼市流出可以进入股市。笔者认为，这种流出流入的逻辑是个伪命题，是不存在的，任何一笔交易有买就有卖，何来流入流出之说。举例而言，如果你卖了一套房子 500 万元，然后说你的钱从楼市流出了，那买你房子的那 500 万元又从哪里来的呢？两者轧平，实际上净值是零。所以笔者认为，不存在所谓资金从楼市流入股市或者从股市流入楼市之说，更不存在房地产是一个蓄水池可以吸收货币之说。

实际上，房地产和股市之间正确的逻辑关系，应该是房地产销售的过程中会产生信用派生，这个过程中，一方面会使得经济基本面向好；另一方面从资金的角度看，信用派生无疑会使得经济中的货币总量增加。因此，笔者认为，多数情况下，房地产销售与股市整体走势应该是正向关系。

第二是房地产对于股市结构性行情的影响。受房地产影响较大的板块主要是两个：一个是银行，从美股的历史回溯来看，驱动银行股超额收益最显著的宏观经济变量，不是经济增长、不是通货膨胀、不是利率水平，而是房地产周期，这个笔者在后文中会有更加深入的分析。二是对可选消费品的影响，房地产包括对汽车、家具、建材零售等行业的影响也非常明显。在 1988～1994 年的行情中，可以明显看到，可选消费板块中表现较好的细分行业基本都是得益于房地产的景气周期。

四、第二次生物科技"泡沫"

生物科技利用现代基因工程技术，精确地挑选生物体某些优良特性的基因，来转殖到另外一个物种，使新的基因改造生物具有预期特定的特性。可以说，生物技术与信息技术两者是最前沿的科技领域。第二次世界大战以后，生物学家对构成生物体最小单位的细胞及控制细胞遗传特征的基因有更深入的了解，随后更是发展出基因重组和细胞融合技术，生物科技作为一个产业逐步诞生了。

美国股市中第一次的生物科技"泡沫"出现在 20 世纪 80 年代初期。1980 年，生物技术行业的旗舰企业基因泰克公司（Genentech）上市。在上市首日的最初 20 分钟内，基因技术公司的股价几乎涨了 2 倍。20 世纪 80 年代的生物科技股与 60 年代的电子股以及 90 年代后期的信息技术股一样，反映出了市场极高的热情。

第二次生物科技"泡沫"发生在 1990～1992 年，1990 年人类基因组计划启动，目的是测定人类基因组中的全部脱氧核糖核酸（DNA）序列，解读其中包含的遗传信息。两年的时间内，生物科技行业大幅跑赢市场整体（见图 5 - 25）。

当时大多数生物科技公司都是小公司，标普 500 样本中只有 1 家生物科技公司，就是安进公司（Amgen Inc.），基因泰克公司（Genentech）在 1990 年被罗氏制药公司（Roche Holding）收购后在美股退市。20 世纪 90 年代初期，美股中生物科技公司市值相对较大的公司包括安进公司（Amgen Inc.）、康仁公司（Chiron Corporation）、森托科公司（Centocor Inc.）等，这些公司在 1990～1992 年的行情中股价有巨大涨幅，但随后又出现了巨大的跌幅（见图 5 - 26）。

股价指数（点）

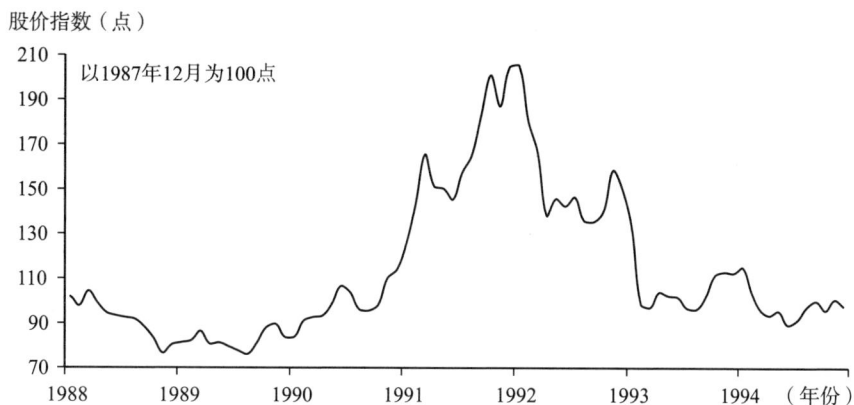

图 5－25 1988～1994 年生物技术行业超额收益走势

资料来源：Compustat 数据库。

股价指数（点）

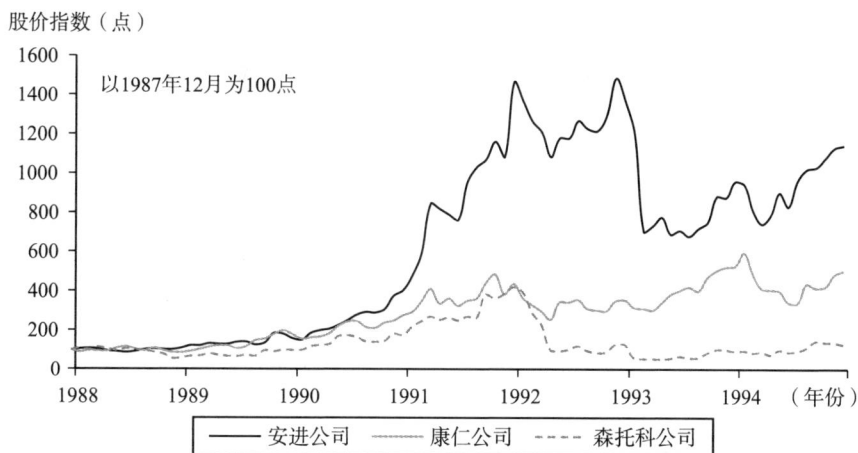

——— 安进公司　——— 康仁公司　- - - 森托科公司

图 5－26 1988～1994 年安进公司、康仁公司、森托科公司股价走势

资料来源：Compustat 数据库。

五、科技股从电子走向计算机时代

信息科技板块作为一个整体，在 1988～1994 年的行情中是没有超额收益的，股价表现跑输市场整体（见图 5－19）。美国信息技术板块从 20 世纪 70 年代中期开始进入了一个转型期，板块构成从传统的电子公司逐步转向计算机信息技术公司，到 1990 年左右，这个新、旧转型的过程已经基本完成。

1988～1994 年行情中，信息技术板块公司的股价表现依旧分化很大，代表新一代信息技术的很多优秀上市公司，如思科公司（Cisco）、甲骨文公司（Oracle）、安德鲁公司（Andrew Corporation）、微软公司（Microsoft）等，股价都有巨幅上涨，基本都是 10 倍股（见图 5 - 27）。

股价指数（点）

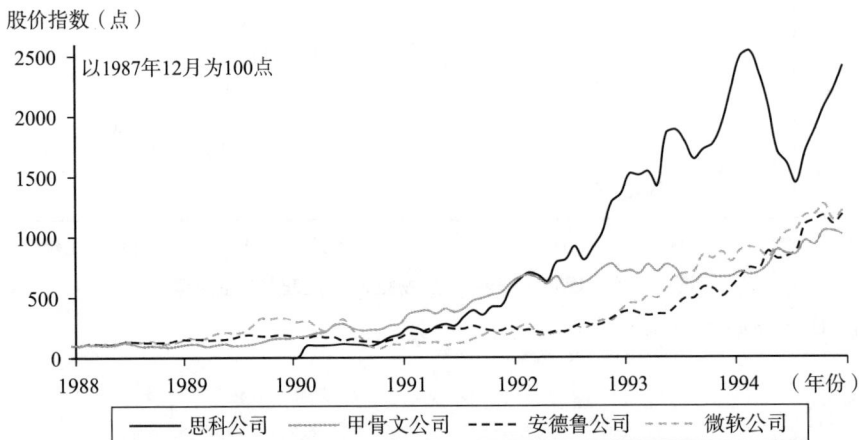

图 5 - 27　1988～1994 年思科公司、甲骨文公司、安德鲁公司、微软公司股价走势

资料来源：Compustat 数据库。

而同时，也有一大批非常有名的公司股价表现不好，例如数字装备公司（Digital Equipment）、优利公司（Unisys Corporation）、交互图形技术公司（Intergraph Corporation）、苹果公司（Apple）、德州仪器（Texas Instruments）、IBM 公司、莲花软件公司（Lotus Development）等，收益率表现在 1988～1994 年都大幅跑输市场整体。

六、"储贷协会危机"中的银行股

20 世纪 80 年代后期，美国金融机构中发生的一件头等大事，可能就要数"储贷协会危机"了，危机是美国金融史上少有的系统性银行危机。

美国的储蓄贷款协会（Savings and Loan Associations，S&Ls，以下简称储贷协会）最早在 1831 年成立于宾夕法尼亚州，其开始是一个具有慈善性质的机构，运作模式是吸收会员的小额存款，对会员发放住房贷款。1932 年美国国会通过了《1932 年联邦住房贷款银行法案》（*The Federal Home Loan Bank Act of 1932*），从而创立了美国的联邦住房贷款银行体系。储贷协会的资金用途受到严格监管，主要为当地居民提供由家庭作担保的住房抵押贷款上，储贷协会的资产大部分为中长期住房抵押贷款。全美国储贷协会机构数量最多高达 11844 个，资产总额近 6000 亿美元①，是美国重要的金融机构之一。

在美国利率市场化改革的过程中，受宏观经济、利率环境、监管条件等多方面因素影响，到 20 世纪 80 年代大量的储贷协会发生倒闭，最终爆发了"储贷协会危机"。从当时倒闭银行的数量中可以看出（见表 5－2），"储贷协会危机"从 1982 年起开始逐步加剧，到 1989 年时是一个高峰，当年全美国有 534 家银行申请倒闭或救援，这个数字要远大于 2009 年金融危机时的 148 家。1989 年 8 月，新上任的老布什总统签署了《1989 年金融机构改革、恢复和加强法案》（*Financial Institutions Reform, Recovery, and Enforcement Act of 1989*，*FIRREA*），政府决定在未来 10 年内动用 1660 亿美元，以挽救濒于倒闭的储贷协会。

表 5－2　　　　　　　　　　1980～2000 年美国银行倒闭和救援数量　　　　　　　　单位：家

年份	总计	全美国商业银行	联储成员州银行	非联储成员州银行	储蓄协会	州储蓄银行
1980	22	2	0	9	11	0
1981	40	1	2	4	30	3
1982	119	10	2	23	75	9
1983	99	9	2	35	47	6
1984	106	18	6	55	26	0
1985	180	30	11	77	57	3
1986	204	49	11	84	55	5
1987	262	72	10	119	52	8
1988	470	123	25	132	172	18
1989	534	111	14	81	278	49
1990	382	96	10	53	161	54
1991	271	44	7	57	93	53
1992	181	33	17	50	29	31
1993	50	23	1	18	3	4
1994	15	3	1	7	0	2
1995	8	1	1	4	2	0

---

① 资料来源：刘胜会. 美国储贷协会危机对我国利率市场化的政策启示 [J]. 国际金融研究，2013 (4)：13－21.

续表

年份	总计	全美国商业银行	联储成员州银行	非联储成员州银行	储蓄协会	州储蓄银行
1996	6	2	0	3	0	1
1997	1	0	0	1	0	0
1998	3	0	2	1	0	0
1999	8	3	1	3	0	0
2000	7	2	0	4	0	1

资料来源：美国联邦存款保险公司。

所以，笔者大体上可以把 1981～1989 年看作是"储贷协会危机"发生的时间段，其中，1989 年是危机的最高峰。从股票市场的行情来看，有两个问题值得讨论：第一是"储贷协会危机"期间，银行股（包括商业银行和储贷协会在内的广义银行）表现如何，是否有明显的超额负收益。二是储贷协会上市公司相比商业银行上市公司表现如何，储贷协会的大量倒闭，是否会使得投资者对上市储贷协会避之不及。这个问题类似于在中国 A 股市场中，当未上市的城商行发生信用危机时，是否会使得投资者抛售没有出事的上市城商行。

首先，广义银行板块的超额收益从 1982～1985 年并没有因为银行破产数量增加而明显下滑，从 1986 年开始超额收益显著下滑，1989 年下半年一直到 1990 年超额收益再度出现大幅快速下滑（见图 5-28）。因此可以看出，在"储贷协会危机"期间，银行股整体是明显跑输大盘的。当然，造成"储贷协会危机"和银行股表现较差这两件事情背后的基本面原因可能是共同的，那就是当时房地产市场的大幅下滑。

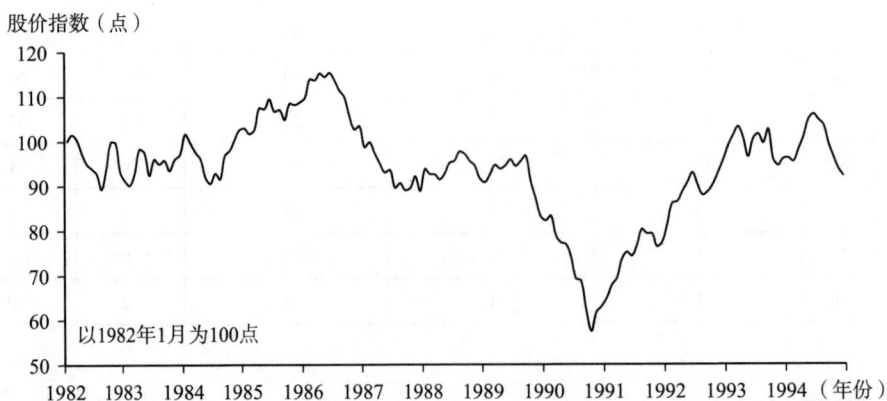

图 5-28　1982～1994 年美国广义银行板块超额收益走势

资料来源：Compustat 数据库。

其次，危机期间储贷协会相比一般商业银行的收益走势（见图5－29）。总体上可以看到，危机期间储贷协会收益率依然是跑赢普通商业银行的。当然，很有可能是逆向选择的原因导致了这一结果出现，即还能够留在股票市场中的储贷协会都是竞争中的胜利者，在储贷危机期间大量同行倒闭，幸存者优势更加明显了。但无论如何，这一结果表明，其他储贷协会倒闭对整体并没有显著的负外部性。

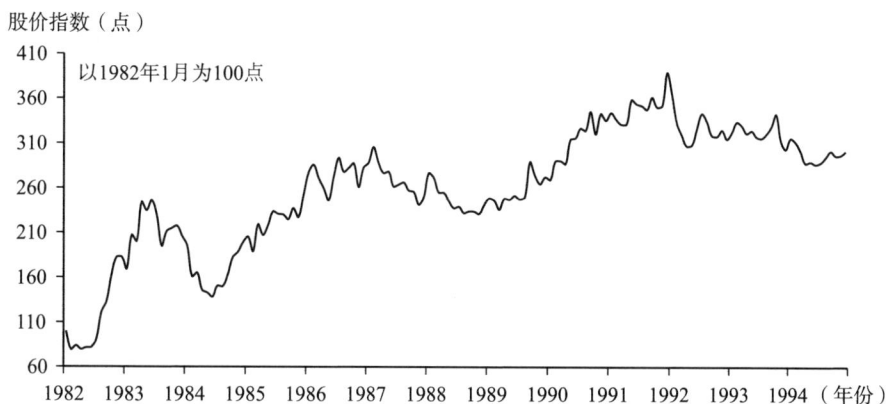

图5－29　1982～1994年储贷协会相比商业银行超额收益走势

资料来源：Compustat数据库。

第六章
1995～2000 年：从繁荣到"泡沫"

高增长、低通胀，新经济的繁荣使得美国经济产生了从未有过的美好，股市的持续上涨是对这一美好的反映和憧憬（见图 6-1）。虽然早在 1996 年美联储主席艾伦·格林斯潘就给出了"非理性繁荣"[①] 的警告，事后看这没错，但在当时如果你接受了这个建议，就会错过美股历史上最动人的主升浪。1997 年，"东南亚金融危机"[②] 的爆发以及由此引发的 1998 年美国长期资本公司的倒塌，使得美联储在一个本不是太应该降息的时点降息了，火上浇油的结果是美股从 1998 年后期开始了加速上涨的"泡沫"化阶段。美国经济结构中制造业占比不断下降，"经济服务化、结构高级化"的趋势愈发明显。信息科技和生物科技成为股市"泡沫"的"领头羊"，它们都有基本面、政策面、资金面的支持和共振，但狂热的资本市场把一切都放大了。到 2000 年初"泡沫"的巅峰时，全市场就只有极少数公司和行业股票在上涨了，纳斯达克指数与标普 500 指数和道琼斯工业指数走势完全背离。信息科技和生物科技之外，唯一还有超额收益表现的板块是金融，它充分得益于美国的房地产大周期与持续不断的金融创新。

---

① 1996 年 12 月 5 日，面对全球股市的持续繁荣与大幅上涨，艾伦·格林斯潘发表了著名的以"非理性繁荣"为主题的演讲，艾伦·格林斯潘在这次演讲中谈道："显然，持续的低通胀意味着对未来的不确定性，降低风险溢价则意味着股票和其他盈利资产的价格上涨。但我们无法知道非理性繁荣何时会过度抬升资产价值，这将导致资产价值遭遇意想不到的长期收缩，正如过去 10 年在日本发生的那样。"

② 东南亚金融危机指 1997 年 5 月中旬后由泰铢贬值引发的一场金融风暴。自泰铢贬值开始，马来西亚、印度尼西亚、菲律宾、新加坡和中国台湾、中国香港等国家和地区的货币和股票市场都受到了不同程度的冲击。这次危机波及范围广，持续时间长，是继 1995 年墨西哥金融危机以来最严重的区域性金融危机，它造成了东南亚国家和地区的股市动荡，大批金融机构破产，货币严重贬值。

标普500指数（月K线）

指数点位（点）

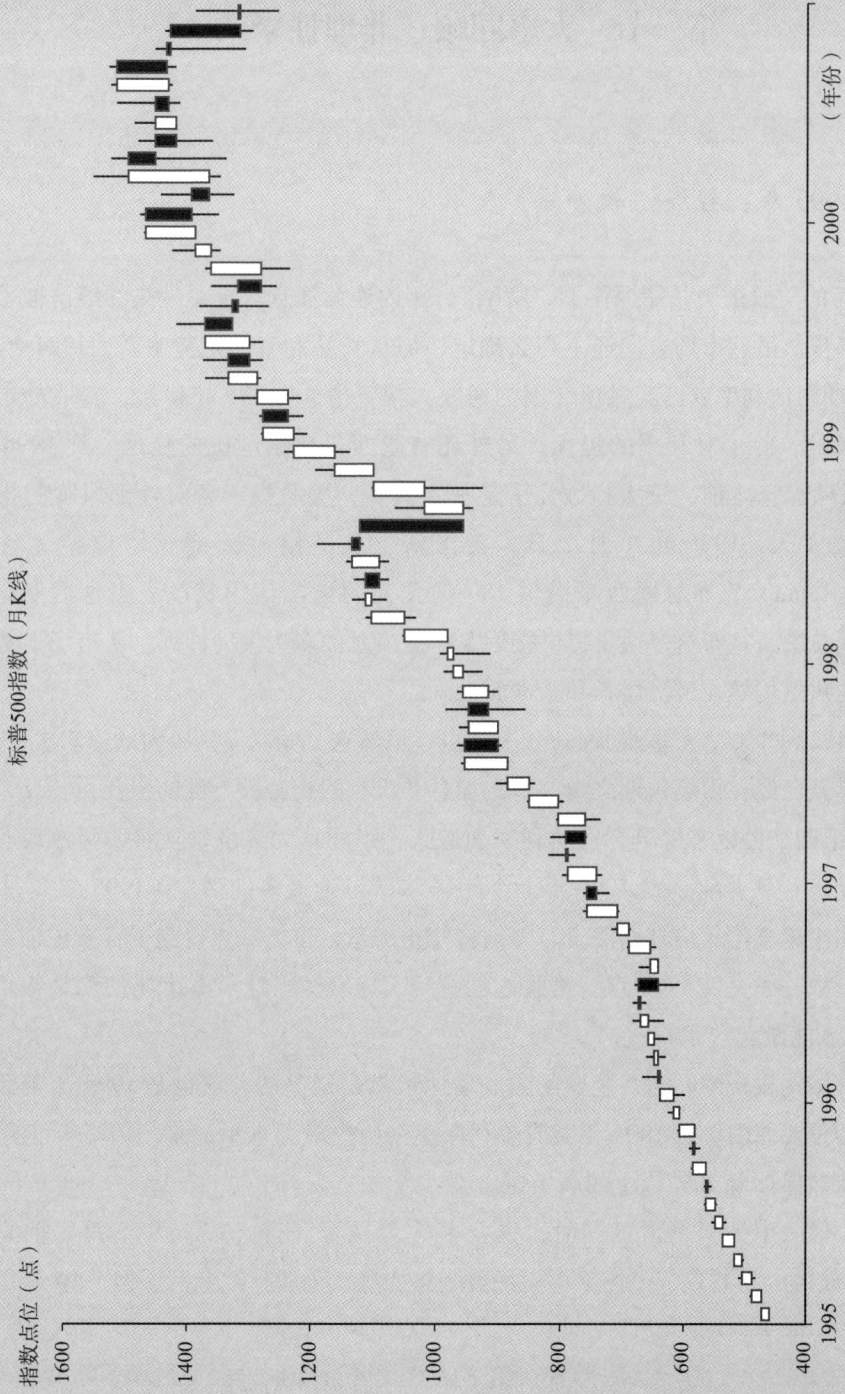

图6-1 1995~2000年标普500指数走势

资料来源：Wind资讯。

第一节　大事回顾：非理性繁荣

一、1995年：经济"软着陆"

1994年的美股被美联储扼住了"咽喉"，年内连续加息六次，过热的经济似乎已经放慢了脚步。虽然市场方向还不那么确定，但从长端利率的走势来看，1994年11月初10年期国债利率就已经触顶（因为通胀大幅下滑）。1995年伊始，美股的走势是小心翼翼的，除了对利率的担忧，另外还有墨西哥比索危机的蔓延。到1995年2月初美联储加息之前，三大指数几乎走平。其实，美股投资者对外部风险的担忧并没有持续太久，1995年1月2日，美国新上任的财政部部长罗伯特·鲁宾（Robert E. Rubin）宣布对墨西哥提供180亿美元的国际信用贷款。当月后期，比尔·克林顿总统又宣布对墨西哥提供接近500亿美元的多边援助计划。从市场走势上来看，关注焦点仍然在经济增长和基本面上。

1995年2月1日，美联储加息50个基点，虽然这是美联储一年内的第7次加息，但其实很早就已经在市场预期之内。这次加息并没有阻挡美股上涨的步伐，相反，参考1994年第四季度以来持续下行的利率和通胀，市场认为经济增速将明显放缓、通胀可控，经济"软着陆"是1995年上半年华尔街讨论最多的话题。1995年2月23日，美联储主席艾伦·格林斯潘表态美国将停止加息，市场观点得到了官方佐证，道琼斯工业指数一举突破4000点。美股连创新高，连震惊全球资本市场的巴林银行倒闭事件①也未能激起"水花"。

在经济增速放缓的同时，企业的盈利增速依然是很高的，这也是1995年美股涨得如此好的重要原因。自1994年美股盈利增速创历史最高水平以来，1995年前第三季度美股依然保持着20%以上的高增速。

另外，通胀率大幅下滑的同时，失业率并未显著下行（1995年5月之前是这样），经济放缓成为共识，市场不再担忧美联储加息，美股持续上行。但1994年的债

---

① 1995年2月27日，英国中央银行宣布，创建于1763年的英国巴林银行因经营失误而倒闭。消息传出，立即在亚洲、欧洲和美洲地区的金融界引起一连串强烈的波动。东京股市英镑对马克的汇率跌至近两年最低点，伦敦股市也出现暴跌。

市崩盘带来的美元指数的持续下行引发了资本市场关注。1995 年 4 月，美元兑日元汇率也在达到了第二次世界大战以后的极低水平 79.75，美日双方采取了联合干预措施。随后美元指数在 1995 年 4 月下旬企稳，创下 1992 年以来的新低水平。直至上半年结束，美股一路高歌，虽然涨势不猛，但中间鲜有回调，三大指数均收获了 10% 以上的涨幅，纳斯达克领涨，收获了 17% 的涨幅。

具有戏谑意味的是，下半年开始"画风突变"。1995 年 5 月 PMI 大幅下滑，越过"荣枯线"，直接触及 1991 年"海湾战争"以来新低。1995 年 6 月再度下行，零售数据也持续恶化，失业率波动不稳，经济"软着陆"似乎成了一个伪命题。于是，同年 7 月开始美联储紧缩的货币政策突然转向，1995 年 7 月 6 日，美联储降息 25 个基点。这恰逢其时的"随风倒"为美股再度上行加足了马力。虽然同年 7 月初至 8 月上旬由于利率的上行股市经历了很窄幅的回调，但市场很快就恢复了元气。同年 8 月 8 日，网络公司网景公司（Netscape）[①] 在美股上市，令市场兴奋不已，股价当天就从 28 美元冲到 75 美元，人们普遍认为这就是纳斯达克历史的开端。当然，从整体来看，在基本面走弱的大背景下支撑美股上行的依然是强劲的盈利增长。1995 年第二季度美股单季盈利增速高达 25%，至此，美股已经长达 10 个月维持 20% 以上的高增速。

1995 年的前三个季度虽然三大指数同时上涨，但领涨的依然是以纳斯达克指数为代表的科技股。直至 1995 年 9 月 12 日纳斯达克触及年内高点时，已经斩获了 42% 的惊人涨幅，而同期道琼斯工业指数和标普 500 指数也仅仅上涨了 20% 左右。1995 年第四季度开始，市场对科技股的增长前景和盈利持续性产生怀疑，高利率的背景下，估值被率先打高的科技股引发了市场极强的获利了结心态。虽然同年 9 月中旬和 10 月中旬三大指数均因市场盈利担忧导致指数涨势暂缓，但道琼斯工业指数和标普仅是震荡横盘，而纳斯达克指数则回调下跌，直至 1995 年末也未再突破 9 月 12 日高点。

市场经历了短暂的冷静，在风险偏好较高的情况下，蓝筹股以其相对低估值，高分红的避险属性强势回归，1995 年 10 月底开始，道琼斯工业指数和标普 500 指数重拾涨势，11 月下旬道琼斯工业指数突破 5000 点大关。同年 12 月 9 日美联储再次降息 25 个基点。而就在 1995 财年即将结束时，政府的关门危机再度导致了美股的短期扰动。比尔·克林顿希望提高财政赤字的最高限额，但时任众议院议长纽特·金里奇

---

① 当时市场上只有 IBM 公司、微软公司这种传统计算机公司，网景公司这种对用户免费、对企业收费的模式从未出现过。在无例可循的情况下，1995 年市场给网景公司的估值达到了 66 倍。

（Newt Gingrich）则拒绝该提议，理由是担心国家陷入债务危机。总统与国会之间的博弈持续了很久，并导致联邦政府在 1995 年 11 月和 12 月两度"关门"，其中，最长一次为 1995 年 12 月 16 日至 1996 年 1 月 5 日，总共 21 天，创下截至当时政府关门时长的最高纪录。

直至年末，道琼斯工业指数收获了自 1975 年以来最好的涨幅纪录，有 69 个交易日创新高，全年上涨 34%。标普 500 指数全年涨幅 33%，更是创下 1958 年来的最高涨幅。而纳斯达克虽然在 1995 年 12 月初达到年内高点之后，受个别公司负面盈利预警的影响，指数开始回调，但仍收获了高达 40% 的涨幅。

1995 年股市的波动率是非常小的，股价上行的曲线如此平滑（走势见图 6－2）。当然，促使股市如此上涨的主要动力是利率的持续下行，利率从年初的 7.9% 下降至年末的 6% 以下。虽然经济过热被及时"刹住了车"，但公司层面的盈利爆发还在继续。利率下行、盈利高位，这是全年持续上涨的主要逻辑。

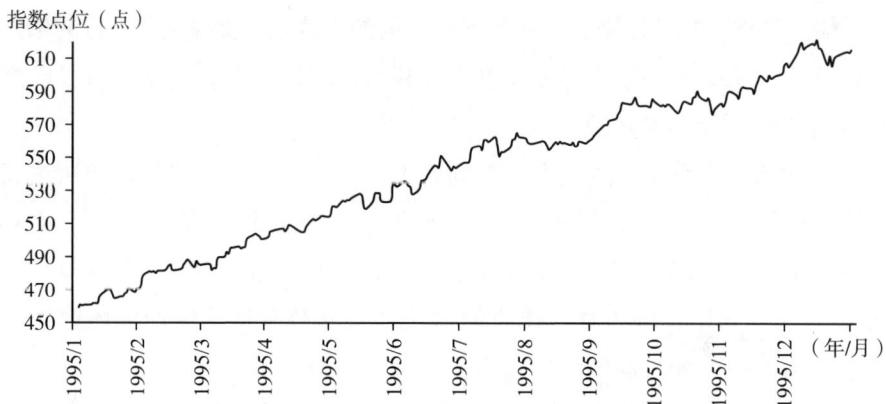

图 6－2　1995 年 1～12 月标普 500 指数走势

资料来源：Wind 资讯。

二、1996 年：格林斯潘的警告

1996 年初，美国政府在停摆了 21 天之后，终于在 1 月 6 日结束了"关门"状态，也创下了此前政府关门的最长时间纪录。[①] 1996 年 1 月 6 日下午，美国政府在白宫同国会举行的高层预算谈判中，比尔·克林顿总统按照国会预算局对经济前景的预

---

① 此后该纪录在 2019 年 1 月被打破。

测提出了一项在7年内平衡预算的计划，从而满足了国会共和党议员提出的政府重新开门的先决条件。政府关门问题的暂时解决使得年初下跌的股市迅速反弹，加之上市公司年报数据陆续公布，许多"龙头"公司诸如IBM公司、卡特彼勒公司（Caterpillar，CAT）等盈利增速均超市场预期。1996年1月31日，美联储降息25个基点。美股持续上涨直至1996年2月中旬。

然而好景不长，由于1996年2月初利率飙升，美股上涨的势头很快就"刹住了车"，开始了长达3个月的震荡走势。美联储表示，经济已经回到了"正轨"，似乎暗示了其将停止降息步伐。1996年3月，汽车工人的联合罢工使得北美24家工厂"瘫痪"近三周。这段时间市场的摇摆不定主要是出于政策的转化，而同年4月初，随着第一季度盈利的披露，纳斯达克率先突出重围开始上涨。而同年5月初开始市场担心的通胀问题逐渐平息，前期飙升的利率开始下行，道琼斯工业指数和标普500指数才跟上上涨步伐。直至1996年5月下旬，三大指数均收获了10%以上的涨幅。其中，纳斯达克指数上涨了19%。

1996年5月23日开始，美股再度震荡回调。主要的"导火索"是利率重新开始上行。同年7月初，10年期国债利率"破7"，随后公布的6月失业率超预期创下88年以来新低。在对美联储加息的恐慌情绪中，美股加速下跌。当时市场还有一种说法是1996年7月的"贝尔莎"（Bertha）三级飓风对美股盈利造成了影响，引发市场恐慌。而事实上盈利确实可能是一个问题，这段时间引发市场回调的原因除了利率，其实最主要的是对盈利的担忧。1996年美股第二季度的盈利增速创下1992年第三季度以来的新低，为9.4%。要知道此前美股已经连续14个季度保持两位数以上的盈利增速。在这轮回调中，道琼斯工业指数和标普下跌了7%左右，纳斯达克指数下跌了16%。

1996年7月下旬开始，由于观察到高频就业数据并没有持续改善，市场对美联储加息的预期逐渐释放。同年7月20日左右，美股开始反弹，直至年底。不可否认的是，经济增长确实很强劲，但仍和市场预期较为吻合，并未出现超预期增长。就拿PMI数据来说，虽然从1996年初开始持续上行，但在7月又重回"荣枯线"之下，虽然很快反弹，但至少说明，当前的经济状况不会令美联储马上加息。这种预期不仅在股票市场，甚至是债券市场均达成了共识，因为1996年9月初开始，利率开始触顶回落，至年底下行了大约70个基点。市场迅速进入"甜蜜区"，三大股指一齐上涨。

随着1996年第三季度报告的陆续披露，盈利的大幅攀升为市场再添助力，美股节节攀升，所以回头去看看，6~7月对于盈利的担忧有点过虑了。同年10

月，道琼斯工业指数突破了6000点整数关口。这种股票市场的狂欢并不只是属于华尔街的，全球股市均是一片欣欣向荣。同年12月5日，面对全球股市的持续繁荣与大幅攀升，艾伦·格林斯潘发表了那场著名的以"非理性繁荣"为主题的演讲。他说道，"我们无法知道非理性繁荣何时会过度抬升资产价值，这将导致资产价值遭遇意想不到的长期收缩，正如过去10年在日本发生的那样"。在艾伦·格林斯潘就股债"泡沫"发出最新的警告之后，美股三大股指一度急跌。当然，不管是否理性，繁荣的资本市场并没有为格林斯潘的一句话而撼动，1996年12月中旬过后，美股再度上扬。从1996年7月下旬至年末，三大股指均收获了20%左右的涨幅。

如果从1996年全年来看，道琼斯工业指数涨幅26%，是三大股指中涨幅最高的。标普500指数和纳斯达克指数分别上涨20%和23%（走势见图6-3）。1996年，确实又是繁荣的一年，至于是否理性，就不知道了呢，第四季度美股盈利增速再度逼近20%。

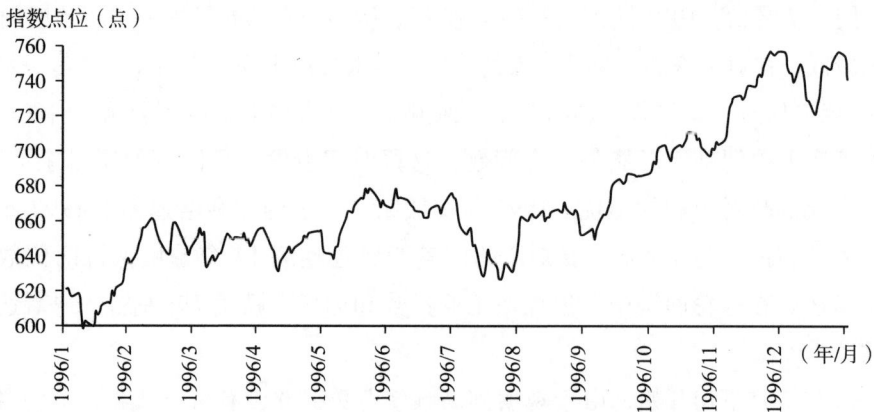

图6-3　1996年1～12月标普500指数走势

资料来源：Wind资讯。

三、1997年："东南亚金融危机"爆发

1997年刚开始的时候，市场讨论最多的就是经济复苏和通胀。1997年初公布的上年12月的PMI和通胀都出现了"跳涨"的势头，而总统比尔·克林顿则在1月公开表示，美国经济并未出现通胀的趋势性上涨，市场稳步上涨直至当年3月上旬，道琼斯工业指数和标普500指数均上涨了10%左右。要注意，1997年初的这轮上涨又

是一种典型的"漂亮50"大票行情特征，因为同期的纳斯达克指数几乎是走平的，当时科技股的业绩增速和收入增速均明显落后于其他板块。

　　跟着股票市场一起上涨的还有利率。从1997年初至3月中旬，10年期国债利率上涨了近40个基点，尽管第四季度盈利增速远超预期，然而相比股指的涨幅来说，"非理性繁荣"似乎在此时此刻起到了更明确的警示作用。1997年3月初，美联储主席艾伦·格林斯潘在国会上公开声明，已经做好了进一步提高利率的准备。同年3月25日，美联储加息25个基点。除了对利率的恐慌，美元指数的持续升高更是引发了市场对盈利的担忧。美元指数从年初88点左右至4月底已经升至96点以上，汇率引发的贸易条件恶化将对诸多跨国企业的盈利造成严重影响。在估值和盈利的双重压制下，同年3月10日左右美股开始回调，直至4月11日左右，道琼斯工业指数、标普500指数基本将年初涨幅悉数回吐，而纳斯达克指数更是创出年内指数新低。

　　一方面，1997年4月开始，随着一季报的逐渐披露，微软公司、英特尔公司、卡特彼勒公司、福特汽车等公司业绩增速均大超预期，市场担心的盈利问题看来短期内被证伪；另一方面，1997年4月过后，通胀率和失业率同步下行，利率开始大幅下降，美股一下进入了"甜蜜区"，开始强劲反弹。经济基本面持续向好，这一点也体现在政府的财政政策上，1997年5月，比尔·克林顿政府与国会达成五年实现财政预算平衡的协议，同年8月5日比尔·克林顿签署了《1997年财政预算平衡法案》（*Balanced Budget Act of 1997*）和《1997年减税法案》（*Taxpayer Relief Act of 1997*），要求到2002年实现财政预算盈余（实际上从1998年就实现了财政盈余），从根本上消除多年来困扰美国多年的财政赤字问题。1997年9月美国核心通胀率已经最低降至2.2%，是20世纪60年代以来的最低值。美股的持续上涨至1997年8月初，三大股指几乎都收获了30%的涨幅。

　　1997年8月初开始美股（主要是蓝筹股）经历了一波回调，大概持续了1个月，主要原因是7月底之后利率再度开始上行，当然，这背后依然是不断走强的美国经济。PMI从年初53持续上行，至1997年7月已经涨至58。同时，美联储在其货币政策报告中也警示了美股的高估风险。与此同时，"东南亚金融危机"开始爆发①，海外风险的蔓延引发了市场对跨国企业盈利前景的担忧，因此道琼斯工业指数受到的波

---

　　① 1997年7月2日，泰国宣布放弃固定汇率制，实行浮动汇率制，引发一场遍及东南亚的金融风暴。当天，泰铢兑换美元的汇率下降了17%，外汇及其他金融市场一片混乱。不久，这场风暴波及马来西亚、新加坡、日本、韩国等地。泰国、印度尼西亚、韩国等国家（地区）的货币大幅贬值，同时造成亚洲大部分主要股市的大幅下跌。

及是比较大的。

1997 年 9 月短暂反弹之后，10 月初开始随着亚洲局势的恶化，美股再度下跌，而且跌幅较 8 月更甚，前期未参与回调的纳斯达克指数也应声下跌。那么亚洲究竟发生了什么呢？继东南亚各国纷纷遭遇货币贬值之后，1997 年 10 月下旬，国际炒家移师国际金融中心中国香港，矛头直指中国香港联系汇率制。同年 10 月 23 日中国香港恒生指数大跌 1211 点，28 日下跌 1622 点，跌破 9000 点大关。1997 年 11 月中旬，东亚的韩国也爆发金融风暴，17 日，韩元对美元的汇率跌至创纪录的 1008∶1。1997 年 11 月 21 日，韩国政府不得不向国际货币基金组织求援。韩元危机也冲击了在韩国有大量投资的日本金融业，而与此同时，日本的一系列银行和证券公司相继破产。东南亚金融风暴演变为"东南亚金融危机"。第四季度的美国经济确实受到了"东南亚金融危机"的波及，我们可以看到 PMI 和零售数据都出现了明显回落，而企业盈利增速更是大幅滑坡。

虽然受到了危机的波及，总体上看 1997 年的美股依然表现不凡，道琼斯工业指数涨幅高达 33%，而标普 500 指数和纳斯达克指数也分别上涨了 23% 和 22%（走势见图 6-4），再看看惨不忍睹的亚洲市场，美股绝对是当之无愧的大牛市了。

指数点位（点）

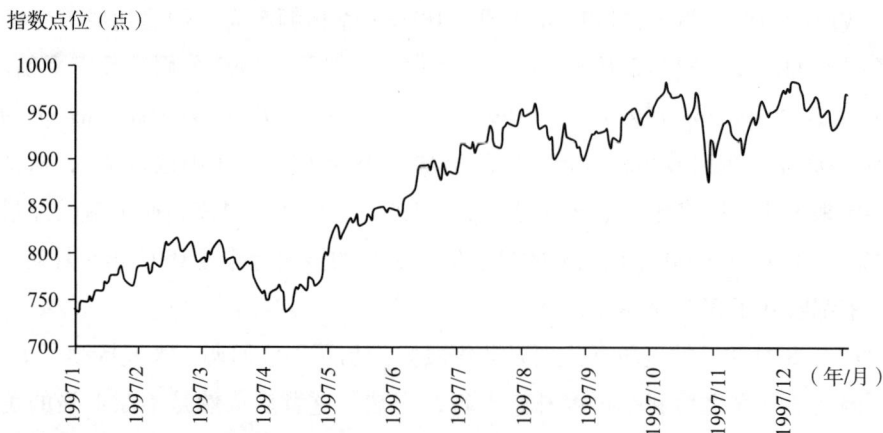

图 6-4　1997 年 1～12 月标普 500 指数走势

资料来源：Wind 资讯。

四、1998 年：长期资本公司倒塌

美国股市的大牛市已经走过了完整的三个年头，进入 1998 年，市场既有期待，又充满惶恐。同年初两周，市场在对企业盈利持续下滑的担忧和"东南亚金

融危机"蔓延的恐慌中下跌，但是很快恢复了元气，重回上行通道。1998 年 1
月下旬，"克林顿与莱温斯基丑闻"曝光，也仅是引发了市场几日的短暂回调。
利率下行、经济温和增长、第四季度美股公司（主要是科技公司）盈利增速不
错成为 1998 年初美股市场的共识，2 月初，标普 500 指数突破了 1000 点大关。
其间虽然英特尔公司、摩托罗拉公司（Motorola Inc.）等公司相继公布了第一季
度的业绩预警，沃伦·巴菲特也公开表示美股估值过高，但依然没有打破美股整
体的上涨惯性，只是发生了金融股和消费股接替科技股上涨的行业轮动。1998
年初至 4 月下旬，标普 500 指数和道琼斯工业指数均上涨了 16%，而纳斯达克
指数上涨了 21%。

　　1998 年 4 月下旬开始，随着业绩的逐渐披露，市场对于业绩下滑形成共识
（第一季度的美股业绩增速仍然徘徊在 1995 年以来的最低水平），叠加利率小幅上
行、海外金融形势仍不明朗、日元汇率持续下跌，引发市场获利了结，美股开始震
荡下行直至 1998 年 6 月中旬。其间戴姆勒汽车公司（Daimler AG）和克莱斯勒汽
车公司并购案引发了不小的反响，同年 5 月 6 日，美国汽车制造商克莱斯勒公司与
梅赛德斯 - 奔驰的生产者德国戴姆勒 - 奔驰公司共同宣布了一份价值高达 360 亿美
元的合并计划。此举当时被媒体称作"有史以来绝无仅有的一起工业并购案"。与
之相比，美国最大的汽车制造商通用似乎陷入了麻烦，同年 6 月 5 日，通用汽车位
于密歇根州的弗林特的工厂发生工人罢工，并迅速蔓延到其他的 5 个装配工厂，持
续了 7 个星期之久。

　　而彼时的美股似乎面临着内忧外患的艰难处境：对内美股盈利增速低迷、估值又
处于历史高位、通货膨胀存在隐忧，市场担心利率紧缩对估值造成压制；对外巴基斯
坦核试验、俄罗斯经济局势混乱、日本经济衰退、"东南亚金融危机"余温犹存。虽
然整体基本面形势不妙，但这轮回调是相对比较缓和的，标普 500 指数仅下跌了
3%，纳斯达克指数回调了 7%。而且本着"利空出尽就是利好"的信条，很快 1998
年 6 月下旬开始美股再度企稳反弹。

　　1998 年，美股市场最关注的其实就是盈利这一个变量。我们看到，1998 年 7
月中旬美股迎来了自 1994 年以来最深幅的一轮回调，主要原因就是当年第二季度
盈利再度大幅下滑。根据笔者的计算，美股上市公司 1998 年第二季度单季盈利增
速为 -1.5%，为 1995 年以来首次落入负区间。很多"龙头"股诸如波音公司、
卡特彼勒公司、迪士尼公司（Disney）、惠普公司（Hewlett-Packard）、默克制药公
司（Merck）等均发布了业绩预警。同年 7 月公布的 6 月 PMI 数据已经跌至"荣枯
线"以下，为 1996 年以来的首次，对经济衰退的担忧使得市场从 1998 年 7 月中旬

一直下跌至 10 月初。

其间"东南亚金融危机"风暴卷土重来，全球资本市场的动荡一定程度上加剧了美股的下跌，美元指数也从 1998 年 8 月开始一路狂跌。1998 年 8 月，国际炒家发动"港元阻击战"，中国香港金融管理局一改不干预市场的做法，动用外汇储备直接入市买入港币。除了中国香港之外，同年 8 月 17 日，俄罗斯中央银行宣布年内将卢布兑换美元汇率的浮动幅度扩大到 6.0～9.5 比 1，并推迟偿还外债及暂停国债券交易，"俄罗斯债务危机"爆发。与此同时日本、印度尼西亚经济也处于水深火热之中，巴西股市触及熔断，以德国为首的欧洲股市狂泻不止。而这次"东南亚金融危机"除了连累美股之外，还令曾经的四大对冲基金之一的长期资本管理公司（Long-Term Capital Management，LTCM）[①] 一夜间轰然倒塌。由于对金融风险的估计错误，由数位诺贝尔经济学奖获得者掌舵的长期资本管理公司破产。同年 9 月 23 日，美林公司（Merrill Lynch）、摩根公司出资收购接管了长期资本管理公司。

从 1998 年 7 月中旬至 10 月初，标普 500 指数和道琼斯工业指数下跌了近 20%，而纳斯达克指数下跌了近 30%。同年 9 月 29 日，美联储降息 25 个基点，国际局势逐渐稳定，美元指数也在 10 月初企稳，美股终于蓄力反弹。同年 10 月 15 日和 11 月 17 日，美联储再度降息 25 个基点，3 个月内联邦基金目标利率下调了 125 个基点。与此同时，经济也出现了企稳回升的迹象。1998 年第三季度美股盈利增速环比改善，GDP 增速也没有进一步下降，而且同年 10 月开始失业率显著下降，零售数据也起来了。而科技股在这轮上涨中依然扮演着"领头羊"的角色，很显然，市场坚定地认为科技股在宽松政策刺激下的企业盈利回升周期中，将会具有更大的弹性。这一轮反弹中，纳斯达克指数涨幅高达 55%！而道琼斯工业指数和标普 500 指数也分别收获了 18% 和 28% 的涨幅。

1998 年，美股市场虽然一波三折，但在年末的冲刺下，也终究是完美的一年牛市。标普 500 指数上涨了 27%（走势见图 6 - 5），纳斯达克指数上涨了 40%。而就在这一年，微软公司成为全美国市值最大的公司。

[①] 美国长期资本管理公司创立于 1994 年，主要活跃于国际债券和外汇市场，利用私人客户的巨额投资和金融机构的大量贷款，专门从事金融市场炒作。它与量子基金、老虎基金、欧米伽基金一起被称为国际四大对冲基金。

图 6 – 5　1998 年 1 ～ 12 月标普 500 指数走势

资料来源：Wind 资讯。

五、1999 年："千年虫"（the Millennium bug）恐惧与贪婪

"东南亚金融危机"刚刚过去，"巴西金融危机"却在世纪之交悄然而至。1999 年 1 月 13 日，拉丁美洲第一大经济体巴西政府宣布对本国货币雷亚尔实行贬值，从 1999 年 1 月 12 日到 21 日的 9 天时间里，雷亚尔汇率下跌了 23.4%。投资者纷纷逃离拉美新市场，致使拉美各国以及世界其他地区的股市再度发生动荡。

直至 1999 年 3 月初，美股三大指数一直处于横盘大幅震荡的走势，1998 年 10 月以来的科技股狂热似乎散去了踪影。这期间除了"巴西金融危机"，还有发生了几件大事引发了美股的剧烈震荡。1999 年 1 月 5 日，微软公司被认定利用其对个人计算机操作系统的垄断力量阻碍竞争和创新，从而损害了消费者的利益，"微软公司垄断案"[①] 由此拉开序幕。受微软公司事件的影响，加之年初第一季度美国市场的个人电脑销量持续低迷，市场对戴尔公司（Dell Inc.）、IBM 公司等电脑制造商均给出了盈利下滑的预期。同年 2 月 9 日，美国纳斯达克技术指数收盘时下降近 4%，成为历史上第三次暴跌，包括微软公司、雅虎公司（Yahoo!）、英特尔公司在内的主要互联网公司股票遭受的打击最大，其股票价值在市场上损失了数十亿美元。

---

① 1999 年起，微软公司卷入了与美国司法部的垄断官司。美国司法部官员认为，微软公司捆绑销售视窗软件和网络浏览软件，排挤了竞争对手，并在视窗软件市场中占据了几乎 100% 的份额，毫无疑问地成为一个垄断者。由于涉嫌垄断，微软公司在 2000 年一度面临被拆分的危机，而此案也成为 2000 年 3 月纳斯达克互联网泡沫破灭的导火索。

虽然"黑天鹅"事件迭出，但从基本面来看，美国经济还是很健康的。失业率持续下行，经济仍处于 1996 年以来的扩张周期，增速持续上升。与此同时，美联储的宽松周期已经持续了近两年，市场开始担心美联储将很快收紧货币政策。1999 年 2 月 23 日，美联储主席艾伦·格林斯潘在美国参议院银行委员会发表讲话时说，美国经济今年将持续保持增长，必要时将调整货币政策。这印证了市场的猜测，华尔街股市各主要股指大幅下降。整体来看，1999 年初至 3 月初市场虽然大幅震荡，但指数都没有形成趋势性走势，道琼斯工业指数和标普几乎涨幅为 0，纳斯达克指数上涨约 4%。

1999 年 3 月初公布的失业率突然上升至 4.4%，市场认为失业率的小幅上升对市场是友好的，因为这证明了经济并没有过热，而且美联储也不会很快地开始加息。市场开始反弹。同年 3 月 29 日，道琼斯工业指数突破了 10000 点大关。1999 年 3 月的这轮反弹中科技股依然是领涨的，纳斯达克指数单月涨幅超过 13%，道琼斯工业指数和标普 500 指数均上涨 7%。

1999 年 4 月股市发生了风格的轮动，以道琼斯工业指数为代表的蓝筹股大涨、科技股回调，同时 1999 年初以来，持续下行的利率开始猛涨。主要原因在于 1999 年一季报增速普遍高于预期，市场觉得经济还不错，蓝筹股被低估。

从 1999 年 5 月开始美股的宽幅波动基本是围绕 CPI 的变化展开的（CPI 是 1999 年美股最关注的基本面指标，没有之一），这种情况一直持续到当年 10 月中旬，即纳斯达克指数爆发前夜。同年 5 月中旬公布的 4 月的 CPI 大幅上升，而美联储 5 月的声明表示倾向于提高利率，除了对利率的担忧，对"千年虫"①的恐惧又重新浮出水面。因此 1999 年 5 月中旬左右，道琼斯工业指数和标普 500 指数开始回调，道琼斯工业指数继续下行。而同年 6 月公布的 5 月 CPI 没变化，与此同时，失业率持续下行，达到 29 年以来的新低。由此，1999 年 6 月上旬到 7 月中旬，三大股指齐涨，利率也在 5 月中旬之后触顶回落。同年 6 月 30 日，美国联邦委员会宣布小幅提高利率，将联邦基金目标利率从 4.75% 提高到 5%，以减缓美国目前的经济增长速度。随后，美联储表示将不会在短时间内再次提高利率。1999 年 7 月初，二季报陆续公布，许多公司盈利远超预期。

1999 年 7 月中旬，艾伦·格林斯潘发表国会演讲，表示将采用提高利率的方式

---

① 计算机 2000 年问题，又叫作"千年虫"，是指在某些使用了计算机程序的系统中，由于其中的年份只使用两位十进制数来表示，因此，当系统进行跨世纪的日期处理运算时，就会出现错误的结果，进而引发各种各样的系统功能紊乱甚至崩溃。许多互联网企业为了应对"千年虫"问题加大了企业的设备投资支出，这也是 20 世纪 90 年代末炒作互联网股票的重要逻辑之一。

遏制通胀，市场对高利率和弱美元的担忧导致市场重回下跌通道，直至同年 10 月中旬。其间 1999 年 8 月上旬至 8 月末反弹了一波。主要是因为同年 7 月的 CPI 涨幅低于预期。市场认为美联储 8 月加息可能是 1999 年最后一次加息。同年 8 月 23 日，纽约股票交易所 30 种工业股票平均价格指数飙升 199 点，打破道琼斯工业指数同年 7 月 16 日创下的 11210 点的纪录再创新高。同年 8 月 24 日，美联储将联邦基金目标利率提高 0.25 个百分点，同时提高了向商业银行发放贷款的贴现率。同年 8 月 27 日，美联储主席艾伦·格林斯潘指出，美联储在决定利率时，应该更注意股票和其他资产的价格。投资者认为，艾伦·格林斯潘的谈话暗示美国股市价格高危，导致道琼斯工业指数当日下跌了 108 点（1%）。1999 年 8 月的短暂反弹就这样结束了。同年 9 月，微软公司总裁史蒂夫·鲍尔默（Steve Ballmer）指出，包括微软公司在内的科技公司被市场严重高估。

1999 年 10 月 15 日，美国劳工部发布的报告显示美国 1999 年 9 月的生产者批发物价再度上扬，由于担心利率持续上行，纽约股市再次大幅下跌，道琼斯 30 种工业股票平均价格指数盘中一度跌破万点大关，终以 10019 点报收。至此，道琼斯工业指数已从 1999 年 8 月 5 日创下的 11326 点最高纪录下挫 1306.33 点，使该指数 1999 年以来的升幅降至 10% 以下。然而正是这次大洗牌之后，开始了纳斯达克指数有史以来最强势的上涨，也正是年底的这波上涨，使得 1999 年的纳斯达克指数收益率创下历史最高纪录。

1999 年 10 月 18 日开始，美股强势反弹。主要的催化剂是 1999 年强势的第三季度盈利，尤其是科技股。其实美股盈利增速从 1999 年第二季度开始就已经起来了，从单季度增速来看，第一季度每股盈利增速仍在负区间，但第二季度整体增速已经迅速升至 20% 以上，第三季度仍然保持在 20% 以上，相比之下，股指却远没有经济增长那么强劲。而且前期市场担忧的通胀问题正逐渐消除，1999 年 9 月核心通胀水平已经降至 2%，年末虽有反弹但仍未超过 2.1%，在这种情况下，科技股强势领涨直至 1999 年尾。

要知道科技股的爆发并不只是华尔街的狂欢，科技板块在全球资本市场遍地开花。但除了科技板块之外的其他行业，尤其是传统行业，其实整体表现是很一般的，道琼斯工业指数和标普 500 指数的上涨很大程度上是受纳斯达克上涨的外溢效应影响，在纳斯达克指数的带动下标普和道琼斯工业指数也创下历史新高。时至 1999 年末，市场已经完全忽略了美联储加息的事儿。1999 年 11 月 16 日，美国联邦储备委员会宣布将联邦基金目标利率提高 0.25 个百分点，即上调到 5.5%，同时贴现率也提高 0.25 个百分点，即提至 5%，市场波澜不惊。同年 12 月 8 日，雅虎公司被纳入标普500指数，刺激市场疯狂抢购雅虎公司股票，日涨幅逾20%。1999年10月中旬开始的这波上涨，道琼斯工业指数和标普500分别收获了14%和17%的涨幅，而纳斯达克指数上涨了49%！

如果看1999年全年，涨幅更加惊人，标普500指数上涨19%（走势见图6-6），道琼斯工业指数上涨25%，而纳斯达克指数上涨了86%，创下有史以来年涨幅最高纪录！1999年，人们是带着对"千年虫"的恐惧进入即将到来的"千禧年"。然而事实上，恐惧变成了贪婪，互联网却在恐惧中实现了爆发。至1999年末，美国标普500指数市值前十的排名中新晋大量的科技公司：微软公司、思科公司、朗讯公司（Lucent Technologies）、英特尔公司、IBM公司和美国在线服务公司（American On-line，AOL）。它们就如同20世纪80年代的石油公司一样。这一年市值最大前十公司总和达到了31261亿美元，比一年前增长了50%以上！

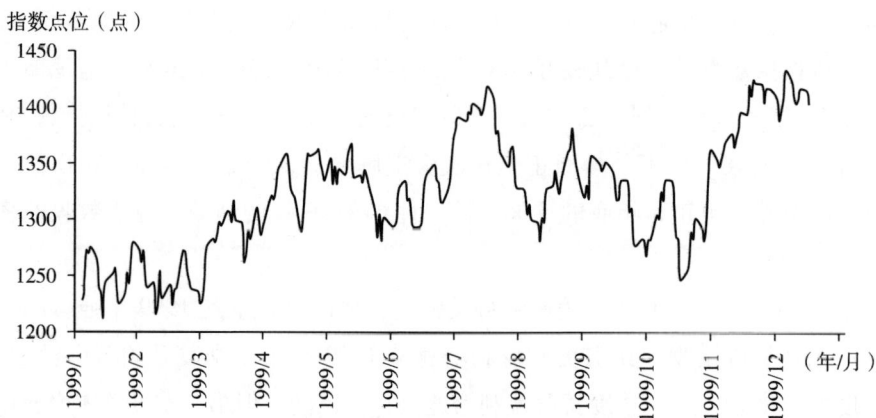

指数点位（点）

图6-6　1999年1～12月标普500指数走势

资料来源：Wind资讯。

六、2000年：纳斯达克"泡沫"破灭

截至1999年末，标普500已经是连续第5个股指年收益率超过20%了。而风靡1999年的科技股风潮是否能延续到21世纪呢？2000年初时，似乎市场的答案都是肯定的。2000年1月10日，美国在线服务公司与时代华纳公司（Time Warner Inc.）宣布合并，双方当时宣布将组成世界上最大的传媒和网络公司，市值超过3500亿美元，这是目前世界上最大的一起公司合并案。而就在这起合并案过后，美股开始走出了明显的结构性行情：纳斯达克指数所代表的"新经济"和道琼斯工

业指数所代表的"传统经济"背道而驰。这种"市场抱团"现象的背后其实反映的是高利率环境中对成长性的渴求。1999 年 11 月至 2000 年 1 月失业率持续下降。2000 年 2 月 2 日，美联储将联邦基金目标利率上调 25 个基点至 5.75%。美联储加息后的一周，道琼斯工业指数上涨近 10%，创下 1974 年以来最大的周涨幅纪录。截至 2000 年 3 月上旬，道琼斯工业指数下跌 11%，标普 500 指数下跌 3%，纳斯达克指数上涨 22%。

2000 年 3 月上旬开始股市风格分化仍然延续，但情况发生了反转。虽然科技板块的盈利增速依然不错，但市场开始质疑高科技公司高增长的持续性和高估值的合理性，纳斯达克指数在 2000 年 3 月 10 日触及 5048 点之后开始下跌，而这正是网络经济"泡沫"的最高点。与此同时，标普 500 指数和道琼斯工业指数也开始反弹。2000 年 3 月 21 日，美联储再次加息 25 个基点，这是自 1999 年 6 月以来美联储连续第 5 次提高联邦基金目标利率，市场反应平平。这期间发生了一件对市场走势乃至全球资本市场走势产生决定性影响的事件，标志着互联网金融"泡沫"破灭的开始，即"微软公司反垄断案"。[①] 2000 年 4 月 3 日，美国联邦地区法院作出裁定，"微软公司"严重违反反垄断相关法律。"微软公司案"导致市场资金从科技板块迅速外逃，2000 年 3 月中旬至 4 月上旬道琼斯工业指数和标普 500 指数涨幅均超过 10%，并且引发了全球股票市场大跌。然而随着通胀的不断上行，市场对加息的担忧愈演愈烈，2000 年 4 月上旬开始"传统经济"指数也转而下跌，直至 5 月底。2000 年 5 月 16 日，美联储加息 50 个基点。

事后来看，2000 年第二季度末其实是基本面的一个重要拐点，GDP 增速在 2000 年 6 月见顶，随后进入了长达三年的衰退周期。从当时市场情况来看，由于失业率在 2000 年 5 月飙升 0.2% 至 4%，5 月底的时候美股就已经形成了经济见顶的预期，认为美联储的加息周期可能很快结束，事实上也确实是结束了。因此 2000 年 5 月底开始，三大股指一起震荡反弹直至同年 8 月底，前期分化的市场风格开始趋于统一。除了政策方面的宽松预期，公司盈利也是推动美股反弹的重要动力。随着 2000 年二季报的陆续披露，又一批科技股业绩增速超预期，因此，这轮反弹中三大股指虽然方向一致，但纳斯达克指数的弹性仍然胜出。与此同时，前期引发全球市场震荡的"微软公司反垄断案"有了重大进展。2000 年 6 月 7 日，托马斯·杰克逊（Thomas Jackson）法官作出裁决，要求微软公司必须拆分为两个公司，一家经营 Windows 个人电

---

① 美国司法部对微软公司的反垄断调查起源于对互联网入口——浏览器的争夺，微软公司在 Windows 95 软件中附带了免费浏览器 IE，使竞争对手网景公司（Netscape）的浏览器 Navigator 一败涂地。

脑操作系统，另一家经营办公等应用软件和包括 IE 浏览器在内的网络业务。同月，上诉法庭推翻托马斯·杰克逊法官对浏览器案件的裁决，微软公司躲过被拆分的命运。2000 年 5 月底至 8 月底，道琼斯工业指数和标普 500 指数均反弹了 10% 左右，纳斯达克指数反弹了 32%。

2000 年 9 月初开始，美股重回下跌通道，跌势延续至年底。引发美股再度回调的主要原因有二：一是诸多公司开始发布盈利预警，其中，既包括戴尔公司、苹果公司等科技公司，也包括天合汽车集团（TRW Automotive Holdings Corp）、金宝汤公司（Campbell Soup Company）等传统行业公司；二是油价攀升至 10 年新高，将对美股盈利再度施压。市场已经意识到，互联网板块高估值的背后并没有真实存在的市场需求，"故事"没有成为现实，而是成了"泡沫"。而且从 1999～2000 年早期，利率被美联储大幅提高，出轨的经济"失速刹车"，带来"泡沫"的破灭。纳斯达克指数持续创新低，从 2000 年 9 月初至年底回调了 42%，标普 500 指数也下跌了 13%。

对于开篇的问题，事实给出的答案是，2000 年的科技股迎来了 1971 年以来最差的年份，纳斯达克指数全年下跌 39.3%，2000 年 3 月纳斯达克指数见顶，美国经济也开始了新一轮的衰退周期，标普 500 指数和道琼斯工业指数也未能幸免，全年分别下跌 10% 和 6%（标普 500 指数走势见图 6-7）。"泡沫"的背后，是互联网企业巨额支出和羸弱需求的不匹配，而持续拔高的估值恰恰被美联储持续的紧缩政策戳破，事实公之于众。

图 6-7 2000 年 1～12 月标普 500 指数走势

资料来源：Wind 资讯。

第二节　经济形势：新经济的繁荣

这是美国经济的繁荣时期，是经济增长的黄金岁月，高增长、低通胀、低赤字以及低失业率的"一高三低"新经济体现了这个年代的美好。美国工业生产指数同比增速月均值为 5.1%（见图 6 – 8），达到了第二次世界大战结束后 20 年高增长的水平；经济的稳定性更是显著提高，1995～2000 年，工业生产指数没有出现过负增长，根据 NBER 对经济周期的划分，这期间美国也没有出现过经济衰退。

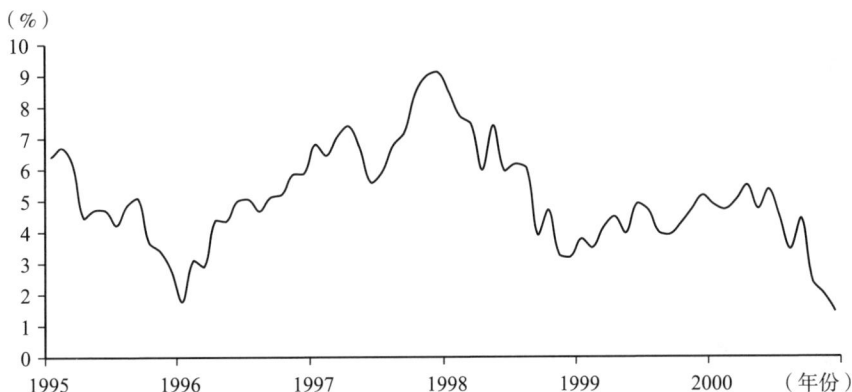

图 6 – 8　1995～2000 年美国工业生产指数同比走势

资料来源：Wind 资讯。

一、经济周期：高增长、低通胀

（一）经济稳步增长：1995～1996 年

不论从哪方面来看，美国的经济似乎都已经步入了"黄金时期"。1995～1996 年美国经济持续的稳步增长，1995 年美国 GDP 同比增长 2.7%，1996 年 GDP 增速上升至 3.8%。从细分项来看，消费支出是经济扩张的主要支撑力，居民消费支出对 GDP 增速的拉动作用分别为 1.9 个和 2.3 个百分点，私人投资在 1996 年开始发力，对 GDP 增速的贡献由前一年的 0.6 个百分点上升至 1.5 个百分点。在经济扩张的同时，通货膨胀也得到了较好的控制（见图 6 – 9），1995 年 CPI 指数为 2.8%，1996 年略有上升但仍维持在 3.0%，自 1992 年以来，CPI 已经连续 5 年维持在 3% 及以下的水平，这是 30 年来的首次。就业方面，1992 年以来，美国失业率持续下降，1995～1996年，美国失业率维持在 5%～6% 的相对较低的水平。

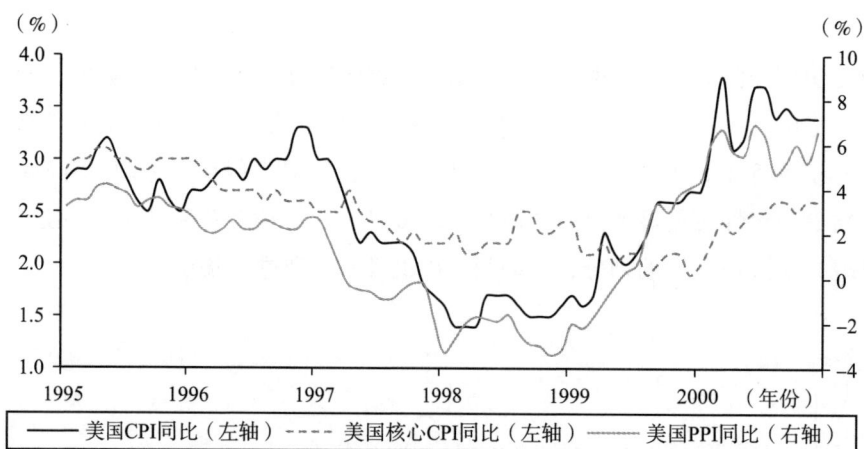

图 6-9　1995～2000 年美国 CPI、核心 CPI、PPI 同比走势

资料来源：Wind 资讯。

美国经济取得的成果在一定程度上要归功于美联储灵活的货币政策（见图6-10）。1995 年 2 月，在物价出现上涨迹象后，为了降低通胀上升的风险，美联储上调贴现率 0.5 个百分点至 5.25%，同时上调联邦基金目标利率 0.5 个百分点至 6.0%。随着通胀压力的减退，美联储在同年 7 月的会议上下调联邦基金目标利

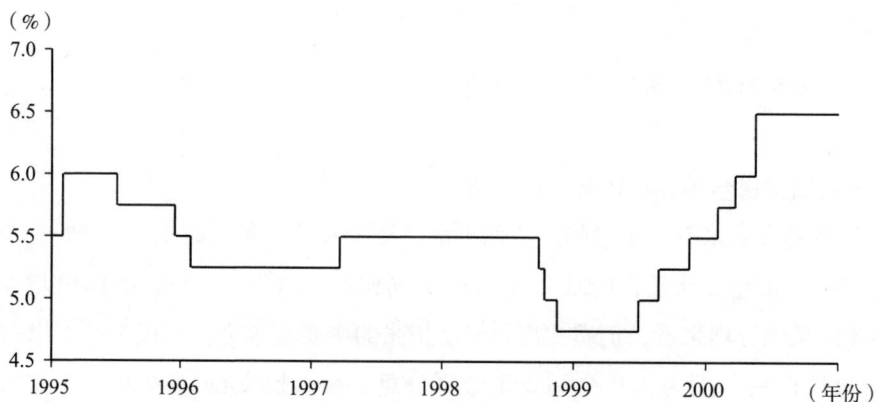

图 6-10　1995～2000 年美国联邦基金目标利率走势

资料来源：Wind 资讯。

率至5.75%。1995年下半年，经济活动明显放缓，而通货膨胀率持续下降，为了防止通胀放缓而导致实际利率过度上涨及经济的疲软，同年12月，美联储再次下调联邦基金目标利率至5.5%。进入1996年后，美联储在年初进一步下调联邦基金目标利率及贴现率0.25个百分点，以期抵消通胀及通胀预期下降对真实利率的影响，确保经济的温和增长。1996年初的经济活动比市场预期的更为强劲，中长期利率开始上升，同时，由于国外经济增速有所放缓，美元开始走强。但需求的持续走强，劳动力市场的持续紧张以及工资的快速上涨使得通货膨胀压力再次上升。虽然美联储并没有立即采取实质性行动，但在1996年剩下的议息会议上，美联储都将该因素考虑在内。

（二）摆脱财政赤字：1997～1998年

美国的经济表现持续亮眼。美国经济增长强劲，1997年美国GDP同比增长4.4%，1998年继续增长4.5%。从细分项来看，居民消费支出进一步发力，1998年消费支出对GDP增速的贡献由1997年的2.5%上升至3.4%，私人投资部门对GDP增速的贡献也较前几年出现了明显的提升。劳动力市场也表现不俗，失业率在1997年降至近25年来的最低水平，1998年继续下降至1970年以来的低位。通货膨胀率进一步放缓，1997年CPI为2.3%，1998年更是降至1.6%的低位，这是1966年以来的最低水平。稳定的物价为居民和企业提供了一个良好的环境，有利于促进长期投资、创新和企业的发展。

在经济保持快速扩张、通货膨胀维持低位的同时，美国联邦预算以远超所有人预期的速度朝着平衡迈进。在1993年比尔·克林顿提出经济振兴计划时，美国联邦财政赤字占GDP的比重还高达3.75%，至1997年，这一比例已经迅速下降至0.26%。在经济持续扩张、政府削减开支并增加收入的努力下，1998年，美国终于摆脱了困扰政府多年的财政赤字，真正实现了财政盈余，1998年联邦财政盈余占GDP比重达到0.77%。美国联邦预算的限制缓解了政府对民间投资的挤出效应，从而鼓励了更多的私人投资，并使美联储得以维持更低的利率，美国经济正朝着健康的方向发展。

唯一不足的是，随着美国经济的快速增长，国外的经济体却普遍陷入了低迷，1997年和1998年上半年美元持续走强，1998年美国贸易逆差大幅扩大。受国外需求下降及进口产品竞争力提升的影响，许多大宗商品生产商，特别是农业、石油企业都经历了价格的大幅下跌，部分制造业也受到了来自海外的冲击。总体而言，由于出口的停滞和进口的激增，实际净出口情况快速恶化。1998年，净出口对美国GDP增速的拖累由前一年的0.3%上升至1.1%。

就货币政策本身而言，美联储一直在努力为美国经济营造一个低通胀和可持续增长的环境。美国经济的强劲增长加剧了联邦公开市场委员会对价格上涨的担忧，市场对美联储的行动也有所预期，中长期利率从1996年底开始上升，因此，当美联储在1997年3月会议上宣布将联邦基金目标利率从5.25%上调至5.50%时，市场并未出现太大的反应。1998年的货币政策需要平衡经济扩张面临的两大风险。一方面，国内经济的强劲增长可能导致高通胀；另一方面，"东南亚金融危机"的持续发酵使得国际经济环境明显恶化，并引发了国内外金融动荡，加大了总需求疲软的风险。为了缓解美国的压力，美联储在1998年秋季三次降息，联邦基金目标利率从5.50%下调至4.75%，贴现率也从5.0%下降至4.5%（见图6-10）。

（三）繁荣的顶点：1999～2000年

美国新经济的繁荣在20世纪末达到了顶点，美国经济高增长、低通胀、低失业率、低财政赤字这"一高三低"的特征也得到了充分的体现。1999年美国经济增长强劲，GDP同比上升4.8%，增速较上一年继续提高0.3个百分点。其中，居民消费是支撑经济快速扩张的最主要动力，消费支出对GDP增速的贡献达3.4个百分点。个人投资保持快速扩张，而在国外经济复苏回暖的情况下，1999年美国净出口有所改善，对经济增长的拖累降至0.9个百分点。与之前多次经济扩张中最终出现的通胀上升形成了鲜明的对比，本轮经济扩张中通货膨胀率一直保持较低水平，CPI虽然较上一年的1.6%有所回升，但仍然维持在2.2%的合适水平。即使1998年的失业率已经处于历史低位，1999年失业率仍然保持下降趋势，至年底已经降至4.0%。而随着经济的增长及收入的增加，美国联邦财政的盈余在不断扩大，1999年美国联邦财政盈余占GDP的比例扩大至1.32%。

1999年中期左右，随着金融市场从"东南亚金融危机"中恢复正常运作，国外经济开始复苏回暖，而国内经济强劲增长，甚至超过了经济的潜在生产力，美联储开始扭转1998年下半年以来的宽松政策。美联储认为，低通胀环境对经济扩张的持续健康发展至关重要，为了维持低通货膨胀的环境，美联储在1999年三次上调联邦基金目标利率至5.5%，每次上调25个基点；两次上调贴现率至5.0%，最终扭转了1998年金融市场动荡期间采取的宽松政策（见图6-10）。

进入2000年后，在国内需求异常强劲的支撑下，美国经济在上半年继续保持快速扩张态势，第二季度达到了新经济繁荣的顶点，GDP增速上升至5.3%的阶段性高点。此后经济增速明显放缓，至2000年底，GDP增速已经降至3.0%。整体来看，在2000年上半年强劲需求的支撑下，2000年全年GDP增速并不低，维持在4.1%的高位。其中，居民消费支出仍然是经济最有力的支撑，私人投资增速在下半年则出现了明显的下滑。随着经济在第二季度触顶，物价也出现了明显的上升，2000年CPI

指数上升至 3.4%，较 1999 年提升了 1.2 个百分点。失业率依旧维持在非常低的水平，联邦财政盈余占 GDP 比重则继续扩大至 2.33%，这一比例是 1965 年至今，美国联邦政府在控制财政赤字方面所达到的最高成就。

2000 年伊始，美联储便察觉到经济增长与潜在增长率间的失衡关系，在同年 2 月和 3 月会议上，美联储继续收紧货币政策，两次提高联邦基金目标利率共计 0.5 个百分点，并将贴现率进一步提高至 5.5%。随着通胀压力的持续增加，同年 5 月，美联储再次提高联邦基金目标利率 0.5 个百分点至 6.5%，同时提高贴现率至 6.0%（见图 6-10）。美联储强硬的货币政策使美国经济活动回归理性，下半年经济增速明显放缓，至年末美国彻底结束了新经济时代的繁荣，步入了低速增长时期。

二、经济结构：转型升级高科技

（一）GDP 构成中企业盈利占比下降

从宏观增长的角度来看，1995～2000 年是美国经济发展的"黄金时期"，名义 GDP 逐年稳步提升，但从微观角度来看，美国企业的盈利并不是持续上涨的，在 1998 年和 2000 年，美国企业利润较上一年都出现了不同程度的下滑。以 1994 年为基准，在 1997 年及以前，美国企业利润的增长幅度要明显高于 GDP 的增长幅度，1997 年美国企业税前和税后利润分别累计上涨 32.4% 和 33.4%，而名义 GDP 涨幅仅为 17.7%。但由于 1998 年以及 2000 年的业绩下滑，所以整体来看，名义 GDP 的累计上涨幅度高于企业利润，至 2000 年，GDP 累计上涨 40.7%，而企业税前利润累计增速为 24.1%，企业税后利润的累计增速更是仅有 19.6%。因此，与 1994 年相比，在名义 GDP 的构成中，2000 年企业盈利所占比例有所下降。

企业税前利润和税收利润累计增速的走势同样也是在 1998 年后开始分化，1997 年及以前，企业税前利润增速和税后利润增速几乎完全一致，但在 1998 年的业绩调整中，企业税后利润下滑的幅度明显更大，此后，企业税后利润的累计增速一直不及税前利润的增速。从美国企业实际税率走势来看，1998 年美国企业的实际税收负担明显加大，企业实际税率从 1997 年的 28% 上升至 1998 年的 30%，并在 2000 年进一步上升至 31%。

（二）经济服务化、结构高级化

1995 年后，制造业在美国国民经济中的比重持续下降，美国"经济服务化"的趋势越来越明显。金融地产行业的产值不断提升，截至 2000 年底，金融地产行业增加值占比为 19%，制造业产值仅为 15%，两者之间的差距进一步拉大到 4 个百分点。第三产业中的批发零售行业增加值占比一直稳定在 13% 左右，1998 年，专业性较高的商业服务产值占比首次超过 10%，并逐年上升（见图 6 - 11）。

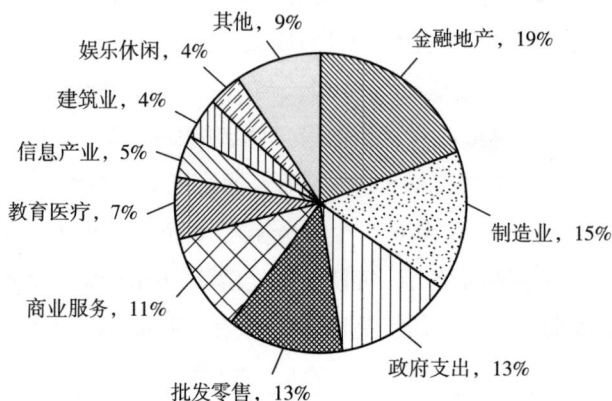

图 6 - 11　2000 年美国 GDP 分行业增加值占比分布

资料来源：美国经济分析局、笔者整理。

除去上述四个产值比重超过 10% 的行业外，其他增加值占比较高的行业依次为教育医疗、信息产业、建筑业和娱乐休闲，所占比重分别为 7%、5%、4% 和 4%；除去娱乐休闲业占比小幅上升外，与 1994 年相比基本上保持一致。其他行业中包括交运仓储、其他服务、公用事业、采矿业及农、林、牧、渔业，行业增加值占比合计为 9%，与 1994 年相比进一步受到挤压。

从名义增速来看（见图 6 - 12），增速超过 GDP 的行业多为高附加值的服务业，

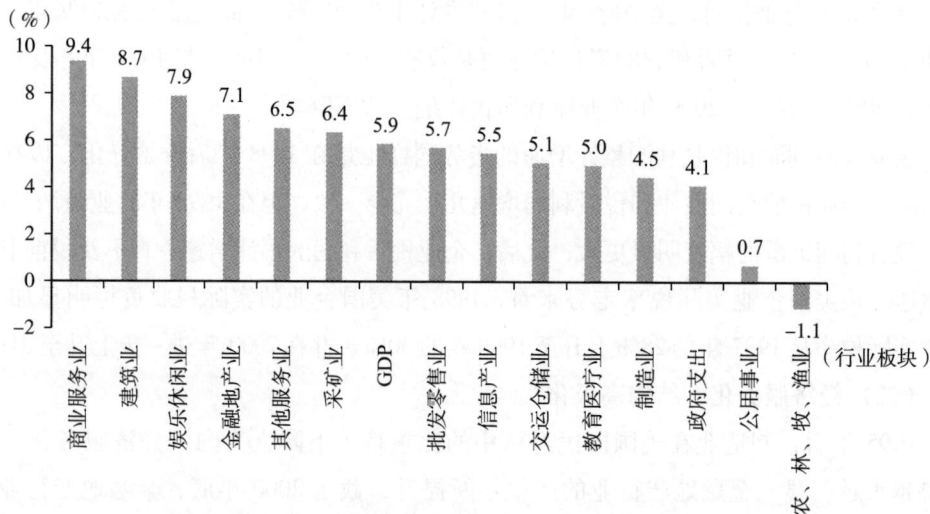

图 6 - 12　1995～2000 年美国大类产业增加值年化名义增速

资料来源：美国经济分析局、笔者整理。

包括商业服务、建筑业、娱乐休闲、金融地产、其他服务和采矿业，其中，商业服务、建筑业和娱乐休闲为增长速度最快的三个行业，年化增速分别为 9.4%、8.7% 和 7.9%。第一产业和第二产业的行业增加值增长速度相对较低，其中，农、林、牧、渔业年化增速仅为 -1.1%，公用事业和制造业年化增速分别为 0.7% 和 4.1%。

各行业增加值的实际增速与名义增速略有出入，多数行业实际增速低于名义增速，但批发零售业、制造业，农、林、牧、渔业以及公用事业实际增长快于名义增长。具体来看，实际增加值增长最快的三个行业为批发零售业、制造业和商业服务，年化增速分别为 6.5%、5.3% 和 5.3%。名义增速高达 6.4% 的采矿业在剔除价格因素后，实际年化增速仅为 -1.7%，为唯一增加值下降的行业。

美国去工业化是一个长期的过程，在美国整体的产业结构重心向第三产业偏移的过程中，美国制造业的重心也在逐步向高科技产业转移。1995～2000 年，发展最为迅速的制造业细分行业为计算机电子，年化增速高达 8.5%，而服装皮革每年的增速为 -3.8%。事实上，计算机电子制造业产业增加值的增长速度一直较快，除去在 1988～1994 年短暂落后于 GDP 增长速度外，第二次世界大战后至 2000 年，计算机电子行业的发展不仅持续高于经济增长，并且在制造业各细分行业增速排名中名列前茅。与之相反，以服装皮革为代表的传统低端制造业在第二次世界大战后逐渐式微，不仅长期落后于经济的发展，也不及其他制造业细分行业的增长速度。

（三）美国企业利润行业结构的变化

20 世纪末期，美国各行业之间的企业利润结构出现了四大变化，一是制造业企业利润占比止跌回升；二是海外市场利润贡献在 20 世纪末出现大幅提升；三是公用事业和服务业（包括商业服务、教育医疗等服务业）利润在此期间出现了断崖式下跌；四是建筑业企业利润占比不断提升。具体来看，制造业企业的利润贡献自 1994 年开始逐渐回升，至 2000 年底，制造业企业利润占比为 26.4%，达到了 20 世纪 80 年代末至 90 年代初的水平。除去 2000 年略低于海外市场 28.4% 的比重外，该阶段制造业对美国企业利润的贡献一直远远领先于其他行业。海外市场的利润占比在 20 世纪 90 年代末期出现了大幅的提升，并在 2000 年成为美国企业利润的最主要来源。第三个大的变化发生在公用事业和服务业，1995～2000 年，公用事业利润占比逐年下降，由 1994 年 12.9% 降至 2000 年的 0.7%；服务业利润占比是在"千禧年"出现了大幅的下跌，1999 年服务业企业利润占比尚有 7.4%，2000 年底，这一比重大幅下降至 1.4%。与公用事业及服务业占比下降的趋势相反，建筑业企业利润占比逐年提升。2000 年底，建筑企业所实现的利润占全部利润的比重达到 5.8%，较 1994 年的 1.9% 提升了近 4 个百分点。

1995～2000年，全部美国企业的利润年均增速仅为3.3%。其中，农、林、牧、渔业，建筑业和采矿业利润实现了大幅的增长，并且由于基数较低，年均增速高达58.1%、45.9%和42.9%，远远高于其他行业。利润增长速度小于美国全部企业利润增速的行业有金融地产、服务业和公用事业，利润增速分别为0.6%、-13.4和-15.6%。

1995～2000年，非耐用企业整体的利润增速继续好于耐用品企业的利润增速。具体来看，非耐用品制造业利润增速为10.4%，高于耐用品企业1.2%的利润增速；前期利润下滑幅度较大的其他交运行业在该时期内实现了利润的修复与增长，年均增速为118%，石油煤炭行业紧随其后，年均增速高达117.5%。基本金属行业利润持续下降，在2000年亏损近11亿美元，年均下降幅度高达66.5%。其他利润下降幅度较大的细分行业包括前期涨势较好的汽车和零部件以及纺织业，年均降幅分别为17.4%和11.4%。

三、上市公司盈利与估值变化回顾

不同于美国宏观经济的稳定增长，1995～2000年，美股上市公司的利润增速波动相对较大，单季度利润增速最高可以达到36.2%，最低能降至-33.7%；但整体来看，1995～2000年美股上市公司的利润增长情况仍然较为可观，单季度净利润增速的均值能达到11.3%（见图6-13）。

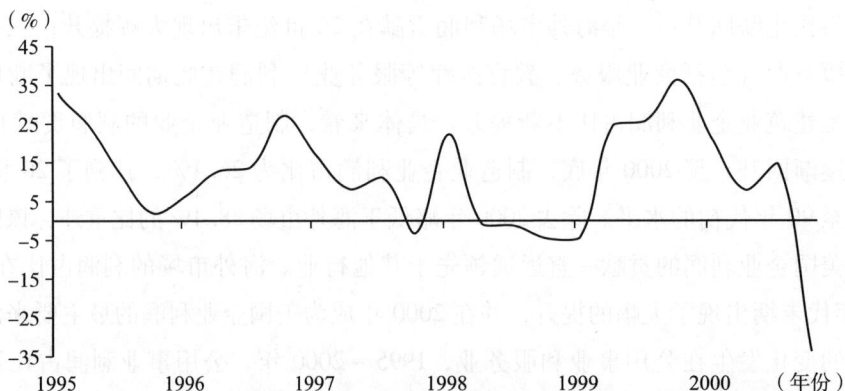

图6-13　1995～2000年全部美股单季度净利润增速变化情况

资料来源：Compustat数据库、笔者整理。

具体来看，全部美股单季度净利润增速的走势可以大致分为三个阶段。第一个阶段是1995～1998年的趋势性下降，后两个阶段分别是1999年的强势反弹以及2000

年的大幅"跳水"。美股上市公司单季利润增速在 1994 年末达到了阶段性的高点，1995 年增速开始放缓，这一放缓趋势直到 1998 年底触及 –5% 的底部为止；其间美股利润增速在 1996 年和 1998 年分别有过两次的反弹，但反弹后的峰值均没有超过 1995 年初 33% 的增速。美股利润增速在 1999 年开始强势反弹，并于 1999 年第四季度上升至 36.2%；然而好景不长，进入 2000 年后，随着科技"泡沫"的破灭，美股利润增速开始"跳水"，至该年末利润增速已降至 –33.7%。

1995～2000 年，美股盈利能力整体呈现下降趋势。2000 年末，美股上市公司 ROE（TTM）为 10.9%，较 1994 年底的 13.8% 下降了近 3 个百分点（见图 6 – 14）。具体来看，1995～1996 年，尽管利润增速有波动，但上市公司的盈利能力一直稳定在 14% 左右，直到 1997 年才开始下降。

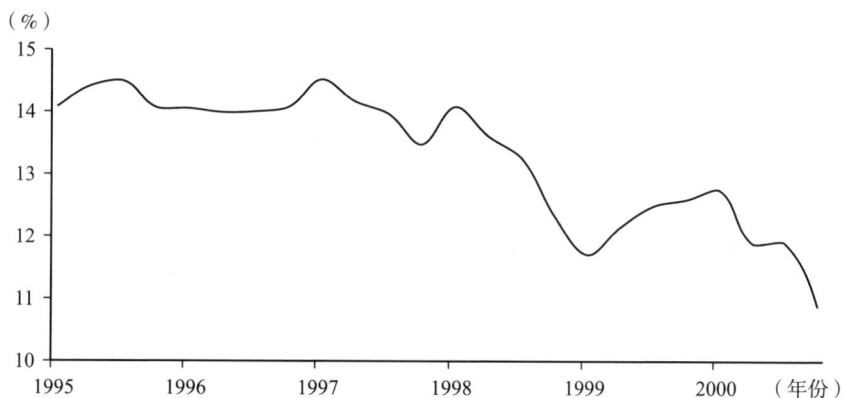

图 6 – 14 1995～2000 年全部美股 ROE 变化情况

资料来源：Compustat 数据库、笔者整理。

美股 ROE 的下降主要有三个阶段：一是 1997 年，利润增速的高位回落显然是造成该阶段盈利能力下滑的主要原因；二是 1998～1999 年初，全部美股 ROE 从 14.1% 下降至 11.7%，该期间内美股上市公司利润同比一直维持负增长；三是发生在 2000 年利润增速"跳水"期间，随着上市公司利润增速由正转负，美股 ROE 也由年初的 12.7% 持续下降至 10.9%。

1995～2000 年，美国股市见证了一场叹为观止的繁荣，标普 500 指数从 460 点起步，一路扶摇直上，2000 年末收于 1320 点，累计上涨幅度高达 188%。从股价上涨的驱动因素来看，带动股市上涨的动力不仅在于上市公司业绩的持续改善，同时还有估值的大幅提升。1994 年末，标普 500 指数的估值为 17.4 倍，至 2000 年底，标普

500 指数的市盈率已经上升至了 24.1 倍，上升幅度高达 38.5%（见图 6-15）。

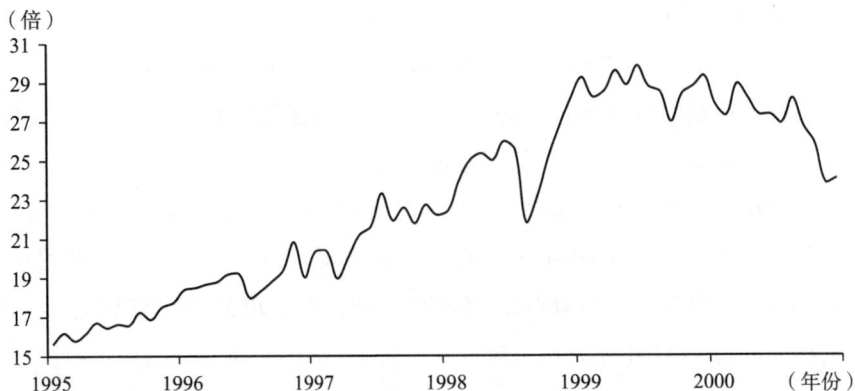

（倍）

图 6-15 1995～2000 年标普 500 指数市盈率（PE）走势

资料来源：彭博咨询公司。

估值的提升主要集中在 1999 年以前，标普 500 指数的市盈率由 1994 年末的 17.4 倍直线上升至 1999 年初的 29 倍以上，而推动估值提升的主要因素有两个方面：一是经济整体形势不错；二是长端利率的大幅下行。1995～1999 年是美国经济增长的"黄金时代"，美国经济高增长、低通胀，失业率和财政赤字也在不断降低，新经济的繁荣下，美股估值也在持续上升；另外虽然该期间内美国经济保持快速扩张，但低通胀与不断降低的财政赤字使得长端利率不升反降，从 1994 年底至 1999 年 1 月，美国 10 年期国债到期收益率从 7.84% 下降至了 4.66%，下降幅度高达 318 个基点（见图 6-16）。

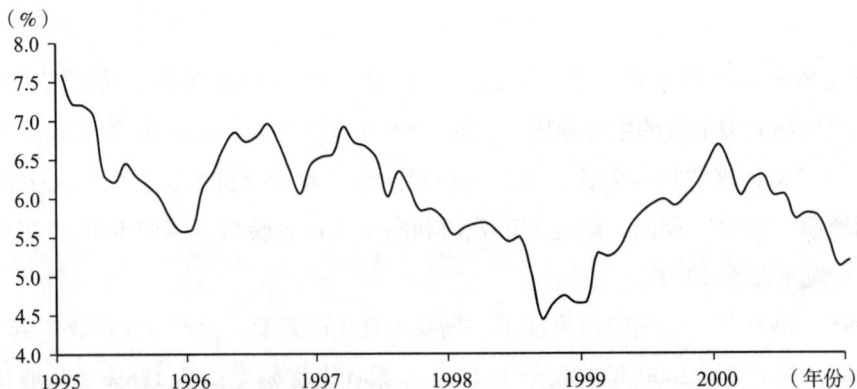

（%）

图 6-16 1995～2000 年美国 10 年期国债到期收益率走势

资料来源：Wind 资讯。

第三节 行情特征：巅峰"泡沫"

从繁荣到"泡沫"，2000年前后的美国股市给人留下了太多回忆、激情、感伤和教训。这波行情是在第二次世界大战后美国经济史无前例的好时代中爆发的，高增长、低通胀、科技进步、政策宽松，能想到的有利条件基本都有。2000年底，美股市值最大的20个公司中，主要以信息科技和医疗保健公司为主，而能源类公司仅剩一个（见表6–1）。

表6–1　　　　　　　　　　　　**2000年底美股市值前20大公司**　　　　　　　　单位：亿美元

名称	行业	市值	名称	行业	市值
通用电气公司	工业	4761	甲骨文公司	信息科技	2018
思科公司	信息科技	4671	美国电话电报公司	电信	1617
微软公司	信息科技	4226	可口可乐公司	必需消费品	1514
埃克森美孚公司	能源	3012	IBM公司	信息科技	1481
辉瑞公司	医疗保健	2904	强生公司	医疗保健	1461
花旗公司	金融	2564	长荣海运集团	信息科技	1460
沃尔玛公司	必需消费品	2440	太阳微系统公司	信息科技	1452
美国国际集团	金融	2299	施贵宝公司	医疗保健	1444
美国默克集团	医疗保健	2160	威瑞森电信公司	电信	1355
英特尔公司	信息科技	2021	家得宝公司	可选消费品	1305

资料来源：彭博咨询公司。

虽然信息科技和医疗保健等局部行业出现了非常夸张的估值"泡沫"，但从整体上来看，1995~2000年的美股行情驱动因素中，基本面业绩的影响还是要高于估值提升的影响（见图6–17）。

从行情的结构性特征来看（见图6–18），主要有以下四个特点。

第一，互联网与科技股无疑是最耀眼的，从行情运行节奏来看，1995~2000年的科技股行情大致可以分为四段，其中，第三段2000年第一季度的行情是最夸张的，只有纳斯达克指数在上涨，标普500和道琼斯工业指数都已经转向下跌。

第二，除了信息技术，2000年也是第三次生物科技"泡沫"爆发的年代，只是信息技术"泡沫"的光辉太耀眼，以至于人们都忽视了还有生物科技的"泡沫"，从收益率表现来看，1995~2000年医疗保健板块的累计收益率还要略高于信息科技。

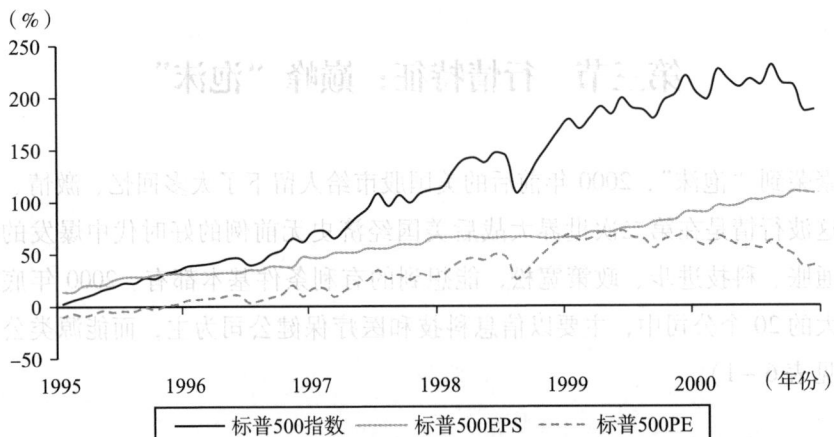

图 6 - 17　1995~2000 年标普 500 指数估值和 EPS 变化分解

资料来源：彭博咨询公司。

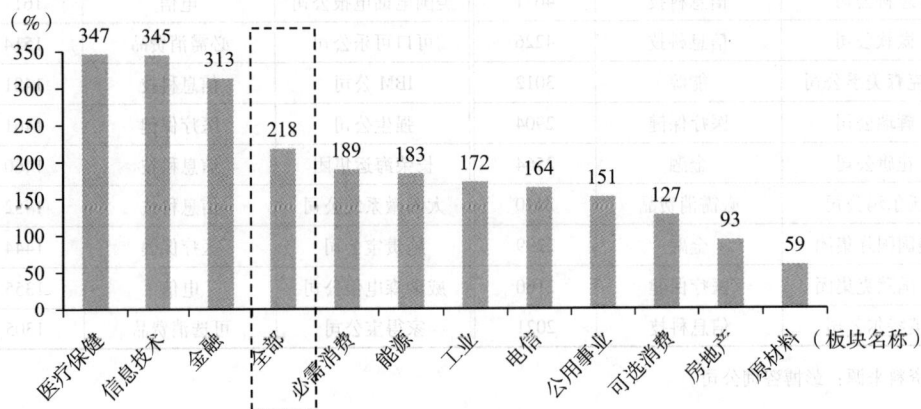

图 6 - 18　1995~2000 年美国股市分板块累计收益率表现

注：行业分类为 GICS。

资料来源：Compustat 数据库、笔者整理。

第三，周期股和消费股的表现都比较一般，其中，传统周期股的表现更是一塌糊涂。实际上，在这段行情的后期，只有信息技术和医疗保健这两个板块有超额收益，其他所有板块全部跑输大盘。压制周期股的另一个重要因素是全球油价当时在很低的位置。

第四，由房地产大周期带动的金融系统重大创新，"资产证券化"开始加速，由此带动了金融板块一波大的向上行情。金融板块是除信息技术和医疗保健以外，这一期间内唯一产生超额收益的板块。

一、互联网与科技股"泡沫"

2000 年的互联网与科技股"泡沫"无疑是永留史册的。美国纳斯达克指数在 2000 年 3 月 10 日达到高点 5049 点，市值超过 25 万亿美元，占美国股票市场总市值的 36%。[①]"泡沫"过后也是异常惨烈，从 2000～2002 年，纳斯达克指数下跌幅度达到将近 80%，无数的新兴经济企业破产倒闭。

驱动这波"互联网泡沫"的原因总结起来主要是两个：第一个原因，也是最重要的，就是自下而上科技创新本身达到了爆发点。计算机信息技术的革命从 20 世纪 70 年代就开始了，如果说此前一直在进行着量变，那么到 90 年代后期质变就开始了。图 6－19 报告了美国劳工统计局计算的半导体及其相关产业的生产者价格指数，这个指数从 1967 年开始，时间比较长。从图 6－19 中，一眼就可以看到一个重要的拐点发生在 1995 年左右。是的，1995 年以后美国半导体产品的价格大幅下降，是导致后续美国出现"新经济"（高增长、低通胀）和"互联网泡沫"的重要因素。

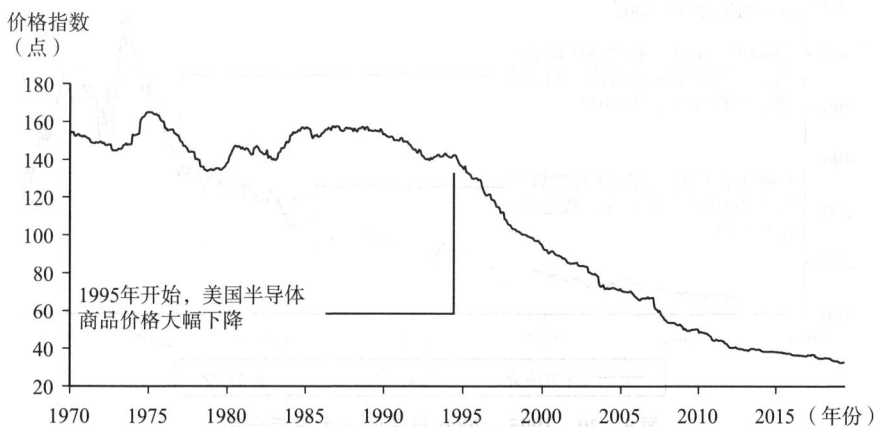

图 6－19 1970～2015 年美国半导体行业 PPI 价格指数走势

资料来源：美国劳工统计局（U. S. Bureau of Labour Statistics，BLS）。

在新一轮的科技革命过程中，各种政策和项目也是源源不绝。1993 年克林顿政府提出了"国家信息基础设施"计划，1996 年公布了"下一代互联网"计划。1996 年的《电信法》（*Telecommunications Act of 1996*），放松了对电信行业的管制等。这些

① 资料来源：吴晓求 . 股市危机：历史与逻辑［M］. 北京：中国金融出版社，2016.

都成为刺激股市行情的催化剂。

第二个原因是宽松的货币政策环境。1997 年"东南亚金融危机"发生，随后
1998 年俄罗斯的金融危机使得美国长期资本管理公司破产，为了应对潜在的金融风
险，美联储从 1998 年 9～11 月连续三次降息。在经济繁荣的时候降息，对股市而言，
有一种火上浇油的感觉。

从股市行情的运行节奏来看，1995～2000 年的行情大致可以分为四段（见
图 6-20）。第一阶段，从 1995 年一直到 1998 年，市场整体缓慢上涨，道琼斯工业、
标普 500、纳斯达克三大指数总体走势是一致的。第二阶段，从 1998 年底开始一直
到 1999 年底，这段时间，股市上涨开始加速，尤其是纳斯达克指数，上涨的速度和
幅度开始与道琼斯工业以及标普 500 指数拉大差距。第三阶段，2000 年第一季度左
右市场"泡沫"达到巅峰状态，三大指数走势开始出现背离，此时纳斯达克指数继
续加速上涨而同时道琼斯工业指数以及标普 500 指数开始下跌。第四阶段，2000 年 3
月以后，纳斯达克指数开始快速回落。

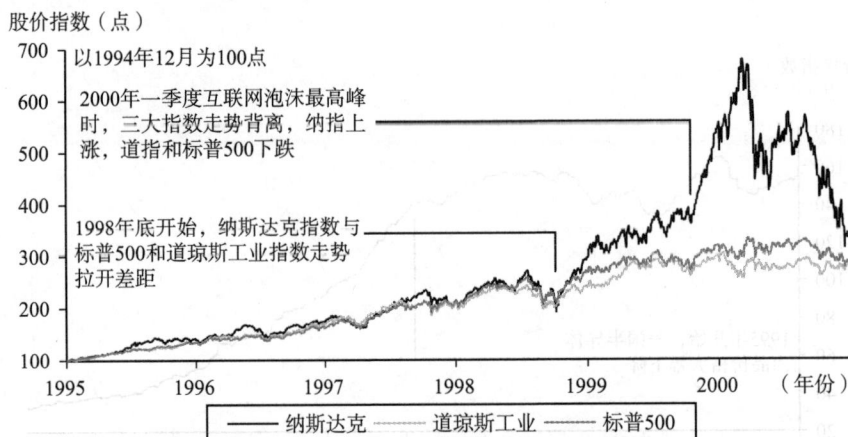

图 6-20 1995～2000 年美国三大股指走势

资料来源：彭博咨询公司。

互联网与科技股"泡沫"中，相关股票的涨幅相当惊人，已经不再是 10 倍股可
以形容，出现了一批"百倍股"。仅以标普 500 样本股为例，从 1995 年初一直到
2000 年 3 月行情的顶点，信息技术板块中出现了像唯亚威通信公司（Viavi Solu-
tions）、维尔软件公司（Veritas Software）、Q 逻辑半导体公司（Qlogic）、维特斯半导
体公司（Vitesse Semiconductor）等多个百倍股，而戴尔公司、宏道公司（Broadvi-

sion）、高通公司（Qualcomm）、美国网域存储公司（NetApp）、太阳微系统公司
（Sun Microsystems）、思科公司等个股也都是几十倍的涨幅。而在传媒互联网领域中
的雅虎公司、时代华纳公司等公司也都是那波行情中的佼佼者。

二、第三次生物科技 "泡沫"

除了互联网与科技股 "泡沫" 以外，2000 年那波行情中另一个最出色的板块就
是医疗保健。实际上，虽然 2000 年那波行情互联网与科技股在名气上完全压倒了医
药股，医疗保健板块从 1995～2000 年的整体收益率一点也不亚于信息技术板块（见
图 6 – 18）。医疗保健板块中尤其以生物科技行业表现更加出色，从 1998 年第三季度
开始一直到 2000 年第一季度，生物科技行业股价表现明显跑赢市场，取得了很大的
超额收益（见图 6 – 21）。

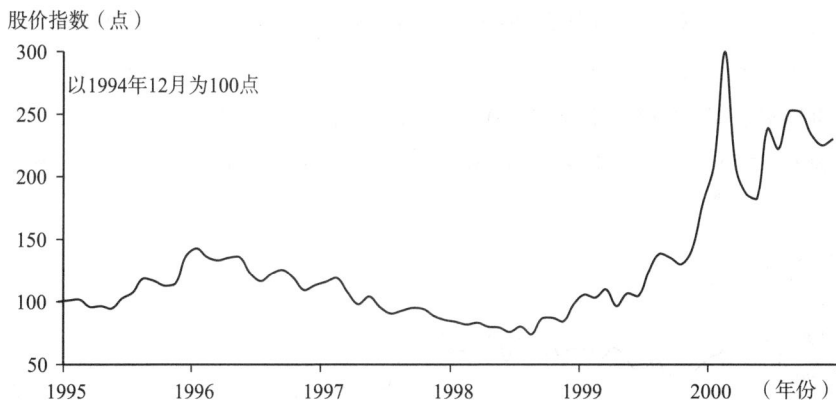

图 6 – 21 1995～2000 年美股生物技术行业超额收益走势

资料来源：Compustat 数据库。

2000 年，生物科技股票再度出现大幅上涨的 "泡沫" 行情，背后的驱动因素也
是多方面的。一方面是从技术本身的发展来看，出现了很多标志性的突破。1996 年 7
月，全世界第一只克隆成功的动物多利羊（Dolly）在苏格兰爱丁堡市郊的罗斯林研
究所（Roslin Institute）里诞生。多利于 1997 年首次公开亮相，震动整个世界，美国
《科学》（Science）杂志把多利的诞生评为当年世界十大科技进步的第一项。于 1990
年启动的人类基因组计划也接近完成，2000 年 6 月，参加人类基因组工程项目的美
国、英国、法国、德国、日本和中国的六国科学家共同宣布，人类基因组草图的绘制

工作已经完成。

很多生物科技上市公司的业绩在那段时间内也出现了明显变化。生物科技开始于
20 世纪 70 年代中期左右，这是一个需要大量研发投入的行业，到 90 年代后期，很
多公司开始到了收获季。1999 年有 22 种生物科技新药经美国食品药品监督管理局批
准上市，而此前新药上市最多的一年也仅有 7 种。[①] 因此，生物科技在 20 世纪 90 年
代后期被认作是除信息技术以外最重要的高科技领域。

三、周期股表现一塌糊涂

周期股在 1995～2000 年这个时间段内表现较差，这里的"周期股"指的是一个
大的周期概念，包括能源、原材料、工业这三个板块，收益率表现均不如市场整体
（见图 6－18）。

能源、原材料、工业这三个偏周期性板块中，原材料收益率表现最差，基本上
是一路跑输市场整体，一直到 2000 年后期市场大幅下跌后才略微表现出一些抗跌
的属性（见图 6－22）。能源板块表现相对较好一些，从 1999 年开始止住了超额收
益为负的趋势，从 1999 年初到 2000 年底这段时间内还表现出了强于市场整体的走
势（见图 6－22），这主要得益于从 1999 年开始全球原油价格出现了明显上涨。

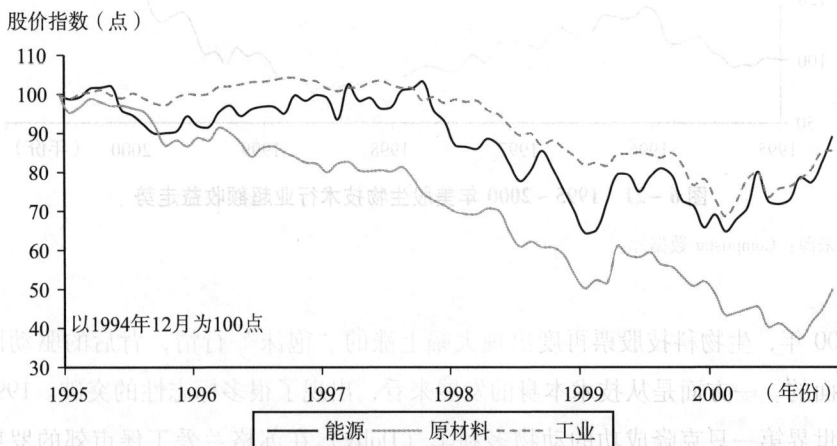

图 6－22　1995～2000 年美股能源、原材料、工业板块超额收益走势
资料来源：Compustat 数据库。

[①] 唐永兴. 美国生物技术正在成为投资新热点 [J]. 知识经济，2000 (4)：16.

从原材料板块内部的各个细分行业来看，五个细分行业在 1995～2000 年全部超额收益为负，其中，金属行业跑输大盘最多，其次是包装行业，相对稍好些的是建材行业，主要是因为当时处在一个房地产大的上行周期（见图 6-23）。

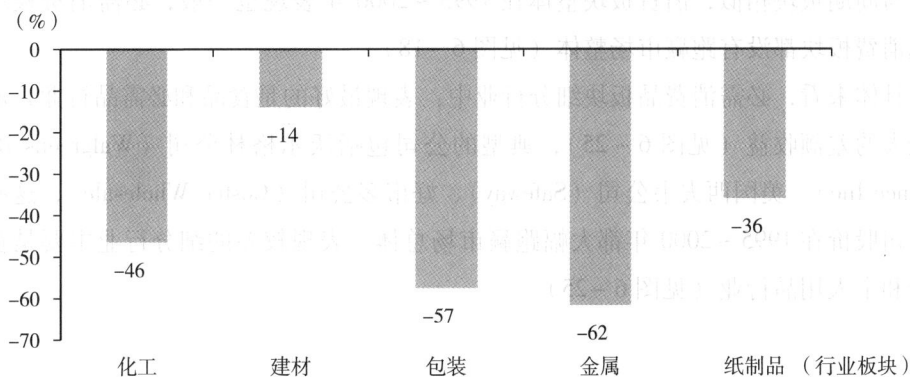

图 6-23 1995～2000 年原材料板块分行业相对市场整体累计超额收益

资料来源：Compustat 数据库。

偏周期性板块中，表现相对较好的是一些大型综合性工业企业，包括通用电气公司、霍尼韦尔公司、明尼苏达矿务公司及制造业公司（Minnesota Mining and Manufacturing，3M），这几家公司的股价在 1995～2000 年都跑赢了市场整体（见图 6-24）。其中，通用电气的股价表现最好，在 5 年的时间里股价上涨了 5 倍，这段时间正好是传奇 CEO 杰克·韦尔奇（Jack Welch）在通用电气公司的最后时光。

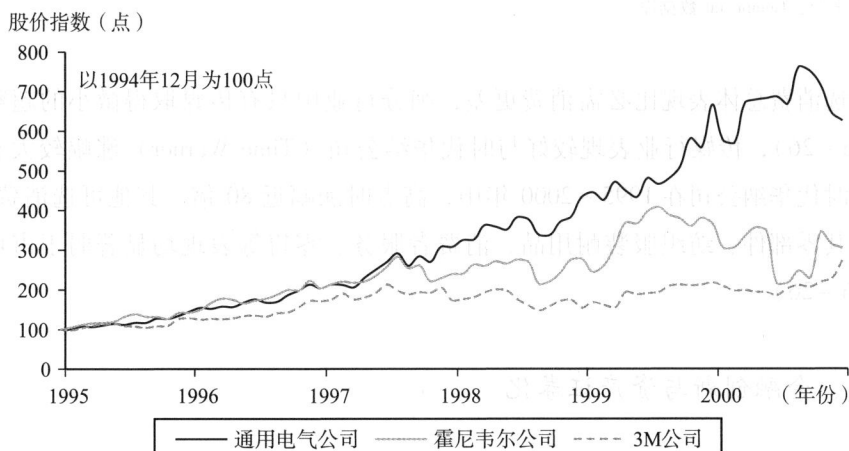

图 6-24 1995～2000 年通用汽车公司、霍尼韦尔公司、3M 公司股价走势

资料来源：Compustat 数据库。

四、消费股表现都一般

与周期板块相似，消费板块整体在1995～2000年表现也一般，必需消费板块和可选消费板块都没有跑赢市场整体（见图6-18）。

具体来看，必需消费品板块细分行业中，表现最好的是食品和必需品行业，取得了较大的差额收益（见图6-25），典型的公司包括沃尔格林公司（Walgreens Boots Alliance Inc）、美国西夫韦公司（Safeway）、好市多公司（Costco Wholesale），这些零售公司股价在1995～2000年都大幅跑赢市场总体。表现较差的细分行业主要是食品制造和个人用品行业（见图6-25）。

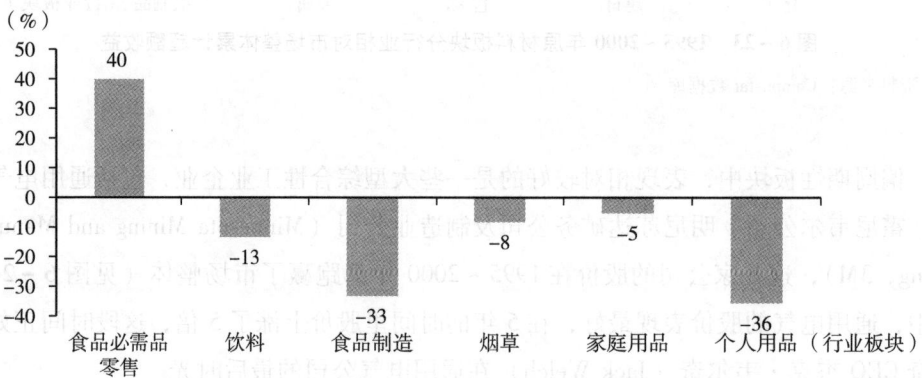

图6-25　1995～2000年必需消费板块分行业累计超额收益

资料来源：Compustat数据库。

可选消费总体表现比必需消费更差，细分行业中只有传媒取得微小的超额收益（见图6-26），传媒行业表现较好与时代华纳公司（Time Warner）涨幅较大有很大关系，时代华纳公司在1995～2000年中，高点时涨幅近80倍。其他可选消费行业，汽车及其零部件、纺织服装耐用品、消费者服务、零售等表现均显著弱于市场整体（见图6-26）。

五、金融创新与资产证券化

金融板块作为一个整体，是1995～2000年收益率排名第三的板块，也是除了信息技术和医疗保健以外，唯一有超额收益的板块（见图6-18）。笔者认为，金融板块在这段时期内的超额收益，核心驱动力是资产证券化的金融创新叠加了美国房地产景气的大周期。

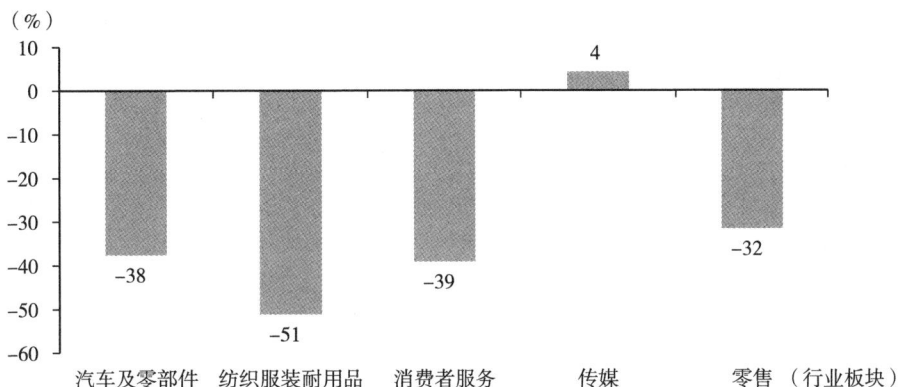

图 6 - 26　1995～2000 年可选消费板块分行业累计超额收益

资料来源：Compustat 数据库。

资产证券化是美国 20 世纪 70 年代以后兴起的一种重要的金融创新模式。最常见的资产证券化产品是信贷资产证券化，这是将缺乏流动性但能够产生可预见的稳定现金流的信贷资产，经过一定的结构安排，对资产中的风险与收益要素进行分解与重组，进而转变成可以在金融市场上出售和流通的证券的过程。信贷资产证券化作为一种新型的融资工具，起源于美国政府主办的住房金融机构对居民住房抵押贷款的证券化。

1970 年，吉利美公司（Ginnie Mae）推出了美国第一个抵押贷款支持证券（Mortgage Backed Securities，MBS），随后房地美公司（Freddie Mae）和房利美公司（Fannie Mae）也紧随其后，这是美国资产证券化的开端。1983 年，房地美公司创造了新的金融工具抵押担保凭证（Collateralized Mortgage Obligations，CMO）用来解决MBS 中存在的一些缺陷。另一种重要的资产证券化产品就是资产支持证券（Asset Backed Securities，ABS），这是一种债务证券，是信贷资产证券化过程中，由特设机构以各种缺乏流动性但能够产生可预见现金流量的资产（如房屋抵押贷款、汽车贷款、信用卡贷款、企业应收账款等）为基础发行的债券。

资产证券化从 20 世纪 70 年代开始起步，80 年代以后开始流行，但是真正使其能够出现爆发式增长的动力，还是 90 年代以后美国房地产的超长景气周期，这个过程一直持续到"次贷危机"爆发前的 2006 年（见图 6 - 27）。

（亿美元）

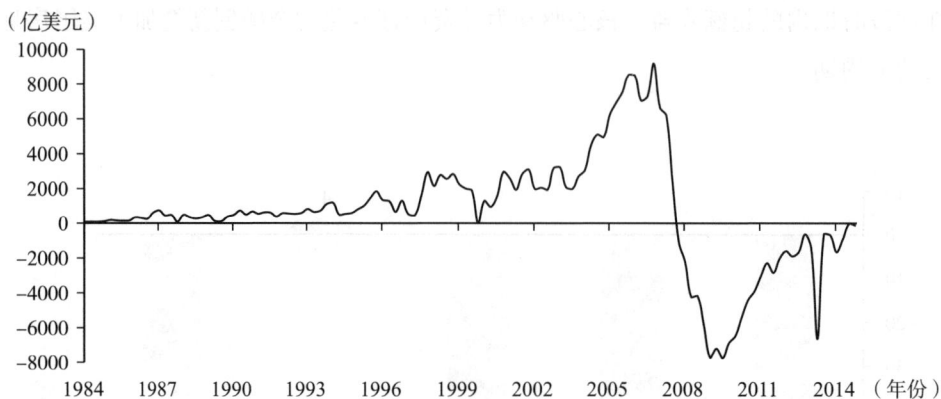

图 6 - 27　1984～2014 年美国资产支持证券发行金额变化情况

资料来源：Wind 资讯。

在这个过程中，金融行业得到了强有力的发展，资产证券化需要商业银行、投资银行、信用评级、其他金融中介等许多部分的金融机构参与。实际上，如果从更长的视野来看，金融板块上市公司股票的超额收益，不仅仅在 1995～2000 年这一段时间内才有，而是基本贯穿着从 1991～2006 年美国整个房地产的景气周期（见后续章节的分析）。

从个股情况来看，1995～2000 年金融板块涨幅较大的个股主要包括：嘉信理财（Schwab Charlcs）、第一资本金融（Capital Onc Financial）、花旗集团（Citigroup）、北美信托公司（Northern Trust）、摩根士丹利（Morgan Stanley）、道富公司（State Street）、纽约梅隆银行（Bank of New York Mellon）、美信银行（Mbna Corp.）、纳维金融科技公司（Navient）、普惠集团（Paine Webber Group）等，这段时间内股价均有大幅上涨（见图 6 - 28）。

（%）

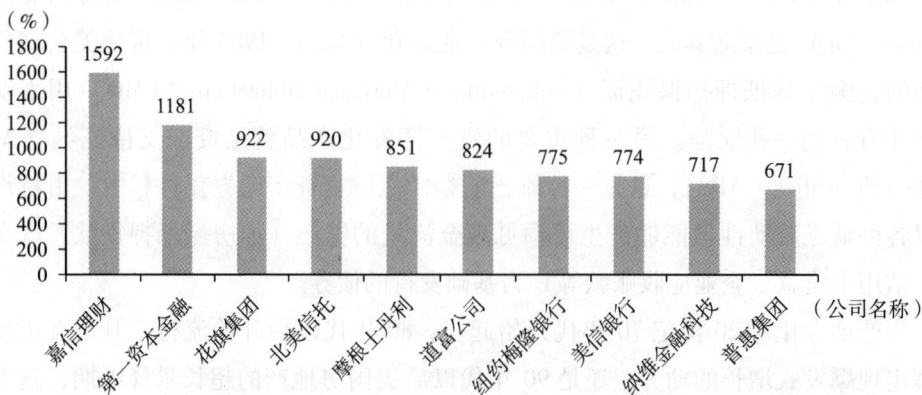

图 6 - 28　1995～2000 年金融板块标普 500 成分股涨幅较大个股累计收益率

资料来源：Compustat 数据库。

第七章
2001～2008 年：苦苦挣扎

这八年美国股市很难受！2000 年"互联网泡沫"见顶破灭后，股市开始大幅下跌，真是屋漏偏逢连夜雨，2001 年"9·11 恐怖袭击"（September 11 attacks，以下简称"9·11 事件"）① 爆发，还有"安然事件"（the Enron Incident）"世通公司（Worldcom）事件"等的会计造假层出不穷。美国股市有如临深渊之感，中国经济的强劲复苏以及伊拉克战争②，使得美国股市从 2003 年开始有所起色，但才没好几年，"次贷危机"③ 又爆发了，进而演化成威胁全球的金融危机（见图 7-1）。两次危机，都是股市苦苦挣扎，21 世纪的头 10 年是美国股市第二次世界大战后表现最差的 10 年，甚至比 20 世纪 70 年代"滞胀"时期还要差。弱势行情中表现相对最好的是周期性板块，这主要得益于全球原油价格的暴涨以及中国经济对于全球大宗商品的巨大需求。两次危机中必需消费品板块表现出了非常好的避险属性，可选消费品板块分化很大，汽车股表现惨不忍睹。科技股总体表现不佳但总有牛股诞生，苹果公司在这期间走了出来。比较出人意料的是公用事业板块，在 2003～2007 年经济复苏叠加利率回升的过程中，走出了持续的超额收益。最后，"次贷危机"彻底终结了金融板块长达 15 年的超额收益大行情周期。

---

① 指 2001 年 9 月 11 日，恐怖分子劫持的 4 架民航客机撞击美国纽约世界贸易中心双塔和华盛顿五角大楼的自杀式恐怖袭击事件。

② 2003 年，以美国和英国为主的联合部队，以伊拉克隐藏有大规模杀伤性武器并暗中支持恐怖主义为借口，绕开联合国安理会，对伊拉克实施大规模军事打击。

③ 一场发生在美国，因次级抵押贷款机构破产、投资基金被迫关闭、股市剧烈震荡引起的金融风暴。

标普500指数（月K线）

标普500指数走势

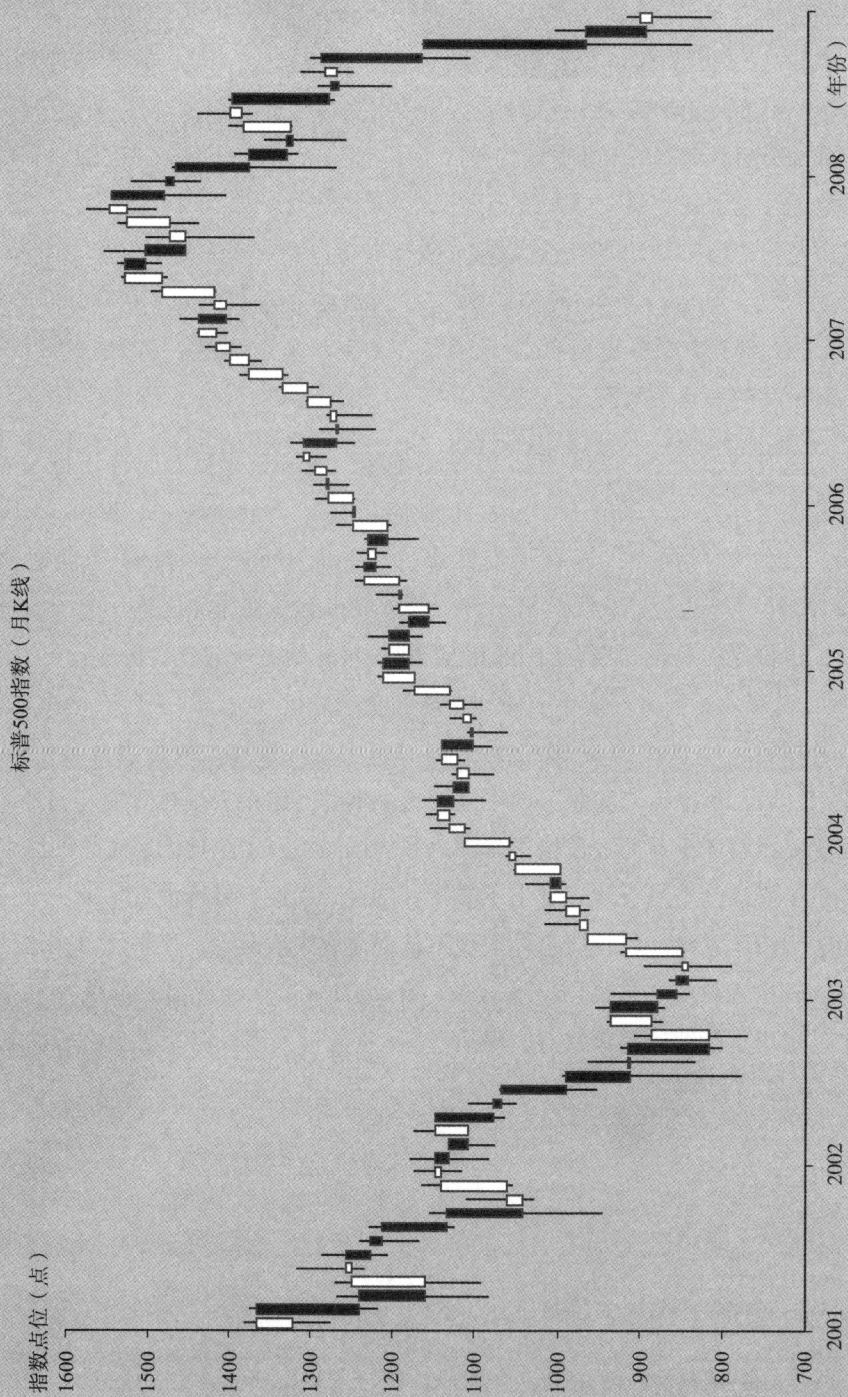

指数点位（点）

图7-1　2001~2008年标普500指数走势

资料来源：Wind资讯。

第一节　大事回顾："泡沫"与危机

一、2001 年："9·11 事件"与"安然事件"

2001 年初第一个交易日，华尔街股市暴跌，纳斯达克指数收盘重挫跌至 22 个月低点，跌幅 7.23%。同年 1 月 3 日，美联储将联邦基金目标利率从 6.5% 下调到 6%，同时将贴现率从 6% 下调到 5.75%。由于美联储宣布降息，美国股市大幅攀升，纳斯达克指数更创下历史以来最大的单日升幅，达 14.17%。同年 1 月 4 日，美联储委员会将贴现率又下调 0.25 个百分点。市场对政策持续宽松抱以期待，指数触底反弹，2001 年初上涨至 1 月 30 日标普 500 指数上涨 4%。

然而市场对经济前景和企业盈利增速依然担忧，2001 年 2 月开始市场重回下跌通道。事实证明，几乎所有的科技股披露的第四季度盈利增速均远低于预期：微软公司、英特尔公司、思科公司、戴尔公司等。同年 1 月 31 日和 3 月 18 日，美联储连续两次降息 50 个基点，第一季度内联邦基金目标利率下降了 150 个基点。同年 3 月 8 日，美国众议院以 230 票赞成、198 票反对的结果，通过了乔治·W. 布什（George W. Bush Jr.，以下简称小布什）总统提交的 10 年内减免总额达 9580 亿美元个人所得税的计划，旨在刺激疲弱的经济基本面。然而市场意识到企业盈利的恶化速度远比流动性的改善要快得多。而且这期间，美国国内和海外均发生了严重的风险事件。同年 3 月 5 日，美国《财富》杂志发表文章《安然股价是否高估》（*Is Enron Overpriced*），对公司财务提出疑问，"安然事件"由此爆发。同时，阿根廷金融危机浮出水面，出现了偿债高峰。美股一直下降直至 4 月初，标普 500 指数下跌 19%，纳斯达克指数下跌 41%，道琼斯工业指数微幅上涨 0.2%。相比纳斯达克指数，道琼斯工业指数表现了明显的防御性。

2001 年第一季度业绩预告和 GDP 数据逐渐披露，都比市场预期的要好一些，与此同时市场认为基本面已经见底，工业生产已经差得不能再差，同年 4 月 5 日开始，美股反弹。同年 4 月 18 日、5 月 15 日，美联储连续两次降息 50 个基点。市场再度大涨直至同年 5 月 21 日，标普 500 指数和道琼斯工业指数均反弹了 19%，而纳斯达克指数反弹了 41%。

2001 年 5 月 26 日，美国众议院通过了小布什政府 1.35 万亿美元的《2001 年经济增长与减税协调法案》（*Economic Growth and Tax Relief Reconciliation Act of 2001*），这是 1981 年以来美国减税幅度最大的一项减税计划。然而 2001 年 5 月下旬开始，诸多科技巨头发布业绩预警，市场对科技股的悲观情绪重燃，美股开始了年内的第二次下跌。2001 年 5 月底，易安信公司（EMC）宣布了 4% 的裁员计划，随后科技"龙头"公司诸如太阳微系统公司（Sun Microsystem）、诺基亚公司（Nokia）、北电网络有限公司（Nortel）、捷迪讯公司（JDSU）等均陆续发布盈利预警。

2001 年 6 月底开始，对盈利悲观预期蔓延到其他行业，具有防御属性的制药行业"龙头"默克制药公司（Merck）、先灵葆雅公司（Schering-Plough）先后发布盈利预警。同年 6 月 27 日，美联储降息 25 个基点。随着中报数据的陆续发布，美股盈利增速持续恶化，同年 7 月 10 日，美国光纤生产"龙头"企业科宁公司（Cognis）宣布关厂裁员，当日纳斯达克指数跌破 2000 点大关。除了基本面的持续恶化，"安然事件"的"发酵"也助推了美股的下跌①。同年 8 月 21 日，美联储降息 0.25 个百分点，这已经是美联储 2001 年以来的第 7 次降息，联邦基金目标利率和贴现率分别下降到 3.5% 和 3%，在本年内的总降幅均已达到 3 个百分点，为 1994 年 3 月以来的最低水平。

彼时的美股已经够惨了，基本面疲弱、流动性陷阱、会计造假等，然而更可怕的事情发生了。2001 年 9 月 11 日，纽约、华盛顿等地遭到恐怖分子袭击，美国证券市场暂停交易，美股经历了 80 年来最长的休市期。全球金融市场为此动荡，美国金融时报指数暴挫 5.7%，创 1987 年 10 月以来最大跌幅。2001 年 9 月 17 日，美股开市当日，美联储宣布将联邦基本利率下调 50 个基点至 3%，同时将银行贴现利率下调 50 个基点至 2.5%。2001 年第三季度的这轮惨跌中，标普 500 指数下跌了 26%，纳斯达克指数下跌了 38.5%。

"9·11 事件"加速了美股的触底，同时也像海绵一样吸收了足够的悲观预期，2001 年 9 月底开始，美股试探性反弹。同年 10 月 2 日，美联储降息 50 个基点，联邦基金目标利率已经降至 29 年以来最低点。在财政和货币政策双双发力下，投资者开始对基本面的反弹复苏寄予期望。美股大幅反弹，科技股领涨。费城半导体指数自 10 月初开始几乎持续上行至年末，而在这轮科技股领涨的反弹中，市场确实看到了科技股基本面回暖的信号，思科公司（Cisco），英特尔公司（Intel），还有美国 AMD 半导体公司（Advanced Micro Devices，Inc.）相继发布乐观的业绩预告。

---

① 2001 年 8 月美国证券交易委员会迅速介入调查安然，令人震惊地发现安然公司在 1997～2000 年，连续四年进行会计造假，利用建立具有各种特殊目的关联企业，通过互相出售回购、转让股权、对冲交易、空挂应收票据等方式，在会计报表中虚增利润 6 亿多美元。丑闻败露后，安然股票大跌，后因严重资不抵债，于 2001 年 12 月 2 日正式申请破产保护。

2001年11月6日，美联储降息50个基点，同年12月11日，美联储再度下调联邦基金目标利率25个基点至1.75%，这是自1961年7月以来的最低点。同时，美联储还宣布将贴现率下调至1.25%，创下美国历史最低纪录。这轮反弹几乎持续到了年尾，只有半导体板块在2001年12月中旬左右小幅回调了一波，整体来看，纳斯达克指数反弹了37%，标普500指数上涨了16%。

那么基本面的反弹真正来临了吗？笔者只知道诸多的风险因素还悬在美股上空。2001年12月2日，安然公司向纽约破产法院申请破产保护，破产清单中所列资产高达498亿美元。同月，阿根廷宣布停止偿付价值1300亿美元的债务，占当时新兴市场国家欠债总额的25%。使其成为历史上最大的债务违约案例。

美国证券交易监督委员会前主席哈维·皮特（Harvey Pitt）曾表示，"安然事件"连同"9·11事件""世界通信公司会计造假案"和"安达信解体"是美国金融证券市场遭遇的"四大危机"。2001年，美股遭遇了其中之二（另外两个即将在2002年发生），标普500指数下跌13%（走势见图7-2），道琼斯工业指数下跌7%，纳斯达克指数下跌21%。

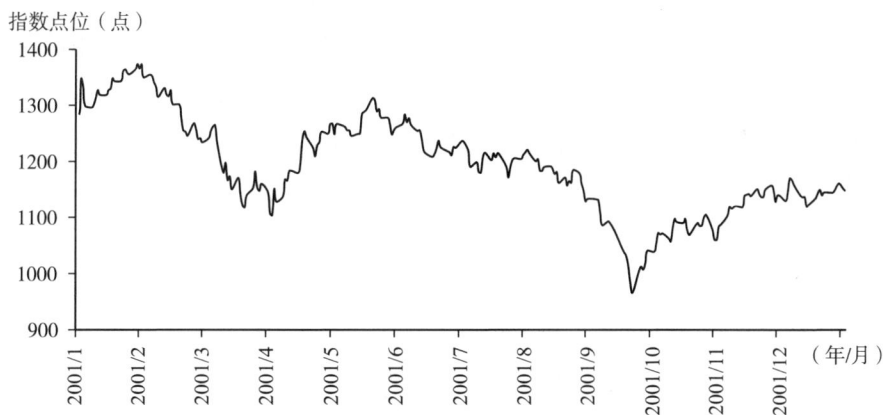

图7-2 2001年1~12月标普500指数走势

资料来源：Wind资讯。

二、2002年：会计造假层出不穷

美国此轮经济衰退从2001年3月开始[①]，至2002年初已10个多月，而GDP的下行已经持续了一年半之久。进入2002年，市场开始期待基本面的触底反弹，2002

---

① 根据NBER定义的经济周期，美国经济在2001年3月见顶，2001年11月见底。

年初的经济调查显示，大多数经济学家认为，美国经济有望在第一季度结束衰退。然而内忧外患的情况似乎并没有好转。同年 1 月 6 日，阿根廷新政府宣布停止已经持续 11 年之久的比索与美元的联系汇率制，阿根廷金融危机再度加剧。同年 1 月 11 日，美联储主席艾伦·格林斯潘发表讲话称最近经济数据出现的好转可能是暂时的，"9·11 事件"对美国经济的影响很明显不会很快消失。

与此同时，"安然事件"持续发酵，美股会计造假事件迭出严重影响美股投资者信心。2002 年 1 月 15 日，纽约证券交易所正式宣布，将安然公司股票从道琼斯工业指数成分股中除名，并停止安然股票的相关交易。同年 1 月 19 日，美国司法部正式开始对安然公司的"财务欺诈"行为进行刑事调查，而泰科（Tyco）公司也在 1 月初宣布计划将公司分拆从而削减债务。[①] 股票市场年初遇冷，持续下跌至 2002 年 2 月 21 日，标普 500 指数回调了近 6%。

但事实上，基本面的复苏确实在上演。2002 年 1 月 25 日，艾伦·格林斯潘扭转论调，再次对美经济前景作出预测，称正处于从低谷复苏的转折点。同年 2 月 PMI 在时隔 25 个月之后重新跨越"荣枯线"，美国零售数据也在好转。这期间还有一件重要的事情发生，同年 2 月 14 日，《萨班斯－奥克斯利法案》（Sarbanes-Oxley Act，以下简称《法案》）[②] 提交给国会众议院金融服务委员会。该《法案》对美国《1933 年证券法》（Securities Act of 1933）、《1934 年证券交易法》（Securities Exchange Act 1934）做出大幅修订，在公司治理、会计职业监管、证券市场监管等方面作出了许多新的规定，是政府层面对"安然事件"极其迅速的政策反馈。2002 年 2 月 21 日开始，美股开始反弹。

在基本面形势仍不明朗，美股充斥着会计造假丑闻，投资者信心遭遇严重打击的情况下，这轮反弹注定是昙花一现。2002 年 3 月 20 日，标普 500 指数在反弹 8% 之后重回下跌通道，下跌的主要"导火索"是比尔·罗杰斯（Bill Rogers）对通用电气公司的公开质疑。比尔·罗杰斯所在的美国太平洋投资管理公司（Pacific Investment Management Company，PIMCO）是通用电气的主要债权人，其指责通用电气不诚实，靠外延并购和大量债务维持公司增长。与此同时，又一美股会计丑闻逐渐浮出水面，全美国第二大长途电话公司、全球第一大互联网供应商世界通信公司于 2002 年 3 月

①　2001 年，美国第七大公司安然公司被揭露隐瞒巨额债务进行财务欺诈之后，泰科公司的财务问题也引起了投资者的关注。泰科公司是全球最大电子电气元件制造商，市值曾经高达 1060 亿美元。其惯用在收购其他公司之前抬高其成本，降低销售收入等方式虚增收购后收入，其股价从 2002 年开始一落千丈。

②　《萨班斯－奥克斯利法案》是美国立法机构根据安然有限公司、世界通信公司等财务欺诈事件破产暴露出来的公司和证券监管问题所立的监管法规，简称《SOX 法案》或《索克思法案》。

开始接受美国证券交易监督委员会（SEC）调查，调查内容包括过往的兼并事件以及公司向首席执行官伯尼·埃伯斯（Bernie Ebbers）提供 3.66 亿美元巨额贷款一事。

就这样，会计造假风暴再次点燃了美股的做空情绪，这次下跌从 2002 年 3 月 20 日开始一直持续到了同年 7 月 23 日，标普 500 指数跌幅高达 31%，重回 1997 年点位！从经济数据来看，2002 年第一季度 GDP 增速、企业盈利均已触底反弹，PMI 和零售数据持续上行，基本面的回暖确实在发生。但从股票市场来看，接连的会计造假事件严重损害了美股投资者信心，三大指数直线下跌。

而"世通公司事件"和"泰科事件"的持续发酵无疑是在"安然事件"之后给了美股投资者接连重击。2002 年 4 月 30 日，世界通信公司（WorldCom，以下简称世通公司）前首席执行官伯尼·埃伯斯（Bernie Ebbers）迫于董事会和大股东的强大压力黯然辞职。同年 6 月 25 日，迫于美国证券交易监督委员会的压力，世通公司不得不发布声明，承认至少有 38 亿美元的支出被做了手脚，用来虚增现金流和利润；同时，该公司 2001 年 14 亿美元的利润和 2002 年第一季度 1.3 亿美元的盈利也属子虚乌有。2002 年 7 月 21 日，世通公司正式向纽约南区地方法院递交了破产保护申请，成为美国有史以来最大规模的企业破产案。①

"泰科公司丑闻"几乎和"世通公司事件"同时爆发，2002 年 4 月，电子巨头泰科国际有限公司被指控于 1996～2002 年至少夸大财务成果 10 亿美元，同时，公司前总裁丹尼斯·科兹洛夫斯基（Dermis Kozlowski）和财务总监马克·斯沃茨（Mark Swartz）被指控盗用泰科公司 6 亿美元财产。同年 6 月 17 日，泰科公司的前首席执行官丹尼斯·科兹洛斯基及其助手被宣判犯有 22 项罪名，他们被指控犯有重大盗窃罪、密谋罪、证券欺诈罪和 8 项伪造文件罪。

2002 年 7 月 24 日，美股开始反弹。同年 7 月 25 日国会参众两院最终高票通过《萨班斯－奥克斯利法案》，不仅是对安然公司、世通公司等财务欺诈事件破产暴露出来的公司和证券监管问题进行严格的立法规范，更是标志着美国证券法律根本思想的转变，即从披露转向实质性管制。市场紧张情绪开始缓解，投资者将关注点从公司事件逐渐转移到基本面上来，上半年经济扩张、企业盈利好转的事实似乎被市场完全忽略了。然而这轮反弹依然没能长久，同年 8 月 20 日开始美股再度下跌，标普 500 指数在这轮反弹中上涨了 19%。

---

① 根据破产申请文件，该公司截至 2002 年第一季度的资产总值超过 1000 亿美元，债务达 310 亿美元，破产涉及的资金规模是 2001 年 12 月申请破产的安然公司的 2 倍，是 2002 年 1 月份环球电讯破产案的 4 倍，成为美国有史以来最大规模的企业破产案。

美股的再度下跌是因为会计造假风暴过去之后,市场期待的基本面的复苏似乎也被证伪了。2002 年 8 月公布的上月 PMI 数据为 50.3,较前月 53.6 大幅下跌。国债收益率一路走低,从同年第一季度末的 5.4% 下降至 9 月底最低触及 3.6%。市场担心基本面的不及预期影响企业盈利,标普 500 指数从同年 8 月 20 日下跌至 10 月 7 日,指数回调了 17%,触及年内最低点位。而会计造假风波虽已过去,但余波仍未平息。同年 8 月 31 日,安然的审计公司,安达信环球集团(Andersen World Wide)的美国分部——安达信会计师事务所(Arthur Andersen LLP)宣布放弃在美国的全部审计业务,正式退出其从事了 89 年的审计行业。

进入 2002 年 10 月,三季报逐渐披露,盈利情况似乎并没有美股投资者预想的那么糟糕。事实上,恰恰相反,美股净利润增速在 2002 年第三季度由负转正且大幅反弹,前期遭受重创的"龙头"公司诸如 IBM、花旗集团、微软公司等都由于盈利超预期而大幅上涨。同年 10 月 7 日开始,美国触底反弹,同年 11 月 6 日,美联储下调联邦基金目标利率 50 个基点。直至年底,美国经济的疲态依然未尽,2002 年的最后一轮反弹指数仅收复了 12%,全年标普 500 指数以 23% 的跌幅惨淡收场(走势见图 7-3)。

图 7-3 2002 年 1~12 月标普 500 指数走势

资料来源:Wind 资讯。

资本市场会计做假的迭出破坏了市场经济的底层基础设施,严重打击了美国投资者对资本市场的信心,经济复苏戛然而止,时至 2002 年,美股已经连续下跌三年了。为使经济走出低迷,小布什政府再次祭出大招,酝酿又一轮大规模的减税,2003 年,美股是否能走出"泥潭"?

三、2003 年：伊拉克战争

2002 年一路走低的美股进入新年之后开启了跳涨模式，主要的催化剂还是基本面的迅速好转远超预期。PMI 从 48.5 跳涨到 51.6，迅速跨越"荣枯线"，其中，新增订单指数从 49 点暴涨至 63 点。道琼斯工业指数 2003 年第一个交易日上涨了 265 点，创下 1988 年以来的最高纪录。2003 年 1 月 7 日，美国总统小布什宣布了 6950 亿美元规模的长期经济刺激方案。该方案的主要内容是削减，甚至完全取消公司股票红利税，此外，还包括加快降低所得税税率、增加有儿童家庭的减税额度等多项内容。小布什表示，2003 年将落实 1020 亿美元，相当于美国 GDP 的 0.01%。这一次的减税计划是国会预期的两倍。

然而好景不长，仅两周之后，2003 年 1 月 15 日，市场开始急转直下。市场下跌的主要原因一是个股公司层面对于 2003 年的盈利展望很不乐观；二是市场已经开始嗅到伊拉克战争的战火正慢慢燃起。同年 2 月初，美国前国务卿科林·鲍威尔（Colin L. Powell）在美国国会的一次讲话中坦言"伊拉克战争能够重整中东地区秩序，使之符合美国的利益"。这轮下跌标普 500 指数回调了 14%，从 2003 年初算起也有 9% 的跌幅了。

资本市场的逐利性意味着它总是残酷而健忘的。2003 年 3 月 20 日，美国和英国不顾俄罗斯、中国、法国等国家的强烈反对，绕过联合国发动伊拉克战争。而华尔街的投资者们前一秒还在为美、伊开火坐立不安，转眼就对美军的快速胜利拍手叫好，不管怎么说，资本家们希望看到的是美股上涨，而并不关心背后的原因。同年 3 月 11 日开始，美股大幅反弹，与此同时油价"跳水"，从每桶 38 美元一路下行到 2003 年 5 月初的 24 美元/桶，而债券价格和美元指数也大幅下行。

事件催化的影响对于美股来说也仅限于一时，2003 年 4 月中旬开始，市场在伊拉克战争的消息中逐渐抽离，而一季报的披露似乎成了市场新的关注点。还好，结果并没有令人失望。事实上，2003 年第一季度盈利增速大超预期，美股单季度盈利增速高达 122%，创历史最高纪录！ROE 为 7%，也是 2001 年以来的最高水平。

从基本面的走势来看，2003 年初到 4 月末确实经历了一个小的下行周期，但 4 月之后经济开始强劲反弹。GDP 增速、PMI、零售数据都在第一季度触底后开始持续上行，与此同时，流动性的极度宽松和伊拉克军事行动的顺利进行[1]也为股市上涨提供了充足动力。与此同时，减税政策也正式落地。同年 5 月 23 日，美国国会通过了 3500 亿美元减税案[2]，小布什在 2003 年 5 月 28 日签字，这项《就业与增长税收减免协调法案》（*Jobs and Growth Tax Relief Reconciliation Act of 2003*，以下简称《法案》）正式生效。虽然该《法案》的减税金额还不到总统小布什原先提案的一半规模，但支持派称，该《法案》已足够刺激经济。低利率高增长的环境中，资金大量流入美股。从 2003 年 3 月 11 日至 6 月 17 日，标普 500 指数在这一轮上涨中收获了 26% 的涨幅。

虽然流动性环境和盈利水平不错，经济增长也在加速，但 2003 年有一个很棘手的问题，就是失业率的持续飙升。从 2003 年初开始，直至同年 6 月，美国的失业率从 5.8% 攀升至 6.3%，触及 1994 年以来的最高失业率，这个问题在市场到达上涨瓶颈之后被不断放大。同年 6 月 25 日，美联储降息 25 个基点，联邦基金目标利率降至 1% 的历史低点（1961 年以来的最低水平）。同时，伊拉克战争虽然主要战事结束，但当地反美情绪高涨，也对资本市场风险偏好产生了一些影响。虽然 2003 年第二季度美股盈利继续呈现井喷式增长，ROE 高达 9%，但市场交易情绪受负面消息影响持续走低，2003 年 6 月中旬至 8 月上旬，市场避险情绪浓郁，国债收益率飙升，股票市场开始了为期两个月的震荡。

2003 年 8 月开始，工业生产持续扩张，销售数据持续好转，失业率也开始触顶回落。随着基本面向上的趋势逐渐确认，市场上涨的动力不断累积，同年 8 月 5 日开始，美股再次蓄势上涨，几乎一路高歌至年底。其间只在同年 9 月 16 日原油价格暴涨以及三季报窗口有小幅回调（第三季度美股 ROE 增速已经达到 10%，但是市场预期过高）。

经济增长的良好态势一直持续到了年底。直至 2003 年 12 月，失业率下降到了 2001 年的水平，PMI 突破 60 高位，是 1983 年以来的最高水平。2003 年全年标普 500 上涨 26%（走势见图 7-4），而上一次美股这样的丰收年，已经是 1998 年的事了。

四、2004 年："互联网泡沫"后首次加息

2004 年初的经济环境是这样的：低利率、高增长，减税红利逐渐显现。互联网

---

[1]　2003 年 3 月 20 日，伊拉克战争爆发。同年 4 月 9 日，美军攻占巴格达，萨达姆政权被推翻。5 月 1 日，美国总统小布什宣布伊拉克主要战事结束。

[2]　2003 年 3 月 25 日，美国参议院通过修正案决议，将小布什减税计划总额减至 2500 亿美元。

指数点位（点）

图 7 - 4　2003 年 1 ~ 12 月标普 500 指数走势

资料来源：Wind 资讯。

金融"泡沫"以来的降息周期延续到了 2004 年，市场在经济牛的预期下乘势上涨，"开门红"的行情一直持续到同年 3 月初。2004 年 1 月末的议息会议中，美联储表示对加息有"耐心"，维持利率不变超市场预期。这里发生了一件有意思的事情，同年 1 月 27 日美联储公布利率决议之后引发市场下跌，这说明市场对基本面的扩张更具期待，并不担心政策上的紧缩。

2004 年 2 月 11 日，康卡斯特公司（Comcast）提出欲以 660 亿美元收购沃尔特·迪斯尼公司（Walt Disney Pictures），虽然该收购最终因对方反对而告终，但很大程度上推动了美股的情绪。2004 年 2 月公布的上月 PMI 为 60.8，连续两月盘旋在 60 以上的高位，似乎经济快速扩张已经成为事实，只等待美联储的加息号角吹响，标普 500 指数从年初至 3 月初上涨 4%。

事情似乎并没有朝着市场预期的方向发展。油价持续上涨带动通胀和利率急速上升，2004 年 3 月中旬的时候已经接近 40 美元/桶，创 1990 年以来的新高，PMI 数据也在同年 1 月见顶，市场从 2004 年 3 月初开始迅速回调。到 2004 年 3 月下旬，随着油价回落震荡，股市也随即反弹。

2004 年 3 月开始直至 8 月美股一直处于宽幅震荡的区间，基本面虽然不错，但油价的波动似乎更加牵动资本市场的神经。同年 3 月 31 日，伊拉克局势的动荡（第一次费卢杰战役）引发了美股的第二轮回调，从同年 4 月初开始一直持续到 5 月中旬。当然，背后的主要原因还是油价、通胀和国债收益率的飙升。要知道国债利率从 2004 年 4 月初至 5 月初上行了近 100 个基点，达到近 5% 的历史高位，也是年内利率走得最陡的一段。

2004 年 5 月中旬市场又开始反弹，当然原因还是油价触顶回落，以及第一季度盈利大幅超预期。然而好景不长，油价在 2004 年 6 月下旬至 8 月中旬开始大幅上行，从每桶 36 美元一路上涨到每桶 49 美元，美股开始了年内第三轮，也是最严重的一轮下跌。因为虽然通胀持续攀升，但 10 年期国债利率开始走下行通道，直至 2004 年末，这说明市场对基本面的情况表示担忧。同年 6 月 30 日美联储出于控制通胀的政策目标加息 25 个基点，这在市场预期之内。其实从 2014 年第三季度初去看当时的基本面还是不错的，同年 5 月的 PMI 是 61.4，商品零售额同比增速仍在攀升，但事后来看，经济确实在那时候见顶了，工业生产、国债利率、美元指数、GDP 增速此后皆开始回落。

2004 年 8 月中旬开始，市场出现了明显的风格分化，标普 500 和纳斯达克指数触及年内低点然后开始最强劲的一波上涨，而蓝筹股代表道琼斯工业指数开始大幅下行，当然这部分原因是道琼斯工业指数样本的局限性使得个体风险不能足够分散，默克止疼药回收事件[①]和美国国际集团（American International Group，AIG）丑闻[②]对道琼斯工业指数造成严重拖累。

整体来看，美股是从 2004 年 8 月中旬开始触底，结束了大半年的震荡波动。市场对高油价似乎已经习惯，仍然强劲的基本面似乎终于开始引起美股投资者的注意，同年 8 月 10 日，美联储再度加息 25 个基点。尽管同年 10 月初 AIG 丑闻和不尽如人意的三季报引发了美股近半个月的回调，但 2004 年 10 月 22 日开始的油价的断崖式下跌再度催化了年内三大指数最强劲的一波反弹，同年 11 月初，小布什的连任也是对美股极大的助力，消除了投资人担忧的不明朗因素。

与此同时，2004 年 6 月以来，持续下行的长端利率也在同年 10 月中开始反弹，这说明市场对基本面扩张仍有坚定信心。从基本面来看，同年 11 月确实出现了基本面的一个反弹周期，PMI 也再度起来了。从 2004 年 8 月标普 500 指数触底直至年末，整体涨幅高达 14%。

这期间美联储于 2004 年 9 月、11 月、12 月连续上调联邦基金目标利率，几乎都没有对美股的上涨造成困扰。事实上，2004 年影响美股走势的最重要因素，一是油价，二是基本面。要知道核心通胀率从 2004 年初 1.1% 上升到年末的 2.2%，即使同年 10 月之后油价出现断崖式下跌也并没有减缓通胀上行的步伐。

---

① 2004 年 9 月 30 日，默克突然在全球各大媒体刊登消息，宣布回收 Vioxx。

② 2004 年 10 月 14 日，纽约州检察长 E. 斯皮策（Eliot Spitzer）起诉大型金融服务公司的马什（Marsh & McLennan）存在欺诈行为。而马什的父亲正是世界市值最大的保险公司 AIG 的总裁，AIG 被指控参与了欺诈行为。

2004 年油价的暴涨主要是缘于石油需求的高增长，以中国为代表的发展中国家在 2003～2005 年对石油的大量需求推升了油价，2004 年欧佩克连续五次提高产量目标，也无法抑制油价上涨趋势。当然，尤科斯（Yukos）问题①和伊拉克输油管道被轰炸②也加剧了原油价格的波动。市场对高油价破坏经济增长的担忧一直存在，导致美股在 2004 年波动较大，标普 500 指数全年上涨 9%（走势见图 7 – 5）。

指数点位（点）

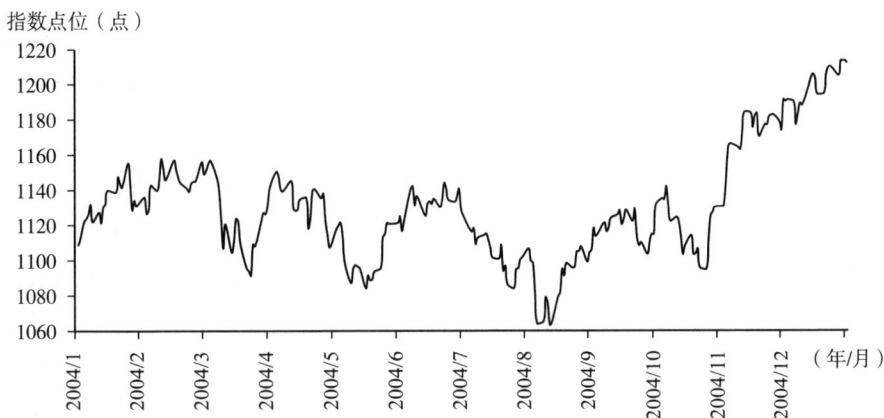

图 7 – 5　2004 年 1～12 月标普 500 指数走势

资料来源：Wind 资讯。

五、2005 年：八次加息?!

油价的持续上涨困扰着整个 2004 年，而第四季度刚刚熄火的油价正好在 2005 年初的时候又起来了，股市在 2005 年开门遇冷，持续下行。高企的油价已经开始对美国经济造成影响，一方面是持续扩大的贸易赤字（2004 年 11 月美国贸易赤字创新高）；另一方面是经济增速的放缓，2005 年 1 月公布的非农就业数据严重低于预期。市场避险情绪浓厚，对美联储结束加息的预期逐渐强化，标普 500 指数从 2005 年初至 1 月下旬下跌 3%，随后在政策预期的影响下开始反弹，直至同年 3 月初。

然而对于美联储来说，通胀的担忧似乎更甚。2005 年 2 月 1 日美联储加息 25 个基点。同年 2 月 16 日艾伦·格林斯潘在国会作证时表示，美国经济运行良好，暗示

---

①　2014 年 7 月 28 日，位于荷兰海牙的常设仲裁法院裁定，俄罗斯需向已经破产的尤科斯石油公司股东支付 500 亿美元赔偿金，理由是当年俄罗斯政府以"非法手段"迫使这家能源企业破产并将其资产卖给国有企业。

②　2004 年 9 月 14 日，伊拉克北部小镇拜伊吉附近的多条跨底格里斯河的石油管道的一处连接点当天遭袭击后爆炸起火，并造成该镇断电。

仍将延续加息路径，引发了市场的短暂回调和国债收益率的暴涨。这一轮反弹仅持续到同年 3 月初，标普 500 指数反弹了 5%。与此同时，高耸的贸易赤字、持续下行的美元指数给股票市场造成了严重拖累，同年 3 月 7 日之后，美股重回下跌通道。

股市于 2005 年 3 月初开始持续下跌至 4 月 20 日，标普 500 指数下跌了 7%，触及年内最低点位，同年 3 月 22 日，美联储再度加息 25 个基点，联邦基金目标利率升至 2.75%。其实如果剔除能源板块，整体来看美股从 2005 年初至 4 月下旬是持续走低的，这其中的原因除了油价的重新起飞外，美国国际集团（AIG）丑闻①、通用汽车（GM）第一季度 11 亿美元的巨幅亏损（同年 5 月 10 日，标普将其债券评级降至垃圾级）都对股市下跌造成了持续而深远的影响。

2005 年 4 月 20 日开始美股反弹，这一轮强劲的反弹一直持续到同年 8 月初，反弹最主要的催化剂是纽交所和群岛交易所（Archipelago Exchange）的合并。群岛交易所是美国第一家开放式、完全电子化的证券交易市场，合并以后，新的纽交所具备了与纳斯达克争夺中小企业上市资源的能力和平台，并很快推出了专门针对成长型中小企业的高增长板市场（NYSE Arca）。同年 5 月 3 日，美联储再度加息 25 个基点，并且表示并不会终止加息步伐。柯克·科克莱恩（Kirk Kerkorian）溢价购买 GM 股权刺激了市场情绪。② 油价在 2005 年 4 月初第一次见顶，回调到同年 5 月 20 日，随后继续上行，但通胀从同年 2 月开始逐渐降温，2005 年第一季度 GDP 增速环比改善。市场担心的滞胀问题似乎渐行渐远，就业增速放缓，投资者预期美联储将在不久之后停止加息，在诸多利好情绪的推动下，市场几乎是一路上行直至 2005 年 8 月初，其间仅在同年 6 月中旬前后小幅回调，主要原因是油价涨破 60 美元/桶的天价。同年 6 月 29 日，美联储提高贴现率至 3.25%，随后美股再度上涨，直至同年 8 月初，各大指数均触及 2000 年以来新高。标普 500 指数在这一轮上涨中收获了近 10% 的涨幅。

2005 年 8 月开始，美股高亢的交易情绪戛然而止，股指开始掉头向下。最直接的原因还是油价的持续上行，同年 8 月初突破前期 61 美元/桶的新高，高油价带来的成本效应已经反映在了经济数据上，零售数据回落，PMI 也从年初的 56 持续下行到 52 附近，与此同时非农就业持续超预期增长（增速在同年 7 月见顶），这意味着高油

---

① 2005 年 3 月 30 日，美国国际集团（AIG）发表声明，宣布推迟原定 3 月 31 日公布的 10 - K 财务报表，以便使董事会和管理层有更充分的时间审查账目。迫使 AIG "主动交代" 上述 "丑闻" 的缘起，是 AIG 与通用再保险公司（General Re）签订于 2000 年的一份合同。与此同时，在执掌 AIG 将近 40 年之后，79 岁的 CEO 兼董事长、美国保险业传奇人物莫里斯·格林伯格已被迫相继辞去上述职务。

② 2005 年 5 月 5 日，亿万富豪 K. 克科瑞安（Kirk Kerkorian），汽车和赌业领域的传奇式投资者，计划把他持有的通用汽车股权增加一倍，这不仅促使该股周三出现数十年来的最大反弹，也带动了整体股市上扬。

价拖累经济下行的同时，美联储并不会如市场期待的那样很快地结束加息，2005 年 8 月 9 日，美联储再度加息 25 个基点，这已经是年内的第五次加息。

市场回调到 2005 年 8 月底，然后再反弹至同年 9 月上旬，随后在同年 10 月 18 日左右触底。2005 年 8 月初和 9 月上旬形成双顶。这段时间的双顶行情与两次飓风的登陆相关。同年 8 月 24 日，卡特里娜飓风（Hurricane Katrina）登陆佛罗里达州。同年 8 月 29 日 WTI 油价暴涨 4.67 美元至 70.8 美元，汽油价格更是在卡特里娜登陆一周内跳涨超过 30%。而市场似乎在这场风暴中又嗅到了政策放缓的味道，美股逆势反弹。但事实是，2005 年 9 月 2 日，国际能源署（International Energy Agency，IEA）宣布释放 6000 万桶石油储备，油价从同年 9 月初开始大幅下跌[①]，而 2005 年 9 月 20 日，美联储又加息了。美股从 2005 年 9 月 19 日开始下跌至 10 月 27 日左右。

2005 年 10 月中下旬开始美股止跌开始反弹，美联储换帅一定程度上激励了市场情绪，但主要原因还是经济温和增长下的年末翘尾行情。同年 10 月 24 日，美国总统小布什宣布，提名现任总统经济顾问委员会主席本·伯南克（Ben Bernanke）接替将于明年初任期届满的艾伦·格林斯潘担任美国联邦储备委员会主席。2005 年第三季度 GDP 增速 3.5%，显示经济依然不错。同年 11 月 1 日和 12 月 13 日，美联储又连续加息两次，2005 年全年加息 8 次，联邦目标基金利率从 14 年底的 2.25% 上升到 4.25%。

从 2005 年整体的表现来看，依然很大程度上受制于油价的变动。这种影响既是整体性的（指数波动性极大），也是结构性的（风格鲜明）。高油价对大市值公司的影响是远多于中小市值公司的，以蓝筹代表道琼斯工业指数为例，2005 年全年下跌 0.6%，而标普 500 指数全年上涨 3%（走势见图 7-6），纳斯达克指数全年上涨 1.4%。

六、2006 年：终于降息了！

"互联网泡沫"后的经济复苏从 2002 年就开始了，而美联储从 2003 年开始连续三年持续的紧缩政策也并没有阻挡美股走牛的步伐。虽然美股表现不错，但市场对美联储停止加息的预期似乎愈来愈强，尤其是 2006 年初，市场看到了 10 年期和 1 年期美债利率的倒挂，而这往往是衰退先导指标的信号。

---

① 2005 年 9 月 24 日，三级飓风 Rita 登陆美国，迫使美国炼油厂利用率一周内从 69.8% 暴跌至 16.9%，约六周后才恢复，然而 IEA 和美国释放的石油储备使得原油价格一路下跌至 11 月底。

指数点位（点）

图7-6 2005年1～12月标普500指数走势

资料来源：Wind资讯。

　　市场的宽松预期下，标普500指数2006年1月震荡上涨3%。但同年二月开始2005年第四季度盈利数据陆续出炉，市场对盈利的预期比较高，但事实证明数据严重低于预期，然而工资增速还在涨，所以利率持续上行，市场觉得在紧缩周期经济形势仍然不错，所以是震荡慢涨的。2006年2月1日本·伯南克接任艾伦·格林斯潘出任美联储主席，随后在同年3月的讲话中表示对美国经济持乐观态度，市场因此加大了美联储将在同年5月加息的预期。同年4月中旬国债收益率突破5%，创2002年6月以来新高，而金价也创下25年来新高。虽然美股2006年第一季度盈利数据高于预期，就业数据不温不火，但从增速看美国经济显然已经见顶，市场对美联储停止加息还是抱有期待的，因此指数从2006年初至5月初一直在这种一厢情愿的预期中持续震荡上行，标普500指数涨幅6%。

　　2006年5月10日，美联储加息25个基点至5%，市场期待落空，而此时此刻，持续上行的商品价格（金、银等贵金属价格）引起市场广泛关注，市场开始普遍担忧通胀问题，国债收益率此时已经飙升至5.19%，市场已经预期到了美联储同年6月很可能再度加息。在通胀、经济放缓、政策紧缩三座大山的压迫下，美股从2006年5月初开始一直下跌至6月中旬，指数跌幅近8%。

　　2006年6月中旬开始直至7月中旬，美股一直在底部震荡，这期间发生了三件大事：一是同年6月29日，美联储再度加息，联邦基金目标利率达到互联网金融"泡沫"之后的最高点5.25%；二是朝核问题爆发，同年7月5日朝鲜连续发射7枚导弹，引起国际社会震动；三是同年7月爆发了黎巴嫩战争，石油供给问题再次重回舞台，原油价格创第二次石油危机以来的新高。局势不安宁的同时，2006年第二季度盈利可能也面临下滑，市场风格变得很保守，这段时间防御板块和能源板块结构性上涨，但整体指数依然疲弱。

2006 年美股真正的大行情是从 7 月中旬以后开始的。当然，每次反弹的催化剂都是一样的，就是市场期待美联储将结束加息周期。2006 年第二季度实际 GDP 增速 3.1%，严重低于预期（高利率和高通胀终于反映在经济数据上了），同年 7 月公布的销售数据、PMI、工资增长都非常不好，更加坚定了市场对美联储不加息的预期。同年 8 月初开始油价开始触顶回落，通胀和加息担忧暂缓，各项经济数据都没有看出经济有回落的迹象，2006 年第二季度利润暂时没有出现下滑。房地产市场的火爆使得房利美和美国银行的盈利暴增，从而拉动了整体的美股盈利增速，所以美股同年第三季度的盈利增速仍然超预期。在这些利好的加持下，美股从同年 7 月开始持续上行到年底，指数涨幅 15%。当然，助力美股上涨的还有一个很重要的因素就是并购事件的迭起。2003 年开始的第六次"并购浪潮"在 2006 年达到顶峰，几百亿美元成交的大型并购事件在当年美股比比皆是，很大程度上助长了投资情绪和风险偏好。

如果回看 2006 年的关键词，伊拉克战争和美国中期选举①也是资本市场的重要谈资，但整体来看影响还是经济增速、上市公司盈利增速超预期，美联储及时终止加息计划给市场带来了充分的上涨空间，标普 500 指数 2006 年全年涨幅 12%（走势见图 7-7）。但奇怪的是收益率曲线在同年 6 月开始再次出现倒挂，而且一直持续到

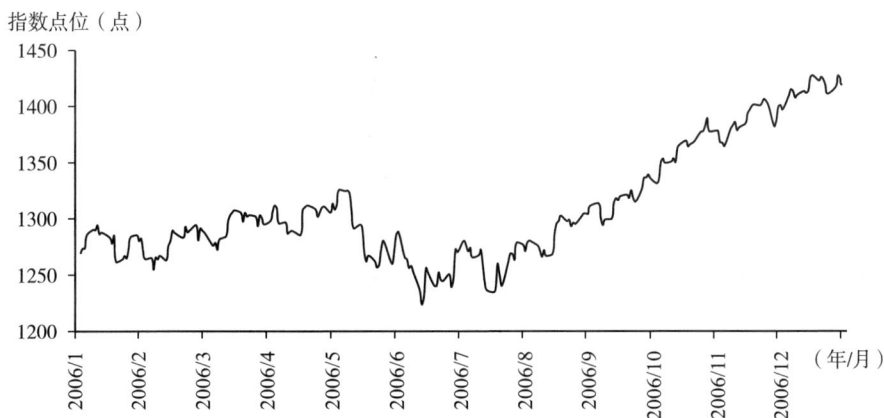

图 7-7　2006 年 1~12 月标普 500 指数走势

资料来源：Wind 资讯。

① 2006 年 11 月举行的美国中期选举以民主党战胜共和党而宣告结束。民主党时隔 12 年后重新夺回国会参众两院控制权，改变了多年来共和党同时控制白宫和国会的政治格局。

2006 年底，虽然没有影响当年的美股走势，但暗流涌动的资本市场似乎已经嗅到了不太平的"味道"。

七、2007 年："次贷危机"（subprime mortgage crisis）波及全球

2006 年的大牛市给了 2007 年初的美股充分的想象空间。各项基本面数据均好于预期：持续改善的零售数据、2006 年 12 月 PMI 触底反弹、较低的通胀率以及不错的第四季度盈利增速。标普 500 指数从 2007 年初一直上涨到同年 2 月 20 日，涨幅约 3%，市场仍然沉浸在牛市的欢呼声中，丝毫不觉危机已经渐行渐近。

2007 年 2 月开始，美国抵押贷款风险开始浮出水面，房地产金融公司首当其冲。同年 2 月 13 日，美国第二大次级抵押贷款机构新世纪金融公司（New Century Finance）发出 2006 年第四季度盈利预警。同时，汇丰控股首度发出盈利警告，为在美次级房贷业务增加 18 亿美元坏账拨备，美国最大次级房贷公司全美金融服务公司（Countrywide Financial Corporation）减少放贷。与此同时，通胀的持续攀升使得美联储加息的概率大大增加。全球证券市场呈现多米诺骨牌式暴跌。亚太、欧洲、拉美和南非股市相继下挫。2007 年 2 月 27 日，股市出现"9·11 事件"以来最大跌幅，标普 500 指数单日大跌 3.47%。同年 3 月 13 日，新世纪金融公司宣布无力偿还债务，濒临破产。1 个月不到的时间，标普 500 指数下跌了近 6%。

2007 年 3 月中旬，美联储议息会议表示经济前景很乐观，引发了美股的大幅回弹。这一波上涨一直持续到同年 7 月中旬，这期间"次贷危机"的风险还没有全面蔓延，当然更深层次的原因是基本面数据还不错，失业率维持低位，商品零售同比持续增长，2007 年第一季度上市公司利润增速超预期。但事后来看，这一波股市的上涨其实已经"泡沫"化了。事实上，总量基本面数据的健康掩盖了不断创新低的房价和持续恶化的信贷环境，同年 4 月 4 日，裁减半数员工后，美国第二大次级抵押贷款机构新世纪金融公司申请破产保护。与此同时，2007 年 5 月底公布的第一季度 GDP 增速达到了 5 年来的最低值。凡此种种好像都没有撼动美股分毫，美联储依然对经济增长前景很乐观，由于通胀不断攀升，同年 6 月国债收益率已经突破了 5%，标普 500 指数这段时间上涨了 12.7%。

2007 年基本面的变化其实从国债收益率的走势上就可以看得清楚明白，10 年期国债收益率从年初的 4.5% 上涨到同年 6 月中旬至 5.2% 左右随后开始大幅下行。相对应的，2007 年 5 月之前 PMI 持续上行，6 月之后开始下跌，至年末降至"荣枯线"

以下。总的来说 2007 年上半年宏观经济整体还是向好的，下半年伴随着基本面的急剧恶化和"次贷危机"的迅速蔓延股市也开始急剧下跌。

引发股市下跌的原因仍然是信用环境的持续恶化。2007 年 7 月 10 日，标普降低次级抵押贷款债券评级，同年 7 月 13 日开始美股联动全球股市同时下跌直至 8 月中旬。同年 7 月 19 日，贝尔斯登公司（Bear Stearns Cos.）旗下两只以次级抵押贷款为收益的对冲基金濒临瓦解。同年 8 月 8 日，美国第五大投行贝尔斯登公司宣布旗下两支基金倒闭，原因同样是由于次贷风暴。同年 8 月 9 日，法国第一大银行巴黎银行（BNP Paribas）宣布冻结旗下三支投资了美国次贷债券的基金，欧洲股市重挫。美国次级抵押贷款危机在全球的"辐射效应"日益明显，同年 8 月 10～14 日，包括美日欧在内的世界各地央行频繁向银行系统注资，但美股仍不改跌势。同年 8 月 16 日，全美国最大商业抵押贷款公司全国金融服务公司股价暴跌面临破产，美国次级债务危机全面恶化，全球股市遭遇"9·11事件"以来最严重的下跌，1 个月内标普 500 指数下跌了 9.3%。

其实，房地产和信用债市场的恶化已经持续了一段时间。企业信用利差从 2007 年 4 月中旬开始飙升，房价指数下半年开始已经出现了负增长，同年 7 月失业率已经上升至 4.6%。同年 8 月 17 日，美联储降低窗口贴现利率 50 个基点至 5.75%，市场认为美联储将在不远的未来调低基准利率，股市开始了一轮"超跌"反弹。同时各国央行纷纷加大救市力度。同年 8 月 20 日，日本央行连续两日向银行系统共注资 18000 万亿日元，22 日欧洲央行追加 400 亿欧元再融资，23 日英国央行向商业银行贷出 3.14 亿英镑，而美联储于 22～30 日向金融系统累计注资 409 亿美元。同年 8 月 31 日，本·伯南克表示美联储将努力避免信贷危机损害经济发展，小布什承诺政府将采取一揽子计划挽救次级房贷危机。同年 9 月 18 日，美联储将联邦基金目标利率下调 50 个基点至 4.75%，而这次降息是美国 4 年来加息 17 次之后的首次降息，着实给了弱势的市场再次反弹的动力，标普 500 指数反弹了 11%。

2007 年 10 月上旬，油价的飙升再次引发了市场的猛烈回调。同时，就业市场出现了明显恶化。同年 11 月初美联储再次降息，贷款违约不断增多，面对不断上行的能源价格和持续恶化的就业环境，房价的下跌以及收紧的信贷，美股迎来了 2007 年最猛烈的一波下跌。金融板块表现持续恶化，摩根士丹利、美林公司 2007 年第三季度大幅亏损，房地美公司和房利美公司股价持续下跌，油价、铜价"跳水"，金融领域的风险已经蔓延到了实体经济，市场对美国乃至全球经济增长的担忧愈演愈烈。这轮下跌回吐了此前反弹的所有涨幅，标普 500 指数下跌 10%，在同年 11 月 26 日触及低点。

2007 年 11 月底，本·伯南克表示金融系统的不稳定性已经危及到整个经济，美联储将采取行动，市场触底反弹。同年 12 月 11 日美联储再度降息，各国的救市措施仍在加码，然而油价持续上行近每桶 100 美元，通胀依然有压力，2007 年第三季度的美股盈利增速大幅下滑跌至负区间。回看 2007 年美股，虽然几经波澜，但标普 500 指数 2007 年全年仅下跌了 6%（全年走势见图 7-8），然而这只是冰山一角，大萧条之后最严重的经济危机已经渐行渐近了。

指数点位（点）

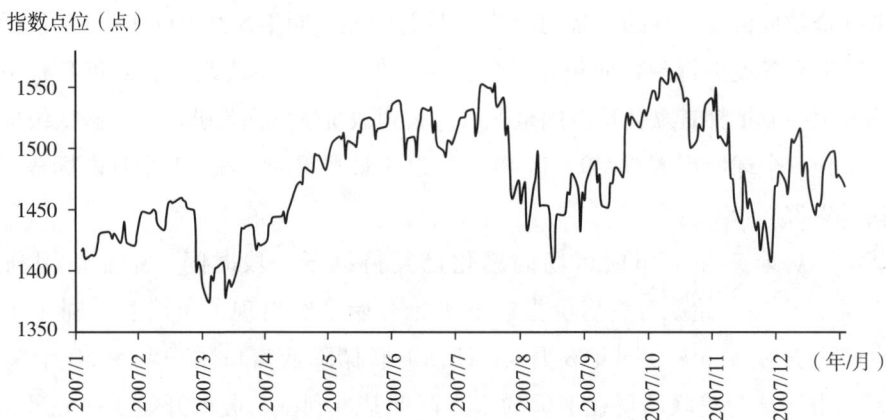

图 7-8 2007 年 1～12 月标普 500 指数走势

资料来源：Wind 资讯。

八、2008 年：全球金融危机爆发

美国基准利率的上升和房地产价格的下跌导致的"次贷危机"逐渐发酵。美国股市从 2007 年 10 月开始一路下跌，虽然截至 2007 年底标普 500 指数跌幅仅 6%，但市场似乎已经感受到了危机似乎是才露尖尖角，2008 年光景注定不会太好。

2008 年伊始，投资者面对的是这样的经济环境：通胀飙升，WTI 油价已经上涨至 100 美元/桶，PMI 和零售数据直线下滑，失业率达到两年来的最高值，消费者信贷违约现象持续加剧。面对日益恶化的经济环境，监管层连环出击。同年 1 月 18 日，美国总统小布什宣布 1400 亿～1500 亿美元的减税方案，以挽救被"次贷危机"打击的经济。这是小布什任内第三次抛出减税计划，前两次分别在 2001 年 6 月及 2003 年 5 月减税 1.35 万亿美元和 7260 亿美元。2008 年 1 月 22 日，美联储紧急降息 75 个基点至 3.50%，这是美联储自 20 世纪 80 年代以来降息幅度最大的一次，2008 年 1 月

30 日，美联储再度降息 50 个基点。同年 2 月 12 日美国六大抵押贷款银行为防范止赎的发生，宣布"救生索"计划。[①] 同年 2 月 19 日，美联储推出一项预防高风险抵押贷款新规定的提案，也是"次贷危机"爆发以来所采取的最全面的补救措施。同年 3 月 11 日，美联储再次联合其他四大央行宣布继续为市场注入流动性，缓解全球货币市场压力。然而美股从 2008 年初便继续下跌直至同年 3 月 17 日，标普 500 指数下跌了 12%。

到了 2008 年 3 月中旬，事情似乎出现了转机。同年 3 月 14 日，华尔街著名投行贝尔斯登公司出现了严重的流动性危机，美联储决定通过摩根大通公司（JP Morgan Chase & Co.）向贝尔斯登公司提供应急资金。同年 3 月 17 日，摩根大通公司同意以 2.4 亿美元左右收购贝尔斯登公司，同日，美联储意外宣布降息 25 个基点，到 3.25%。政府的背书似乎让投资者看到了危机的曙光，2008 年 3 月 17 日开始，前期暴跌的美股开始企稳，缓慢而温和地反弹到五月中旬。这期间全球的刺激措施仍在持续加码，同年 3 月 19 日，美联储宣布降息 75 个基点，并暗示将继续降息。同年 3 月 24 日，美国联邦住房金融委员会允许美国联邦住房贷款银行系统增持超过 1000 亿美元由房地美和房利美发行的 MBS。3 月 27 日，欧洲货币市场流动性再度告急，英国央行和瑞士央行联袂注资。同年 4 月 10 日，美国参议院通过价值超过 41 亿美元的一揽子房屋市场拯救计划。同年 4 月 30 日，美联储再度降息 25 个基点。这次反弹的根本原因，其实是超预期的美股一季报使得市场对于基本面 V 形反转抱有期待。反弹一直持续到 2008 年 5 月 19 日，标普 500 指数上涨了 12%。

美股再度下跌的"导火索"是 2008 年 5 月下旬油价创历史新高，同时失业率加速上行，经济复苏的预期如昙花一现般化为泡影。同年 6 月 3 日，标普降低摩根士丹利、美林公司和雷曼兄弟公司（Lehman Brothers）的信用等级，企业信用利差飙升，"次贷危机"迅速从金融系统蔓延到实体经济。而此时此刻通胀的持续攀升使得全球央行纷纷透露出结束宽松政策的意向。同年 7 月 3 日，欧洲央行加息以应对高于其目标两倍的通胀率。事实证明，这次加息是欧洲央行的严重失误，2008 年 10 月欧洲经济急转直下，货币政策再度转向宽松。同年 7 月上旬油价在触及 143 美元/桶的历史高点之后开始回落，美股受此提振止跌回稳。同年 7 月 29 日，美林公司将原面值总计 306 亿美元的 CDO 被迫以 67 亿美元的低

---

① 对于陷入困境无法按时支付贷款的住房持有者，给予 30 天的缓冲期，缓冲期内其房子可以暂时中止被拍卖，而房贷商将在此期间制定让房主们更易负担的还贷方案。

价转让，而美林公司大幅减记资产的行为避免了未来持续恶化的风险，被认为是金融行业见底的标志，市场情绪逐渐回温。从 2008 年 5 月下旬至 9 月初，指数先下跌后企稳，整体下跌了 9%。

然而一场流动性危机的到来意味着真正的危机似乎才刚刚开始。2008 年 9 月 7 日，美国联邦政府宣布接管房利美和房地美，同年 9 月 15 日，雷曼兄弟公司申请美史上最大破产保护，同年 9 月 17 日，美联储向危在旦夕的美国国际集团（AIG）提供 850 亿美元紧急贷款，变相接管该集团，这两个标志性事件意味着，"次贷危机"正式升级为金融危机。同年 9 月 18 日，美联储为首的六大央行再度联手，宣布共同向金融体系注入高达 1800 亿美元的资金。同年 9 月 25 日，全美国最大的储蓄及贷款银行华盛顿互惠公司（Washington Mutual Inc.）被美国联邦存款保险公司（FDIC）查封、接管，成为美国有史以来倒闭的最大规模银行。2008 年 9 月下旬开始，美股由震荡下跌变成急转直下，同年 9 月 29 日，美股经历"黑色星期一"，道琼斯工业指数创下有史以来的最大点数跌幅，单日大跌 7.0%。

2008 年 10 月 3 日，美国国会通过了小布什政府提出的 7000 亿美元新版救市方案《2008 年经济紧急稳定法案》（Emergency Economic Stabilization Act of 2008，以下简称《法案》），这是美国政府有史以来规模最大的经济干预，该《法案》的核心是《不良资产救助计划》（Troubled Asset Relief Program，TARP）。同年 10 月 8 日，欧、美各大央行同时宣布降息，随后，韩国、日本、印度尼西亚等有关当局和中国香港、中国台湾地区，也纷纷采取措施放松了货币政策，向银行注资。同年 10 月 14 日，美国财政部开始实施"资本购买项日"，同年 10 月 29 日，美联储年内第 4 次降息，幅度为 50 个基点。然而无声的风暴席卷全球，恐慌情绪肆虐，标普 500 指数从 2008 年 8 月底开始至 11 月 20 日下跌了 42%。

此时此刻的美联储似乎是有些黔驴技穷了，从 2007 年 9 月至 2008 年 12 月，美联储连续降息 10 次，联邦基金目标利率从 4.75% 大幅调降至 0%，但也并未阻止美国经济滑入衰退，2008 年第四季度美国实际 GDP 同比萎缩 2.8%。为了挽救金融市场刺激经济，美联储只能转向非常规货币政策，即"量化宽松"（Quantitative Easing，QE）。[①]

----

① 即大规模资产购买，即央行从银行或其他金融机构买入固定规模的政府债券，或其他类型债券，从而推高这些金融资产的价格，降低它们的收益率，进而降低长期利率，并增加货币供给量，刺激经济。首轮 QE 侧重于维护整个金融体系的稳定，资产购买以房地美公司（Freddie Mac）、房利美公司（Fannie Mae）、吉利美公司（Ginnie Mae）发行的抵押贷款支持债券（MBS）为主，以国债和上述三个机构自身发行的债券（联邦机构债）为辅。后几轮 QE 侧重于压低长端利率，支持经济和就业复苏，资产购买以长端国债为主，MBS 为辅。

2008 年 11 月 25 日，美联储宣布购买 6000 亿美元抵押贷款支持债务的计划，启动第一轮量化宽松（Quantitative Easing，本次为 QE1），并由此开启了长达六年的量化宽松周期。美联储宣布将从两大住房抵押贷款机构房利美和房地美以及联邦住房贷款银行购买最高达 1000 亿美元的直接债务，并另外购买最高达 5000 亿美元的抵押贷款支持证券。同年 12 月 16 日，美联储年内第五次降息，幅度为 0.75%，超过市场预期的 0.5%。美联储 QE 的推出给病入膏肓的美股开对了良方，美股由此止跌至年底反弹了 20%。2008 年全年标普 500 指数下跌了 38%，创下了美股历史上第二大年度跌幅，仅次于 1931 年大萧条（全年走势见图 7-9）。

图 7-9 2008 年 1~12 月标普 500 指数走势

资料来源：Wind 资讯。

第二节 经济形势：成也地产，败亦地产

盛极必衰，新经济繁荣过后便是"泡沫"的破裂，"9·11 事件"更是给了美国经济以重击。2003 年美国经济开始有起色，但 2008 年的金融危机却再次将美国经济打落谷底。以"互联网泡沫"的破裂为开局，以金融危机的爆发为结尾，2001~2008 年的美国经济表现不佳，工业生产指数同比增速月均值仅为 0.6%（见图 7-10）。

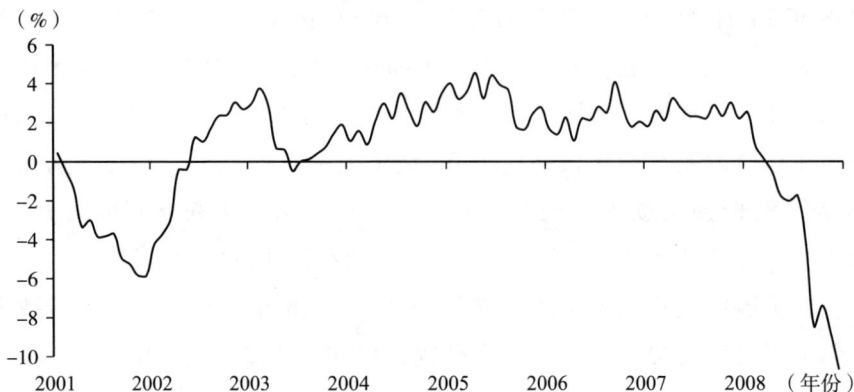

图7-10　2001～2008年美国工业生产指数同比走势

资料来源：Wind资讯。

一、经济周期：从"危机"到"危机"

（一）"互联网泡沫"的破裂：2001～2003年

紧缩的货币政策使得美国经济在2000年末明显放缓，美国司法部对微软公司的反垄断指控更是引爆了积蓄已久的"互联网泡沫"，资本市场的崩溃给美国的居民及企业带来负面的财富效应，在此影响下，美国经济增速放缓的趋势在2001年更加明显。在库存大幅积压的情况下，企业开始削减投资支出，尤其是高科技设备的相关支出，2001年私人部门投资拖累GDP增速1.1个百分点，而前一年私人部门投资拉动GDP上升1.3个百分点。同年9月11日发生的恐怖袭击事件使得本已脆弱的经济雪上加霜。不确定性的加剧和信心的严重动摇，导致经济活动出现广泛的调整，制造业和与旅游、酒店和娱乐相关的行业更是首当其冲。但在美联储不断下调利率以及减税退税政策的支撑下，居民消费支出在2001年末出人意料地保持稳定，全年对GDP增速的贡献达到1.7个百分点。2001年GDP增速继续下降至1.0%，虽然较2000年大幅下降3.1个百分点，但已经远远好于市场的预期。

随着经济疲软的蔓延甚至加剧，美联储大幅下调了联邦基金目标利率（见图7-11），2001年内连续11次降息，联邦基金目标利率从年初的6.5%下降到年末的1.75%，特别是在"9·11事件"后，在3个月的时间内，美联储累计放松银根175个基点。为了与不断下降的联邦基金目标利率相匹配，美联储2001年12次下调贴现率，贴现率从6.0%到1.25%，降至1948年以来的最低水平，2002年继续下调联邦基金目标利率与贴现率分别至1.25%和0.75%，2003年联邦基金目标利率进一步降低至1.0%，贴现率上调至2.0%。积极的财政政策对促进美国经济的复苏也取得了一定的效果，美国联邦政府于2001年春季开始采取减税政策，消费者在当年夏季便能够取得减税退款，并且从2002年1月起开始实行新的减税税率。减税退税的效果在2002年开始逐渐显现，同年3月，美国国会通过了刺激经济的"一揽子法案"。

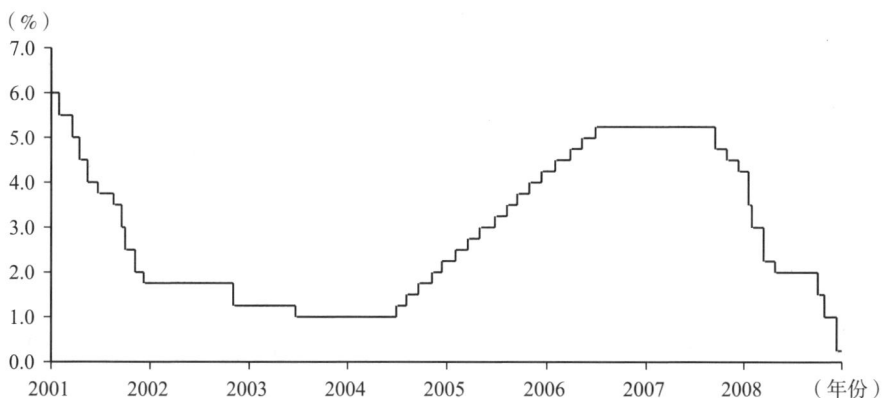

图7-11 2001~2008年美国联邦基金目标利率走势

资料来源：Wind资讯。

在宽松的货币政策、积极的财政政策等多重刺激下，美国经济摆脱衰退开始回升，2002年GDP增速上升至1.7%，2003年美国经济增长更加强劲，全年增速达到2.9%。能源价格的下滑对经济摆脱衰退也起到了促进作用。在需求疲弱的大环境下，特别是"9·11事件"后，能源价格大幅下滑，CPI在2001年降至2.8%，2002年继续下降至1.6%，2003年小幅回升至2.3%（见图7-12）。

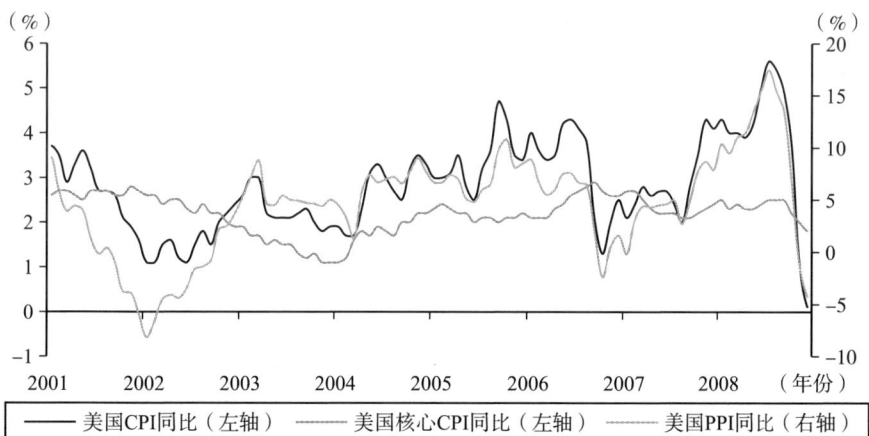

图7-12 2001~2008年美国CPI、核心CPI、PPI同比走势

资料来源：Wind资讯。

（二）房地产的繁荣与"泡沫"：2004～2006 年

在宽松的货币政策与积极的财政政策组合下，美国经济已经复苏，从绝大多数指标来看，美国的经济状况都非常出色。2004 年经济开始强劲增长，全年 GDP 增速达到 3.8%，2005 年及 2006 年增速虽有小幅放缓，但仍然维持在 3.5% 和 2.9% 的较高水平。从细分项来看，美国居民消费支出持续发力，在 2004～2006 年，消费支出对 GDP 增速的拉动作用均不低于 2 个百分点，私人部门的投资较前几年也有所增加，2004 年私人部门投资对 GDP 增速的贡献达到 1.6 个百分点，恢复至"互联网泡沫"破裂前的水平，但随后两年，其对经济增速的拉动作用有所回落。在经济强势复苏的情况下，通货膨胀水平也出现了稳步上升，2004 年 CPI 上升至 2.7%，2005 年进一步上升至 3.4%，在美联储强势加息的情况下，2006 年 CPI 小幅回落至 3.2%。虽然物价水平较之前出现了抬升，但仍处于可控范围之内。

经济增长强势，通胀温和，资产价格不断上涨，美国的经济似乎已经摆脱了互联网危机，但危机带来的隐患并未完全消除，房地产市场的"泡沫"正在不断积聚。在 2001 年"互联网泡沫"破裂后，美国当局采用了强刺激政策以期为美国经济注入活力，自 2001 年起美联储持续降息，30 年固定利率抵押贷款合约利率从 2000 年 5 月的 8.52% 下降至 2004 年 3 月的 5.45%，小布什政府也看中了房地产对经济的提振作用，提出"居者有其屋"计划，并设立在 2010 年前帮助至少 550 万少数民族家庭购买房屋的目标。在流动性过剩、低利率以及政策的多重刺激下，房地产信贷机构不断放松住房贷款条件，低收入群体的购房需求不断攀升，2004 年美国的房屋拥有率达到了历史最高的 69.2%。根据《华尔街日报》汇总分析的资料，在 2004～2006 年，"超过 2500 家银行、储贷机构、信用社和抵押贷款公司共发放了 1.5 万亿美元的高利率贷款"。同一时期内，高利率住房抵押贷款的占比从 16% 提高到 29%。[①] 在快速增长的贷款支撑下，2004～2006 年房价上涨了近 30%，相比 2000 年上涨幅度更是超过 80%。可以说，在 2000 年股市崩盘之后，房地产市场取代了股市，承载着美国的"非理性繁荣"。

不断收紧的货币政策刺破了地产的"泡沫"。随着经济复苏的趋势确立，出于对通货膨胀的担忧，美联储的货币政策从 2004 年 6 月开始转向（见图 7 - 11）。与 2001 年的快速降息相对应，美联储在两年内连续 17 次加息，联邦基金目标利率从 2004 年初的 1.0% 迅速上升至 2006 年的 5.25%，贴现率也从 2.0% 上升至 6.25%。不断上升

---

① 资料来源：［美］罗伯特·M. 哈达威. 美国房地产泡沫史（1940～2007）［M］. 陆小斌，译. 福州：海峡书局，2014.

的利率使得借款人的还款压力大幅增加，房价下跌，房地产市场"泡沫"破裂，进而引发了"次贷危机"。

（三）从"次贷危机"到金融危机：2007～2008 年

美国的经济增速在 2007 年明显放缓，全年 GDP 增速同比上升 1.9%，较 2006 年放缓 1 个百分点。从 GDP 支出构成来看，消费支出仍然是经济增长的最主要支撑，拉动经济增长 1.5 个百分点。受房地产市场环境持续恶化的影响，美国住宅投资增速出现快速下滑，2007 年住宅投资同比负增 18.7%，拖累 GDP 增长 1.1 个百分点，在此影响下，2007 年美国私人部门投资对 GDP 增速的贡献为 -0.5%，较前一年的 0.6 出现大幅下降。外需拉动美国经济增长 0.5 个百分点，这是自 1991 年以来贸易赤字首次出现改善。

房地产市场"泡沫"崩溃的影响通过次级抵押贷款开始传导至金融部门，2007 年 2 月，汇丰银行宣布北美住房贷款业务遭受巨额损失拉开了"次贷危机"的序幕。此后，多家美国次级抵押贷款公司陆续停业，金融机构相继爆出巨额亏损。2008 年，金融市场持续动荡，贝尔斯登公司被收购，房地美公司和房利美公司（Freddie Mac & Fannie Mae）被监管机构接管，"次贷危机"不断蔓延；雷曼兄弟公司（Lehman Brothers）的倒闭则意味着"次贷危机"最终演化为了金融危机，全球资产价格、信贷环境、企业及消费者信心均受到了巨大的冲击。

房地产市场"泡沫"的破裂、"次贷危机"的深化、金融危机的持续发酵，最终导致美国经济在 2008 年下半年开始崩溃，不断恶化的就业市场、股票和房地产价格下跌带来的负财富效应，且信贷条件的收紧都抑制了消费者的信心和支出，2008 年居民消费支出拖累经济增长 0.1 个百分点。企业普遍削减资本支出，私人部门投资对 GDP 增速的拖累扩大至 1.5 个百分点，贸易赤字则继续改善，外需拉动美国经济增长 1.0 个百分点。整体来看，2008 年全年 GDP 同比下降 0.1 个百分点，增速较 2007 年大幅放缓 2 个百分点。经济增速的大幅下滑大大减轻了通胀压力，至 2008 年底，CPI 从当年 7 月 5.6% 的高点快速下降至 0.1% 的水平，甚至出现了通缩风险。

自 2007 年"次贷危机"爆发以来，美联储采取了一系列措施来平缓金融市场的动荡，以期削减其对经济造成的不利影响。2007 年 9 月开始，美联储开始降息（见图 7-11），联邦基金目标利率由 5.25% 降至 2007 年底的 4.25%，贴现率也从 6.25% 下调至 4.75%。由于 2007 年底压力有所增加，美联储设立了定期拍卖工具来为银行提供短期贷款，在一定程度上缓解了金融市场的紧张状况。2008 年，金融危机全面爆发，美联储宣布继续推出一系列非常规货币政策。利率政策方面，美联储实行零利率政策，年内 7 次降低联邦基金目标利率至 0.25% 的极低水平，8 次降低贴现率至 0.50%。在雷曼兄弟公司破产后，为了维持商业票据市场的运作，美联储设立了资产支持商业票据货币市场共同基金流动性工具、商业票据融资工具以及货币市场投资者融资工具等工具。2008 年 11 月，美联储首次公布将购买机构债和 MBS，标志着首轮量化宽松政策的开始。

二、经济结构：金融地产独大

（一）GDP 稳定增长，企业利润先增后降

2001～2008 年，美国企业盈利的增长情况大致可以分为三个阶段：2001～2002年"互联网泡沫"期间，企业盈利增长极为缓慢；2003 年后，美国企业盈利增长明显加速，并远远快于 GDP 的增长，两者增长幅度之间的差距在不断扩大，这一趋势直到 2006 年企业利润达到阶段性顶点后被逆转；2006 年企业税前和税后利润累计增长幅度分别达到了 147.0% 和 175.5%，远高于名义 GDP 累计 34.7% 的涨幅。2007 年和 2008 年，GDP 继续小幅上升，而企业利润则出现了明显的下降。从企业盈利占GDP 的份额来看，与 2000 年相比，2008 年企业盈利占比仍然是有提高的。整体来看，以 2000 年为基准，至 2008 年，名义 GDP 累计上涨了 43.5%，而企业税前和税后利润分别上涨了 84.8% 和 118.9%。

在小布什总统任职期间，为了防止经济衰退，小布什政府分别于 2001 年、2002年和 2003 年分别颁布了"减税法案"，即《2001 年经济增长与减税协调法案》（*Economic Growth and Tax Relief Reconciliation Act of 2001*）、《增加就业和援助雇工法案》（*Job Creation Worker Assistance Act*）以及《2003 年就业与增长税收减免协调法案》（*The Jobs and Growth Tax Relief Reconciliation Act 2003*），不仅降低了个人所得税、资本利得税和遗产税等，同时还降低了企业负担，这也是 2003 年后企业利润加速增长并快于 GDP 增速的原因之一。

此外，从 2001 年开始，美国企业税前和税后利润的增速就已经出现了差异，2001 年美国企业税前利润较上一年小幅下降，但税后利润却较前一年小幅提升。造成这种差异的原因是企业实际负担的税率出现了大幅下降，从 2000 年的 31% 大幅下降至 2001 年的 25%，2002 年继续降至 20%。但在 2003 年及之后，美国企业的实际负担税率没有再继续下降，而是稳定在 22%～23% 左右，直到 2008 年金融危机的发生，美国企业实际负担税率才再次下降至 19%。

（二）"一超三强"新格局

2008 年，美国产业结构呈现出"一超三强"的新格局（见图 7 - 13），金融地产

业增加值占比为 19%，远超其他行业，稳居第一；而制造业、商业服务与批发零售行业增加值占比均为 12% 左右。具体来看，商业服务产值占比逐年提升，2008 年超过批发零售行业成为第三大行业；而制造业产值比重在 2001～2008 年持续下滑，第二大产业的地位也岌岌可危。

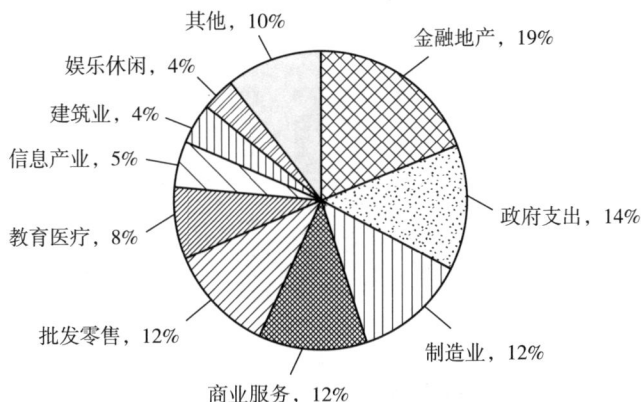

图 7 - 13　2008 年美国 GDP 分行业增加值占比分布

资料来源：美国经济分析局、笔者整理。

除去上述四个产值较大的行业外，其他增加值占比较高的行业依次为教育医疗、信息产业、建筑业和娱乐休闲，所占比重分别为 8%、5%、4% 和 4%；除去教育医疗业占比小幅上升外，其他行业产值占比与 2000 年基本保持一致。其他行业中包括交运仓储、采矿业、其他服务、公用事业及农、林、牧、渔业，行业增加值占比合计为 10%，较 2000 年小幅提升。

从名义增速来看（见图 7 - 14），增速超过 GDP 的行业覆盖三大产业，包括采矿业，教育医疗，商业服务，农、林、牧、渔业和信息产业，其中，采矿业、教育医疗和商业服务为增长速度最快的三个行业，年化增速分别为 17.5%、6.7% 和 5.9%。制造业增加值增速远不及其他行业，年化增速仅为 1.9%，其他服务、批发零售和公用事业增加值增速也相对较低，分别为 2.1%、3.5% 和 3.5%。

但从实际增速看，产值增长速度快于实际 GDP 的行业为信息产业、教育医疗、商业服务、采矿业、批发零售和金融地产，除去采矿业属于第二产业外，其他行业均属于第三产业。具体来看，实际增加值增长最快的三个行业为信息产业、教育医疗和商业服务，年化增速分别为 6.4%、3.2% 和 2.9%。值得注意的是，采矿业增加值年化实际增速仅为 2.4%，远远低于 17.5% 的名义增速。剔除价格因素后，其他服务、建筑业和公用事业增加值甚至出现了下降，年均降幅分别为1.9%、1.8%和1.5%。

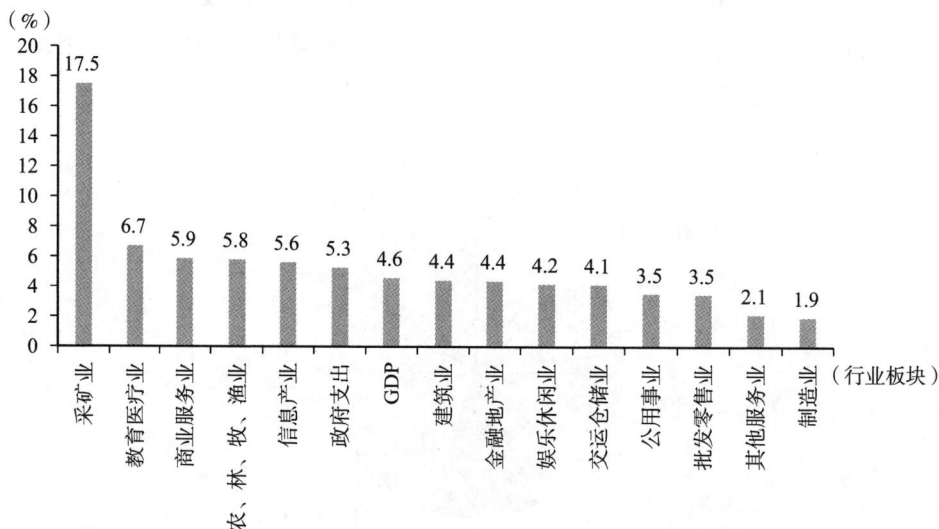

图7－14　2001～2008年美国大类产业增加值年化名义增速

资料来源：美国经济分析局、笔者整理。

在制造业整体占比下降的同时，美国不仅从未放弃过高端制造业，也没有放弃过其在世界经济中关系国家战略安全的产业或具有重要地位的支柱产业，最为典型的便是石油煤炭和化工品。在20世纪70年代石油危机的冲击下，理查德·尼克松提出了"能源独立"的概念，赋予石油煤炭行业以战略意义。2000年以来，新兴经济体的加速发展扩大了对全球石油煤炭的需求，叠加地缘政治局势动荡，供给受到冲击，价格上涨，2001～2008年石油煤炭行业快速发展，产业增加值年均增速高达14.5%。化工品是全球最大且最重要的行业之一，涉及各行各业，美国也是全球最大的化工品生产商及出口国，行业的重要性和竞争力使得化工品的发展在制造业整体衰退的背景下未呈现颓势；2001～2008年，化工品行业增加值年化增速高达5.0%。而"互联网泡沫"的破灭导致了该时期计算机电子行业的低迷，年化增速仅为0.4%。

（三）美国企业利润行业结构的变化

2001～2008年，美国企业的利润结构出现了较大的变化。[①] 具体来看，制造业企业的利润在2001年骤减，甚至不及建筑行业；此后逐年回升，至2008年已经回升至

---

① 从20世纪30年代开始，美国官方发布的数据均采用的是标准产业分类体系（Standard Industrial Classification，SIC），在1997年4月9日，美国预算管理办公室宣布使用新的北美产业分类体系（North American Industry Classification System，简称NAICS），因此2000年及以前美国企业利润的行业分类依据是SIC分类标准，2001～2008年采用的是NAICS行业分类。

15.0%。在"互联网泡沫"的冲击下，2001 年信息业出现了大幅亏损，随后逐渐恢复，2008 年为美国企业贡献了 7.0% 的利润。金融地产行业在长期低利率的环境下发展良好，但随着地产"泡沫"的破裂与"次贷危机"的蔓延，2006 年利润占比开始下滑，并在随后两年加速恶化，2008 年金融地产公司面临大面积的亏损。海外市场在全球化的趋势中已成为美国企业利润的重要来源，在美国经济衰退期间尤为明显。海外市场利润占比在 2001 年的"互联网泡沫"期间高达 32.5%，随着美国经济的复苏，这一比例降至了 17% 左右，2008 年"次贷危机"的爆发再一次将海外市场的利润占比推升至 34.7%。其他行业中，批发零售和商业服务实现的利润占比较高，均不低于 10%，其中，批发零售业的利润占比由 2001 年的 17.6% 降至 2008 年的 12.7%，商业服务利润占比由 17.6% 小幅上升至 18.0%；建筑业利润占比持续下降，至 2008 年已降至 3.1%；2008 年，农、林、牧、渔业，采矿业，公用事业，交运仓储业，教育医疗，娱乐休闲和其他服务所实现的利润占比分别为 0.2%、4.0%、2.1%、1.8%、5.5%、1.6% 和 0.6%。

2001～2008 年，全部美国企业利润增长速度较快，年均增速高达 14.9%。其中，信息业扭亏为盈，实现了利润的大幅增长，年均增速高达 40.4%，交运仓储和采矿业利润的增速也相对较高，分别为 34.9% 和 30.8%。唯一出现利润负增长的行业是金融地产，其间年均降幅达到 77%；值得注意的是，金融地产企业利润在 2006 年以前还在增长，行业所实现的利润甚至在 2005 年创下了新高，2006 年后企业经营情况迅速恶化，2008 年整个行业亏损超过 700 亿美元。

非耐用品制造业企业与耐用品企业的盈利情况在该阶段分化趋势更加明显，非耐用品制造业利润以年均 14.0% 的速度增长，而耐用品企业的利润甚至有所下降，年均增速为 -2.8%。具体来看，在基年大幅亏损的情况下，基本金属行业的利润增速高达年均 913.2%，远远超过其他行业；石油煤炭企业利润也大幅扩大，年均增速高达 36.6%。汽车及零部件行业在 2008 年出现了大幅亏损，亏损金额接近 400 亿美元，年均下降幅度高达 377.9%。其他利润下降幅度较大的细分行业包括木制品及纸制品，年均降幅分别为 16.2% 和 13.2%。

三、上市公司盈利与估值变化回顾

2001～2008 年是有数据以来美股利润增速波动最为剧烈的时期，其间上市公司单季净利润增速最高超过 6 倍，最低下探至 -336%，同时创下了 1951 年以来美股利润增速的最高和最低纪录（见图 7 - 15）。从走势上看，大致可以分为四个阶段，第一阶段是 2001 年利润下滑阶段；第二阶段是 2002～2003 年上市公司利润快速修复阶段，该阶段美股利润增速的平均值高达 204%；第三阶段是 2004～2006 年的高速增长阶段；第四个阶段是从 2007～2008 年，其间上市公司利润再次下滑，甚至出现了大幅亏损。

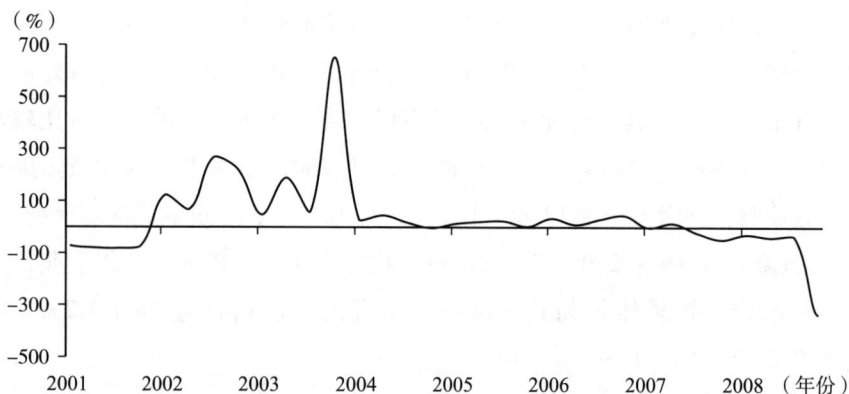

图 7-15 2001～2008 年全部美股单季度净利润增速变化情况

资料来源：Compustat 数据库、笔者整理。

具体来看，"互联网泡沫"的破裂以及"9·11 事件"不仅造成 2001 年宏观经济增速的大幅下滑，对微观企业的运营也造成了极大的伤害，2001 年四个季度美股上市公司利润同比下滑的幅度均超过 70%。

2002 年开始，美股进入了利润快速修复的阶段。低基数下利润增速跳升，2002 年第一季度增速高达 122%，美股上市公司的盈利能力持续修复，并在 2003 年第四季度迎来业绩"井喷"，增速高达 652%。2004～2006 年，美股盈利进入高速增长时期，上市公司的利润保持较快速度的增长，这一阶段美股单季度利润的平均增速为 23%。

2007 年美国经济增速放缓，"次贷危机"发酵，上市公司盈利也开始下滑；2008 年"次贷危机"演化为金融危机，美国经济在下半年开始崩溃，上市公司盈利全面恶化。至 2008 年第四季度，美股上市公司普遍亏损，单季度利润增速下探至 −336%。

与利润增速的阶段划分一致，2001～2008 年全部美股 ROE 的走势也可以划分为四个阶段（见图 7-16）。2001 年由于上市公司利润持续负增长，美股 ROE 持续下降，2001 年底降至 2.1%，较 2000 年底下降了 8.8%。2002 年上市公司利润快速修复，企业盈利能力也得到快速提升，至 2003 年底，全部美股 ROE 回升至了 11.5%。

2004～2006 年上市公司利润保持高速增长，ROE 也随之稳步上升，但与前一个阶段相比，上升速度显著放缓，至 2006 年底，全部美股 ROE 已经上升至 14.9%，接近历史的最高水平。随着 2007 年上市公司利润开始下滑，美股 ROE 再次转入下降通道，2008 年底再次降至 3.5% 的极低水平。

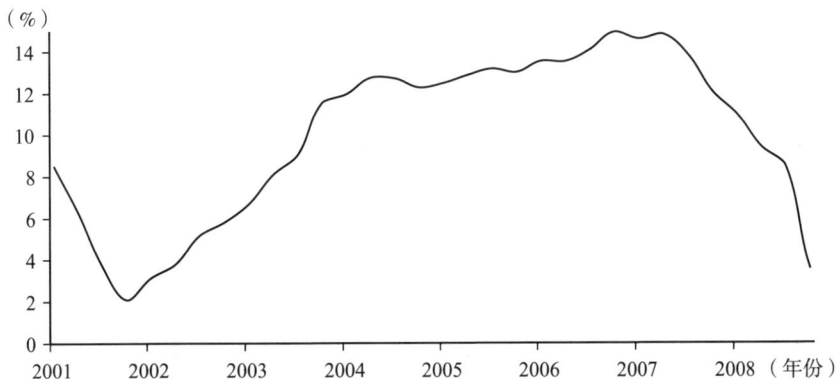

图 7 - 16　2001～2008 年全部美股 ROE 变化情况

资料来源：Compustat 数据库、笔者整理。

　　整体来看，2001～2008 年美股估值在持续下降（见图 7 - 17）。2008 年底标普 500 指数市盈率在 16.7 倍，较 2000 年底的 24.1 倍大幅下降 30.7%。其间估值的下跌主要集中在两个阶段，第一个阶段是 2002 年初至第三季度，标普 500 指数的估值出现了断崖式的下跌；第二个阶段是 2004 年开始的估值缓慢下行。

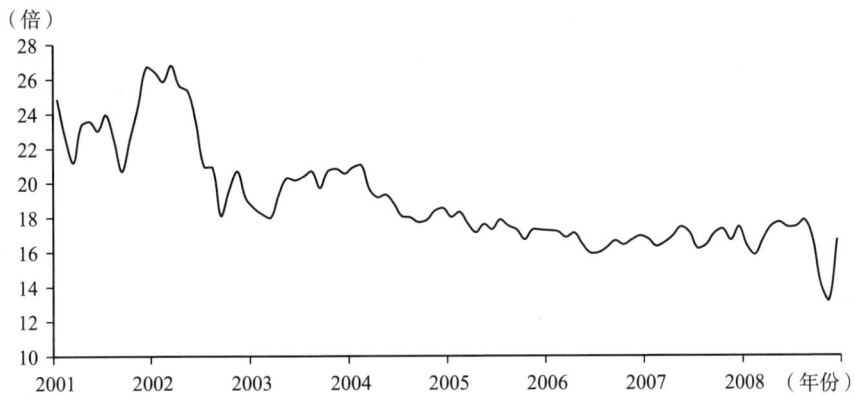

图 7 - 17　2001～2008 年标普 500 指数市盈率（PE）走势

资料来源：彭博咨询公司。

这两个阶段造成估值下跌的原因并不相同。2002年美国经济尚处于复苏阶段，货币政策相对宽松，长端利率在美联储引导下持续降低，10年期美国国债收益率由2002年初的5.1%下降至年末的3.8%，下降幅度达到130个基点（见图7-18）。但标普500指数的市盈率并未随着长端利率的下降而上升，反而出现了大幅"跳水"。造成估值不升反降的原因是，上市公司财务造假事件对投资者信心的打击以及市场对基本面复苏持续性的怀疑。即使2002年初美股上市公司的利润已经开始修复，从经济数据来看，基本面也在回暖，但是接连的财务造假事件严重损害了投资者的信心。《萨班斯-奥克斯利法案》的通过让市场关注的焦点转向基本面，但同年8月公布的PMI数据远不及预期，市场开始担心基本面的复苏是否能够持续，指数估值也继续下探。

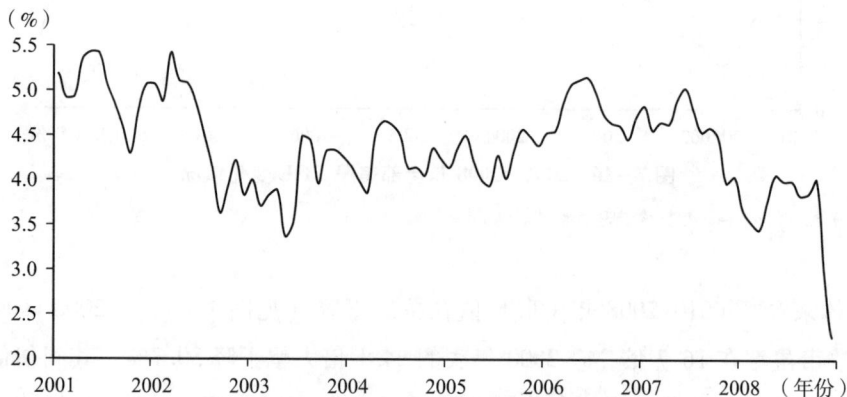

图7-18 2001~2008年美国10年期国债到期收益率走势

资料来源：Wind资讯。

与2002年的估值"跳水"不同，2004年开始的估值下跌是缓慢的，加息周期下长端利率的回升是造成估值调整的主要原因。2004年美联储开启加息周期，长端利率整体呈现缓慢上行趋势，至2007年再次开启降息周期之前，10年期国债收益率由2003年末的4.3%上升至2007年6月的5.0%。而在这期间，上市公司盈利能力不断好转，每股收益不断提升，所以即使估值缓慢下降，美股还是走出了一波不错的行情。

第三节 行情特征：最差的10年

2008年底，美国市值最大的20个上市公司中，原油巨头埃克森美孚公司重回市值榜首，在经历了"互联网泡沫"破灭后，信息科技公司数量依旧是最多的，有6

个，必需消费品、金融和电信板块各有 3 个，能源和医疗保健公司各有 2 个，工业板块有 1 个（见表 7 - 1）。

表 7 - 1　　　　　　　　　　2008 年底美股市值前 20 大公司　　　　　　单位：亿美元

名称	行业	市值	名称	行业	市值
埃克森美孚公司	能源	3972	富国银行	金融	1247
微软公司	信息科技	2517	辉瑞公司	医疗保健	1195
沃尔玛公司	必需消费品	2016	摩根大通公司	金融	1177
宝洁公司	必需消费品	1844	甲骨文公司	信息科技	1176
通用电气公司	工业	1707	IBM 公司	信息科技	1127
美国电话电报公司	电信	1680	可口可乐公司	必需消费品	1047
强生公司	医疗保健	1657	苹果公司	信息科技	1010
伯克希尔哈撒韦公司	金融	1496	谷歌公司	电信	969
雪佛龙公司	能源	1483	威瑞森电信公司	电信	963
思科公司	信息科技	1296	惠普公司	信息科技	925

资料来源：彭博咨询公司。

21 世纪的头 10 年是美国股市第二次世界大战后表现最差的 10 年，甚至比 20 世纪 70 年代"滞胀"时期还差。2001～2008 年的一头一尾年份，先是有"互联网泡沫"破灭，后又有"次贷危机"的出现，美国股市在苦苦挣扎。这八年中，美国股市一方面在从"互联网泡沫"破灭中慢慢恢复人气和信心；另一方面也是股市自身估值不断回归正常的过程。

从行情的结构性特征来看（见图 7 - 19），主要包括以下六个特点。

第一，周期股板块焕发了"第二春"，成为表现最好的板块。国际原油价格的大幅上涨，使得能源板块再度成为市场的领涨板块。同时，受益于中国经济的快速崛起，原材料和工业等周期性板块也都有不俗的表现。

第二，必需消费品板块在 2001 年和 2008 年两次危机中表现出了极强的避险属性，超额收益率大幅上升。而在危机之外，即从 2002～2007 年，板块的超额收益则持续回落。

第三，可选消费品板块表现比较分化，其中，汽车及其零部件行业收益率表现一塌糊涂，几乎可以用崩塌来形容，传媒行业还没有走出"互联网泡沫"的阴影，纺织服装耐用品和消费者服务行业表现相对较好。

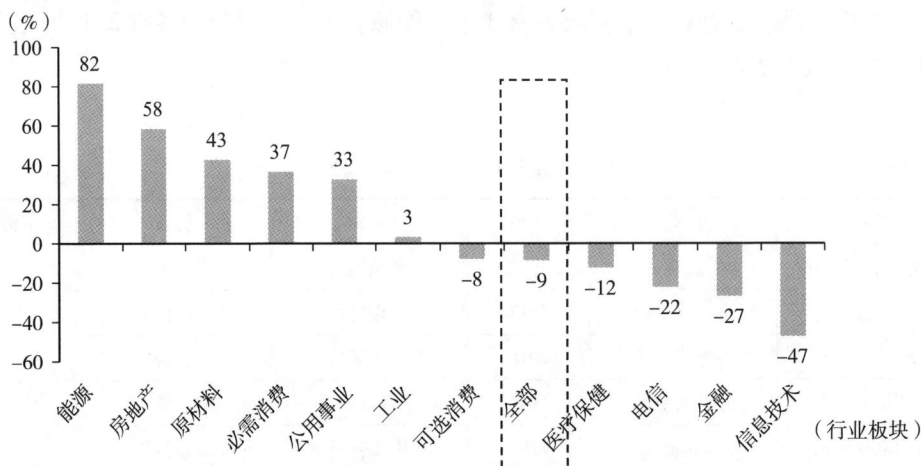

图 7 - 19　2001～2008 年美国股市分板块累计收益率表现

注：行业分类为 GICS。

资料来源：Compustat 数据库、笔者整理。

第四，科技股作为整体在 2001～2008 年是表现最差的一个板块，2000 年的"大泡沫"伤害实在太深。但科技股的魅力就在于，无论什么情况下都会有牛股出现，苹果公司、迈克菲公司（McAfee）、高知特科技公司（Cognizant Technology Solutions Corp）、赛门铁克公司（Symantec）等股价表现非常出色。

第五，2001～2008 年收益率表现比较出人意料的是公用事业板块，特别是在 2003～2007 年，美国经济复苏利率上升，但公用事业板块却取得了持续的超额收益，笔者认为这主要与当时市场的资产比价以及一些监管政策的变化有关。

第六，"次贷危机"彻底结束了金融板块长达 15 年的超额收益大行情周期，金融股的一个时代过去了。

一、市场信心和估值的修复

美国股市在 2001～2008 年可谓是艰难岁月，经历了两次危机。先是 2000 年"互联网泡沫"破灭后，美国经济旋即进入衰退，企业利润大幅下滑，然而祸不单行，2001 年和 2002 年"安然事件"和"世通公司事件"先后发生，给本已疲弱的股市又是致命一击。股市从 2003 年以后开始略有好转，但美国"次贷危机"再度爆发，并由此演变成了 1929 年以来全球最大的金融危机。

在首尾两次危机的冲击下，美国股市在 2001～2008 年整体表现很差。如果以 10

年为一个周期来看，可以发现从 1940 年以来，2000～2009 年这 10 年的股市变现是最差的，标普 500 指数 10 年的累计收益率是 - 24%，甚至要比 20 世纪 70 年代还差（见图 7 - 20）。

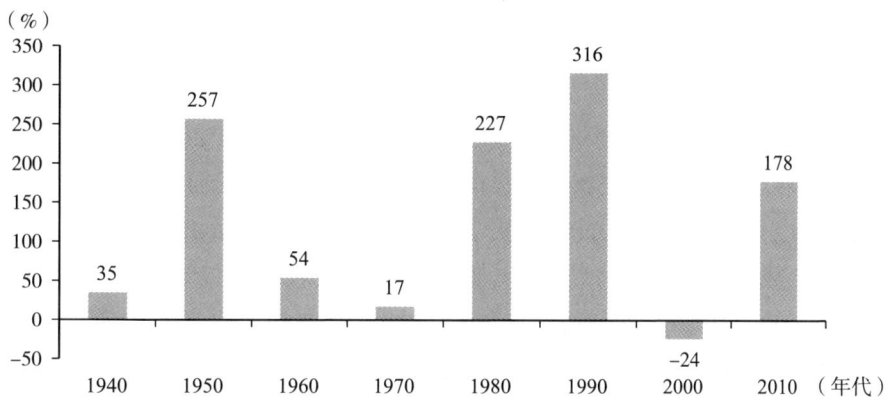

图 7 - 20 1940～2010 年代标普 500 指数每 10 年累计涨跌幅

注：2010 年代的数据截至 2018 年 12 月 31 日。

资料来源：彭博咨询公司。

在"互联网泡沫"和一系列上市公司事件的冲击后，美国股市在 2001 年以后经历了一个漫长的修复过程。这个修复包括两个方面：一个是市场信心的修复，另一个就是对 2000 年时股市的高估值进行修复。所以我们看到，从 2001～2008 年，美国股市的情况是上市公司业绩有大幅增长，但股市估值大幅回落，最后导致了股价并没有太大的涨幅（见图 7 - 21）。

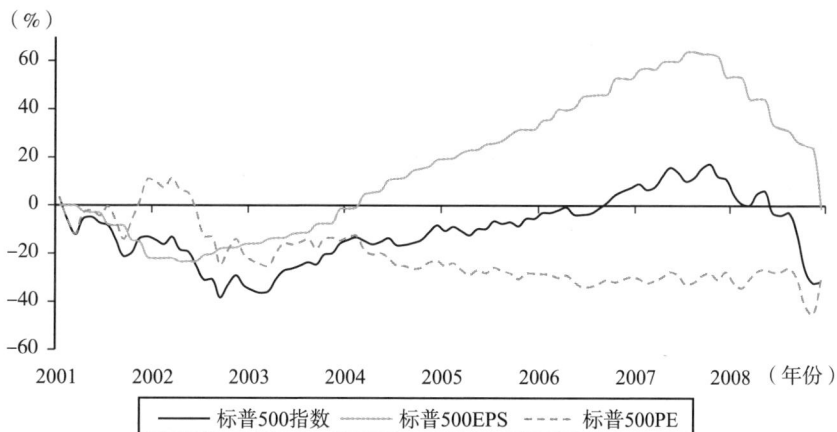

图 7 - 21 2001～2008 年标普 500 指数估值和 EPS 变化分解

资料来源：彭博咨询公司。

估值修复的结果是估值伴随利率回落而下降，标普 500 的市盈率从 2001 年初的
25 倍左右，下降到 2008 年底的 17 倍不到（见图 7 - 17），这为后面 2009 年美国开始
的 10 年慢牛打好了基础，留出了空间。

二、周期股的第二次春天

从结构上来看，2001～2008 年的美股行情中，表现最好的是周期性板块，能源
和原材料板块均有显著的超额收益（见图 7 - 19）。这主要得益于 2001 年中国经济腾
飞崛起后，对全球大宗商品的需求大幅增长，国际原油价格大幅攀升。

能源板块成为 2001～2008 年收益率表现最好的板块，累计收益率高达 82%，
在所有板块中排名第一。原油价格的大幅上涨无疑是能源板块收益率的核心驱动
力，国际油价从 2000 年底的大概 25 美元/桶，一直上涨，到 2008 年中时最高达到
140 美元/桶。

从能源板块的个股表现来看，标普 500 能源板块成分股中，在 2001～2008 年这
段时间内，表现最好的不是雪佛龙公司、埃克森美孚公司等传统的石油巨头，而是几
个相对较小的公司，包括西南能源公司（Southwestern Energy）、山脉资源公司
（Range Resources）、西方石油公司（Occidental Petroleum）、克洛斯提柏石油公司
（Xto Energy）等，股价都有好几倍上涨，表现远好于市场整体（见图 7 - 22）。

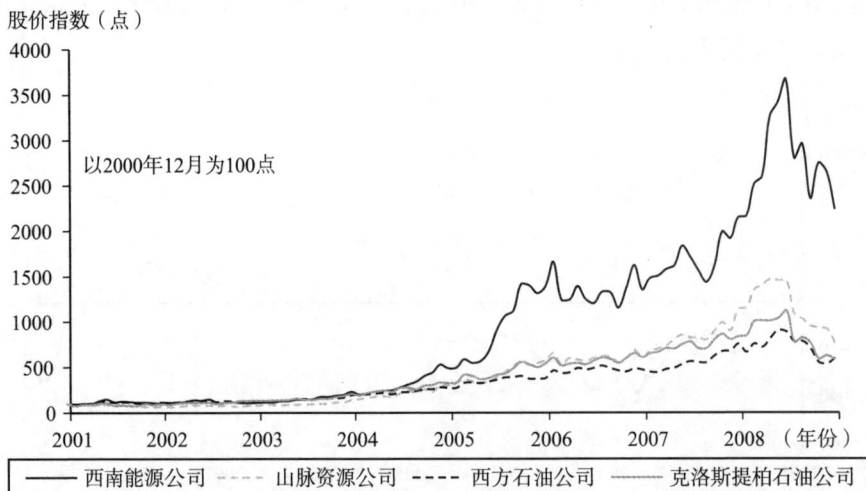

图 7 - 22　2001～2008 年标普 500 能源板块成分股表现最好的四家公司股价走势

资料来源：Compustat 数据库。

原材料板块内部的几个细分行业中，2001～2008 年，只有纸制品行业收益率跑输市场整体，化工、建材、包装、金属等其他几个行业都取得了超额收益，其中，建材和金属超额收益最好（见图 7－23）。

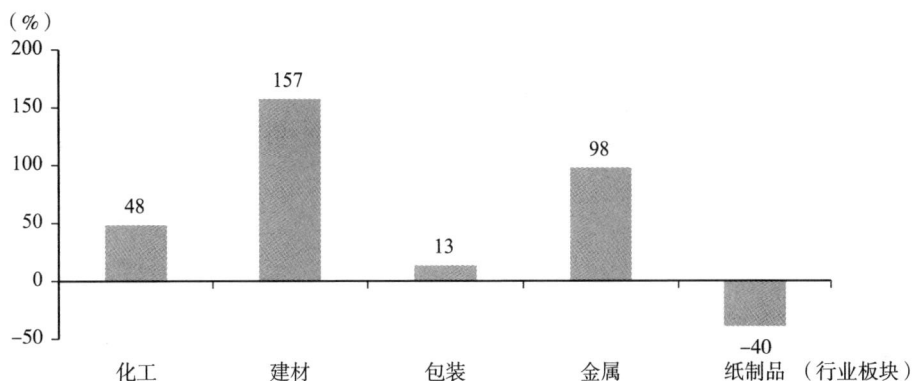

图 7－23 2001～2008 年原材料板块分行业相对市场整体累计超额收益

资料来源：Compustat 数据库。

值得一提的是，在这波周期股行情中，美国的钢铁公司也出现了死灰复燃，美国钢铁公司（United States Steel）、纽柯钢铁公司（Nucor Corporation）的股价表现均大幅好于市场整体，在 2008 年金融危机爆发前甚至一度成为 10 倍股（见图 7－24）。

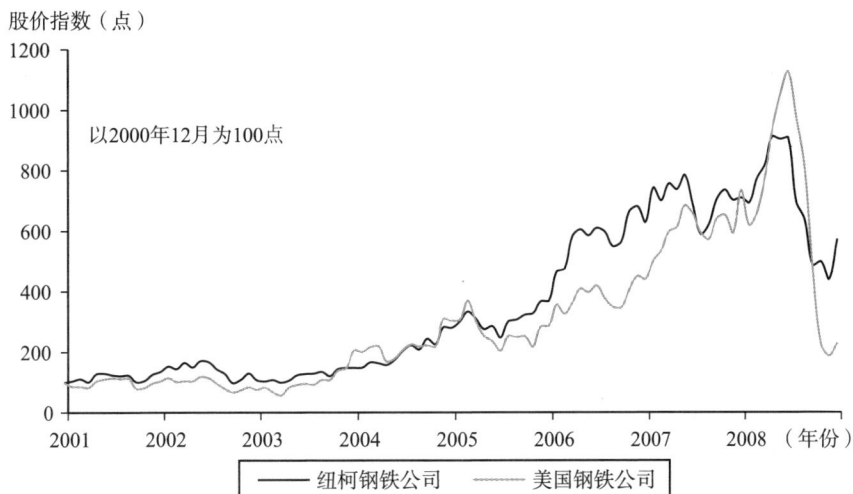

图 7－24 2001～2008 年纽柯钢铁公司和美国钢铁公司股价走势

资料来源：Compustat 数据库。

三、必需消费品的避险属性

必需消费品板块在 2001～2008 年中股价表现出的最大特点是在 2001～2003 年以及 2008 年的两次危机中，表现出了极强的避险属性，必需消费品公司在这两段时间内超额收益大幅上升，而在中间时间段内则超额收益持续下降（见图 7−25）。

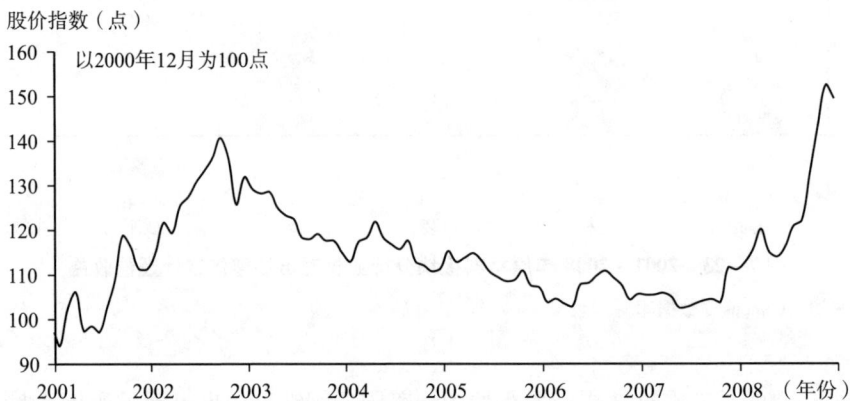

图 7−25　2001～2008 年必需消费板块超额收益走势

资料来源：Compustat 数据库。

有读者可能会问，为什么是必需消费品板块，而不是防御属性更强的公用事业板块，在 2001 年和 2008 年两次危机中有很好的避险属性？实际上，不是说公用事业板块没有避险属性，而是在这段时间内由于种种因素，公用事业股走出了进攻属性，这个问题笔者在后文中会进一步详细讨论。

从必需消费板块内部的几个行业情况来看，烟草行业涨幅是最大的，表现较好的公司包括雷诺公司（RAI）、罗瑞拉德烟草公司（Reynolds American）等。此外是家庭用品、个人用品和食品制造行业整体表现也都还可以，典型的公司包括高乐氏公司（Clorox）、宝洁公司、联合利华公司等。食品必需品零售、饮料等行业表现相对较差，沃尔玛公司、可口可乐公司等在当时股价表现都很一般（见图 7−26）。

四、可选消费板块大分化

可选消费板块作为一个整体，在 2001～2008 年的累计收益率与市场整体几乎相

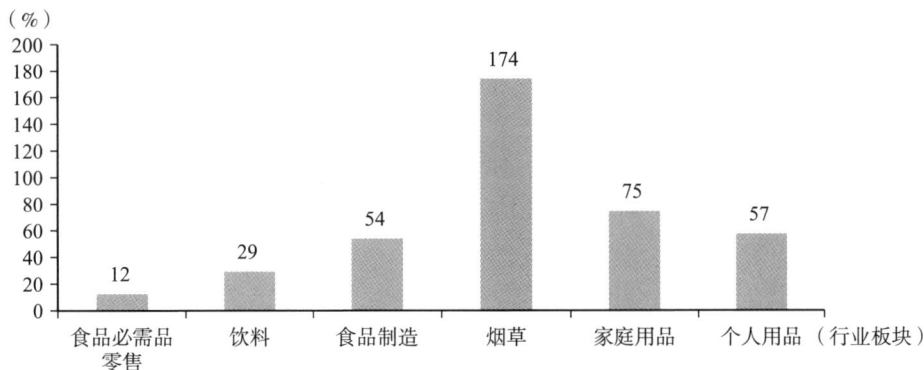

图 7 – 26　2001～2008 年必需消费板块分行业相对市场整体累计超额收益

资料来源：Compustat 数据库。

当（见图 7 – 19），从节奏上看，可选消费板块的超额收益走出了一个先上升后下降的走势（见图 7 – 27）。

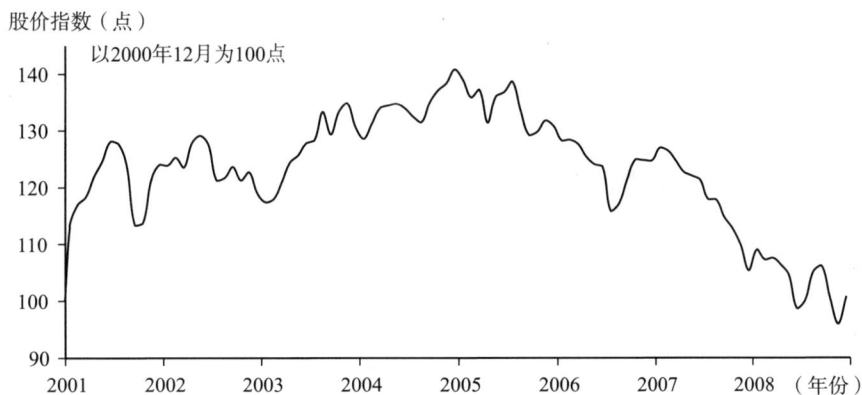

图 7 – 27　2001～2008 年可选消费板块超额收益走势

资料来源：Compustat 数据库。

　　从可选消费板块内部的几个细分行业来看，2001～2008 年，不同行业的收益率表现有很大的分化（见图 7 – 28）。其中，表现最好的是消费者服务，收益率大幅跑赢市场整体，典型的上市公司包括像百胜餐饮公司、永利度假公司（Wynn Resorts）、阿波罗教育公司（Apollo Education Group）等。表现第二好的可选消费行业是纺织服装耐用品，相比市场整体，也取得了较大的超额收益，表现较好的上市公司包括蔻驰公司（Coach）、孩之宝公司（Hasbro）、拉夫·劳伦公司（Ralph Lauren）等。零售行业表现小幅略好于市场整体。

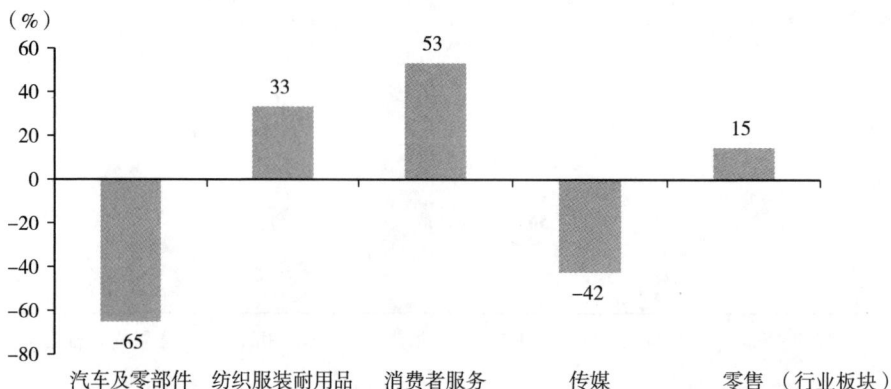

图 7－28　2001～2008 年可选消费板块分行业相对市场整体累计超额收益

资料来源：Compustat 数据库。

在 2001～2008 年可选消费板块中表现最差的是汽车及其零部件板块，收益率大幅跑输市场整体。2008 年的金融危机将汽车销售推向衰退的边缘；2009 年 6 月 1 日，通用汽车根据美国破产法正式向纽约破产法院递交破产申请。通用汽车成为申请破产的美国第三大企业、第一大制造业企业，也是破产涉及员工人数第二大企业。同时，这也是美国汽车业继克莱斯勒汽车公司申请破产保护后，又一宗全球汽车业巨头破产。在 2001～2008 年，福特汽车的股价也被砍去九成多。传媒行业表现也不尽如人意，这主要是由于"互联网泡沫"破灭后的阴影依然存在。

五、科技股永远有牛股

浮华过后尽是过眼云烟，2000 年的"互联网泡沫"破裂后，科技股板块可谓是"一地鸡毛"惨不忍睹，股价表现大幅跑输市场整体（见图 7－19）。从节奏上看，信息技术板块的超额收益在 2001 年和 2002 年大幅下降，2003 年以后一直到 2008 年基本走平（见图 7－29）。

虽然板块整体表现不行，但科技股永恒的魅力就在于，它时时刻刻都会有牛股出现。"互联网泡沫"破灭后，在 2001～2008 年，信息技术板块依然出现了不少大牛股，而相比之下，传媒行业就少之又少。这个阶段中，标普 500 指数信息技术板块样本股中表现最好的个股分别是：苹果公司（Apple）、迈克菲公司（Mcafee）、高知特科技公司（Cognizant Tech Solutions）、赛门铁克公司（Symantec），股价都有很不俗的表现，大幅跑赢市场整体（见图 7－30）。

股价指数
（点）

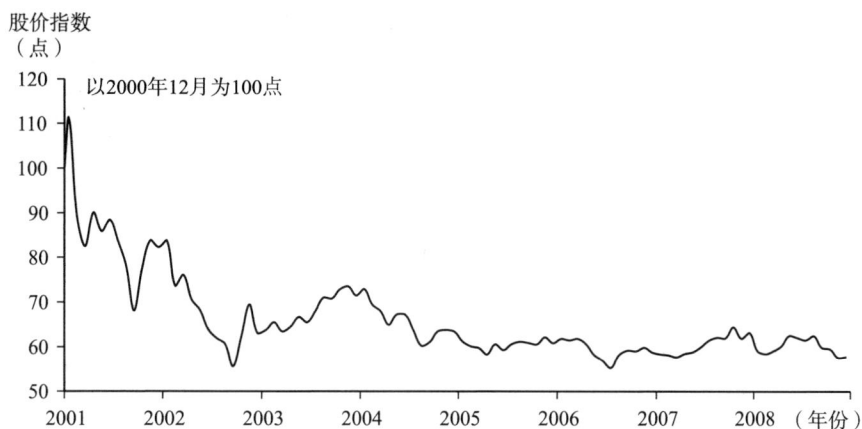

图 7 - 29　2001～2008 年信息技术板块超额收益走势

资料来源：Compustat 数据库。

股价指数（点）

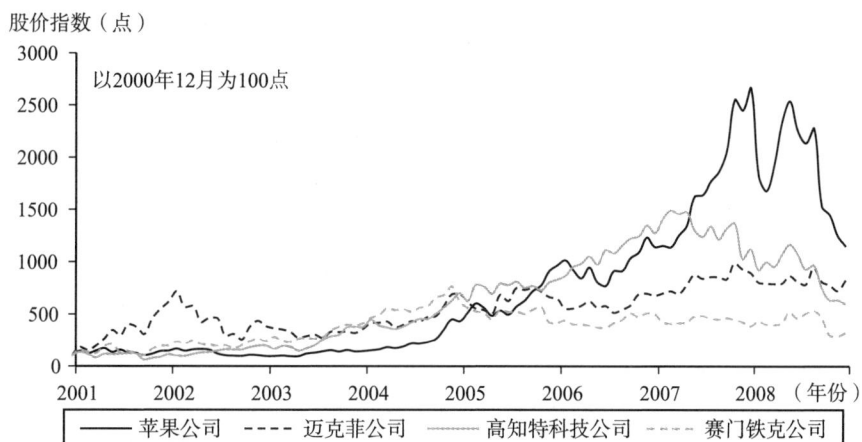

| 苹果公司 | ---- 迈克菲公司 | —— 高知特科技公司 | ---- 赛门铁克公司 |

图 7 - 30　2001～2008 年苹果公司、迈克菲公司、高知特科技公司、赛门铁克公司股价走势

资料来源：Compustat 数据库。

　　其中，苹果公司的股价高点时曾经一度涨幅达到 20 多倍。2001～2008 年，正好是苹果公司发展的黄金时间。1997 年，史蒂夫·乔布斯（Steve Jobs）重新回到苹果公司担任董事长。2001 年，苹果公司推出了苹果操作系统（Mac OS X），一个基于史蒂夫·乔布斯构想的操作系统。2001 年 10 月 23 日，苹果公司推出的音乐播放器（iPod）数码音乐播放器大获成功，配合其独家的影音商店（iTunes）网络付费音乐下载系统，一举击败索尼公司（Sony）的随身听（walkman）系列成为全球占有率第一的便携式音乐播放器，随后推出的数个苹果公司音乐播放器（iPod）系列产品更加

巩固了苹果在商业数字音乐市场不可动摇的地位。2006 年，史蒂夫·乔布斯发布了第一部使用英特尔公司处理器的台式电脑（iMac）和笔记本电脑（MacBook Pro）。2007 年，苹果手机（iPhone）问世，这是一个结合了音乐播放器和手机功能的科技产品，它也是一个上网工具和移动电脑。

六、出人意料的公用事业股

2001～2008 年美股行情中比较出人意料的是公用事业板块，板块相比市场整体有明显的超额收益（见图 7 – 19），而且从走势上看，基本上是一路跑赢市场整体有超额收益的（见图 7 – 31）。

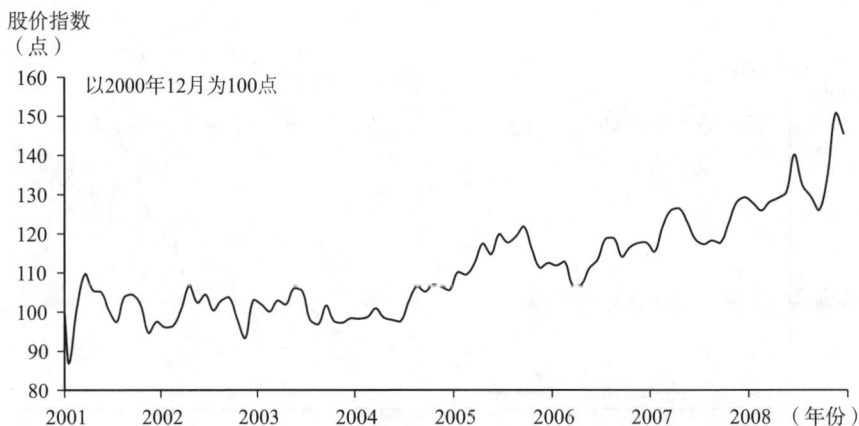

图 7 – 31　2001～2008 年公用事业板块超额收益走势

资料来源：Compustat 数据库。

之所以说是出人意料，是因为公用事业板块在这期间的表现与笔者一般分析逻辑的常识感觉不符合。正常情况下，公用事业股的超额收益要么出现在经济衰退期反映出板块的防守属性，要么出现在利率大幅下行期反映出板块的利率敏感属性。但是在 2001～2008 年这段时期内，尤其是在 2004～2007 年这段时期，美国经济处于繁荣期而且利率也在不断上行（见图 7 – 18）。

从公用事业的细分行业来看，主要包括电力、燃气、水处理、多元公用事业、可再生电力这几个行业，2001～2008 年除了可再生电力以外，其他几个行业都取得了较大的超额收益（见图 7 – 32）。

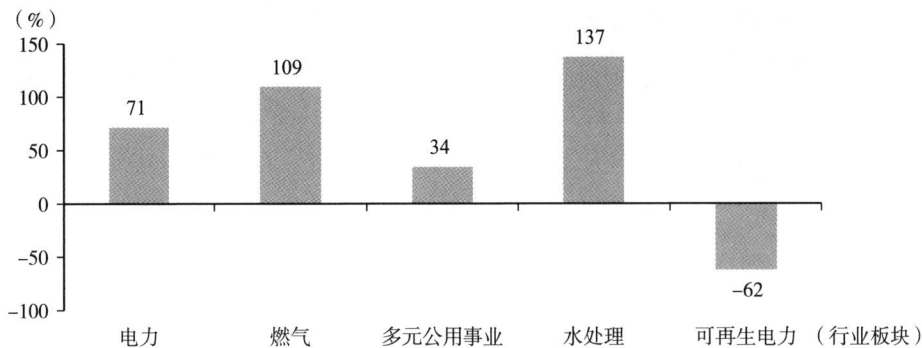

图 7 - 32　2001～2008 年公用事业板块分行业相对市场整体累计超额收益

资料来源：Compustat 数据库。

　　除了燃气行业可能直接得益于原油价格上涨之外，造就公用事业板块在这段时间内有显著超额收益的原因可能包含以下三点。

　　第一点，2003～2006 年这段经济复苏与繁荣的过程中，利率上行的幅度非常有限，10 年期国债到期收益率从 2003 年低点到 2007 年的高点，利率上行幅度总共也就 150 个基点，这个幅度对比以往的经济繁荣期是非常小的。

　　第二点，2000 年"互联网泡沫"破灭后，市场对成长股是心有余悸的，信息技术和医疗保健板块表现普遍不好，从资产比价的角度看，突出了盈利稳定性更好的公用事业板块的价值优势。

　　第三点，可能是最重要的，就是在这期间发生了一些监管政策变化，这个政策变化就是美国电力体制市场化改革的推行和停滞。美国联邦政府 1992 年颁布《1992 年能源政策法案》（*Energy Policy Act of 1992*），要求各州着手研究和推进电力改革，包括零售准入和放松发电管制。改革由各州政府主导，且只针对民营企业，不同的州和州内不同性质的企业的改革进展并不相同。电力体制市场化改革最后的结果无疑会使得电力公司的利润受损。

　　由于 2000～2001 年加利福尼亚州电力危机的爆发，使得政府又意识到公用事业领域完全推行市场化有很大的潜在风险，电力体制的市场化改革开始停滞了。截至 2010 年，在美国的 50 个州中，有 22 个州已先后启动了电力改革，通过放松发电管制、要求民营电力公司剥离其拥有的全部或部分发电资产，产生了数量众多的独立发电商，但其中，7 个州已处于停滞状态。而其余的 28 个州，虽然大部分曾经或正在研究和探讨是否要进行改革，但直到 2010 年时仍未采取实质性的改革措施。①

————————

① 资料来源：杨娟. 美国电力改革进展与电价监管［J］. 中国物价，2011（10）：37 - 39.

所以从电力行业的超额收益走势来看（见图 7 - 33），可以清晰地看到这样一个监管政策变化的影响。先是从 1993 年美国政府开始要进行市场化改革开始，电力行业的超额收益持续下降，一直到 2000 年左右。2000 年开始行业股价表现有了超额收益，第一波应该源自"互联网泡沫"破灭后的避险情绪，而从 2001 年开始随着电力市场化改革的停滞，一直到 2008 年，电力行业出现了持续稳定的超额收益。

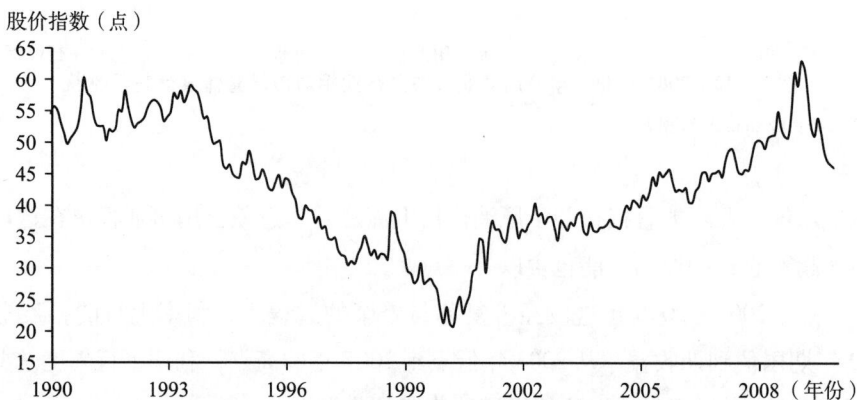

图 7 - 33　1990～2008 年电力行业超额收益走势

资料来源：Compustat 数据库。

七、"次贷危机"前后的金融股

金融板块无疑是受"次贷危机"影响最大的板块，在 2008 年金融危机中金融板块上市公司股价可谓是惨不忍睹，跌一半的都算是特别优秀的，跌幅 90% 以上的公司比比皆是，更有甚者就是直接在金融危机中破产倒闭了。

以"次贷危机"为转折点，美股金融板块的行情走势在前后出现了巨大的变化，主要体现在两点：一是"次贷危机"终结了美国 16 年的房地产超长景气周期，也终结了美股金融板块 16 年的超额收益之路，从 1991～2006 年金融板块基本上是持续跑赢大盘的（见后续章节），"次贷危机"以后，这个历史阶段结束了。二是金融板块的估值水平大幅回落，金融板块的整体市净率从 3 倍多下降到危机之后的大致在 1～1.5 倍左右（见图 7 - 34），而且从目前的情况来看，似乎也再也回不到过去的高估值了。

在 2001～2008 年的这个阶段中，金融板块标普 500 成分股中收益率表现还相对较好的主要包括：哈德逊城市银行（Hudson City Bancorp）、芝加哥交易所集团（Cme Group）、人民联合金融公司（People's United Financial）、洲际交易所（Intercontinental Exchange）、纳斯达克公司（Nasdaq）、普信金融集团（Price T. Rowe Group）、前进保

险公司（Progressive）、富兰克林资源公司（Franklin Resources）、洛斯保险集团
（Loews Corp）等。

市净率（倍）

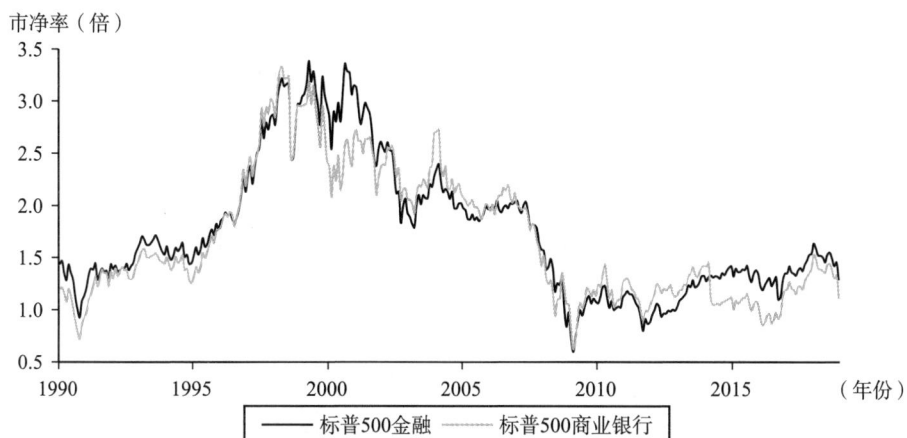

图 7－34　1990～2015 年标普 500 金融和商业银行指数市净率走势

资料来源：彭博咨询公司。

第八章
2009～2018 年：10 年慢牛

可能事前没有人能想到后危机时代美股走出了 10 年的慢牛行情（见图 8 - 1）。2009 年，各国政府都在强力刺激经济，中国有"四万亿计划"①，美国也出台了大萧条以来规模最大的刺激方案，全球经济和股市劫后余生。从 2010～2012 年，美联储先后推出多轮量化宽松政策②，2013 年标普 500 指数大涨 30%，成为"千禧年"以来美股涨幅最大的一年。2015 年美联储的正式加息不能阻挡股市向上的趋势，上市公司基本面从 2016 年起显著好转，2017 年唐纳德·特朗普（Donald J. Trump）推出的史上最大规模减税计划最终成就了美股 10 年牛市。说这轮牛市是上市公司自己买出来的可能也不为过，美国上市公司从 2009～2018 财年累计股票回购金额高达 5.6 万亿美元，占全部净利润的 55%。股市行情的运行轨迹大致可以分为三段，2009～2010 年是恢复期包括汽车行业在内的很多金融危机中重伤品种回血修复，2011～2015 年生物科技公司领涨美股，这是美股历史上的第 4 次生物科技浪潮，2016 年以后最出色的是科技和互联网公司，这 10 年里诞生了像"FANG"③ 等一大批科技巨头。

---

① "四万亿计划"，为应对金融危机的冲击，中国政府于 2008 年 11 月推出了进一步扩大内需、促进经济平稳较快增长的十项措施。初步匡算，实施这十大措施，到 2010 年底约需投资 4 万亿元。

② 量化宽松货币政策（quantitative easing，QE）主要是指中央银行在实行零利率或近似零利率政策后，通过购买国债等中长期债券，增加基础货币供给，向市场注入大量流动性资金的干预方式，以鼓励开支和借贷。

③ "FANG"是美国四大科技公司脸书（Facebook）、亚马逊（Amazon）、奈飞（Netflix）、谷歌（Google）的英文首字母缩写。

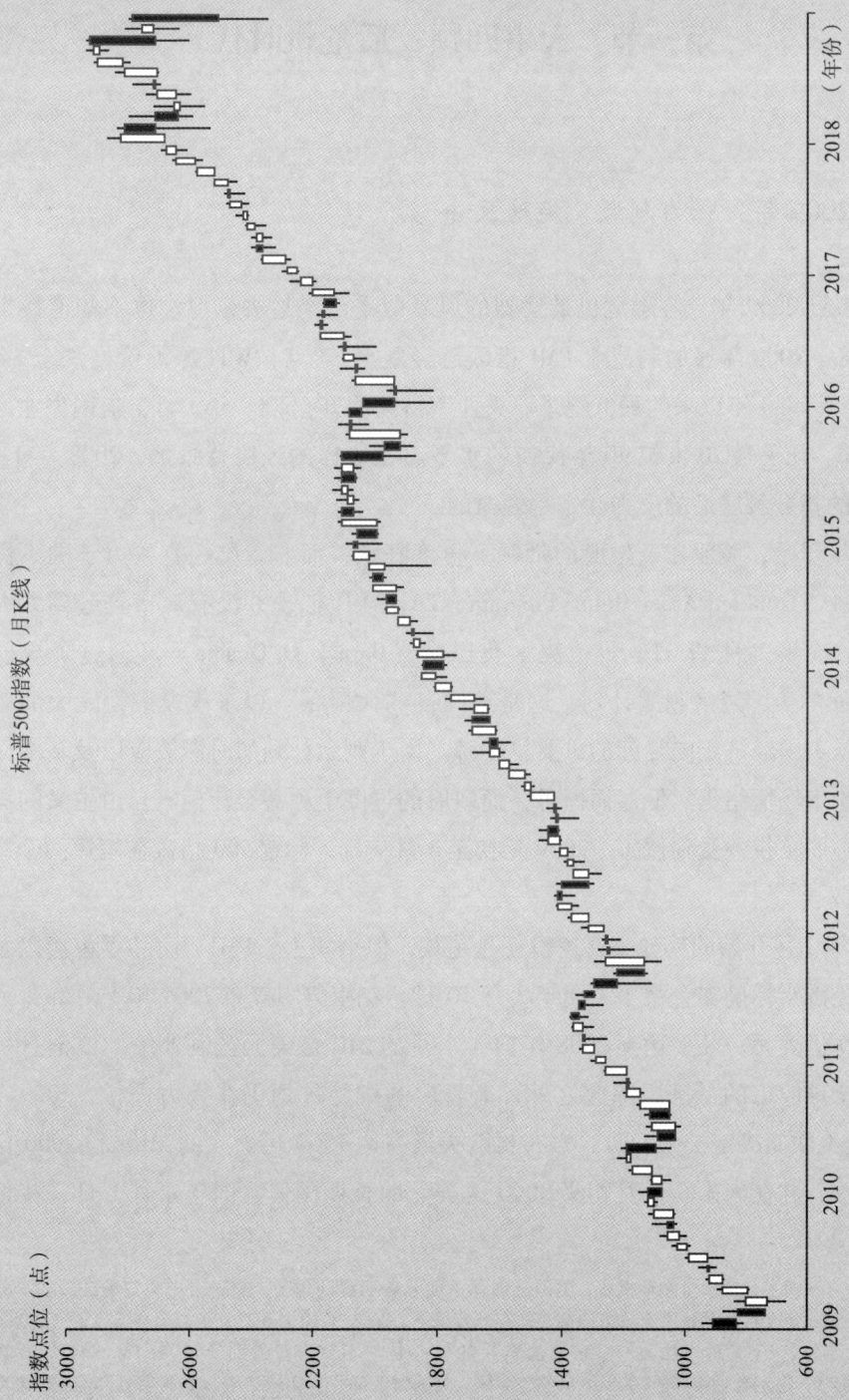

图8-1 2009~2018年标普500指数走势

标普500指数（月K线）

指数点位（点）

（年份）

资料来源：Wind资讯。

第一节　大事回顾：后危机时代

一、2009 年：强力刺激、绝地反击

时间来到 2009 年，金融危机最猛烈的风暴似乎已经过去，但谁也不知道接下来会发生什么。2008 年底的制造业 PMI 指数已经跌至 33 点，WTI 原油价格跌至 34 美元/桶，创下 1980 年以来的最低纪录。失业率持续飙升，2009 年 1 月，美国失业率飙升至 7.8%，几乎是 20 世纪 90 年代初的水平。在这样的经济背景下，2008 年 11 月 20 日开始的指数触底后的反弹注定是短命的。

2009 年伊始，美股在金融股的带领下再度狂跌，而监管层一直致力于的不良资产救助计划（Troubled Asset Relief Program，TARP）[①] 似乎并没有对市场起到太大的振奋作用。同年 2 月 17 日，贝拉克·奥巴马（Barack H. Obama）又通过了规模为 7870 亿美元的美国经济刺激计划，这是美国自"大萧条"以来规模最为庞大的刺激方案，也是美国经济走向复苏的重要里程碑。由于刺激计划的时滞效应以及基本面的持续疲弱，市场情绪仍然低迷而惶恐，而政府的过度干预甚至让信奉自由主义的美国投资者担心股东权益受到侵害。2009 年初至 3 月 9 日，标普 500 指数在短短两个月内下跌了 27%。

2009 年 3 月开始的反弹主要逻辑还是超跌，但事实上，PMI、商品零售额以及原油价格等经济指标确实企稳了。同年 3 月 10 日，花旗集团宣布 2009 年 1 月和 2 月实现盈利 190 亿美元，几乎达到 2008 年前 3 个月的 210 亿美元盈利业绩，该消息引发了美股和全球股市的暴涨。除此之外，监管层的维稳计划仍在大力进行，2009 年 3 月 18 日，美联储决定扩大 QE1，宣布再购买最高达 7500 亿美元的 MBS 和 1000 亿美元的机构债，并在未来 6 个月购买 3000 亿美元的长期国债。同年 4 月 1 日，在伦敦

[①]　2008 年 8 月美国陷入金融危机后，美国金融体系面临着崩溃的危险，金融市场的交易已经基本冻结，救助金融市场和稳定金融体系是所有政策的核心。在此背景下，2008 年 10 月 3 日，美国国会通过了《2008 年经济紧急稳定法案》（以下简称《法案》），该《法案》的核心是"不良资产救助计划"（Troubled Asset Relief Program，TARP），稳定金融市场。2008 年 10 月 14 日，美国财政部开始实施"资本购买项目"。到 2010 年 12 月，美国财政部已收回 1520 亿美元的本金、100 亿美元的红利，还通过出售花旗集团普通股获 30 亿美元的收益，出售权证获 80 亿美元的收益。

举行的 G20 峰会出台了总额达 1.1 万亿美元的全球经济复苏和增长计划，以提振市场信心。同年 5 月 7 日，欧洲央行和英格兰央行纷纷出台了定量宽松政策；另一方面，陆续公布的一季报数据显示，美股上市公司的净利润增速环比大幅改善并且远超预期。就这样，美股在基本面边际改善，流动性大幅宽松的经济背景下开始了后危机时代的绝地反击。

2009 年 3 月初至 6 月上旬美股收获了 1938 年以来最好的区间收益，标普 500 指数在 3 个月内上涨了 39.6%！然而经济复苏的步伐似乎慢了些，失业率仍然持续飙升，同年 6 月公布的美国失业率已经攀升至 9.4，创 1983 年以来的新高，市场显然有些不耐烦了。2009 年 6 月上旬至 7 月上旬，标普 500 经历了温和的小幅回调，指数回撤了 7%。其间 2009 年 6 月 17 日，贝拉克·奥巴马公布了《金融监管改革——新基础：重建金融监管》（*Financial Regulatory Reform—A New Foundation：Rebuilding Financial Supervision and Regulation*）的改革方案，拉开了美国自大萧条以来最大规模的金融改革的序幕。

幸运的是，复苏如约而至了。2009 年 7 月 16 日，中国公布了第二季度 GDP，同比增长 7.9%，成功实现"V"形反转，成为全球率先走出衰退的主要经济体之一。而 2009 年陆续公布的美股二季报也没有让投资者失望，上市公司净利润增速环比继续改善而且大超预期，同年 8 月初公布的美国 GDP 环比增速也大幅收窄。虽然 2009 年 10 月之前美国的宏观经济数据还没有完全触底，但在全球权益市场共振上行的带动下，美股仍然保持着上涨的猛势。这期间各国仍然延续着前期的刺激政策，这同时也保证了股市在过渡期的上涨趋势。同年 7 月 16 日，日本央行决定延长紧急信贷计划措施，同年 9 月 5 日，G20 国集团财长和央行行长会议决定继续采取措施刺激经济以保证全球经济持久复苏，同年 9 月 19 日，美联储和财政部宣布将此前推出的"定期资产抵押证券贷款工具（TALF）"计划延长至 2010 年。

复苏的确认应该是在 2009 年 10 月。2009 年美股三季报盈利同比实现正增长，GDP 增速终于在第三季度触底反弹，商品零售总额同比大幅上行。而同年 12 月之后，居高不下的失业率也开始触顶回落。标普 500 指数加速上行，2009 年 7 月初至年底再度收获 27% 的涨幅。2009 年美股实现了后危机时代的绝地反击，标普 500 指数全年上涨 19.6%，如果从 2009 年 3 月初触底后的反弹开始算，指数涨幅高达 65%！（全年走势见图 8-2）

指数点位（点）

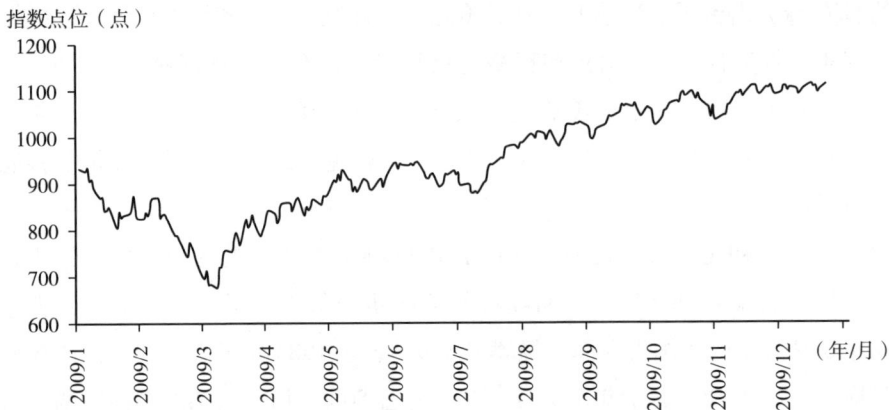

图 8-2　2009 年 1～12 月标普 500 指数走势

资料来源：Wind 资讯。

　　惨烈的大危机似乎已经过去，然而伤痛犹在。在美股一片欣欣向荣之时，2009
年 12 月 11 日，众议院通过了大萧条以来最大规模的《2009 年金融监管改革法案》
（*Financial Regulatory Reform Act of 2009*，以下简称《法案》）。根据该《法案》，美国
金融监管体系将全面重塑，美联储将成为"超级监管者"，全面加强对大型金融机构
的监管。美股就要迎来更健康的一轮长牛周期了，而此时此刻，另一场危机似乎正在
酝酿，同年 12 月 8 日，惠誉公司（Fitch Rating）将希腊信贷评级由"A-"下调至
"BBB+"，前景展望为负面。随后，标准普尔公司（Standard & Poor's）和穆迪公司
（Moody's）接连下调了希腊的债务评级，世界金融格局又要迎来新的变化。

二、2010 年：金融监管改革里程碑

　　2009 年 3 月以来，美股一路飙升，然而到 2010 年初，三大指数便迎来了第一轮
急速回调，回调的"导火索"是中国央行货币政策的收紧，引发市场对全球央行货
币政策转向的担忧。同年 1 月 18 日，中国央行上调了存款基准利率，次日美股开始
下跌。随着中国货币政策的转向，同年 1 月 21 日，贝拉克·奥巴马宣布，政府将加
强对大金融机构的监管，限制其规模和高风险交易，以此防范新的金融风险。很明
显，市场对货币和监管政策边际收紧后未来增长的持续性，以及欧洲各国债务问题的
蔓延十分担忧，标普 500 指数在 15 个交易日内回调了 8%。

　　正值年报窗口期，2010 年 2 月初开始，美股迎来了几乎是史上最好的年报成绩
单（仅次于 2002 年和 2003 年），美股顺势反弹，持续上涨至同年 4 月下旬。与前期

上涨不同的是，市场上涨的催化动力逐渐从流动性转变为盈利。事实上，同年 3 月 16 日，美联储宣布购买抵押贷款支持证券和机构债的工作接近完成，这意味着第一轮量化宽松政策接近尾声。然而基本面的强劲复苏使得市场完全忽略了美联储方面的利空，事实证明，2010 年第一季度确实是美股单季度盈利增速的历史高点（仅次于 2002 年第三季度和 2003 年第四季度），而基本面的好转无论从 GDP 增速、制造业 PMI 还是零售数据来看都得到了充分印证。

这轮由盈利驱动的短暂反弹于 2010 年 4 月下旬结束，而美股再度开启了长达四个月的下跌和磨底的过程。引发这轮下跌直接的"导火索"，是高盛集团（Goldman Sachs）的欺诈门事件。同年 4 月 16 日上午，美国证券交易监督委员会（SEC）对高盛集团及其副总裁提出证券欺诈的民事诉讼，称该公司在向投资者推销一款与次级信贷有关的金融产品时隐去关键事实，误导投资者。欺诈门事件一出，包括原油、黄金在内的商品价格同股票市场共振下跌。当然这轮下跌背后的深层次原因还是全球经济复苏的证伪，包括中国经济的放缓、欧洲债务问题的恶化（同年 4 月 23 日，穆迪公司将希腊主权债务评级下调至 A3，希腊正式向欧盟与 IMF 申请援助。同年 4 月 27 日，标普公司下调希腊评级至垃圾级别）、QE1 的结束（同年 4 月 28 日，第一轮量化宽松政策结束，美联储总计购买政府支持企业债券及相关抵押贷款支持证券 1.725 万亿美元，并将联邦基金目标利率降至 0.25% 历史低位），同时更重要的是包括美国企业盈利在内的各项经济数据大幅下滑，国债收益率在 2010 年 4 月初突破 4% 之后迅速下行，年内最低跌至 2.4%。

金融危机的硝烟仍未消散，经济的复苏似乎是昙花一现，然而金融监管的步伐已经渐行渐近了。美国危机后金融监管体系的改革始于 2009 年 3 月，2010 年 7 月 21 日，美国总统贝拉克·奥巴马签署了《多德-弗兰克华尔街改革和消费者保护法案》（*Dodd-Frank Wall Street Reform and Consumer Protection Act*），它标志着历时近两年的美国金融监管改革立法完成，从此拉开大萧条以来美国最大规模金融监管改革的序幕。虽然金融监管的加强对于本已缺乏信心的美股来说无疑是雪上加霜，但好在中报的盈利增速超出市场预期，从累计增速看，2010 年的美股中报累计利润增速（TTM4）创下了美股历史上的最高纪录。股市在 2010 年 7 月初触及年内最低点之后持续震荡至 8 月底，整体来看，2010 年 4 月底开始的这轮回调中标普 500 指数下跌了 14%。

"盈利牛"的期待落空之后，市场再一次将关注点放在了美联储身上，2010 年 8 月 27 日，本·伯南克就美联储提振经济的各项措施发表讲话，其中，就包括进一步购买政府债券。本·伯南克的讲话大大提振了市场情绪，在经历了 4 个月的下跌震荡之后，美股在对 QE2 的期待中终于重回上行通道，一路畅行直至年底。同年 11 月 3 日，美联储宣布启动第二轮量化宽松计划，到 2011 年 6 月底前总计将采购 6000 亿美元的美国长期国债。和 QE2 的预期一同落地的还有共和党在中期选举中的获胜。2010 年 11 月 2 日，共和党如期在众议院大获全胜，而民主党人勉强保住了参议院的多数席位，从而出现了国会"两院分治"的局面。共和党的获胜意味着小布什政府的减税政策有望延续。[①] 指数刷新了"雷曼倒闭"后的新高点，就这样，美股重新做回"宽松牛"，从 2010 年 9 月初反弹至年底，标普 500 指数涨幅高达 20%！

虽然全年指数涨幅仅有 11%（标普 500 指数全年走势见图 8-3），但 2010 年对于美股来说是后危机时代极其重要的过渡时期，金融监管和量化宽松同时启动，为美国历史上最长的牛市拉开了序幕。

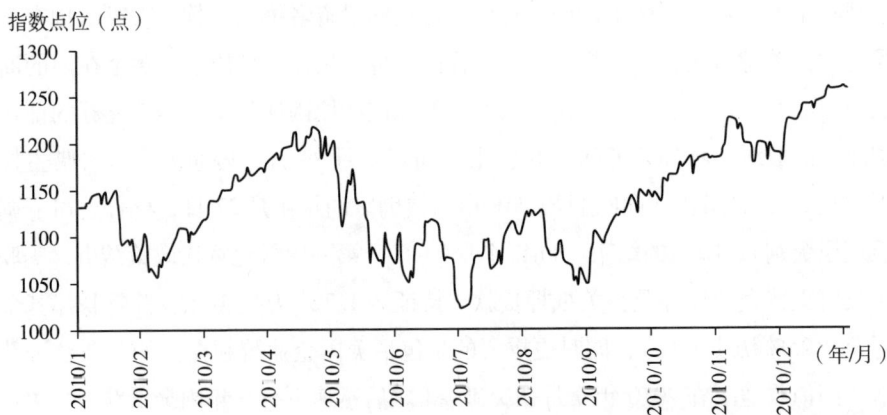

图 8-3　2010 年 1～12 月标普 500 指数走势

资料来源：Wind 资讯。

三、2011 年：欧美债务危机蔓延

2010 年末美股的凶猛势头延续到了 2011 年初，市场情绪比较高亢，失业率持续下行，2010 年第四季度的公司利润增速环比大幅改善，2010 年底 QE2 的启动和基本面的回暖吸引美股投资者不断跑步入场，市场再度陷入一种"只涨不跌"的迷醉幻想。

标普 500 指数在上涨了 5% 左右之后于 2011 年 2 月中旬开始小幅回调，主要"导火索"是利比亚冲突导致的油价飙升，十几个交易日之内从每桶 85 美元迅速突破每

[①] 美国前任总统老布什实施的减税政策将于 2010 年底到期，当前国会的任期也将在 12 月底结束。针对该政策是否应当延续，两党存在意见分歧。共和党预计将会尝试在 2011 年初新国会开始工作后恢复这些政策，全面延长减税措施。民主党则希望，仅仅继续针对年收入低于 20 万美元的个人，或者年收入不足 25 万美元的家庭实施减税。

桶100美元。高企的油价引发了市场对企业的盈利增长的担忧。同年3月10日穆迪公司下调西班牙主权债务评级至Aa2级，这是穆迪公司自2010年9月将西班牙主权债务评级从最高级Aaa下调至Aa1后第二次下调该国评级，同时，英国央行透露出提高利率的意向，美联储也将于2011年6月结束6000亿美元的购债计划，这些都引发了投资者对全球量化宽松周期结束的担忧。这时期有两起突发的"黑天鹅"事件对股市造成了短期的冲击，一是日本的"3·11"大地震。2011年3月11日，日本东北部海域发生矩震级9.0级的地震并引发海啸，造成重大人员伤亡和财产损失，并引发福岛第一核电站核泄漏。二是利比亚冲突的升级和美国的出战。

其实从2011年2月中旬至7月中旬，美股走势一直维持着宽幅的横盘震荡。2011年2月中旬美股回调了1个月之后再度反弹至同年4月底。主要的逻辑是此时市场对美联储宽松政策和基本面的复苏仍有期待。这期间，其实关于股票市场的利空因素不断，同年4月7日，欧洲央行提高了基准利率，这是2008年金融危机发生以来欧美日的中央银行中首次提高利率。同年4月18日，标普将美国主权信用评级展望由"正面"降至"负面"。

而引发市场再度回调的事件，是美联储的2011年4月议息会议的声明。2011年4月27日，美联储主席本·伯南克表示第二轮量化宽松计划将按计划在同年6月结束，并且暂时没有出台新一轮购买国债计划的打算。祸不单行，同年5月初，商品价格大幅下跌，联动美股下跌。此时，外围经济放缓的迹象已经开始显现，但通胀居高不下的问题依然存在。一方面，同年5月底开始希腊的债务违约风险不断放大（同年6月13日，标普把希腊信用评级从B下调至CCC，希腊成为世界上信用等级最差的国家），以及中国经济放缓同时收紧信贷对抗通胀的政策，包括前期对于日本大地震引发外围需求放缓的担忧同时涌现；另一方面，市场逐渐意识到美国经济似乎正在放缓，各项经济数据都表现极差。2011年5月制造业PMI大幅下降，原油价格遭遇断崖式下跌，通胀依然持续上行，而且在欧洲债务危机蔓延的窗口期，美国的国债危机也正在步步逼近。同年5月16日美国国债达到法定上限。按照相关规定，美国国会必须在同年8月2日之前就提高国债上限达成一致，否则美国政府将缺乏足够现金，美国国债将面临违约风险。

2011年7月小幅反弹之后，同年7月下旬美股迎来了最猛烈的下跌，触发此次下跌的正是对美国财政悬崖问题的担忧。同年8月3日，美国总统贝拉克·奥巴马正式签署已获两院通过的提高债务上限议案，至此美债危机告一段落。同年8月5日标准普尔公司宣布下调美国主权信用评级，由AAA调降到AA＋，评级展望负面，这在近百年来尚属首次。经济增速的放缓似乎已经成为既定事实，2011年7月PMI再度大幅"跳水"，销售数据持续下行。同年7月25日至8月8日，标普500指数遭遇断崖式下跌，指数跌幅高达 16.8%，同样遭遇急跌的还有国债收益率和原油价格。

2011 年 8 月上旬开始美股开始大幅底部震荡，同年 10 月初创下年内低点之后开始反弹。2011 年 10 月之后的这轮反弹开始于超跌的量化交易，但根本上还是欧债危机的缓解（同年 10 月 27 日，欧盟第 14 次危机峰会决定延长一项价值 1300 亿欧元的希腊最新援助计划）、美联储的扭转操作（同年 9 月 20 日，美联储决定实施扭转操作，将 4000 亿美元短期债券换成长期国债持有）以及美国 2011 年第三季度的复苏。整体来看，市场对全球债务问题的担忧加剧，发达国家的债务危机和发展中国家的信贷收紧，以及全球工业生产的持续下行，经济衰退的担心成为下半年市场的主要关注点，在持续紧张的经济氛围中，还发生了著名的"占领华尔街"（Occupy Wall Street）[①] 事件。全球资产的避险需求使美债收益率持续创新低。

2011 年最大的特点就是通胀的大幅上行和债务危机的蔓延。农产品价格上涨，尤其是新兴市场的通胀问题，以及欧债危机的持续扩散，使得美股和其他权益市场出现分化。虽然 2011 年的标普 500 指数整体走平（全年走势见图 8-4），但美股的表现在当年全球权益市场一片哀鸿中已然是一枝独秀了。

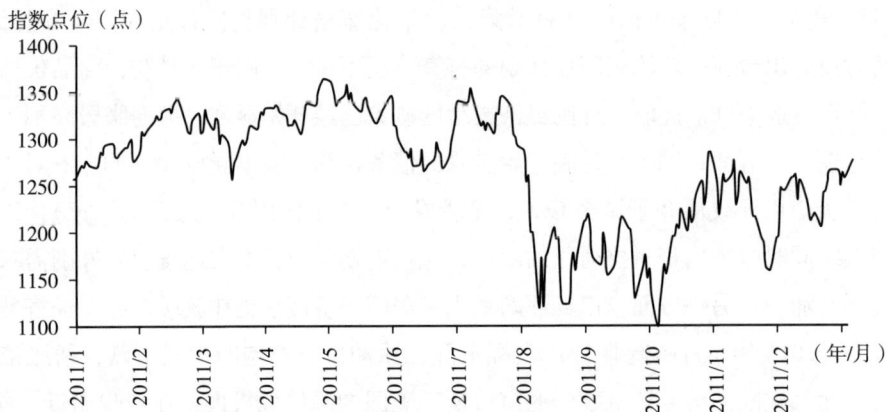

图 8-4　2011 年 1～12 月标普 500 指数走势

资料来源：Wind 资讯。

---

① 2011 年 9 月 17 日，上千名示威者聚集在美国纽约曼哈顿，试图占领华尔街，有人甚至带了帐篷，扬言要长期坚持下去。他们通过互联网组织起来，要把华尔街变成埃及的开罗解放广场。示威组织者称，他们的意图是要反对美国政治的权钱交易、两党政争以及社会不公正。10 月 8 日，"占领华尔街"抗议活动呈现升级趋势，千余名示威者在首都华盛顿游行，已逐渐成为席卷全美的群众性社会运动。纽约警方 11 月 15 日凌晨发起行动，对占领华尔街抗议者在祖科蒂公园搭建的营地实施强制清场。资料来源：周琪，沈鹏．"占领华尔街"运动再思考［J］．世界经济与政治，2012（9）：73－92，158.

四、2012 年：第三轮与第四轮量化宽松启动

随着欧债危机渐渐淡出视野（2012 年 2 月 21 日，欧元区财长会议批准对希腊的第二轮救助计划，避免了无序违约），美股在 2012 年峰回路转，年初开启了一波超跌反弹行情，由上年跌幅领先的金融板块领涨。当然，这轮上涨主要的催化剂是市场对美联储重启量化宽松的期待，以及全球经济放缓背景下美国的缓慢复苏（美国 GDP 增速从 2011 年 9 月开始快速回升，但失业率仍然居高不下）。2012 年 1 月 25 日，美联储议息会议明确表示要保持高度宽松的货币政策，支持经济进一步复苏。2012 年初的这轮上涨一直持续到同年 4 月初，标普 500 指数收获了 1998 年以来的最高季度收益，整体涨幅 11%。

2012 年 4 月 2 日至 6 月 8 日，美股开始了 2012 年的第一轮回调，标普 500 指数下跌 10%。其间 4 月初至 5 月初指数维持震荡，主要是多空力量的博弈，一方面是 2012 年不错的第一季度公司盈利；另一方面是疲弱的就业数据。而同年 5 月开始基本面因素进一步恶化，欧洲和中国经济的放缓引发了市场对美国经济的担忧，美股快速下跌。同年 5 月 18 日脸书公司（Facebook）上市，上市次日破发，大跌近 11%，其间还发生了摩根大通公司的 CIO 巨亏事件（同年 5 月 10 日，美国著名投行摩根大通公司宣布，由于套期保值业务投资策略失败，公司在近六周时间内亏损 20 亿美元）。而且在西班牙银行业危机以及希腊大选[1]的事件催化下，不仅美股开始急剧下跌，原油价格大幅"跳水"，国债收益率也持续创历史新低，直至 2012 年 6 月初已经跌至 1.5% 以下。

2012 年 6 月初至 10 月初，美股重回上行通道，标普 500 指数上涨 14%。其间各国央行的宽松政策给了美股持续的刺激。同年 6 月 7 日中国宣布下调存贷款基准利率，同年 6 月 21 日美联储宣布延长"扭转操作"（operation twist，OT）至 2012 年底，扩大扭转操作[2]规模 2670 亿美元，下调了经济前景预期，表现出了更明显的宽松倾向。2012 年 6 月底的"欧盟夏季峰会"中，欧盟同意动用即将生效的欧洲稳定机制

---

[1] 希腊国会大选牵动全球，原因不但是大选结果将决定希腊会否履行先前与欧盟的紧缩协议，避免国家违约风险，而且将关系希腊能否继续留在欧元区，事关欧元兴衰。如果激进左翼联盟获胜，意味希腊将改变过去紧缩路线，违反欧盟援助的条件，希腊将难以偿还到期国债，最终只有宣布破产。而希腊告别欧元区，也将触发欧元急泻，投资者对欧债爆发信心危机，令早已债务缠身的欧洲各国借贷成本急升，引发信贷紧缩危机。资料来源：张环. 希腊提前大选"爆冷门"，全球市场再临"黑天鹅"[N]. 金融时报，2014 - 12 - 11.

[2] 2011 年夏末，金融压力指数受挫，对美国经济衰退的担心升级，在 2011 年 9 月 21 日，美联储宣布"久期扩展计划和再投资政策"，俗称"扭转操作"，美联储计划在 2012 年 6 月底前购买 4000 亿美元 6～30 年期的国债，并卖出相同数量的 3 年及以下期限的国债，目的是为降低长期利率，"扭转"收益率曲线。

为困难银行直接注资。这期间，发生了震惊金融市场的"巴克莱（Barclays Bank）丑闻"①，但并没有太多影响市场情绪。同年 7 月 5 日，中国央行和欧洲央行几乎同时宣布降息，意在刺激脆弱的经济增长。至此，海外风险暂告段落，市场的关注点重新回到基本面和美联储上面。而此时美联储持续透露出启动 QE3 的信号，包括持续改善的就业情况，都推动着美股持续上扬。同年 9 月 13 日，美联储宣布启动 QE3，该计划包括每月购买 400 亿美元机构抵押贷款支持债券（mortgage-backed security, MBS），并声明低利率将持续到 2015 年。

2012 年 10 月中旬至 11 月中旬美股再度由于经济数据的疲弱开始回调，主要"导火索"是对公司盈利的担忧。2012 年美国第二季度 GDP 和全球经济增长速度均出现了下调，三季报大致符合市场预期，但整体增速仍是负增长，欧洲和中国外围经济的放缓已经对出口需求造成影响，同时，美国大选的不确定性也对股市造成了困扰，而且财政悬崖②的问题短时间内可能是市场最大的风险因素，加剧了 2012 年 11 月之后的下跌，这轮回调中标普 500 指数下跌了 7%。

2012 年 11 月中旬之后美股又开始反弹，主要催化剂是民主党和共和党在财政悬崖问题上的逐渐和解③，超出市场预期。同年 12 月 12 日，美联储宣布了第四轮量化宽松货币政策（QE4）。同时，欧洲和亚洲股市的反弹，通胀的缓和，工业生产和就业的好转持续支撑了年底的反弹，2012 年标普 500 指数在经历了两次深幅回调后仍然收获了 11.7% 的涨幅（全年走势见图 8-5）。

五、2013 年："千禧年"来最大涨幅

美股在 2013 年初持续上涨主要得益于美国政府财政悬崖④问题的解决。美国白

---

① 美英监管者 6 月 27 日曝光世界金融业巨头、英国第二大银行巴克莱操纵伦敦银行同业拆借利率（LIBOR）的丑闻，巴克莱曾在 2005～2009 年试图操纵和虚假汇报 LIBOR 和欧洲银行同业欧元拆借利率（EURIBOR），巴克莱因此被罚款约 4.52 亿美元。

② "财政悬崖"一词由美联储主席本·伯南克在 2012 年 2 月 7 日的国会听证会上首次提出，用以形容在 2013 年 1 月 1 日这一"时间节点"上，自动削减赤字机制的启动，会使政府财政开支被迫突然减少，使支出曲线看上去状如悬崖，故得名"财政悬崖"。

③ 美国民主、共和两党在 2012 年 12 月 31 日达成解决"财政悬崖"的妥协议案，该议案 2013 年 1 月 1 日在国会参众两院投票获得通过。主要内容包括从 2013 年开始，美国将调高年收入 45 万美元以上富裕家庭的个税税率，失业救济金政策在 2013 年延长一年，把将在 2013 年初启动的约 1100 亿美元政府开支削减计划延后两月再执行等。

④ 由于小布什政府的减税政策定于 2012 年底到期，未来十年内削减 1.2 万亿美元政府开支的"自动减赤机制"将于 2013 年初启动，如果美国国会两党不能在 2012 年 12 月 31 日达成妥协，美国将于 2013 年初迎来个人收入所得税等税率上升和政府开支减少的局面，两者叠加的效应约有 6000 多亿美元。

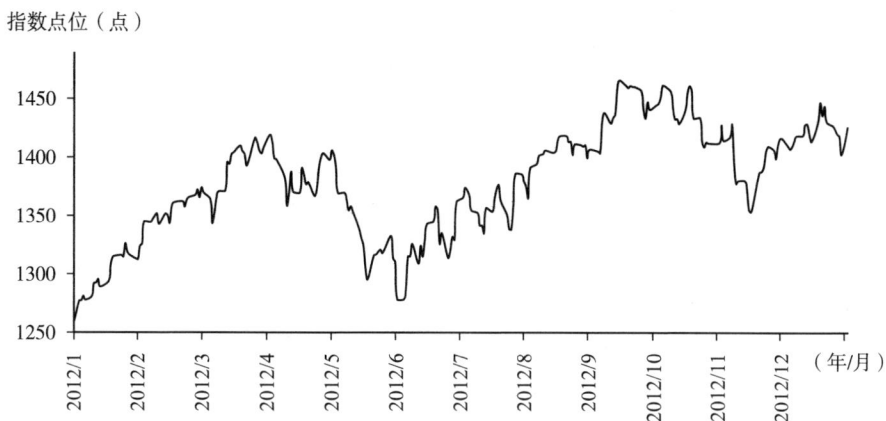

图 8 – 5　2012 年 1～12 月标普 500 指数走势

资料来源：Wind 资讯。

宫与国会参议院共和党高层在 2012 年 12 月 31 日晚达成解决"财政悬崖"的妥协议案，其主要内容包括从 2013 年开始，美国将调高年收入 45 万美元以上富裕家庭的个税税率，失业救济金政策在 2013 年延长一年，把将在 2013 年初启动的约 1100 亿美元政府开支削减计划延后两月再执行等。这就给予了年初市场上涨充分的动力和空间。而后 2013 年 1 月 23 日美国国会众议院通过了延长债务上限期限的决议，允许美国联邦政府在 2013 年 5 月 19 日之前继续进行必要的举债活动，以防发生债务违约，美国政府的关门危机在上半年暂告一段落。

2013 年 2 月 20 日左右指数回调了 5 个交易日，主要受同年 2 月美联储 FOMC 议息会议中关于经济温和扩张，量化宽松或提前结束表述的影响。短暂扰动之后美股持续上行，2013 年 4 月初标普 500 指数和道琼斯工业指数纷纷突破金融危机前高点再创新高。至同年 5 月中旬标普 500 指数已经收获了 14% 的涨幅。2013 年 4 月披露的一季报盈利增速基本环比持平，其实是低于市场预期的，因此 2013 年上半年的上涨主要是在美联储货币宽松政策持续的情况下的估值提升。

2013 年 5 月开始，关于美联储缩减购债规模的担忧使得市场维持震荡。同年 5 月 22 日，本·伯南克在国会听证会上表示，在经济数据能够显示美国经济处于持续改善的趋势中，且美联储对此有信心维持的情况下，美联储会减缓大规模购买资产的计划，美股随即开启了为期 1 个月的回调周期直至同年 6 月初，整体跌幅 5%。与此同时，越来越多的投资者预期美联储缩减购债将降低美国国债需求，于是 2013 年 5 月开始国债收益率飙升，从 1.7% 左右的位置持续上行直至 9 月突破 3%，而经济缓慢复苏的迹象也逐渐显现，制造业 PMI 也在同年 5 月触底后重回"荣枯线"以上随后开启了一轮快速上行周期。

对于市场来说，持续向好的就业数据，温和的经济增长，都为股市 2013 年下半年的上涨铺平了道路。2013 年 6 月底至 8 月美股再度回到上行通道，同年 7 月 17 日，本·伯南克表示债券购买并没有预先制定步伐，在可预见的未来高度宽松的货币政策是合适的。但随后美联储态度不断摇摆，对股市的波动造成了直接影响。2013 年下半年美股在持续上行中经历了两轮回调。第一轮是 2013 年 8 月 2～27 日，标普 500 指数下跌了 5%，主要原因是市场对美联储同年 9 月结束资产购买计划的预期逐渐增强，同时受到 2013 年 8 月叙利亚化学武器袭击事件的影响。第二轮是 2013 年 9 月 18 日至 10 月 8 日，标普 500 指数下跌 4%。虽然美联储在同年 9 月 18 日的议息会议中并没有提到结束 QE3 大大超出了市场预期，但债务问题引发的政府关门①也同样引发了市场的担忧，也是这轮回调的直接原因。同年 10 月 1 日，美国联邦政府的非核心部门关门。同年 10 月 16 日，美国国会上调了美国政府的债务上限，结束了为期 16 天的美国联邦政府关门僵局。经历政府关门之后市场对美联储退出量化宽松的预期大大降低。同时"鸽派"的珍妮特·耶伦（Janet L. Yellen）当选美联储新任主席也加强了市场对美联储持续宽松的预期。

2013 年 12 月 10 日，美国国会民主党与共和党议员就近两年政府预算达成一致，避免了联邦政府于 2014 年 1 月 15 日再次"关门"的风险。同时也为美联储结束资产购买计划扫清了障碍。终于，2013 年 12 月 17 日，美联储决定每月缩减 100 亿美元的购债规模，相对市场预期来说是比较温和的，而且并没有提高利率，美股市场 2013 年最大的不确定性落地。

回顾 2013 年，尽管"财政悬崖"和"美联储缩减 QE 规模"问题的反复摇摆一直困扰着美股投资者，但丝毫没有影响美股的一路高歌，道琼斯工业指数和标普 500 指数迎来了 1995 年以来的最大涨幅，道琼斯工业指数全年上涨 26.5%，标普 500 指数上涨 29.6%（全年走势见图 8 - 6），而纳斯达克指数也收获了 2000 年以来的最大涨幅，全年上涨 38.3%。如果说上半年美股的上涨更多的是美联储惯性宽松政策下的估值拔高，那么下半年开始，美国经济的企稳复苏则是支撑指数持续走高的主要动力。

---

① 2013 年 9 月 20 日开始至 30 日晚间，在共和党内的"茶党"等保守势力的强烈要求下，国会众议院议长约翰·博纳（John Boehner）至少三次提出不同版本的避免政府关门的临时预算法案，这些议案都与阻挠贝拉克·奥巴马力推的美国医疗保险改革实施内容相捆绑，但都没有得到民主党掌握的参议院的通过，最终导致联邦政府预算没有着落。2013 年 10 月 1 日，美国联邦政府的非核心部门关门。

图 8-6　2013 年 1～12 月标普 500 指数走势

资料来源：Wind 资讯。

六、2014 年：美联储第一位女掌门

2013 年美股一路高歌猛进的势头似乎在 2014 年初戛然而止，直至 2014 年 2 月初，标普 500 指数下跌 4%，远逊于上年同期。造成 2014 年初指数回调的主要有三个原因，一是 2013 年 12 月美联储宣布结束了金融危机后的第三轮 QE；二是以中国为首的新兴市场国家经济数据疲弱（2014 年 1 月中国汇丰制造业 PMI 数据为 49.6，降至"荣枯线"以下），货币的大幅贬值引发了市场对新兴市场经济的担忧；三是受暴雪极端天气的影响，PMI、销售额等各项经济数据跌至"谷底"。

2014 年 2 月初美联储换帅催化行情反转，2014 年 2 月 3 日，珍妮特·耶伦成为美联储第一任女掌门人，同年 2 月 11 日珍妮特·耶伦上任后首次公开讲话表示将继续实施美联储当前的货币政策，给市场吃了一颗定心丸，美股一改颓势开启了年内第一轮上涨行情。当然，催化这轮上涨的主要因素是 2013 年第四季度盈利增速超预期，这使得市场对寒冷天气而导致的经济衰退的担忧减轻，事实上，经济的趋势从 2014 年第一季度末开始回暖了，可以看到花旗美国经济意外指数（度量经济数据与市场预期差）从 2014 年 4 月初开始触底反弹，同年 4 月失业率降至 2008 年 9 月危机前的水平。随着经济数据的全面回暖，市场对经济增长的信心逐渐增长，这也是美股能逆转 2014 年初行情的根本原因。

2014 年 5 月开始三大指数持续创新高，上涨的势头一直持续到同年 7 月下旬。虽然地缘风险此起彼伏（同年 4 月的乌克兰冲突，同年 6 月的伊拉克北部内战），但基本面的强劲复苏似乎更受关注：失业率和 PMI 等经济数据的全面好转，利率的不断下行，美股中报数据的大超预期，包括外围中国 PMI 数据的持续上行，欧洲央行降息（同年 6 月 5 日，欧洲央行宣布降息，下调欧元区主要再融资利率和隔夜存款利率各 10 个基点至 0.15% 和 -0.1%，以及下调隔夜贷款利率 35 个基点至 0.4%。自此，欧洲央行成为西方主要经济体第一个实行负利率政策的中央银行）。美股在众多利好的包裹下持续上行，从 2014 年 2 月初美股开始反转至同年 7 月下旬，标普 500 指数涨幅高达 14%。

2014 年 7 月下旬至年底，美股在上行过程中经历了三轮回调，第一轮是 2014 年 7 月 24 日至 8 月 7 日，标普 500 下跌 4%。这轮回调的主要原因是美联储 2014 年 7 月 29～30 日货币政策会议中偏向"鹰派"的表态；同年 7 月 PMI 数据回升至 2011 年以来的最高水平，更加强化了市场对于美联储加息渐进的预期。然而 2014 年美股二季报超预期的盈利数据和基本面的回暖将美股再度拉回到上行通道。

第二轮回调是 2014 年 9 月 18 日至 10 月 15 日，标普 500 下跌 7.4%。主要原因是欧洲经济的疲弱和原油价格的再度暴跌引发了市场对于全球经济增长前景的担忧，德国 2014 年 9 月的 PMI 数据已经降至"荣枯线"以下，同年 9 月 14 日，为了提振疲软的欧元区经济，欧洲央行行长宣布降息并实施新的刺激计划。与此同时，加速下跌的油价以及对埃博拉病毒（Ebola virus）的恐慌（同年 9 月 30 日，美国卫生官员宣布，美国发现首例埃博拉患者，这也是非洲之外首次发现埃博拉患者）也加剧了美股的回调。

这轮回调之后美股开始了年内最极速的一轮上涨，主要的催化剂还是基本面的持续好转。2014 年第三季度公司盈利和 GDP 均大超预期，强劲的基本面数据打消了市场对于美联储退出宽松周期的担忧。同时欧洲、日本、中国纷纷开始新一轮量化宽松政策，市场的"融涨"趋势开始形成。在三大股指持续创新高的牛市欢呼声中，持续下行的油价也被认为是促进公司盈利增长的重要利好因素。

然而进入 2014 年 12 月，油价的持续"跳水"和外围经济数据的疲弱（中国 PMI 从 7 月开始连续下滑，乌克兰问题导致了卢布大幅贬值）再度引发了市场对于全球经济增速放缓的担忧，第三轮回调从 2014 年 12 月 3 日开始至 12 月 16 日，标普 500 下跌 5%。

2014 年标普 500 指数再创新高，全年涨幅 12.4%（走势见图 8 - 7），至此，金融危机后的美股牛市已经走完第 6 个年头。2014 年也是美股投资者充满惊喜与困惑的一年：经济复苏伴随着利率的不断下行，美联储量化宽松的结束伴随着美股新高。这些看似矛盾的现象背后是美股强劲的基本面和全球经济增速的放缓的对比，资本不断涌入美国，不断冲高的美元，持续下行的国债利率，"一枝独秀"的美股，"美国"

本身就代表着 2014 年资本市场的投资方向。

指数点位（点）

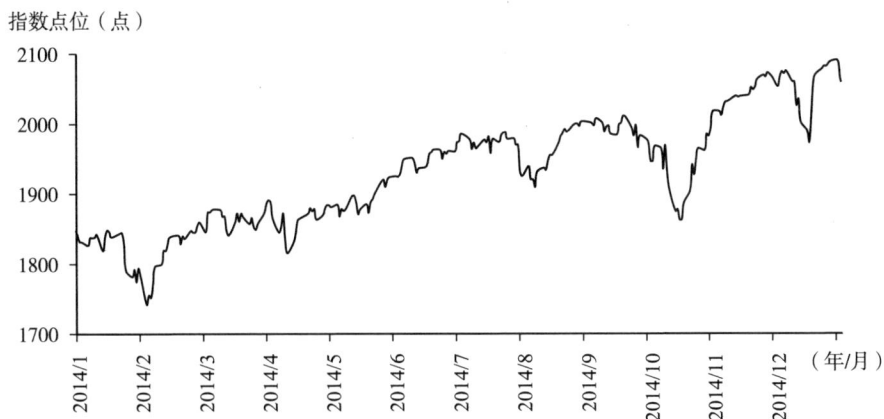

图 8 - 7　2014 年 1 ~ 12 月标普 500 指数走势

资料来源：Wind 资讯。

七、2015 年：联储近 10 年来首次加息

2014 年美股延续牛市行情三大指数再创新高，一定程度上掩盖了同年 8 月以来持续"跳水"的油价，但进入 2015 年之后，持续疲弱的油价和 2014 年大幅下滑的第四季度 GDP 增速引发了市场对全球需求的担忧，标普 500 指数 2015 年 1 月宽幅震荡之后，在同年 2 月初开启了一轮小幅上涨直至月底，指数整体涨幅近 6%。2015 年 2 月的这轮反弹"催化剂"主要是油价的小幅反弹、欧元区 PMI 的大幅改善以及欧盟对希腊紧急援助的延长。

2015 年 3 月开始，基本面数据的变化和美联储的态度成为市场关注的焦点，而"经济复苏"和"联储加息"之间的博弈反复拉锯，市场始终难以找到清晰的方向，维持震荡趋势直至 2015 年 8 月中旬，这期间希腊债务危机和中国 A 股市场去杠杆导致的暴跌引发了美股的短期波动，但整体来看主导美股走势的还是基本面和美联储的政策方向。美联储在 2014 年 10 月停止了购债计划，市场普遍预期 2015 年美国将迎来 2006 年 6 月以来的第一次加息，而美联储加息的预期一直是悬在 2015 年美股市场上空的"达摩克利斯之剑"（the sword of Damocles），时时触动着投资者的神经。

在 2015 年时美联储设定的启动加息指标是：失业率下降到 5% ~ 5.2% 的充分就业水平；通胀率（核心 CPI）达到 2%，然后就果断加息。我们看到 2015 年虽然失业率在下降，通胀在上升，但 GDP 增速却持续下行，同时低迷的油价拖累了上市公司的利润增速。基本面数据的好坏掺杂使得股市的拉锯战一直持续到同年 8 月，其间三大指数在震荡中弱势突破新高，其中，纳斯达克指数在科技板块靓丽的盈利数据的支持下涨幅最大。

2015 年 8 月中旬至 9 月底，三大指数经历了 2008 年 10 月以来的最大幅度的周度回调，主要的"导火索"是中国经济的疲弱引发了市场对全球需求的担忧。同年 8～9 月中国财新 PMI 跌至 2009 年 3 月以来的最低值，与此同时，中国"8·11"汇改启动，人民币兑美元中间价瞬间贬值幅度超过 3%，引发了权益市场的恐慌性抛售，全球股市同时暴跌。

2015 年 8 月 24 日，全球股市遭遇黑色星期一，首先是中国股市全线暴跌，沪深两市逾两千只个股跌停，随后欧洲、亚太地区多地股市也同样遭遇罕见大跌。全球股市大跌的背景下，美股难以独善其身，2015 年 8 月 24 日一开盘便迅速下挫，道琼斯工业指数闪崩 1000 点，出现了"闪电崩盘"，到当天下午美国股市开始有所反弹，但也未能收涨。从 2015 年 8 月 17 日至 25 日短短 7 个交易日，标普 500 指数下跌了 11%。

ISM 公布的 PMI 数据从 2015 年 7 月开始加速下行，虽然疲弱的经济数据使得市场对美联储加息概率的判断大大降低，但同年 9 月 16 日美联储议息会议对于 9 月暂不加息的决定仍是超出了市场预期，同时，2015 年中国第三季度 GDP 数据的公布也打消了市场对于经济"硬着陆"的担忧，标普 500 指数在经历了暴跌之后从 2015 年 9 月底开始反弹至同年 11 月初，随后震荡至 2015 年尾。

2015 年 12 月 17 日凌晨，美联储最终宣布加息，将联邦基金利率目标区间提高 25 个基点，这是美联储最近 10 年以来首度加息。同时，美联储的议息会议表示 2016 年将有可能会再加息 4 次。由于此次加息此前已经被市场广泛预期，资产价格已经包含了加息预期，加息的"靴子"落地后，美股三大股指全线收涨。同时，美元指数全面上涨，全球股市也是震荡上涨，美国两年期国债收益率自 2010 年以来首次回升至 1% 的上方。

整体来看，2015 年的美股市场着实有些令人失望，标普 500 指数以 -0.7% 的收益率收官（全年走势见图 8-8），这也是自 2008 年以来标普 500 指数第一次年度收益率为负。低迷的经济增长和公司盈利、疲弱的油价、希腊债务危机、商品价格的下行、美元升值以及美联储加息的预期持续困扰着 2015 年的美股市场，指数持续震荡整理始终难觅方向。

指数点位（点）

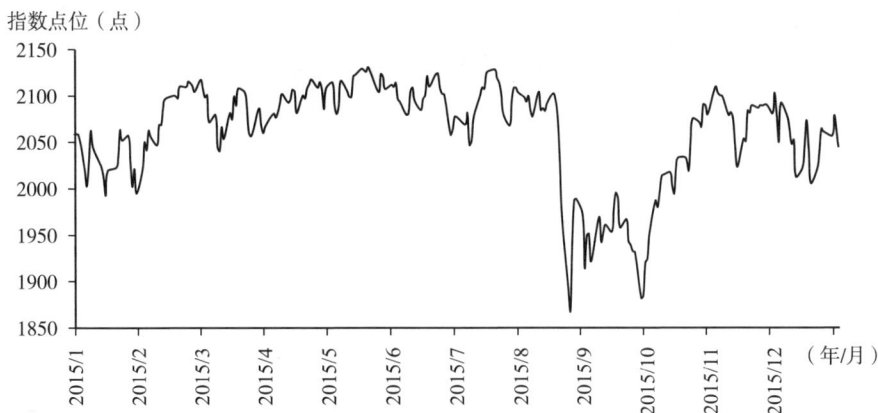

图 8 - 8 2015 年 1 ~ 12 月标普 500 指数走势

资料来源：Wind 资讯。

八、2016 年：英国脱欧与唐纳德·特朗普当选

2015 年末的暴跌一直延续到了 2016 年初，2016 年初美股三大指数均纷纷下跌。2016 年 1 月 4 日，道琼斯工业指数大跌 1.58%，标普 500 指数下跌 1.53%，纳斯达克指数下跌 2.08%。当日全球股市普遍下跌，中国的 A 股市场在 2016 年的首个交易日沪深 300 指数先后触发 5% 和 7% 的熔断阈值，股票现货和股指期货市场提前结束全天交易。日本东京股市也在新年伊始遭遇暴跌，日经 225 指数 4 日大幅下跌超过 3%。欧洲市场中英国金融时报 100 指数下跌 2.4%，法国巴黎 CAC40 指数和德国法兰克福 DAX 指数也纷纷下跌。

全球股市的普遍性下跌使得 2016 年初的市场风险偏好极低，下跌的过程一直持续到 2016 年 2 月 11 日，标普 500 累计跌幅高达 9%。这背后最重要的基本面原因，是当时美国国内经济数据疲弱令一些美股承压。同年 1 月 4 日，美国供应管理协会公布的数据显示，2015 年 12 月美国制造业 PMI 指数从 11 月的 48.6 进一步降至 48.2，在 "荣枯线" 下继续下行，创 2009 年 6 月以来的最低值。除了对企业盈利下滑的持续担忧，油价的暴跌、人民币的贬值问题①、投资者对全球经济放缓的担忧等，引发了全球股市的共振下跌，市场的关注点始终围绕在 "中国经济" 和 "全球油价" 上。2016 年 1 月 29 日，日本央行意外宣布实行负利率政策，市场虽然给予了乐观的反馈，但是疲弱的经济数据（2016 年 1 ~ 2 月 ISM 的 PMI 指数仍在 50 "荣枯线" 以下）

---

① 2015 年 8 月 11 日人民币汇改启动，至 2016 年 1 月人民币兑美元贬值幅度超过 5%。

和不及预期的就业数据使得美股持续承压。

2016年2月中旬，美股结束了年初的暴跌在一系列利好催化下开始企稳，包括经济数据和油价的触底反弹（2016年1月PCE大幅上升至0.97%，触及2014年12月以来的最高值，油价也结束了连续20个月的下跌）。同年3月10日，欧洲央行公布的降息和扩大月度QE的消息，当然最重要的一点，是美联储的"鸽派"态度给了市场很大的上涨动力。同年3月，联邦公开市场委员会（The Federal Open Market Committee，FOMC）会议上美联储官员们预计年内有两次加息，较上年12月时的4次加息大幅减少，未来将采取更为放缓的加息路径。2016年2月之后，股市能够触底反弹的根本原因，是国债利率和美元指数的同时下行，而经济却在企稳，从更长的时间周期看，2016年初确实是这轮复苏周期的起点。

除了年初的"开门黑"，2016年上半年美股一共回调了三次，另外两次分别是4月中旬至5月中旬，标普500指数小幅回调了2%，主要是受中、美制造业数据的回调和持续下行的企业盈利的影响，以及同年6月23日英国脱欧事件，使得标普500指数连续3天累计跌幅高达5%。

美股的上行趋势并未受到英国脱欧的持续影响，基本面仍是主导美股行情的主要因素。而且，早在英国脱欧公投前，美国的基金经理就保留了超过5%的现金，是2008年以来的最高水平，说明市场早做好了逢低吸纳的准备。英国脱欧事件之后，美股由于强劲经济数据的支撑缓步上行至2016年9月初（2016年6～7月就业数据大超预期，6月PMI达到53.2，创下2015年7月以来的最高值，同时中报的业绩表现也并不差），但随后超预期下行的2016年7～8月PMI数据引发了美股同年9月初至11月初的回调。

2016年11月9日，唐纳德·特朗普（Donald Trump）当选美国第45任总统，其提出的减税和财政刺激的政策方向再度提振了美国经济复苏的信心，引爆了美股2016年尾行情。同年12月13～14日美联储举行例会，决定将联邦基金目标利率提高25个基点，此次加息完全符合市场预期。同时美联储暗示2017年可能将继续加息三次，高于此前两次的预期。美联储的纪要显示，美国经济将继续温和扩张，就业市场将进一步改善，通胀水平也将在中期内回升到2%的目标。这显示美联储对美国经济和就业市场的评价更为肯定。2016年12月，美股三大指数齐创新高，同时利率和美元指数也急速上行，10年期国债利率创下7年来的最高纪录。

2016年的美股市场一直在"经济复苏质疑"和"美联储加息担忧"两个问题上摇摆不定，虽然几经回调，但标普500指数整体仍然收获了11%的涨幅（全年走势见图8–9）。驱动2016年美股行情最重要的力量，是从2016年开始美国上市公司进入了新一轮的盈利上行周期。因此基本面的正面力量超过了加息的负面力量，使得股市没有出现"加息、利空、下跌"的路径，这也是从2014年开始持续看空美股一派观点可能失算的地方。

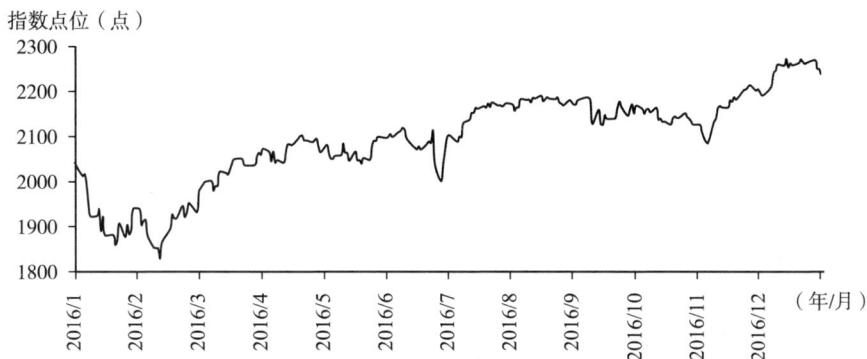

图8-9 2016年1～12月标普500指数走势

资料来源：Wind资讯。

九、2017年：史上最大规模减税计划

2017年的美股市场可以说是几近完美，纳斯达克指数全年上涨28%，道琼斯工业指数涨幅25%，标普500指数上涨19%，三大指数全年持续上行不断创新高，其间几乎没有任何回调。虽然2017年的美国并不平静：民主党与共和党不停歇的争执，朝鲜核试验的威胁以及飓风灾害的破坏等，但基本面的强劲和全球经济复苏的大环境使得公司盈利持续增长，减税的预期红利贯穿全年，美股完美地实现了"戴维斯双击"。

如果从2017年初看，确实是很难预判这一轮完美的行情的。唐纳德·特朗普的上任对资本市场来说更是具有很大的不确定性（2017年1月20日，唐纳德·特朗普在美国首都华盛顿宣誓就职，正式成为美国第45任总统），但是从年初市场的走势看，显然是对唐纳德·特朗普承诺的减税和放松监管给予了比较大的预期。另外很重要的一点是，2017年1～2月的经济数据是非常强劲的，制造业PMI持续上行创下2015年初以来的最高点，国内贸易的销售数据同比增速也超过了前期2014年经济复苏小周期的最高点。虽然2017年3～4月的经济数据小幅下滑，但标普500指数2017年第一季度（3月公布2月的经济数据）涨幅近5%，上涨的斜率在全年看也是比较陡峭的。

2017 年第一季度末开始国外政治经济环境开始动荡，包括 2017 年 3 月 16 日英国女王伊丽莎白二世批准了脱欧的法案，同年 5 月 24 日穆迪公司下调中国本币和外币发行人评级，以及朝鲜核试验的持续威胁和法国大选等不安定的因素，但也仅仅是引发了市场的小幅回调，就连轰动一时的詹姆斯·科米（James Comey）事件也丝毫没有对指数的强势走势产生任何实质影响［同年 5 月 9 日，美国总统唐纳德·特朗普突然解雇了美国联邦调查局（Federal Bureau of Investigation，FBI）局长詹姆斯·科米］。这背后的主要原因就是上市公司靓丽的业绩增速。2017 年一季报大超预期的上市公司业绩使得华尔街普遍上调全年的美股业绩预期，2012 年以来，这还是第一次。

继 2017 年 3 月加息之后，同年 6 月 14 日美联储再度加息 25 个基点，并宣布将于 2017 年底前开启缩表，几乎同时欧洲央行行长和英国行长也纷纷释放"鹰派"信号。2008 年金融危机以来，美联储一共进行了三轮购债（国债、MBS），导致美联储的总资产规模从 2008 年的 1 万亿美元左右骤然增加到 2017 年的 4.5 万亿美元，同时也正是美联储的大规模的扩表成为支撑美股长期走牛的重要催化因素。然而对彼时的美股来说，低利率和 2017 年二季报持续超预期的盈利增速（尤其是银行板块）使得市场并不太理会美联储的缩表计划，相反，持续疲弱的零售数据使得市场一致预期 2017 年 9 月并不会加息。虽然整体来看从 2017 年第二季度开始到同年 8 月底标普 500 指数的上涨速度明显放慢，但强劲的盈利数据仍然支持着指数持续上行。

2017 年 8 月底至 9 月，两次飓风接连登陆美国，造成巨大经济损失。但美股投资者似乎更加关注持续向好的制造业和零售数据，同年 9 月美国供应管理协会（ISM）制造业指数达到了 2004 年的最高点，长端利率也开始走高。与此同时市场的对唐纳德·特朗普税改的关注度逐渐提升，市场预计税改将使得标普 500 上市公司利润增速提高 2%。

2017 年 12 月 5 日，美国参议院投票结果批准杰罗姆·鲍威尔（Jerome Powell）出任下一届美联储主席，珍妮特·耶伦的任期将于 2018 年 2 月结束。市场普遍认为杰罗姆·鲍威尔的货币政策将与珍妮特·耶伦保持较为一致的风格，因为他从 2012 年担任美联储理事以来，从未在联邦公开市场委员会（FOMC）的货币政策表决时投过反对票。2017 年 12 月 13 日，美联储宣布上调联邦基金目标利率 25 个基点，这是美联储 2017 年以来第三次加息。

2017 年 12 月 22 日，历时八个月，几经波折，美国总统唐纳德·特朗普签署并发布《减税和就业法案》（*Tax Cuts and Jobs Act*），也就是所谓的"税改法案"，将公司税率从 35% 大幅降至 21%，并全面下调了个人所得税率。市场普遍认为美国即将启动被认为是 30 多年来最为重大的一次税法改革。特朗普政府称该法案旨在通过减税等一系列措施为美国工人提供更多的工资和就业机会，为美国公司创造更公平的竞争环境，以促进经济增长。

标普500指数持续上行直至年底，截至2017年末，标普500指数已经连续67周没有超过周度2%的回调，创下了1965年以来最长的时间区间纪录。标普500指数全年上涨18.4%（全年走势见图8-10），纳斯达克指数全年大涨28.2%，2017年的美股完美谢幕。2017年宣告了科技巨头的天下已经来临，苹果公司、亚马逊公司、微软公司、脸书公司、谷歌母公司字母表公司（Alphabet）的股价均接连创下历史新高。使得标普信息科技指数一举突破了2000年3月"互联网泡沫"时期创下的高点。苹果公司成为人类历史上市值最大的公司。

指数点位（点）

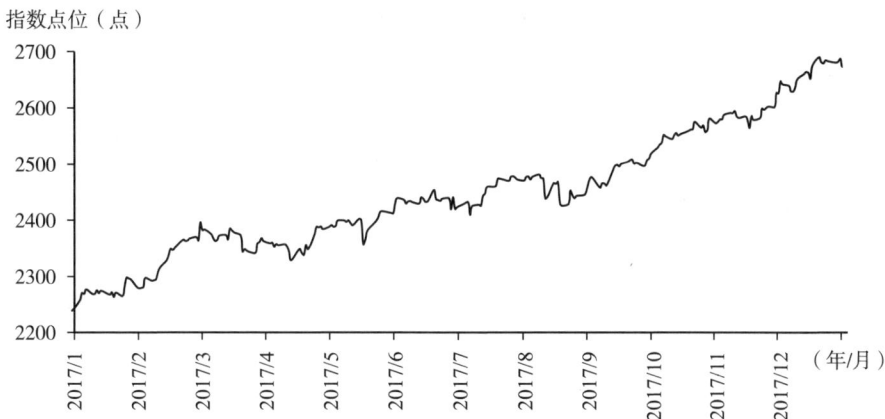

图8-10 2017年1～12月标普500指数走势

资料来源：Wind资讯。

十、2018年：最长牛市有调整

乘着2017年指数一路飙升的势头，2018年伊始市场依然热情满满，丝毫没受到2017年12月就业数据不及预期的影响，持续创新高。当然强劲的企业盈利和《减税和就业法案》的公布是年初美股持续上涨的主要动因。

伴随着2018年1月美股上涨的是在美债利率的持续上行和美元指数的急速下跌，因此同年2月开始，关于美股结束9年"长牛"和美国经济增长动力的质疑甚嚣尘上，美股迎来了一轮震荡回调，一直持续到同年3月底，事后来看，引发这轮回调最根本的原因是利率的急速上行，从2018年初至同年2月中旬，10年期国债利率上升了大约50个基点。当然，其间发生的一些事件也同样催化了美股的这轮回调：

一是唐纳德·特朗普打响了贸易战的"第一枪"。2018 年 3 月 8 日，美国总统唐纳德·特朗普在白宫正式签署了命令，将于 15 天后对美国进口的钢铁和铝分别征收 25% 和 10% 的关税，同年 3 月 23 日唐纳德·特朗普宣布，将有可能对从中国进口的 600 亿美元商品加征关税，并限制中国企业对美投资并购。

二是美联储偏"鹰派"的态度。2018 年 2 月 5 日杰罗姆·鲍威尔接替珍妮特·耶伦任美联储主席，同年 2 月 27 日，在发表美联储的半年度货币政策报告时，杰罗姆·鲍威尔表示增强对美国的经济展望，这意味着 2018 年很可能加息 4 次而非市场预期的 3 次。

三是脸书公司"泄露门"事件曝光，2018 年 3 月 17 日，《纽约时报》(*The New York Times*) 爆出剑桥分析公司 (Cambridge Analytica) 在 2016 年美国总统大选前获得了 5000 万名脸书公司用户的数据，引发了美股科技股的大幅回调。

2018 年 3 月 21 日，美联储宣布加息 25 个基点，在这次毫无悬念的加息落地之后，同年 4 月开始直至 9 月底，美股再次回到上行通道，超越 2018 年 1 月的指数纪录并于同年 9 月突破 2900 点位大关，整体涨幅 13%。几乎同时，美元指数也开启了一轮上行周期。同年 4 月下旬随着美债收益率持续上行突破 3%，美股小幅回调，但上行趋势仍在。虽然贸易战愈演愈烈，包括美朝会晤的取消都对美股造成了短期扰动，美国强劲的基本面和企业盈利数据，以及外围市场尤其是新兴市场的疲弱，都使得美股极具吸引力。

实际上，从 2018 年开始，因为货币政策的问题，美联储主席杰罗姆·鲍威尔开始受到美国总统唐纳德·特朗普越来越大的压力。唐纳德·特朗普几个月来一直在抱怨美联储的货币政策，声称不断上升的利率阻碍了他的经济计划，加息将扼杀经济增长，并在推特和多个公开场合对美联储及其主席杰罗姆·鲍威尔进行抨击。

进入 2018 年 6 月以来，贸易战成为市场最关注的话题，但从市场整体的反应来看，中美贸易摩擦似乎对市场的影响越来越小，美国经济状况的"相对优势"也确实给了美股足够的上涨动力，从半年报的情况来看，绝大部分公司的盈利情况均超过了市场预期，而且从公布的经济增速来看，2018 年二季度名义 GDP 增速高达 7.1%，创下了 2008 年第三季度以来的最高增速！因此指数从 2018 年 6 月底开始几乎没有任何回调一直持续上行，同年 8 月 27 日再创新高。其间 2018 年 8 月 1 日，苹果公司股价上涨近 3%，市值突破一万亿美元大关，成为历史上第一个市值突破万亿美元的科技公司，成为全球科技公司的一个重要里程碑。

2018 年的第四季度对美股来说，着实是狗尾续貂。进入 2018 年 10 月美股迅速"跳水"，引发美股回调的直接原因是 10 年期国债收益率从同年 9 月 28 日开始短短 6 个交易日从 3.05% 上升至 3.23%，迅速突破同年 5 月的利率高点，创下近 7 年利率的最高点位。相对于利率的绝对水平而言，其变化的速度对市场的影响显然更大。2018 年标普 500 指数在整个 10 月下跌 7%，显然市场对于超预期的三季报盈利数据毫无反应。11 月指数呈 "N" 形震荡走势，其间原油价格的下跌和高收益债的火爆使得市场对美股和经济基本面的预期迅速降温，与此同时，2018 年 11 月开始 10 年期国债利率迅速下行，3 个月和 10 年期国债利差持续收窄，已经降至 2008 年金融危机以来的最低值。

长端利率的迅速下行、"孟晚舟事件" 引发了美股年内最凶残的一次下跌，2018 年 12 月标普 500 指数跌幅达 10%。同年 12 月 19 日，美联储宣布了年内的第 4 次加息，同年 12 月 22 日，政府 "停摆"。虽然 2018 年全年标普 500 指数下跌 7%（全年走势见图 8－11），但市场呈现慢涨急跌的特征，虽然没有破坏美股 9 年长牛的趋势，但 2018 年的第四季度确实是这 9 年长牛中最深幅的一次回调了。

指数点位（点）

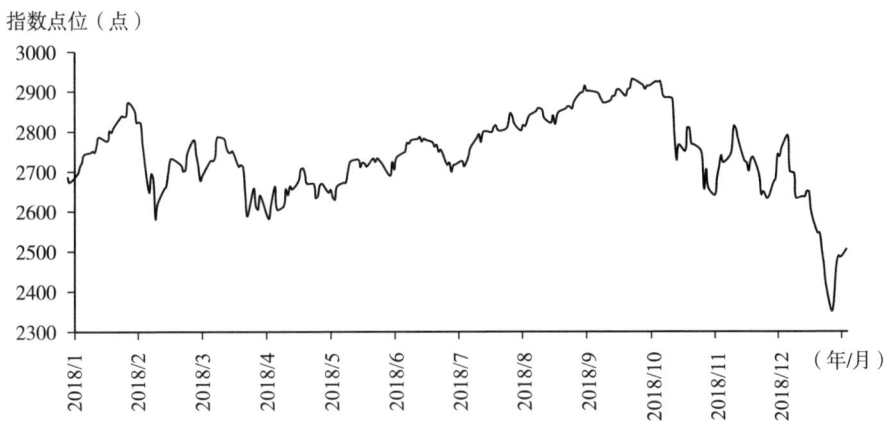

图 8－11　2018 年 1～12 月标普 500 指数走势

资料来源：Wind 资讯。

第二节　经济形势：量化宽松与长期停滞[①]

整体来看，美国经济在 2009～2018 年这 10 年走过了金融危机的至暗时刻，经历

---

① 针对 2008 年全球金融危机之后美日欧等发达经济体长期复苏乏力的态势，美国经济学家劳伦斯·萨默斯（Lawrence Summers）提出了长期停滞理论（secular stagnation）。该理论认为，由于发达经济体的均衡实际利率将长期为负，货币政策受到 "零下限" 约束难以将现实中的实际利率压低至均衡实际利率的水平，由此导致经济体长期复苏乏力。

了"步履蹒跚"的复苏阶段，也体验了长达数年的持续增长。2007年的"次贷危机"带来了1929年大萧条后最严重的金融危机，从2007年12月至2009年6月，美国也经历了自大萧条以来，时间最长、以大多数标准衡量也是最严重的经济衰退。但从美国工业生产指数同比走势来看（见图8-12），自2010年起，除去2015年及2016年，绝大多数时间内美国经济均处于增长阶段。

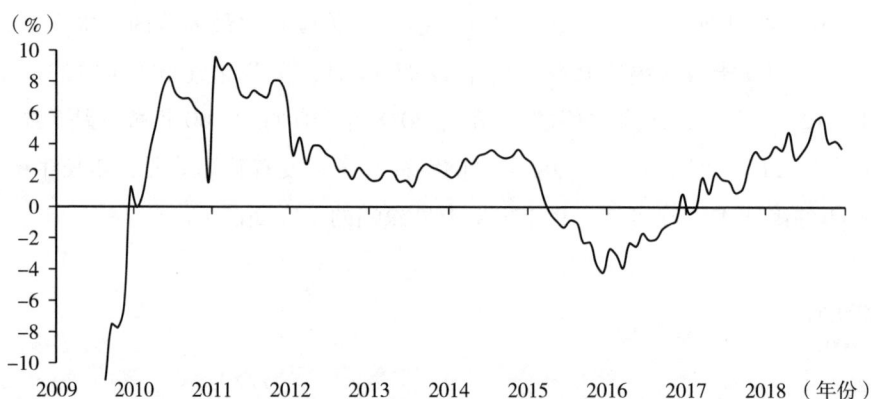

图8-12　2009~2018年美国工业生产指数同比走势

资料来源：Wind资讯。

一、经济周期：走出深度衰退

（一）深度衰退与经济回升：2009~2010年

在全球经济严重下滑的背景下，美国经济在2009年上半年进一步收缩，GDP增速在2009年6月触及了-3.9%的低点。但随后，得益于金融状况的改善、美国货币和财政政策的刺激以及国外经济的复苏，2009年下半年美国的经济活动出现回升，逐步走上复苏的道路。全年来看，2009年美国GDP同比下降2.5%，较上一年的增速继续下滑2.4个百分点。从细分项来看，私人部门投资增速的大幅下滑是美国经济面临的最主要压力，2009年私人部门投资增速拖累GDP增速3.5个百分点。居民消费仍远低于危机发生前的水平，拖累增速0.9个百分点。得益于国外经济的复苏，美国贸易在2009年拉动GDP增速1.1个百分点，财政刺激力度也有所加大，政府支出拉动增速0.7个百分点。受经济疲软影响，2008年末开始大幅放缓的物价水平在2009年的大部分时间仍然维持低位（见图8-13）。虽然在2009年末能源价格大幅上涨的背景下通胀水平有所抬升，但全年来看，2009年CPI同比下降0.4%，较2008

年下降 4.2 个百分点，核心 CPI 同比上升 1.7%，较上一年减缓 0.6 个百分点。

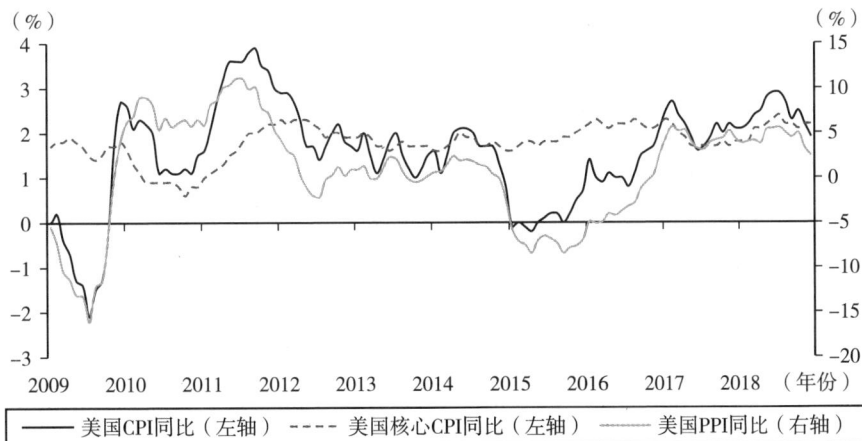

图 8 - 13　2009~2018 年美国 CPI、核心 CPI、PPI 同比走势

资料来源：Wind 资讯。

美国经济在 2009 年下半年的企稳离不开美国政府财政与货币政策的双重刺激。2009 年 2 月 11 日，美国财政部公布了《金融稳定计划》（*Financial Stability Plan*，以下简称《计划》），拉开了奥巴马政府应对金融危机的序幕。该《计划》旨在延续并修订上届政府的救市计划，其主要内容包括成立金融稳定信托基金、成立公私合营投资基金、启动消费和商业信贷新计划以及制定后续房地产救助计划等。同年 2 月 17 日，贝拉克·奥巴马签署了高达 7870 亿美元的《美国复苏与再投资法案》（*American Recovery and Reinvestment Act*），其中，2880 亿美元用于减税，1440 亿美元用于州和地方政府，1050 亿美元用于基础设施建设，剩下的用于联邦支出计划。次日，政府又公布了旨在降低止赎率及稳定房地产市场的《房屋所有者负担能力和稳定性计划》（*Homeowner Affordability and Stability Plan*，以下简称《计划》），该《计划》提供了 750 亿美元用于保障美国家庭清偿能力的直接支出，另外给房利美和房地美提供额外的 2000 亿美元的融资支持以维持较低按揭利率水平。同年 3 月初，美联储和财政部启动了定期资产支持证券贷款工具（term asset-backed securities loan facility，TALF），以期通过向 AAA 资产支持证券持有者提供高达 1 万亿美元的贷款来帮助刺激各类消费贷款。在 3 月会议上，出乎市场预期，美联储扩大了量化宽松的力度，加大对 MBS 和机构债的购买，并开始购买长期国债，以帮助改善私人信贷市场的状况。除此之外，美联储还扩大了 TALF 计划下合格抵押品的范围。随后，美国财政部部长蒂莫亚·盖特纳（Timothy Geithne）宣布了一系列扩展计划以购买 5000 亿 ~ 1 万亿美元银行的问题资产。在一系列财政及货币政策的刺激下，金融市场得到了一定程度的改善，美国的经济活动在 2009 年下半年也开始缓慢回升。

美国经济复苏的趋势一直延续至 2010 年，GDP 增速上升至 2.6%，其中，居民消费支出和私人部门投资较 2009 年大幅改善，分别拉动 GDP 增速 1.2 和 1.86 个百分点。能源价格的上涨推高了总体的通货膨胀水平，CPI 同比上升 1.6%，较上一年的 −0.4% 提升了 2 个百分点；但核心 CPI 仍然保持在相对较低的水平，全年增速为 1.0%，较上一年降低了 0.7 个百分点。鉴于金融市场功能的改善以及经济活动的复苏，到 2010 年 6 月底，美联储已经停止了在危机期间为支持市场而设立的所有特别流动性工具。但由于 2010 年秋季开始经济指标出现了放缓的趋势，这使得市场对美国经济复苏持久性的担忧情绪大幅上升。迫于压力，同时为了巩固经济的复苏趋势，美联储在 2010 年 11 月宣布推出了第二轮定量宽松政策，不仅将对资产负债表中的债券资产到期回笼资金进行再投资，并且在 2011 年 6 月底前购买额外的 6000 亿美元美国长期国债。

（二）经济保持温和增长：2011 ~ 2014 年

2010 年末的经济增速放缓还在持续，2011 年第三季度 GDP 增速降至了 0.95% 的低点，2011 年全年 GDP 增速降至 1.6%，其中，居民消费仍然是经济的主要增长点，而私人部门投资对 GDP 的拉动作用降至 0.9 个百分点，政府支出拖累经济增长 0.7 个百分点。与经济增速放缓不同的是，受原油及食品价格上涨影响，物价在 2011 年出现了明显的回升，CPI 指数在 9 月达到了 3.9% 的高点，全年来看 2011 年 CPI 同比上升 3.2%，增速较上一年提升了 1 倍。

美国经济复苏的步伐也受到了来自外部环境的干扰。2011 年 3 月，日本发生的大地震导致产业供应链出现暂时性的中断，利比亚冲突升级导致的油价上升也在一定程度上抑制了消费者支出。除此之外，2011 年下半年，欧债危机开始蔓延并加剧，这不仅造成全球金融市场动荡，各类资产价格大幅波动，还导致了美国的出口放缓，令经济复苏的步伐放缓。为了支持更加强劲的经济复苏，美联储修改了其前瞻性指引，指出联邦基金利率将在较长时间内维持在极低水平，此外，美联储还决定延长所持有美国国债的平均期限，并将其所持有的机构债及抵押支持债券（mortgage-backed security，MBS）的本金偿还再投资于 MBS 而不是美国国债。

虽然 2012 年上半年欧债危机的影响还在持续，但整体来看，美国经济的表现并不差，GDP 增速保持温和扩张，全年上涨 2.2%。这离不开美联储持续宽松政策的刺激。美联储在同年 9 月公布了第三轮量化宽松政策，本次量化宽松不设置最终期限，美联储每个月都将购买 400 亿美元的抵押贷款支持债券，直到经济出现明显改善。2012 年 9 月会议上，美联储还修改了关于联邦基金利率的前瞻性指引，指出低利率可能至少要维持到 2015 年中，这比 FOMC 此前声明中所指出的时间要更长。时隔 3 月后，美联储再次宣布推出第四轮量化宽松政策，将每月采购 450 亿美元的国债替代"扭转操作"，加上 QE3 的每月资产采购量，美联储每月将购买 850 亿美元的资产。本次会议还首次将货币政策取向与失业率指标挂钩，美联储宣布在失业率降至 6.5% 之前将使联邦基金利率维持在一个合适的水平。

虽然经济增速在 2013～2014 年（GDP 增速分别为 1.8% 和 2.5%）没有出现明显的提升，但在这两年，美国就业情况出现了明显的好转。自 2008 年金融危机爆发以来，美国失业率最高达到了 10% 的高点，虽然经济增速在 2009 年下半年开始便明显回升，但除 2012 年末略低外，失业率在 2013 年以前均维持在 8% 以上。2013～2014 年，美国就业情况出现了明显好转，至 2013 年末，失业率已经降至 6.7%，2014 年末进一步降至 5.6% 的低点。从通胀水平来看，CPI 指数在 2013 年降至 1.5%，较上一年放缓 0.6 个百分点，2014 年小幅上升至 1.6%，核心 CPI 也维持在较低水平，分别为 1.8% 和 1.7%。

（三）货币政策正常化：2015～2018 年

2015～2018 年，美国的经济复苏经历了一些小"波折"。美国 GDP 增速在 2015 年第一季度同比上升 4.0%，达到金融危机以来的高点，但是随后开始回落，直至 2016 年第二季度触及 1.3% 的阶段性低点。2016 年下半年开始，美国的经济增长再次加速，并在唐纳德·特朗普减税的刺激下持续上升，2018 年第三季度，GDP 增速再次上升至 3.0% 以上。整体来看，2015～2018 年各年的 GDP 增速分别为 2.9%、1.6%、2.4% 和 2.9%，从各细分项来看，虽然居民消费支出对 GDP 增速的贡献从 2015 年的 2.5% 下降至 2018 年的 2.1%，但其一直都是拉动经济增速的最主要动力；投资波动较大，2016 年，私人投资小幅拖累经济增速 0.2 个百分点，但在 2018 年，私人部门投资对经济的拉动作用已经上升至了 0.9 个百分点。其间，整体的物价水平持续上升，CPI 指数从 2015 年的 0.1% 持续上升至 2018 年的 2.4%，但核心 CPI 相对保持平稳，2015～2018 年分别为 1.8%、2.2%、1.8% 和 2.1%。

刺激美国经济在 2018 年强劲复苏的主要动力来自唐纳德·特朗普的税改。2017 年 12 月 22 日，唐纳德·特朗普签署《减税和就业法案》，这是自 20 世纪 80 年代以来美国最大规模的税收改革，涉及个人所得税、企业所得税和国际税收三个方面。税改后个人所得税仍为 7 档，其中，部分税率有所下调，起征点标准几乎翻倍，个人及家庭申报税基分别提升至 1.2 万美元和 2.4 万美元；联邦企业所得税税率由 35% 下降至21%，并取消了五档八级税率累计阶梯；国际税收方面，使用属地征收体系，修改国际税收优惠体系，鼓励美国企业海外利润回流国内。

由于就业市场状况大幅好转，美国失业率持续降低，而经济运行较为稳定，美联储在2015年底正式开启了货币政策正常化进程。金融危机爆发后，为了刺激美国经济，美联储采取了一系列非正常化货币政策，其中，主要的措施包括将联邦基金目标利率降至零利率（0~0.25%）区间、推出多轮量化宽松政策，经过四轮量化宽松，美联储资产负债表规模迅速扩张，由此前的9000亿美元膨胀至4.5万亿美元，相当于GDP的23%。因此，美国的货币政策正常化进程主要包括两个方面，一是利率正常化进程，又称为加息进程；二是资产负债表正常化进程，又称为"缩表"进程。2015年12月，美联储在金融危机之后首次加息，调升联邦基金目标利率0.25个百分点，随后在2016~2018年，年内分别调升1次、3次、4次利率，至2018年底，联邦基金目标利率已经上升2.25%~2.50%的区间（见图8-14）。与加息进程相比，美联储缩表进程启动的时间较晚，2017年10月，美联储正式开启了缩减资产负债表的进程。缩表采用的是被动式缩表，即依靠减少债券的到期资金再购买来实现；考虑当时美国经济已经处于较为稳定的状态中，渐进式的缩表是退出量化宽松的正常措施，并且将为美联储在未来经济下滑时再次"扩表"创造空间。

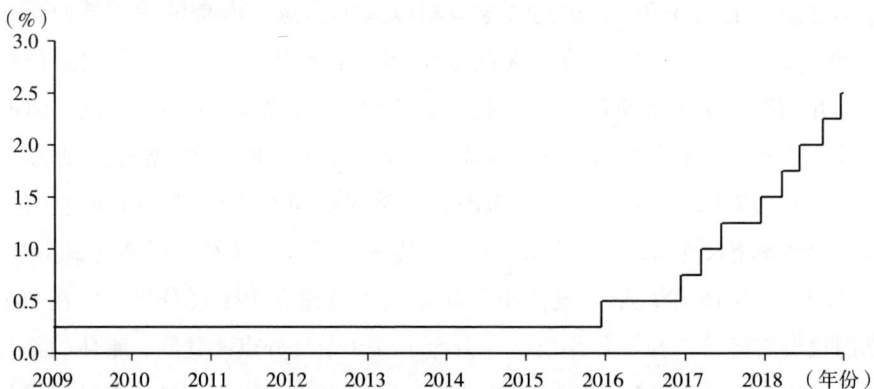

图8-14　2009~2018年美国联邦基金目标利率走势

资料来源：Wind资讯。

二、经济结构：美国的再工业化之路

（一）企业盈利占GDP份额有所提升

2008年金融危机后，美国企业利润增长速度要明显快于名义GDP增长速度，这说明企业盈利占 GDP 的份额在 2009~2018 年整体有所提升。以 2008 年为基准，2012 年美国企业利润与名义 GDP 累计增速之间的差距达到最大，企业税前和税后利润分别累计上涨 56.3% 和 62.2%，而名义 GDP 累计涨幅仅为 10.1%。随后企业利润累计增速基本维持稳定，而 GDP 累计增速持续提升，两者之间差距在不断缩小；至 2018 年，名义 GDP 累计增速达 39.9%，仍低于企业利润的累计增速。2018 年，美国企业税前利润和税后利润较 2008 年分别提升了 49.6% 和 64.2%。

值得一提的是，在 2016 年及以前，美国企业税前利润和税后利润的增速走势基本上是一致的，2017 年开始，两者走势出现分化，企业税后利润的增速开始明显高于企业税前利润的增速。导致企业税前、税后利润增速在 2017 年出现分化的最主要原因在于特朗普政府的税收改革。在企业所得税方面，特朗普政府的税改将联邦企业所得税税率由 35% 下降至 21%，极大地降低了美国企业的税收负担。美国企业实际负担税率的走势更为直观，2017 年开始，美国企业实际负担的税率明显下降，2018 年更是大幅降低，达到了 1948 年以来的最低水平；从 2016 年的 18% 到 2018 年的 11%，美国企业的实际税率下降了 7 个百分点。

（二）新三大支柱产业

2010 年，奥巴马政府提出了再工业化战略，但总体的效果不佳，美国再工业化并未取得实质性进展，美国制造业产业增加值占 GDP 的比重仍在逐渐下降，2014 年行业增加值甚至不及批发零售（见图 8-15）。在特朗普政府"制造业回流"政策下，2017~2018 年美国制造业产值占比小幅回升，但截至 2018 年底，金融地产、商业服务和批发零售仍然是增加值占比最高的三个行业。具体来看，2018 年，金融地产行

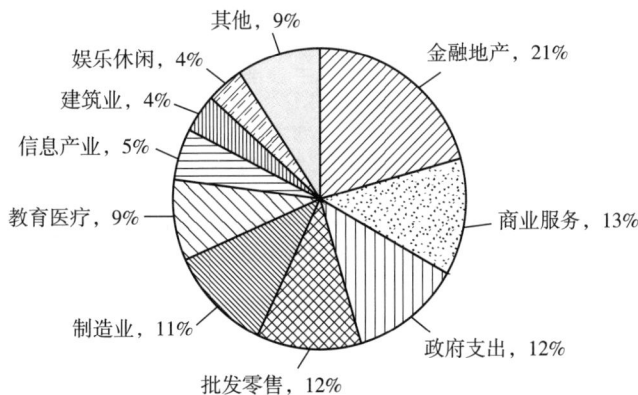

图 8-15 2018 年美国 GDP 分行业增加值占比分布

资料来源：美国经济分析局、笔者整理。

业增加值占比高达21%，较2008年上升了2个百分点；商业服务增加值占比由12%小幅提升至13%，成为美国第二大支柱产业；批发零售业产值占比维持在12%，制造业占比由2008年的12%下降至11%。

除去上述四个产值较大的行业外，其他增加值占比较高的行业依次为教育医疗、信息产业、建筑业和娱乐休闲，所占比重分别为9%、5%、4%和4%；除去教育医疗业占比小幅上升外，其他行业产值占比与2008年基本保持一致。其他行业中包括交运仓储、其他服务、采矿业、公用事业及农、林、牧、渔业，行业增加值占比合计为9%，较2000年小幅下降。

从名义增速来看（见图8-16），增速超过GDP的行业均为第三产业，第一产业和第二产业仍在拖经济增长的后腿；但不同行业间增速的差距大幅缩小。具体来看，娱乐休闲、金融地产和交运仓储为增长速度最快的三个行业，年化增速分别为4.5%、4.4%和4.3%，但与其他行业相比优势并不是十分明显。采矿业行业增加值出现负增长，年化名义增速为-2.0%，农、林、牧、渔业，建筑业和制造业增速也相对较低，分别为1.1%、2.6%和2.6%。

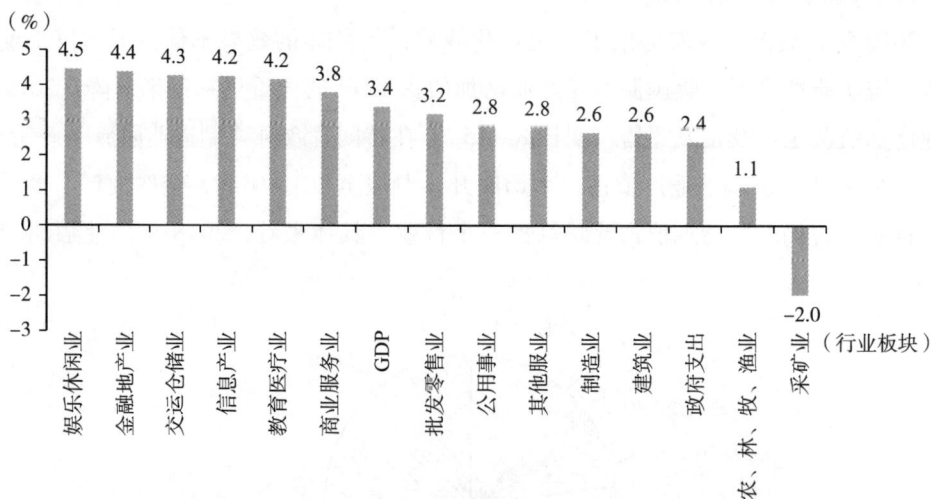

图8-16 2009～2018年美国大类产业增加值年化名义增速

资料来源：美国经济分析局、笔者整理。

但从实际增速看，产值增长速度快于实际GDP的行业为信息产业、采矿业、商业服务、教育医疗和金融地产行业。价格因素对信息产业和采矿业的负面影响较大，剔除价格因素后，信息产业和采矿业的年化实际增速分别为5.2%和3.6%，高于行业对应的名义增速，也高于其他行业的实际增速。实际增加值下降幅度最大或者上升幅度最小的三个行业依次是建筑业、其他服务和制造业，年化实际增速分别为 -0.5%、-0.3% 和 0.6%。

从制造业细分行业产值变化情况来看，在整体制造业增加值年化名义增速不及经济增长的背景下，仅有汽车及零部件、木制品、塑料橡胶制品、化工品以及食品饮料烟草五个细分行业的发展要快于整体经济，年化增速分别为 6.5%、4.7%、4.4%、3.5% 和 3.4%。拖累整个制造业甚至整体经济发展的仍多属于传统制造业，服装皮革、印刷制品以及基本金属等细分行业增加值均出现了下降，年均下降速度分别为 2.3%、1.3% 和 0.6%。

（三）美国企业利润行业结构的变化

美国各行业的利润①分布在 2009～2018 年并未出现太大的改变，金融业、制造业、批发零售业以及海外市场的利润占比仍相对较高。2008 年金融危机后，美国金融业迅速复苏，2009 年金融行业实现的净利润超过 3600 亿美元，占全部企业利润的比重迅速回升至 24.7%，此后一直维持在 20% 以上。制造业企业所实现的利润在短暂的上升后再次回落，其利润占比从 2009 年的 11.2% 开始上升，在 2013 年触及阶段性高点 20.6%，随后逐年回落，2018 年降至 13.3%。海外市场的利润占比与制造业趋势相反，随着美国经济持续复苏，海外市场利润占比逐渐下降，但近年来又有所回升，由 2014 年 17.9% 的低点回升至 2018 年的 22.7%。批发零售行业的利润占比较为稳定，一直在 12%～14% 的区间内上下浮动。其他行业中，公用事业的利润在这 10 年快速下降，2018 年甚至出现了亏损；交运仓储业利润占比维持在 2% 左右，信息业利润占比在 2012 年触及 5.2% 的阶段性底部后开始反弹，2018 年达到 7.3%。其他非金融行业②利润占比近几年出现了小幅提升，2018 年占比达到 21.0%。

2009～2018 年，全部美国企业利润年均增长速度为 5.8%。其中，金融行业在 2008 年金融危机后迅速复苏，并实现了利润的大幅增长，年均增速高达 37.4%，交运仓储行业的利润增速也相对较高，年均增速为 9.0%，是除金融业外唯一增速快于全部企业增长的行业。公用事业企业的盈利情况大幅恶化，行业所实现的利润出现了快速下滑，2018 年行业亏损金额超过 20 亿美元，与 2008 年末相比，年均降幅达到 10.7%。制造业及海外市场的利润增长速度也相对较慢，年均增速分别为 1.8% 和 2.4%。

---

① 由于数据可得性原因，2009～2018 年美国企业利润的数据口径与 1948～2008 年的口径存在略微差异，2009～2018 年的企业利润是经过存货估值调整后的企业利润，1948～2008 年均为企业税后利润。

② 其他非金融行业包括农、林、牧、渔业，采矿业，建筑业，房地产业，商业服务业，教育医疗业，娱乐休闲业以及其他服务业等。

从制造业细分行业的增速来看，2009～2018年，耐用品制造业企业所实现的利润增长整体要高于非耐用品，其中，耐用品企业利润年均增速为11.8%，而非耐用品制造业企业利润年均降幅为2.1%。具体来看，利润增长最快的为其他非耐用品[①]行业，年均利润增速高达48.6%；汽车及零部件行业扭亏为盈，实现了利润的大幅增长，年均增速为12.5%。由于石油价格在2014年出现了断崖式的下跌，前期快速增长的石油煤炭行业利润2015年开始大幅下滑，2016及2017年甚至出现了亏损；随着石油价格的小幅修复，2018年石油煤炭行业实现盈利近100亿美元，但与2008年末相比仍大幅下降，年均降幅为8.9%。

三、上市公司盈利与估值变化回顾

从走势来看，2009～2018年利润增速大致可以划分为三个阶段，上市公司的利润在2009～2010年第三季度经历了快速修复与增速调整，2010年底至2016年初震荡加剧，利润增速在正负之间摇摆不定，2016年第二季度起利润开始持续提升，直到2018年第四季度才再次出现负增长（见图8-17）。

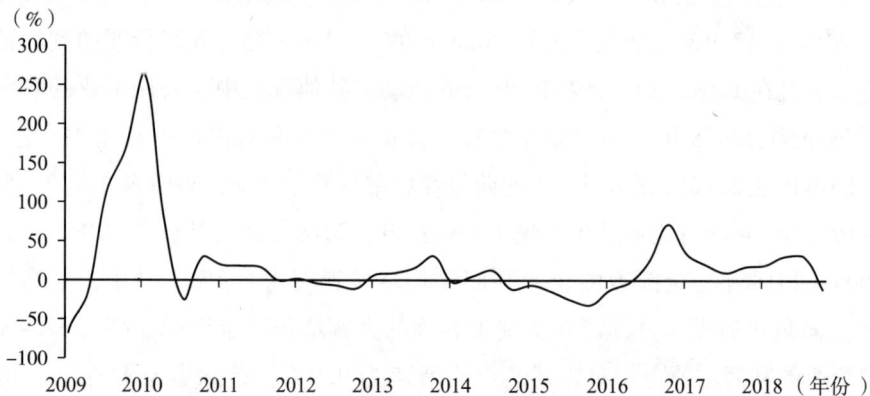

图8-17　2009～2018年全部美股单季度净利润增速变化情况

资料来源：Compustat数据库、笔者整理。

2009～2018年美股上市公司利润增速呈现上述的变化主要也是受到宏观经济的影响。美国宏观经济增速在2009年初触底回升，也带来上市公司盈利的快速修复，2010年第一季度利润增速上升至263%；随着2010年秋季经济指标的放缓，上市公

---

① 其他非耐用品包括纺织品、服饰皮革、纸制品、印刷制品以及塑料和橡胶制品；其他耐用品包括木制品、非金属矿制品、基本金属、其他交运设备、家具以及杂项制造业。

司利润增速也有所调整，可比口径下，美股第三季度利润同比下降25%。

2011～2016年初美国经济虽然保持温和增长，但复苏进程一波三折，其间上市公司利润的增长情况也趋势不明、震荡加剧，利润增速在正值和负值之间来回摇摆、反复切换。

2016年第二季度开始，美国经济增长再次加速并持续上升，虽然美股利润增速仍有起伏，但上市公司的净利润一直维持正增长，直到2018年第四季度才再次出现利润同比下降的情况。

2009年初，美国经济尚处于金融危机带来的深度衰退中，美股ROE仅为1.5%，为1963年以来的历史最低水平。随着美国经济的复苏与增长，至2018年末，全部美股ROE已经上升至了13.5%的水平，较2009年初提升了12个百分点。

美股上市公司盈利能力的提升主要集中在2009～2010年上半年，2010年第二季度全部美股ROE便已经上升至了13.1%，与2018年底基本持平，较2009年初提升了11.6%（见图8-18）。这与同期内美国经济从深度衰退到复苏、上市公司利润快速修复的表现是一致的。2011～2014年，全部美股的ROE均稳定在12%左右的水平，直到2015年经济增速再次出现明显下滑，上市公司利润同比下降后，全部美股ROE也出现了短暂的下滑，2016年第二季度降至了9.3%。随着经济的再次回升与持续增长，美股ROE也持续修复，至2018年末上升至13.5%。

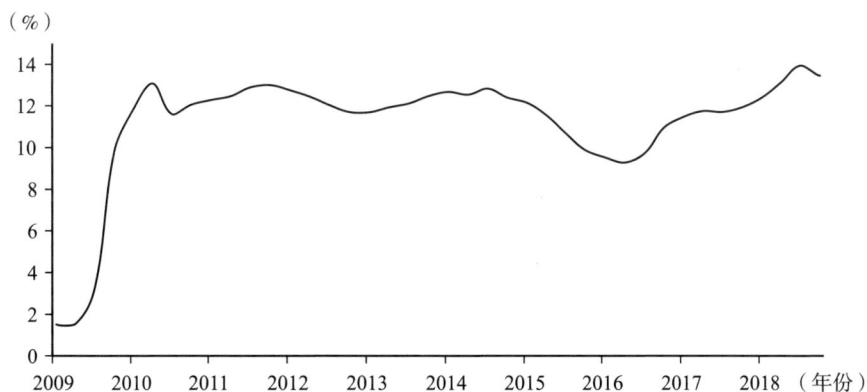

图8-18　2009～2018年全部美股ROE变化情况

资料来源：Compustat数据库、笔者整理。

整体来看，2008年末，标普500指数市盈率在16.7倍，至2018年末，指数PE未发生太大的变化，仍然为16.5倍。但从走势来看，标普500指数的市盈率在2009～2018年经历了两轮估值修复和调整（见图8-19）。

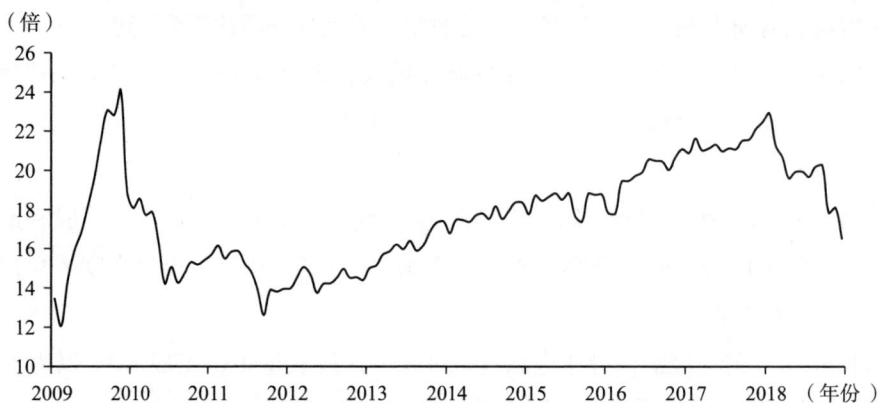

图8-19　2009～2018年标普500指数市盈率（PE）走势

资料来源：彭博咨询公司。

具体来看，标普500指数估值的修复主要发生在2009年和2013～2017年两个阶段，而这两个阶段导致估值上升的因素略有差异。在2009年长端利率持续走高的情况下，估值的修复主要是因为基本面的回升，美国经济在2009年实现了从深度衰退到企稳复苏。而2013～2017年美股估值的持续修复不仅是因为经济基本面保持温和增长，还得益于低利率环境。2014～2016年，美国10年期国债收益率持续下降，2016年6月降至1.5%的历史极低水平（见图8-20）。

图8-20　2009～2018年美国10年期国债到期收益率走势

资料来源：Wind资讯。

标普500指数估值的调整主要是在2010～2011年，以及2018年，造成估值下降的原因同样并不完全一致。造成2010～2011年估值下降的主要原因是经济增速的回落, 这期间长端利率持续下降。而导致 2018 年标普 500 指数估值出现调整的原因主要有两个, 一个是加息周期下利率的持续上行。美国在 2016 年进入了加息周期, 美债 10 年期国债收益率从 2016 年末开始上行, 从历史经验来看, 加息周期下美股估值一般都是下降的, 加息周期下的估值提升不可持续。另一个原因则是市场对美国未来经济基本面的担忧, 随着唐纳德·特朗普税改带来的刺激效应逐步减弱, 中美贸易摩擦加剧, 同时全球经济增长并不乐观, 市场对美国未来经济的担忧也在逐渐升温。

第三节　行情特征: 科技巨头

到 2018 年底, 美国股市市值最大的 20 个公司中, 排名最靠前的基本都是科技公司, 包括被归类到可选消费的亚马逊公司和归类到电信的谷歌公司。20 个公司中, 信息科技、电信、金融各有 4 个公司, 医疗保健公司有 3 个, 能源和可选消费公司各有 2 个, 必需消费品公司仅剩 1 个 (见表 8 - 1)。

表 8 - 1　　　　　　　　　**2018 年底美股市值前 20 大公司**　　　　　　单位: 亿美元

名称	行业	市值	名称	行业	市值
苹果公司	信息科技	10734	埃克森美孚公司	能源	2889
微软公司	信息科技	7570	辉瑞公司	医疗保健	2495
亚马逊公司	可选消费品	7375	美国联合健康公司	医疗保健	2392
谷歌公司	电信	7268	美国银行	金融	2383
伯克希尔哈撒韦公司	金融	5026	家得宝公司	可选消费品	2326
脸书公司	电信	3741	威瑞森电信公司	电信	2323
强生公司	医疗保健	3436	英特尔公司	信息科技	2119
维萨公司	信息科技	3324	富国银行	金融	2111
摩根大通公司	金融	3198	美国电话电报公司	电信	2078
沃尔玛公司	必需消费品	3147	雪佛龙公司	能源	2070

资料来源: 彭博咨询公司。

从 2009～2018 年, 美股走出了 10 年的慢牛行情, 成为全球表现最好的资本市场之一。从驱动因素来看, 这波牛市基本完全依靠上市公司盈利驱动, 到 2018 年底的市场整体估值水平与 2009 年初大致相当（见图 8-21）。

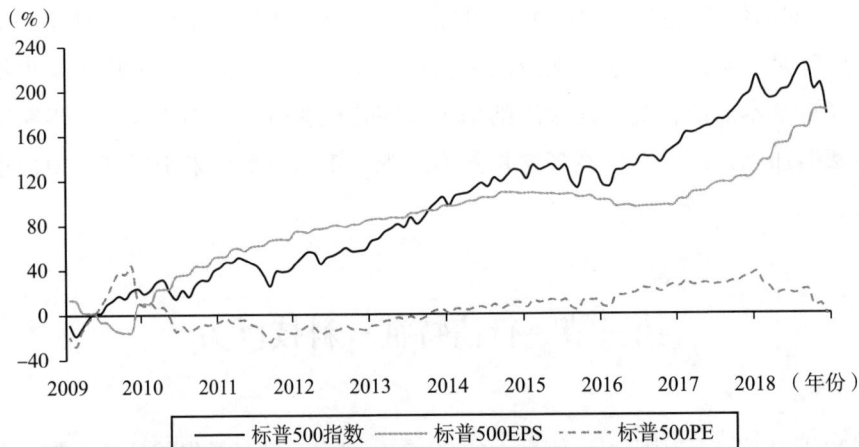

图 8-21 2009～2018 年标普 500 指数估值和 EPS 变化分解

资料来源：彭博咨询公司。

从行情的结构性特征来看（见图 8-22），主要有以下五个特点。

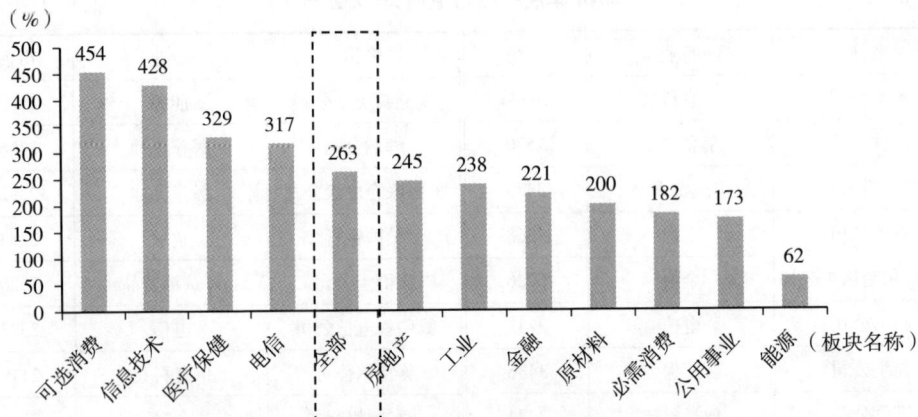

图 8-22 2009～2018 年美国股市分板块累计收益率表现

注：行业分类为 GICS。

资料来源：Compustat 数据库、笔者整理。

第一，股价表现最突出的是科技和互联网公司，这 10 年诞生了像 "FANG" 等一大批科技和互联网巨头，特别是在 2016 年以后，科技股板块的超额收益加速上行。而不同于 2000 年的 "互联网泡沫"，这波科技股大行情的背后是科技巨头们企业盈利的大幅提高。

第二，从板块轮动的角度看，10 年慢牛中，2016~2018 年的领涨板块是科技股，而 2011~2015 年的领涨板块是生物科技公司，这段时间内出现了美股历史上的第 4 次生物科技股浪潮。

第三，必需消费板块在这 10 年里有绝对收益，但是没有超额收益，板块的收益率排名非常靠后。笔者认为，这背后的主要原因在于必需消费品板块失去了成长性，变成了一种高净资产收益率（return on equity，ROE）、高市净率（price-to-book ratio，PB）的类固定收益资产。

第四，工业板块中的传统行业铁路和航天军工在这 10 年里表现非常好。航天军工板块在 2013 年以后现金流大幅好转，大量的回购和高股息，使得资产的投资性价比大幅上升。铁路行业处在一个"10 年"维度的盈利改善大周期中，盈利改善主要依靠集中度提高后的提价以及公司本身效率提升后的降成本。

第五，上市公司股票回购是铸就美股 10 年慢牛行情的重要因素，这 10 年里美股上市公司的累计股票回购金额要超过净利润的一半，巨量的回购一方面使得财务上股票的每股收益和 ROE 提高；另一方面也直接影响着二级市场的供求关系。

一、盈利驱动的科技股行情

21 世纪的第二个 10 年是科技股的天下，美国诞生了"FANG"等众多的科技巨头，在美股上市公司的市值排行榜上，信息科技公司已经牢牢占据榜首（见表 8-1）。在 2009~2018 年的时间段内，科技股的表现无疑是璀璨耀眼的，信息技术板块大幅跑赢市场整体（见图 8-22）。

这波科技股行情与 2000 年"互联网泡沫"时最大的区别就在于，这波行情的驱动力主要是科技公司的盈利大幅增长，特别是 2017 年以后，科技公司的盈利能力出现了加速上行（见图 8-23）。2009~2018 年标普 500 信息技术指数涨幅达 370%，其中，上市公司业绩增长超过 260%，估值提升贡献不到 30%。所以，到 2018 年底时，虽然科技公司股价确实已经涨了很多、股价确实已经很贵、市值确实已经很大，但市场依然不认为这是一次新的"泡沫"。

这段时间里，信息技术板块诞生了一大批耳熟能详的公司，其中，涨幅较大的包括英伟达公司（Nvidia）、博通公司（Broadcom）、苹果公司（Apple）、万事达公司（Mastercard）、红帽公司（Red Hat）、希捷科技公司（Seagate Technology）、思佳迅解

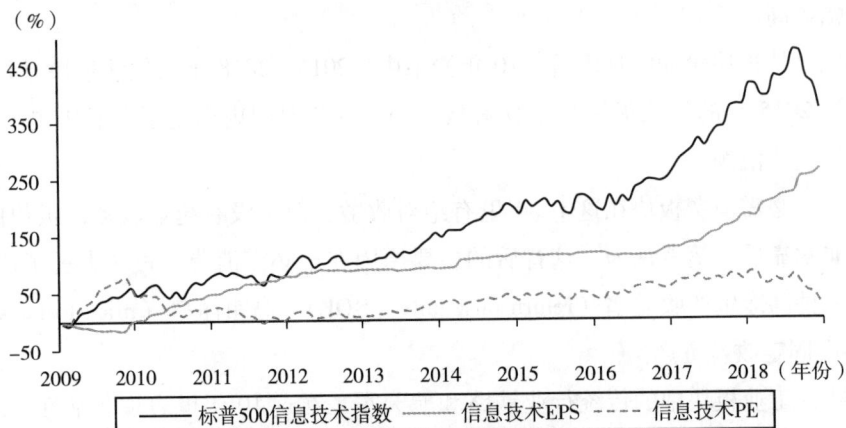

图 8 – 23　2009～2018 年标普 500 信息技术指数估值和 EPS 变化分解

资料来源：彭博咨询公司。

决方案公司（Skyworks Solutions）、美光科技公司（Micron Technology）、铿腾电子公司（Cadence Design Systems）、维萨信用卡公司（VISA）等，这些都是 10 年 10 倍股（见图 8 – 24）。其他还有包括像奥多比公司（Adobe）、布洛德里奇公司（Broadridge Financial Solutns）、威瑞信公司（Verisign）等，也都是信息技术板块表现非常出色的。

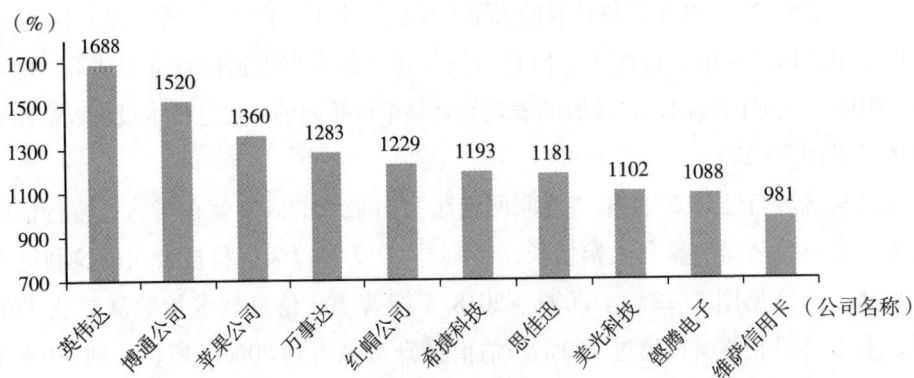

图 8 – 24　2009～2018 年标普 500 信息技术成分股涨幅较大个股

资料来源：Compustat 数据库。

2009～2018 年是从互联网进入移动互联网的时代，除了信息技术板块以外，广义的科技股还包括大量的互联网公司，在 GICS 行业分类中，互联网公司大多被归类在电信板块，涨幅较大的包括奈飞公司（Netflix）10 年涨幅超过 60 倍，互动软件公司（Take‑Two Interactive Software）、特许通信公司（Charter Communications）、谷歌公司（Google）、21 世纪福克斯公司（Twenty-First Century Fox）、埃培智公司（Inter-public Group）、哥伦比亚广播公司（Columbia Broadcasting System，CBS）、动视暴雪公司（Activision Blizzard）、迪士尼公司（Disney）、美国艺电公司（Electronic Arts，EA）等，都有不错的涨幅，但相比信息技术板块还是要差很多（见图 8 – 25）。脸书公司上市较晚，从 2012 年上市起到 2018 年底，也有 3 倍多涨幅。

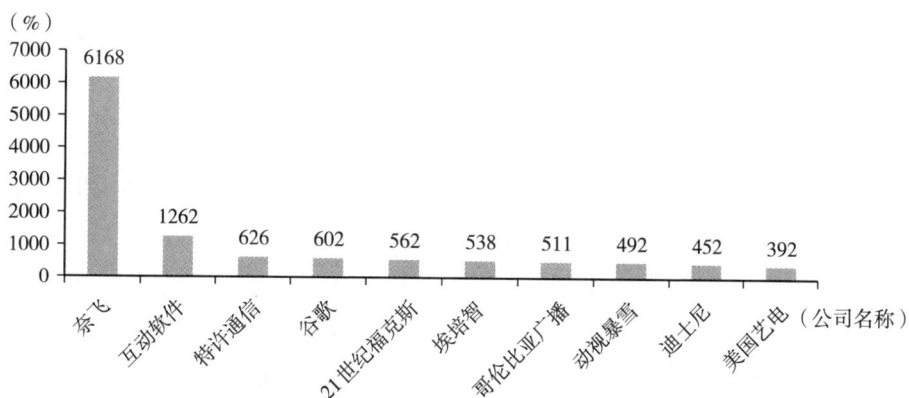

图 8 – 25　2009～2018 年标普 500 电信成分股涨幅较大个股

资料来源：Compustat 数据库。

二、第 4 次生物科技浪潮

从板块轮动的角度看，2009～2018 年的美股行情中，2016～2018 年的行情是由科技股驱动的，这点在前文中已经有阐述，而在这之前，从 2011～2015 年美股的领涨板块毫无疑问是生物科技公司（见图 8 – 26）。

2011～2015 年美股生物科技公司掀起了第 4 次浪潮，前三次分别是 20 世纪 80 年代初、1990～1992 年、1998～2000 年。这里笔者用的是“第 4 次浪潮”而不是第 4 次“泡沫”，是因为前三次生物科技公司大行情中，潮水退去后，板块的超额收益基本上是从哪里来回哪里去，从 20 世纪 80 年代初一直到“第 4 次浪潮”启动时的 2011 年左右，生物科技行业相对市场整体的超额收益来来回回都是原地踏步。而“第 4 次浪潮”中，虽然 2015 年以后行业的超额收益也出现了大幅回调，但总体上没有像以前那样完全回去，还可以保持在较高的位置。

股价指数（点）

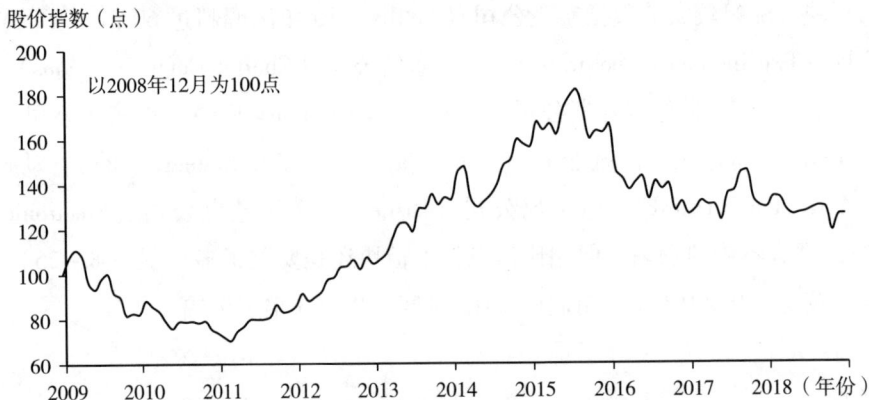

图 8－26　2009～2018 年生物技术行业超额收益走势

资料来源：Compustat 数据库。

　　驱动这波生物科技公司行情的主要力量是大量生物技术公司的新药审批通过，以及由此带来的并购效应。2006 年，美国食品药品监督管理局（Food and Drug Administration，FDA）批准的 30 个新分子实体药物中有 17 个来自大型的制药巨头公司，而到了 2016 年，获批的 25 个新分子实体药物中仅有 9 个来自制药巨头，制药巨头公司留下的空白很大一部分被生物技术企业所填补。在 2006～2016 年，生物技术企业获批的新分子实体药物数量增长了 3 倍，从最早的 3 个增长到 9 个，其中，一个重要原因是生物技术的快速发展使得众多研发企业获得足够多的融资以完成在研项目的市场化。[①]

　　生物技术企业在新药获批上压倒性的优势，也使得许多大型制药巨头公司愿意用外购的方式取得研究成果。而且，生物科技公司的火爆从二级市场可以传导到一级市场，据统计，2014 年美股市场上 1/3 的 IPO 是生物科技类公司。[②] 这种行情下，生物科技公司出现了一大批牛股，标普 500 样本中的生物科技股，涨幅较好的包括：再生元制药公司（Regeneron Pharmaceuticals），从 2009～2018 年有近 20 倍涨幅；因赛特医疗公司（Incyte Corporation），从 2009～2018 年累计涨幅有 15 倍，高点时涨幅一度超过 30 倍。这些还都是标普 500 的成分股，市值相对较大，很多小市值的生物科技公司涨幅几十倍的更是比比皆是。

---

①　资料来源：吴颖仪. 生物技术企业新药开发十年蜕变 [N]. 医药经济报，2017－04－06.
②　资料来源：杨博. 纳市生物科技板块泡沫浮现 [N]. 中国证券报，2015－03－27.

三、可选消费与亚马逊公司

按所有大类板块收益率表现排序中，2009～2018 年排名第一的是可选消费（见图 8－22）。这中间大市值公司亚马逊公司的影响可能较大，如果剔除亚马逊公司的影响，可以看到，可选消费板块总体上在这 10 年中依然有超额收益。但是在 2016 年以后，可以看到剔除亚马逊公司以后的可选消费板块超额收益走势在不断回落（见图 8－27）。

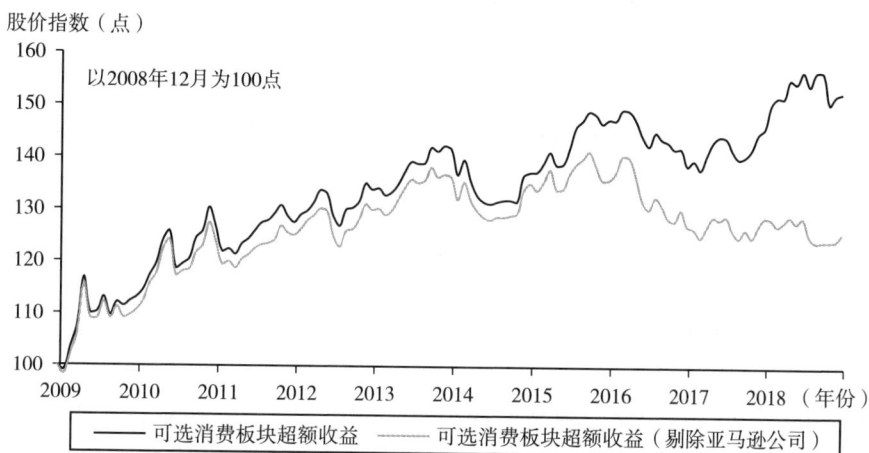

图 8－27　2009～2018 年可选消费板块超额收益走势

资料来源：Compustat 数据库。

从可选消费的几个细分行业收益率表现来看（见图 8－28），表现最好的是零售，这当然主要得益于亚马逊公司的巨大贡献。但实际上，不仅仅是亚马逊公司，其他一些专业零售公司在 2009～2018 年股价也有很好的表现，包括像缤客公司（Booking Holdings）等公司，收益率都不弱于亚马逊公司，都属于 10 年 10 倍股。其他一些零售公司包括亿客行公司（Expedia Group）、罗斯百货公司（Ross Stores）、奥莱利汽车公司（O'Reilly Automotive）、拖拉机供应公司（Tractor Supply）等在此期间也都有很好的表现。

排名第二的可选消费行业是传媒，这个行业从 2018 年 9 月起分类被从"可选消费"转移至了"电信"，笔者在前文中已经有分析，这里就不再赘述了。排名第三的是汽车及其零部件行业，这个行业的超额收益主要是在 2009～2010 年的超跌反弹中

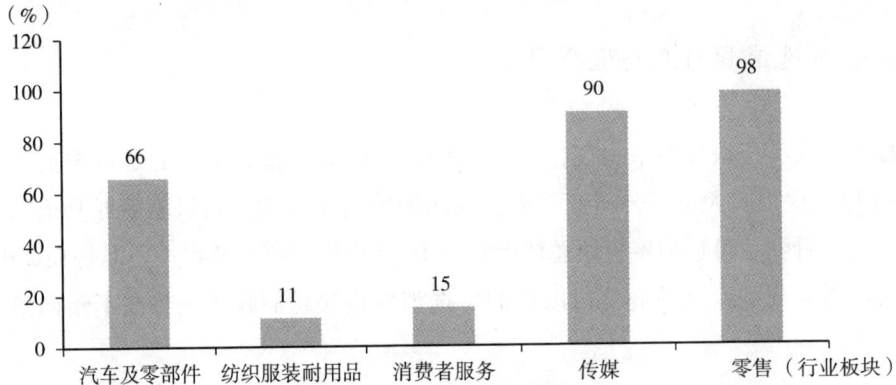

图 8－28　2009～2018 年可选消费板块分行业相对市场整体累计超额收益

资料来源：Compustat 数据库。

实现的，金融危机中它们惨不忍睹，政府救助后有一波大的修复性反弹，在之后并没有持续的超额收益。纺织服装耐用品和消费者服务，这两个行业在 2009～2018 年表现略好于市场整体一些。

四、必需消费的绝对与相对收益

必需消费在 2009～2018 年这段时间内总体上是上涨的，有绝对收益，但是没有相对收益，收益率显著跑输市场整体（见图 8－22）。

实际上，大致从 20 世纪 90 年代中期开始，一直到 2018 年，必需消费品趋势上都没有超额收益。这个过程中一个比较有意思的问题就是，必需消费品板块是在 ROE 大幅高于市场整体的情况下（见表 8－2），走出了一条长期看没有超额收益的曲线。

表 8－2　　　　　　　　　1990～2018 年标普 500 各板块 ROE 均值与中位数　　　　　单位：%

ROE	标普 500	必需消费	可选消费	医疗保健	信息技术	公用事业	原材料	工业	电信	能源	金融
均值	13.2	25.3	12.0	20.6	13.8	9.4	11.1	15.5	10.6	13.3	11.2
中位数	14.2	24.7	15.5	19.8	18.3	10.0	12.9	16.4	11.7	13.2	12.2

资料来源：彭博咨询公司。

为什么会这样？笔者认为，这中间的主要原因就在于驱动必需消费品板块 ROE 的模式发生了变化，20 世纪 90 年代中期以前，必需消费品板块的 ROE 主要依靠盈利增长来驱动，而之后板块的盈利增速不断下降，高 ROE 主要通过高股息来实现。[①] 从数学上来说，一个公司或者行业要维持当前的 ROE，在股息率不变的情况下，当且仅当下一期的盈利增速高于当期 ROE，此时可以使得 ROE 不断增长或维持。如果盈利增速较低，要维持高 ROE 就需要不断提高股息率，极端情况下，如果股息率达到 100%，则利润没有增速 ROE 也可以维持高位。

必需消费品板块的情况就是后一种，20 世纪 90 年代中期以后不断依靠高股息率而非盈利增长来维持高 ROE。这种情况下，必需消费品板块就变得越来越具有"固定收益"的属性了，因为盈利增长不确定性很大，非盈利增长的 ROE 确定性强很多。此时你会发现，当市场的估值到位时，板块即使 ROE 再高也没有了超额收益。

这个道理其实很简单，比如说如果利率是 5%，你去银行存款的利率也是 5%，那你这张存单在市场上转让的价格就应该是原价，没有人会出更高的价格。如果你通过各种方式，获得了一张利率达到 10% 的存单，那么，这个存单你可以卖出比票面更高的价格，但是用更高价格买这个存单的投资者，他不会获得比 5% 更高的超额收益的，因为利率虽高你买这张存单的价格也高了。这就是市场经济下的固定收益属性。美股的必需消费板块完全就是这个情况，ROE 越来越稳定，而同时估值也越来越合理，美股必需消费板块的市净率 PB 与标普 500 整体的倍数（见表 8 - 3），与必需消费板块 ROE 与标普 500 整体的倍数基本相同（见表 8 - 2），说明市场定价非常有效。

表 8 - 3　　　　　　　　1990～2018 年标普 500 各板块 PB 均值与中位数

PB	标普 500	必需消费	可选消费	医疗保健	信息技术	公用事业	原材料	工业	电信	能源	金融
均值	2.9	5.0	3.2	4.8	4.2	1.7	2.6	3.2	2.7	2.3	1.8
中位数	2.8	4.8	2.8	4.2	3.9	1.6	2.6	3.1	2.6	2.1	1.5

资料来源：彭博咨询公司。

回到 2009～2018 年这段行情，必需消费品板块表现较好的个股主要包括：星座品牌公司（Constellation Brands）[②]、雅诗兰黛公司（Estee Lauder）、怪物饮料公司（Monster Beverage）、泰森食品公司（Tyson Foods）、荷尔美食品公司（Hormel Foods）

---

① 具体分析详见本书第十章。
② 星座品牌公司是全球领先的优质葡萄酒生产商，是全美最大的高档葡萄酒公司，是美国、澳大利亚和加拿大最大的葡萄酒公司，是新西兰第二大葡萄酒公司和美国第一大啤酒进口商和销售商。

等，传统的一些必需消费品巨头如沃尔玛公司、可口可乐公司、宝洁公司等，股价表现都很一般。

五、老骥伏枥的铁路股和军工股

工业板块在 2009～2018 年的行情中，有两个细分行业值得关注，一个是航天军工行业，另一个是铁路行业，在美国经济发展历程中，这两个行业都可以算得上是有岁数的了。

首先是军工板块，从 2013 年开始板块开始出现显著超额收益，一直到 2018 年，一路跑赢市场整体（见图 8－29）。五大军工上市公司，波音公司（Boeing）、诺斯洛普·格鲁曼公司（Northrop Grumman）、洛克希德·马丁公司（Lockheed Martin）、雷神公司（Raytheon）、通用动力公司（General Dynamics），在 2009～2018 年的累计收益率分别为 880%、668%、337%、292%、244%，总体表现均较为出色。

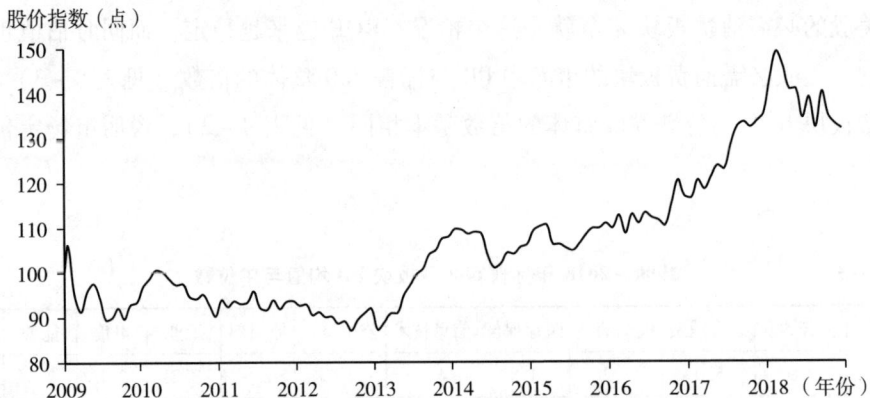

图 8－29　2009～2018 年航天军工行业超额收益走势

资料来源：Compustat 数据库。

造就军工板块大行情的因素可能主要来自三个方面：一是金融危机后市场对于美国政府国防开支普遍比较悲观，军工股的估值被压得很低，行情启动时波音公司的 PE（TTM）只有 12 倍左右。二是 2013 年起军工企业的营业收入出现拐点，这背后的原因一方面是美国政府的军费开支发生变化；另一方面是大型的军工巨头不断的兼并重组。三是军工企业的现金流好转，使得企业进行了大量的回购和股利支付，以波音为例，2015～2017 年的广义股息率（回购加股息）可以达到 10% 以上，在利率不断下行的经济背景下，军工企业的投资价值就更加突出了。

第二个行业是美国的铁路股，这个行业历史实在过于悠久，以至于都快让人忘了。但是这个行业的股价表现着实太好了，而且并不是从2009年才开始好的，从2000年开始，公路铁路行业维持了近20年的超额收益（见图8-30）。几家重要的美国铁路上市公司，联合太平洋公司（Union Pacific）、Csx公司、堪萨斯南方铁路公司（Kansas City Southern）、诺福克南方公司（Norfolk Southern），在2009～2018年的股价累计收益率分别是613%、608%、445%、309%，全部跑赢市场整体。

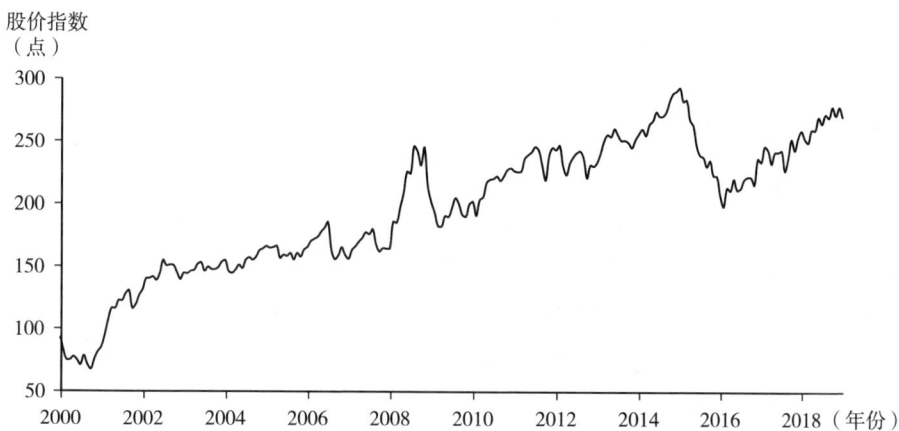

图8-30 2000～2018年公路铁路行业超额收益走势

资料来源：Compustat 数据库。

为什么一个如此传统的行业可以有如此好的股价表现？主要原因在于美国铁路行业"龙头"公司产业集中后，一方面能够不断提高运输价格；另一方面在不断地提升企业自身的经营效率压低成本。[①] 按照华尔街分析师的说法，铁路行业是进入了一个"10年为单位"的大的盈利上升周期。

六、回购出来的美股牛市

成就2009～2018年美股10年牛市的另一个重要因素，就是美国上市公司大量的股票回购，美国上市公司慷慨进行金额巨大的回购（见图8-31）。

---

① 不同于中国，美国铁路运营公司的业务主要集中在货运而非客运。

（亿美元）

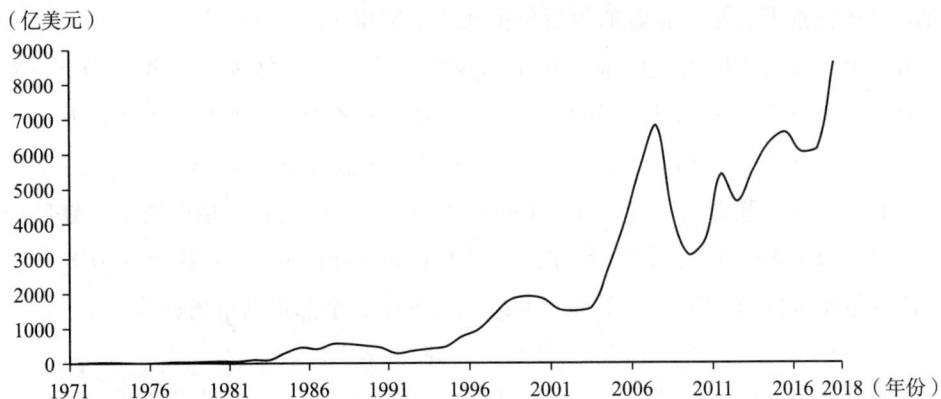

图 8－31　　1971～2018 财务年度美股上市公司股票回购金额总额

注：此处股票回购金额包括优先股和普通股。

资料来源：Compustat 数据库。

股票回购是指上市公司购回本公司发行在外的普通股或者优先股。回购的股票可以直接注销，减少公司的注册资本。但多数情况下，公司将回购的股票作为"库存股"保留，虽仍属于在外发行的股票，但库存股不享受分红、不参与每股收益计算和分配，同时，可以用于发行可转债、作为股权激励，或用于员工持股计划等，也可以直接再次在市场上出售获得现金。

上市公司回购本公司的股票，可以产生多方面的影响：一是在财务指标层面，回购可以提高公司股票的每股收益（EPS）以及净资产收益率（ROE）；二是股票回购可以减少二级市场公司股票供给增加需求，有直接提升股价的作用；三是上市公司股票回购对市场而言是一种非常积极的信号，表明大股东和管理层对公司未来有信心；四是学术上认为股票回购有利于减少道德风险问题，提高公司治理水平，因为回购减少公司多余的现金，可以避免管理层中饱私囊的代理问题。

大致从 20 世纪 80 年代开始，美国的上市公司出现了大举回购自己公司股票的现象，此后几十年里，上市公司股票回购的金额和比例（股票回购金额占净利润比例）不断上升。根据笔者的统计，美国上市公司从 2009～2018 财年累计的股票回购（包括普通股和优先股）金额高达 5.6 万亿美元，占上市公司全部净利润的 55% 左右。

这里笔者举一个典型的例子是苹果公司，看看股票回购是如何产生巨大的威力的。从财务数据上来看（见表 8－4），苹果公司的利润高成长性到 2012 年就基本结束了，从 2012～2018 年公司的净利润复合年化增速仅有 6.1%，当然苹果公司的股价涨幅年化后绝不止 6.1%，这里面回购功不可没。从 2013 财年开始，苹果公司开始了大规模的股票回购，当年回购金额达到了 239 亿美元，是前一年的 20 倍，在随后的年份中苹果公司的股票回购金额不断上升，到2018财年回购金额达到了惊人的753亿美元，超过了当年的净利润总额。在如此大规模的回购下，我们看到苹果公司的净资产收益率ROE，在净利润增速大幅低于ROE的前提下，从2013年的30%大幅提高到了2018年的56%。

表8-4 　　　　　　　　　　　2007~2018财年苹果公司主要财务指标对比

指标	2007年	2008年	2009年	2010年	2011年	2012年	2013年	2014年	2015年	2016年	2017年	2018年
净利润（亿美元）	35	48	82	140	259	417	370	395	534	457	484	595
回购金额（亿美元）	0	0	1	4	5	12	239	462	368	313	348	753
所有者权益（亿美元）	145	210	316	478	766	1182	1235	1115	1194	1282	1340	1071
ROE（%）	24	23	26	29	34	35	30	35	45	36	36	56

资料来源：Compustat数据库。

苹果公司是一个很好的例子，告诉我们回购如何铸就了美股10年慢牛。

第九章
美股必需消费板块行情与基本面回顾

第一节　必需消费板块上市公司基本情况介绍

必需消费品板块上市公司市值占比自 20 世纪 90 年代以来有所下降（见图 9－1）。1962 年以来，美股必需消费品板块上市公司市值占比整体呈先涨后跌走势，其中，20 世纪 60 年代至 90 年代末期，必需消费品板块市值占比持续上升，由 1962 年的 7% 升至 1991 年的 14%。而 1990 年至今美股必需消费品板块市值占比持续回落，并于 2018 年底降至 8%。

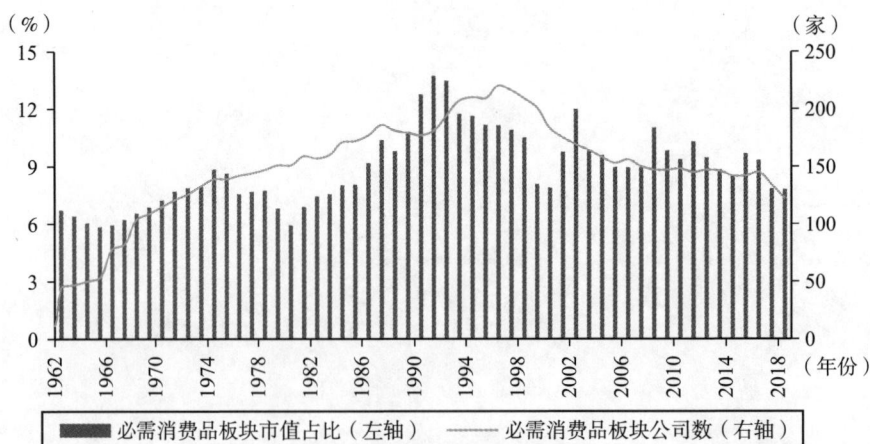

图 9－1　1962～2018 年必需消费品板块上市公司市值占比及数量变化

资料来源：Compustat 数据库。

从上市公司数量角度看，1962 年美股必需消费品上市公司仅 45 家，随后一路上升至 1996 年的高点 220 家，此后便开始逐年下降，截至 2018 年底，美股必需消费板块上市公司数量已降至 122 家（见图 9–1）。

近 50 年来美股必需消费品板块诞生了大批千亿级市值的优秀公司（见表 9–1）。1970 年美股必需消费品板块成分股中可口可乐公司市值居前，仅为 50 亿美元，宝洁公司次之，市值规模为 38 亿美元，第九名、第十名的金宝汤和凯洛格（Kellogg）公司市值更是均仅为 9 亿美元。而截至 2018 年底，沃尔玛跃升至行业"龙头"，市值高达 3147 亿美元，可口可乐公司次之，市值规模为 2021 亿美元，此时即使是排在第九名、第十名的亿滋国际公司（Mondelēz International）和卡夫亨氏公司（Kraft Foods），市值也高达 581 亿美元和 525 亿美元。

表 9–1　　　　　　1970~2018 年美股必需消费品板块"龙头"公司市值　　　　单位：亿美元

1970 年		1980 年		1990 年	
公司名称	市值	公司名称	市值	公司名称	市值
可口可乐公司	50	宝洁公司	61	高特利公司	479
宝洁公司	38	高特利公司	54	可口可乐公司	311
纳贝斯克公司	22	纳贝斯克公司	47	宝洁公司	302
安海斯-布希公司	17	可口可乐公司	41	沃尔玛公司	241
吉列公司	14	百事公司	25	百事公司	205
比姆公司	12	比姆公司	21	安海斯-布希公司	121
百事公司	12	凯洛格公司	15	凯洛格公司	92
高特利公司	12	贝斯特食品公司	15	比姆公司	83
金宝汤公司	9	通用磨坊公司	14	卡夫亨氏公司	79
凯洛格公司	9	阿彻丹尼尔斯米德兰公司	13	阿彻丹尼尔斯米德兰公司	73
2000 年		2010 年		2018 年	
公司名称	市值	公司名称	市值	公司名称	市值
沃尔玛公司	2440	沃尔玛公司	2023	沃尔玛公司	3147
可口可乐公司	1514	宝洁公司	1706	可口可乐公司	2021
高特利公司	972	可口可乐公司	1507	宝洁公司	1950
宝洁公司	748	菲利普莫里斯公司	1055	百事公司	1557
百事公司	717	百事公司	1033	菲利普莫里斯公司	1038

续表

2000 年		2010 年		2018 年	
公司名称	市值	公司名称	市值	公司名称	市值
安海斯－布希公司	411	亿滋国际公司	551	好事多公司	1022
吉列公司	380	高特利公司	514	高特利公司	926
金佰利公司	377	高露洁棕榄公司	398	沃博联公司	653
高露洁棕榄公司	366	金佰利公司	257	亿滋国际公司	581
沃博联公司	332	沃博联公司	252	卡夫亨氏公司	525

资料来源：Compustat 数据库。

第二节　必需消费板块基本面与估值演化

一、必需消费板块基本面演化

对比 1966 年以来美股必需消费行业 ROE 和美股整体 ROE 的走势（见图 9－2），笔者主要得到以下三点结论。

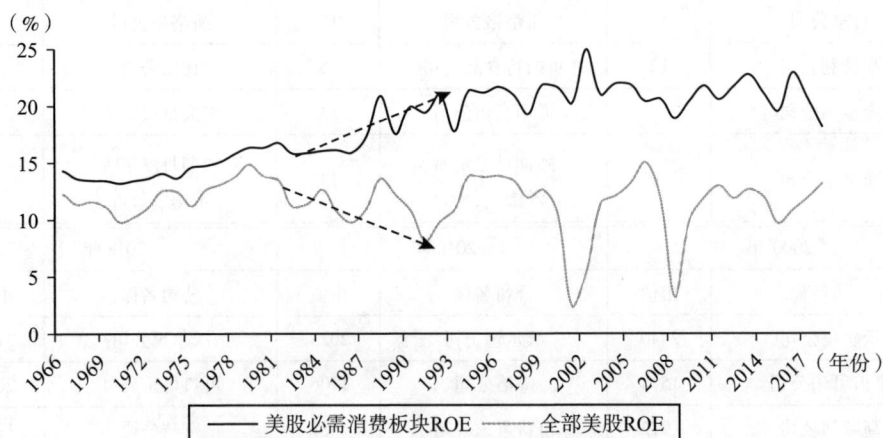

图 9－2　1966~2017 年美股必需消费板块 ROE 变化

资料来源：Compustat 数据库。

（1）1966 年以来的近 60 年的时间里，美股必需消费板块 ROE 持续高于美股整体水平。1966 年以来，美股必需消费板块 ROE 中枢大致为 18%，而美股整体仅为 10% 左右。并且历史数据显示，美股必需消费板块是唯一 ROE 水平持续处于美股整体水平之上的行业。

（2）从 ROE 的稳定性来看，20 世纪 90 年代以来，美股必需消费板块 ROE 波动明显小于美股整体。1990 年以来，美股必需消费板块 ROE 绝大多数时间在 15%～20% 区间里窄幅波动，而美股整体 ROE 几度向下逼近 0 值，波动幅度明显高于必需消费板块。

（3）分阶段来看，20 世纪 80 年代至 90 年代，美股必需消费板块 ROE 水平持续上升，而美股整体 ROE 水平震荡下滑，二者走势背离较为明显，必需消费板块 ROE 相对美股整体 ROE 水平不断走高。而进入 21 世纪，美股必需消费板块和全部美股 ROE 基本均处于震荡走势，二者之间的差距也基本维持于稳定的水平。

从 ROE 的影响因素来看，20 世纪 60～90 年代美股必需消费板块 ROE 走势与其净利润增速基本一致（见图 9－3），可以说这个阶段板块 ROE 基本由净利润因素决定。而步入 21 世纪，必需消费板块净利润增速震荡下行，但其 ROE 在该阶段却仍维持稳定，这主要得益于该阶段必需消费板块股息率的大幅提升。

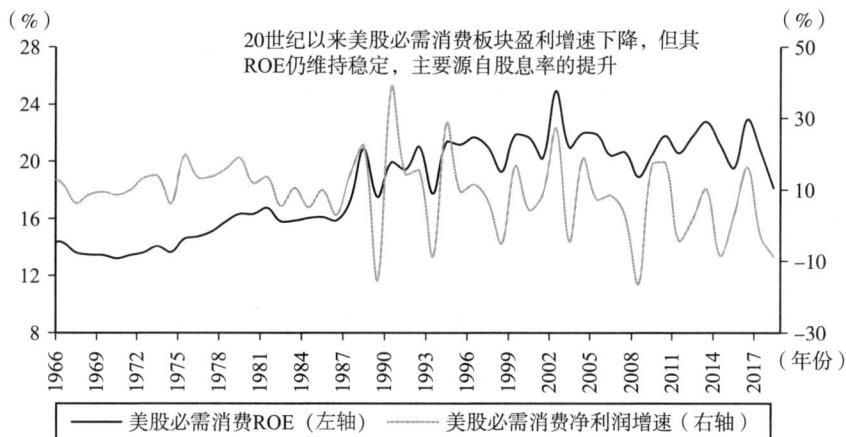

图 9－3　1966～2017 年美股必需消费板块 ROE 走势与其净利润增速走势

资料来源：Compustat 数据库。

不过值得注意的是股息率的提升仅能保证 ROE 的稳定，并不能带来 ROE 的持续上升。虽然股息率的提升确实能对 ROE 的稳定提供一定的支撑，但是由于必需消费板块净利润增速放缓，且常年落后于美股整体利润增速，最终导致21世纪以来美股必需消费板块ROE相对美股整体保持稳定。

二、必需消费板块估值演化

（1）总体来看，美股必需消费板块的估值高于美股整体水平，板块PE估值与美股整体水平相差不大（见图9-4），但板块PB估值显著高于美股整体水平（见图9-5）。1966年以来的50多年时间里，美股必需消费板块PE平均值大约为18倍，中位数约为19倍，同期美股整体PE平均值和中位数分别为21倍和18倍。必需消费板块PB平均值大约为3.5倍，中位数约为3.6倍，而同期美股整体PB平均值和中位数分别为2.1倍和2.0倍。

图9-4 1970~2018年美股必需消费板块绝对PE走势

资料来源：Compustat数据库。

（2）从估值的稳定性来看，必需消费板块PE波动明显小于美股整体，但PB波动性高于美股整体。1966年以来，美股必需消费板块PE标准差为6倍，明显小于美股整体水平的15倍，不过美股必需消费板块PB标准差为1.4倍，高于美股整体水平的0.8倍，PE和PB估值波动性相对美股整体水平出现了一定程度的分化。

（3）分阶段来看，美股必需消费板块绝对估值在20世纪60年代末至70年代末震荡下行，此后的80年代初至90年代末必需消费板块估值持续提升，而2000年以来，必需消费板块估值连续将近10年持续下降，直至2012年开始，板块估值再度小

（倍）

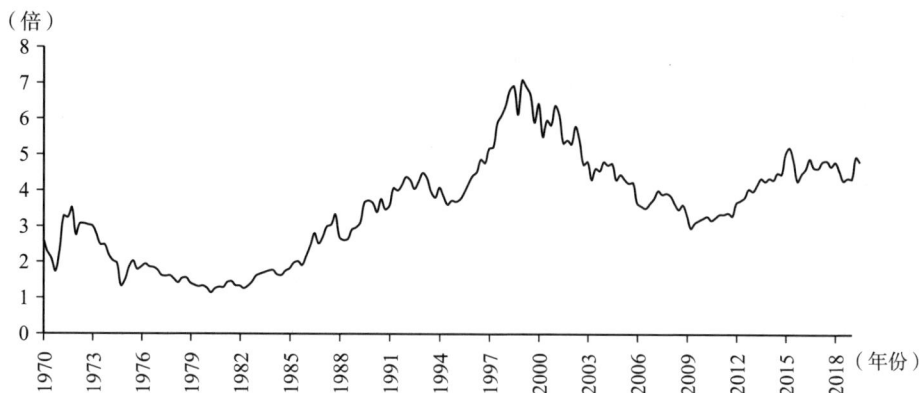

图 9 - 5　1970 ~ 2018 年美股可选消费板块绝对 PB 走势

资料来源：Compustat 数据库。

幅回升。从板块相对美股整体 PE 水平的变化趋势看，20 世纪 60 年代末至 70 年代末，必需消费板块 PE 估值在大多时间里基本均高于美股整体水平，不过该阶段板块的相对 PE 水平震荡下行，此后在 80 年代初至 90 年代末，板块 PE 围绕美股整体水平上下小幅波动。而步入 21 世纪以来，必需消费板块 PE 在大多时间里均处于美股整体水平之下。

第三节　必需消费板块行情回顾

一、必需消费板块行情的四个阶段

1968 年以来，美股必需消费板块年化收益率为 12.9%，美股整体收益率为 10.8%，相比之下必需消费板块获得 2.1% 的年均超额收益率，在各行业中处于领先地位（见图 9 - 6）。

具体来看，1966 年以来，美股必需消费板块超额收益率走势主要可以划分为以下四个阶段（见图 9 - 6）。

（1）阶段一（1966 年 12 月至 1973 年 1 月）：该阶段美股必需消费板块超额收益率指数整体上行趋势较为显著，板块超额收益率指数从 1966 年 12 月的 59.1 点升至 1973 年 1 月的 125.3 点，超额收益率累计涨幅高达 112%。

股价指数（点）

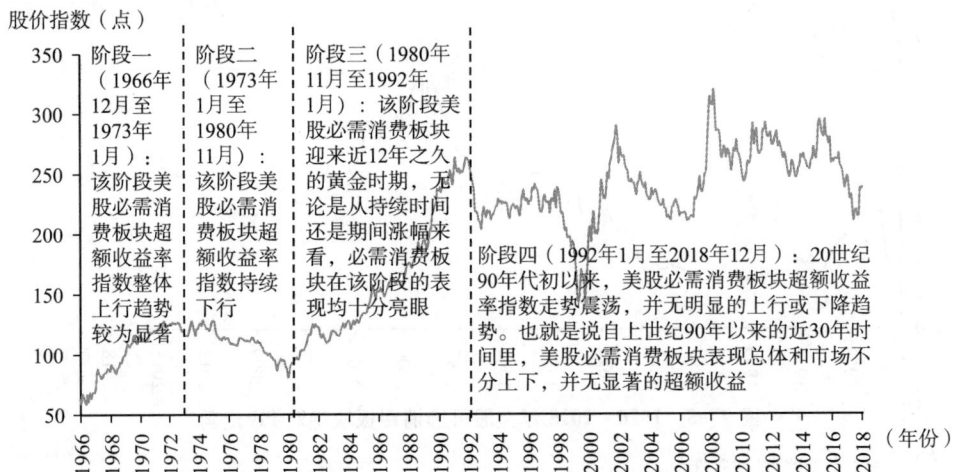

阶段一（1966年12月至1973年1月）：该阶段美股必需消费板块超额收益率指数整体上行趋势较为显著

阶段二（1973年1月至1980年11月）：该阶段美股必需消费板块超额收益率指数持续下行

阶段三（1980年11月至1992年1月）：该阶段美股必需消费板块迎来近12年之久的黄金时期，无论是从持续时间还是期间涨幅来看，必需消费板块在该阶段的表现均十分亮眼

阶段四（1992年1月至2018年12月）：20世纪90年代初以来，美股必需消费板块超额收益率指数走势震荡，并无明显的上行或下降趋势。也就是说自上世纪90年以来的近30年时间里，美股必需消费板块表现总体和市场不分上下，并无显著的超额收益

图9-6　1966～2018年美股必需消费板块超额收益率指数走势

资料来源：Compustat 数据库、定基作图（1966年底＝100点）。

（2）阶段二（1973年1月至1980年11月）：该阶段美股必需消费板块超额收益率指数持续下行，由1973年1月的125.3点高点一路下滑至1980年11月的80.8点，超额收益率累计跌幅为36%。

（3）阶段三（1980年11月至1992年1月）：该阶段美股必需消费板块迎来近12年之久的"黄金时期"，在该阶段必需消费板块超额收益率指数大幅上升，由1980年11月的80.8点升至1992年1月的254.7点，累计涨幅高达215%，所以无论是从持续时间还是期间涨幅来看，必需消费板块在该阶段的表现均十分亮眼。

（4）阶段四（1992年1月至2018年12月）：20世纪90年代初以来，美股必需消费板块超额收益率指数走势震荡，并无明显的上行或下降趋势，截至2018年底必需消费板块超额收益率指数为239.2点，略低于1992年1月的254.7点，也就是说自20世纪90年代以来的近30年时间里，美股必需消费板块表现总体和市场不分上下，并无显著的超额收益。

美股必需消费板块绝对收益率主要得益于盈利的贡献（见图9-7）。具体来看，1967年底以来，美股必需消费品指数13.2%的年化收益率中，盈利贡献了8.5%，而估值仅贡献了4.8%。同期美股整体10.8%的年化收益率中，盈利贡献了8.7%，估值贡献同样仅为2.1%。

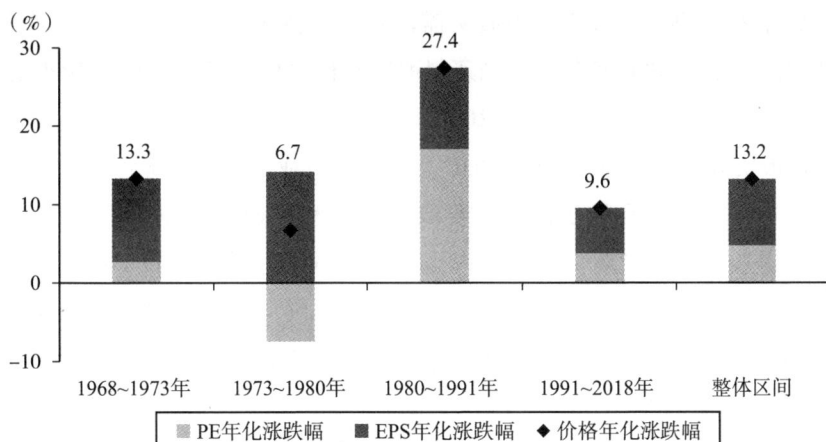

图 9 - 7　1968 ~ 2018 年美股必需消费品板块收益率驱动因素分解

资料来源：Compustat 数据库。

二、行情背后的驱动逻辑探讨

可以看出，必需消费板块 ROE 和美股整体 ROE 的相对走势可以较好地解释消费板块的超额收益率情况（见图 9 - 8）。20 世纪 80 年代初至 90 年代初美股必需消费板块 ROE 持续改善，相对美股整体获得十分显著的超额收益。而 21 世纪以来，必需消费板块 ROE 基本维持稳定，相对美股整体 ROE 水平并未出现明显的上升，因此近 20 年来，美股必需消费板块仅获得与大盘较相近的绝对收益，并无显著的超额收益。

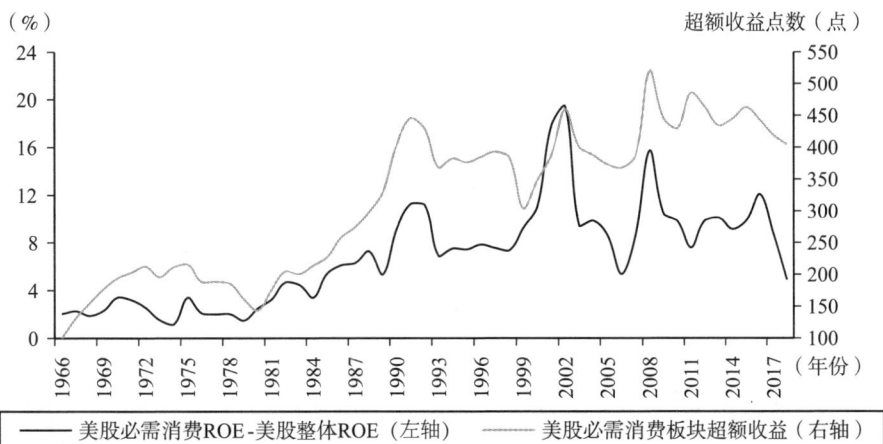

图 9 - 8　1966 ~ 2017 年美股必需消费板块相对美股整体 ROE 走势与其超额收益率走势

资料来源：Compustat 数据库。

所以笔者认为1960年以来，美股必需消费板块持续的绝对收益源自其长期稳定的高ROE水平，而板块超额收益率则还得取决于板块相对于大盘整体ROE走势，即当必需消费板块ROE相对大盘整体ROE显著改善时，行业超额收益率将同步提高，当必需消费板块ROE相对大盘整体ROE恶化时，行业超额收益率将同步下滑。

进一步看，ROE水平的变化则主要取决于盈利增速和股息率的变化。20世纪60~90年代美股必需消费板块ROE走势与其净利润增速基本一致，可以说这个阶段板块ROE基本由净利润因素决定。而步入21世纪，必需消费板块净利润增速震荡下行，但其ROE在该阶段却仍维持稳定，这主要得益于该阶段必需消费板块股息率的大幅提升。

值得注意的是，20世纪80年代初至90年代初，美股必需消费板块处于黄金发展期，该阶段板块在净利润大幅提高的支撑下，ROE持续改善，并最终达到稳定状态。笔者认为该阶段必需消费板块净利润增长背后的驱动因素值得进一步探讨。

分解营收和净利润率来看，笔者认为，20世纪80年代初至90年代初美股必需消费板块净利润表现亮眼的原因主要在于以下两点。

（1）20世纪80年代初至90年代末必需消费板块营收大幅提高（见图9-9）。无论是从绝对走势还是相对走势来看，1960年以来，必需消费板块和美股整体营收的变化与二者净利润数据极其一致，表明营收变化在整个阶段对必需消费板块净利润数据具有十分重要的影响。其中，80年代初至90年代末必需消费板块营收大幅提高，远远领先美股整体营收水平。

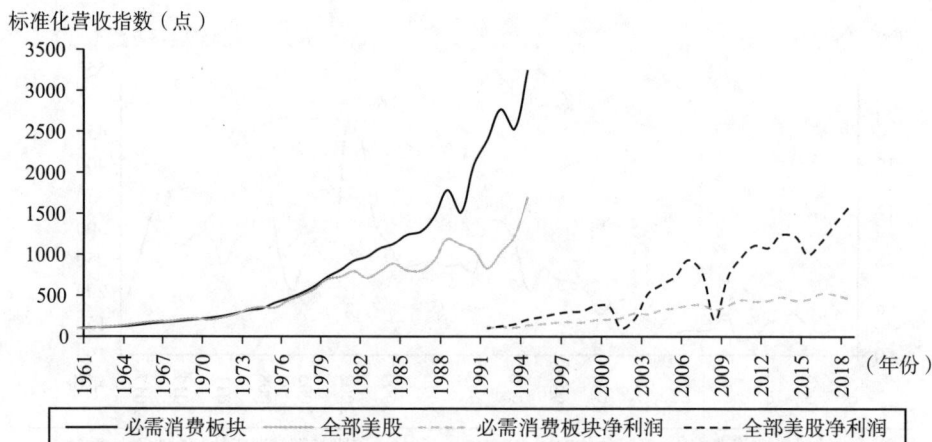

标准化营收指数（点）

必需消费板块　　全部美股　　必需消费板块净利润　　全部美股净利润

图9-9　1961~2018年美股必需消费板块营业收入变化与净利润变化

资料来源：Compustat数据库，营收数据分别在1960年和1990年做标准化处理。

而20世纪80年代必需消费板块营收之所以大幅提高，笔者认为离不开上市公司海外业务的扩张。我们以宝洁公司为例，20世纪80年代至2012年之前，宝洁公司海外营业收入及占比持续上升。其中，80年代初至90年代末这段时期是宝洁公司海外营收占比上升速度最快的阶段，海外营收占比由1985年的24%大幅提高至1993年的50%。笔者认为，20世纪80年代宝洁公司海外市场的开拓或许仅是美国必需消费品板块国际化过程中的一个缩影，反映出在20世纪80年代海外市场对行业营收不可忽视的贡献。

（2）净利润率止跌回升（见图9-10）。1960年以来，美股必需消费板块净利润率整体呈现"U"形状。其中，60年代中期至80年代中期，必需消费板块净利润率持续下滑，而80年代中期以来，必需消费板块净利润率则不断改善，震荡上行。也就是说20世纪80年代中期大致是美股必需消费板块净利润率走势的一个重要分界点，自那以来，必需消费板块净利润率止跌回升，对板块净利润的贡献度不断提高。

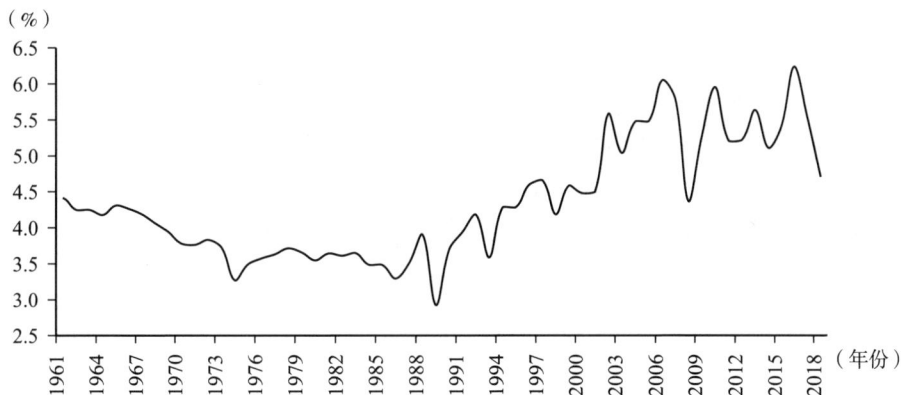

图9-10　1961~2018年美股必需消费板块净利润率走势

资料来源：Compustat数据库。

而必需消费板块在20世纪80年代中期至90年代初，净利润率的止跌回升主要得益于行业集中度的提升，例如软饮料、液态乳品、男装套装等几个必需消费板块细分行业80年代集中度大幅提升，而"龙头"的集中效应由此带来了行业利润率的改善。

第十章
美股可选消费板块行情与基本面回顾

第一节　可选消费板块上市公司基本情况介绍

可选消费品板块上市公司市值占比自 20 世纪 60 年代以来震荡下行（见图 10 - 1）。1962 年以来，美股可选消费品板块上市公司市值占比整体呈震荡下行趋势，1962 年底美股可选消费品板块上市公司市值占比为 15%，在经历短暂的上升后开始震荡回落，截至 2018 年底，美股可选消费品板块市值占比降至 11%。

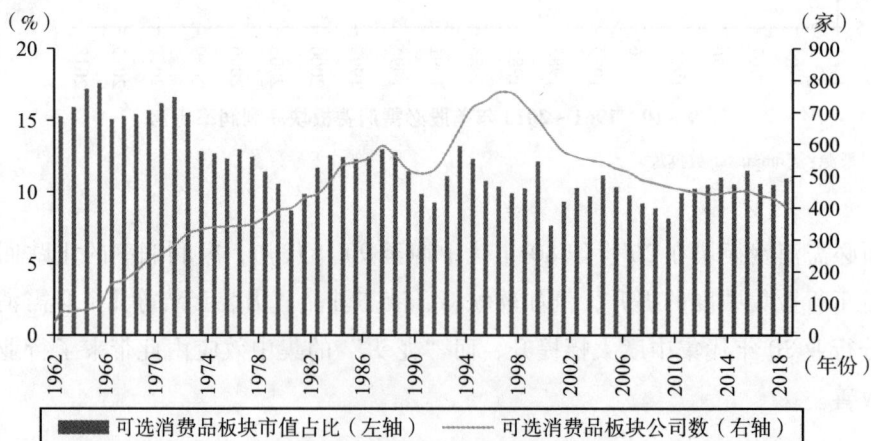

图 10 - 1　1962 ~ 2018 年可选消费品板块上市公司市值占比及数量变化

资料来源：Compustat 数据库。

从上市公司数量角度看，1962 年美股可选消费品上市公司共 72 家，随后大幅上升至 1996 年的高点 763 家，此后开始持续下降，截至 2018 年底，美股可选消费板块上市公司数量已降至 401 家（见图 10 - 1）。

近 50 年来美股可选消费板块同样诞生了大批千亿级市值的优秀公司（见表 10 - 1）。1970 年标普可选消费品指数成分股中通用汽车公司市值居前，仅为 230 亿美元，西尔斯公司次之，市值规模为 97 亿美元，第九名、第十名的奥菲斯公司（OfficeMax）和克莱斯勒汽车公司市值更是均仅为 14 亿美元。而截至 2018 年底，亚马逊公司跃升至绝对"龙头"，市值高达 7375 亿美元，家得宝公司次之，市值规模为 2326 亿美元，而此时即使是排在第九名、第十名的提杰克斯公司（TJX）和通用汽车公司，市值也高达 504 亿美元和 468 亿美元。

表 10 - 1　　　　1970 ~ 2018 年美股可选消费品板块"龙头"公司市值　　　单位：亿美元

1970 年		1980 年		1990 年	
公司名称	市值	公司名称	市值	公司名称	市值
通用汽车公司	230	通用汽车公司	133	通用汽车公司	208
西尔斯公司	97	天纳克公司	61	杰拉尔德·福特公司	126
杰拉尔德·福特公司	61	西尔斯公司	54	麦当劳公司	105
哥伦比亚广播公司	27	哥伦比亚广播公司	25	西尔斯公司	87
杰西潘尼公司	24	杰拉尔德·福特公司	24	哥伦比亚广播公司	83
固特异轮胎公司	23	华纳公司	21	杰西潘尼公司	80
梅西百货公司	15	麦当劳公司	20	大都会通讯公司	77
天纳克公司	15	天合公司	19	直播电视集团公司	70
奥菲斯公司	14	杰西潘尼公司	18	蕾碧裳股份有限公司	59
克莱斯勒公司	14	李维斯公司	17	天纳克公司	58
2000 年		2010 年		2018 年	
公司名称	市值	公司名称	市值	公司名称	市值
家得宝公司	1305	亚马逊公司	812	亚马逊公司	7375
时代华纳公司	1221	麦当劳公司	809	家得宝公司	2326
麦当劳公司	444	杰拉尔德·福特公司	635	麦当劳公司	1362
杰拉尔德·福特公司	435	通用汽车公司	553	耐克公司	1150
盖普公司	380	家得宝公司	476	劳氏公司	869
斯塔尔兹公司	349	塔吉特公司	382	缤客公司	786

续表

2000 年		2010 年		2018 年	
公司名称	市值	公司名称	市值	公司名称	市值
塔吉特公司	300	亿贝公司	361	星巴克公司	744
直播电视集团公司	298	时代华纳公司	354	特斯拉公司	574
通用汽车公司	279	耐克公司	350	提杰克斯公司	504
福克斯公司	220	嘉年华公司	326	通用汽车公司	468

资料来源：Compustat 数据库。

第二节　可选消费板块基本面与估值演化

一、可选消费板块基本面演化

对比 1962 年以来美股可选消费板块 ROE 和美股整体 ROE 的走势（见图 10 - 2），笔者主要得到以下三个结论。

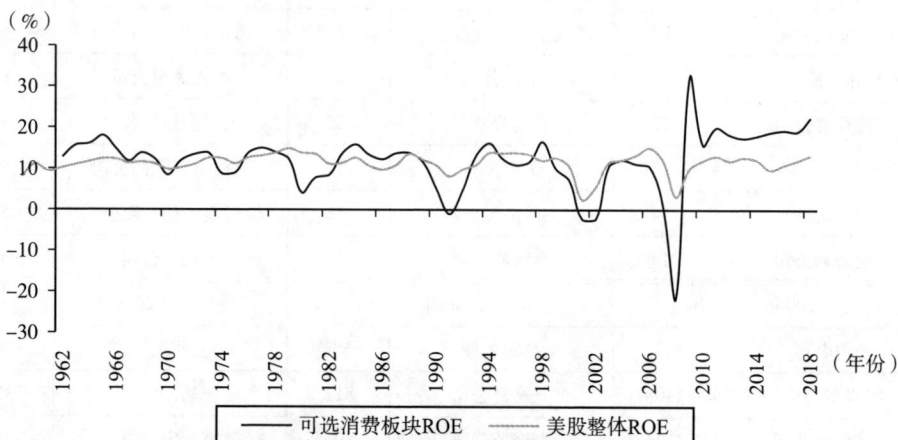

图 10 - 2　1962～2018 年美股可选消费板块 ROE 变化

资料来源：Compustat 数据库。

（1）总体来看，美股可选消费板块的盈利能力与美股整体水平相近，板块 ROE 与市场平均水平相差不大。1962 年以来的近 60 年的时间里，美股可选消费板块 ROE

基本围绕着美股整体 ROE 上下波动，两者 ROE 中枢水平大致相同，均在 10% 左右。

（2）从 ROE 的稳定性来看，可选消费板块 ROE 波动明显大于美股整体。1962 年以来，美股可选消费板块 ROE 最大值为 32.6%，最小值为 -21.6%，整体标准差为 7.4%，仅次于信息科技行业，远高于美股整体的 2.3%，充分反映出可选消费板块 ROE 的稳定性不及美股整体水平。

（3）分阶段来看，20 世纪 60 年代初至 70 年代初的近 10 年时间里，美股可选消费板块 ROE 水平持续处于美股整体上方，而 70 年代初至 80 年代初的近 10 年时间里，美股可选消费板块 ROE 震荡下行，且长年低于美股整体水平。此后 80 年代到 2008 年金融危机期间的近 30 年时间里，美股必需可选板块和全部美股 ROE 基本均处于震荡走势，二者之间的差距也基本维持于稳定的水平。不过金融危机以来的近 10 年里，美股可选消费 ROE 大幅改善，实现了对美股整体水平的超越，近 10 年时间里持续处于美股整体 ROE 水平之上。

美股可选消费板块净利润 5 年复合平均增速大致呈现出中枢较低、波动性较高的特点（见图 10 - 3）。1962 年以来，美股可选消费板块净利润 5 年复合平均增速中枢大致稳定于 7.3%，在笔者统计的美股各板块中处于中下位置，其中，行业净利润增速最大值为 63.2%，最小值为 -70.5%，标准差 16.5%，行业净利润增速波动性在笔者统计的美股各板块中处于中上水平。

图 10 - 3　1961~2018 年美股可选消费板块净利润 5 年复合平均增速走势

资料来源：Compustat 数据库。

从行业净利润增速和 ROE 之间的关系来看，1962 年以来，美股可选消费板块净利润增速走势和行业 ROE 走势较为一致，二者相关系数高达 0.6。此外，美股可选消费板块 ROE 相对大盘整体走势与其净利润增速相对大盘走势同样拟合的较好，二者相关系数为 0.5，即当板块的净利润增速相对大盘走高时，美股可选消费 ROE 相对大盘同样出现改善趋势。

二、可选消费板块估值演化

（1）总体来看，美股可选消费板块的估值水平高于美股整体水平，板块 PE 与 PB 在大多数时间里均高于美股整体水平（见图 10-4、图 10-5）。1966 年以来的 50

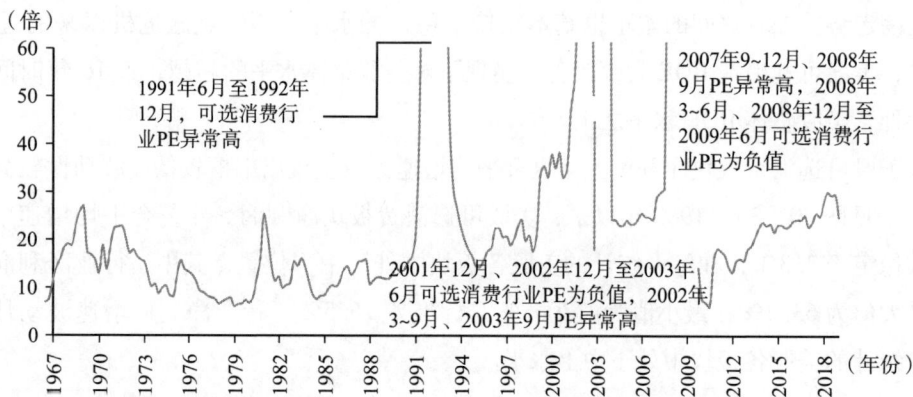

图 10-4　1967～2018 年美股可选消费板块绝对 PE 走势

资料来源：Compustat 数据库。

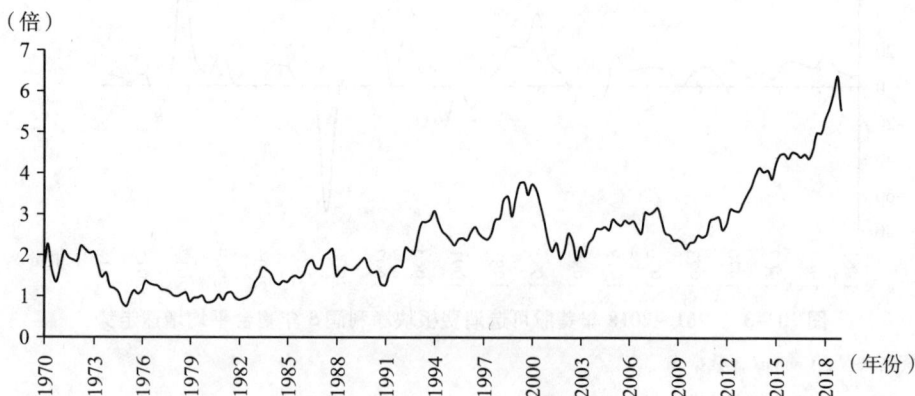

图 10-5　1970～2018 年美股可选消费板块绝对 PB 走势

资料来源：Compustat 数据库。

多年时间里，美股可选消费板块 PE 平均值大约为 39 倍，中位数约为 18 倍，PB 平均值大约为 2.4 倍，中位数约为 2.3 倍，而同期美股整体 PE 平均值和中位数分别为 21 倍和 18 倍，PB 平均值和中位数分别为 2.1 倍和 2.0 倍。

（2）从估值的稳定性来看，可选消费板块 PE 和 PB 的波动性明显大于美股整体。1966 年以来，美股可选消费板块 PE 标准差为 55 倍，远高于美股整体水平的 15 倍，美股可选消费板块 PB 标准差为 1.1 倍，同样高于美股整体水平的 0.8 倍。

（3）分阶段来看，美股可选消费板块 PE 在 20 世纪 80 年代初、90 年代初以及 21 世纪初均急剧上升，且远远高于同期美股整体水平，而在其余时间段里，可选消费板块 PE 波动幅度相对较小，中枢变化基本不大，且与美股整体水平相近。从 PB 的角度看，20 世纪 70 年代中期之前，可选消费板块 PB 震荡下行，而自 80 年代初以来，美股可选消费板块 PB 上行趋势十分显著，仅 2000～2008 年出现阶段性的横向震荡。

第三节　可选消费板块行情历史走势回顾

一、可选消费板块行情的五个阶段

1968 年以来，美股可选消费板块年化收益率为 10.9%，美股整体收益率为 10.8%，虽然相比之下近 60 年来可选消费板块年化超额收益率仅为 0.1%，但其是美股所有行业中为数不多的能跑赢大盘的行业之一（见图 10 - 6）。

具体来看，1966 年以来，美股可选消费板块超额收益率走势主要可以划分为以下五个阶段（见图 10 - 6）。

（1）阶段一（1966 年 3 月至 1972 年 3 月）：该阶段美股可选消费板块超额收益率指数整体上行趋势十分显著，板块超额收益率指数从 1966 年 3 月的 100 点升至 1972 年 3 月的 197 点，超额收益率指数累计涨幅高达 97%。

（2）阶段二（1972 年 3 月至 1980 年 11 月）：该阶段美股可选消费板块超额收益率指数触顶回落，由 1972 年 3 月的 197 点高点一路下滑至 1980 年 11 月的 91 点，完全回吐上阶段的所有涨幅，超额收益率指数累计跌幅为 54%。

股价指数（点）

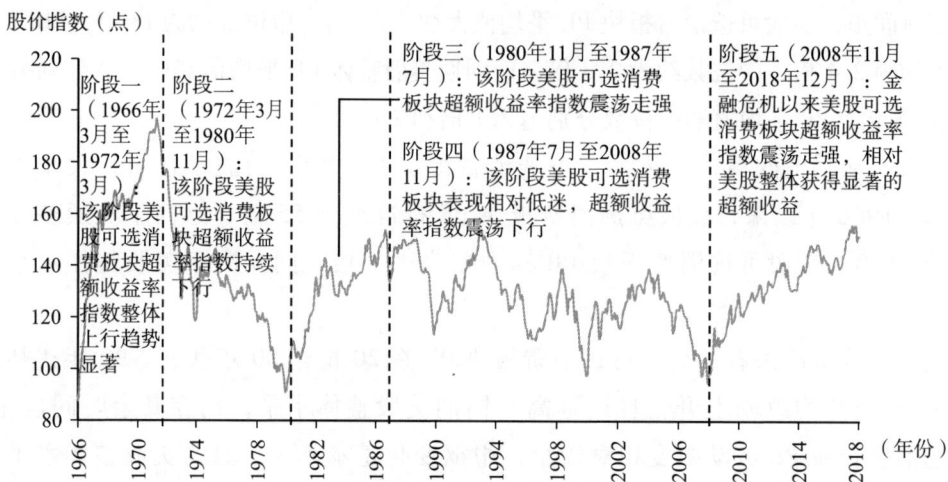

图 10－6　1966～2018 年美股可选消费板块超额收益率指数走势

资料来源：Compustat 数据库、定基作图（1966 年 3 月 = 100 点）。

（3）阶段三（1980 年 11 月至 1987 年 7 月）：20 世纪 80 年代初至 1987 年"股灾"之前的 7 年时间里，美股可选消费板块总体跑赢美股大盘，板块超额收益率指数由 1980 年 11 月的 91 点升至 1987 年 7 月的 154 点，累计涨幅达 69%。

（4）阶段四（1987 年 7 月至 2008 年 11 月）：1987 年"股灾"以来，美股可选消费板块表现相对低迷，超额收益率指数震荡下行，由 1987 年 7 月的 154 点降至 2008 年 11 月的 95 点，累计下跌 38%，也就是说自 20 世纪 80 年代中期之后的约 20 年时间里，美股可选消费板块整体跑输大盘。

（5）阶段五（2008 年 11 月至 2018 年 12 月）：金融危机以来，美股开启 10 年长牛征程，同期可选消费板块表现同样十分强劲，超额收益率指数震荡走强，由 2008 年 11 月的 95 点升至 152 点，累计涨幅为 60%，板块相对美股整体再度获得显著的超额收益。

从收益率的驱动因素来看，近 60 年来美股可选消费板块的绝对收益率主要来自估值的稳健提高（见图 10－7）。具体来看，1967 年底以来，美股可选消费品指数 10.7% 的年化收益率中，盈利仅贡献了 1.9%，而估值贡献了 8.8%，可见估值的稳健提高是可选消费板块绝对收益率中不可忽视的因素。

二、行情背后的驱动逻辑探讨

不同于美股其他一级行业，美股可选消费板块是一个细分行业众多且难以总结出

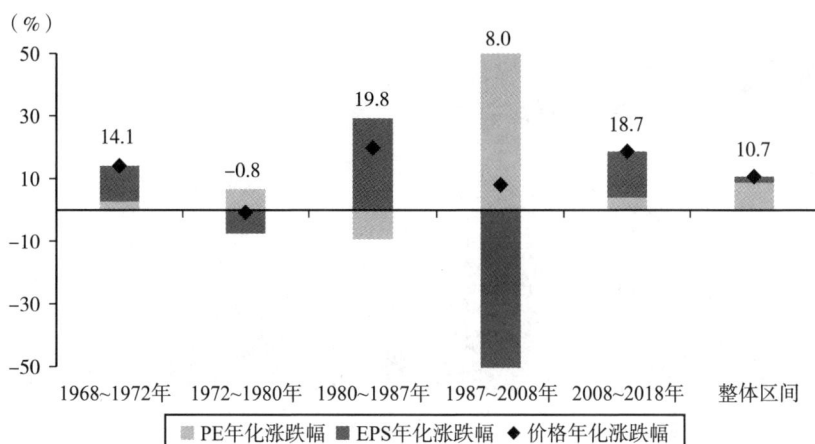

图 10 - 7　1968 ~ 2018 年美股可选消费板块收益率驱动因素分解

资料来源：Compustat 数据库。

一个一般性的结论的大类板块。但是，回顾近 50 年来可选消费板块细分行业的结构变迁（见图 10 - 8、图 10 - 9），笔者认为，依然存在以下几点内容值得进一步探讨。

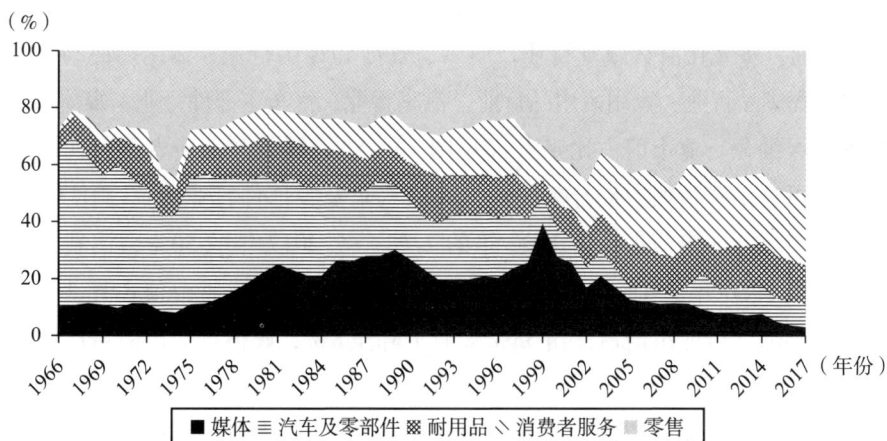

图 10 - 8　1966 ~ 2017 年美股可选消费板块二级细分行业市值占比变化

资料来源：Compustat 数据库。

第一，美股可选消费板块细分行业众多，且近 50 年来各细分行业的市值占比出现了较大程度的变化，表明美股可选消费板块各子行业之间同质性较差，异质性较强（见图 10 - 8、图 10 - 9）。美股可选消费板块包含 5 个二级子行业，分别为消费者服

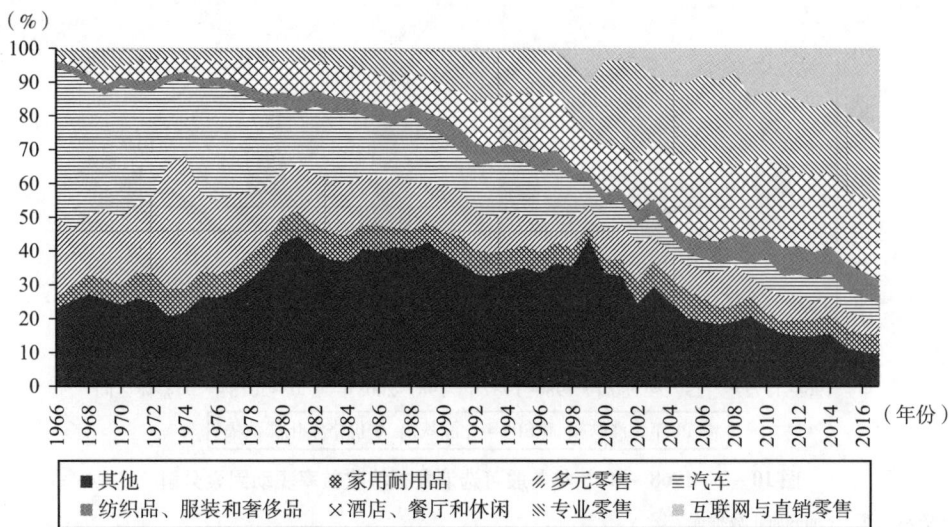

图 10 - 9　1966～2017 年美股可选消费板块三级细分行业市值占比变化

资料来源：Compustat 数据库。

务行业、媒体行业、耐用品行业、零售行业、汽车及零部件行业。同时 5 个二级子行业下面共计 12 个三级行业，分别为互联网与直销零售行业，专业零售行业，经销行业，多元零售行业，多元化消费服务行业，酒店、餐厅和休闲行业，休闲产品行业，纺织品、服装和奢侈品行业，家用耐用品行业，汽车行业，汽车零部件行业，媒体行业。

从各二级细分行业市值占比来看（见图 10 - 8），零售和消费者服务两个子行业市值占比在可选消费板块中提升幅度较大，而汽车及零部件行业市值占比大幅下降。具体来看，零售行业市值占比由 1966 年的 27% 升至 2017 年的 50%，消费者服务行业市值占比由 1966 年的 1% 升至 2017 年的 25%，耐用品行业市值占比由 6% 升至13%，汽车零部件行业市值占比由 55% 大幅下降至 8%，媒体行业市值占比则由 10%降至 3%。

从各三级细分行业市值占比来看（见图 10 - 8），互联网与直销零售子行业市值占比在可选消费板块中涨幅居前，由 1966 年的 0 升至 2017 年的 26%，专业零售行业市值占比由 1966 年的 3% 升至 2017 年的 19%，酒店、餐厅和休闲行业市值占比由1% 升至 23%，纺织品、服装和奢侈品行业市值占比由 2% 升至 7%，而汽车行业市值占比降幅居前，由 1966 年的 44% 大幅降至 2017 年的 6%，多元零售行业降幅次之，由 1966 年的 24% 降至 2017 年底的 4%。

第二，20 世纪 70 年代以来，可选消费板块中周期性属性较强的行业表现较为弱势。这其中，包含了两层含义，一是该类细分行业在可选消费板块中的市值占比出现了较大程度的下降；二是从资本市场上股价的走势来看，该类行业收益率总体跑输大盘。以汽车行业为例（见图 10 - 10），20 世纪 70 年代以来，美股汽车行业超额收益率指数和新建住房销售走势关联度较高，表明汽车股受地产周期影响较大，且二者走势均呈现出一定的周期性。从市值占比的角度看，1966 年汽车行业市值占比高达 44%，而截至 2017 年仅为 6%，市值占比大幅下降的背后反映的是美股汽车行业逐渐衰落。从汽车股历史收益率来看，70 年代以来，美股汽车行业超额收益率指数走势震荡，总体跑输大盘。综合来看，70 年代以来，以汽车为典型代表的周期性因素占比较高的细分行业表现较为弱势。

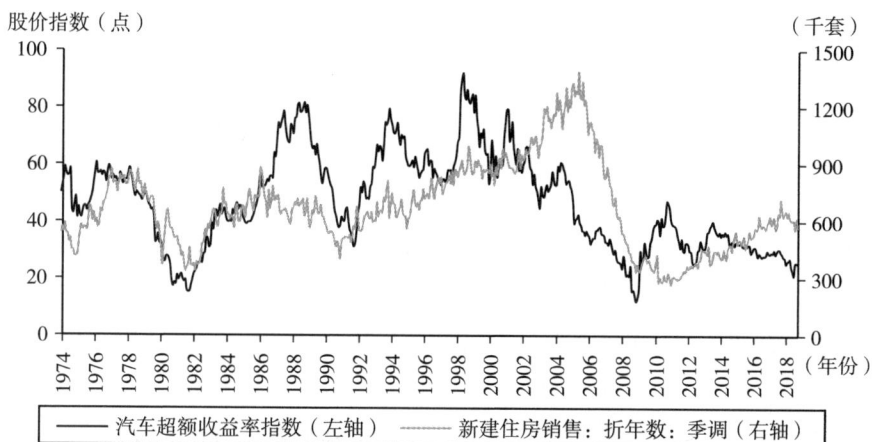

图 10 - 10　1974 ~ 2018 年汽车行业超额收益率指数和新建住房销售走势

资料来源：Compustat 数据库。

　　第三，表现较为突出的是服务性行业以及品牌属性较强的行业。其中，最典型代表莫过于兴起于 20 世纪 90 年代的互联网与直销零售行业（见图 10 - 11），从市值占比来看，1990 年互联网与直销零售行业占比仅为 1%，而截至 2017 年该比重大幅升至 26%，成为可选消费板块中市值占比最高的细分行业。从行业的历史收益率来看，90 年代以来，美股互联网与直销零售行业超额收益率指数上行趋势十分显著，远远跑赢大盘指数。综合来看，90 年代以来，以互联网与直销零售为典型代表的趋势性因素占比较高的细分行业表现较为强势。

　　汽车业的衰落、服务业的兴起，二者变化的背后其实反映的是产品竞争力的问题。对于可选消费品来说，笔者认为能够为企业带来竞争优势的最主要因素在于品牌和技术创新，而受制于相对高昂的劳动力成本，美国本土纯制造为主的企业难以形成较强的竞争力。

股价指数（点）

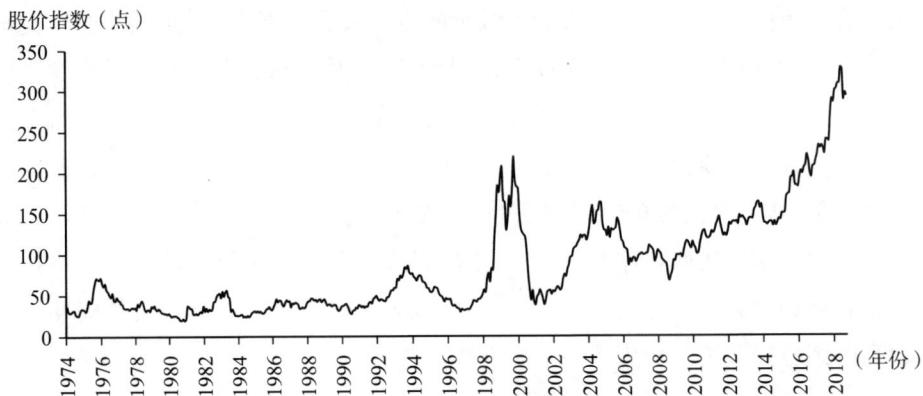

图 10 - 11　1974～2018 年互联网与直销零售行业超额收益率指数走势

资料来源：Compustat 数据库。

一个强大的品牌不仅可以为企业创造商誉，也是公司的护城河，而且高端品牌的护城河远宽于低端品牌。这主要是因为消费品公司面对的客户群体往往较为分散，品牌会产生最为直接的作用，公司的产品往往很容易被竞争对手复制，但是品牌却很难被复制，这也是安踏体育与耐克公司市值差了近 10 倍的最主要原因。

另一个就是技术创新的重要性，可选消费板块不同于一般的必需消费品板块，对于其中的服务业来说，创新与技术是一家企业获得竞争优势的最大动力，不断地创新是企业持续发展的关键，并能够迅速转化为企业未来的市场价值，这其中，亚马逊公司的快速崛起就是最典型的案例。

第十一章
美股金融板块行情与基本面回顾

第一节　金融板块上市公司基本情况介绍

　　金融板块上市公司市值占比自 21 世纪初以来大幅下降（见图 11 – 1）。1962 年底美股金融板块上市公司市值占比仅为 7%，随后的近 40 年时间里金融板块市值占比大幅攀升，截至 2003 年底，板块市值占比为 21%。其后 21 世纪以来的近 20 年时间里，金融板块市值占比持续下滑，截至 2018 年底，板块市值占比回落至 14%。

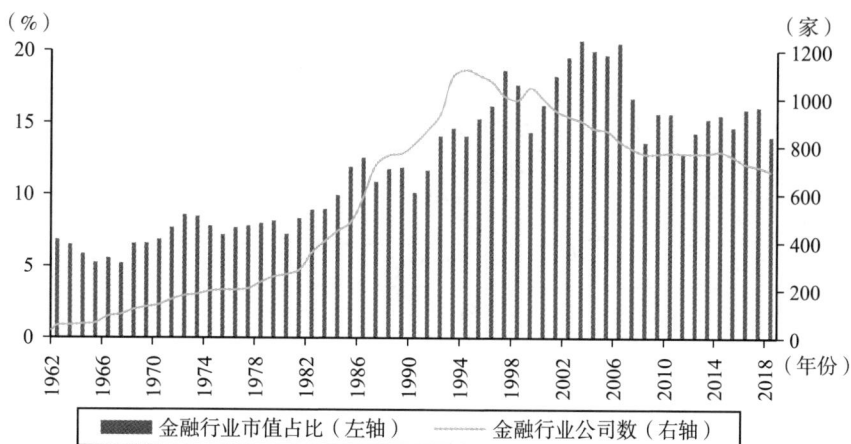

图 11 – 1　1962 ~ 2018 年金融板块上市公司市值占比及数量变化

资料来源：Compustat 数据库。

从上市公司数量角度看，1962 年美股金融板块上市公司共 50 家，随后大幅上升至 1994 年的高点 1120 家，此后开始持续下降，截至 2018 年底，美股金融板块上市公司数量已降至 695 家（见图 11－1）。

总体来看，近 50 年来美股金融板块的"龙头"公司市值大幅增加（见表 11－1）。1970 年美股金融板块成分股中、美国银行为"龙头"公司，市值仅为 23 亿美元，大通曼哈顿公司次之，市值规模为 16 亿美元，第九名、第十名的第一洲际银行（First Interstate Bncp）和普瑞玛瑞卡公司（Primerica）市值更是仅为 9 亿美元和 7 亿美元。而截至 2018 年底，股神沃伦·巴菲特旗下的伯克希尔哈撒韦公司（Berkshire Hathaway Corporation）市值大幅升至 5026 亿美元，第二名的摩根大通公司市值亦高达 3198 亿美元，即使是第九名、第十名的芝加哥交易所和高盛集团，市值也高达 671 亿美元和 636 亿美元。

表 11－1　　　　　　1970～2018 年美股金融板块"龙头"公司市值　　　　单位：亿美元

1970 年		1980 年		1990 年	
公司名称	市值	公司名称	市值	公司名称	市值
美国银行	23	美国银行	45	美国国际集团	163
大通曼哈顿公司	16	美国运通公司	29	美国运通公司	96
旅行者集团	15	美国国际集团	28	摩根大通公司	82
美国运通公司	13	摩根大通公司	20	通用再保险公司	81
美通公司	10	旅行者集团	16	伯克希尔哈撒韦公司	76
汉华实业银行	10	大通曼哈顿公司	16	洛斯公司	69
花旗集团	9	第一洲际银行	14	威达信集团	57
摩根大通公司	9	威达信集团	13	美国银行	57
第一洲际银行	9	大陆银行	12	丘博保险集团	44
普瑞玛瑞卡公司	7	大陆集团	12	美国第一商业银行	44
2000 年		2010 年		2018 年	
公司名称	市值	公司名称	市值	公司名称	市值
花旗集团	2564	伯克希尔哈撒韦公司	1980	伯克希尔哈撒韦公司	5026
美国国际集团	2299	摩根大通公司	1659	摩根大通公司	3198
伯克希尔哈撒韦公司	1083	富国银行	1631	美国银行	2383
富国银行	955	花旗集团	1374	富国银行	2111
摩根大通公司	876	美国银行	1345	花旗集团	1233

续表

2000 年		2010 年		2018 年	
公司名称	市值	公司名称	市值	公司名称	市值
美国银行	740	高盛集团	920	美国运通公司	807
美国运通公司	728	美国合众银行	518	美国合众银行	735
摩根士丹利公司	702	美国运通公司	514	摩根士丹利公司	674
美国第一商业银行	425	大都会人寿	438	芝加哥交易所	671
高盛集团	422	摩根士丹利公司	411	高盛集团	636

资料来源：Compustat 数据库。

第二节　金融板块基本面与估值演化

一、金融板块基本面演化

对比 1962 年以来美股金融板块 ROE 和美股整体 ROE 的走势（见图 11 - 2），笔者主要得到以下三个结论。

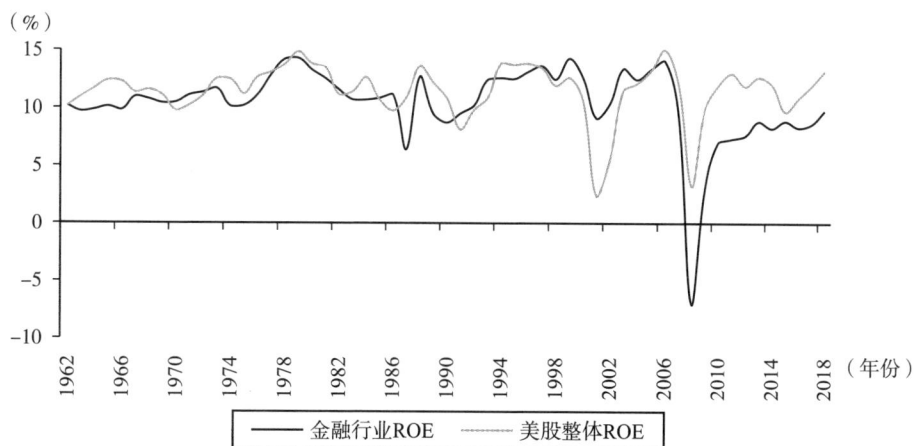

图 11 - 2　1962 ~ 2018 年美股金融板块 ROE 变化

资料来源：Compustat 数据库。

（1）总体来看，美股金融板块的盈利能力略低于美股整体水平。1962 年以来的近 60 年的时间里，美股金融板块 ROE 在大多数年份均低于美股整体 ROE 水平，但在金融危机之前两者 ROE 水平差距不大，中枢均在 11% 左右，而金融危机后，金融板块 ROE 水平中枢明显下降一个台阶至 7% 左右，并持续低于美股整体水平。

（2）从 ROE 的稳定性来看，金融板块 ROE 波动略高于美股整体。1962 年以来，金融板块 ROE 最大值为 14.3%，最小值为 −7.0%，整体标准差为 3.2%，高于美股整体的 2.3%。其中，1962 年金融危机前，美股金融板块 ROE 基本均在 6%~15% 区间里窄幅波动，其波动性与美股整体基本一致，然而金融危机期间，美股金融板块波动性明显放大，并远高于美股整体。

（3）分阶段具体来看，20 世纪 60 年代初至 70 年代末，美股金融板块 ROE 震荡上行，而 20 世纪 80 年代初至 90 年代初，金融板块 ROE 出现回落，并于 20 世纪 80 年代中期至 90 年代初持续低于大盘整体。随后 20 世纪 90 年代初至 21 世纪初美股金融板块 ROE 趋势改善，且大多时间好于美股整体。受金融危机影响，金融板块 ROE 在 2006 年达到历史高点后急剧下滑，之后在 2009 年经历"V"形反转后稳定于 8% 左右水平。

美股金融板块净利润 5 年复合平均增速大致呈现出中枢较高、波动性较低的特点（见图 11−3）。1962 年以来，美股金融板块净利润 5 年复合平均增速中枢大致稳定于 10.0% 左右，在笔者统计的美股各板块中处于中等偏上位置，其中，行业净利润增速最大值为 28.4%，最小值为 −18.5%，标准差 7.4%，行业净利润增速波动性在笔者统计的美股各板块中处于中等偏下水平。

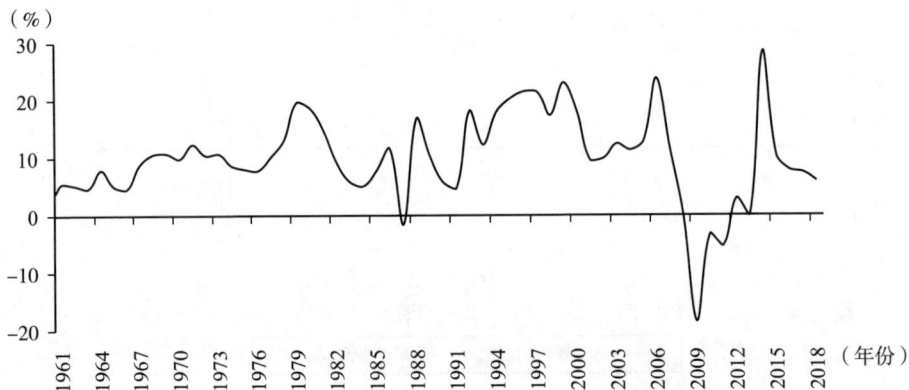

图 11−3　1961~2018 年美股金融板块净利润 5 年复合平均增速走势

资料来源：Compustat 数据库。

从行业净利润增速和 ROE 之间的关系来看，1962 年以来，美股金融板块净利润增速走势和行业 ROE 走势较为一致，二者相关系数为 0.4。此外，美股金融板块 ROE 相对大盘整体走势与其净利润增速相对大盘走势同样拟合得较好，二者相关系数为 0.3，即当板块的净利润增速相对大盘走高时，美股金融板块 ROE 相对大盘同样出现改善趋势。

二、金融板块估值演化

（1）总体来看，美股金融板块的估值水平低于美股整体水平，板块 PE 与 PB 在大多数时间里均低于美股整体水平（见图 11 - 4、图 11 - 5）。1966 年以来的 50 多年时间里，美股金融板块 PE 平均值大约为 13，中位数约为 13，PB 平均值大约为 1.4，中位数约为 1.3，而同期美股整体 PE 平均值和中位数分别为 21 和 18，PB 平均值和中位数分别为 2.1 和 2.0，且在 90% 多的时间里，金融板块 PE 均处于美股整体水平之下。

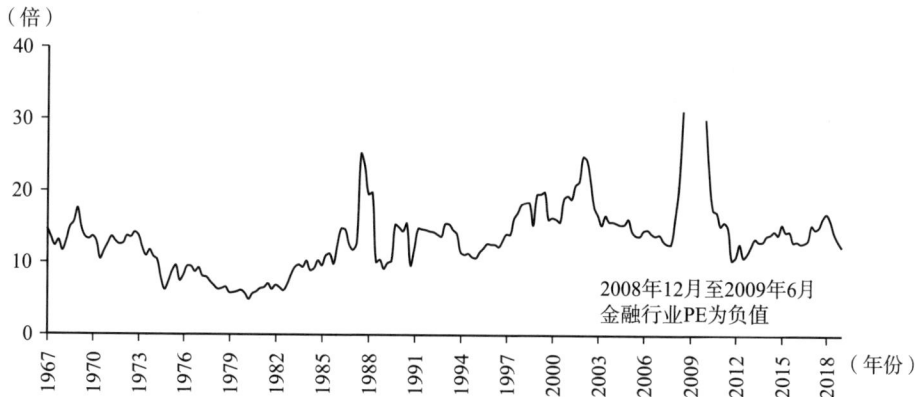

图 11 - 4　1967～2018 年美股金融板块绝对 PE 走势

资料来源：Compustat 数据库。

（2）从估值的稳定性来看，金融板块 PE 和 PB 的波动小于美股整体。1966 年以来，美股金融板块 PE 标准差为 4 倍，远低于美股整体水平的 15 倍，美股金融板块 PB 标准差为 0.5 倍，同样低于美股整体水平的 0.8 倍，反映出金融板块估值的历史波动性小于美股整体水平。

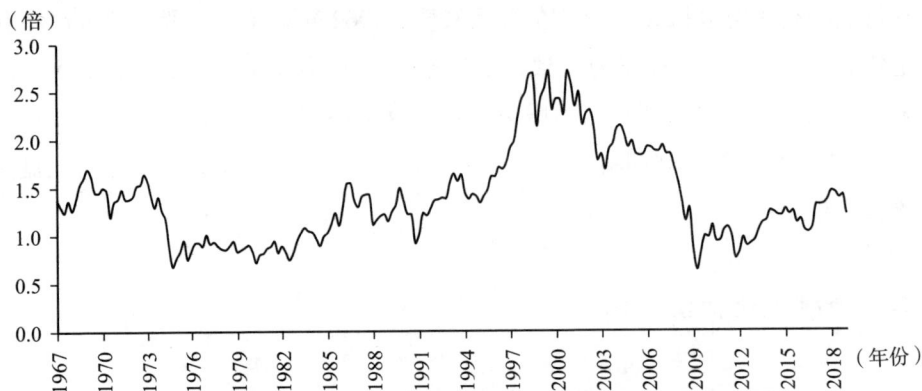

图 11 - 5 1967～2018 年美股金融板块绝对 PB 走势

资料来源：Compustat 数据库。

（3）分阶段来看，美股金融估值水平在 20 世纪 80 年代之前震荡下行，但相对美股整体水平依然维持稳定。其后 20 世纪 80 年代至 21 世纪初，美股金融板块估值水平持续抬升，然而此阶段，美股金融板块估值水平相对美股整体却持续走低。剔除金融危机期间异常数据来看，21 世纪初至金融危机前，金融板块估值水平持续回落，但相对美股整体水平走高，随后 2010 年以来，金融板块估值水平随美股整体水平再度同步修复，二者相对估值基本维持稳定。

第三节 金融股板块行情历史走势回顾

一、金融板块行情的七个阶段

1968 年以来，美股金融板块年化收益率为 10.6%，美股整体收益率为 10.8%，相比之下近 60 年来美股金融板块年化超额收益率为 - 0.2%，小幅跑输大盘，但与美股其他行业相比，金融板块的历史表现依然处于中上水平（见图 11 - 6）。

具体来看，1966 年以来，美股金融板块超额收益率走势主要可以划分为以下七个阶段（见图 11 - 6）。

（1）阶段一（1966 年 3 月至 1970 年 7 月）：该阶段美股金融板块超额收益率指数走势欲扬先抑，前期小幅下跌，后期快速反弹，最终震荡收涨。板块超额收益率指

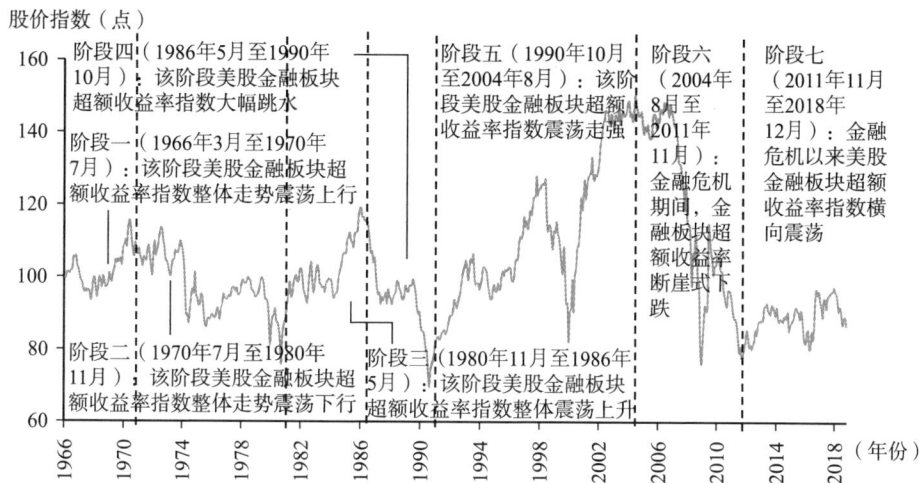

图 11 - 6　1966～2018 年美股金融板块超额收益率指数走势

资料来源：Compustat 数据库、定基作图（1966 年 3 月 =100 点）。

数从 1966 年 3 月的 100 点升至 1970 年 7 月的 116 点，累计涨幅为 16%。

（2）阶段二（1970 年 7 月至 1980 年 11 月）：20 世纪整个 70 年代是美国经济处于滞涨的时期，美股金融板块在该阶段大幅跑输大盘，金融板块超额收益率指数整体震荡下跌，由 1970 年 7 月的 116 点下跌至 1980 年 11 月的 76 点，近 10 年的时间里超额收益率指数累计下跌 34%。

（3）阶段三（1980 年 11 月至 1986 年 5 月）：该阶段美股金融板块超额收益率指数整体走势较为强劲，板块超额收益率指数从 1980 年 11 月的 76 点升至 1986 年 5 月的 117 点，短短 6 年时间累计涨幅高达 53%，重回 1960 年以来的历史高位。

（4）阶段四（1986 年 5 月至 1990 年 10 月）：该阶段美股金融板块超额收益率指数大幅"跳水"，由 1986 年 5 月的 117 点一路跌至 1990 年 10 月的 70 点，短短四年内超额收益率指数累计下跌 40%，曲线向下斜率十分陡峭。

（5）阶段五（1990 年 10 月至 2004 年 8 月）：该阶段美股金融板块一改颓势，震荡走强，板块超额收益率指数由 1990 年 10 月的 70 点大幅升至 2004 年 8 月的 150 点，累计涨幅高达 116%，同时创下历史新高。

（6）阶段六（2004 年 8 月至 2011 年 11 月）：金融危机期间，金融板块超额收益率断崖式下跌，板块超额收益率指数由 2004 年 8 月的 150 点急剧下跌至 2011 年 11 月的 78 点，累计下跌 48%，近乎腰斩。无疑，2008 年前后爆发的金融危机对金融板块的影响最为直接，金融板块在危机期间的回调程度亦十分剧烈。

（7）阶段七（2011 年 11 月至 2018 年 12 月）：金融危机以来的近 10 年，金融板块超额收益率指数横向震荡，由 2011 年 11 月的 78 点小幅升至 87 点，表明板块绝对收益走势与美股整体基本同步，并未获得显著的超额收益。

从收益率的驱动因素来看，近 60 年来美股金融板块的绝对收益率主要来自盈利的贡献（见图 11-7）。具体来看，1967 年底以来，美股金融板块指数 10.6% 的年化收益率中，盈利贡献了 10.2%，而估值仅贡献了 0.4%，也就是说近 60 年以来，美股金融板块的绝对收益率基本完全来自盈利的稳定增长，而板块的估值水平则长期维持稳定。

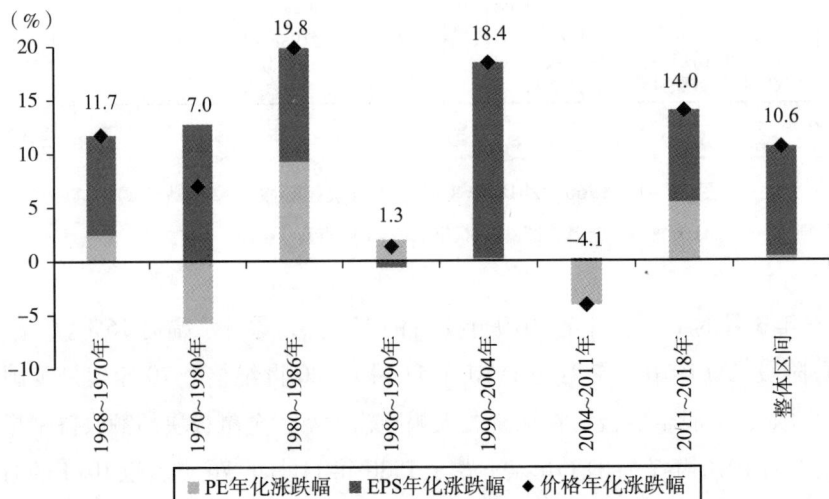

图 11-7　1968～2018 年美股金融板块收益率驱动因素分解

资料来源：Compustat 数据库。

二、行情背后的驱动逻辑探讨

提到金融板块，一个先入为主的看法就是板块的收益和经济周期密切相关，即当经济好的时候金融板块往往相对大盘能获得超额收益，而当经济景气度差的时候，金融板块则相对大盘指数走弱。本部分笔者采用美国国家经济研究局（National Bureau of Economic Research，NBER）对经济周期的划分方法来进行探讨。

NBER 一般从就业、工业产值、实际个人收入和实际产出、贸易量四个不同的方面来考察经济周期的阶段。根据 NBER 对经济周期的划分，1962 年以来，美国经济共经历了 7 次复苏、繁荣和衰退。

此外值得强调的是美股金融板块指数走势与银行指数走势高度重合，主要原因或在于美股金融板块指数的构成中银行股占主导部分，所以后文笔者拟以美股银行指数替代金融板块指数。

通过历史回溯，笔者发现美股银行板块超额收益率和经济周期之间的关系并非简单的同步关系（见图 11 −8、图 11 −9）。1962 年以来的 7 次经济复苏期和繁荣期里银行板块相对大盘表现输赢各半；而在 7 次经济衰退期里，银行板块跑赢大盘概率甚至略高，不过综合考虑涨跌幅度的话，笔者认为，在衰退期里，银行板块整体表现确实是不如大盘的。

股价指数（点）

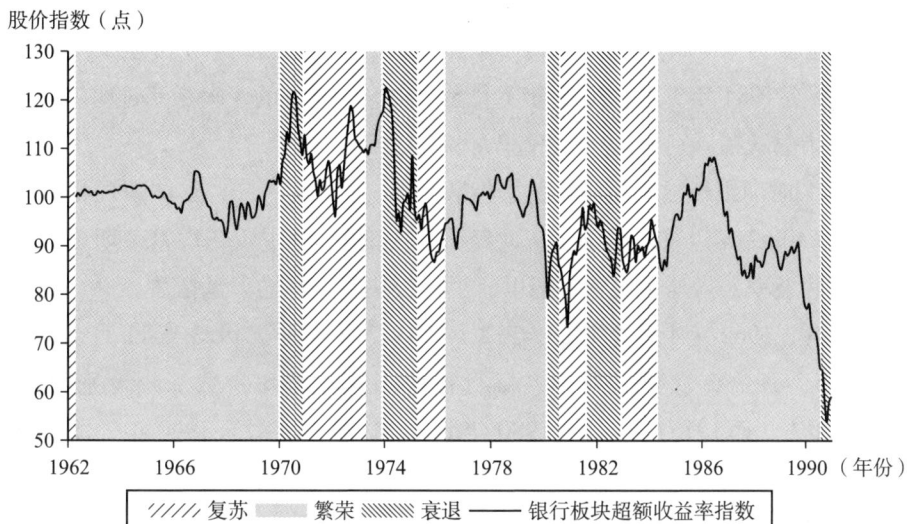

图 11 −8　1962～1990 年美国各经济周期里银行板块超额收益率指数走势

资料来源：NBER、Compustat 数据库。

股价指数（点）

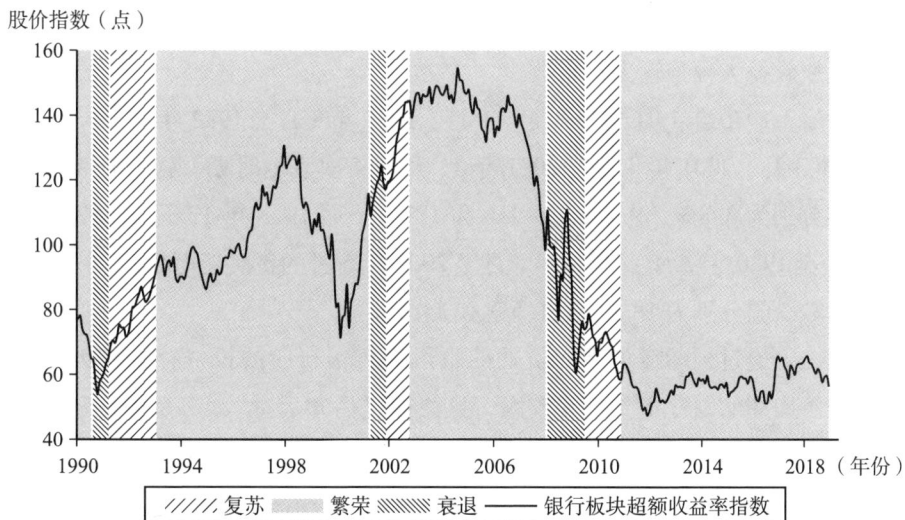

图 11 −9　1990～2018 年美国各经济周期里银行板块超额收益率指数走势

资料来源：NBER、Compustat 数据库。

具体来看有以下三个方面。

（1）复苏时期银行板块跑赢大盘指数的概率略高。1962 年以来，美国经济共经历 7 次复苏，其中，4 次复苏期里，银行板块获得超额收益率，另外 3 次复苏期里，银行板块收益跑输大盘指数。

具体来看，1970 年 12 月至 1973 年 3 月、1980 年 8 月至 1981 年 7 月、1991 年 4 月至 1992 年 12 月、2001 年 12 月至 2002 年 9 月的 4 次复苏时期，银行板块超额收益率指数涨幅分别为 0.5%、8.4%、38.0% 和 23.0%。而 1975 年 4 月至 1976 年 3 月、1982 年 12 月至 1984 年 3 月、2009 年 7 月至 2010 年 10 月的 3 次复苏时期，银行板块超额收益率指数跌幅分别为 3.0%、2.2% 和 20.5%。

（2）繁荣时期银行板块超额收益率指数一般"先上后下"，整体表现相对大盘指数略微偏弱。1962 年以来，美国经济共经历 7 次繁荣，其中，3 次繁荣期里，银行板块获得超额收益率，另外 4 次繁荣期里，银行板块收益跑输大盘指数。

具体来看，1962 年 4 月至 1969 年 12 月、1973 年 4 月至 1973 年 11 月、1993 年 1 月至 2001 年 3 月的 3 次繁荣时期，银行板块超额收益率指数涨幅分别为 4.7%、7.0% 和 29.0%。而 1976 年 4 月至 1980 年 1 月、1984 年 4 月至 1990 年 7 月、2002 年 10 月至 2007 年 12 月和 2010 年 11 月至 2018 年 12 月的 4 次繁荣时期，银行板块超额收益率指数跌幅分别为 5.4%、29.0%、31.6% 和 4.1%。

（3）衰退期银行板块跑赢大盘概率略高，不过综合考虑涨跌幅度的话，笔者认为在衰退期里银行板块整体表现确实是不如大盘的。1962 年以来，美国经济共经历 7 次衰退，其中，4 次衰退期里，银行板块获得小幅的超额收益率，而另外 3 次衰退期里，银行板块收益大幅跑输大盘指数。

具体来看，1970 年 1 月至 1970 年 11 月、1981 年 8 月至 1982 年 11 月、1990 年 8 月至 1991 年 3 月、2001 年 4 月至 2001 年 11 月的 4 次衰退时期，银行板块超额收益率指数涨幅分别为 3.8%、0.2%、0.1% 和 1.2%。而 1973 年 12 月至 1975 年 3 月、1980 年 2 月至 1980 年 7 月、2008 年 1 月至 2009 年 6 月的 3 次衰退时期，银行板块超额收益率指数跌幅分别为 18.4%、1.5% 和 24.9%。

总而言之，通过判断经济周期所处的阶段进行银行股的投资存在较大的不确定性，一是经济周期的划分本身难度较大，且往往"后知后觉"；二是即使正确、及时地判断出经济周期所处的位置，往往也难以据此而大概率获得正向的投资收益。

笔者发现，1963 年以来，美股银行板块超额收益率指数和美国新建住房销售数量指数走势重合度非常高，二者相关系数高达 0.73，所以从这个角度看，笔者认为，相比经济周期，房地产周期或能更好地解释美股银行板块的收益率情况（见图 11－10）。换言之，从美股的历史经验来看，驱动银行股超额收益的核心力量就是房地产周期。

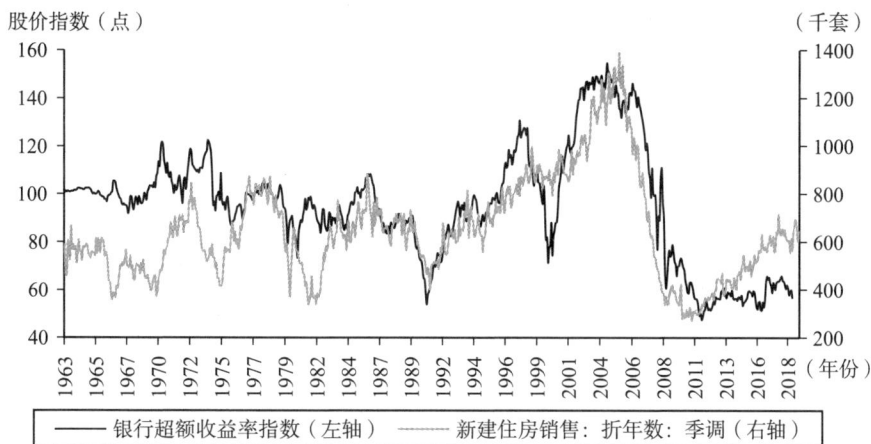

图 11 – 10　1963 ~ 2018 年美股银行板块超额收益率指数和房屋销售走势

资料来源：Wind 资讯、Compustat 数据库。

这背后的逻辑在于美国银行行业的资产结构和房地产行业深度挂钩，其信贷资产中的不动产抵押借款占据了近半壁江山（见图 11 – 11）。从美国银行行业信贷资产结构的历史数据笔者可以看到，1987 年之前，美国银行行业不动产抵押借款占其信贷资产比重位居四大类贷款中第二位，将近 30%。而 1987 年之后，不动产抵押借款占比跃升至第一位，并于 2009 年一度高达 59%，此后虽有下降，但截至 2018 年底，比重依然高达 46%。

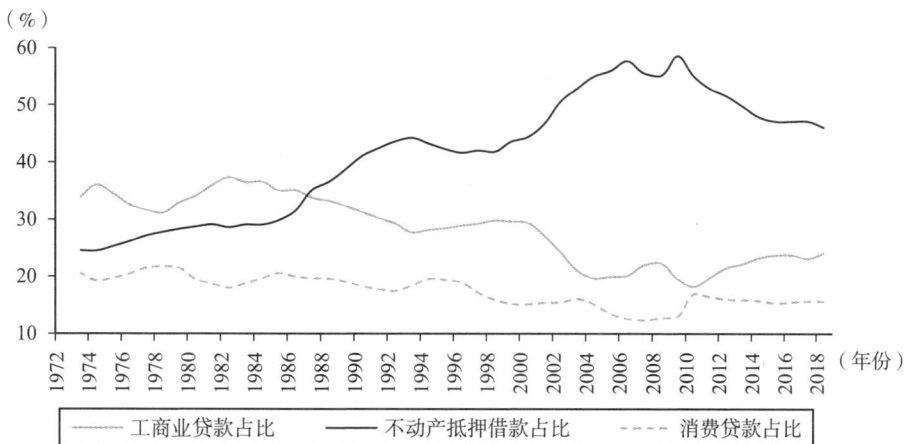

图 11 –11　1972 ~ 2018 年美国银行各类信贷资产占总信贷资产比重变化

资料来源：Wind 资讯。

第十二章
美股信息科技板块行情与基本面回顾

第一节　信息科技行业上市公司基本情况介绍

1962 年以来，美股信息科技行业上市公司市值占比整个股市走势较为震荡，并于"互联网泡沫"期间达到顶峰（见图 12 – 1）。具体来看，20 世纪 60 年代至 21 世纪初的"互联网泡沫"期间，信息科技行业市值占比由 8% 大幅上升至 28%。而后随着"互联网泡沫"的破灭，信息科技行业市值占比也出现下滑，截至 2018 年底，该行业市值占比降至 21%。

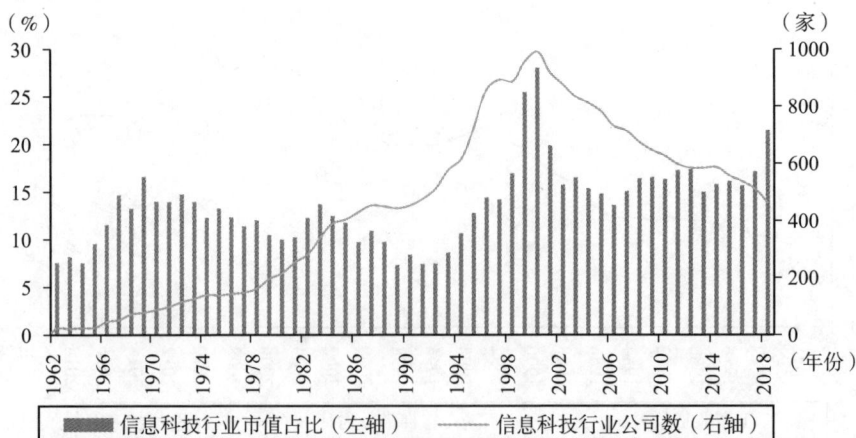

图 12 – 1　1962～2018 年信息科技行业上市公司市值占比及数量变化

资料来源：Compustat 数据库。

从上市公司数量角度看，1962 年美股信息科技行业上市公司仅 23 家，随后大幅上升至 2000 年的高点 991 家，此后急剧下降，截至 2018 年底，美股信息科技行业上市公司数量已降至 461 家（见图 12 - 1）。

近 50 年来信息科技行业的强势崛起诞生了大批千亿级市值的优秀公司（表 12 - 1）。1970 年标普信息科技指数成分股中国际商业机器公司（International Business Machines Corporation，IBM）为绝对"龙头"，市值不过 364 亿美元，第二名的柯达公司市值规模为 122 亿美元，第九名、第十名的摩托罗拉公司和惠普公司市值更是均仅为 7 亿美元。而截至 2018 年底，苹果公司夺得"龙头"宝座，市值高达 10734 亿美元，微软公司以 7570 亿美元市值紧随其后，此时即使是排在第九名、第十名的奥多比和 IBM，市值也高达 1223 亿美元和 1014 亿美元。

表 12 - 1　　　　1970 ~ 2018 年美股信息科技行业"龙头"公司市值　　　单位：亿美元

1970 年		1980 年		1990 年	
公司名称	市值	公司名称	市值	公司名称	市值
IBM 公司	364	IBM 公司	396	IBM 公司	646
柯达公司	122	柯达公司	113	柯达公司	135
施乐公司	68	施乐公司	51	数字设备公司	104
优利系统公司	20	惠普公司	44	美国电子数据系统公司	92
斯佩里公司	12	数字设备公司	30	微软公司	86
康宁公司	12	德州仪器公司	28	英特尔公司	77
德州仪器公司	9	摩托罗拉公司	23	摩托罗拉公司	69
安迅公司	8	优利系统公司	22	惠普公司	63
摩托罗拉公司	7	安迅公司	20	安迅公司	59
惠普公司	7	斯佩里公司	18	康柏公司	49
2000 年		2010 年		2018 年	
公司名称	市值	公司名称	市值	公司名称	市值
思科公司	4671	苹果公司	2599	苹果公司	10734
微软公司	4226	微软公司	1995	微软公司	7570
英特尔公司	2021	IBM 公司	1802	维萨公司	3324
甲骨文公司	2018	思科公司	1305	英特尔公司	2119
IBM 公司	1481	英特尔公司	1159	思科公司	1951
易安信公司	1460	甲骨文公司	1134	万事达公司	1945

续表

2000 年		2010 年		2018 年	
公司名称	市值	公司名称	市值	公司名称	市值
太阳微系统公司	1452	惠普公司	927	甲骨文公司	1867
唯亚威公司	1122	高通集团	728	英伟达公司	1490
朗讯公司科技公司	1034	维萨公司	539	奥多比公司	1223
戴尔公司	990	易安信公司	474	IBM 公司	1014

资料来源：Compustat 数据库。

第二节　信息科技行业基本面与估值演化

一、信息科技行业基本面演化

对比 1962 年以来美股信息科技行业 ROE 和美股整体 ROE 的走势（见图 12 - 2），笔者主要得到以下三个结论。

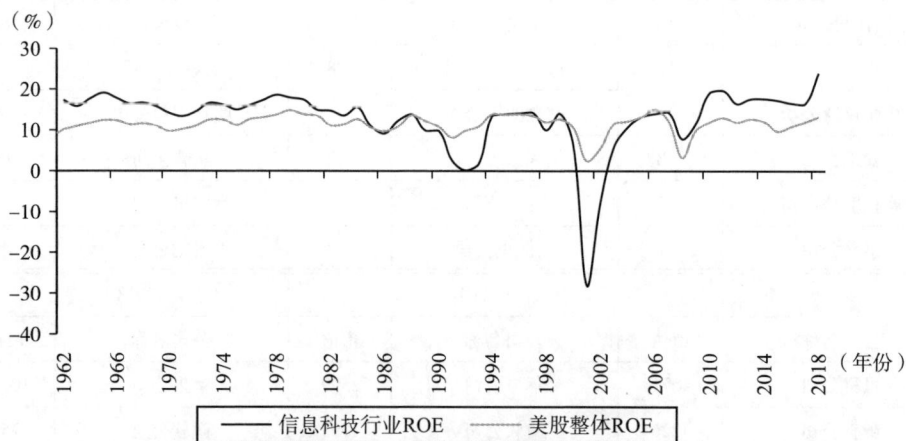

图 12 - 2　1962 ~ 2018 年美股信息科技行业 ROE 变化

资料来源：Compustat 数据库。

（1）总体来看，美股信息科技行业的盈利能力强于美股整体水平，板块 ROE 在大多时间里处于市场平均水平之上。1962 年以来的近 60 年的时间里，美股信息科技行业 ROE 仅在 20 世纪 90 年代初和 21 世纪初爆发的"互联网泡沫"期间低于美股整体水平，其余大多数年份里美股信息科技行业 ROE 持续高于美股整体水平，中枢水平维持约 12%，而美股整体仅为 10% 左右。

（2）从 ROE 的稳定性来看，信息科技行业 ROE 波动高于美股整体。1962 年以来，信息科技行业 ROE 最大值为 24.0%，最小值为 –28.1%，整体标准差为 7.6%，在笔者所统计的板块中位列第一，大大高于美股整体的 2.3%。可以看到，虽然 1962 年以来的大多数时间里信息科技行业 ROE 水平在 12%～20% 区间里小幅波动，但 20 世纪 90 年代以来，ROE 波动性有所加大，尤其是"互联网泡沫"破灭前后几年，信息科技行业 ROE 水平更是大起大落，由此拉高了板块 ROE 的整体波动水平。

（3）分阶段具体来看，20 世纪 60 年代初至 90 年代初，美股信息科技行业 ROE 震荡下行，并于 20 世纪 90 年代初一度向下逼近 0 值，而同期美股整体 ROE 基本震荡走平，所以该阶段美股信息科技行业 ROE 水平无论是绝对值还是相对值均有所恶化。随后 20 世纪 90 年代初至 21 世纪初"互联网泡沫"破灭前，美股信息科技行业 ROE 有所改善，并快速追平美股整体水平。受"互联网泡沫"破灭影响，信息科技行业 ROE 在 2001 年达到历史低点 –28%，随后经历"V"形反转并重新升至美股整体水平之上。

美股信息科技行业净利润 5 年复合平均增速大致呈现出中枢和波动性双高的特点（见图 12–3）。1962 年以来，美股信息科技行业净利润 5 年复合平均增速中枢大致稳

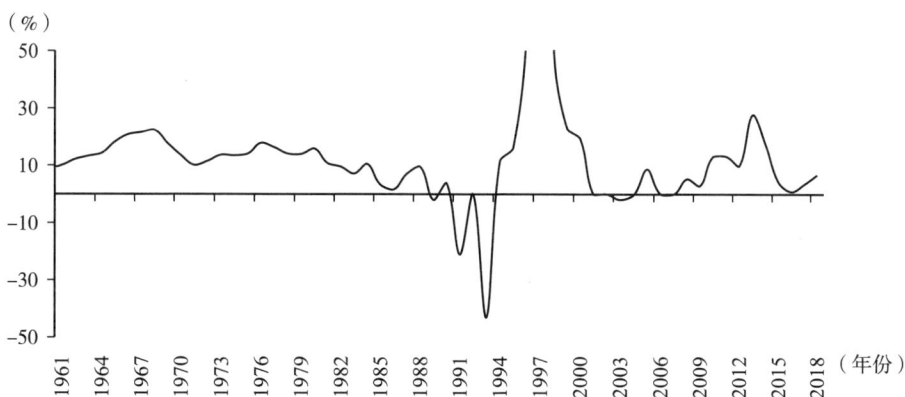

图 12–3　1961～2018 年美股信息科技行业净利润 5 年复合平均增速走势

注：1997 年美股信息科技行业净利润增速 247%，由于较为异常，作图时坐标轴有所调整。

资料来源：Compustat 数据库。

定于 15.4% 左右，高于笔者所统计的其他行业，其中，行业净利润增速最大值为 247%，最小值为 –43.0%，标准差 33.0%，行业净利润增速波动性在笔者统计的美股各板块中同样位居前列。

从行业净利润增速和 ROE 之间的关系来看，20 世纪 60 年代以来，美股信息科技行业 ROE 与其净利润增速走势吻合度较高，虽然二者相关系数整体仅为 0.1，但是笔者发现剔除 1993 年和 1994 年两年的异常值后，二者相关系数大幅升至 0.7，可见在大多年份内美股信息科技行业 ROE 与其净利润增速走势较为一致。此外，美股信息科技行业 ROE 相对大盘整体走势与其净利润增速相对大盘走势同样拟合得较好，剔除 1993 年和 1994 年异常值后，二者相关系数同样高达 0.7，即当板块的净利润增速相对大盘走高时，美股信息科技行业 ROE 相对大盘同样出现改善趋势。

二、信息科技行业估值演化

（1）总体来看，美股信息科技行业的估值水平高于美股整体水平，板块 PE 与 PB 在大多数时间里均高于美股整体水平（见图 12 – 4、图 12 – 5）。1966 年以来的 50 多年时间里，美股信息科技行业 PE 平均值大约为 29 倍，中位数约为 22 倍，PB 平均值大约为 3.5 倍，中位数约为 3.1 倍，而同期美股整体 PE 平均值和中位数分别为 21 倍和 18 倍，PB 平均值和中位数分别为 2.1 倍和 2.0 倍。且在近 90% 的时间里，信息科技行业 PE 均处于美股整体水平之上。

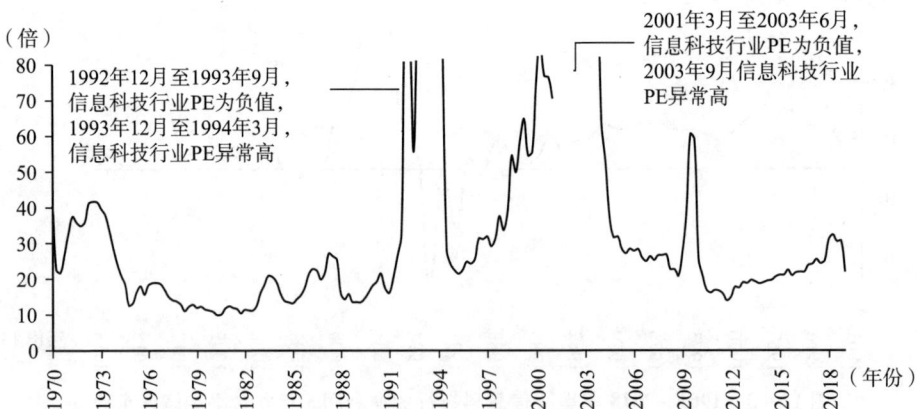

图 12 – 4　1970～2018 年美股信息科技行业绝对 PE 走势

资料来源：Compustat 数据库。

（倍）

图 12 - 5　1970 ~ 2018 年美股信息科技行业绝对 PB 走势

资料来源：Compustat 数据库。

（2）从估值的稳定性来看，信息科技行业 PE 和 PB 的波动高于美股整体。1966年以来，美股信息科技行业 PE 标准差为 21 倍，高于美股整体水平的 15 倍，美股信息科技行业 PB 标准差为 1.7 倍，同样高于美股整体水平的 0.8 倍，反映出信息科技行业估值的历史波动性高于美股整体水平。

（3）分阶段来看，美股信息科技行业估值水平在 20 世纪 90 年代之前震荡下行，且相对美股整体水平持续走低。其后 20 世纪 90 年代至"互联网泡沫"破灭前，美股信息板块估值水平波动明显加大，估值中枢大幅抬升，且远高于美股整体水平。而在"互联网泡沫"破灭后的近 10 年时间里，美股信息科技行业估值水平大幅回落，且相对美股整体估值水平同样大幅走低。随后 2010 年以来，信息科技行业估值水平随美股整体水平开始同步修复，二者相对估值基本维持稳定。

第三节　信息科技行业行情历史走势回顾

一、信息科技行业行情的六个阶段

1968 年以来，美股信息科技行业年化收益率为 9.7%，美股整体收益率为10.8%，相比之下近 60 年来美股信息科技行业年化超额收益率为 -1.1%，远远跑输大盘。虽然信息科技行业近 60 年以来的总体表现在所有行业中基本垫底，但是在历史上信息科技行业依然不乏阶段性的行情（见图 12 – 6）。

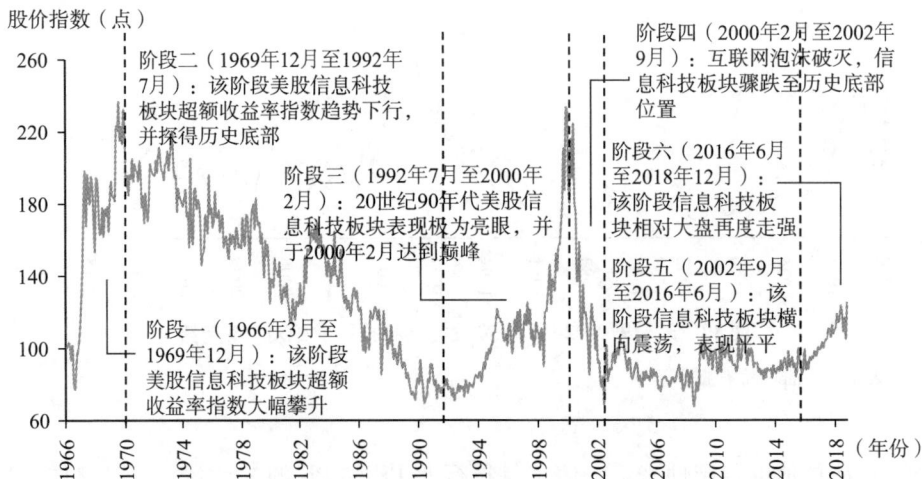

图 12 – 6　1966 ~ 2018 年美股信息科技行业超额收益率指数走势

资料来源：Compustat 数据库、定基作图（1966 年 3 月 = 100 点）。

具体来看，1966 年以来，美股信息科技行业超额收益率走势主要可以划分为以下六个阶段（见图 12 – 6）。

（1）阶段一（1966 年 3 月至 1969 年 12 月）：该阶段美股信息科技行业超额收益率指数大幅攀升，板块超额收益率指数从 1966 年 3 月的 100 点升至 1969 年底的 213 点，短短 3 年时间里超额收益率指数累计涨幅高达 113%，在笔者统计的时间区间里，第一次达到历史顶部位置。

（2）阶段二（1969 年 12 月至 1992 年 7 月）：1969 ~ 1992 年的 20 多年时间里，美股信息科技行业超额收益率指数下行趋势十分显著，由 1969 年 12 月的 213 点一路下滑至 1992 年 7 月的 71 点，累计下跌 67%，探得历史新低。

（3）阶段三（1992 年 7 月至 2000 年 2 月）：20 世纪 90 年代随着互联网的兴起，美股信息科技行业表现极为亮眼，板块超额收益率指数一路高歌猛进，由 1990 年 7 月的 71 点大幅升至 2002 年 2 月的 232 点，累计涨幅高达 226%，同时创下历史新高。

（4）阶段四（2000 年 2 月至 2002 年 9 月）：随着行情的愈演愈烈，非理性繁荣下"泡沫"不断滋生，最终于 2000 年 2 月"互联网泡沫"破灭，此后两年信息科技行业超额收益率指数一泻千里，由 2000 年 2 月的 232 点骤跌至 2002 年 9 月的 92 点，累计下跌 60%，再次回落至历史低位。

（5）阶段五（2002 年 9 月至 2016 年 6 月）：在"互联网泡沫"破灭后的近 10 年

时间里，美股信息科技行业整体表现平平，与大盘整体涨跌基本一致，其间信息科技行业超额收益率指数横向震荡，由 2002 年 9 月的 92 点微幅涨至 2016 年 6 月的 95 点，涨幅仅为 3%。

（6）阶段六（2016 年 6 月至 2018 年 12 月）：该阶段信息科技行业相对大盘再度走强，板块超额收益率指数由 2016 年 6 月的 95 点升至 2018 年 12 月的 125 点，其间微软公司、苹果等科技巨头市值不断逼近万亿美元，信息科技行业大有再度崛起的迹象。

从收益率的驱动因素来看，近 60 年来美股信息科技行业的绝对收益率主要来自盈利的贡献（见图 12-7）。具体来看，1967 年底以来，美股信息科技指数 9.7% 的年化收益率中，盈利仅贡献了 6.5%，而估值贡献了 3.2%。值得注意的是，在"互联网泡沫"破灭期间，信息科技行业的大幅下跌主要是受盈利的大幅缩水所拖累，估值在该阶段反而被动上升，对板块贡献为正。

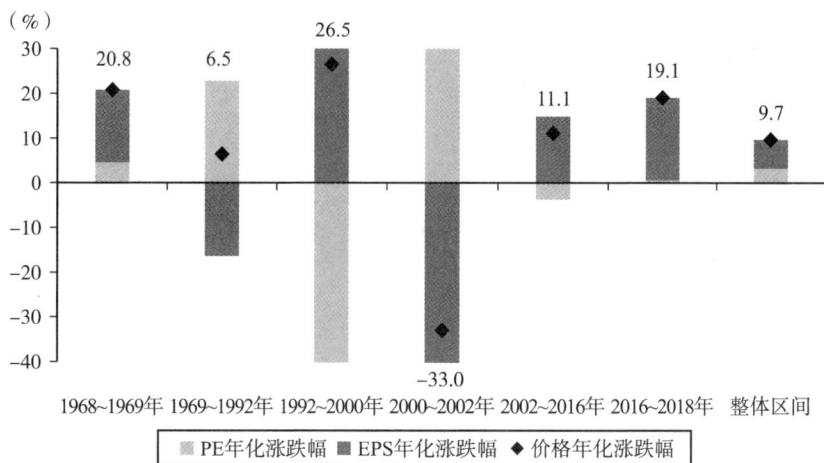

图 12-7　1968～2018 年美股信息科技行业收益率驱动因素分解

资料来源：Compustat 数据库。

二、行情背后的驱动逻辑探讨

市场中常常有一种说法，说流动性好的时候炒估值科技股表现更好，流动性不好的时候价值蓝筹表现可能更好。还有一种类似的说法是，经济比较好的时候价值蓝筹表现更好，经济不好的时候科技成长表现更好。这两种说法乍一听来都似乎挺有道理，但都经不住经验证据的检验。

（一）伪命题一：流动性好的时候科技股表现更好

回溯美股信息科技指数和利率指标的走势，可以得到这样一个基本的结论，信息科技股行情好坏和利率的变化并无必然的关系（见图12-8）。例如1982年以来，美国10年期国债利率单边下行趋势十分显著，而同期美股信息科技行业超额收益率指数却大起大落，并且从1982至今，美股信息科技股累计的超额收益率其实为负，即在利率逐渐下行的大环境中，笔者并没有看到信息科技行业相对大盘表现出优势。

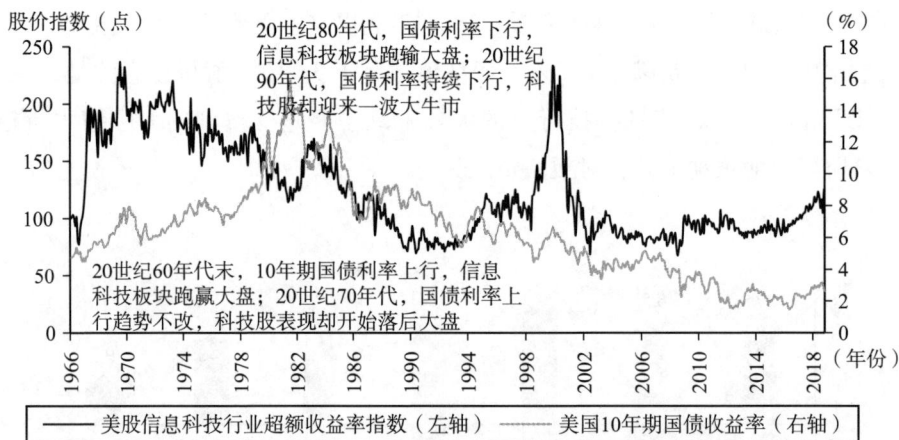

图12-8　1966～2018年美股信息科技行业超额收益率指数和10年期国债利率走势

资料来源：Compustat数据库。

中国A股市场经验亦是如此，2000年以来，中国A股市场信息科技行业超额收益率指数和中债10年期国债利率走势时而同步时而相反，二者之间并无清晰的规律可言（见图12-9）。笔者可以再举两个例子进一步说明，一个是所谓流动性好的时候科技成长表现更好，这个主要指的就是2015年的市场行情，但不要忘了，2009年也是流动性巨好的年份，四万亿后出现了天量信贷，那一年的行情特征是资源股"煤飞色舞"和消费股"家电下乡"。第二个例子是对比2013年和2017年，2013年"钱荒"，市场资金很紧，利率大幅上行，股市行情特征是创业板明显跑赢主板，当时的说法是"因为钱少，钱少炒不动大票，所以只能炒小票"。同样的"故事"到2017年就变了，2017年也是利率大幅上行，但行情特征是"漂亮50"，市场给出的说法是"因为钱少，钱少不能乱炒，所以只能炒确定性比较强的"。同样的一件事情，正反都可以说，只能说明这个逻辑完全不成立。

图 12 - 9　2000 ~ 2019 年中国 A 股市场信息科技行业超额收益率指数和 10 年期国债利率走势
资料来源：Wind 资讯。

（二）伪命题二：经济增速不好的时候科技股表现更好

美股历史经验显示，无论是以 GDP 增速还是以工业增加值同比增速作为经济基本面的衡量指标，均难以得到科技股行情和经济表现好坏存在稳定关系的结论（见图 12 - 10）。比如 20 世纪 60 年代美国经济增速下行，信息科技行业大幅跑赢大盘，而 20 世纪 70 年代美国经济陷入滞涨，信息科技行业却开始持续走弱。同样 20 世纪 70 年代至 80 年代末，美国信息科技行业表现远远落后于大盘，而该阶段里美国经济

图 12 - 10　1966 ~ 2018 年美股信息科技行业超额收益率指数和 GDP 增速走势
资料来源：Compustat 数据库。

既经历了20世纪70年代的滞涨时期也经历了80年代的复苏时期，所以很难说经济
基本面的好坏是信息科技股行情的核心驱动力。

　　从中国A股市场的经验看，经济增速和科技股表现同样无清晰的规律可言（见
图12－11）。2007年之前，GDP增速持续上行，信息科技行业常年跑输大盘，而金
融危机后的经济增速回升阶段，科技股却走出一波大行情。2013～2015年，经济增
速下滑，信息科技行业大幅跑赢大盘；而2015年之后，经济增速下行趋势未变，此
时科技股行情却开始逐渐遇冷。

图12－11　2000～2018年中国A股市场信息科技行业超额收益率指数和GDP增速走势

资料来源：Wind资讯。

　　同时，我们可以看到，板块的相对ROE水平可以很好地解释其超额收益率指数
的变化情况。因此，笔者认为科技股系统性行情的驱动力主要来自自下而上的行业逻
辑，而与宏观经济和经济政策关系不大。

第十三章
美股周期股行情与基本面回顾

第一节 周期板块上市公司基本情况介绍

1962 年以来，美股原材料行业上市公司市值占比的中枢不断下降，其间虽有阶段性的回升，但整体下行趋势十分显著（见图 13 - 1）。具体来看，1962 年美股原材料行业上市公司市值占比为 11%。而截至 2018 年底，该行业市值占比大幅降至 3%。

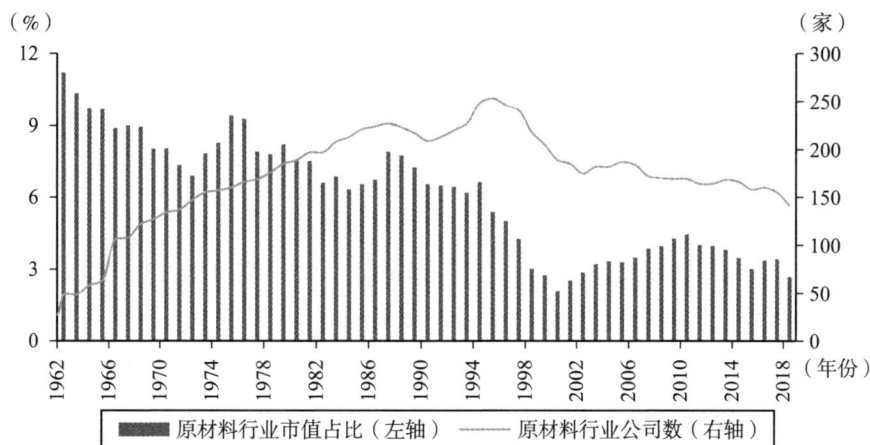

图 13 - 1　1962 ~ 2018 年原材料行业上市公司市值占比及数量变化

资料来源：Compustat 数据库。

从上市公司数量角度看，1962 年美股原材料行业上市公司共 49 家，随后大幅上升至1995年的高点253家，此后逐年减少，截至2018年底，美股原材料行业上市公司数量已降至141家（见图13-1）。

1962年以来，美股能源行业上市公司市值占比走势较为震荡，不过20世纪80年代以来，行业市值占比整体呈现出十分显著的下降趋势（见图13-2）。具体来看，1962年美股能源行业上市公司市值占比为13%，此后稳步升至1980年底的高点26%。随后美股能源行业市值占比便开始震荡下行，截至2018年底，该行业市值占所有美股比重为6%。

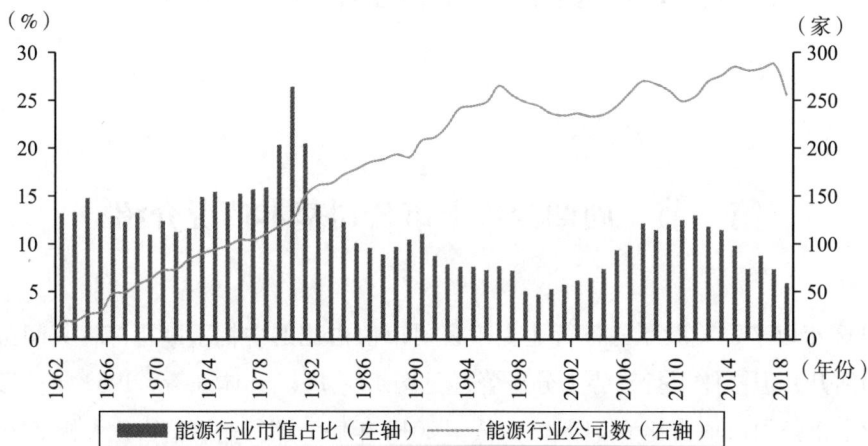

图13-2　1962～2018年能源行业上市公司市值占比及数量变化

资料来源：Compustat数据库。

从上市公司数量角度看，1962年以来，能源行业上市公司数量基本呈一路上升的趋势，1962年美股能源行业上市公司共19家，而截至2018年底，能源行业上市公司数量已达255家（见图13-2）。

近50年来美股原材料行业"龙头"公司市值大幅提高（表13-1）。1970年原材料行业中杜邦公司（DuPont）市值居前，仅为63亿美元，第二名的佐治亚太平洋公司（Georgia-Pacific Corporation）市值规模为28亿美元，第九名、第十名的塞拉尼斯公司（Celanese）和奥玛仕公司（AMAX Information Technologies Inc.）市值更是均仅为8亿美元。而截至2018年底，杜邦公司跃升至行业"龙头"，市值高达1213亿美元，艺康公司以424亿美元占据第二，而此时即使是排在第九名、第十名的纽柯公司和波尔公司，市值也均超过百亿美元。

表 13 – 1　　　　　1970～2018 年美股原材料行业"龙头"公司市值　　　　单位：亿美元

1970 年		1980 年		1990 年	
公司名称	市值	公司名称	市值	公司名称	市值
杜邦公司	63	杜邦公司	62	杜邦公司	246
佐治亚太平洋公司	28	陶氏化学公司	59	陶氏化学公司	128
陶氏化学公司	22	阿勒格尼技术公司	30	国际纸业公司	59
美国钢铁公司	18	格雷斯公司	28	完美产品集团	50
国际纸业公司	16	奥玛仕公司	26	美国铝业公司	49
美国铝业公司	12	佐治亚太平洋公司	25	纽蒙黄金公司	45
欧文斯伊利诺玻璃	9	美国钢铁公司	22	雷纳尔兹金属公司	34
赫拉克勒斯公司	8	美国铝业公司	22	阿科化学公司	34
塞拉尼斯公司	8	阿姆科公司	21	佐治亚太平洋公司	32
奥玛仕公司	8	国际纸业公司	21	国际香料公司	28
2000 年		2010 年		2018 年	
公司名称	市值	公司名称	市值	公司名称	市值
杜邦公司	502	自由港麦克莫兰公司	567	陶氏化学公司	1213
美国铝业公司	290	杜邦公司	458	艺康公司	424
陶氏化学公司	248	南方铜业公司	414	空气化工产品公司	367
国际纸业公司	197	陶氏化学公司	398	宣威威廉斯公司	366
罗门哈斯公司	80	纽蒙特矿业公司	303	完美产品集团	241
完美产品集团	78	孟山都公司	285	南方铜业公司	238
空气化工产品公司	77	美盛公司	206	纽蒙特矿业公司	185
孟山都公司	70	空气化工产品公司	177	国际纸业公司	162
佐治亚太平洋公司	63	美国铝业公司	157	纽柯公司	158
艺康公司	55	纽柯公司	138	波尔公司	154

资料来源：Compustat 数据库。

　　近 30 年来美国能源行业同样诞生了高市值优秀公司（见表 13 – 2）。1970 年美国能源行业中埃克森美孚石油市值居前，为 164 亿美元，第二名的德士古公司市值为 95 亿美元，第九名、第十名的美国标准石油公司和路易斯安那州土地与勘探公司（Louisiana Land And Exploration Company）市值更是仅为 14 亿美元和 12 亿美元。而截至 2018 年底，埃克森美孚石油公司市值已高达 2889 亿美元，第二名的雪佛龙公司市值同样超过 2000 亿美元，而此时即使是排在第十名的金德摩根公司（Kinder Morgan），市值也达 348 亿美元。

表 13 - 2　　　　　　　　1970 ~ 2018 年美股能源行业"龙头"公司市值　　　　单位：亿美元

1970 年		1980 年		1990 年	
公司名称	市值	公司名称	市值	公司名称	市值
埃克森石油公司	164	埃克森石油公司	348	埃克森石油公司	644
德士古公司	95	阿莫科公司	234	阿莫科公司	263
美孚石油公司	58	斯伦贝谢公司	223	雪佛龙公司	255
雪佛龙公司	46	美国标准石油公司	177	美孚石油公司	233
阿莫科公司	36	美孚石油公司	172	大西洋富田公司	196
大西洋富田公司	30	雪佛龙公司	170	德士古公司	156
康菲石油公司	21	大西洋富田公司	151	斯伦贝谢公司	138
美国太阳石油公司	15	德士古公司	129	康菲石油公司	68
美国标准石油公司	14	哈里伯顿公司	98	加利福尼亚州联合石油公司	62
路易斯安那州土地与勘探公司	12	康菲石油公司	89	西方石油公司	54
2000 年		2010 年		2018 年	
公司名称	市值	公司名称	市值	公司名称	市值
埃克森美孚石油公司	3012	埃克森美孚石油公司	3641	埃克森美孚石油公司	2889
雪佛龙公司	541	雪佛龙公司	1832	雪佛龙公司	2070
斯伦贝谢公司	458	斯伦贝谢公司	1137	康菲石油公司	710
德士古公司	336	康菲石油公司	974	企业产品合伙公司	537
阿纳达科石油公司	179	西方石油公司	797	依欧格资源公司	506
威廉姆斯公司	177	阿帕奇公司	456	斯伦贝谢公司	499
埃尔帕索公司	168	阿纳达科石油公司	378	西方石油公司	460
哈里伯顿公司	155	哈里伯顿公司	372	马拉松石油公司	401
康菲石油公司	145	企业产品合伙公司	351	菲利普斯 66 公司	393
贝克休斯公司	139	戴文能源公司	339	金德摩根公司	348

资料来源：Compustat 数据库。

第二节　周期板块基本面与估值演化

一、原材料行业基本面与估值演化

（一）原材料行业基本面演化

对比 1962 年以来美股原材料行业 ROE 和美股整体 ROE 的走势（见图 13-3），笔者主要得到以下三方面结论。

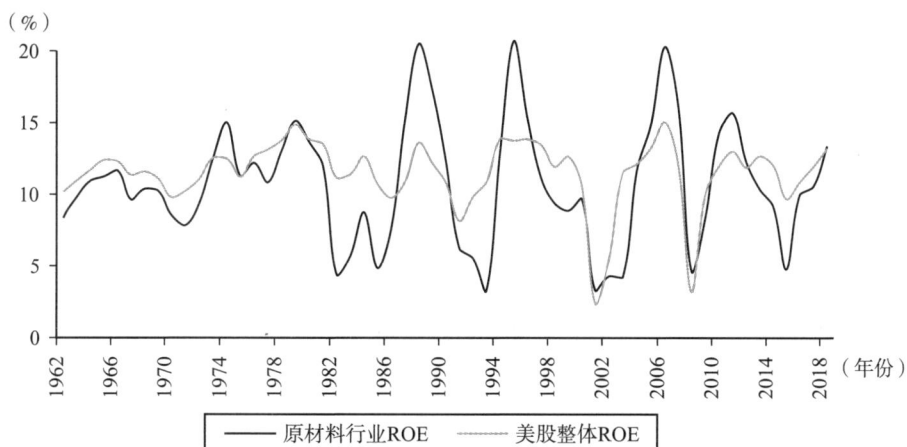

图 13-3　1962~2018 年美股原材料行业 ROE 变化

资料来源：Compustat 数据库。

（1）总体来看，美股原材料行业的盈利能力略低于美股整体水平，板块 ROE 大多数时间低于市场平均水平。1962 年以来的近 60 年的时间里美股原材料行业 ROE 水平在 3%~20% 区间中上下波动，中枢大致稳定于 9% 左右，美股整体为 10% 左右，同时在大多数年份里原材料行业 ROE 低于美股整体水平。并且由于较强的顺周期属性，原材料行业 ROE 和美股整体 ROE 水平走势基本完全同步，二者相关系数高达 0.7。

（2）从 ROE 的稳定性来看，原材料行业由于强周期性而致 ROE 波动高于美股整体。1962 年以来，原材料行业 ROE 最大值为 20.7%，最小值为 3.3%，整体标准差为 4.2%，高于美股整体的 2.3%。同时我们可以看到，原材料行业强周期属性十分显著，1962年以来，在美股整体ROE改善时，原材料行业ROE改善幅度明显好于美股整体，在美股整体ROE下滑时，原材料行业ROE下滑幅度又明显大于美股整体。

（3）具体来看，20世纪60年代初以来的近60年时间里，美股原材料行业ROE并未呈现趋势性的上涨或下跌，而是以8年为一周期进行小幅波动（谷—谷法划分），且中枢水平基本维持稳定。同时正如前文所述，由于强周期性，原材料行业ROE在每个周期的上升阶段，其改善幅度往往大于美股整体，而在每个周期的下降阶段，其回调程度相对美股整体也更为剧烈。

美股原材料行业净利润5年复合平均增速大致呈现出中枢较低、波动性较高的特点（见图13-4）。1962年以来，美股原材料行业净利润5年复合平均增速中枢大致稳定于6.0%，在笔者统计的美股各板块中处于中下位置，其中，行业净利润增速最大值为47.7%，最小值为-29.2%，标准差14.3%，行业净利润增速波动性在笔者统计的美股各板块中处于中上水平。

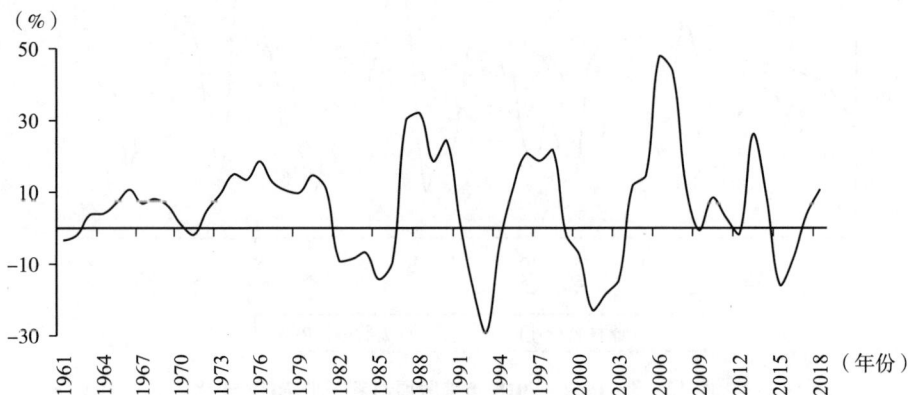

图13-4　1962~2018年美股原材料行业净利润5年复合平均增速走势

资料来源：Compustat数据库。

从行业净利润增速和ROE之间的关系来看，20世纪60年代以来，美股原材料行业ROE与其净利润增速走势较为一致，二者相关系数为0.3，且板块净利润增速下行拐点略微领先其ROE下行拐点。此外，美股原材料行业ROE相对大盘整体走势与其净利润增速相对大盘走势同样拟合得较好，二者相关系数为0.3，表明当板块的净利润增速相对大盘走高时，美股原材料行业ROE相对大盘同样会出现同步改善。

（二）原材料行业估值演化

（1）总体来看，美股原材料行业的估值水平略低于美股整体水平，板块PE与

PB 在大多时间里围绕美股整体水平上下波动（见图 13 – 5、图 13 – 6）。1966 年以来的 50 多年时间里，美股原材料行业 PE 平均值大约为 21 倍，中位数约为 17 倍，PB 平均值大约为 2.0 倍，中位数约为 2.0 倍，而同期美股整体 PE 平均值和中位数分别为 21 倍和 18 倍，PB 平均值和中位数分别为 2.1 倍和 2.0 倍。所以总体来看，美股原材料行业的估值水平与美股整体水平基本相近，仅略低于美股整体水平。

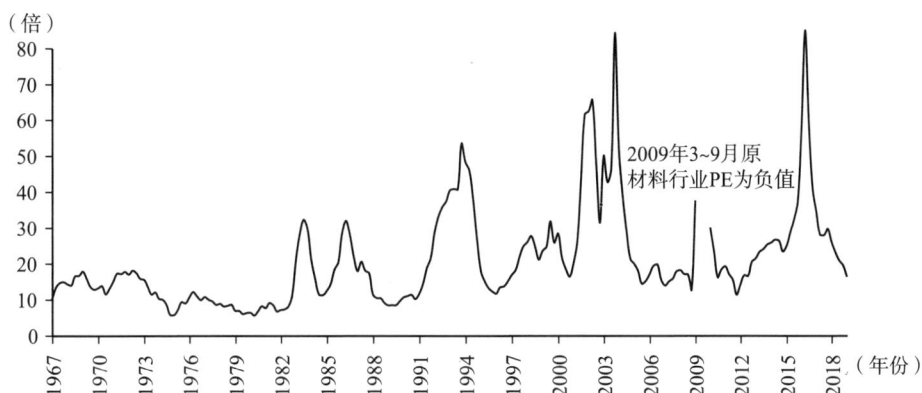

（倍）

2009年3~9月原材料行业PE为负值

图 13 – 5　1967 ~ 2018 年美股原材料行业绝对 PE 走势

资料来源：Compustat 数据库。

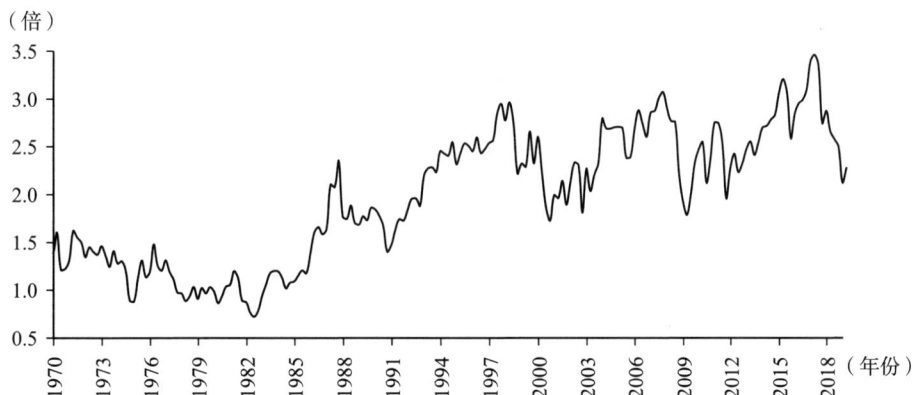

（倍）

图 13 – 6　1970 ~ 2018 年美股原材料行业绝对 PB 走势

资料来源：Compustat 数据库。

（2）从估值的稳定性来看，原材料行业 PE 和 PB 波动性同样略低于美股整体。1966 年以来，美股原材料行业 PE 标准差为 14 倍，略低于美股整体水平的 15 倍，美股原材料行业 PB 标准差为 0.7 倍，同样小幅低于美股整体水平的 0.8 倍，反映出原材料行业估值的历史波动性小幅低于美股整体水平。

（3）分阶段来看，美股原材料行业估值水平在20世纪80年代之前震荡下行，但相对美股整体估值水平基本维持稳定。其后20世纪80年代至21世纪初，美股原材料行业估值水平波动明显加大，总体估值中枢也不断抬升。而2003年以来，美股原材料行业PE更是大起大落，并于2018年底再度回归至历史中枢位置，同期行业PB水平则在高位持续震荡，总体来看，2003年以来，原材料行业估值水平震荡回落。

二、能源行业基本面与估值演化

（一）能源行业基本面演化

对比1962年以来美股能源行业ROE和美股整体ROE的走势（见图13-7），笔者主要得到以下三个结论。

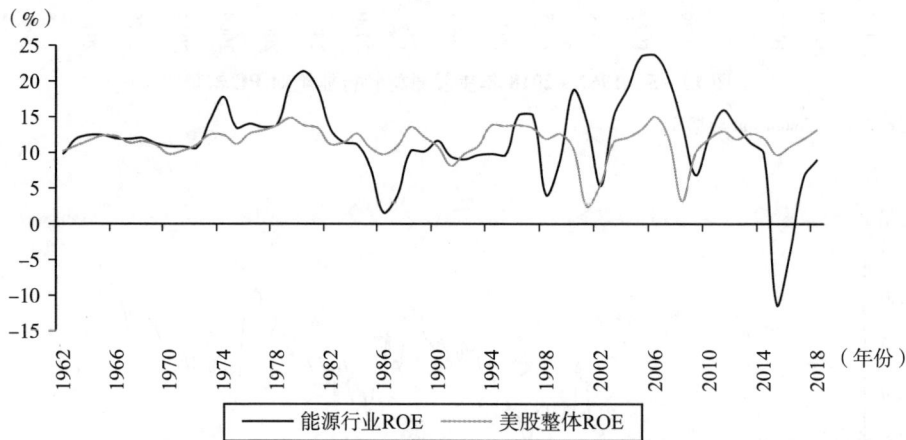

图13-7　1962～2018年美股能源行业ROE变化

资料来源：Compustat数据库。

（1）总体来看，美股能源行业的盈利能力低于美股整体水平，行业ROE大多数时间低于市场平均水平。1962年以来的近60年的时间里美股能源行业ROE在大多数年份里均低于美股整体水平，除2015年行业盈利能力大幅"跳水"外，能源行业ROE水平基本处在2%～20%区间里波动，中枢水平大致为9%，而美股整体为10%左右。

（2）从ROE的稳定性来看，能源行业同样由于强周期性而致ROE波动高于美股整体。1962 年以来，能源行业 ROE 最大值为 23.6%，最小值为 -11.3%，整体标准差为 5.9%，高于美股整体的 2.3%，表明 1962 年以来的近 60 年的时间里能源行业 ROE 波动高于美股整体。并且 21 世纪以来，能源行业盈利能力的波动显著增加，ROE 振幅明显放宽，振荡频率亦有所加快。

（3）分阶段来看，20 世纪 70 年代初至 80 年代初，受两次能源危机影响，美股能源行业 ROE 出现较大幅度的提升，且该阶段美股能源行业 ROE 持续处于美股整体水平之上。而 80 年代初至 90 年代末，能源行业 ROE 震荡回落至美股整体水平之下，中枢水平明显下降一个台阶。随后 2000~2008 年，能源行业 ROE 震荡回升，再度领先美股整体水平。不过金融危机爆发以来的近 10 年时间里，不同于美股整体 ROE 的逐步复苏，能源行业盈利能力急转直下，ROE 一路下滑至 0 值以下，大大落后于美股整体水平。

美股能源行业净利润 5 年复合平均增速大致呈现出中枢较低、波动性较高的特点（见图 13-8）。1962 年以来，美股能源行业净利润 5 年复合平均增速中枢大致稳定于 8.5%，在笔者统计的美股各板块中处于中下位置，其中，行业净利润增速最大值为 55.4%，最小值为 -34.1%，标准差 14.3%，行业净利润增速波动性在笔者统计的美股各板块中处于中上水平。

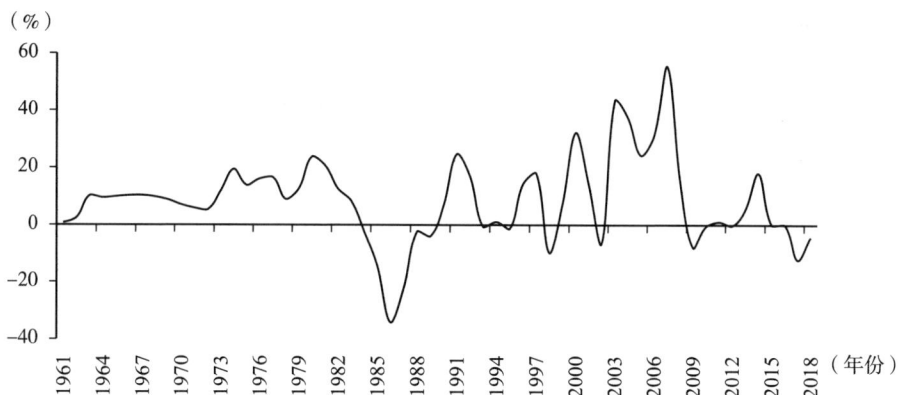

图 13-8　1962~2018 年美股能源行业净利润 5 年复合平均增速走势

资料来源：Compustat 数据库。

从行业净利润增速和 ROE 之间的关系来看，1962 年以来，美股能源行业净利润增速走势和行业 ROE 走势较为一致，二者相关系数为 0.3，且板块净利润增速下行拐点相对其 ROE 水平稍有领先。此外，美股能源行业 ROE 相对大盘整体走势与其净利润增速相对大盘走势同样拟合得较好，二者相关系数为 0.3，表明当板块的净利润增速相对大盘走高时，美股能源行业 ROE 相对大盘同样出现改善趋势。

（二）能源行业估值演化

（1）总体来看，美股能源行业的估值水平低于美股整体水平，板块 PE 与 PB 在大多数时间里处于美股整体水平之下（见图 13-9、图 13-10）。1966 年以来的 50 多年时间里，美股能源行业 PE 平均值大约为 19 倍，中位数约为 15 倍，PB 平均值大约为 2.0 倍，中位数约为 1.9 倍，而同期美股整体 PE 平均值和中位数分别为 21 倍和 18 倍，PB 平均值和中位数分别为 2.1 倍和 2.0 倍。且在近 90% 的时间里，能源行业 PE 均处于美股整体水平之下。

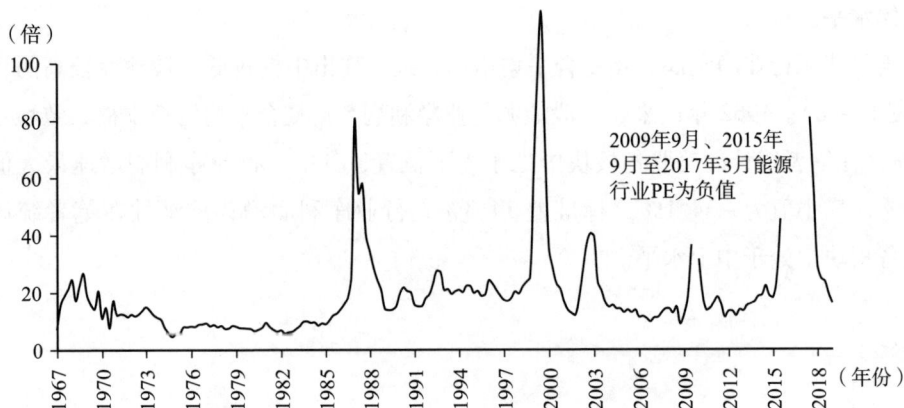

2009年9月、2015年9月至2017年3月能源行业PE为负值

图 13-9 1967~2018 年美股能源行业绝对 PE 走势

资料来源：Compustat 数据库。

图 13-10 1970~2018 年美股能源行业绝对 PB 走势

资料来源：Compustat 数据库。

（2）从估值的稳定性来看，能源行业 PE 和 PB 的波动性高于美股整体。1966 年以来，美股能源行业 PE 标准差为 15 倍，与美股整体水平持平，美股能源行业 PB 标准差为 1.4 倍，高于美股整体水平的 0.8 倍，总体来看，笔者认为能源行业估值的历史波动性高于美股整体水平。

（3）分阶段来看，20 世纪 70 年代至 80 年代，美股能源行业 PE 水平震荡下行，但 PB 基本维持稳定。其后 80 年代至 21 世纪初，美股能源行业估值水平波动明显加大，尤其是 80 年代末和 90 年代末，能源行业 PE 水平骤涨骤跌，不过该阶段行业估值中枢总体在不断抬升。步入 21 世纪，能源行业 PE 水平仍然维持着较高的波动，但中枢变化并不明显，不过行业 PB 水平则开始震荡下行，即整体来看，21 世纪以来，能源行业估值水平震荡回落。

第三节　周期板块行情历史走势回顾

一、原材料行业行情的六个阶段

1968 年以来，美股原材料行业年化收益率为 9.5%，美股整体收益率为 10.8%，相比之下近 60 年来美股原材料行业年化超额收益率为 -1.3%，大幅跑输大盘，在笔者统计的所有行业中表现垫底（见图 13 -11）。

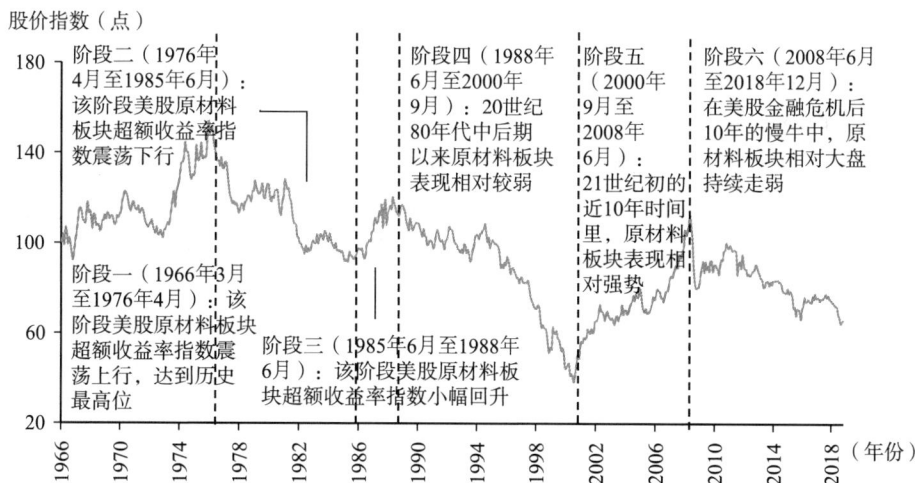

图 13 -11　1966 ~ 2018 年美股原材料行业超额收益率指数走势

资料来源：Compustat 数据库，定基作图（1966 年 3 月 =100 点）。

具体来看，1966 年以来，美股原材料行业超额收益率走势主要可以划分为以下六个阶段（见图 13 – 11）。

（1）阶段一（1966 年 3 月至 1976 年 4 月）：该阶段美股原材料行业超额收益率指数震荡上行，板块超额收益率指数从 1966 年 3 月的 100 点升至 1976 年 4 月的 151 点，累计涨幅为 51%，达到了历史最高位。

（2）阶段二（1976 年 4 月至 1985 年 6 月）：1976～1985 年美股原材料行业超额收益率指数震荡下行，该阶段原材料行业超额收益率指数由 1976 年 4 月的 151 点降至 1985 年 6 月的 92 点，累计跌幅为 39%。

（3）阶段三（1985 年 6 月至 1988 年 6 月）：在前期近 10 年持续跑输大盘后，原材料行业超额收益率指数迎来 3 年短暂的回升期。该阶段原材料行业超额收益率指数由 1985 年 6 月的 92 点回升至 1988 年 6 月的 120 点，累计涨幅为 31%。

（4）阶段四（1988 年 6 月至 2000 年 9 月）：20 世纪 80 年代中后期以来，原材料行业表现相对较弱，板块超额收益率持续回落并于 20 世纪 90 年代中期开始加速下行，最终在 2000 年 9 月探得历史最低位。具体来看，该阶段原材料行业超额收益率指数由 1988 年 6 月的 120 点大幅降至 2000 年 9 月的 38 点，累计跌幅高达 68%。

（5）阶段五（2000 年 9 月至 2008 年 6 月）：21 世纪初至金融危机前的 8 年时间里，原材料行业在经历前期持续落后于大盘整体表现后，开始渐渐跑赢大盘，其间板块超额收益率指数由 2000 年 9 月的 38 点大幅升至 2008 年 6 月的 113 点，累计涨幅高达 195%。

（6）阶段六（2008 年 6 月至 2018 年 12 月）：在美股金融危机后的 10 年慢牛中，虽然原材料行业亦取得不菲的收益率，但仍未跑赢大盘整体水平，其间板块超额收益率指数震荡下行，由 2008 年 6 月的 113 点跌至 2018 年 12 月的 66 点，累计下跌 41%，再次回落至基期 100 点的水平之下。

总体来看，近 60 年来美股原材料行业的绝对收益率主要来自盈利的贡献（见图 13 – 12）。1967 年底以来，美股原材料指数 9.5% 的年化收益率中，盈利贡献了 7.7%，占据了绝对部分，而估值仅贡献了 1.8%。不过分阶段看，在原材料行业收益率的 6 个划分阶段里，其中，3 个阶段盈利贡献占据主导，而另外 3 个阶段，估值贡献占据主导。

二、能源行业行情的六个阶段

1968 年以来，美股能源行业年化收益率为 9.7%，美股整体收益率为 10.8%，相

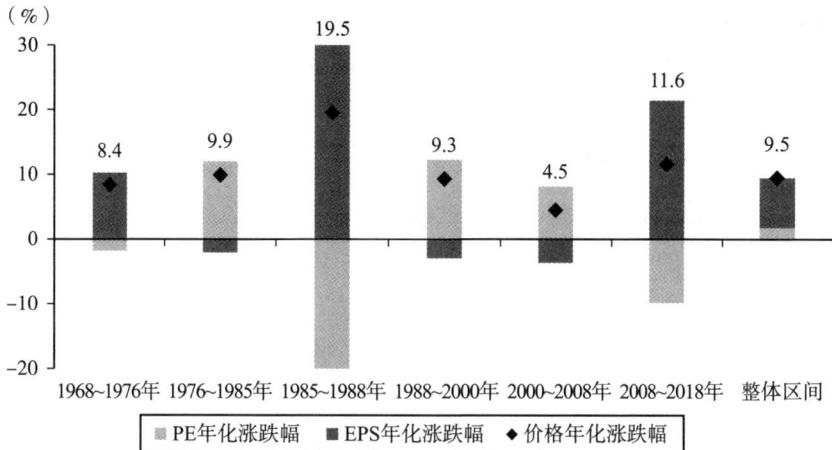

图 13 - 12　1968 ~ 2018 年美股原材料行业收益率驱动因素分解

资料来源：Compustat 数据库。

比之下近 60 年来美股能源行业年化超额收益率为 - 1.1%，表现远不如大盘，在笔者统计的所有行业中表现中等偏下（见图 13 - 13）。

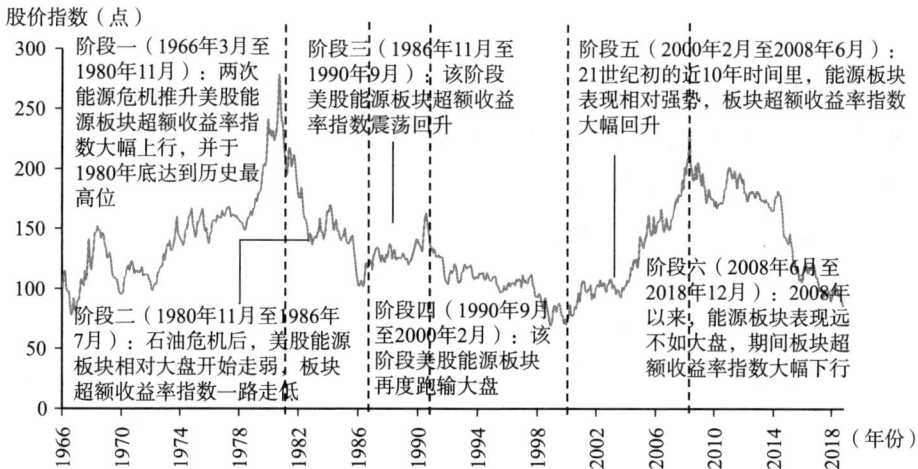

图 13 - 13　1966 ~ 2018 年美股能源行业超额收益率指数走势

资料来源：Compustat 数据库、定基作图（1966 年 3 月 = 100 点）。

具体来看，1966 年以来，美股能源行业超额收益率走势主要可以划分为以下六个阶段（见图 13 - 13）。

（1）阶段一（1966 年 3 月至 1980 年 11 月）：该阶段爆发的两次能源危机推升美

股能源行业超额收益率指数大幅上行，并于 1980 年底达到历史最高位。具体来看，其间板块超额收益率指数从 1966 年 3 月的 100 点升至 1980 年 11 月的 278 点，累计涨幅为 178%。

（2）阶段二（1980 年 11 月至 1986 年 7 月）：石油危机后，美股能源行业相对大盘开始走弱，板块超额收益率指数一路走低。具体来看，该阶段能源行业超额收益率指数由 1980 年 11 月的 278 点降至 1986 年 7 月的 102 点，累计跌幅高达 63%，基本回吐了前阶段的所有涨幅。

（3）阶段三（1986 年 7 月至 1990 年 9 月）：该阶段美股能源行业超额收益率指数震荡回升，由 1986 年 7 月的 102 点升至 1990 年 9 月的 163 点，累计涨幅为 59%，年化超额收益率并不低，但该阶段板块相对大盘强势的持续时间较为短暂。

（4）阶段四（1990 年 9 月至 2000 年 2 月）：20 世纪 90 年代至 21 世纪初美股能源行业再度跑输大盘，板块超额收益率指数持续下滑，由 1990 年 9 月的 163 点降至 2000 年 2 月的 70 点，累计跌幅为 57%，创下 1966 年以来的历史新低。

（5）阶段五（2000 年 2 月至 2008 年 6 月）：和原材料行业一样，21 世纪初的近 10 年时间里，能源行业表现相对强势，板块超额收益率指数大幅回升，由 2000 年 2 月的 70 点大幅升至 2008 年 6 月的 234 点，累计涨幅高达 235%，达到历史次高位。

（6）阶段六（2008 年 6 月至 2018 年 12 月）：2008 年以来，能源行业表现远不如大盘，其间板块超额收益率指数大幅下行，由 2008 年 6 月的 234 点跌至 2018 年 12 月的 85 点，累计下跌 64%，同样回落至基期 100 点的水平之下，即近 60 年来，能源行业相对大盘总体超额收益率为负。

总体来看，近 60 年来美股能源行业的绝对收益率主要来自盈利的贡献（见图 13-14）。具体来看，1967 年底以来，美股能源指数 9.7% 的年化收益率中，盈利贡献了 7.2%，占据了绝对部分，而估值仅贡献了 2.5%。分阶段看，在能源行业收益率的 6 个划分阶段里，其中，4 个阶段盈利贡献占据主导，而另外 2 个阶段，估值贡献占据主导。

三、行情背后的驱动逻辑探讨

虽然能源和原材料行业是典型的周期板块，但似乎难以简单地套用经济周期去解释板块的超额收益率，相反，笔者发现能源和原材料行业的历史超额收益率走势较为鲜明地呈现出各行业自身的特征，对此笔者的看法主要如下。

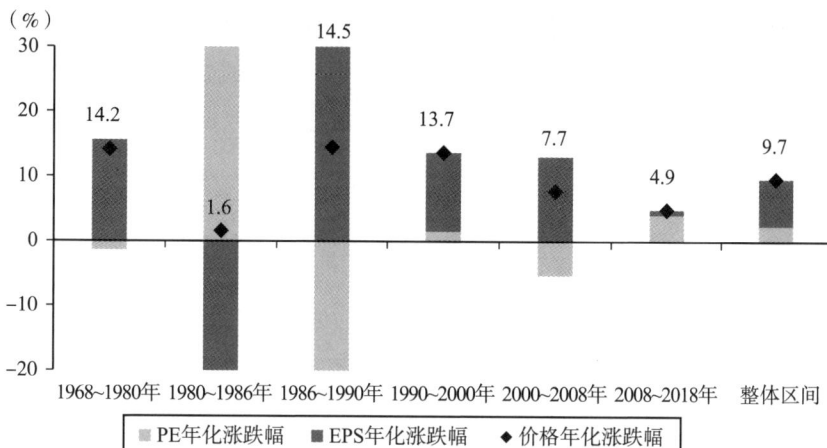

图 13 – 14　1968～2018 年美股能源行业收益率驱动因素分解

资料来源：Compustat 数据库。

第一，20 世纪 70 年代以来，能源行业中的石油天然气行业超额收益率主要取决于油价的变化，二者走势十分一致，在拐点和方向上密切度很高（见图 13 – 15）。具体来看，70 年代爆发的两次能源危机大幅推升了油价，与此同时，石油天然气行业在整个 70 年代大幅跑赢大盘，表现十分抢眼。而 80 年代开始，伴随着油价的趋势回落，石油天然气行业超额收益率指数走势同步下滑。随后 21 世纪初至金融危机前，全球经济增长的内生需求较为强劲，带来了油价的大幅上升，石油天然气行业也因此再度迎来一波"黄金时期"。可好景不长，金融危机爆发后，全球经济开始回落，油价和能源行业超额收益率指数亦同步下滑。

图 13 – 15　1972～2018 年美股石油天然气行业超额收益和油价走势

资料来源：Compustat 数据库。

第二，从原材料行业细分行业的结构变迁中，我们看到，美股原材料行业中纯制造为主的细分行业市值占比在不断萎缩，其中，最为典型的如钢铁行业，这类行业最大的特点就是技术含量偏低，美国在全球竞争中缺乏优势（见图13－16）。而与之相反的是技术含量较高的新材料等行业市值占比在不断提升，这其中，以化工行业为典型代表。

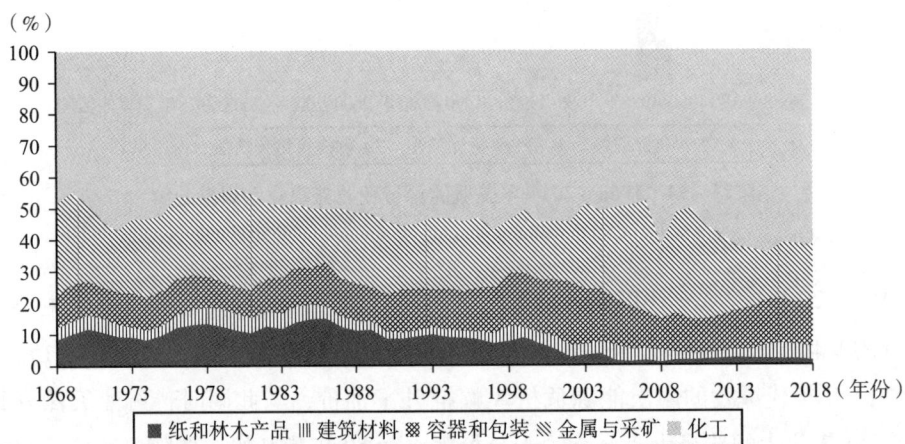

图13－16　1968～2018年美股原材料行业二级细分行业市值占比变化

资料来源：Compustat数据库。

具体来看，原材料行业细分行业结构变化梳理如下四点。

（1）1968年以来，美股原材料行业中各二级细分行业上市公司市值均出现了较大幅度的提高。其中，化工行业市值由1968年的227亿美元升至2018年底的4411亿美元，涨幅高达18倍，金属与采矿行业市值由138亿美元提升至1242亿美元，增长了将近8倍，容器和包装行业市值由47亿美元涨至2018年底的1049亿美元，大幅增长了21倍之多，而纸和林木产品行业上市公司市值增幅相对较小，仅由39亿美元涨至95亿美元。

（2）从各二级细分行业市值占比来看，化工子行业市值占比在原材料行业中处于绝对的主导地位，并且1968年以来，化工子行业市值占比进一步提高。具体来看，化工行业市值占比由1968年的48%升至2018年的62%，金属与采矿行业市值占比由1968年的29%降至2018年的17%，容器和包装行业市值占比由10%升至15%，建筑材料行业市值占比仍稳定于4%，而纸和林木产品行业市值占比则由8%降至1%。

（3）1968年以来，美股原材料行业中各三级细分行业上市公司市值同样均出现了较大幅度的提高。其中，特种化学品行业市值由1968年的71亿美元大幅升至2018年底的3209亿美元，涨幅高达44倍，纸包装行业市值由29亿美元提升至635亿美元，增长了将近21倍，钢铁行业市值由62亿美元涨至2018年底的492亿美元，增长了7倍，金属和玻璃容器行业上市公司市值由17亿美元涨至414亿美元，涨幅为23倍。

（4）从各三级细分行业市值占比来看，特种化学品子行业市值占比在原材料行业中涨幅居前，由1970年的15%升至2018年的45%，现已占据绝对的主导地位。纸包装行业市值占比由1970年的7%小幅升至2018年的9%，钢铁行业市值占比由11%降至7%，金属和玻璃仪器行业市值占比由4%升至6%，而多元化学行业市值占比降幅居前，由1970年的26%大幅降至2018年的3%。

不过整体来看，资本市场化工行业"龙头"公司的股价表现却不尽如人意。20世纪80年代至21世纪初，化工行业"龙头"艺康公司（Ecolab Inc.）和完美产品集团（Perfect Products Group，PPG）股价走势总体呈横向震荡状态，并且大幅跑输标普500指数，虽然2000年以来，艺康公司和PPG工业股价相对标普500指数开始走稳，但仍未获得较为显著的超额收益。

第十四章
美股公用事业板块行情与基本面回顾

第一节　公用事业板块上市公司基本情况介绍

20 世纪 60 年代以来，美股公用行业市值占比有所下降（见图 14 - 1）。具体来看，1962 年底，美股公用事业板块市值占比为 12%，基本处于往后所有年份中的最高位，随后经过 60 年代和 90 年代的两轮下跌后，最终大致稳定于 3%。截至 2018 年底，该比重为 3%，相比 1962 年底下降 9%。

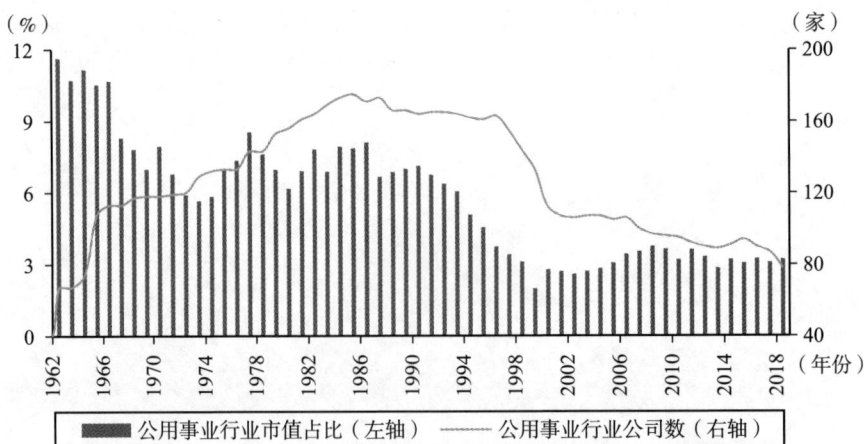

图 14 - 1　1962 ~ 2018 年公用事业上市公司市值占比及数量变化

资料来源：Compustat 数据库。

从上市公司数量角度看，1962 年美股公用事业板块上市公司共 67 家，随后大幅上升至 1985 年的高点 175 家，此后逐年减少，截至 2018 年底，美股工业板块上市公司数量已降至 78 家（见图 14 - 1）。

近 50 年来美股公用事业板块上市公司市值大幅提高（见表 14 - 1）。1970 年美股公用事业板块中太平洋煤气电力（Pacific Gas and Electric Company）市值居前，为 21 亿美元，第二名的联通公司（Unicom Corp）市值为 16 亿美元，第九名、第十名的安特吉能源公司（Entergy）和公共服务企业集团公司（Public Service Entrp Grp Inc.）市值更是均仅为 10 亿美元。而截至 2018 年底，新时代能源公司（Nextera Energy Inc.）跃升至行业"龙头"，市值高达 831 亿美元，杜克能源公司（Duke Energy Corp）以 627 亿美元居于第二，而此时即使是排在第九名、第十名的埃克西尔能源公司（Xcel Energy Inc.）和爱迪生联合电气公司（Consolidated Edison Inc.），市值也均超过 200 亿美元。

表 14 - 1　　　1970 ~ 2018 年美股公用事业板块"龙头"公司市值　　　　单位：亿美元

1970 年		1980 年		1990 年	
公司名称	市值	公司名称	市值	公司名称	市值
太平洋煤气电力公司	21	太平洋煤气电力公司	25	太平洋煤气电力公司	105
联通公司	16	美国电力公司	25	南方公司	88
美国电力公司	15	南方公司	21	爱迪生国际公司	83
南方公司	15	联通公司	20	联通公司	74
爱迪生国际公司	13	爱迪生国际公司	19	杜克能源公司	62
爱迪生联合电气公司	11	安伦公司	19	公共服务企业集团	58
中西部公司	11	泛美能源公司	17	爱迪生联合电气公司	54
新时代能源公司	11	爱迪生联合电气公司	16	美国电力公司	52
安特吉能源公司	10	杜克能源公司	16	道明尼能源公司	48
公共服务企业集团	10	大众能源公司	15	中点能源公司	47
2000 年		2010 年		2018 年	
公司名称	市值	公司名称	市值	公司名称	市值
杜克能源公司	315	南方公司	322	新时代能源公司	831
爱依斯公司	266	爱克斯龙电力公司	276	杜克能源公司	627
南方公司	226	道明尼能源公司	248	道明尼能源公司	487
爱克斯龙电力公司	224	杜克能源公司	237	南方公司	454

续表

2000 年		2010 年		2018 年	
公司名称	市值	公司名称	市值	公司名称	市值
戴纳基公司	181	新时代能源公司	219	爱克斯龙电力公司	437
道明尼能源公司	165	太平洋煤气电力公司	189	美国电力公司	369
美国电力公司	150	美国电力公司	173	桑普拉能源公司	296
卡尔派电业公司	128	公共服务企业集团	161	公共服务企业集团	262
中点能源公司	128	爱迪生联合电气公司	145	埃克西尔能源公司	253
新时代能源公司	126	宾州电力公司	127	爱迪生联合电气公司	245

资料来源：Compustat 数据库。

第二节　公用事业板块基本面与估值演化

一、公用事业板块基本面演化

对比 1962 年以来美股公用事业板块 ROE 和美股整体 ROE 的走势（见图 14－2），笔者主要得到以下三点结论。

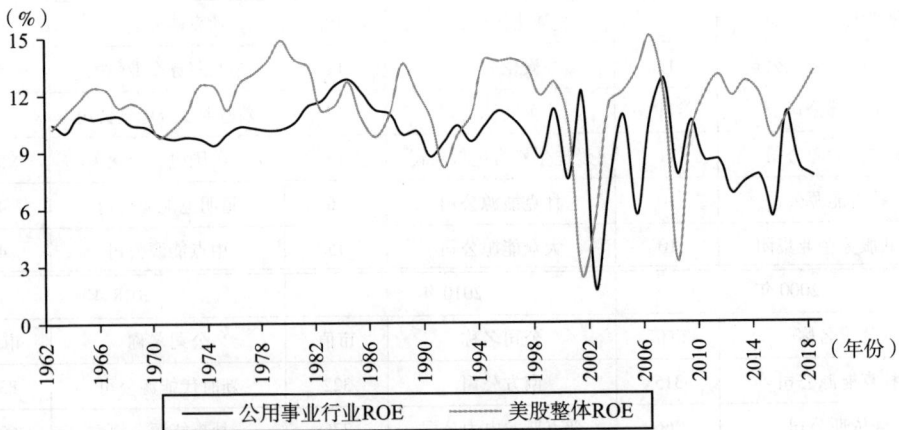

图 14－2　1962～2018 年美股公用事业板块 ROE 变化

资料来源：Compustat 数据库。

（1）总体来看，美股公用事业板块的盈利能力低于美股整体水平，行业 ROE 大多数时间处于市场平均水平之下。1962 年以来的近 60 年的时间里美股公用事业板块 ROE 水平大多数时间在 6% 到 12% 区间中上下波动，中枢大致稳定于 8% 左右，美股整体为 10% 左右，同时在绝大多数年份里公用事业板块 ROE 均低于美股整体水平。

（2）从 ROE 的稳定性来看，公用事业板块 ROE 波动性低于美股整体。1962 年以来，公用事业板块 ROE 最大值为 12.8%，最小值为 1.7%，整体标准差为 1.9%，低于美股整体的 2.3%。其中，20 世纪 60 年代至 90 年代末，二者 ROE 波动率较低，均处于十分稳定的状态。而步入 21 世纪，公用事业板块和美股整体 ROE 波动均有所加大。综合来看，公用事业板块 ROE 波动性小于美股整体，此外值得强调的是，在所有美股一级行业中仅公用事业和医疗保健两个行业 ROE 波动率小于美股整体水平。

（3）分阶段来看，20 世纪 60 年代初至 80 年代，美股公用事业板块 ROE 走势平稳，同期美股整体 ROE 水平震荡提升，因此该阶段公用事业板块盈利能力与美股整体差距逐渐拉大。其后 80 年代初至 80 年代中期，公用事业板块 ROE 相对美股整体出现阶段性的改善，并一度位于美股整体水平之上。然而 90 年代以来，公用事业板块盈利能力恶化，ROE 再度回落至美股整体下方。步入 21 世纪，公用事业板块 ROE 波动明显加大，其中，在 21 世纪的前 10 年里，公用事业板块盈利水平震荡提升，与美股整体水平逐渐缩小，然而 2009 年以来，公用事业板块盈利水平再度大幅落后美股整体。

美股公用事业板块净利润 5 年复合平均增速大致呈现出中枢和波动性均较低的特点（见图 14-3）。1962 年以来，美股公用事业板块净利润 5 年复合平均增速中枢大

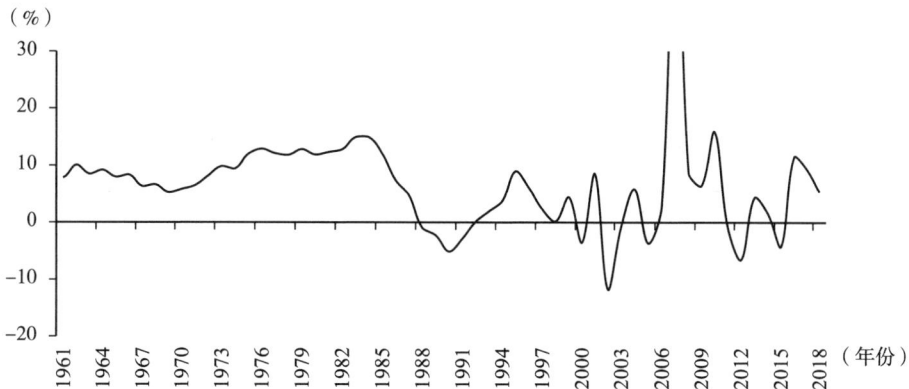

图 14-3　1961~2018 年美股公用事业板块净利润 5 年复合平均增速走势

注：2007 年美股公用事业板块净利润增速高达 66%，由于较为异常，作图时坐标轴有所调整。

资料来源：Compustat 数据库。

致稳定于6.8%左右，在笔者统计的美股各板块中处于中下位置，其中，行业净利润增速最大值为66.2%，最小值为-11.7%，标准差9.5%，行业净利润增速波动性在笔者统计的美股各板块中同样处于中等偏下水平。

从行业净利润增速和ROE之间的关系来看，1962年以来，美股公用事业板块净利润增速走势和行业ROE走势较为一致，二者相关系数为0.2。此外，美股公用事业板块ROE相对大盘整体走势与其净利润增速相对大盘走势同样拟合得较好，二者相关系数为0.3，即当行业的净利润增速相对大盘走高时，美股公用事业板块ROE相对大盘同样出现改善趋势。

二、公用事业板块估值演化

（1）总体来看，美股公用事业板块的估值水平低于美股整体水平，板块PE与PB在大多数时间里均低于美股整体水平（见图14-4、图14-5）。1966年以来的50多年时间里，美股公用事业板块PE平均值大约为13倍，中位数约为13倍，PB平均值大约为1.3倍，中位数约为1.4倍，而同期美股整体PE平均值和中位数分别为21倍和18倍，PB平均值和中位数分别为2.1倍和2.0倍。且在90%多的时间里，公用事业板块PE处于美股整体水平之下。

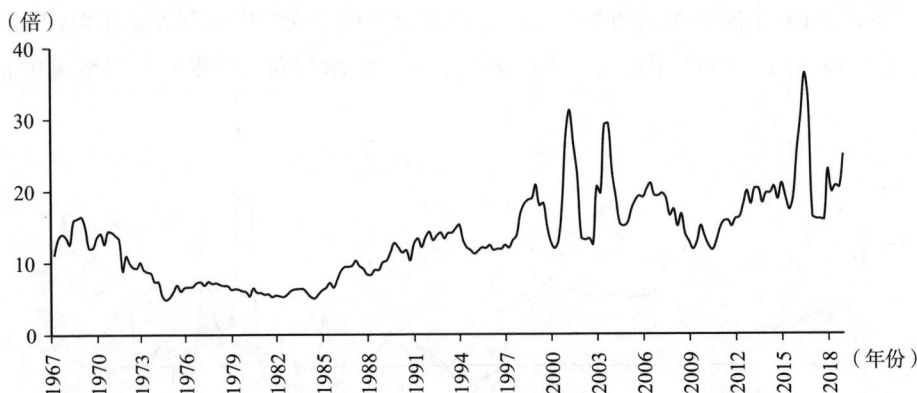

（倍）

图14-4　1967~2018年美股公用事业板块绝对PE走势

资料来源：Compustat数据库。

（2）从估值的稳定性来看，公用事业PE和PB波动性低于美股整体。1966年以来，美股公用事业板块PE标准差为6倍，低于美股整体水平的15倍，美股公用事业

（倍）

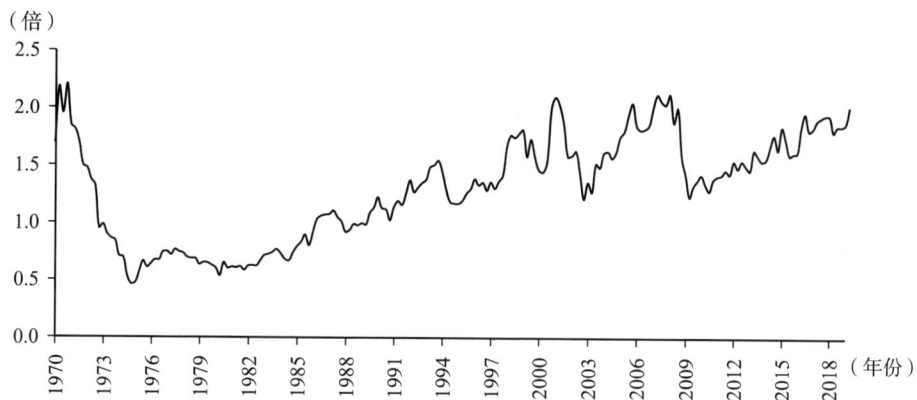

图 14-5 1970~2018 年美股公用事业板块绝对 PB 走势

资料来源：Compustat 数据库。

板块 PB 标准差为 0.5，同样低于美股整体水平的 0.8，总体来看，笔者认为，公用事业板块的估值稳定性高于美股整体水平。

（3）分阶段来看，20 世纪 60 年代末至 70 年代中期，美股公用事业板块估值水平震荡下行，且相对美股整体水平有所走低。其后 70 年代中期至 80 年代中期的近 10 年时间里，美股公用事业板块估值无论是绝对水平还是相对水平均维持稳定。80 年代中期至 21 世纪初，公用事业板块估值水平持续提高，之后 21 世纪初以来，公用事业板块估值水平波动性明显加大，但中枢水平基本维持不变，所以整个 20 世纪 80 年代中期以来，公用事业板块估值相对美股整体水平有所抬升。

第三节 公用事业板块行情历史走势回顾

一、公用事业板块行情的六个阶段

1968 年以来，美股公用事业板块年化收益率为 9.9%，美股整体收益率为 10.8%，相比之下近 60 年来美股公用事业板块年化超额收益率为 -0.9%，表现弱于大盘，在笔者统计的所有行业中表现处于中下游水平（见图 14-6）。

股价指数（点）

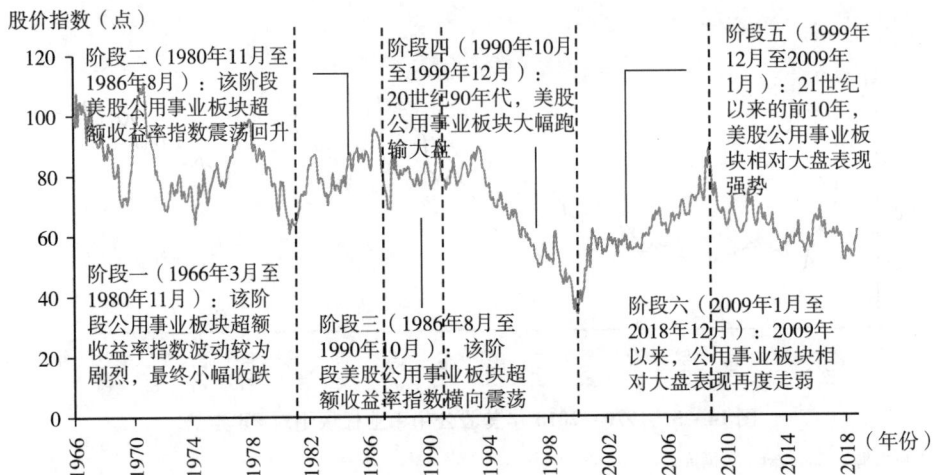

图 14 - 6　1966~2018 年美股公用事业板块超额收益率指数走势

资料来源：Compustat 数据库、定基作图（1966 年 3 月 = 100 点）。

具体来看，1966 年以来，美股公用事业板块超额收益率走势主要可以划分为以下六个阶段（见图 14 - 6）。

（1）阶段一（1966 年 3 月至 1980 年 11 月）：该阶段美股公用事业板块超额收益率指数波动较为剧烈，短时间内的大起大落较为频繁，总体来看，该阶段公用事业板块超额收益率指数震荡收跌，从 1966 年 3 月的 100 点震荡下行至 1980 年 11 月的 61 点，累计跌幅为 39%。

（2）阶段二（1980 年 11 月至 1986 年 8 月）：该阶段美股公用事业板块超额收益率指数震荡回升，但持续时间较为短暂。具体来看，该阶段公用事业板块超额收益率指数由 1980 年 11 月的 61 点回升至 1986 年 8 月的 95 点，累计涨幅达 57%，基本收复前期所有跌幅。

（3）阶段三（1986 年 8 月至 1990 年 10 月）：该阶段美股公用事业板块超额收益率指数横向震荡，整体表现与大盘相近。板块超额收益率指数由 1986 年 8 月的 95 点小幅降至 1990 年 10 月的 91 点，累计微跌 4%。

（4）阶段四（1990 年 10 月至 1999 年 12 月）：20 世纪整个 90 年代美股公用事业板块表现远远不如大盘，板块超额收益率指数下行趋势十分显著，由 1990 年 10 月的 91 点大幅降至 1990 年 12 月的 35 点，累计下跌 61%，且已处于历史最低位。

（5）阶段五（1999 年 12 月至 2009 年 1 月）：21 世纪以来的前 10 年，美股公用事业板块相对大盘表现强势，板块超额收益率指数震荡回升，由 1990 年 12 月的 35 点回升至 2009 年 1 月的 89 点，累计涨幅高达 151%，这一阶段可以说是 1962 年以来，公用事业板块相对表现最为亮眼的阶段。

（6）阶段六（2009年1月至2018年12月）：2009年以来，公用事业板块相对大盘表现再度走弱，板块超额收益率指数由2009年1月的89点降至2018年12月的62点，累计下跌30%。

从收益率的驱动因素来看，近60年来美股公用事业板块的绝对收益中盈利和估值的贡献基本相当（见图14-7）。具体来看，1968年以来，美股公用事业指数9.9%的年化收益率中，盈利贡献了5.0%，估值贡献了4.9%。因此长期来看，盈利和估值两个因素对公用事业板块绝对收益率的贡献均存在着较为重要的作用。

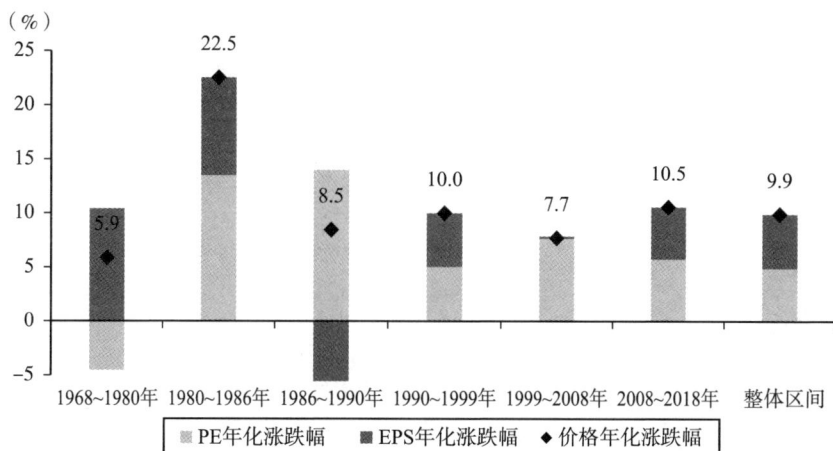

图14-7　1968~2018年美股公用事业板块收益率驱动因素分解

资料来源：Compustat数据库。

二、行情背后的驱动逻辑探讨

通过回溯美股公用事业板块超额收益率指数走势和经济周期、货币周期的关系，笔者主要得到以下三个方面的结论。

第一，历史经验显示，公用事业板块是典型的逆周期板块，在经济衰退期里具有较强的防御属性。1966年以来的7次经济复苏期和繁荣期里公用事业板块表现大概率不如大盘指数，而在7次经济衰退期里，公用事业板块有6次跑赢大盘（见图14-8、图14-9）。

股价指数（点）

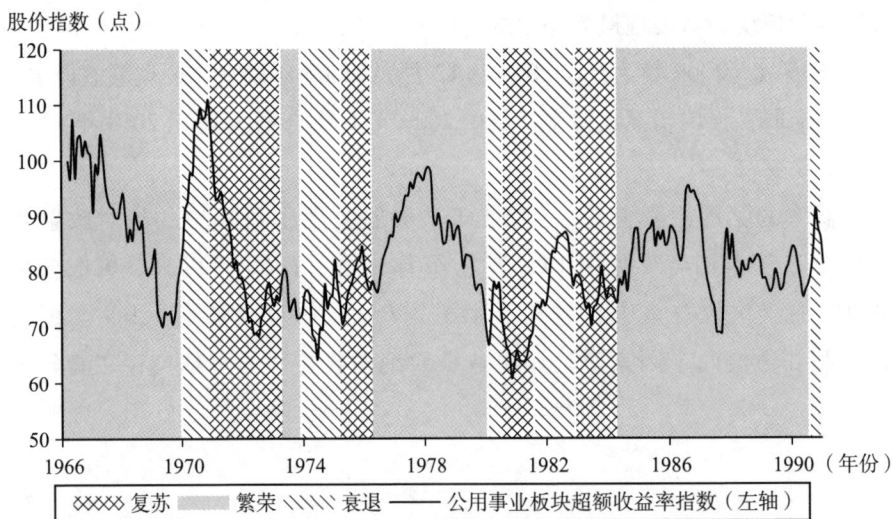

图 14 - 8　1966～1990 年美国各经济周期里公用事业板块超额收益率指数走势

资料来源：NBER、Compustat 数据库。

股价指数（点）

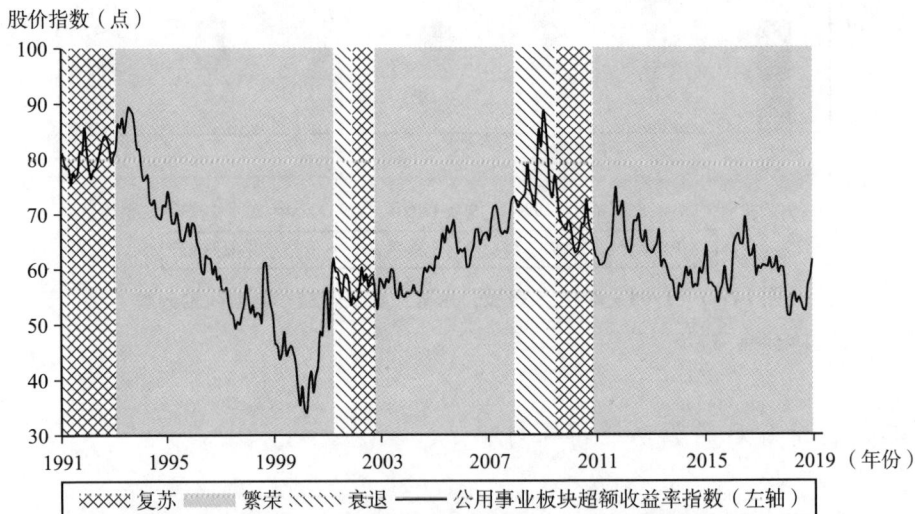

图 14 - 9　1991～2019 年美国各经济周期里公用事业板块超额收益率指数走势

资料来源：NBER、Compustat 数据库。

（1）衰退时期公用事业板块相对大盘大概率获得超额收益。1966 年以来，美国经济共经历 7 次衰退，其中，6 次衰退期里，公用事业板块均跑赢大盘，仅在 1 次衰退时期里公用事业表现不如大盘。具体来看，1970 年 1～11 月、1973 年 12 月至 1975 年 3 月、1980 年 2 月至 1981 年 7 月、1981 年 8 月至 1982 年 11 月、1990 年 8 月至

1991 年 3 月、2001 年 4 ~ 11 月的 6 次衰退时期，公用事业板块超额收益率指数涨幅分别为 37.6%、3.8%、3.6%、12.3%、0.9% 和 5.4%。仅在 2001 年 4 ~ 11 月的衰退时期里，公用事业板块超额收益率指数下跌 13.7%。

（2）而繁荣时期公用事业板块表现大概率不如大盘指数。1966 年以来，美国经济共经历 7 次繁荣，其中，两次繁荣期里，公用事业板块获得超额收益率，另外 5 次繁荣期里，公用事业板块收益均跑输大盘指数。具体来看，1984 年 4 月至 1990 年 7 月、2002 年 10 月至 2007 年 12 月的 2 次繁荣时期，公用事业板块超额收益率指数涨幅分别为 3.2% 和 24.6%。而 1966 年 3 月至 1969 年 12 月、1973 年 4 ~ 11 月、1976 年 4 月至 1980 年 1 月、1993 年 1 月至 2001 年 3 月和 2010 年 11 月至 2018 年 12 月的 5 次繁荣时期，公用事业板块超额收益率指数跌幅分别为 19.3%、4.1%、9.5%、23.0% 和 7.3%。

（3）复苏时期公用事业板块相对大盘表现基本输赢各半。1966 年以来，美国经济共经历 7 次复苏，其中，3 次复苏期里，公用事业板块获得超额收益率，另外，4 次复苏期里，公用事业板块收益跑输大盘指数。具体来看，1975 年 4 月至 1976 年 3 月、1991 年 4 月至 1992 年 12 月、2001 年 12 月至 2002 年 9 月的 3 次复苏时期，公用事业板块超额收益率指数涨幅分别为 3.2%、2.7% 和 9.6%。而 1970 年 12 月至 1973 年 3 月、1980 年 8 月至 1981 年 7 月、1982 年 12 月至 1984 年 3 月、2009 年 7 月至 2010 年 10 月的 4 次复苏时期，公用事业板块超额收益率指数跌幅分别为 32.7%、4.2%、2.7% 和 13.5%。

第二，公用事业板块超额收益率和货币周期难有清晰的规律可言，仅通过货币政策的变化，并不能有效地判断公用事业板块是否能获得超额收益（见图 14 - 10、图 14 - 11）。历史数据显示，在美联储降息周期里，公用事业板块既可能相对大盘获得超额收益率（如 1974 年 12 月至 1976 年 12 月）也可能相对大盘表现疲弱（如 1970 年 11 月至 1971 年 6 月），同样在美联储加息周期里，公用事业板块既可能跑输大盘（如 1977 年 8 月至 1980 年 4 月）也可能跑赢大盘（如 2004 年 6 月至 2006 年 7 月）。

第三，但历史上公用事业板块三段具有超额收益的行情确实均发生在利率环境趋于宽松的阶段之中，或表明利率下行是公用事业板块获得超额收益的必要不充分条件。1966 年以来，美股公用事业板块主要在 1974 ~ 1978 年、1980 ~ 1986 年和 2000 年、2009 年三个阶段或有超额收益，而从利率的角度看，上述三个阶段美联储贴现率或美国联邦基金目标利率均有所下行，也就是说公用事业板块的超额收益率往往发生在利率环境趋于宽松的阶段之中。

股价指数（点）

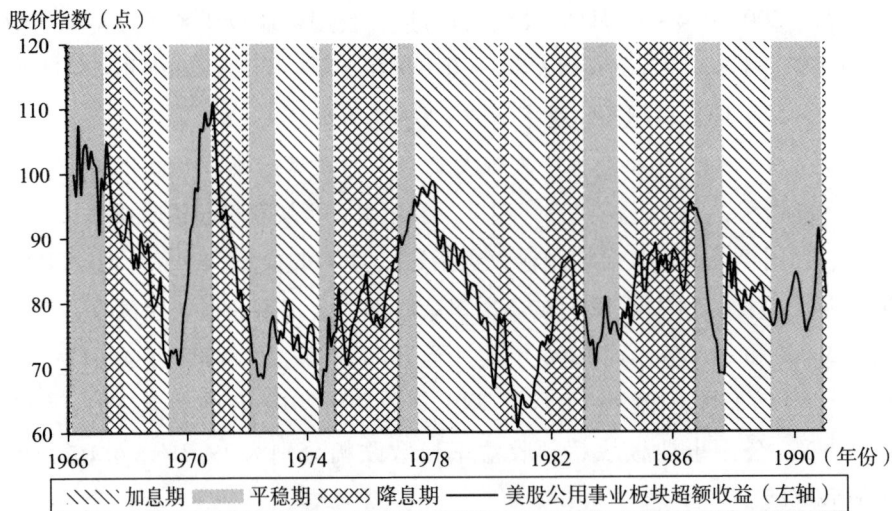

图 14-10 1966~1990 年美国各货币周期里公用事业板块超额收益率指数走势

注：货币周期的划分遵循以下规则：（1）12 个月内利率出现第二次与之前趋势相同变化，视为同一周期延续；（2）平稳期需要至少 6 个月以上，不足 6 个月部分跟着前面周期走。

资料来源：Compustat 数据库。

股价指数（点）

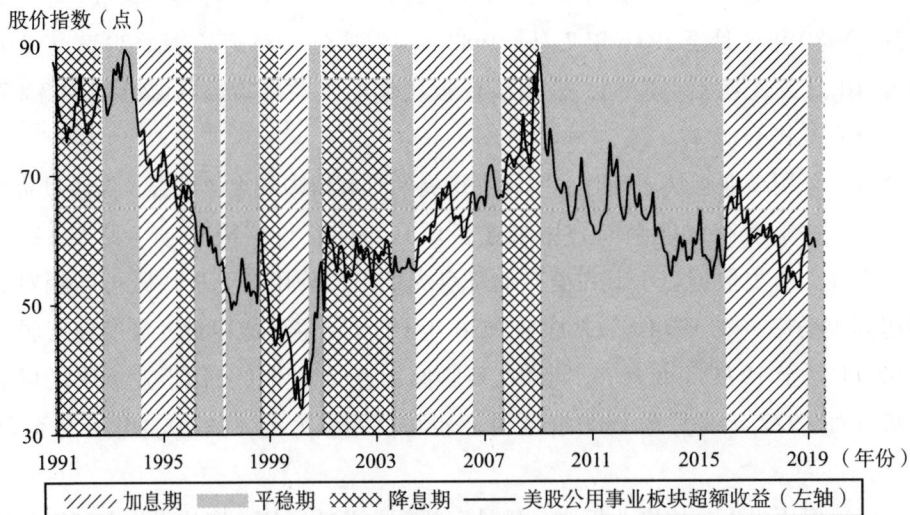

图 14-11 1991~2019 年美国各货币周期里公用事业板块超额收益率指数走势

资料来源：Compustat 数据库。

第十五章
美股工业板块行情与基本面回顾

第一节 工业板块上市公司基本情况介绍

20 世纪 60 年代以来，美股工业板块市值占比整体较为稳定（见图 15 – 1）。具体来看，1962 年底，美股工业板块市值占比为 11%，随后行业市值占比在 1983 年达到峰值 16%，此后开始小幅回落，截至 2018 年底，该比重再度降至 10%。整体来看，20 世纪 60 年代以来，美股工业板块市值占比基本稳定于 10% 左右。

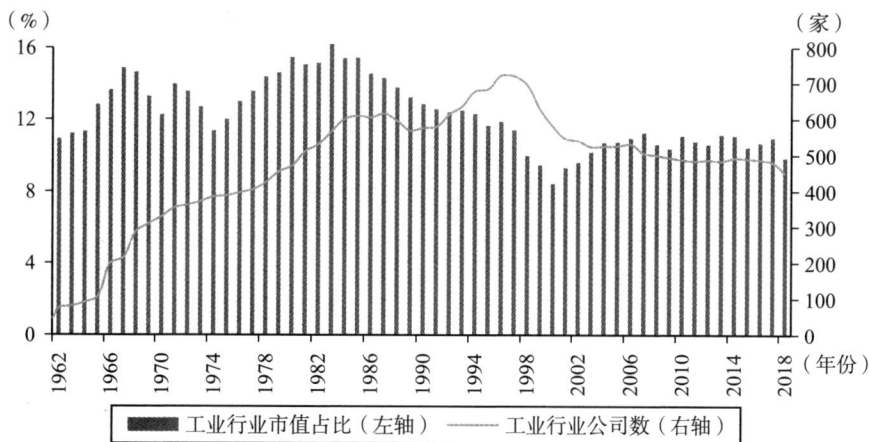

图 15 – 1　1962 ~ 2018 年工业板块上市公司市值占比及数量变化

资料来源：Compustat 数据库。

从上市公司数量角度看，1962 年美股工业板块上市公司共 75 家，随后大幅上升至 1996 年的高点 722 家，此后逐年减少，截至 2018 年底，美股工业板块上市公司数量已降至 450 家（见图 15 - 1）。

与消费品、金融、科技等行业不同的是，近 50 年来美股工业板块上市公司市值在大幅提高的同时也更趋均衡（见表 15 - 1）。1970 年通用电气市值为 85 亿美元，是第十名的近 10 倍，第二名的明尼苏达矿务及制造业公司市值 56 亿美元，是第十名的 8 倍。2000 年通用电气市值升至 4750 亿美元，是第十名的近 30 倍。而到了 2018 年，第一名的波音公司市值为 1831 亿美元，第二名的明尼苏达矿务及制造业公司市值为 1099 亿美元，相对 2000 年"龙头"公司市值均有所降低，且与第九名、第十名的联邦快递公司（FedEx Express）和通用电气公司市值差距大大缩小。

表 15 - 1　　　　　1970～2018 年美股工业板块"龙头"公司市值　　　　单位：亿美元

1970 年		1980 年		1990 年	
公司名称	市值	公司名称	市值	公司名称	市值
通用电气公司	85	通用电气公司	140	通用电气公司	501
明尼苏达矿务及制造业公司	56	联合太平洋公司	76	明尼苏达矿务及制造业公司	189
国际电报电话工业公司	34	明尼苏达矿务及制造业公司	69	废物管理公司	171
卡特彼勒有限公司	24	卡特彼勒有限公司	50	波音公司	156
美国无线电公司	18	雷神公司	46	邓白氏公司	75
霍尼韦尔公司	14	波音公司	43	艾默生电气公司	72
艾默生电气公司	13	ITT 公司	37	联合太平洋公司	71
圣菲太平洋公司	10	福陆公司	30	诺福克南方公司	65
联合太平洋公司	9	联合技术公司	27	罗克韦尔自动化公司	58
安普公司	7	迪尔公司	26	联合技术公司	58
2000 年		2010 年		2018 年	
公司名称	市值	公司名称	市值	公司名称	市值
通用电气公司	4761	通用电气公司	1942	波音公司	1831
联合包裹服务公司	667	联合技术公司	725	明尼苏达矿务及制造业公司	1099
波音公司	552	联合包裹服务公司	719	联合太平洋公司	1002
明尼苏达矿务及制造业公司	477	明尼苏达矿务及制造业公司	614	霍尼韦尔国际公司	964
霍尼韦尔国际公司	382	卡特彼勒公司	598	联合技术公司	917

续表

2000 年		2010 年		2018 年	
公司名称	市值	公司名称	市值	公司名称	市值
联合技术公司	370	波音公司	480	联合包裹服务公司	837
艾默生电气公司	286	联合太平洋公司	455	洛克希德·马丁公司	736
伊利诺伊工具公司	180	霍尼韦尔国际公司	416	卡特彼勒公司	731
美国废物管理公司	173	艾默生电气公司	396	联邦快递公司	663
西南航空公司	169	迪尔公司	324	通用电气公司	659

资料来源：Compustat 数据库。

第二节　工业板块基本面与估值演化

一、工业板块基本面演化

对比 1962 年以来美股工业板块 ROE 和美股整体 ROE 的走势（见图 15 - 2），笔者主要得到以下三点结论。

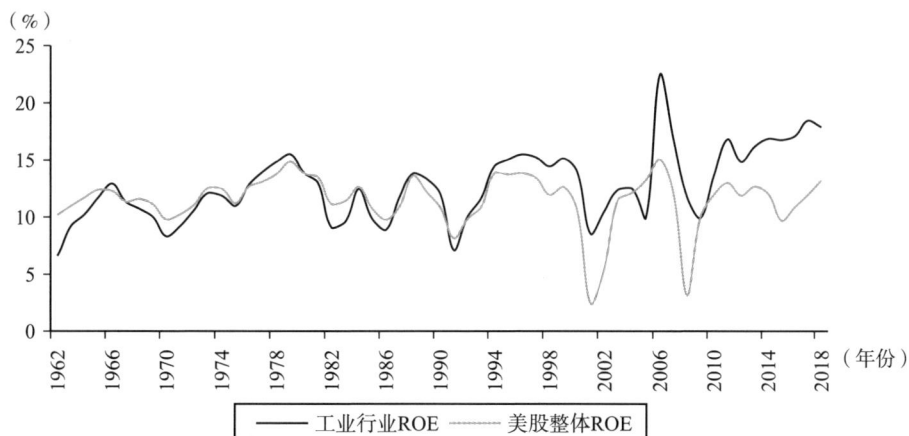

图 15 - 2　1962～2018 年美股工业板块 ROE 变化

资料来源：Compustat 数据库。

（1）总体来看，美股工业板块的盈利能力略高于美股整体水平，行业 ROE 大多时间处于市场平均水平之上。1962 年以来的近 60 年的时间里美股工业板块 ROE 水平大多数时间在 8% 到 18% 区间中上下波动，中枢大致稳定于 12%，而美股整体仅为 10% 左右，同时在大多数年份里工业板块 ROE 高于美股整体水平。相比其他行业，工业板块 ROE 与美股整体 ROE 水平重合度较高，尤其是 20 世纪 60～90 年代，二者基本完全拟合，相关系数高达 0.9。

（2）从 ROE 的稳定性来看，工业板块 ROE 波动性略高于美股整体。1962 年以来，工业板块 ROE 最大值为 22.5%，最小值为 6.6%，整体标准差为 3.1%，高于美股整体的 2.3%。其中，20 世纪 90 年代之前，二者 ROE 水平由于重合度较高，波动性十分相近。而步入 21 世纪，工业板块和美股整体 ROE 波动均有所加大，二者走势开始发散，整体来看，笔者认为工业板块盈利稳定性略低于美股整体水平。

（3）分阶段来看，20 世纪 60 年代初至 90 年代，美股工业板块 ROE 并未呈现趋势性的上涨或下跌，而是同美股整体水平一起维持小幅的横向震荡，中枢水平基本稳定于 10% 左右。步入 21 世纪，工业板块 ROE 震荡上行，表明行业盈利能力有所提高，并且该阶段美股工业板块盈利能力显著好于美股整体水平。

美股工业板块净利润 5 年复合平均增速大致呈现出中枢和波动性双低的特点（见图 15 - 3）。1962 年以来，美股工业板块净利润 5 年复合平均增速中枢大致稳定于 8.0%，在笔者统计的美股各板块中处于中下位置，其中，行业净利润增速最大值为 30.8%，最小值为 -4.3%，标准差 7.5%，行业净利润增速波动性在笔者统计的美股各板块中同样处于中等偏下水平。

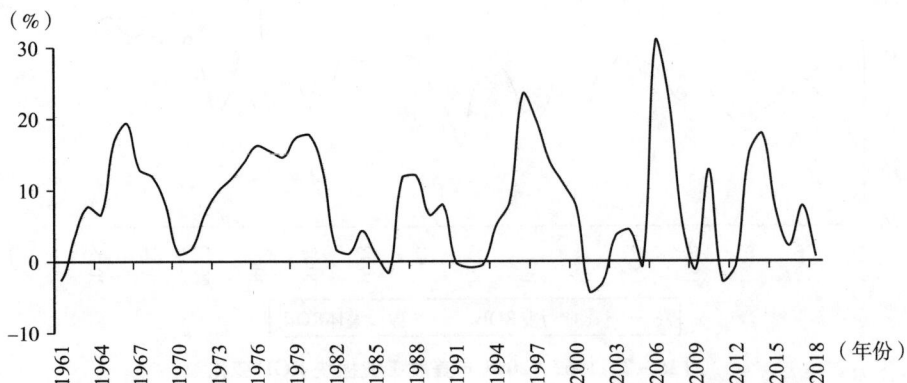

图 15 - 3　1961～2018 年美股工业板块净利润 5 年复合平均增速走势

资料来源：Compustat 数据库。

从行业净利润增速和 ROE 之间的关系来看，1962 年以来，美股工业板块净利润增速走势和行业 ROE 走势较为一致，二者相关系数为 0.4，且板块净利润增速下行拐点相对其 ROE 水平稍有领先，此外，美股工业板块 ROE 相对大盘整体走势与其净利润增速相对大盘走势同样拟合得较好，二者相关系数为 0.2，即当行业的净利润增速相对大盘走高时，美股工业板块 ROE 相对大盘同样出现改善趋势。

二、工业板块估值演化

（1）总体来看，美股工业板块的估值水平与美股整体水平相近，板块 PE 与 PB 与美股整体水平相差不大（见图 15 - 4、图 15 - 5）。1966 年以来的 50 多年时间里，美股工业板块 PE 平均值大约为 18 倍，中位数约为 19 倍，PB 平均值大约为 2.4 倍，中位数约为 2.4 倍，而同期美股整体 PE 平均值和中位数分别为 21 倍和 18 倍，PB 平均值和中位数分别为 2.1 倍和 2.0 倍。

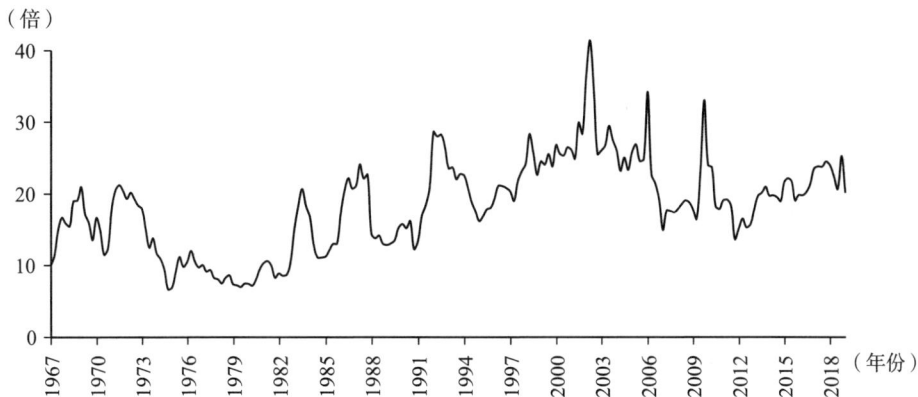

图 15 - 4　1967 ～ 2018 年美股工业板块绝对 PE 走势

资料来源：Compustat 数据库。

（2）从估值的稳定性来看，工业板块 PE 和 PB 的波动性低于美股整体。1966 年以来，美股工业板块 PE 标准差为 6 倍，低于美股整体水平的 15 倍，美股工业板块 PB 标准差为 1.0 倍，略高于美股整体水平的 0.8 倍，总体来看，笔者认为工业板块估值波动性低于美股整体水平。

图15－5　1970～2018年美股工业板块绝对PB走势

资料来源：Compustat数据库。

（3）分阶段来看，20世纪60年代末至80年代初，美股工业板块估值水平震荡下行，不过相对美股整体估值水平基本维持稳定。其后20世纪80年代至21世纪初，美股工业板块估值水平上行趋势较为显著，但整体来看，该阶段工业板块估值水平相对美股整体水平有所走低。21世纪初至金融危机期间，工业板块估值水平再度缩水，之后金融危机以来的近10年，行业估值水平逐渐修复，整个21世纪以来，工业板块估值基本围绕着美股整体估值水平上下波动，截至2018年底，工业板块估值与美股整体估值大致相当。

第三节　工业板块行情历史走势回顾

1968年以来，美股工业板块年化收益率为10.1%，美股整体收益率为10.8%，相比之下近60年来美股工业板块年化超额收益率为－0.7%，表现稍逊于大盘，在笔者统计的所有行业中表现中等偏下（见图15－6）。

具体来看，1966年以来，美股工业板块超额收益率走势主要可以划分为以下七个阶段（见图15－6）。

（1）阶段一（1966年3月至1974年12月）：该阶段美股工业板块绝对收益率为负，同时相对大盘亦持续走弱，板块超额收益率指数震荡下行，从1966年3月的100点震荡下行至1974年12月的76点，累计跌幅为24%。

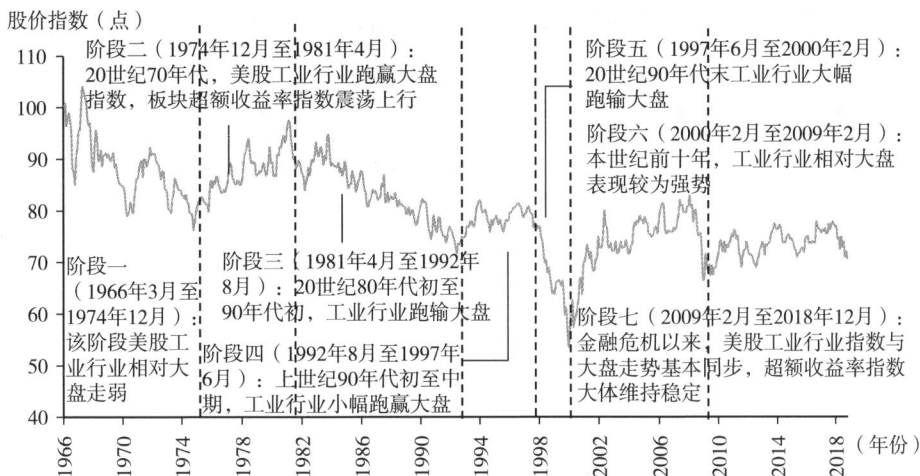

图 15 - 6　1966 ~ 2018 年美股工业板块超额收益率指数走势

资料来源：Compustat 数据库，定基作图（1966 年 3 月 = 100 点）。

（2）阶段二（1974 年 12 月至 1981 年 4 月）：20 世纪 70 年代，美股工业板块跑赢大盘指数，板块超额收益率指数震荡上行。具体来看，该阶段工业板块超额收益率指数由 1974 年 12 月的 76 点回升至 1981 年 4 月的 97 点，累计涨幅高达 28%，基本收复前期所有跌幅。

（3）阶段三（1981 年 4 月至 1992 年 8 月）：20 世纪 80 年代初至 90 年代初，工业板块虽然绝对收益率达 14.5%，但依然远远落后于大盘。板块超额收益率指数下行趋势十分显著，由 1981 年 4 月的 97 点大幅降至 1992 年 8 月的 72 点，累计跌幅为 26%。

（4）阶段四（1992 年 8 月至 1997 年 6 月）：20 世纪 90 年代初至中期，工业板块小幅跑赢大盘，板块超额收益率指数上行趋势较为显著，由 1992 年 8 月的 72 点回升至 1997 年 6 月的 81 点，累计涨幅为 13%。

（5）阶段五（1997 年 6 月至 2000 年 2 月）：20 世纪 90 年代末至 21 世纪初工业表现远远不如大盘，板块超额收益率指数骤然下跌，由 1997 年 6 月的 81 点大幅降至 2000 年 2 月的 54 点，累计下跌 34%，且已处于历史最低位。

（6）阶段六（2000 年 2 月至 2009 年 2 月）：步入 21 世纪，美股工业板块相对大盘表现有所改善。具体来看，2000 年 2 月至 2009 年 2 月，工业板块超额收益率指数在经历"互联网泡沫"破灭期间的急跌后快速修复，由 2000 年 2 月的 54 点升至 2009 年 2 月的 66 点，累计上涨 24%。

（7）阶段七（2009 年 2 月至 2018 年 12 月）：金融危机以来，美股工业板块指数与大盘走势基本同步，板块超额收益率维持横向震荡，中枢基本稳定于 71 点左右。

截至 2018 年底，美股工业板块超额收益率指数为 71 点，相对于 2009 年 2 月的 66 点微幅上涨 6%。

从收益率的驱动因素来看，近 60 年来美股工业板块的绝对收益率主要来自盈利的贡献（见图 15 – 7）。具体来看，1967 年底以来，美股工业板块指数 10.1% 的年化收益率中，盈利贡献了 7.5%，占据了绝对部分，而估值仅贡献了 2.6%。因此长期来看，盈利的不断提高是板块绝对收益率的主要驱动因素。

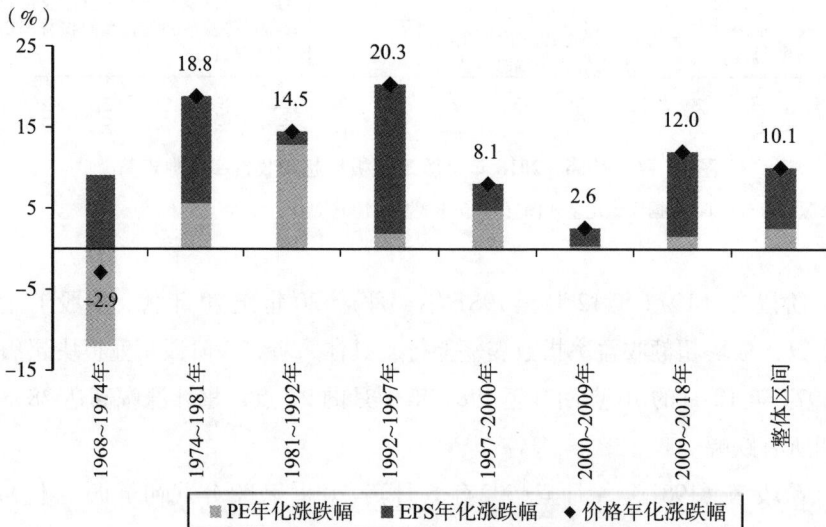

图 15 – 7 1968～2018 年美股工业板块收益率驱动因素分解

资料来源：Compustat 数据库。

第十六章
美股医疗保健板块行情与基本面回顾

第一节　医疗保健板块上市公司基本情况介绍

20 世纪 60 年代以来，美股医疗保健行业市值占比稳定提高（见图 16 – 1）。具体来看，1962 年底，美股医疗保健行业市值占比为 5%，随后行业市值占比经历了 30 年的快速提升，并于 1991 年达到峰值 15%，此后则基本维持稳定，截至 2018 年底，医疗保健行业市值占比为 14%。

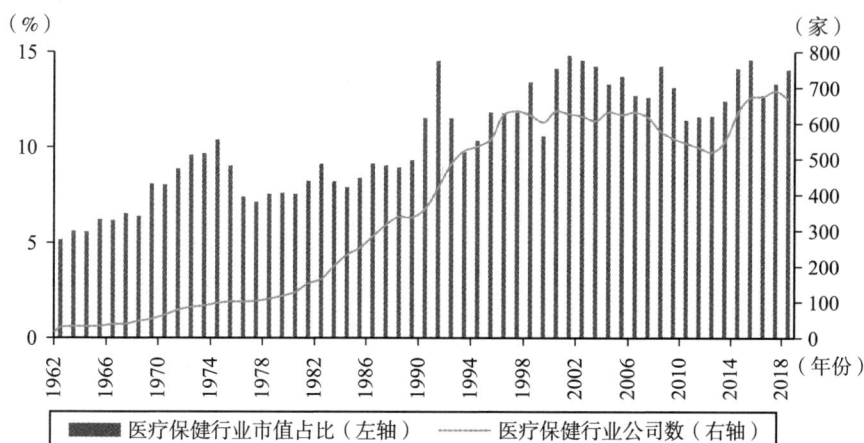

图 16 – 1　1962～2018 年医疗保健行业上市公司市值占比及数量变化

资料来源：Compustat 数据库。

从上市公司数量角度看，1962 年美股医疗保健行业上市公司仅为 29 家，随后大幅上升至 1997 年的 635 家，而 1997 年以来的近 20 年时间里，医疗保健行业上市公司数量则基本维持稳定，截至 2018 年底，板块上市公司数量为 668 家（见图 16－1）。

近 50 年来美股医疗保健行业上市公司市值大幅扩张（见表 16－1）。1970 年美股医疗保健行业中默克公司和惠氏公司（Wyeth）市值居前，均为 36 亿美元，第九名、第十名的美国氰胺公司（American Cyanamid）和斯特林制药公司（Sterling Drug Inc.）市值更是均仅为 15 亿美元。而截至 2018 年底，强生公司（Johnson & Johnson）跃升至行业"龙头"，市值高达 3436 亿美元，第二名的辉瑞公司（Pfizer）市值同样高达 2495 亿美元，而此时即使是排在第九名、第十名的赛默飞世尔科技公司（Thermo Fisher Scientific Inc）和西维斯公司（Cvs Health Corp），市值也达 900 亿美元和 848 亿美元。

表 16－1　　　　1970～2018 年美股医疗保健行业"龙头"公司市值　　　　单位：亿美元

1970 年		1980 年		1990 年	
公司名称	市值	公司名称	市值	公司名称	市值
默克公司	36	默克公司	63	施贵宝公司	351
惠氏公司	36	强生公司	62	默克公司	348
礼来公司	34	史克公司	53	强生公司	239
强生公司	32	礼来公司	48	礼来公司	196
华纳－兰伯特公司	26	惠氏公司	44	雅培公司	193
辉瑞公司	23	辉瑞公司	39	惠氏公司	165
施贵宝公司	19	雅培公司	35	辉瑞公司	133
先灵葆雅公司	16	施贵宝公司	33	马里昂·梅里尔·道公司	100
美国氰胺公司	15	安泰保险公司	28	先灵葆雅公司	99
斯特林制药公司	15	法玛西亚制药公司	25	华纳－兰伯特公司	91
2000 年		2010 年		2018 年	
公司名称	市值	公司名称	市值	公司名称	市值
辉瑞公司	2904	强生公司	1694	强生公司	3436
默克公司	2160	辉瑞公司	1403	辉瑞公司	2495
强生公司	1461	默克公司	1111	联合健康集团	2392
施贵宝公司	1444	雅培公司	741	默克公司	1981

续表

2000 年		2010 年		2018 年	
公司名称	市值	公司名称	市值	公司名称	市值
礼来公司	1010	安进公司	512	艾伯维公司	1363
惠氏公司	834	爱尔康公司	494	雅培公司	1270
先灵葆雅公司	830	西维斯公司	474	安进公司	1226
法玛西亚制药公司	791	施贵宝公司	451	礼来公司	1165
雅培公司	749	联合健康集团	392	赛默飞世尔科技公司	900
安进公司	663	礼来公司	386	西维斯公司	848

资料来源：Compustat 数据库。

第二节　医疗保健板块基本面与估值演化

一、医疗保健板块基本面演化

对比 1962 年以来美股医疗保健板块 ROE 和美股整体 ROE 的走势（见图 16 - 2），笔者主要得到以下三个结论。

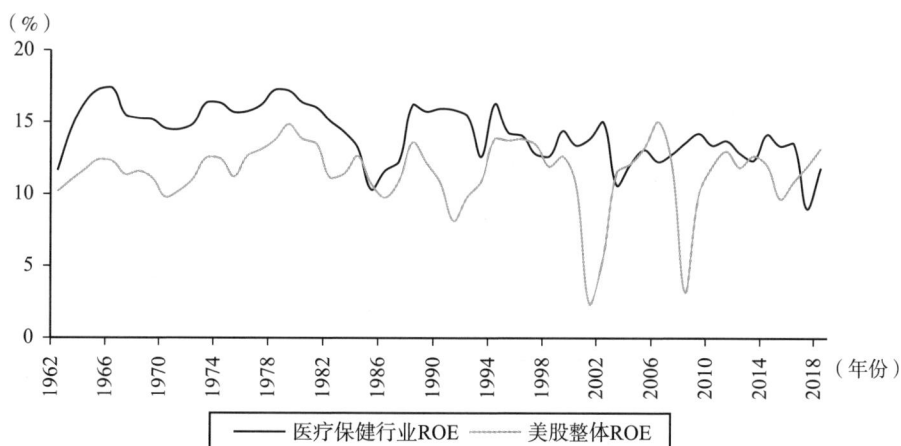

图 16 - 2　1962 ~ 2018 年美股医疗保健板块 ROE 变化

资料来源：Compustat 数据库。

（1）总体来看，美股医疗保健板块的盈利能力要强于市场整体，行业 ROE 在大多数时间里高于市场平均水平。1962 年以来的近 60 年的时间里美股医疗保健板块 ROE 水平大多数时间在 9% 到 18% 区间中上下波动，中枢大致稳定于 16%，而美股整体仅为 10% 左右，同时在大多数年份里医疗保健板块 ROE 高于美股整体水平。相比其他行业，医疗保健板块的 ROE 具有持续稳定且相对较高的特征，这一点与美股中必需消费板块极为相似。

（2）从 ROE 的稳定性来看，医疗保健板块 ROE 波动性低于美股整体。1962 年以来，美股医疗保健板块 ROE 十分稳定，最大值为 17.4%，最小值为 9.0%，整体标准差为 1.9%，低于美股整体的 2.3%。其中，尤其是在"互联网泡沫"破灭期间和金融危机期间，美股医疗保健板块 ROE 下跌幅度十分有限，与美股整体形成较为鲜明的对比。

（3）分阶段来看，20 世纪 60 年代初至 70 年代初，美股医疗保健板块 ROE 大幅改善，并达到历史最高位。此后 70 年代中期至 80 年代中期，医疗保健板块盈利能力有所下降，ROE 逐渐回落，并一度低于美股整体水平。20 世纪 80 年代中期至 2008 年金融危机期间，不同于美股整体 ROE 水平的大幅下跌，医疗保健板块 ROE 水平总体较为稳定，相对美股显著占优，并且行业 ROE 水平与美股整体的差值于 2001 年和 2008 年两次达到峰值，充分彰显出行业基本面在危机期间的稳定性。随后金融危机以来，随着行业 ROE 水平的小幅回落和美股整体盈利能力的持续复苏，二者之间的缺口也逐渐缩小。

美股医疗保健板块净利润 5 年复合平均增速大致呈现出中枢较高、波动性较低的特点（见图 16-3）。1962 年以来，美股医疗保健板块净利润 5 年复合平均增速中枢

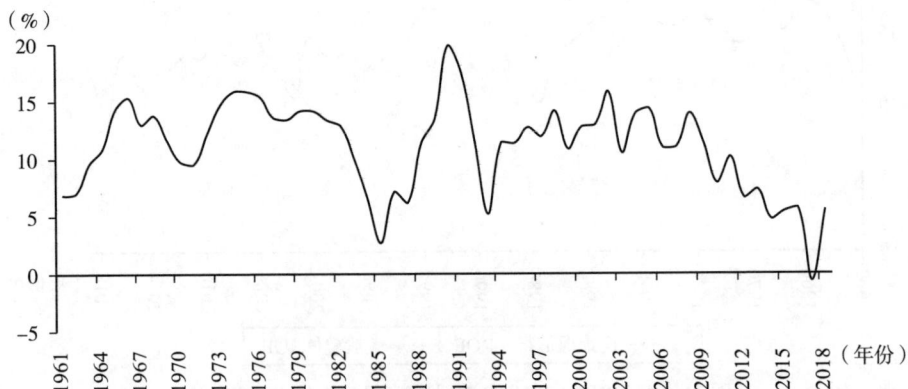

图 16-3　1961～2018 年美股医疗保健板块净利润 5 年复合平均增速走势

资料来源：Compustat 数据库。

大致稳定于 11.1% ，在笔者统计的美股各板块中处于中上位置，其中，行业净利润增速最大值为 19.8% ，最小值为 - 0.6% ，标准差 3.9% ，行业净利润增速波动性在笔者统计的美股各板块中处于较低水平。

从行业净利润增速和 ROE 之间的关系来看，1962 年以来，美股医疗保健板块净利润增速走势和行业 ROE 走势较为一致，二者相关系数为 0.4，且板块净利润增速下行拐点略微领先其 ROE 下行拐点，此外，美股医疗保健板块 ROE 相对大盘整体走势与其净利润增速相对大盘走势同样拟合得较好，二者相关系数为 0.2，表明当行业的净利润增速相对大盘走高时，美股医疗保健板块 ROE 相对大盘同样出现改善趋势。

二、医疗保健板块估值演化

（1）总体来看，美股医疗保健板块的估值水平高于美股整体水平，板块 PE 与 PB 在大多数时间里均高于美股整体水平（见图 16 - 4、图 16 - 5）。1966 年以来的 50 多年时间里，美股医疗保健板块 PE 平均值大约为 26 倍，中位数约为 25 倍，PB 平均值大约为 3.5 倍，中位数约为 3.4 倍，而同期美股整体 PE 平均值和中位数分别为 21 倍和 18 倍，PB 平均值和中位数分别为 2.1 倍和 2.0 倍。且在近 90% 的时间里，医疗保健板块 PE 处于美股整体水平之上。

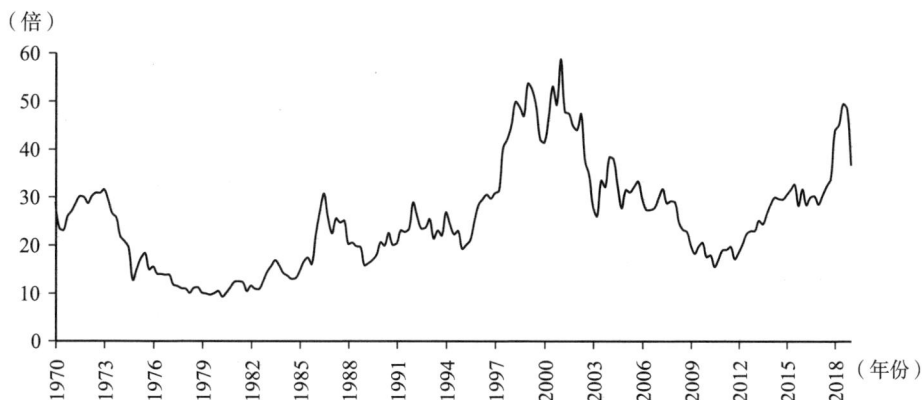

图 16 - 4　1970 ~ 2018 年美股医疗保健板块绝对 PE 走势

资料来源：Compustat 数据库。

（2）从估值的稳定性来看，医疗保健板块 PE 和 PB 的波动性略低于美股整体。1966 年以来，美股医疗保健板块 PE 标准差为 11 倍，低于美股整体水平的 15 倍，美

（倍）

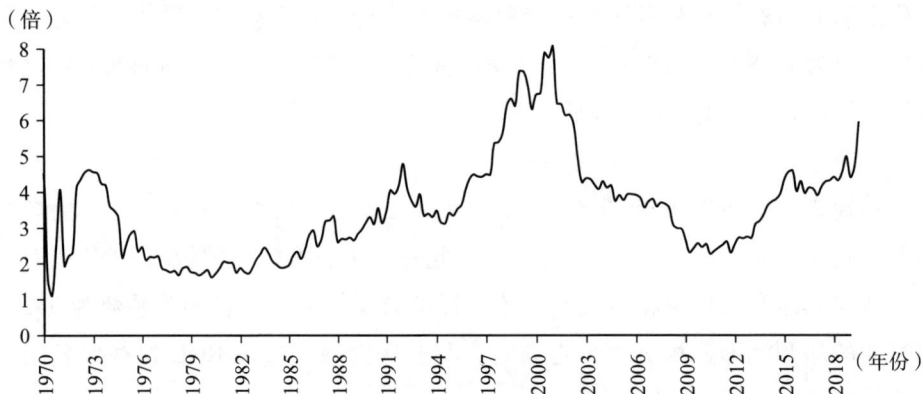

图 16 – 5　1970～2018 年美股医疗保健板块绝对 PB 走势

资料来源：Compustat 数据库。

股医疗保健板块 PB 标准差为 1.4，略高于美股整体水平的 0.8，总体来看，笔者认为医疗保健板块估值的稳定性略高于美股整体水平。

（3）分阶段来看，20 世纪 70 年代初至 80 年代初，美股医疗保健板块估值水平震荡下行，且相对美股整体估值水平有所走低。其后 20 世纪 80 年代初至 21 世纪初，美股医疗保健板块估值水平大幅提升，但该阶段医疗保健板块估值的相对水平并无明显的趋势性变化。21 世纪初至金融危机期间，医疗保健板块估值水平再度下滑，且相对估值水平亦出现回落。不过金融危机以来，近 10 年时间里，医疗保健板块估值无论是绝对水平还是相对水平都开始持续修复，截至 2018 年底，行业估值水平已再度回升至历史中枢水平之上。

第三节　医疗保健板块行情历史走势回顾

1968 年以来，美股医疗保健板块年化收益率为 11.6%，美股整体收益率为 10.8%，相比之下近 60 年来美股医疗保健板块年化超额收益率为 0.8%，表现强于大盘，在笔者统计的所有行业中表现仅次于必需消费板块（见图 16 – 6）。

具体来看，1967 年以来，美股医疗保健板块超额收益率走势主要可以划分为以下六个阶段（见图 16 – 6）。

（1）阶段一（1966 年 3 月至 1973 年 7 月）：该阶段美股医疗保健板块表现强于大盘整体，板块超额收益率指数震荡上行，从 1966 年 3 月的 100 点升至 1973 年 7 月

股价指数（点）

图 16 – 6　1967 ~ 2018 年美股医疗保健板块超额收益率指数走势

资料来源：Compustat 数据库、定基作图（1967 年 12 月 = 100 点）。

的 120 点，累计涨幅为 20%。

（2）阶段二（1973 年 7 月至 1977 年 5 月）：该阶段美股医疗保健板块超额收益率指数急剧回落，由 1973 年 7 月的 120 点骤降至 1977 年 5 月的 71 点，短短不到 3 年时间里累计跌幅达 41%，且已基本处于历史底部区域。

（3）阶段三（1977 年 5 月至 1984 年 9 月）：在经历前阶段的急剧下跌后，该阶段美股医疗保健板块超额收益率指数有所企稳，开始在底部区域横向震荡。具体来看，行业超额收益率指数由 1977 年 5 月的 71 点微幅降至 1984 年 9 月的 70 点，下跌幅度仅为 2%。

（4）阶段四（1984 年 9 月至 2001 年 9 月）：20 世纪 80 年代至 21 世纪初的近 20 年时间里，美股医疗保健板块整体表现明显好于大盘，仅在 20 世纪 90 年代初有短暂的回调。该阶段行业超额收益率指数由 1984 年 9 月的 70 点上升至 2001 年 9 月的 139 点，基本翻了一番，累计幅度为 99%。

（5）阶段五（2001 年 9 月至 2008 年 4 月）：21 世纪初至金融危机期间，美股医疗保健板块的绝对收益率基本为 0，大幅落后于大盘整体表现，行业超额收益率指数由 2001 年 9 月的 139 点相应的回落至 2008 年 4 月的 100 点，累计下跌 28%。

（6）阶段六（2008 年 4 月至 2018 年 12 月）：2008 年以来，医疗保健板块表现总体强于美股整体，行业超额收益率指数震荡上行，由 2008 年 4 月的 100 点升至 2018 年 12 月的 149 点，累计上涨 49%。

从收益率的驱动因素来看，近 60 年来美股医疗保健板块的绝对收益率主要来自盈利的贡献（见图 16 - 7）。具体来看，1967 年底以来，美股医疗保健板块指数 11.6% 的年化收益率中，盈利贡献了 11.0%，占据了绝对部分，而估值仅贡献了 0.6%。且分阶段看，在医疗保健板块收益率的 6 个划分阶段里，盈利贡献均占据主导地位。

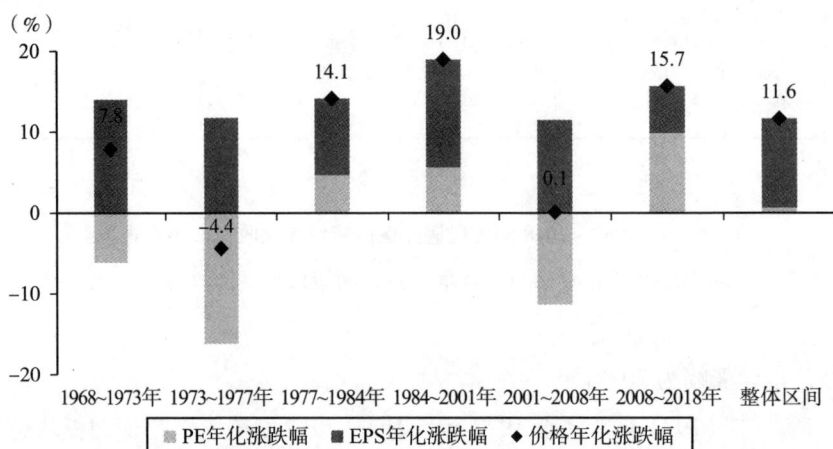

图 16 - 7　1968~2018 年美股医疗保健板块收益率驱动因素分解

资料来源：Compustat 数据库。

主要参考文献

[1]［美］戴尔·W. 乔根森. 生产率与美国经济增长［M］. 李京文，等译. 北京：经济科学出版社，1989.

[2]［美］M. P. 涅米拉，P. A. 克莱茵. 金融与经济周期预测［M］. 邱东，等译. 北京：中国统计出版社，1998.

[3]［德］G. 加比希，H. W. 洛伦兹. 经济周期理论——方法和概念通论［M］. 薛玉炜，等译. 上海：三联书店上海分店，1993.

[4]［美］阿伦·拉奥，皮埃罗·斯加鲁菲. 硅谷百年史：伟大的科技创新与创业历程［M］. 闫景立，等译. 北京：人民邮电出版社，2014.

[5]［美］阿斯沃斯·达摩达兰. 投资估价：评估任何资产价值的工具和技术［M］. 朱武祥，等译. 北京：清华大学出版社，2014.

[6]［美］艾丽斯·施罗德. 滚雪球：沃伦·巴菲特和他的财富人生［M］. 覃扬眉，等译. 北京：中信出版社，2009.

[7]［美］艾伦·格林斯潘. 动荡的世界：风险、人类与未来的前景［M］. 余江，等译. 北京：中信出版社，2014.

[8]［美］加特. 管制、放松与重新管制［M］. 陈雨露，等译. 北京：经济科学出版社，1999.

[9]［意］埃内斯托·费利. 服务业：生产率与增长［M］. 李蕊，等译. 上海：格致出版社、上海人民出版社，2011.

[10]［美］巴顿·比格斯. 癫狂与恐慌［M］. 崔传刚，等译. 北京：中信出版社，2016.

[11]［美］巴顿·比格斯. 对冲基金风云录［M］. 张桦，等译. 北京：中信出版社，2007.

[12] [美] 保罗·克雷·罗伯茨. 供应学派革命：华盛顿决策内幕 [M]. 杨鲁军，等译. 上海：格致出版社、上海人民出版社，2018.

[13] [美] 本·伯南克. 行动的勇气：金融危机及其余波回忆录 [M]. 蒋宗强，等译. 北京：中信出版社，2016.

[14] [美] 彼得·林奇，约翰·罗瑟查尔德. 林奇的成功投资 [M]. 刘建位，等译. 北京：机械工业出版社，2010.

[15] [美] 彼得·林奇，约翰·罗瑟查尔德. 战胜华尔街 [M]. 刘建位，等译. 北京：机械工业出版社，2010.

[16] [美] 伯顿·G. 马尔基尔. 漫步华尔街（原书第11版）[M]. 张伟，等译. 北京：机械工业出版社，2018.

[17] [英] 布莱恩·斯诺登，霍华德·R. 文. 现代宏观经济学：起源、发展和现状 [M]. 佘江涛，等译. 南京：江苏人民出版社，2009.

[18] [美] 布朗温·H. 霍尔，内森·罗森伯格. 创新经济学手册（第一卷）[M]. 上海市科学学研究所，等译. 上海：上海交通大学出版社，2017.

[19] [美] 布朗温·H. 霍尔，内森·罗森伯格. 创新经济学手册（第二卷）[M]. 上海市科学学研究所，等译. 上海：上海交通大学出版社，2017.

[20] [美] 布鲁斯·巴特利特. 新美国经济：里根经济学的失败与未来之路 [M]. 钟晓玲，等译. 北京：中国金融出版社，2011.

[21] [美] 查尔斯·埃利斯. 高盛帝国 [M]. 卢青，等译. 北京：中信出版社，2015.

[22] [美] 戴尔·乔根森，等. 生产率：信息技术与美国增长复苏 [M]. 荆林波，等译. 上海：格致出版社、上海人民出版社，2012.

[23] [澳] 戴维·L. 韦斯顿. "泡沫"膨胀破裂：美国股票市场 [M]. 张德远，等译. 上海：上海财经大学出版社，2009.

[24] [美] 戴维·德罗萨. 金融危机真相 [M]. 朱剑峰，等译. 北京：中信出版社，2008.

[25] [美] 福克讷. 美国经济史（上下卷）[M]. 王锟，等译. 北京：商务印书馆，2018.

[26] [美] 弗莱肯施泰因，希恩. 格林斯潘的"泡沫"：美国经济灾难的真相 [M]. 单波，等译. 北京：中国人民大学出版社，2008.

[27] [美] 格伦·哈伯德，彼得·纳瓦罗. 毁灭的种子：美国经济的兴衰成败 [M]. 刘寅龙，等译. 北京：机械工业出版社，2011.

［28］［美］哈罗德·埃文斯，盖尔·巴克兰，戴维·列菲. 他们创造了美国：从蒸汽机到搜索引擎：美国两个世纪历史上最有名的 53 位革新者［M］. 倪波，等译. 北京：中信出版社，2013.

［29］［美］海曼·P. 明斯基. 稳定不稳定的经济：一种金融不稳定视角［M］. 石宝峰，等译. 北京：清华大学出版社，2010.

［30］［美］赫伯特·斯坦. 美国的财政革命——应对现实的策略（第二版）［M］. 苟燕楠，等译. 上海：上海财经大学出版社，2010.

［31］［美］赫伯特·斯坦. 美国总统经济史：从罗斯福到克林顿［M］. 金清，等译. 长春：吉林人民出版社，2011.

［32］［美］亨利·考夫曼. 悲观博士考夫曼论货币与市场［M］. 孙忠，等译. 海口：海南出版社，2001.

［33］［美］加里·M. 沃尔顿，休·罗考夫. 美国经济史（第 10 版）［M］. 王珏，等译. 北京：中国人民大学出版社，2011.

［34］［英］基思·贝恩，彼得·豪厄尔斯. 货币政策：理论与实务［M］. 扬农，等译. 北京：清华大学出版社，2013.

［35］［美］杰弗里·法兰克尔，彼得·奥萨格. 美国 90 年代的经济政策［M］. 徐卫宇，等译. 北京：中信出版社，2004.

［36］［美］杰里米·J. 西格尔. 股市长线法宝（第 5 版）［M］. 马海涌，等译. 北京：机械工业出版社，2015.

［37］［美］杰瑞·马克汉姆. 美国金融史（第一卷）：从克里斯托弗. 哥伦布到强盗大亨（1492 – 1900）［M］. 黄佳，等译. 北京：中国金融出版社，2017.

［38］［美］杰瑞·马克汉姆. 美国金融史（第二卷）：从 J. P. 摩根到机构投资者（1900 – 1970）［M］. 高凤娟，等译. 北京：中国金融出版社，2018.

［39］［美］杰瑞·马克汉姆. 美国金融史（第三卷）：从衍生品时代到新千年（1970 – 2001）［M］. 李涛，等译. 北京：中国金融出版社，2018.

［40］［美］杰瑞·马克汉姆. 美国金融史（第四卷）：从"安然事件"到金融改革（2001 – 2004）［M］. 韩姝，等译. 北京：中国金融出版社，2018.

［41］［美］杰瑞·马克汉姆. 美国金融史（第五卷）：次贷危机前的美国金融（2004 – 2006）［M］. 王胜邦，等译. 北京：中国金融出版社，2018.

［42］［美］杰瑞·马克汉姆. 美国金融史（第六卷）：金融危机与大衰退（2006 – 2009）［M］. 金凤伟，等译. 北京：中国金融出版社，2018.

［43］［美］卡萝塔·佩雷丝. 技术革命与金融资本："泡沫"与黄金时代的动力

学［M］．田方萌，等译．北京：中国人民大学出版社，2007．

［44］［美］肯·费雪．华尔街之舞：图解金融市场的周期与趋势［M］．朱丹，等译．北京：机械工业出版社，2017．

［45］［美］拉里·施韦·卡特，莱恩·皮尔森·多蒂．美国企业家：三百年传奇商业史［M］．王吉美，等译．南京：译林出版社，2013．

［46］［日］林直道．第二次世界大战后国际通货危机与世界经济危机［M］．朱绍文，等译．北京：商务印书馆，1976．

［47］［美］陆晔飞．沃伦·巴菲特的估值逻辑：20个投资案例深入复盘［M］．李必龙，等译．北京：机械工业出版社，2017．

［48］［美］罗伯特·戈登．美国增长的起落［M］．张林山，等译．北京：中信出版社，2018．

［49］［美］罗伯特·哈格斯特朗．沃伦·巴菲特之道（原书第3版）［M］．杨天南，等译．北京：机械工业出版社，2015．

［50］［美］罗伯特·黑泽尔．美联储货币政策史［M］．曾刚，等译．北京：社会科学文献出版社，2016．

［51］［美］罗恩·彻诺．摩根财团：美国一代银行王朝和现代金融业的崛起（1838－1990）［M］．金立群，等译．上海：文汇出版社，2017．

［52］［美］玛吉·马哈尔．大牛市（1982－2004）——涨升与崩盘［M］．秦传安，等译．上海：上海财经大学出版社，2011．

［53］［美］曼塞尔·布莱克福德．美国小企业史［M］．刘鹰，等译．杭州：浙江大学出版社，2013．

［54］［美］马丁·S.弗里德森．黄金岁月：美国股市中的非凡时刻［M］．朱欣微，等译．上海：上海财经大学出版社，2011．

［55］［美］马丁·费尔德斯坦．转变中的美国经济［M］．马静，等译．北京：商务印书馆，2018．

［56］［美］马丁·费尔德斯坦.20世纪80年代美国经济政策［M］．王健，等译．北京：经济科学出版社，2000．

［57］［美］马克·彭德格拉斯特．可口可乐传：一部浩荡的品牌发展史诗（1884－2014）［M］．高增安，等译．上海：文汇出版社，2017．

［58］［美］迈克尔·马隆．三位一体：英特尔传奇［M］．黄亚昌，等译．杭州：浙江人民出版社，2015．

［59］［美］米尔顿·弗里德曼，安娜·雅各布森·施瓦茨．美国货币史：1867－

1960［M］．巴曙松，等译．北京：北京大学出版社，2009．

［60］［美］乔纳森·休斯，路易斯·凯恩．美国经济史［M］．邸晓燕，等译．上海：格致出版社，2013．

［61］［英］乔治·G．布莱基．伦敦证券市场史（1945－2008）［M］．周琼琼，等译．上海：上海财经大学出版社，2010．

［62］［美］塞巴斯蒂安·马拉比．格林斯潘传［M］．巴曙松，等译．杭州：浙江人民出版社，2019．

［63］［美］斯蒂芬·艾西罗德．美联储50年风云［M］．顾雨佳，等译．北京：中国人民大学出版社，2010．

［64］［美］斯蒂芬·彭曼．投资中最重要的事：股票估值与选股策略［M］．戴德明，等译．北京：中国人民大学出版社，2015．

［65］［美］斯坦利·布德尔．变化中的资本主义：美国商业发展史［M］．郭军，等译．北京：中信出版社，2013．

［66］［美］斯坦利·L．恩格尔曼，罗伯特·E．高尔曼．剑桥美国经济史（第一卷）：殖民地时期［M］．巫云仙，等译．北京：中国人民大学出版社，2018．

［67］［美］斯坦利·L．恩格尔曼，罗伯特·E．高尔曼．剑桥美国经济史（第二卷）：漫长的19世纪［M］．王珏，等译．北京：中国人民大学出版社，2018．

［68］［美］斯坦利·L．恩格尔曼，罗伯特·E．高尔曼．剑桥美国经济史（第三卷）：20世纪［M］．蔡挺，等译．北京：中国人民大学出版社，2018．

［69］［美］斯科特·内申斯．崩溃和救援：美国股市百年跌荡启示录［M］．赵立光，等译．北京：中信出版社，2018．

［70］［美］蒂姆·科勒，等．价值评估：公司价值的衡量与管理（第4版）［M］．高建，等译．北京：电子工业出版社，2007．

［71］［美］西奥多·E．伯顿．资本的秘密：金融危机与大萧条经济周期的规律［M］．李薇，等译．西安：陕西师范大学出版社，2009．

［72］［美］小温斯洛普·史密斯．美林传奇：百年兴衰录［M］．符荆捷，等译．北京：机械工业出版社，2017．

［73］［美］小艾尔弗雷德·D．钱德勒．看得见的手：美国企业的管理革命［M］．重武，等译．北京：商务印书馆，1987．

［74］［日］塩田长英．现代美国经济论［M］．齐彤，等译．北京：中国经济出版社，2001．

［75］［美］约翰·博格．投资先锋：基金教父的资本市场沉思录（上、下）［M］．

吴天雷，等译 . 北京：机械工业出版社，2013.

[76] [美] 约翰·布鲁克斯 . 沸腾的岁月 [M]. 万丹，等译 . 北京：中信出版社，2006.

[77] [美] 约翰·H. 伍德 . 英美中央银行史 [M]. 陈晓霜，等译 . 上海：上海财经大学出版社，2011.

[78] [美] 约翰·S. 戈登 . 伟大的博弈：华尔街金融帝国的崛起（1653－2011）[M]. 祁斌，等译 . 北京：中信出版社，2011.

[79] [美] 约瑟夫·H. 埃利斯 . 走在曲线之前：运用常理预测经济和市场周期 [M]. 任曙明，等译 . 北京：机械工业出版社，2007.

[80] [美] 珍妮特·珍妮特·耶伦，艾伦·布林德 . 令人惊艳的 10 年：20 世纪 90 年代的宏观经济经验与教训 [M]. 巴曙松，等译 . 北京：法律出版社，2014.

[81] 曹永福 . 从"大稳定"到"大衰退"：对美国经济周期的理论历史和实证研究 [M]. 北京：社会科学文献出版社，2011.

[82] 陈宝森 . 美国经济周期研究 [M]. 北京：商务印书馆，1993.

[83] 陈宝森 . 美国跨国公司的全球竞争 [M]. 北京：中国社会科学出版社，1999.

[84] 陈宝森 . 当代美国经济 [M]. 北京：社会科学文献出版社，2001.

[85] 陈宝森 . 剖析美国"新经济" [M]. 北京：社会科学文献出版社，2007.

[86] 陈宝森 . 美国经济与政府政策——从罗斯福到里根 [M]. 北京：社会科学文献出版社，2014.

[87] 陈继勇，等 . 美国新经济与经济周期研究 [M]. 武汉：湖北人民出版社，2006.

[88] 冯泽峰 . 美国工业与政府政策 [M]. 北京：经济科学出版社，1992.

[89] 龚维敬 . 垄断经济学 [M]. 上海：上海人民出版社，2007.

[90] 龚维敬 . 美国产业垄断发展进程 [M]. 上海：复旦大学出版社，2018.

[91] 韩毅 . 美国工业现代化的历史进程：1607－1988 [M]. 北京：经济科学出版社，2007.

[92] 李超民 . 大衰退与美国联邦财政改革 [M]. 北京：商务印书馆，2018.

[93] 李明传 . 美国技术创新的历史考察 [M]. 武汉：武汉大学出版社，2013.

[94] 梅孜 . 美国总统国情咨文选编 [M]. 北京：时事出版社，1994.

[95] 彭斯达，陈继勇 . 美国经济周期研究（历史、趋势及中、美经济周期的协动性）[M]. 武汉：武汉大学出版社，2009.

［96］秦嗣毅.美国与日本宏观调控：政策比较研究（1945－2000）［M］.北京：中国财政经济出版社，2010.

［97］宋玉华.世界经济周期理论与实证研究［M］.北京：商务印书馆，2007.

［98］宋玉华，等.美国新经济研究——经济范式转型与制度演化［M］.北京：人民出版社，2002.

［99］孙执中.第二次世界大战后资本主义经济周期史纲［M］.北京：世界知识出版社，1998.

［100］王能全.石油的时代（上、下册）［M］.北京：中信出版社，2018.

［101］吴纪先.第二次世界大战后美国加拿大经济周期与危机［M］.北京：中国社会科学出版社，1991.

［102］吴晓求，等.股市危机：历史与逻辑［M］.北京：中国金融出版社，2016.

［103］熊性美，等.第二次世界大战后国家垄断资本主义条件下的经济周期与危机［M］.北京：经济科学出版社，1992.

［104］薛伯英.美国政府对经济的干预和调节［M］.北京：人民出版社，1986.

［105］薛敬孝.资本主义经济周期：理论与预测［M］.北京：人民出版社，1992.

［106］燕翔，战迪.追寻价值之路：2000－2017年中国股市行情复盘［M］.北京：经济科学出版社，2019.

［107］第二次世界大战后美国经济编写组.第二次世界大战后美国经济［M］.上海：上海人民出版社，1974.

［108］张京萍，陈宇.美国税制研究［M］.北京：经济科学出版社，2017.

［109］朱崇实，刘志云.美国20世纪80年代至90年代初银行危机研究［M］.厦门：厦门大学出版社，2010.